民法典
司法解释与权威案例指引全书（上卷）

含司法解释新旧对照

主　编　王　竹
副主编　魏　莉　张玉双　张凯翔

中国法制出版社
CHINA LEGAL PUBLISHING HOUSE

《民法典》施行过渡时期的法律适用

——《民法典司法解释与权威案例指引全书（含司法解释新旧对照）》代前言

一、《民法典》施行过渡时期的涉民法典规范性文件专项清理

《民法典》第188条第1款规定："向人民法院请求保护民事权利的诉讼时效期间为三年。法律另有规定的，依照其规定。"自2021年1月1日《民法典》施行之后，由于三年普通诉讼时效的存在，以及诉讼时效中断和中止规定的适用，可以预见在未来3-5年，也就是"十四五"时期，都会是《民法典》施行的过渡时期。

全国人大常委会自2020年下半年开展的《民法典》涉及法规、规章、司法解释及其他规范性文件专项审查和集中清理工作，发现需要修改或者废止的规范性文件共2850件，其中行政法规31件、国务院规范性文件5件、部门规章和规范性文件164件、地方性法规543件、地方政府规章和规范性文件1874件、司法解释233件。① 实际上，这些都是需要清理的"直接存量"，"十四五"期间还会有大量新颁布和细致修改的各类法律法规、司法解释等规范性法律文件。

二、最高人民法院和最高人民检察院涉民法典规范性文件清理情况

具体到司法解释领域，最高人民法院在2020年底完成了591件司法解释及相关规范性文件的清理工作，其中与民法典规定一致364件未作修改、继续适用，废止116件司法解释及相关规范性文件，② 修改了五大类111件司法解释，并新制定了7件司法解释。需要指出的是，《民通意见》、《合同法解释（一）》和《合同法解释（二）》这三部重要的司法解释被废止后，尚未制定新的《民法典·总则编》和《民法典·合同编》司法解释，加上《民法典·人格权编》和《民法典·侵权责任编》尚无系统性司法解释，并考虑到《民法典·物权编》③、《民法典·

---

① 《涉民法典规范性文件专项清理已完成》，《法治日报》2021年1月19日。

② 《最高人民法院关于废止部分司法解释及相关规范性文件的决定》（法释〔2020〕16号）。

③ 《最高人民法院关于适用〈中华人民共和国民法典〉物权编的解释（一）》（法释〔2020〕24号）。

婚姻家庭编》① 和《民法典·继承编》② 系统性司法解释均冠以了“（一）”的序号，预计未来还会有数件《民法典》各编对应的系统性司法解释出台。就专题性司法解释，最高人民法院第一批发布了建设工程施工合同③、民间借贷④和担保⑤三个领域的司法解释，随后又发布了知识产权惩罚性赔偿司法解释，⑥ 未来应该会覆盖更多领域。需要提醒读者注意的是，最高人民检察院也同步展开了《民法典》相关司法解释清理工作，并废止了5件司法解释。⑦

三、最高人民法院发布《民法典时间效力规定》概况

真正对《民法典》施行过渡时期法律适用影响重大的是《民法典时间效力规定》⑧。《立法法》第93条规定：“法律、行政法规、地方性法规、自治条例和单行条例、规章不溯及既往，但为了更好地保护公民、法人和其他组织的权利和利益而作的特别规定除外。”《民法典》第1条规定：“为了保护民事主体的合法权益，调整民事关系，维护社会和经济秩序，适应中国特色社会主义发展要求，弘扬社会主义核心价值观，根据宪法，制定本法。”基于这两个条文，该司法解释展开了“一般规定”和溯及适用、衔接适用这两类“具体规定”，前后两部分实际上是一般规定与特别列举的关系，即“具体规定”部分可以直接适用，但不是溯及适用和衔接适用的全部类别。“具体规定”同时作为依据“一般规定”部分确定适用规则的参照，未来在司法实践中可以确立更多的溯及适用和衔接适用类别。

“一般规定”部分首先确立了“法不溯及既往为原则”，然后规定了“溯及既往三例外”“空白溯及三限制”和“原则性规定具体化”三项规则。空白溯及三限制包括三个“更有利于”的表述，即“更有利于保护民事主体合法权益，更有利于维护社会和经济秩序，更有利于弘扬社会主义核心价值观的除外”。空白溯及

① 《最高人民法院关于适用〈中华人民共和国民法典〉婚姻家庭编的解释（一）》（法释〔2020〕22号）。

② 《最高人民法院关于适用〈中华人民共和国民法典〉继承编的解释（一）》（法释〔2020〕23号）。

③ 《最高人民法院关于审理建设工程施工合同纠纷案件适用法律问题的解释（一）》（法释〔2020〕25号）。

④ 《最高人民法院关于新民间借贷司法解释适用范围问题的批复》（法释〔2020〕27号）。

⑤ 《最高人民法院关于适用〈中华人民共和国民法典〉有关担保制度的解释》（法释〔2020〕28号）。

⑥ 《最高人民法院关于审理侵害知识产权民事案件适用惩罚性赔偿的解释》（法释〔2021〕4号）

⑦ 《最高人民检察院关于废止部分司法解释和司法解释性质文件的决定》（高检发释字〔2020〕4号）。

⑧ 《最高人民法院关于适用〈中华人民共和国民法典〉时间效力的若干规定》（法释〔2020〕15号）。

三限制是指“明显减损当事人合法权益、增加当事人法定义务或者背离当事人合理预期的除外”。原则性规定具体化是指“当时的法律、司法解释仅有原则性规定而民法典有具体规定的，适用当时的法律、司法解释的规定，但是可以依据民法典具体规定进行裁判说理。应该说，这三项规则相对于法不溯及既往属于例外规则，实质上也构成了对该司法解释第6－27条规定的指引。该司法解释列出的“溯及适用”具体规定包括英雄烈士保护、流押条款和流质条款、合同无效、格式条款、合同解除、合同目的不能实现、保理合同、被继承人宽宥、代位继承、打印遗嘱、自甘风险、自助行为、好意同乘和高空抛物坠物等14条。“衔接适用”的具体规定包括履行持续跨民法典、承租人优先承租权、分居满一年、废除公证遗嘱优先、侵权行为跨民法典、合同解除权一年除斥期间、受胁迫结婚撤销权一年除斥期间和保证期间酌定等8条。

四、本书与《民法典关联法规与权威案例提要丛书》的关系

2020年6月，我和中国法制出版社合作，出版了《民法典关联法规与权威案例提要丛书》，一套5册，分为《总则编、人格权编、附则编》《物权编》《合同编》《婚姻家庭编、继承编》和《侵权责任编》，合计264.8万字，以《民法典》条文为纲，以对比表形式呈现《民法典》与民事单行法以及其他编纂对象条文的差异，并附上关联法规和权威案例。该套丛书的关联法规包括法律、国际公约、行政法规、司法解释和部分重要部门规章以及其他规范性文件；权威案例则收录了相关指导性案例和2004年第1期以来的公报案例。

鉴于上述最高人民法院对《民法典》相关司法解释进行了第一轮清理与更新，有必要对相关书稿内容进行全面的更新，并为《民法典》施行过渡时期民事法律体系的持续变动预留接口，同时考虑到广大读者已经购买了《民法典关联法规与权威案例提要丛书》的实际情况和图书的篇幅，本书在体例上采用“重点突出司法解释，系统索引法规案例”的体例，每个条文设置条文主旨、关联法规参见、司法解释适用和权威案例指引等四方面内容，具体如下：

第一，条文主旨以《民法典关联法规与权威案例提要丛书》为基础，参考《民法典》颁布之后学界讨论和研究成果，进行了微调。

第二，关联法规参见，按照法律、法律解释、国际公约和行政法规四类分类列出，为节约篇幅，只列出法律文件简称和条文号，条文内容可参见《民法典关联法规与权威案例提要丛书》。

第三，司法解释适用，按照发布和修改的时间逆序排列，对本次《民法典》配套发布、修改的司法解释，以对比表方式体现出司法解释条文和体系的变迁，2021年新发布的和未集中修改的司法解释则列出条文。需要提醒读者的是，有3

部司法解释名称进行了修改，[①] 书稿中以脚注方式进行标示。

第四，考虑到 2020 年 7 月 31 日《最高人民法院关于统一法律适用加强类案检索的指导意见（试行）》明确要求检索最高人民法院发布的典型案例，权威案例指引在原有指导性案例和公报案例基础上，增加收录了自 2009 年以来明确列出了“典型意义”的 301 例典型案例。

第五，鉴于最高人民法院于 2021 年 4 月 6 日印发《全国法院贯彻实施民法典工作会议纪要》（下称《会议纪要》），以确保各级人民法院在贯彻实施民法典工作中统一法律适用标准，依法公正高效审理各类民事案件。书稿契合《会议纪要》精神实质，为进一步加深理解民法典重要法律适用问题，本书在相关法条处增加“其他法律性文件”，列明《会议纪要》相关内容。

《民法典关联法规与权威案例提要丛书》曾经提出了 28 处司法解释和公报案例的废止建议，其中大部分被本次《民法典》相关司法解释清理工作吸收，同时最高人民法院还废止了第 9 号[②]和第 20 号[③]指导性案例。[④] 本书继续保留剩余11 处废止建议，其中 4 处司法解释废止建议[⑤]和 7 处公报案例废止

---

① 分别是：《最高人民法院关于审理建筑物区分所有权纠纷案件具体应用法律若干问题的解释》名称修改为《最高人民法院关于审理建筑物区分所有权纠纷案件适用法律若干问题的解释》，《最高人民法院关于审理物业服务纠纷案件具体应用法律若干问题的解释》名称修改为《最高人民法院关于审理物业服务纠纷案件适用法律若干问题的解释》，《最高人民法院关于产业工会、基层工会是否具备社团法人资格和工会经费集中户可否冻结划拨问题的批复》名称修改为《最高人民法院关于产业工会、基层工会是否具备社会团体法人资格和工会经费集中户可否冻结划拨问题的批复》。

② 指导案例9 号：上海存亮贸易有限公司诉蒋志东、王卫明等买卖合同纠纷案（第三批 2012 年 9 月 18 日）。

③ 指导案例 20 号：深圳市斯瑞曼精细化工有限公司诉深圳市坑梓自来水有限公司、深圳市康泰蓝水处理设备有限公司侵害发明专利权纠纷案（第五批 2013 年 11 月 8 日）。

④ 《最高人民法院关于部分指导性案例不再参照的通知》（法〔2020〕343 号）。

⑤ 司法解释废止建议和理由如下：（1）建议废止《人身损害赔偿司法解释》第 5 条，理由是与《民法典总则编》第 178 条冲突。（2）建议废止《最高人民法院民事审判庭关于单位担任监护人是否承担赔偿责任的电话答复》，理由是与《民法典侵权责任编》第 1188 条冲突。（3）建议废止《最高人民法院关于因第三人造成工伤的职工或其亲属在获得民事赔偿后是否还可以获得工伤保险补偿问题的答复》，理由是与《社会保险法》第 42 条冲突。（4）建议废止《最高人民法院民事审判庭关于贯彻执行最高人民法院〈关于人民法院审理未办结婚登记而以夫妻名义同居生活案件的若干意见〉有关问题的电话答复》，理由是最高人民法院于 2020 年 12 月 23 日通过了《最高人民法院关于废止部分司法解释及相关规范性文件的决定》，其中将《最高人民法院印发〈关于人民法院审理离婚案件如何认定夫妻感情确已破裂的若干具体意见〉〈关于人民法院审理未办结婚登记而以夫妻名义同居生活案件的若干意见〉的通知》（法〔民〕发〔1989〕38 号）予以废止，故该“电话答复”与上述“废止文件”相冲突。

建议①，并在书稿相应处体现。

未来我们将整合《民法典关联法规与权威案例提要丛书》和本书，将关联法规和权威案例纳入到统一的书稿中，保持持续更新。本书内容收录截至到2021年4月底，内容更新请参见中国法制出版社的“法规编辑部”公众号和“马工程民法学教材配套慕课”（minfadian）公众号。本书的写作得到了国家重点研发计划“高质高效的审判支撑关键技术及装备研究”（2018YFC0830300）的资助，特此致谢！

王竹　法学博士
四川大学法学院教授、博士生导师
四川大学市场经济法治研究所所长
辛丑年　惊蛰　于　四川大学江安校区

（以下为“法规编辑部”公众号和“马工程民法学教材配套慕课”公众号二维码）

① 公报案例废止建议和理由如下：(1) 建议废止《百花公司诉浩鑫公司买卖合同纠纷案》(《最高人民法院公报》2006年第3期)，理由是与《民法典·物权编》第406条冲突。(2) 建议废止《周雅芳诉中国银行股份有限公司上海市分行名誉权纠纷案》(《最高人民法院公报》2012年第9期)，理由是与《民法典·人格权编》第1029条规定的信用权冲突。(3) 建议废止《王春生诉张开峰、江苏省南京工程高等职业学校、招商银行股份有限公司南京分行、招商银行股份有限公司信用卡中心侵权纠纷案》(《最高人民法院公报》2008年第10期)“裁判摘要”第一点，理由是与《民法典·人格权编》第1029条规定的信用权冲突。(4) 建议废止《杨文伟诉宝二十冶公司人身损害赔偿纠纷案》(《最高人民法院公报》2006年第8期)，理由是与《社会保险法》第42条冲突。(5) 建议废止《重庆索特盐化股份有限公司与重庆新万基房地产开发有限公司土地使用权转让合同纠纷案》(《最高人民法院公报》2009年第4期)。理由是与《民法典·物权编》第406条冲突。(6) 建议废止《广西桂冠电力股份有限公司与广西泳臣房地产开发有限公司房屋买卖合同纠纷案》(《最高人民法院公报》2010年第5期)，理由：与《民法典合同编》第五百六十六条第二款冲突。(7) 建议废止《厦门源昌房地产开发有限公司与海南悦信集团有限公司委托合同纠纷案》(《最高人民法院公报》2019年第4期)“裁判摘要”第1点。理由：与《民法典合同编》第五百六十八条第一款冲突。

目　录

Contents

上　册

第一编　总　则

第一分编　通　则

第一章　基本规定

第二章　自然人

第七章　代　理

第八章　民事责任

第九章 诉讼时效

第十章 期间计算

第二编 物 权

第一分编 通 则

第一章 一般规定

第二章　物权的设立、变更、转让和消灭

第三章 物权的保护

第二分编 所有权

第四章 一般规定

第五章 国家所有权和集体所有权、私人所有权

第七章　相邻关系

第八章　共　有

第九章　所有权取得的特别规定

第三分编　用益物权

第十章　一般规定

第十一章 土地承包经营权

第十二章 建设用地使用权

第四分编 担保物权

第十六章 一般规定

第十七章　抵押权

第十八章　质　权

第三编　合　同

第一分编　通　则

第一章　一般规定

第二章　合同的订立

第三章 合同的效力

第四章 合同的履行

第六章 合同的变更和转让

第七章 合同的权利义务终止

第八章 违约责任

下　册

第二分编　典型合同

第九章　买卖合同

第十章 供用电、水、气、热力合同

第十一章 赠与合同

第十二章 借款合同

第十四章　租赁合同

第十六章　保理合同

第十七章　承揽合同

第十八章　建设工程合同

第十九章　运输合同

第二十章 技术合同

第二十一章 保管合同

第二十二章 仓储合同

第二十三章　委托合同

第二十四章 物业服务合同

第二十五章 行纪合同

第二十六章　中介合同

第二十七章　合伙合同

第三分编　准合同

第二十八章　无因管理

第二十九章 不当得利

第四编 人格权

第一章 一般规定

第二章 生命权、身体权和健康权

第三章 姓名权和名称权

第四章 肖像权

第五章 名誉权和荣誉权

第六章 隐私权和个人信息保护

第五编 婚姻家庭

第一章 一般规定

第二章　结　婚

第三章　家庭关系

第六编　继　承

第一章　一般规定

第二章 法定继承

第三章 遗嘱继承和遗赠

第四章 遗产的处理

第七编　侵权责任

第一章　一般规定

第二章　损害赔偿

第三章　责任主体的特殊规定

第四章 产品责任

第五章 机动车交通事故责任

第六章 医疗损害责任

第七章 环境污染和生态破坏责任

第八章 高度危险责任

第九章 饲养动物损害责任

第十章　建筑物和物件损害责任

附　则

第一编　总　则

第一分编　通　则

第一章　基本规定

第一条　【立法目的】为了保护民事主体的合法权益，调整民事关系，维护社会和经济秩序，适应中国特色社会主义发展要求，弘扬社会主义核心价值观，根据宪法，制定本法。

第二条　【调整对象】民法调整平等主体的自然人、法人和非法人组织之间的人身关系和财产关系。

关联法规参见

▶**法律：**《民法典合同编》① 第464条，《民事诉讼法》第3条。

司法解释适用

《最高人民法院关于审理票据纠纷案件若干问题的规定》（法释〔2020〕18号修改）

新《票据纠纷案件规定》②	原《票据纠纷案件规定》
第六十二条　人民法院审理票据纠纷案件，适用票据法的规定；票据法没有规定的，适用《中华人民共和国民法典》等法律以及国务院制定的行政法规。 中国人民银行制定并公布施行的有关行政规章与法律、行政法规不抵触的，可以参照适用。	**第六十三条**　人民法院审理票据纠纷案件，适用票据法的规定；票据法没有规定的，适用《中华人民共和国民法通则》、《中华人民共和国合同法》、《中华人民共和国担保法》等民商事法律以及国务院制定的行政法规。 中国人民银行制定并公布施行的有关行政规章与法律、行政法规不抵触的，可以参照适用。

① 全书“关联法规参见”中的规范性文件省去“中华人民共和国”字样。

② 本书表格中下划线代表修改内容，删除线代表删去内容，“新增条文”代表左栏新文件新增加此条内容，“删除条文”代表左栏新文件在修订过程中删去右栏原文件的此条内容，“第二十四条（原第三十七条）”代表左栏新文件相较于右栏原文件此条内容无变化、条文序号有变化，全书同。

《最高人民法院关于适用〈中华人民共和国民法典〉时间效力的若干规定》
（法释〔2020〕15号）

《民法典时间效力规定》	
新增条文 **第一条** 民法典施行后的法律事实引起的民事纠纷案件，适用民法典的规定。 民法典施行前的法律事实引起的民事纠纷案件，适用当时的法律、司法解释的规定，但是法律、司法解释另有规定的除外。 民法典施行前的法律事实持续至民法典施行后，该法律事实引起的民事纠纷案件，适用民法典的规定，但是法律、司法解释另有规定的除外。 **第二条** 民法典施行前的法律事实引起的民事纠纷案件，当时的法律、司法解释有规定，适用当时的法律、司法解释的规定，但是适用民法典的规定更有利于保护民事主体合法权益，更有利于维护社会和经济秩序，更有利于弘扬社会主义核心价值观的除外。 **第三条** 民法典施行前的法律事实引起的民事纠纷案件，当时的法律、司法解释没有规定而民法典有规定的，可以适用民法典的规定，但是明显减损当事人合法权益、增加当事人法定义务或者背离当事人合理预期的除外。 **第四条** 民法典施行前的法律事实引起的民事纠纷案件，当时的法律、司法解释仅有原则性规定而民法典有具体规定的，适用当时的法律、司法解释的规定，但是可以依据民法典具体规定进行裁判说理。 **第五条** 民法典施行前已经终审的案件，当事人申请再审或者按照审判监督程序决定再审的，不适用民法典的规定。 **第二十八条** 本规定自2021年1月1日起施行。 本规定施行后，人民法院尚未审结的一审、二审案件适用本规定。	

《最高人民法院关于长春文化教育书刊经销中心与长春市邮政局赔偿案如何适用法律的复函》

吉林省高级人民法院：

你院〔1992〕吉高民终字第17号“关于长春市邮政局与长春文化教育书刊经销中心赔偿一案的审理报告”收悉。经研究，我们认为，本案是邮政企业在办理邮政业务中与邮政用户之间发生的赔偿纠纷，应当依照《中华人民共和国邮政法》、《中华人民共和国邮政法实施细则》的有关规定和参照邮政主管部门的有关规定处理。

《最高人民法院关于军队离退休干部腾退军产房纠纷法院是否受理的复函》

天津市高级人民法院：

你院津高法〔1990〕68号《关于中国人民解放军某部队诉林学华等五人军产腾房案是否受理的请示报告》收悉。经研究认为，因军队离退休干部安置、腾迁、对换住房等而发生的纠纷，属于军队离退休干部转由地方安置管理工作中的遗留问题，由军队和地方政府通过行政手段解决为妥。故我们同意你院审判委员会的倾向性意见，即此类纠纷人民法院不宜受理。

《最高人民法院民事审判庭关于翟忠元与巴彦淖尔盟运输公司宅基地纠纷案的电话答复》

内蒙古自治区高级法院：

你院请示的翟忠元与巴彦淖尔盟运输公司宅基地纠纷一案，经研究并征求有关部门意见，提出如下处理意见：

首先，要理顺本案的法律关系，把民事法律关系和行政法律关系分开，把已经能够形成诉讼的民事关系和尚未形成诉讼的民事关系分开。其次，目前第二审只宜判决：①双方争议宅基地归盟运输公司使用；②翟忠元赔偿损坏运输公司厕所、油库等设施的维修费五十元；③撤销第一审其他判决内容。再次，告知第一审法院、运输公司、翟忠元、临河城建局、临河供电局：①征地拆迁问题，按国家征地拆迁法规由有关部门处理，对于处理决定不服依法可以起诉的，法院可立案受理；②房屋买卖尚未涉及诉讼，法院可不处理；③临河城建局工作失误造成运输公司、翟忠元的损失，由受损失人向上级城建部门申请解决，对于上级主管部门处理决定不服、依法可以向人民法院提起行政诉讼的，由行政审判庭受理。

权威案例指引

▶公报案例

《大庆市振富房地产开发有限公司与大庆市人民政府债务纠纷案》，《最高人民法院公报》2007 年第 4 期

裁判摘要：根据《中华人民共和国合同法》第二条的规定，合同是平等主体的自然人、法人、其他组织之间设立、变更、终止民事权利义务关系的协议。法人响应政府号召，以向政府书面请示报告并经政府审批同意的形式介入市政建设，政府在不通知法人参加的情况下单方就法人介入市政建设而享有的优惠政策作出决定，法人只能按照政府决定执行的，法人与政府之间并非民法意义上的平等主体关系，双方亦没有就此形成民事合同关系。因此发生纠纷的，尽管双方之间的纠纷具有一定的民事因素，亦不属于人民法院受理民事案件的范围。

第三条　【合法权益受法律保护原则】民事主体的人身权利、财产权利以及其他合法权益受法律保护，任何组织或者个人不得侵犯。

关联法规参见

▶法律：《宪法》第 8 条、第 11 条、第 13 条，《民法典总则编》第 109 条、第 111 条至第 113 条、第 127 条、第 128 条，《民法典物权编》第 207 条，《民法典合同编》第 465 条。

司法解释适用

《最高人民法院关于审理国家赔偿案件确定精神损害赔偿责任适用法律若干问题的解释》

第一条　公民以人身权受到侵犯为由提出国家赔偿申请，依照国家赔偿法第三十五条的规定请求精神损害赔偿的，适用本解释。

法人或者非法人组织请求精神损害赔偿的，人民法院不予受理。

第二条 公民以人身权受到侵犯为由提出国家赔偿申请，未请求精神损害赔偿，或者未同时请求消除影响、恢复名誉、赔礼道歉以及精神损害抚慰金的，人民法院应当向其释明。经释明后不变更请求，案件审结后又基于同一侵权事实另行提出申请的，人民法院不予受理。

权威案例指引

▶指导性案例

《兰建军、杭州小拇指汽车维修科技股份有限公司诉天津市小拇指汽车维修服务有限公司等侵害商标权及不正当竞争纠纷案》，指导案例30号（2014年6月26日）

裁判要点：1. 经营者是否具有超越法定经营范围而违反行政许可法律法规的行为，不影响其依法行使制止商标侵权和不正当竞争的民事权利。

2. 反不正当竞争法并未限制经营者之间必须具有直接的竞争关系，也没有要求其从事相同行业。经营者之间具有间接竞争关系，行为人违背反不正当竞争法的规定，损害其他经营者合法权益的，也应当认定为不正当竞争行为。

▶典型案例

《周某诉龚某侵权责任纠纷案》，《最高人民法院发布人民法院老年人权益保护十大典型案例之九》（2021年2月24日）

典型意义：公民对个人的财产依法享有占有、使用、收益和处分的权利。老年人由于身体状况、行动能力等原因，往往难以有效管理、处分自有财产，在此情况下，子女更不得以窃取、骗取、强行索取等方式侵犯父母的财产权益。本案体现了反对子女“强行啃老”的价值导向，符合中华民族传统美德和社会主义核心价值观。人民法院在审理此类侵犯老年人权益的案件时，应当充分查明老年人的真实意愿，坚持保障老年人合法权益，秉持保护老年人合法财产权益的原则进行判决，有效定纷止争。

第四条 【平等原则】民事主体在民事活动中的法律地位一律平等。

关联法规参见

▶**法律：**《宪法》第33条，《民法典总则编》第14条、第113条，《民法典物权编》第206条，《民法典婚姻家庭编》第1041条，《民法典继承编》第1126条，《证券法》第4条，《义务教育法》第4条、第29条，《妇女权益保障法》第2条、第30条、第32条、第34条、第36条、第43条、第47条、第49条，《消费者权益保护法》第4条，《合伙企业法》第5条。

▶**国际公约：**《1958年消除就业和职业歧视公约》第1条、第2条。

第五条 【意思自治原则】民事主体从事民事活动，应当遵循自愿原则，按照自己的意思设立、变更、终止民事法律关系。

关联法规参见

▶**法律**：《民法典婚姻家庭编》第1046条，《证券法》第4条，《反不正当竞争法》第2条。

权威案例指引

▶**公报案例**

《苏州工业园区海富投资有限公司与甘肃世恒有色资源再利用有限公司、香港迪亚有限公司、陆波增资纠纷案》，《最高人民法院公报》2014年第8期

裁判摘要：在民间融资投资活动中，融资方和投资者设置估值调整机制（即投资者与融资方根据企业将来的经营情况调整投资条件或给予投资者补偿）时要遵守公司法和合同法的规定。投资者与目标公司本身之间的补偿条款如果使投资者可以取得相对固定的收益，则该收益会脱离目标公司的经营业绩，直接或间接地损害公司利益和公司债权人利益，故应认定无效。但目标公司股东对投资者的补偿承诺不违反法律法规的禁止性规定，是有效的。在合同约定的补偿条件成立的情况下，根据合同当事人意思自治、诚实信用的原则，引资者应信守承诺，投资者应当得到约定的补偿。

《深圳市启迪信息技术有限公司与郑州国华投资有限公司、开封市豫信企业管理咨询有限公司、珠海科美教育投资有限公司股权确认纠纷案》，《最高人民法院公报》2012年第1期

裁判摘要：在公司注册资本符合法定要求的情况下，各股东的实际出资数额和持有股权比例应属于公司股东意思自治的范畴。股东持有股权的比例一般与其实际出资比例一致，但有限责任公司的全体股东内部也可以约定不按实际出资比例持有股权，这样的约定并不影响公司资本对公司债权担保等对外基本功能实现。如该约定是各方当事人的真实意思表示，且未损害他人的利益，不违反法律和行政法规的规定，应属有效，股东按照约定持有的股权应当受到法律的保护。

第六条　【公平原则】民事主体从事民事活动，应当遵循公平原则，合理确定各方的权利和义务。

关联法规参见

▶**法律**：《民法典合同编》第496条，《民法典侵权责任编》第1186条，《证券法》第3条，《公司法》第126条，《拍卖法》第4条，《渔业法》第22条。

权威案例指引

▶**公报案例**

《朱兆龙诉东台市许河安全器材厂侵权责任纠纷案》，《最高人民法院公报》2020年第2期

裁判摘要：个人经营的淘宝网店绑定企业营业执照后变更为企业性质网店的，虽仍由个

人经营，但因淘宝店披露的信息均为该企业信息，导致该淘宝店实际已属企业所有权的权利外观。在企业不再允许该绑定，且绑定不能被取消的情况下，企业径自取得该淘宝店经营权的，并不构成对个人经营的侵权。鉴于个人对网店信用升级有一定贡献，企业将店铺经营权收回的同时，根据公平理念和利益平衡原则，应当对原经营者给予适当的补偿。

《上海美术电影制片厂与电子工业出版社、曲建方著作权权属、侵权纠纷案》，《最高人民法院公报》2018 年第 10 期

裁判摘要：特定历史时期职务作品的著作权归属不宜直接适用现行《著作权法》对职务作品的权利归属所确定的判断标准进行判定。本案上海美术电影制片厂（以下简称美影厂）和曲建方通过诉讼主张涉案角色造型作品著作权的归属是在涉案作品创作完成的三十余年后，期间，美影厂与曲建方各自使用涉案作品的共存状态是客观存在的事实，且双方都为涉案角色造型的社会影响力提高、品牌价值力提升等方面做出了贡献。在此种情况下若将涉案作品的著作权财产权归属一方当事人单独享有，显然会导致权利失衡，也有违公平原则。

第七条　【诚实信用原则】民事主体从事民事活动，应当遵循诚信原则，秉持诚实，恪守承诺。

关联法规参见

▶**法律：**《民法典合同编》第 466 条、第 500 条、第 509 条，《反不正当竞争法》第 2 条，《拍卖法》第 4 条。

▶**行政法规：**《保障中小企业款项支付条例》第 6 条。

司法解释适用

《最高人民法院关于知识产权民事诉讼证据的若干规定》

第一条　知识产权民事诉讼当事人应当遵循诚信原则，依照法律及司法解释的规定，积极、全面、正确、诚实地提供证据。

《最高人民法院民事审判第三庭关于转发〔2004〕民三他字第 10 号函的通知》

二、对违反诚实信用原则，使用与他人注册商标中的文字相同或者近似的企业字号，足以使相关公众对其商品或者服务的来源产生混淆的，根据当事人的诉讼请求，可以依照民法通则有关规定以及反不正当竞争法第二条第一、二款规定，审查是否构成不正当竞争行为，追究行为人的民事责任。

权威案例指引

▶**公报案例**

《北京福联升鞋业有限公司与国家工商行政管理总局商标评审委员会、北京内联升鞋业有限公司商标异议复审行政纠纷案》，《最高人民法院公报》2016 年第 6 期

裁判摘要：被异议商标申请人作为同地域的同业竞争者，理应对引证商标的知名度和显著性有相当程度的认识。因此，被异议商标申请人在同类商品上注册、使用有关商标时，应

当遵守诚实信用原则，注意合理避让而不是恶意攀附引证商标的知名度和良好商誉，从而造成相关公众混淆误认。

虽然被异议商标经过一定时间和范围的使用在客观上形成了一定的市场规模，但是，有关被异议商标的使用行为大多是在被异议商标申请日之后，尚未核准注册的情况下发生的。被异议商标申请人在其大规模使用被异议商标之前，理应认识到由于被异议商标与引证商标近似，并且引证商标具有较高的知名度和显著性，故存在被异议商标不被核准注册，乃至因使用被异议商标导致侵犯引证商标注册商标权的法律风险。被异议商标申请人未能尽到合理的注意和避让义务，仍然申请注册并大规模使用被异议商标，由此带来的不利后果理应自行承担。

《韩龙梅等诉阳光人寿保险股份有限公司江苏分公司保险合同纠纷案》，《最高人民法院公报》2010 年第 5 期

裁判摘要： 保险法第十七条第一款规定："订立保险合同，保险人应当向投保人说明保险合同的条款内容，并可以就保险标的或者被保险人的有关情况提出询问，投保人应当如实告知。"保险人或其委托的代理人出售"自助式保险卡"未尽说明义务，又未对相关事项向投保人提出询问，自行代替投保人激活保险卡形成数据电文形式的电子保险单，在保险合同生效后，保险人以电子保险单内容不准确，投保人违反如实告知义务为由主张解除保险合同的，人民法院不予支持。

《江苏外企公司诉上海丰泰保险公司海上货物运输保险合同纠纷案》，《最高人民法院公报》2005 年第 11 期

裁判摘要： 被保险人在投保时至保险合同成立前，未向保险人告知其所知或者在通常业务过程中应知的、足以影响保险人作出是否承保以及如何确定保险费决定的一切重要情况，违反了最大诚信原则，保险人可以因此宣告保险合同无效。

《勋怡公司诉瑞申公司财产权属纠纷案》，《最高人民法院公报》2004 年第 3 期

裁判摘要： 双方当事人恶意串通，隐瞒事实、编织理由进行诉讼，违反了《中华人民共和国民法通则》第四条规定的诚实信用原则，应承担相应的法律责任。

▶典型案例

《"暗刷流量"合同无效案——常某某诉许某网络服务合同纠纷案》，《人民法院大力弘扬社会主义核心价值观十大典型民事案例之六》（2020 年 5 月 13 日）

典型意义：诚实守信、网络秩序

此案是全国首例涉及"暗刷流量"虚增网站点击量的案件。网络产品的真实流量能够反映出网络产品的受欢迎度及质量优劣程度，流量成为网络用户选择网络产品的重要因素。"暗刷流量"的行为违反商业道德，违背诚实信用原则，对行业正常经营秩序以及消费者的合法权益均构成侵害，有损社会公共利益。本案对"暗刷流量"交易行为的效力予以否定性评价，并给予妥当的制裁和惩戒，对治理互联网领域内的乱象有积极推动作用。

《丘某良诈骗案》，《最高人民法院发布十起关于弘扬社会主义核心价值观典型案例之三》（2016 年 8 月 23 日）

典型意义：诚实守信

从审判实践中来看，包括本案在内的不少以找工作、替人办事为名的诈骗案件中发现，犯罪分子的骗术并不高明，而是抓住了被害人急于求成、想走捷径的心理，从而让犯罪分子有机可乘。此类诈骗时有发生，法官告诫广大市民不要轻易相信社会上人员所谓的“有关系”“有门路”，应通过正规的途径去找工作、办事，切勿贪走捷径，谨防上当受骗。

《微信朋友圈销售假冒注册商标的商品案》，《最高人民法院发布十起关于弘扬社会主义核心价值观典型案例之四》（2016 年 8 月 23 日）

典型意义：诚信经营

本案是一起通过微信朋友圈销售假冒注册商标的商品的典型案例。微信朋友圈原是相对私人的个人空间，然而越来越多的人加入微商，利用微信朋友圈等新平台售假者也越来越多。与传统侵犯知识产权犯罪案件相比，这类犯罪作案手段相对隐蔽，但传播面广及推广速度快，销售假冒注册商标的商品涉及面广，社会影响恶劣。目前，《消费者权益保护法》和《网络交易管理办法》在微信购物方面还没有明文规定，而且微商没有经过工商注册登记，相关法律法规还需要进一步完善。

《旅游卫视诉爱美德公司等侵犯台标著作权案》，《最高人民法院发布十起关于弘扬社会主义核心价值观典型案例之五》（2016 年 8 月 23 日）

典型意义：诚信诉讼

本案是新民事诉讼法实施后，北京市法院对不诚信当事人作出的首起顶格罚款案件，罚款总额为 111 万元，也是全国单起案件罚款总额最高的案件。新修改的民事诉讼法将对个人的罚款最高金额由 1 万元提升至 10 万元，对单位的罚款最高金额由 30 万元提升至 100 万元。本案被告爱美德公司提交多份关键虚假证据，且在在先证据被发现系伪造后继续变本加厉提交虚假证据及证言，上述证据如未被发现系伪造，很有可能导致原、被告利益出现重大反转。被告上述行为严重违反诚信精神，干扰法院诉讼秩序，浪费司法资源、损害对方当事人权益，无视法院司法权威，行为极其严重，由此大兴区法院对其处以最高金额 100 万元的罚款。

2015 年 1 月 30 日公布并实施的《最高人民法院关于适用〈中华人民共和国民事诉讼法〉的解释》第一百一十九条、一百八十九条规定，证人出庭作证应当签署诚信诉讼保证书，签署诚信诉讼保证书后作虚假证言，妨碍人民法院审理案件的，人民法院可以予以罚款、拘留，构成犯罪的，依法追究刑事责任。本案全国皮革工业标准化技术委员作为一个全国性的行业组织，在签订诚信诉讼保证书后为与其有业务往来的被告爱美德公司出具虚假证据及证言，严重干扰司法秩序。故大兴区法院依据民事诉讼法及其上述解释的规定，对该协会处以 10 万元罚款。

民事诉讼法第一百一十一条第二款规定，对于违反诚信诉讼的单位，可以对其主要负责人或者直接责任人员予以罚款、拘留；构成犯罪的，依法追究刑事责任。本案全国皮革工业标准化技术委员秘书长赵某，作为代表该单位伪造上述证据、出具虚假证言的直接责任人员，应当就其违法行为承担相应的责任。故大兴区法院依据上述法律规定对其处以1万元罚款。

在建设法治社会的今天，不诚信诉讼行为严重影响司法秩序、损害相对方利益，应当依法予以处罚，以维护法治和司法的权威。大兴区法院依据民事诉讼法及其解释的上述规定，作出以上罚款处罚。

《某小区业主委员会诉邓某某物业服务合同纠纷案》，《最高人民法院发布十起关于弘扬社会主义核心价值观典型案例之七》（2016年8月23日）

典型意义：诚实守信

本案中双方争议的焦点是业主委员会是否是本案的适格主体。近几年，由于传统物业公司与业主之间的矛盾激化，业主不满意物业公司的服务不按时交纳物业管理费，物业公司收费率低，无法维持公司正常运营，最终撤出小区管理，或是业主不满物业公司的服务而将其“赶”出小区。这就造成小区无人管理的情况，为维护整洁、安全、和谐的小区环境，就出现了业主委员会自行管理小区的情况。目前，我国并没有一部专门的物业管理法律。在审理物业服务合同纠纷案件时，法院主要依据《物业管理条例》及《物权法》的相关规定。但这些法律对于类似业主委员会自管这种物业模式都没有明确的规定。在立案、审理、执行等各个环节都会遇到问题，也加大案件审理难度。我们认为，根据《物权法》第八十一条的规定，业主可以自行管理建筑物及其附属设施，也可以委托物业服务企业或者其他管理人管理。由此可见，法律赋予业主对所居住的小区的物业管理予以选择的权利，业主有权对所居住小区进行自治管理。出于保护当事人合理诉求的考虑，同时业主委员会自管小区有利于营造舒适安全的环境，有利于维护小区和谐稳定的角度考虑，我们对现阶段业主委员会自管模式中业主委员会的主体资格予以认定。

《杨某诉某财产保险股份有限公司意外伤害保险合同纠纷案》，《最高人民法院公布10起弘扬社会主义核心价值观典型案例之五》（2016年3月10日）

典型意义：诚实守信

诚实信用原则是民商事活动的基本原则。保险公司的提示、说明义务，是在保险合同领域贯彻诚实信用原则的基本要求。本案被告保险公司就保险合同中的免责条款，未尽到提示和说明义务，应当依法承担保险责任。

《张某诉某商贸有限责任公司买卖合同纠纷案》，《最高人民法院公布10起弘扬社会主义核心价值观典型案例之六》（2016年3月10日）

典型意义：诚信经营

诚实守信不但是基本道德准则，也是市场活动应当遵循的基本原则。针对当前一些地方假冒伪劣产品屡禁不止的现象，应当旗帜鲜明地倡导、褒扬诚实守信，坚决谴责、制裁和打击不诚信行为，努力营造让人民群众“买的放心、吃的安心、用的顺心”的食品安全环境。本案被告出售“三无”食品，原告主张退还货款并支付货款十倍的惩罚性赔偿金，人民法院依法予以支持。

第八条　【禁止违反法律和公序良俗原则】 民事主体从事民事活动，不得违反法律，不得违背公序良俗。

关联法规参见

▶**法律：**《民法典总则编》第10条，《公司法》第5条，《妇女权益保障法》第5条，《保险法》第4条。

权威案例指引

▶**典型案例**

《村民私自上树摘果坠亡索赔案——李某某等人诉某村委会违反安全保障义务责任纠纷案》，《人民法院大力弘扬社会主义核心价值观十大典型民事案例之三》（2020年5月13日）

典型意义：公序良俗、文明出行

本案是人民法院依职权再审改判不文明出行人自行承担损害后果的案件。再审判决旗帜鲜明地表明，司法可以同情弱者，但对于违背社会公德和公序良俗的行为不予鼓励、不予保护，如果“谁闹谁有理”“谁伤谁有理”，则公民共建文明社会的道德责任感将受到打击，长此以往，社会的道德水准将大打折扣。本案再审判决明确对吴某某的不文明出行行为作出了否定性评价，改判吴某某对坠亡后果自行担责，倡导社会公众遵守规则、文明出行、爱护公物、保护环境，共建共享与新时代相匹配的社会文明，取得了良好的社会效果。

《撞伤儿童离开被阻猝死索赔案——刘某某、郭某丽、郭某双诉孙某、某物业公司生命权纠纷案》，《人民法院大力弘扬社会主义核心价值观十大典型民事案例之四》（2020年5月13日）

典型意义：助人为乐、友善共处

一段时期以来，“搀扶摔倒老人反被讹诈”等负面新闻屡屡见诸媒体报道，公众良知不断受到拷问和挑战，引发了人们对社会道德滑坡的担心和忧虑。本案中，好心人孙某对侵害儿童权益的行为进行合理地阻止，不仅不具有违法性，反而具有正当性，值得肯定和鼓励。本案判决好心人不担责，向社会公众明确传递出法律保护善人善举的信号，消除了老百姓对助人为乐反而官司缠身的担心和顾虑，让“扶不扶”“救不救”等问题不再成为困扰社会的两难选择。本案裁判对弘扬诚信相待、友善共处、守望相助的社会主义核心价值观起到积极的宣传和引导作用。

《自愿赡养老人继承遗产案——高某翔诉高甲、高乙、高丙继承纠纷案》，《人民法院大力弘扬社会主义核心价值观十大典型民事案例之九》（2020年5月13日）

典型意义：中华孝道

遗产继承处理的不仅是当事人之间的财产关系，还关系到家庭伦理和社会道德风尚，继承人应当本着互谅互让、和睦团结的精神消除误会，积极修复亲情关系，共促良好家风。本案中，高某翔虽没有赡养祖父母的法定义务，但其能专职侍奉生病的祖父母多年直至老人病故，是良好社会道德风尚的具体体现，应当予以鼓励。本案裁判结合《继承法》的规定对高某翔的赡养行为给予高度肯定，确定了其作为非法定继承人享有第一顺位的继承权利，并结合其赡养行为对高某翔适当继承遗产的范围进行合理认定，实现了情理法的有机融合，弘扬了团结友爱、孝老爱亲的中华民族传统美德。

《某村民委员会诉郑某某等12人返还原物纠纷案》，《最高人民法院发布十起关于弘扬社会主义核心价值观典型案例之一》（2016年8月23日）

典型意义：诚实守法

本案在于教育、警示新农村建设中的违法行为人，保障新农村建设的正常进行。在新农村建设中，一些法律意识淡薄且存有侥幸心理的农村村民，无视、漠视法律、法规、规章及村规民约，妄图以违法行为获取非法或不当利益，且行为往往具有集团性，对新农村建设危害极大。本案以判决的方式，昭示了在新农村建设当中应当遵循的契约精神，打击了新农村建设中违法侵占行为和违约失信行为，破除了新农村建设的障碍，维护了新农村建设秩序，保障了新农村建设的顺利推进。

《伊春某旅游酒店有限公司诉张某某劳动争议纠纷案》，《最高人民法院发布十起关于弘扬社会主义核心价值观典型案例之二》（2016年8月23日）

典型意义：诚实守规

本案争议焦点是被告张某某系林业局在职职工，其是否能够另行与另一企业形成劳动合同关系。按照法律规定，企业停薪留职、未达到法定退休年龄的内退人员、下岗待岗人员以及企业经营性停产放长假人员，因与新的用人单位发生用工争议，依法向人民法院提起诉讼的，人民法院应当按劳动关系处理。因此，法院依照《中华人民共和国民事诉讼法》第六十四条、《最高人民法院关于审理劳动争议案件适用法律若干问题的解释》（三）第八条、《中华人民共和国劳动合同法》第三十七条、第八十二条、《中华人民共和国劳动合同法实施条例》第七条的规定，作出上述判决。

《北京某集团总医院申请执行陈某春医疗服务合同纠纷案》，《最高人民法院发布十起关于弘扬社会主义核心价值观典型案例之六》（2016年8月23日）

典型意义：公序良俗

本案充分体现了执行工作的强制性，树立了法院的司法权威，弘扬了正确的社会价值导向。在近年来医患关系紧张的社会背景下，类似于本案的病人霸占病床、拒绝出院的现象并不罕见，已经成为"社会顽疾"。本案的典型意义就在于通过司法执行的途径，在法律途径下破解霸占医院病床的难题，为此类案件的执行提供了操作范本，倡导了在法治体系下解决矛盾纠纷的社会导向。

在该案件的强制执行过程中，本院认真贯彻高效、规范、公开、文明执行的指导思想，遵照最高法院院长周强关于执行工作应坚持"一性两化"的要求，以维护生效法律文书的效力，维护当事人合法权益和社会公共利益为出发点，一方面勇于迎难而上，坚决执行，规范执行；另一方面积极做好风险防控和强制执行方案，确保案件执行的社会效果和法律效果。

在执行过程中，用足、用好、用活强制执行措施，坚决依法采取罚款、拘留等强制措施，严厉打击抗拒执行、阻碍执行甚至暴力抗法的行为；通过邀请人大代表、政协委员、人民陪审员到场监督，邀请新闻媒体进行现场报道，增强法院执行工作的参与度和透明度，赢得公众的理解和社会舆论的支持。

本案的顺利执行，也为积极构建社会各方力量参与的解决医患矛盾体系提供了契机和动力，对推进整个社会的法治意识具有积极的作用。

《"北燕云依"诉某派出所拒绝办理户口登记案》，《最高人民法院公布10起弘扬社会主义核心价值观典型案例之二》（2016年3月10日）

典型意义：公序良俗

公民行使姓名权，应当符合法律规定，不得损害公序良俗。本案原告的父母在为其办理户口登记时，取名"北燕云依"，既未随父姓或母姓，也没有其他正当理由。公安机关拒绝对"北燕云依"进行户口登记，符合法律规定，恪守了公序良俗的要求，维护了正常社会管理秩序，得到了人民法院的依法支持。

《周某诉某公安分局拖延履行法定职责案》，《最高人民法院公布10起弘扬社会主义核心价值观典型案例之三》（2016年3月10日）

典型意义：社会公德

"文明健身、和谐生活"，既是社会主义精神文明的体现，也是法治精神的体现。广大群众积极参加健身活动，有利身心健康，增强体魄，但不能因此损害他人的合法权益。本案原告周某因社区居民在其楼下跳广场舞，严重影响生活安宁，向某公安分局报案处理未果后提起行政诉讼。人民法院依法判决该公安分局对周某的报案作出行政处理。本案也提醒广大群众：强身健体，也要尊重他人权利，这样才能真正保证健身的"幸福指数"，提升和谐共处的"文明指数"。

《张某等诉杨某继承纠纷案》，《最高人民法院公布10起弘扬社会主义核心价值观典型案例之四》（2016年3月10日）

典型意义：友善互助

"远亲不如近邻"。邻里关系是人们生活中的重要关系，邻里之间互帮互助，是我国社会的优良传统和善良风俗。倡导、培育和维护良好的邻里关系，是互相关照、互相理解、和谐相处的社区建设的重要内容。本案中，杨某的父亲长期受到张某夫妇及其儿子的照顾，杨某的父亲将其房产遗赠给张某的儿子，于法有据，于情合理，人民法院依法予以支持。

《某船厂诉某船务有限公司船舶修理合同纠纷案》，《最高人民法院公布10起弘扬社会主义核心价值观典型案例之七》（2016年3月10日）

典型意义：诚信诉讼

"诚者，天之道也"。诚实信用是中华民族的传统美德，是法治国家与法治社会建设的重要内容。本案双方当事人恶意串通，虚构债权债务关系，企图以诉讼方式侵害他人合法权益，进行虚假诉讼，人民法院依法驳回其诉讼请求，并对当事人处以罚款。

《金某伪证案》，《最高人民法院公布10起弘扬社会主义核心价值观典型案例之八》（2016年3月10日）

典型意义：诚实守法

在诉讼中如实作证，作为每一个公民都应当履行的义务，是维护司法正常秩序，确保司法裁判公平公正的重要因素。虚假作证不但严重影响裁判结果的公正性，危害司法权威，而且直接侵害当事人合法权益，损害社会诚信建设。本案金某在诉讼中故意作伪证，严重违背诚实信用原则，违反了法律义务，受到了应有的刑事制裁。

《高某诉上海某大学不授予学位案》，《最高人民法院公布10起弘扬社会主义核心价值观典型案例之九》（2016年3月10日）

典型意义：诚实守规

诚实信用，是社会主义社会的重要核心价值，也是中华民族的优秀道德传统。对每一个人而言，诚信乃立身之本。本案原告高某作为在校大学生，是国家的未来建设者，在考试中作弊，不仅违背诚信原则，更违反了国家法律法规和学校的规定，学校对其作出不授予学位的处理，人民法院依法予以支持。

第九条　【绿色原则】民事主体从事民事活动，应当有利于节约资源、保护生态环境。

关联法规参见

法律：《宪法》第9条，《民法典物权编》第346条，《民法典合同编》第509条、第558条，《民法典侵权责任编》第1229条，《森林法》第3条，《土地管理法》第39条，《环境噪声污染防治法》第7条，《野生动物保护法》第6条，《大气污染防治法》第7条，《节约能源法》第9条，《防沙治沙法》第6条，《循环经济促进法》第10条，《土壤污染防治法》第4条，《海洋环境保护法》第4条，《水污染防治法》第11条，《固体废物污染环境防治法》第12条、第31条、第100条，《煤炭法》第11条，《水法》第8条，《环境保护法》第6条，《草原法》第5条、第33条、第34条，《清洁生产促进法》第18条至第20条、第23条至第25条，《水土保持法》第8条，《矿产资源法》第32条。

权威案例指引

指导性案例

《中国生物多样性保护与绿色发展基金会诉宁夏瑞泰科技股份有限公司环境污染公益诉讼案》，指导案例75号（2016年12月28日）

裁判要点：1. 社会组织的章程虽未载明维护环境公共利益，但工作内容属于保护环境要素及生态系统的，应认定符合《最高人民法院关于审理环境民事公益诉讼案件适用法律若干问题的解释》（以下简称《解释》）第四条关于“社会组织章程确定的宗旨和主要业务范围是维护社会公共利益”的规定。

2.《解释》第四条规定的“环境保护公益活动”，既包括直接改善生态环境的行为，也包括与环境保护相关的有利于完善环境治理体系、提高环境治理能力、促进全社会形成环境保护广泛共识的活动。

3. 社会组织起诉的事项与其宗旨和业务范围具有对应关系，或者与其所保护的环境要素及生态系统具有一定联系的，应认定符合《解释》第四条关于“与其宗旨和业务范围具有关联性”的规定。

▶公报案例

《北京市朝阳区自然之友环境研究所、中华环保联合会与中国石油天然气股份有限公司、中国石油天然气股份有限公司吉林油田分公司环境污染公益诉讼案》，《最高人民法院公报》2019 年第 4 期

裁判摘要：环境民事公益诉讼案件中，社会组织将实施环境污染行为的法人分支机构以及设立该分支机构的法人一并列为被告提起诉讼，应当确认该法人系适格被告。在数个法院对案件有管辖权时，应当遵循环境公益诉讼的特殊规律，将案件交由污染行为实施地、损害结果地人民法院管辖，以便准确查明事实，依法确定责任，保障受损生态环境得到及时有效修复。

▶典型案例

《某环保联合会诉某农化有限公司等环境污染责任纠纷案》，《最高人民法院公布 10 起弘扬社会主义核心价值观典型案例之十》（2016 年 3 月 10 日）

典型意义：环境公益

生态环境，是人们共同生存和生活的必要条件，良好的生态环境是全社会的共同福祉，是重要的社会公共利益。无论是日常生活，还是生产经营，都不得以破坏和牺牲生态环境为代价，否则就要依法承担法律责任。本案中，某农化有限公司等六被告长期将工业废物直接排进河道，污染了水流，造成了严重环境损害。环保组织提起环境公益诉讼，人民法院依法判决排污企业承担环境损害责任。

第十条　【民法法源及顺序】处理民事纠纷，应当依照法律；法律没有规定的，可以适用习惯，但是不得违背公序良俗。

关联法规参见

▶**法律：**《民法典物权编》第 289 条，《民法典合同编》第 466 条、第 480 条、第 484 条、第 509 条、第 510 条、第 558 条、第 599 条、第 814 条、第 891 条，《证券法》第 5 条，《公司法》第 5 条。

司法解释适用

《最高人民法院关于裁判文书引用法律、法规等规范性法律文件的规定》

第一条　人民法院的裁判文书应当依法引用相关法律、法规等规范性法律文件作为裁判

依据。引用时应当准确完整写明规范性法律文件的名称、条款序号，需要引用具体条文的，应当整条引用。

第二条　并列引用多个规范性法律文件的，引用顺序如下：法律及法律解释、行政法规、地方性法规、自治条例或者单行条例、司法解释。同时引用两部以上法律的，应当先引用基本法律，后引用其他法律。引用包括实体法和程序法的，先引用实体法，后引用程序法。

第四条　民事裁判文书应当引用法律、法律解释或者司法解释。对于应当适用的行政法规、地方性法规或者自治条例和单行条例，可以直接引用。

其他法律性文件

《最高人民法院关于印发〈全国法院贯彻实施民法典工作会议纪要〉的通知》

12. 除上述内容外，对于民通意见、合同法解释一合同法解释二的实体性规定所体现的精神，与民法典及有关法律不冲突且在司法实践中行之有效的，如民通意见第 2 条关于以自己的劳动收入为主要生活来源的认定规则等，人民法院可以在裁判文书说理时阐述。上述司法解释中的程序性规定的精神，与民事诉讼法及相关法律不冲突的，如合同法解释一第十四条、第二十三条等，人民法院可以在办理程序性事项时作为参考。

14. 人民法院审理民事纠纷案件，根据《时间效力规定》应当适用民法典的，同时适用民法典相关司法解释，但是该司法解释另有规定的除外。

15. 人民法院根据案件情况需要引用已废止的司法解释条文作为裁判依据时，先列明《时间效力规定》相关条文，后列明该废止的司法解释条文。需要同时引用民法通则、合同法等法律及行政法规的，按照《最高人民法院关于裁判文书引用法律、法规等规范性法律文件的规定》确定引用条文顺序。

16. 人民法院需要引用《修改决定》涉及的修改前的司法解释条文作为裁判依据时，先列明《时间效力规定》相关条文，后列明修改前司法解释名称、相应文号和具体条文。人民法院需要引用修改后的司法解释作为裁判依据时，可以在相应名称后以括号形式注明该司法解释的修改时间。

17. 民法典施行前的法律事实引起的民事纠纷案件，根据《时间效力规定》应当适用民法典的，同时列明民法典的具体条文和《时间效力规定》的相关条文。民法典施行后的法律事实引起的民事纠纷案件，裁判文书引用法律、司法解释时，不必引用《时间效力规定》的相关条文。

权威案例指引

▶公报案例

《李金华诉立融典当公司典当纠纷案》，《最高人民法院公报》2006 年第 1 期

裁判摘要：绝当后，消灭当户基于典当合同对当物的回赎权，既不违反法律规定，也符合典当行业的惯例和社会公众的一般理解。

第十一条　【特别法优先】其他法律对民事关系有特别规定的，依照其规定。

关联法规参见

▶**法律：**《立法法》第92条、第94条，《涉外民事关系法律适用法》第2条，《票据法》第96条。

第十二条　【民法的地域效力】中华人民共和国领域内的民事活动，适用中华人民共和国法律。法律另有规定的，依照其规定。

关联法规参见

▶**法律：**《涉外民事关系法律适用法》第3条，《票据法》第96条。

权威案例指引

▶**指导性案例**

中化国际（新加坡）有限公司诉蒂森克虏伯冶金产品有限责任公司国际货物买卖合同纠纷案，指导案例107号（2019年2月25日）

裁判要点：1. 国际货物买卖合同的当事各方所在国为《联合国国际货物销售合同公约》的缔约国，应优先适用公约的规定，公约没有规定的内容，适用合同中约定适用的法律。国际货物买卖合同中当事人明确排除适用《联合国国际货物销售合同公约》的，则不应适用该公约。

2. 在国际货物买卖合同中，卖方交付的货物虽然存在缺陷，但只要买方经过合理努力就能使用货物或转售货物，不应视为构成《联合国国际货物销售合同公约》规定的根本违约的情形。

▶**公报案例**

《黄艺明、苏月弟与周大福代理人有限公司、亨满发展有限公司以及宝宜发展有限公司合同纠纷案》，《最高人民法院公报》2016年第7期

裁判摘要：涉港民商事纠纷案件中，应当参照我国国际私法冲突规范的规定以及国际私法理论，针对涉及的不同问题采用分割方法确定应当适用的法律。本案涉及的定性、程序事项适用法院地法——内地法律；先决问题因涉及法定继承、夫妻财产关系，根据我国冲突规范的指引，适用内地法律；合同争议本身以及诉讼时效问题，根据我国冲突规范的规定，适用当事人选择的香港法律。当事人有义务向法院提供其选择适用的香港法律。

《中化国际（新加坡）有限公司与蒂森克虏伯冶金产品有限责任公司国际货物买卖合同纠纷案》，《最高人民法院公报》2015年第8期

裁判摘要：一、关于准据法的适用问题。该国际货物买卖合同纠纷的双方当事人营业地分别位于新加坡和德国，当事人在合同中约定适用美国法律。新加坡、德国、美国均为《联

合国国际货物销售合同公约》缔约国，当事人未排除公约的适用，因此本案的审理应首先适用《联合国国际货物销售合同公约》。对于审理案件中涉及的问题公约没有规定的，例如合同效力问题、所有权转移问题，应当适用当事人选择的美国法律。

二、适用《联合国国际货物销售合同公约》对根本性违约的认定问题。在国际货物买卖合同中，卖方交付的货物虽然存在缺陷，但只要买方在不存在不合理的麻烦的情况下，能使用货物或转售货物，甚至打些折扣，质量不符不应视为构成《联合国国际货物销售合同公约》规定的根本违约的情形。

第二章　自然人

第一节　民事权利能力和民事行为能力

第十三条　【自然人民事权利能力的起止时间】 自然人从出生时起到死亡时止，具有民事权利能力，依法享有民事权利，承担民事义务。

关联法规参见

▶法律：《民法典继承编》第1121条，《涉外民事关系法律适用法》第11条。

第十四条　【民事权利能力平等】 自然人的民事权利能力一律平等。

关联法规参见

▶法律：《宪法》第33条，《民法典总则编》第4条。

第十五条　【出生和死亡时间的认定】 自然人的出生时间和死亡时间，以出生证明、死亡证明记载的时间为准；没有出生证明、死亡证明的，以户籍登记或者其他有效身份登记记载的时间为准。有其他证据足以推翻以上记载时间的，以该证据证明的时间为准。

关联法规参见

▶法律：《母婴保健法》第23条，《执业医师法》第21条、第23条。

▶行政法规：《户口登记条例》第7条、第8条，《医疗机构管理条例》第32条。

司法解释适用

《最高人民法院关于适用〈中华人民共和国民法典〉继承编的解释（一）》（法释〔2020〕23号）

《民法典继承编司法解释（一）》	原《继承法意见》
删除条文 ~~2. 相互有继承关系的几个人在同一事件中死亡，如不能确定死亡先后时间的，推定没有继承人的人先死亡。死亡人各自都有继承人的，如几个死亡人辈分不同，推定长辈先死亡；几个死亡人辈分相同，推定同时死亡，彼此不发生继承，由他们各自的继承人分别继承。~~	

第十六条 【胎儿的部分民事权利能力】涉及遗产继承、接受赠与等胎儿利益保护的，胎儿视为具有民事权利能力。但是，胎儿娩出时为死体的，其民事权利能力自始不存在。

关联法规参见

▶**法律**：《民法典总则编》第13条。

司法解释适用

《最高人民法院关于适用〈中华人民共和国民法典〉继承编的解释（一）》（法释〔2020〕23号）

《民法典继承编司法解释（一）》	原《继承法意见》
第三十一条 应当为胎儿保留的遗产份额没有保留的，应从继承人所继承的遗产中扣回。 为胎儿保留的遗产份额，如胎儿出生后死亡的，由其继承人继承；如胎儿娩出时是死体的，由被继承人的继承人继承。	45. 应当为胎儿保留的遗产份额没有保留的，应从继承人所继承的遗产中扣回。 为胎儿保留的遗产份额，如胎儿出生后死亡的，由其继承人继承；如胎儿出生时就是死体的，由被继承人的继承人继承。

权威案例指引

▶**公报案例**

《王德钦诉杨德胜、泸州市汽车二队交通事故损害赔偿纠纷案》，《最高人民法院公报》2006年第3期

裁判摘要：《民法通则》第一百一十九条规定的“死者生前扶养的人”，既包括死者生前实际扶养的人，也包括应当由死者抚养，但因为死亡事故发生，死者尚未抚养的子女。

第十七条　【成年时间】十八周岁以上的自然人为成年人。不满十八周岁的自然人为未成年人。

关联法规参见

▶**法律**：《宪法》第34条，《未成年人保护法》第2条。

第十八条　【完全民事行为能力人】成年人为完全民事行为能力人，可以独立实施民事法律行为。

十六周岁以上的未成年人，以自己的劳动收入为主要生活来源的，视为完全民事行为能力人。

关联法规参见

▶**法律**：《民法典总则编》第17条，《民法典侵权责任编》第1190条，《劳动法》第15条，《预防未成年人犯罪法》第27条。

第十九条　【限制民事行为能力人的年龄标准及能力限制】八周岁以上的未成年人为限制民事行为能力人，实施民事法律行为由其法定代理人代理或者经其法定代理人同意、追认；但是，可以独立实施纯获利益的民事法律行为或者与其年龄、智力相适应的民事法律行为。

关联法规参见

▶**法律**：《民法典总则编》第145条，《民法典婚姻家庭编》第1104条、第1114条，《民法典继承编》第1143条，《广告法》第33条，《公证法》第31条，《保险法》第39条。

▶**行政法规**：《婚姻登记条例》第12条。

权威案例指引

▶**典型案例**

《刘某诉某科技公司合同纠纷案——未成年人大额网络直播打赏应当依法返还》，《最高人民法院发布7起未成年人司法保护典型案例之七》（2021年3月2日）

典型意义：本案是一起典型的未成年人参与直播打赏案例。司法实践中涉及的网络打赏、网络游戏纠纷，多数是限制行为能力人，也就是8周岁以上的未成年人。这些人在进行网络游戏或者打赏时，有的几千、几万，这显然与其年龄和智力水平不相适应，在未得到法定代理人追认的情况下，其行为依法应当是无效的。《最高人民法院关于依法妥善审理涉新冠肺炎疫情民事案件若干问题的指导意见（二）》对未成年人参与网络付费游戏和网络打赏纠纷提供了更为明确的规则指引。意见明确，限制民事行为能力人未经其监护人同意，参与网络付费游戏或者网络直播平台“打赏”等方式支出与其年龄、智力不相适应的款项，监护人请求网络服务提供者返还该款项的，人民法院应予支持。该规定更多地考量了对未成年人合法权益的保护，同时引导网络公司进一步强化社会责任，为未成年人健康成长创造良好网络环境。

第二十条 【无民事行为能力人的年龄标准及能力限制】 不满八周岁的未成年人为无民事行为能力人，由其法定代理人代理实施民事法律行为。

关联法规参见

▶**法律：**《民法典总则编》第144条。

司法解释适用

《最高人民法院关于适用〈中华人民共和国民事诉讼法〉执行程序若干问题的解释》（法释〔2020〕21号修改）

<table>
<tr><th>新《民事诉讼法执行程序司法解释》</th><th>原《民事诉讼法执行程序司法解释》</th></tr>
<tr><td colspan="2">**第二十四条（原第三十七条）** 被执行人为单位的，可以对其法定代表人、主要负责人或者影响债务履行的直接责任人员限制出境。
被执行人为无民事行为能力人或者限制民事行为能力人的，可以对其法定代理人限制出境。</td></tr>
</table>

《最高人民法院关于审理票据纠纷案件若干问题的规定》（法释〔2020〕18号修改）

<table>
<tr><th>新《票据纠纷案件规定》</th><th>原《票据纠纷案件规定》</th></tr>
<tr><td colspan="2">**第四十五条（原第四十六条）** 票据的背书人、承兑人、保证人在票据上的签章不符合票据法以及《票据管理实施办法》规定的，或者无民事行为能力人、限制民事行为能力人在票据上签章的，其签章无效，但不影响人民法院对票据上其他签章效力的认定。</td></tr>
</table>

《最高人民法院关于审理民事案件适用诉讼时效制度若干问题的规定》（法释〔2020〕17号修改）

<table>
<tr><th>新《民事案件诉讼时效规定》</th><th>原《民事案件诉讼时效规定》</th></tr>
<tr><td colspan="2">删除条文
~~**第二十条** 有下列情形之一的，应当认定为民法通则第一百三十九条规定的“其他障碍”，诉讼时效中止：~~
~~（一）权利被侵害的无民事行为能力人、限制民事行为能力人没有法定代理人，或者法定代理人死亡、丧失代理权、丧失行为能力；~~
~~（二）继承开始后未确定继承人或者遗产管理人；~~
~~（三）权利人被义务人或者其他人控制无法主张权利；~~
~~（四）其他导致权利人不能主张权利的客观情形。~~</td></tr>
</table>

第二十一条　【无民事行为能力人的心智标准及能力限制】不能辨认自己行为的成年人为无民事行为能力人，由其法定代理人代理实施民事法律行为。

八周岁以上的未成年人不能辨认自己行为的，适用前款规定。

关联法规参见

▶**法律：**《民法典总则编》第144条，《民法典继承编》第1143条，《精神卫生法》第83条。

第二十二条　【成年限制民事行为能力人的心智标准及能力限制】不能完全辨认自己行为的成年人为限制民事行为能力人，实施民事法律行为由其法定代理人代理或者经其法定代理人同意、追认；但是，可以独立实施纯获利益的民事法律行为或者与其智力、精神健康状况相适应的民事法律行为。

关联法规参见

▶**法律：**《民法典总则编》第145条，《精神卫生法》第83条。

第二十三条　【非完全民事行为能力人的法定代理人】无民事行为能力人、限制民事行为能力人的监护人是其法定代理人。

关联法规参见

▶**法律：**《民法典总则编》第34条，《民法典婚姻家庭编》第1068条，《民事诉讼法》第57条。

第二十四条　【成年人民事行为能力的认定及恢复】不能辨认或者不能完全辨认自己行为的成年人，其利害关系人或者有关组织，可以向人民法院申请认定该成年人为无民事行为能力人或者限制民事行为能力人。

被人民法院认定为无民事行为能力人或者限制民事行为能力人的，经本人、利害关系人或者有关组织申请，人民法院可以根据其智力、精神健康恢复的状况，认定该成年人恢复为限制民事行为能力人或者完全民事行为能力人。

本条规定的有关组织包括：居民委员会、村民委员会、学校、医疗机构、妇女联合会、残疾人联合会、依法设立的老年人组织、民政部门等。

关联法规参见

▶法律：《民事诉讼法》第187条至第190条。

司法解释适用

《最高人民法院关于适用〈中华人民共和国民事诉讼法〉的解释》（法释〔2020〕20号修改）

新《民事诉讼法司法解释》	原《民事诉讼法司法解释》
第三百五十二条 申请认定公民无民事行为能力或者限制民事行为能力的案件，被申请人没有近亲属的，人民法院可以指定经被申请人住所地的居民委员会、村民委员会或者民政部门同意，且愿意担任代理人的个人或者组织为代理人。 没有前款规定的代理人的，由被申请人住所地的居民委员会、村民委员会或者民政部门担任代理人。 代理人可以是一人，也可以是同一顺序中的两人。	**第三百五十二条** 申请认定公民无民事行为能力或者限制民事行为能力的案件，被申请人没有近亲属的，人民法院可以指定其他亲属为代理人。被申请人没有亲属的，人民法院可以指定经被申请人所在单位或者住所地的居民委员会、村民委员会同意，且愿意担任代理人的关系密切的朋友为代理人。 没有前款规定的代理人的，由被申请人~~所在单位或者~~住所地的居民委员会、村民委员会或者民政部门担任代理人。 代理人可以是一人，也可以是同一顺序中的两人。

《最高人民法院关于军事法院管辖民事案件若干问题的规定》（法释〔2020〕20号修改）

新《军事法院管辖民事案件规定》	原《军事法院管辖民事案件规定》
第二条 下列民事案件，地方当事人向军事法院提起诉讼或者提出申请的，军事法院应当受理： （一）军人或者军队单位执行职务过程中造成他人损害的侵权责任纠纷案件； （二）当事人一方为军人或者军队单位，侵权行为发生在营区内的侵权责任纠纷案件； （三）当事人一方为军人的婚姻家庭纠纷案件； （四）民事诉讼法第三十三条规定的不动产所在地、港口所在地、被继承人死亡时住所地或者主要遗产所在地在营区内，且当事人一方为军人或者军队单位的案件；	**第二条** 下列民事案件，地方当事人向军事法院提起诉讼或者提出申请的，军事法院应当受理： （一）军人或者军队单位执行职务过程中造成他人损害的侵权责任纠纷案件； （二）当事人一方为军人或者军队单位，侵权行为发生在营区内的侵权责任纠纷案件； （三）当事人一方为军人的婚姻家庭纠纷案件； （四）民事诉讼法第三十四条规定的不动产所在地、港口所在地、被继承人死亡时住所地或者主要遗产所在地在营区内，且当事人一方为军人或者军队单位的案件；

新《军事法院管辖民事案件规定》	原《军事法院管辖民事案件规定》
（五）申请宣告军人失踪或者死亡的案件； （六）申请认定军人无民事行为能力或者限制民事行为能力的案件。	（五）申请宣告军人失踪或者死亡的案件； （六）申请认定军人无民事行为能力或者限制民事行为能力的案件。

第二十五条　【自然人的住所】自然人以户籍登记或者其他有效身份登记记载的居所为住所；经常居所与住所不一致的，经常居所视为住所。

关联法规参见

▶**法律**：《民事诉讼法》第21条、第22条，《反家庭暴力法》第29条。

司法解释适用

《最高人民法院印发〈关于进一步加强民事送达工作的若干意见〉的通知》

九、依第八条规定仍不能确认送达地址的，自然人以其户籍登记的住所或者在经常居住地登记的住址为送达地址，法人或者其他组织以其工商登记或其他依法登记、备案的住所地为送达地址。

第二节　监　护

第二十六条　【父母与子女之间的义务】父母对未成年子女负有抚养、教育和保护的义务。

成年子女对父母负有赡养、扶助和保护的义务。

关联法规参见

▶**法律**：《宪法》第49条，《民法典总则编》第112条，《民法典婚姻家庭编》第1043条、第1058条、第1067条、第1068条，《老年人权益保障法》第13条至第25条、第33条、第36条，《教育法》第50条，《未成年人保护法》第7条、第15条至第18条。

▶**行政法规**：《残疾人教育条例》第8条。

权威案例指引

▶**典型案例**

《陈某某赡养费纠纷案》，《最高人民法院发布人民法院老年人权益保护十大典型案例之四》（2021年2月24日）

典型意义：近年来，随着生活水平的不断提高，老人对子女经济供养方面的要求越来越少，越来越多的老人更加注重精神层面的需求，涉及“精神赡养”的案件数量也有所上升，该类案件执行情况远比给付金钱的案件要难得多，且强制执行远不及主动履行效果好，希望“常回家看看”是子女们发自内心的行为，而不是强制执行的结果。“精神赡养”和“物质赡养”同样重要。老人要求子女定期探望的诉求，是希望子女能够承欢膝下，符合法律规定，体现中华民族传统的孝道，应当得到支持。“百善孝为先”，对老人的赡养绝不是一纸冷冰冰的判决就可以完成的，希望所有子女能够常回家看看，多关注老年人的精神需求。

《刘某芽赡养纠纷案》，《最高人民法院发布人民法院老年人权益保护十大典型案例之五》（2021年2月24日）

典型意义：子女赡养父母不仅是德之根本，也是法律明确规定的义务。在家庭生活中，家庭成员之间虽有矛盾，但赡养父母是法定义务，子女应当对老年人经济上供养、生活上照料、精神上慰藉，以及为经济困难的父母承担医疗费用等，不得以任何理由和借口拒绝履行赡养义务。关心关爱老年人，让老年人感受到司法的温暖是司法义不容辞的责任。民事诉讼在一般情况下只能由民事权益受到侵害或者发生争议的主体提出，无需其他组织或个人干预。在特殊情况下，受到损害的单位或个人不敢或不能独立保护自己的合法权益，需要有关组织给予支持，运用社会力量帮助弱势群体实现诉讼权利。支持起诉原则打破了民事主体之间的相对性，允许无利害关系的人民检察院介入到诉讼中，能够在弱势群体的利益受到侵害时切实为其维护权益。

《唐某某诉唐某甲等5子女赡养纠纷案》，《最高人民法院发布十起关于弘扬社会主义核心价值观典型案例之八》（2016年8月23日）

典型意义：家庭美德

当今农村的经济条件越来越好，政府养老政策也比较健全，但在农村地区，赡养纠纷仍时有发生。有的原因在于一些农村地区仍有“儿子养老”的老观念存在。认为女儿、女婿为外姓人，可以不承担养老义务。但法律规定子女都有赡养父母的义务，女儿并不会因为出嫁就不需要赡养自己的父母。还有一些子女为赡养义务附加条件，如将赡养和分家产等问题联系在一起，分不到父母财产的子女即不履行赡养义务。但事实上，赡养是法定的义务，子女不能以任何理由来免除其应该尽到的赡养义务。因为本案在农村地区具有一定的典型意义，在审理时，法院特别选定在村文化礼堂进行巡回审判，安排法官当场进行判后释疑。庭审活动吸引了当地数百名村民参加旁听，达到了审理一案、教育一片的效果。

第二十七条　【未成年人的监护人】父母是未成年子女的监护人。

未成年人的父母已经死亡或者没有监护能力的，由下列有监护能力的人按顺序担任监护人：

（一）祖父母、外祖父母；

（二）兄、姐；

（三）其他愿意担任监护人的个人或者组织，但是须经未成年人住所地的居民委员会、村民委员会或者民政部门同意。

关联法规参见

▶**法律**：《民法典总则编》第32条。

权威案例指引

▶**公报案例**

《张琴诉镇江市姚桥镇迎北村村民委员会撤销监护人资格纠纷案》，《最高人民法院公报》2015年第8期

裁判摘要：认定监护人的监护能力，应当根据监护人的身体健康状况、经济条件，以及与被监护人在生活上的联系状况等综合因素确定。未成年人的近亲属没有监护能力，亦无关系密切的其他亲属、朋友愿意承担监护责任的，人民法院可以根据对被监护人有利的原则，直接指定具有承担社会救助和福利职能的民政部门担任未成年人的监护人，履行监护职责。

第二十八条　【非完全民事行为能力成年人的监护人】无民事行为能力或者限制民事行为能力的成年人，由下列有监护能力的人按顺序担任监护人：

（一）配偶；

（二）父母、子女；

（三）其他近亲属；

（四）其他愿意担任监护人的个人或者组织，但是须经被监护人住所地的居民委员会、村民委员会或者民政部门同意。

关联法规参见

▶**法律**：《民法典总则编》第31条、第32条。

司法解释适用

《最高人民法院民事审判庭关于监护责任两个问题的电话答复》

吉林省高级人民法院：

你院〔89〕51号“关于监护责任两个问题的请示”收悉。

关于对患精神病的人，其监护人应从何时起承担监护责任的问题。经我们研究认为，此问题情况比较复杂，我国现行法律无明文规定，也不宜作统一规定。在处理这类案件时，可根据《民法通则》有关规定精神，结合案件具体情况，合情合理地妥善处理。

我们原则上认为：成年人丧失行为能力时，监护人即应承担其监护责任。监护人对精神病人的监护责任是基于法律规定而设立的，当成年人因患精神病，丧失行为能力时，监护人应按照法律规定的监护顺序承担监护责任。如果监护人确实不知被监护人患有精神病的，可根据具体情况，参照《民法通则》第一百三十三条规定精神，适当减轻民事责任。

精神病人在发病时给他人造成的经济损失，如行为人个人财产不足补偿或无个人财产的，其监护人应适当承担赔偿责任。这样处理，可促使监护人自觉履行监护责任，维护被监护人和其他公民的合法权益，也有利于社会安定。

关于侵权行为人在侵权时不满18周岁，在诉讼时已满18周岁，且本人无经济赔偿能力，其原监护人的诉讼法律地位应如何列的问题。

我们认为：原监护人应列为本案第三人，承担民事责任。因原监护人对本案的诉讼标的无独立请求权，只是案件处理结果同本人有法律上的利害关系，因此，系无独立请求权的第三人。

第二十九条　【遗嘱指定监护】 被监护人的父母担任监护人的，可以通过遗嘱指定监护人。

关联法规参见

▶**法律：**《民法典总则编》第27条、第28条、第32条，《民法典继承编》第1123条。

第三十条　【协议监护】 依法具有监护资格的人之间可以协议确定监护人。协议确定监护人应当尊重被监护人的真实意愿。

关联法规参见

▶**法律：**《民法典总则编》第27条、第28条。

第三十一条　【监护争议解决程序】 对监护人的确定有争议的，由被监护人住所地的居民委员会、村民委员会或者民政部门指定监护人，有关当事人对指定不服的，可以向人民法院申请指定监护人；有关当事人也可以直接向人民法院申请指定监护人。

居民委员会、村民委员会、民政部门或者人民法院应当尊重被监护人的真实意愿，按照最有利于被监护人的原则在依法具有监护资格的人中指定监护人。

依据本条第一款规定指定监护人前，被监护人的人身权利、财产权利以及其他合法权益处于无人保护状态的，由被监护人住所地的居民委员会、村民委员会、法律规定的有关组织或者民政部门担任临时监护人。

监护人被指定后，不得擅自变更；擅自变更的，不免除被指定的监护人的责任。

关联法规参见

▶**法律**：《民法典总则编》第27条、第28条。

司法解释适用

《最高人民法院印发〈关于执行款物管理工作的规定〉的通知》

第十六条　有下列情形之一，不能在规定期限内发放执行款的，人民法院可以将执行款提存：

（一）申请执行人无正当理由拒绝领取的；

（二）申请执行人下落不明的；

（三）申请执行人死亡未确定继承人或者丧失民事行为能力未确定监护人的；

（四）按照申请执行人提供的联系方式无法通知其领取的；

（五）其他不能发放的情形。

第三十二条　【单位监护人】没有依法具有监护资格的人的，监护人由民政部门担任，也可以由具备履行监护职责条件的被监护人住所地的居民委员会、村民委员会担任。

关联法规参见

▶**法律**：《民法典总则编》第27条、第28条，《反家庭暴力法》第15条。

司法解释适用

《最高人民法院、中央综治办、最高人民检察院等关于建立家事审判方式和工作机制改革联席会议制度的意见》

附件：《家事审判方式和工作机制改革联席会议成员单位职责任务分工》

三、最高人民检察院指导全国检察机关充分履行检察职能，强化对公安、法院以及其他相关部门开展妇女儿童老年人权益保护工作的法律监督。依法惩处各类侵害家庭成员的犯罪，依法追究侵害人的法律责任。对监护人因监护侵害行为被提起公诉的案件，应当书面告知被监护人及其近亲属或者书面建议民政部门依法申请撤销监护人资格。

《最高人民法院、最高人民检察院、公安部、民政部关于依法处理监护人侵害未成年人权益行为若干问题的意见》

15. 未成年人救助保护机构应当接收公安机关护送来的受监护侵害的未成年人，履行临时监护责任。

未成年人救助保护机构履行临时监护责任一般不超过一年。

16. 未成年人救助保护机构可以采取家庭寄养、自愿助养、机构代养或者委托政府指定的寄宿学校安置等方式，对未成年人进行临时照料，并为未成年人提供心理疏导、情感抚慰等服务。

未成年人因临时监护需要转学、异地入学接受义务教育的，教育行政部门应当予以保障。

第三十三条　【意定监护】具有完全民事行为能力的成年人，可以与其近亲属、其他愿意担任监护人的个人或者组织事先协商，以书面形式确定自己的监护人，在自己丧失或者部分丧失民事行为能力时，由该监护人履行监护职责。

关联法规参见

▶**法律：**《民法典合同编》第464条。

第三十四条　【监护职责及临时生活照料】监护人的职责是代理被监护人实施民事法律行为，保护被监护人的人身权利、财产权利以及其他合法权益等。

监护人依法履行监护职责产生的权利，受法律保护。

监护人不履行监护职责或者侵害被监护人合法权益的，应当承担法律责任。

因发生突发事件等紧急情况，监护人暂时无法履行监护职责，被监护人的生活处于无人照料状态的，被监护人住所地的居民委员会、村民委员会或者民政部门应当为被监护人安排必要的临时生活照料措施。

关联法规参见

▶**法律：**《民法典婚姻家庭编》第1068条，《民法典侵权责任编》第1188条，《广告法》第33条，《精神卫生法》第49条，《母婴保健法》第19条，《反家庭暴力法》第12条，《教育法》第19条，《未成年人保护法》第15条至第18条。

▶**行政法规：**《残疾预防和残疾人康复条例》第16条，《残疾人教育条例》第8条，《烟花爆竹安全管理条例》第29条。

司法解释适用

《最高人民法院、最高人民检察院、公安部、民政部关于依法处理监护人侵害未成年人权益行为若干问题的意见》

1. 本意见所称监护侵害行为，是指父母或者其他监护人（以下简称监护人）性侵害、出卖、遗弃、虐待、暴力伤害未成年人，教唆、利用未成年人实施违法犯罪行为，胁迫、诱骗、利用未成年人乞讨，以及不履行监护职责严重危害未成年人身心健康等行为。

2. 处理监护侵害行为，应当遵循未成年人最大利益原则，充分考虑未成年人身心特点和人格尊严，给予未成年人特殊、优先保护。

3. 对于监护侵害行为，任何组织和个人都有权劝阻、制止或者举报。

公安机关应当采取措施，及时制止在工作中发现以及单位、个人举报的监护侵害行为，情况紧急时将未成年人带离监护人。

民政部门应当设立未成年人救助保护机构（包括救助管理站、未成年人救助保护中心），对因受到监护侵害进入机构的未成年人承担临时监护责任，必要时向人民法院申请撤销监护人资格。

人民法院应当依法受理人身安全保护裁定申请和撤销监护人资格案件并作出裁判。

人民检察院对公安机关、人民法院处理监护侵害行为的工作依法实行法律监督。

人民法院、人民检察院、公安机关设有办理未成年人案件专门工作机构的，应当优先由专门工作机构办理监护侵害案件。

第三十五条　【履行监护职责应遵循的原则】监护人应当按照最有利于被监护人的原则履行监护职责。监护人除为维护被监护人利益外，不得处分被监护人的财产。

未成年人的监护人履行监护职责，在作出与被监护人利益有关的决定时，应当根据被监护人的年龄和智力状况，尊重被监护人的真实意愿。

成年人的监护人履行监护职责，应当最大程度地尊重被监护人的真实意愿，保障并协助被监护人实施与其智力、精神健康状况相适应的民事法律行为。对被监护人有能力独立处理的事务，监护人不得干涉。

关联法规参见

▶**法律：**《未成年人保护法》第19条。

权威案例指引

▶**典型案例**

《王某甲诉王某乙履行调解协议纠纷案》，《最高人民法院公布10起残疾人权益保障典型案例之八》（2016年5月14日）

典型意义：依法切实保障残疾人财产权

确保残疾人的财产安全，保障其财产利益不受到损害，关乎残疾人的生存状态和生活质量。如何维护智力残疾人的财产权利是社会的一个难题。大部分智力残疾人缺乏相应的民事行为能力，对于个人财产的重大变动往往缺乏足够的理解能力和认知能力，法律规定由残疾人的监护人履行监护职责，保护残疾人的财产权益。而残疾人的监护人往往是残疾人的亲属，若监护人没有履行监护职责，侵犯了被监护人的合法权益而私自处分残疾人的财产，从财产交易行为本身不容易判断。法院对于监护人侵犯残疾人作为被监护人的财产权利的做法不予支持，以保障残疾人财产权。

第三十六条　【监护人资格的撤销与重新指定】监护人有下列情形之一的，人民法院根据有关个人或者组织的申请，撤销其监护人资格，安排必要的临时监护措施，并按照最有利于被监护人的原则依法指定监护人：

（一）实施严重损害被监护人身心健康的行为；

（二）怠于履行监护职责，或者无法履行监护职责且拒绝将监护职责部分或者全部委托给他人，导致被监护人处于危困状态；

（三）实施严重侵害被监护人合法权益的其他行为。

本条规定的有关个人、组织包括：其他依法具有监护资格的人，居民委员会、村民委员会、学校、医疗机构、妇女联合会、残疾人联合会、未成年人保护组织、依法设立的老年人组织、民政部门等。

前款规定的个人和民政部门以外的组织未及时向人民法院申请撤销监护人资格的，民政部门应当向人民法院申请。

关联法规参见

▶**法律：**《民法典婚姻家庭编》第1096条，《反家庭暴力法》第21条，《未成年人保护法》第6条、第108条、第109条。

司法解释适用

《最高人民法院关于适用〈中华人民共和国民法典〉婚姻家庭编的解释（一）》（法释〔2020〕22号）

《民法典婚姻家庭编司法解释（一）》	原《婚姻法司法解释（三）》
第六十二条　无民事行为能力人的配偶有民法典第三十六条第一款规定行为，其他有监护资格的人可以要求撤销其监护资格，并依法指定新的监护人；变更后的监护人代理无民事行为能力一方提起离婚诉讼的，人民法院应予受理。	**第八条**　无民事行为能力人的配偶有虐待、遗弃等严重损害无民事行为能力一方的人身权利或者财产权益行为，其他有监护资格的人可以依照特别程序要求变更监护关系；变更后的监护人代理无民事行为能力一方提起离婚诉讼的，人民法院应予受理。

《最高人民法院关于适用〈中华人民共和国民事诉讼法〉的解释》（法释〔2020〕20号修改）

新《民事诉讼法司法解释》	原《民事诉讼法司法解释》
第十条（原第十条）　不服指定监护或者变更监护关系的案件，可以由被监护人住所地人民法院管辖。	

《最高人民法院、最高人民检察院、公安部、民政部关于依法处理监护人侵害未成年人权益行为若干问题的意见》

27. 下列单位和人员（以下简称有关单位和人员）有权向人民法院申请撤销监护人资格：

（一）未成年人的其他监护人，祖父母、外祖父母、兄、姐，关系密切的其他亲属、朋友；

（二）未成年人住所地的村（居）民委员会，未成年人父、母所在单位；

（三）民政部门及其设立的未成年人救助保护机构；

（四）共青团、妇联、关工委、学校等团体和单位。

申请撤销监护人资格，一般由前款中负责临时照料未成年人的单位和人员提出，也可以由前款中其他单位和人员提出。

28. 有关单位和人员向人民法院申请撤销监护人资格的，应当提交相关证据。

有包含未成年人基本情况、监护存在问题、监护人悔过情况、监护人接受教育辅导情况、未成年人身心健康状况以及未成年人意愿等内容的调查评估报告的，应当一并提交。

29. 有关单位和人员向公安机关、人民检察院申请出具相关案件证明材料的，公安机关、人民检察院应当提供证明案件事实的基本材料或者书面说明。

30. 监护人因监护侵害行为被提起公诉的案件，人民检察院应当书面告知未成年人及其临时照料人有权依法申请撤销监护人资格。

对于监护侵害行为符合本意见第35条规定情形而相关单位和人员没有提起诉讼的，人民检察院应当书面建议当地民政部门或者未成年人救助保护机构向人民法院申请撤销监护人资格。

31. 申请撤销监护人资格案件，由未成人住所地、监护人住所地或者侵害行为地基层人民法院管辖。

人民法院受理撤销监护人资格案件，不收取诉讼费用。

35. 被申请人有下列情形之一的，人民法院可以判决撤销其监护人资格：

（一）性侵害、出卖、遗弃、虐待、暴力伤害未成年人，严重损害未成年人身心健康的；

（二）将未成年人置于无人监管和照看的状态，导致未成年人面临死亡或者严重伤害危险，经教育不改的；

（三）拒不履行监护职责长达六个月以上，导致未成年人流离失所或者生活无着的；

（四）有吸毒、赌博、长期酗酒等恶习无法正确履行监护职责或者因服刑等原因无法履行监护职责，且拒绝将监护职责部分或者全部委托给他人，致使未成年人处于困境或者危险状态的；

（五）胁迫、诱骗、利用未成年人乞讨，经公安机关和未成年人救助保护机构等部门三次以上批评教育拒不改正，严重影响未成年人正常生活和学习的；

（六）教唆、利用未成年人实施违法犯罪行为，情节恶劣的；

（七）有其他严重侵害未成年人合法权益行为的。

36. 判决撤销监护人资格，未成年人有其他监护人的，应当由其他监护人承担监护职责。其他监护人应当采取措施避免未成年人继续受到侵害。

没有其他监护人的，人民法院根据最有利于未成年人的原则，在民法通则第十六条第二款、第四款规定的人员和单位中指定监护人。指定个人担任监护人的，应当综合考虑其意愿、品行、身体状况、经济条件、与未成年人的生活情感联系以及有表达能力的未成年人的意愿等。

没有合适人员和其他单位担任监护人的，人民法院应当指定民政部门担任监护人，由其所属儿童福利机构收留抚养。

37. 判决不撤销监护人资格的，人民法院可以根据需要走访未成年人及其家庭，也可以向当地民政部门、辖区公安派出所、村（居）民委员会、共青团、妇联、未成年人所在学校、监护人所在单位等发出司法建议，加强对未成年人的保护和对监护人的监督指导。

权威案例指引

▶典型案例

《某妇联诉胡某、姜某某抚养纠纷案——父母应当履行对未成年子女的抚养义务》，《最高人民法院发布7起未成年人司法保护典型案例之五》（2021年3月2日）

典型意义：本案是一起典型的父母怠于履行抚养义务的案例。审判实践中存在大量与本案类似的留守儿童抚养问题，这些未成年人的父母虽未直接侵害未成年人合法权益，但怠于履行监护义务，把未成年子女留给年迈的老人照顾，子女缺乏充分的经济和安全保障，缺乏父母关爱和教育，导致部分未成年人轻则心理失衡，重则误入歧途，甚至走向犯罪的深渊。本案中，法院参照最高人民法院、最高人民检察院、公安部、民政部联合发布的《关于依法处理监护人侵害未成年人合法权益的意见》的有关精神，积极探索由妇联组织、未成年人保护组织等机构直接作为原告代未成年人提起诉讼的模式，为督促未成年人父母履行抚养义务，解决父母不履行监护职责的现实问题提供了有益参考。

《某民政局诉刘某监护权纠纷案——遗弃未成年子女可依法撤销监护权》，《最高人民法院发布7起未成年人司法保护典型案例之六》（2021年3月2日）

典型意义：父母是未成年子女的法定监护人，有保护被监护人的身体健康，照顾被监护人的生活，管理和教育被监护人的法定职责。监护权既是一种权利，更是法定义务。父母不依法履行监护职责，严重侵害被监护人合法权益的，有关个人或组织可以根据依法申请撤销其监护人资格，并依法指定监护人。在重新指定监护人时，如果没有依法具有监护资格的人，一般由民政部门担任监护人，也可以由具备履行监护职责条件的被监护人住所地的居民委员会、村民委员会担任。国家机关和社会组织兜底监护是家庭监护的重要补充，是保护未成年人合法权益的坚强后盾。未成年人的健康成长不仅需要司法及时发挥防线作用，更需要全社会协同发力，建立起全方位的权益保障体系，为国家的希望和未来保驾护航。

《林某某被撤销监护人资格案》，《最高人民法院关于侵害未成年人权益被撤销监护人资格典型案例之一》（2016 年 5 月 31 日）

典型意义：撤销父母监护权是国家保护未成人合法权益的一项重要制度。父母作为未成年子女的法定监护人，若不履行监护职责，甚至对子女实施虐待、伤害或者其他侵害行为，再让其担任监护人将严重危害子女的身心健康。结合本案情况，仙游县人民法院受理后，根据法律的有关规定，在没有其他近亲属和朋友可以担任监护人的情况下，按照最有利于被监护人成长的原则，指定当地村民委员会担任小龙的监护人。本案宣判后，该院还主动与市、县两级团委、妇联沟通，研究解决小龙的救助、安置等问题。考虑到由村民委员会直接履行监护职责存在一些具体困难，后在团委、民政部门及社会各方共同努力之下，最终将小龙妥善安置在 SOS 儿童村，切实维护小龙合法权益。本案为 2015 年 1 月 1 日开始施行的最高人民法院、最高人民检察院、公安部、民政部《关于依法处理监护人侵害未成年人权益行为若干问题的意见》中有关有权申请撤销监护人资格的主体及撤销后的安置问题等规定的出台，提供了实践经验，并对类似情况发生时，如何具体保护未成年人权益，提供了示范样本。

《邵某某、王某某被撤销监护人资格案》，《最高人民法院关于侵害未成年人权益被撤销监护人资格典型案例之二》（2016 年 5 月 31 日）

典型意义：通过对该案的审判，确定了当父母拒不履行监护责任或者侵害被监护人合法权益时，民政局作为社会保障机构，有权申请撤销父母的监护权，打破"虐童是家事"的陈旧观念，使受到家庭成员伤害的未成年人也能够得到司法救济。在未成年人其他近亲属无力监护、不愿监护和不宜监护，临时照料人监护能力又有限的情形下，判决民政局履行带有国家义务性质的监护责任，指定其作为未成年人的监护人，对探索确立国家监护制度作出大胆尝试。该案件审理中的创新做法：一、激活监护权撤销制度使之具有可诉性，明确了民政部门等单位在"有关单位"之列，使撤销监护权之诉具备了实际的可操作性；二、引入指定临时照料人制度，案件受理后，为未成年人指定临时照料人，既确保未成年人在案件审理过程中的生活稳定，也有利于作为受害人的未成年人表达意愿、参加庭审；三、引入社会观护制度，案件审理中，法院委托妇联、团委、青少年维权机构对受害未成年人进行观护，了解未成年人受到侵害的程度、现在的生活状态、亲属情况及另行指定监护人的人选等内容，给法院裁判提供参考；四、加强未成年人隐私保护，庭审中采用远程视频、背对镜头的方式让邵某出庭，寻求受害女童隐私保护和充分表达意愿的平衡。对裁判文书进行编号，向当事人送达裁判文书时送达《未成年人隐私保护告知书》，告知不得擅自复印、传播该文书。在审理终结后，对全部卷宗材料进行封存，最大限度保护受害人的隐私，确保其在另行指定监护人后能健康成长。

《岳某某被撤销监护人资格案》，《最高人民法院关于侵害未成年人权益被撤销监护人资格典型案例之三》（2016 年 5 月 31 日）

典型意义：父母作为未成年人的法定监护人，应当履行法定监护职责。本案中，被申请人作为未成年人的母亲，长期不履行对于子女的监护职责，而由未成年人的祖父母实际进行抚养、照顾等监护义务。将监护人变更为未成年人的祖父母，不但符合实际的监护情况，也符合包括被申请人在内的各方利害关系人的意愿，符合未成年人保护的立法意旨。实践中，祖父母抚养孙子女等留守儿童的现象日益普遍，在作为法定监护人的父母不履行或者不能履行监护职责的情况下，赋予祖父母监护人身份，有利于稳定家庭关系及社会秩序，促进未成年人权益保障，这也是本案的典型意义所在。

《徐某被撤销监护人资格案》，《最高人民法院关于侵害未成年人权益被撤销监护人资格典型案例之四》（2016 年 5 月 31 日）

典型意义：本案是一起撤销因收养关系形成的监护权案件。不履行监护职责的消极不作为行为，导致未成年人身心健康受到侵害的行为，亦应认定为监护侵害行为。徐某与徐某某通过收养关系成为其监护人，但实际上徐某某一直由多人轮流抚养，徐某某患有脑裂畸形，因徐某怠于行使监护职责，无法进行手术医治，已严重影响了徐某某的健康成长，在徐某某被送至常州市儿童福利院后，徐某未探望过徐某某，亦未支付过相关费用，其不履行监护职责的行为构成对徐某某的侵害。徐某某年仅五岁，且患有脑裂畸形疾病，无法主动维护其自身权益，其是一名弃婴，无法查明其亲生父母及近亲属的情况。常州市儿童福利院作为民政部门设立的未成年人救助保护机构，对徐某某进行了抚养、照顾，实际承担了监护职责，由其作为申请人提出申请符合法律规定，体现了国家监护制度对于未成年人监护权益的补充和保障，指定其作为徐某某的监护人，也符合未成年人利益最大化的原则和本案的实际情况。

《耿某某、马某被撤销监护人资格案》，《最高人民法院关于侵害未成年人权益被撤销监护人资格典型案例之五》（2016 年 5 月 31 日）

典型意义：本案是一起撤销监护权的典型案例。虽然我国法律对撤销监护权作了规定，但是在现实生活中撤销监护权的案件却非常少。本案在审理中的最大亮点就是为了让未成年人的利益最大化，在依法指定民政局担任监护人的同时，由民政局所属的儿童福利院承担了监护职责。现阶段我国的儿童福利院受到了国家的高度重视，其居住、教育设施、人员配备较为完善，这样的生活、教育环境更有利于未成年人的健康成长，同时也解决了剥夺监护权后未成年人的生活和教育问题。

《何某某被撤销监护人资格案》，《最高人民法院关于侵害未成年人权益被撤销监护人资格典型案例之六》（2016 年 5 月 31 日）

典型意义：本案是一起父亲故意伤害子女而被撤销监护权的典型案例。父母作为子女的法定监护人，本应保护被监护人的身体健康，照顾被监护人的生活，被申请人何某某却将被监护人何某一捅成重伤（二级），令人扼腕。法院依照有关法律规定，撤销被申请人何某某某作为何某一监护人的资格，充分保障了未成年人的合法权益。审理过程中，对于指定何人为何某一的监护人，法院充分考虑了何某一本人的意愿和其户籍地所在村委会的意见，从有利于何某一走出心理阴影、健康成长的角度考虑，指定何某一的舅舅叶某一担任其监护人。

《周某被撤销监护人资格案》，《最高人民法院关于侵害未成年人权益被撤销监护人资格典型案例之七》（2016 年 5 月 31 日）

典型意义：这个案件是上海首例监护人不尽抚养义务被撤销监护权的案件。这个案件给我们的启示是，并不是只有虐待未成年子女才会受到法律制裁，监护人长期不尽抚养义务，也会被剥夺监护权，由国家或者他人代为行使监护权。孩子不是父母的私有财产，他们是国家的未来，一旦发现未成年人权益受到侵害，公民有报告的义务，这样才会逐步减少未成年人权益受侵害的现象。

《何某某被撤销监护人资格案》，《最高人民法院关于侵害未成年人权益被撤销监护人资格典型案例之八》（2016 年 5 月 31 日）

典型意义：无论是从伦理道德还是从法律角度而言，为人父母者都应尽心尽力地对未成年子女进行管理和教育，妥善照顾未成年子女的生活，保护其身心健康和人身安全。本案被申请人何某某作为杨某的亲生母亲，却帮助他人性侵杨某，有悖伦理道德，触犯刑法规定，严重损害了被监护人杨某的身心健康。在遂昌县人民检察院告知杨某的父亲杨某某可申请撤销何某某监护人资格后，杨某某并未提起诉讼，遂昌县民政局在检察机关的建议下，向法院起诉撤销何某某的监护人资格，充分体现了司法机关、行政机关为制止监护侵害行为、维护未成年人合法权益所作的共同努力。

《王某被撤销监护人资格案》，《最高人民法院关于侵害未成年人权益被撤销监护人资格典型案例之九》（2016 年 5 月 31 日）

典型意义：本案是一起监护人怠于履行监护职责，侵害被监护人合法权益的典型案件。被申请人王某长期未与被监护人余某一共同生活，未对其尽到抚养、教育职责，且将属于余某一的生活费等款项挪作他用，侵犯了被监护人的财产权利。法院在审理过程中，走访了被监护人余某一所在的社区、学校及其父亲生前单位，了解被监护人的生活状况，还征询了被监护人余某一的意见，其表示已经多年未见过被申请人，愿意跟其爷爷、奶奶共同生活。法院根据本案事实，从有利于余某一的生活、学习角度考虑，判决撤销王某作为余某一的监护人资格。

《卢某某被撤销监护人资格案》，《最高人民法院关于侵害未成年人权益被撤销监护人资格典型案例之十》（2016 年 5 月 31 日）

典型意义：近年来，监护人侵害未成年人权益的事件时有发生，对未成年人身心健康造成严重伤害，引起社会各界广泛关注。为维护未成年人合法权益，最高人民法院、最高人民检察院、公安部、民政部出台《意见》，对处理监护人的侵害行为作出明确规定，进一步加强了未成年人司法保护和行政保护。其中，明确规定有性侵害未成年人等七种情形的，法院可以判决撤销监护人资格，并赋予民政部门等申请撤销监护人资格及依法院指定担任监护人的权利。本案是由民政部门申请撤销未成年人亲生父母监护权的典型案例，法院依法撤销亲生父亲监护人资格，指定民政部门担任监护人，并积极协调对其进行安置、救助，最大限度保障了未成年人的合法权益，赢得了较高的社会评价，并为处理该类型的案件提供了可供参考的司法样本。

《卿某某被撤销监护人资格案》，《最高人民法院关于侵害未成年人权益被撤销监护人资格典型案例之十一》（2016 年 5 月 31 日）

典型意义：本案是一起监护人对亲生女儿实施性侵害后被申请撤销监护权的案件，其典型意义在于法院把涉案未成年人的帮扶救助作为审理案件的延伸，保护了未成年人的健康成长，取得了较好的社会效果。这类案件中，被监护人因受侵害，其生理、心理及亲情关系均遭到破坏，往往对未来生活充满绝望，其重建信心及恢复社会关系难度大。本案被害人遭侵害后，曾两度轻生。宣判后，法院始终把树立被害人对新生活的信心，挽救其前途命运作为工作重点，办案法官主动介入到对被害人的帮扶、救助工作中。自2014年起，法院每年额外申请5000元司法救助款，不仅解决被害人经济上的困难，更从心理上不断疏导、生活上关心关怀、学习上教育鼓励，逐渐使被害人走出心理阴影，重新回归学校。现今卿某学习刻苦，成绩优异，并被选为校学生会的干部。

《吴某某被撤销监护人资格案》，《最高人民法院关于侵害未成年人权益被撤销监护人资格典型案例之十二》（2016年5月31日）

典型意义：从本案情况来看，吴某某作为吴某的母亲，是吴某第一监护人，但吴某某长期在外流浪，没有固定住所，没有生活来源，事实上无法承担起监护孩子职责。吴某某在孩子出生后，没有承担起抚养孩子义务，孩子一直交由琼海市救助站抚养，在琼海市嘉积镇派出所调解和法院审理期间，明确声明自愿放弃孩子抚养权和监护权。基于保护女婴生命和健康成长需要，琼海市救助站依法提起了撤销监护权诉讼，琼海市人民法院根据最高人民法院、最高人民检察院、公安部、民政部《关于依法处理监护人侵害未成年人权益行为若干问题的意见》35条规定的规定，撤销吴某某的监护人资格，指定申请人琼海市流浪乞讨人员救助管理站为吴某的监护人。判决彰显了国家保护未成年人理念，也为民政部门、人民法院依法履行未成年人国家监护职责提供了范本。

《林丽某被撤销监护权案》，《最高人民法院发布的八起典型案例之三》（2014年7月24日）

典型意义：本案是福建省首例因母亲长期对未成年子女进行虐待而被撤销监护人资格的案件，对于依法保护未成年人合法权益具有重要意义。

撤销父母监护权是国家保护未成年人合法权益的一项重要制度。通常情况下，父母是未成年子女当然的监护人，但若父母不履行监护职责，甚至对子女实施虐待、伤害或者其他侵害行为，再让其担任监护人将严重危害子女的成长。在这种情况下，依照民法、未成年人保护法等规定，未成年子女的祖父母、外祖父母、兄、姐、关系密切的其他亲属、朋友，以及未成年父母所在单位、未成年人住所地的村（居）民委员会或者民政部门，均有权向人民法院申请撤销实施侵害行为的监护人的监护权。本案被申请人林丽某对其年仅9岁的儿子林某长期进行虐待，经多次劝阻教育仍拒不悔改，严重侵害了林某的身心健康。仙游县人民法院根据当地村民委员会的申请，依法撤销了林丽某对林某的监护人资格。因林某的生父不明，也没有其他近亲属和朋友可以担任监护人，在法律规定的可以担任监护人的范围之内，按照最有利于被监护人的原则，仙游县人民法院指定当地村民委员会担任林某的监护人。宣判后，仙游县人民法院对林某的安置情况进行了持续跟踪、回访。考虑到村民委员会直接履行对林某的监护职责确实存在一些具体困难，莆田市共青团市委、市妇联与当地民政部门积极研究、协调，由民政部门对林某安排代养，确保林某有一个安全、健康、快乐的成长环境。

当前，父母虐待未成年子女、侵害未成年子女合法权益的案件还屡有发生。人民法院应当将对未成年人实行“特殊、优先保护”的理念贯彻到审判工作当中，按照未成年人利益最大化的原则，保护未成年人的合法权益。对长期侵害未成年子女、严重影响未成年人身心成长的监护人，可以依照法律规定，撤销其监护权，另行指定监护人；对于情节恶劣、后果严重的，还可以以虐待、遗弃、故意伤害等罪名追究监护人的刑事责任。就本案而言，如果林某或其他有权代为告诉的个人或单位，向人民法院提起林丽某犯虐待罪的告诉（即刑事自诉），人民法院也应当受理并依法作出刑事判决。

在保护未成年人的合法权益方面，人民法院应当充分发挥司法能动性，注意与公安、民政、共青团、妇联、学校、医院、社工组织等机关单位、社会团体形成联动，分工协作，对缺乏父母监护、缺少家庭关爱的未成年人的生活、学习、心理辅导等作出妥善安置，使其安全健康成长。在本案审理过程中，仙游县人民法院积极探索变更监护权审判来保护未成年人的合法权益，负责审理本案的法官多次到救助站看望林某，为其庆祝生日，使林某感受到司法的人性关怀和温暖。案件宣判后，法官还主动与市、县两级共青团委、妇联沟通协调，研究解决林某的救助、安置、学习等问题，为林某创造良好的生活、成长条件。本案的审理，一方面显示了人民法院在司法为民上完全可以有所作为，另一方面也说明保护未成年人工作需要全社会的共同关注，需要政府及各部门的协作联动，才能取得切实效果。

第三十七条　【监护人资格撤销后的义务】依法负担被监护人抚养费、赡养费、扶养费的父母、子女、配偶等，被人民法院撤销监护人资格后，应当继续履行负担的义务。

关联法规参见

▶**法律**：《民法典婚姻家庭编》第1059条、第1067条、第1072条、第1074条、第1075条，《反家庭暴力法》第21条，《未成年人保护法》第108条、第109条。

司法解释适用

《最高人民法院关于适用〈中华人民共和国民法典〉婚姻家庭编的解释（一）》（法释〔2020〕22号）

《民法典婚姻家庭编司法解释（一）》	原《婚姻法司法解释（三）》
第四十一条　尚在校接受高中及其以下学历教育，或者丧失、部分丧失劳动能力等非因主观原因而无法维持正常生活的成年子女，可以认定为民法典第一千零六十七条规定的“不能独立生活的成年子女”。	**第二十条**　婚姻法第二十一条规定的“不能独立生活的子女”，是指尚在校接受高中及其以下学历教育，或者丧失或未完全丧失劳动能力等非因主观原因而无法维持正常生活的成年子女。

《最高人民法院、最高人民检察院、公安部、民政部关于依法处理监护人侵害未成年人权益行为若干问题的意见》

42. 被撤销监护人资格的父、母应当继续负担未成年人的抚养费用和因监护侵害行为产生的各项费用。相关单位和人员起诉的，人民法院应予支持。

第三十八条 【监护人资格的恢复】被监护人的父母或者子女被人民法院撤销监护人资格后，除对被监护人实施故意犯罪的外，确有悔改表现的，经其申请，人民法院可以在尊重被监护人真实意愿的前提下，视情况恢复其监护人资格，人民法院指定的监护人与被监护人的监护关系同时终止。

司法解释适用

《最高人民法院关于适用〈中华人民共和国民法典〉继承编的解释（一）》（法释〔2020〕23号）

《民法典继承编司法解释（一）》	原《继承法意见》
删除条文 ~~13. 继承人虐待被继承人情节严重的，或者遗弃被继承人的，如以后确有悔改表现，而且被虐待人、被遗弃人生前又表示宽恕，可不确认其丧失继承权。~~	
第六条 继承人是否符合民法典第千一百二十五条第一款第三项规定的“虐待被继承人情节严重”，可以从实施虐待行为的时间、手段、和社会影响等方面认定。 虐待被继承人情节严重的，不论是否追究刑事责任，均可确认其丧失继承权。	10. 继承人虐待被继承人情节是否严重，可以从实施虐待行为的时间、手段、和社会影响等方面认定。 虐待被继承人情节严重的，不论是否追究刑事责任，均可确认其丧失继承权。

《最高人民法院、最高人民检察院、公安部、民政部关于依法处理监护人侵害未成年人权益行为若干问题的意见》

38. 被撤销监护人资格的侵害人，自监护人资格被撤销之日起三个月至一年内，可以书面向人民法院申请恢复监护人资格，并应当提交相关证据。

人民法院应当将前款内容书面告知侵害人和其他监护人、指定监护人。

39. 人民法院审理申请恢复监护人资格案件，按照变更监护关系的案件审理程序进行。

人民法院应当征求未成年人现任监护人和有表达能力的未成年人的意见，并可以委托申请人住所地的未成年人救助保护机构或者其他未成年人保护组织，对申请人监护意愿、悔改表现、监护能力、身心状况、工作生活情况等进行调查，形成调查评估报告。

申请人正在服刑或者接受社区矫正的，人民法院应当征求刑罚执行机关或者社区矫正机构的意见。

40. 人民法院经审理认为申请人确有悔改表现并且适宜担任监护人的，可以判决恢复其监护人资格，原指定监护人的监护人资格终止。

申请人具有下列情形之一的，一般不得判决恢复其监护人资格：

（一）性侵害、出卖未成年人的；

（二）虐待、遗弃未成年人六个月以上、多次遗弃未成年人，并且造成重伤以上严重后果的；

（三）因监护侵害行为被判处五年有期徒刑以上刑罚的。

第三十九条　【监护关系的终止】 有下列情形之一的，监护关系终止：

（一）被监护人取得或者恢复完全民事行为能力；

（二）监护人丧失监护能力；

（三）被监护人或者监护人死亡；

（四）人民法院认定监护关系终止的其他情形。

监护关系终止后，被监护人仍然需要监护的，应当依法另行确定监护人。

关联法规参见

▶**法律：**《民法典总则编》第15条、第24条、第175条。

第三节　宣告失踪和宣告死亡

第四十条　【宣告失踪】 自然人下落不明满二年的，利害关系人可以向人民法院申请宣告该自然人为失踪人。

关联法规参见

▶**法律：**《民事诉讼法》第183条、第185条，《涉外民事关系法律适用法》第13条。

司法解释适用

《最高人民法院关于适用〈中华人民共和国民事诉讼法〉的解释》（法释〔2020〕20号修改）

新《民事诉讼法司法解释》	原《民事诉讼法司法解释》
第三百四十七条（原第三百四十七条） 寻找下落不明人的公告应当记载下列内容： （一）被申请人应当在规定期间内向受理法院申报其具体地址及其联系方式。否则，被申请人将被宣告失踪、宣告死亡； （二）凡知悉被申请人生存现状的人，应当在公告期间内将其所知道情况向受理法院报告。	

第四十一条 【下落不明的起算时间】自然人下落不明的时间自其失去音讯之日起计算。战争期间下落不明的，下落不明的时间自战争结束之日或者有关机关确定的下落不明之日起计算。

第四十二条 【财产代管人】失踪人的财产由其配偶、成年子女、父母或者其他愿意担任财产代管人的人代管。

代管有争议，没有前款规定的人，或者前款规定的人无代管能力的，由人民法院指定的人代管。

司法解释适用

《最高人民法院关于适用〈中华人民共和国民事诉讼法〉的解释》（法释〔2020〕20号修改）

新《民事诉讼法司法解释》	原《民事诉讼法司法解释》
第三百四十三条 宣告失踪或者宣告死亡案件，人民法院可以根据申请人的请求，清理下落不明人的财产，并指定案件审理期间的财产管理人。公告期满后，人民法院判决宣告失踪的，应当同时依照民法典第四十二条的规定指定失踪人的财产代管人。	**第三百四十三条** 宣告失踪或者宣告死亡案件，人民法院可以根据申请人的请求，清理下落不明人的财产，并指定案件审理期间的财产管理人。公告期满后，人民法院判决宣告失踪的，应当同时依照民法通则第二十一条第一款的规定指定失踪人的财产代管人。

第四十三条 【财产代管人的职责】财产代管人应当妥善管理失踪人的财产，维护其财产权益。

失踪人所欠税款、债务和应付的其他费用，由财产代管人从失踪人的财产中支付。

财产代管人因故意或者重大过失造成失踪人财产损失的，应当承担赔偿责任。

关联法规参见

▶**法律**：《民事诉讼法》第185条。

第四十四条　【财产代管人的变更】财产代管人不履行代管职责、侵害失踪人财产权益或者丧失代管能力的，失踪人的利害关系人可以向人民法院申请变更财产代管人。

财产代管人有正当理由的，可以向人民法院申请变更财产代管人。

人民法院变更财产代管人的，变更后的财产代管人有权请求原财产代管人及时移交有关财产并报告财产代管情况。

关联法规参见

▶**法律**：《民法典总则编》第42条。

司法解释适用

《最高人民法院关于适用〈中华人民共和国民事诉讼法〉的解释》（法释〔2020〕20号修改）

新《民事诉讼法司法解释》	原《民事诉讼法司法解释》
第三百四十四条（原第三百四十四条）　失踪人的财产代管人经人民法院指定后，代管人申请变更代管的，比照民事诉讼法特别程序的有关规定进行审理。申请理由成立的，裁定撤销申请人的代管人身份，同时另行指定财产代管人；申请理由不成立的，裁定驳回申请。 失踪人的其他利害关系人申请变更代管的，人民法院应当告知其以原指定的代管人为被告起诉，并按普通程序进行审理。	

第四十五条　【失踪宣告的撤销】失踪人重新出现，经本人或者利害关系人申请，人民法院应当撤销失踪宣告。

失踪人重新出现，有权请求财产代管人及时移交有关财产并报告财产代管情况。

关联法规参见

▶**法律**：《民事诉讼法》第186条。

第四十六条　【宣告死亡】自然人有下列情形之一的，利害关系人可以向人民法院申请宣告该自然人死亡：

（一）下落不明满四年；

（二）因意外事件，下落不明满二年。

因意外事件下落不明，经有关机关证明该自然人不可能生存的，申请宣告死亡不受二年时间的限制。

关联法规参见

▶**法律**：《民法典总则编》第47条，《民事诉讼法》第185条。

第四十七条　【宣告失踪与宣告死亡请求的竞合】对同一自然人，有的利害关系人申请宣告死亡，有的利害关系人申请宣告失踪，符合本法规定的宣告死亡条件的，人民法院应当宣告死亡。

关联法规参见

▶**法律**：《民法典总则编》第40条、第46条。

第四十八条　【死亡日期的确定】被宣告死亡的人，人民法院宣告死亡的判决作出之日视为其死亡的日期；因意外事件下落不明宣告死亡的，意外事件发生之日视为其死亡的日期。

司法解释适用

《最高人民法院关于适用〈中华人民共和国民法典〉继承编的解释（一）》（法释〔2020〕23号）

《民法典继承编司法解释（一）》	原《继承法意见》
第一条　继承从被继承人生理死亡或者被宣告死亡时开始。 宣告死亡的，根据民法典第四十八条规定确定的死亡日期，为继承开始的时间。	1. 继承从被继承人生理死亡或被宣告死亡时开始。 ~~失踪人~~被宣告死亡的，以法院判决中确定的~~失踪人~~的死亡日期，为继承开始的时间。

《最高人民法院关于适用〈中华人民共和国保险法〉若干问题的解释（三）》（法释〔2020〕18号修改）

<table>
<tr><th>新《保险法司法解释（三）》</th><th>原《保险法司法解释（三）》</th></tr>
<tr><td colspan="2">第二十四条（原第二十四条）　投保人为被保险人订立以死亡为给付保险金条件的人身保险合同，被保险人被宣告死亡后，当事人要求保险人按照保险合同约定给付保险金的，人民法院应予支持。
被保险人被宣告死亡之日在保险责任期间之外，但有证据证明下落不明之日在保险责任期间之内，当事人要求保险人按照保险合同约定给付保险金的，人民法院应予支持。</td></tr>
</table>

第四十九条　【被宣告死亡人实际生存时的行为效力】自然人被宣告死亡但是并未死亡的，不影响该自然人在被宣告死亡期间实施的民事法律行为的效力。

第五十条　【死亡宣告的撤销】被宣告死亡的人重新出现，经本人或者利害关系人申请，人民法院应当撤销死亡宣告。

关联法规参见

▶**法律**：《民事诉讼法》第186条。

第五十一条　【宣告死亡及其撤销后婚姻关系的效力】被宣告死亡的人的婚姻关系，自死亡宣告之日起消除。死亡宣告被撤销的，婚姻关系自撤销死亡宣告之日起自行恢复。但是，其配偶再婚或者向婚姻登记机关书面声明不愿意恢复的除外。

关联法规参见

▶**法律**：《民法典总则编》第46条，《民法典婚姻家庭编》第1079条。

第五十二条　【死亡宣告撤销后子女被收养的效力】被宣告死亡的人在被宣告死亡期间，其子女被他人依法收养的，在死亡宣告被撤销后，不得以未经本人同意为由主张收养行为无效。

关联法规参见

▶**法律**：《民法典婚姻家庭编》第1093条、第1107条、第1111条。

▶**行政法规**：《中国公民收养子女登记办法》第6条，《外国人在中华人民共和国收养子女登记办法》第5条。

第五十三条　【死亡宣告撤销后的财产返还与赔偿责任】被撤销死亡宣告的人有权请求依照本法第六编取得其财产的民事主体返还财产；无法返还的，应当给予适当补偿。

利害关系人隐瞒真实情况，致使他人被宣告死亡而取得其财产的，除应当返还财产外，还应当对由此造成的损失承担赔偿责任。

第四节　个体工商户和农村承包经营户

第五十四条　【个体工商户】自然人从事工商业经营，经依法登记，为个体工商户。个体工商户可以起字号。

关联法规参见

▶**行政法规**：《个体工商户条例》第2条，《现金管理暂行条例》第13条、第14条。

第五十五条　【农村承包经营户】农村集体经济组织的成员，依法取得农村土地承包经营权，从事家庭承包经营的，为农村承包经营户。

关联法规参见

▶**法律**：《农村土地承包法》第5条、第16条、第17条。

司法解释适用

《最高人民法院关于审理劳动争议案件适用法律问题的解释（一）》（法释〔2020〕26号）

<table>
<tr><th>《劳动争议案件适用司法解释（一）》</th><th>原《劳动争议案件司法解释（二）》</th></tr>
<tr><td colspan="2">第二条（原第七条）　下列纠纷不属于劳动争议：
（一）劳动者请求社会保险经办机构发放社会保险金的纠纷；
（二）劳动者与用人单位因住房制度改革产生的公有住房转让纠纷；
（三）劳动者对劳动能力鉴定委员会的伤残等级鉴定结论或者对职业病诊断鉴定委员会的职业病诊断鉴定结论的异议纠纷；
（四）家庭或者个人与家政服务人员之间的纠纷；
（五）个体工匠与帮工、学徒之间的纠纷；
（六）农村承包经营户与受雇人之间的纠纷。</td></tr>
</table>

《最高人民法院关于审理涉及农村土地承包经营纠纷调解仲裁案件适用法律若干问题的解释》（法释〔2020〕17号修改）

<table>
<tr><th>新《农村土地承包经营纠纷调解仲裁案件司法解释》</th><th>原《农村土地承包经营纠纷调解仲裁案件司法解释》</th></tr>
<tr><td colspan="2">第一条（原第一条）　农村土地承包仲裁委员会根据农村土地承包经营纠纷调解仲裁法第十八条规定，以超过申请仲裁的时效期间为由驳回申请后，当事人就同一纠纷提起诉讼的，人民法院应予受理。</td></tr>
<tr><td colspan="2">第二条（原第二条）　当事人在收到农村土地承包仲裁委员会作出的裁决书之日起三十日后或者签收农村土地承包仲裁委员会作出的调解书后，就同一纠纷向人民法院提起诉讼的，裁定不予受理；已经受理的，裁定驳回起诉。</td></tr>
<tr><td colspan="2">第三条（原第三条）　当事人在收到农村土地承包仲裁委员会作出的裁决书之日起三十日内，向人民法院提起诉讼，请求撤销仲裁裁决的，人民法院应当告知当事人就原纠纷提起诉讼。</td></tr>
</table>

<table>
<tr><th>新《农村土地承包经营纠纷调解仲裁案件司法解释》</th><th>原《农村土地承包经营纠纷调解仲裁案件司法解释》</th></tr>
<tr><td colspan="2">第四条（原第四条） 农村土地承包仲裁委员会依法向人民法院提交当事人财产保全申请的，申请财产保全的当事人为申请人。
农村土地承包仲裁委员会应当提交下列材料：
（一）财产保全申请书；
（二）农村土地承包仲裁委员会发出的受理案件通知书；
（三）申请人的身份证明；
（四）申请保全财产的具体情况。
人民法院采取保全措施，可以责令申请人提供担保，申请人不提供担保的，裁定驳回申请。</td></tr>
<tr><td colspan="2">第五条（原第五条） 人民法院对农村土地承包仲裁委员会提交的财产保全申请材料，应当进行审查。符合前条规定的，应予受理；申请材料不齐全或不符合规定的，人民法院应当告知农村土地承包仲裁委员会需要补齐的内容。
人民法院决定受理的，应当于三日内向当事人送达受理通知书并告知农村土地承包仲裁委员会。</td></tr>
<tr><td colspan="2">第六条（原第六条） 人民法院受理财产保全申请后，应当在十日内作出裁定。因特殊情况需要延长的，经本院院长批准，可以延长五日。
人民法院接受申请后，对情况紧急的，必须在四十八小时内作出裁定；裁定采取保全措施的，应当立即开始执行。</td></tr>
<tr><td>第七条 农村土地承包经营纠纷仲裁中采取的财产保全措施，在申请保全的当事人依法提起诉讼后，自动转为诉讼中的财产保全措施，并适用《最高人民法院关于适用〈中华人民共和国民事诉讼法〉的解释》第四百八十七条关于查封、扣押、冻结期限的规定。</td><td>第七条 农村土地承包经营纠纷仲裁中采取的财产保全措施，在申请保全的当事人依法提起诉讼后，自动转为诉讼中的财产保全措施，并适用《最高人民法院关于人民法院民事执行中查封、扣押、冻结财产的规定》第二十九条关于查封、扣押、冻结期限的规定。</td></tr>
<tr><td colspan="2">第八条（原第八条） 农村土地承包仲裁委员会依法向人民法院提交当事人证据保全申请的，应当提供下列材料：
（一）证据保全申请书；
（二）农村土地承包仲裁委员会发出的受理案件通知书；
（三）申请人的身份证明；
（四）申请保全证据的具体情况。
对证据保全的具体程序事项，适用本解释第五、六、七条关于财产保全的规定。</td></tr>
<tr><td colspan="2">第九条（原第九条） 农村土地承包仲裁委员会作出先行裁定后，一方当事人依法向被执行人住所地或者被执行的财产所在地基层人民法院申请执行的，人民法院应予受理和执行。
申请执行先行裁定的，应当提供以下材料：</td></tr>
</table>

<table>
<tr><th>新《农村土地承包经营纠纷调解仲裁案件司法解释》</th><th>原《农村土地承包经营纠纷调解仲裁案件司法解释》</th></tr>
<tr><td colspan="2">（一）申请执行书；
（二）农村土地承包仲裁委员会作出的先行裁定书；
（三）申请执行人的身份证明；
（四）申请执行人提供的担保情况；
（五）其他应当提交的文件或证件。</td></tr>
<tr><td>第十条　当事人根据农村土地承包经营纠纷调解仲裁法第四十九条规定，向人民法院申请执行调解书、裁决书，符合《最高人民法院关于人民法院执行工作若干问题的规定（试行）》第十六条规定条件的，人民法院应予受理和执行。</td><td>第十条　当事人根据农村土地承包经营纠纷调解仲裁法第四十九条规定，向人民法院申请执行调解书、裁决书，符合《最高人民法院关于人民法院执行工作若干问题的规定（试行）》第十八条规定条件的，人民法院应予受理和执行。</td></tr>
<tr><td colspan="2">第十一条（原第十一条）　当事人因不服农村土地承包仲裁委员会作出的仲裁裁决向人民法院提起诉讼的，起诉期从其收到裁决书的次日起计算。</td></tr>
<tr><td colspan="2">第十二条（原第十二条）　本解释施行后，人民法院尚未审结的一审、二审案件适用本解释规定。本解释施行前已经作出生效裁判的案件，本解释施行后依法再审的，不适用本解释规定。</td></tr>
</table>

第五十六条　【“两户”的债务承担】个体工商户的债务，个人经营的，以个人财产承担；家庭经营的，以家庭财产承担；无法区分的，以家庭财产承担。

农村承包经营户的债务，以从事农村土地承包经营的农户财产承担；事实上由农户部分成员经营的，以该部分成员的财产承担。

司法解释适用

《最高人民法院关于适用〈中华人民共和国民法典〉婚姻家庭编的解释（一）》（法释〔2020〕22号）

《民法典婚姻家庭编司法解释（一）》	原《婚姻法司法解释（二）》
第三十四条　夫妻一方与第三人串通，虚构债务，第三人主张该债务为夫妻共同债务的，人民法院不予支持。 夫妻一方在从事赌博、吸毒等违法犯罪活动中所负债务，第三人主张该债务为夫妻共同债务的，人民法院不予支持。	~~**第二十四条**　债权人就婚姻关系存续期间夫妻一方以个人名义所负债务主张权利的，应当按夫妻共同债务处理。但夫妻一方能够证明债权人与债务人明确约定为个人债务，或者能够证明属于婚姻法第十九条第三款规定情形的除外。~~

《民法典婚姻家庭编司法解释（一）》	原《婚姻法司法解释（二）》
	夫妻一方与第三人串通，虚构债务，第三人主张权利的，人民法院不予支持。 夫妻一方在从事赌博、吸毒等违法犯罪活动中所负债务，第三人主张权利的，人民法院不予支持。

《最高人民法院关于曹彩凤等诉许莉债务案如何适用法律问题的复函》

上海市高级人民法院：

你院关于曹彩凤、曹景凤、汪潜等诉许莉债务纠纷案的请示报告收悉。经研究，答复如下：

根据《中华人民共和国民法通则》第二十九条、第七十八条和最高人民法院《关于贯彻执行〈中华人民共和国民法通则〉若干问题的意见（试行）》第四十三条的规定，赵海平在从事承包经营期间所欠债务为夫妻共同债务，赵海平死亡后，其妻许莉作为连带债务人有义务继续清偿全部债务。

以上意见，供参考。

第三章 法 人

第一节 一般规定

第五十七条 【法人的概念】 法人是具有民事权利能力和民事行为能力，依法独立享有民事权利和承担民事义务的组织。

关联法规参见

▶**法律：**《公司法》第3条。

司法解释适用

《最高人民法院关于南京摩托车总公司是否具备法人条件问题的复函》

江苏省高级人民法院：

你院〔1991〕经请字第1号请示收悉。

经研究，同意你院第二种意见，即南京摩托车总公司具备法人条件。因为它符合《中华人民共和国民法通则》第三十六、三十七条之规定，并经工商行政管理机关核准依法领取有企业法人的营业执照。

此复

第五十八条　【法人的成立】法人应当依法成立。

法人应当有自己的名称、组织机构、住所、财产或者经费。法人成立的具体条件和程序，依照法律、行政法规的规定。

设立法人，法律、行政法规规定须经有关机关批准的，依照其规定。

关联法规参见

▶**法律**：《行政许可法》第12条，《公司法》第6条至第8条、第23条，《注册会计师法》第24条至第27条。

▶**行政法规**：《社会团体登记管理条例》第3条、第9条。

第五十九条　【法人的民事权利能力和民事行为能力】法人的民事权利能力和民事行为能力，从法人成立时产生，到法人终止时消灭。

关联法规参见

▶**法律**：《民法典总则编》第72条、第75条。

权威案例指引

▶**公报案例**

《广西北生集团有限责任公司与北海市威豪房地产开发公司、广西壮族自治区畜产进出口北海公司土地使用权转让合同纠纷案》，《最高人民法院公报》2006年第9期

裁判摘要：一、《中华人民共和国民法通则》第三十六条规定："……法人的民事权利能力和民事行为能力，从法人成立时产生，到法人终止时消灭。"《中华人民共和国公司登记管理条例》第三十八条规定，"经公司登记机关核准注销登记，公司终止。"因此，法人被依法吊销营业执照后没有进行清算，也没有办理注销登记的，不属于法人终止，依法仍享有民事诉讼的权利能力和行为能力。此类法人与他人产生合同纠纷的，应当以自己的名义参加民事诉讼。其开办单位因不是合同当事人，不具备诉讼主体资格。

二、只有人民法院和仲裁机构有权确认合同是否有效，合同当事人不享有确认合同效力的权利。合同无效系自始无效，当事人请求确认合同无效的，不应受诉讼时效期间的限制，而合同经确认无效后，当事人请求返还财产及赔偿损失的，应当适用法律关于诉讼时效的规定。

第六十条　【法人的责任财产】法人以其全部财产独立承担民事责任。

关联法规参见

▶**法律：**《公司法》第3条、第14条，《商业银行法》第4条，《企业破产法》第30条至第36条。

司法解释适用

《最高人民法院关于适用〈中华人民共和国企业破产法〉若干问题的规定（二）》（法释〔2020〕18号修改）

<table>
<tr><th>新《企业破产法司法解释（二）》</th><th>原《企业破产法司法解释（二）》</th></tr>
<tr><td colspan="2">第一条（原第一条）　除债务人所有的货币、实物外，债务人依法享有的可以用货币估价并可以依法转让的债权、股权、知识产权、用益物权等财产和财产权益，人民法院均应认定为债务人财产。</td></tr>
<tr><td colspan="2">第二条（原第二条）　下列财产不应认定为债务人财产：
（一）债务人基于仓储、保管、承揽、代销、借用、寄存、租赁等合同或者其他法律关系占有、使用的他人财产；
（二）债务人在所有权保留买卖中尚未取得所有权的财产；
（三）所有权专属于国家且不得转让的财产；
（四）其他依照法律、行政法规不属于债务人的财产。</td></tr>
<tr><td colspan="2">第三条（原第三条）　债务人已依法设定担保物权的特定财产，人民法院应当认定为债务人财产。
对债务人的特定财产在担保物权消灭或者实现担保物权后的剩余部分，在破产程序中可用以清偿破产费用、共益债务和其他破产债权。</td></tr>
<tr><td>第四条　债务人对按份享有所有权的共有财产的相关份额，或者共同享有所有权的共有财产的相应财产权利，以及依法分割共有财产所得部分，人民法院均应认定为债务人财产。
人民法院宣告债务人破产清算，属于共有财产分割的法定事由。人民法院裁定债务人重整或者和解的，共有财产的分割应当依据民法典第三百零三条的规定进行；基于重整或者和解的需要必须分割共有财产，管理人请求分割的，人民法院应予准许。
因分割共有财产导致其他共有人损害产生的债务，其他共有人请求作为共益债务清偿的，人民法院应予支持。</td><td>第四条　债务人对按份享有所有权的共有财产的相关份额，或者共同享有所有权的共有财产的相应财产权利，以及依法分割共有财产所得部分，人民法院均应认定为债务人财产。
人民法院宣告债务人破产清算，属于共有财产分割的法定事由。人民法院裁定债务人重整或者和解的，共有财产的分割应当依据物权法第九十九条的规定进行；基于重整或者和解的需要必须分割共有财产，管理人请求分割的，人民法院应予准许。
因分割共有财产导致其他共有人损害产生的债务，其他共有人请求作为共益债务清偿的，人民法院应予支持。</td></tr>
</table>

权威案例指引

▶公报案例

《江苏万丰光伏有限公司诉上海广力投资管理有限公司、丁灿焜等买卖合同纠纷案》，《最高人民法院公报》2018年第12期

裁判摘要：注册资本作为公司资产的重要组成部分，既是公司从事生产经营活动的经济基础，亦是公司对外承担民事责任的担保。注册资本的不当减少将直接影响公司对外偿债能力，危及债权人的利益。公司在股东认缴的出资期限届满前，作出减资决议而未依法通知债权人，免除了股东认缴但尚未履行的出资义务，损害了债权人利益。债权人起诉请求股东对公司债务在减资范围内承担补充赔偿责任的，人民法院应予支持。

《上海德力西集团有限公司诉江苏博恩世通高科有限公司、冯军、上海博恩世通光电股份有限公司买卖合同纠纷案》，《最高人民法院公报》2017年第11期

裁判摘要：一、公司减资时对已知或应知的债权人应履行通知义务，不能在未先行通知的情况下直接以登报公告形式代替通知义务。

二、公司减资时未依法履行通知已知或应知的债权人的义务，公司股东不能证明其在减资过程中对怠于通知的行为无过错的，当公司减资后不能偿付减资前的债务时，公司股东应就该债务对债权人承担补充赔偿责任。

《美国矿产金属有限公司与厦门联合发展（集团）有限公司债务纠纷案》，《最高人民法院公报》2005年第12期

裁判摘要：经国家主管部门核准登记的具有法人资格的企业，依法应当独立承担民事责任。确定该企业的开办单位是否应当对该企业的债务承担民事责任，应严格审查开办单位对该企业的出资情况以及开办单位有无抽逃该企业注册资本、有无恶意转移该企业财产等情形。开办单位在上述方面无过错的，不应对该企业的债务承担连带赔偿责任。

第六十一条　【法定代表人】依照法律或者法人章程的规定，代表法人从事民事活动的负责人，为法人的法定代表人。

法定代表人以法人名义从事的民事活动，其法律后果由法人承受。

法人章程或者法人权力机构对法定代表人代表权的限制，不得对抗善意相对人。

关联法规参见

▶**法律：**《民法典总则编》第170条，《民法典合同编》第504条，《证券法》第102条，《民办教育促进法》第23条，《高等教育法》第30条，《公司法》第13条，《农民专业合作社法》第33条，《民事诉讼法》第48条，《全民所有制工业企业法》第45条。

▶**行政法规：**《社会团体登记管理条例》第12条，《城镇集体所有制企业条例》第31条。

司法解释适用

《最高人民法院关于适用〈中华人民共和国民法典〉有关担保制度的解释》（法释〔2020〕28号）

《民法典担保制度司法解释》	原《担保法司法解释》
第七条 公司的法定代表人违反公司法关于公司对外担保决议程序的规定，超越权限代表公司与相对人订立担保合同，人民法院应当依照民法典第六十一条和第五百零四条等规定处理： （一）相对人善意的，担保合同对公司发生效力；相对人请求公司承担担保责任的，人民法院应予支持。 （二）相对人非善意的，担保合同对公司不发生效力；相对人请求公司承担赔偿责任的，参照适用本解释第十七条的有关规定。 法定代表人超越权限提供担保造成公司损失，公司请求法定代表人承担赔偿责任的，人民法院应予支持。 第一款所称善意，是指相对人在订立担保合同时不知道且不应当知道法定代表人超越权限。相对人有证据证明已对公司决议进行了合理审查，人民法院应当认定其构成善意，但是公司有证据证明相对人知道或者应当知道决议系伪造、变造的除外。	**第四条** 董事、经理违反《中华人民共和国公司法》第六十条的规定，以公司资产为本公司的股东或者其他个人债务提供担保的，担保合同无效。除债权人知道或者应当知道的外，债务人、担保人应当对债权人的损失承担连带赔偿责任。 **第十一条** 法人或者其他组织的法定代表人、负责人超越权限订立的担保合同，除相对人知道或者应当知道其超越权限的以外，该代表行为有效。

第六十二条 【法定代表人职务行为的法律责任】 法定代表人因执行职务造成他人损害的，由法人承担民事责任。

法人承担民事责任后，依照法律或者法人章程的规定，可以向有过错的法定代表人追偿。

关联法规参见

▶**法律：**《民法典侵权责任编》第1191条，《公司法》第149条，《保险法》第83条，《企业国有资产法》第71条。

司法解释适用

《最高人民法院关于审理人身损害赔偿案件适用法律若干问题的解释》（法释〔2020〕17号修改）

<table>
<tr><th>新《人身损害赔偿司法解释》</th><th>原《人身损害赔偿司法解释》</th></tr>
<tr><td colspan="2">删除条文

~~第八条　法人或者其他组织的法定代表人、负责人以及工作人员，在执行职务中致人损害的，依照民法通则第121条的规定，由该法人或者其他组织承担民事责任。上述人员实施与职务无关的行为致人损害的，应当由行为人承担赔偿责任。~~
~~属于《国家赔偿法》赔偿事由的，依照《国家赔偿法》的规定处理。~~</td></tr>
</table>

《最高人民法院经济审判庭关于企业设置的办事机构对外所签订的购销合同是否一律认定为无效合同问题的电话答复》

福建省高级人民法院：

你院〔1988〕闽法经字第29号“关于企业设置的办事机构对外所签订的购销合同是否一律认定为无效合同的请示”收悉。经研究答复如下：

三明市对外贸易公司福州办事处（以下简称办事处）是三明市对外贸易公司的办事机构，没有申报营业执照，对外无权从事经营活动。办事处擅自以自己的名义与宁德地区生产资料贸易公司签订的购销合同，应认定无效。虽然三明市对外贸易公司对办事处在履行合同中有时以公司的名义进行信、电往来的行为，未提出异议，但因该合同是办事处对外签订的，因此，不应视为三明市对外贸易公司事后追认了办事处的代理权。参照民法通则第四十三条规定，三明市对外贸易公司办事处的经营活动，应当承担民事责任。

此复

权威案例指引

▶公报案例

《香港新建业有限公司等诉上海新建业有限公司等欠款担保纠纷案》，《最高人民法院公报》2004年第1期

裁判摘要：一、涉外经济合同的当事人以书面形式另行约定或确认法律适用条款的，依法应确认有效。

二、企业法定代表人虽已免职但尚未在政府企业登记机关办理变更登记前，如不违反企业利益，仍可对外行使相应职权。

第六十三条　【法人的住所】法人以其主要办事机构所在地为住所。依法需要办理法人登记的，应当将主要办事机构所在地登记为住所。

关联法规参见

▶**法律**：《民法典总则编》第65条，《公司法》第10条。

▶**行政法规**：《公司登记管理条例》第12条。

司法解释适用

《最高人民法院关于适用〈中华人民共和国民事诉讼法〉的解释》（法释〔2020〕20号修改）

新《民事诉讼法司法解释》	原《民事诉讼法司法解释》
第三条（原第三条） 公民的住所地是指公民的户籍所在地，法人或者其他组织的住所地是指法人或者其他组织的主要办事机构所在地。 法人或者其他组织的主要办事机构所在地不能确定的，法人或者其他组织的注册地或者登记地为住所地。	

《最高人民法院关于适用〈中华人民共和国公司法〉若干问题的规定（二）》（法释〔2020〕18号修改）

新《公司法司法解释（二）》	原《公司法司法解释（二）》
第二十四条（原第二十四条） 解散公司诉讼案件和公司清算案件由公司住所地人民法院管辖。公司住所地是指公司主要办事机构所在地。公司办事机构所在地不明确的，由其注册地人民法院管辖。 基层人民法院管辖县、县级市或者区的公司登记机关核准登记公司的解散诉讼案件和公司清算案件；中级人民法院管辖地区、地级市以上的公司登记机关核准登记公司的解散诉讼案件和公司清算案件。	

第六十四条 【法人的变更登记】法人存续期间登记事项发生变化的，应当依法向登记机关申请变更登记。

关联法规参见

▶**法律**：《民法典总则编》第65条，《公司法》第7条、第9条、第12条、第13条、第32条、第136条、第139条、第179条、第211条。

▶**行政法规**：《企业法人登记管理条例》第17条，《公司登记管理条例》第26条，《社会团体登记管理条例》第18条，《事业单位登记管理暂行条例》第10条，《基金会管理条例》第15条。

第六十五条 【法人登记的对抗效力】法人的实际情况与登记的事项不一致的，不得对抗善意相对人。

关联法规参见

▶**法律**：《民法典物权编》第217条、第222条，《公司法》第32条。

司法解释适用

《最高人民法院关于适用〈中华人民共和国公司法〉若干问题的规定（三）》
（法释〔2020〕18号修改）

<table>
<tr><th>新《公司法司法解释（三）》</th><th>原《公司法司法解释（三）》</th></tr>
<tr><td>第二十五条　名义股东将登记于其名下的股权转让、质押或者以其他方式处分，实际出资人以其对于股权享有实际权利为由，请求认定处分股权行为无效的，人民法院可以参照民法典第三百一十一条的规定处理。
名义股东处分股权造成实际出资人损失，实际出资人请求名义股东承担赔偿责任的，人民法院应予支持。</td><td>第二十五条　名义股东将登记于其名下的股权转让、质押或者以其他方式处分，实际出资人以其对于股权享有实际权利为由，请求认定处分股权行为无效的，人民法院可以参照物权法第一百零六条的规定处理。
名义股东处分股权造成实际出资人损失，实际出资人请求名义股东承担赔偿责任的，人民法院应予支持。</td></tr>
<tr><td colspan="2">第二十六条（原第二十六条）　公司债权人以登记于公司登记机关的股东未履行出资义务为由，请求其对公司债务不能清偿的部分在未出资本息范围内承担补充赔偿责任，股东以其仅为名义股东而非实际出资人为由进行抗辩的，人民法院不予支持。
名义股东根据前款规定承担赔偿责任后，向实际出资人追偿的，人民法院应予支持。</td></tr>
<tr><td>第二十七条　股权转让后尚未向公司登记机关办理变更登记，原股东将仍登记于其名下的股权转让、质押或者以其他方式处分，受让股东以其对于股权享有实际权利为由，请求认定处分股权行为无效的，人民法院可以参照民法典第三百一十一条的规定处理。
原股东处分股权造成受让股东损失，受让股东请求原股东承担赔偿责任、对于未及时办理变更登记有过错的董事、高级管理人员或者实际控制人承担相应责任的，人民法院应予支持；受让股东对于未及时办理变更登记也有过错的，可以适当减轻上述董事、高级管理人员或者实际控制人的责任。</td><td>第二十七条　股权转让后尚未向公司登记机关办理变更登记，原股东将仍登记于其名下的股权转让、质押或者以其他方式处分，受让股东以其对于股权享有实际权利为由，请求认定处分股权行为无效的，人民法院可以参照物权法第一百零六条的规定处理。
原股东处分股权造成受让股东损失，受让股东请求原股东承担赔偿责任、对于未及时办理变更登记有过错的董事、高级管理人员或者实际控制人承担相应责任的，人民法院应予支持；受让股东对于未及时办理变更登记也有过错的，可以适当减轻上述董事、高级管理人员或者实际控制人的责任。</td></tr>
<tr><td colspan="2">第二十八条（原第二十八条）　冒用他人名义出资并将该他人作为股东在公司登记机关登记的，冒名登记行为人应当承担相应责任；公司、其他股东或者公司债权人以未履行出资义务为由，请求被冒名登记为股东的承担补足出资责任或者对公司债务不能清偿部分的赔偿责任的，人民法院不予支持。</td></tr>
</table>

权威案例指引

▶公报案例

《大拇指环保科技集团（福建）有限公司与中华环保科技集团有限公司股东出资纠纷案》，《最高人民法院公报》2014年第8期

裁判摘要：按照《中华人民共和国涉外民事关系法律适用法》第十四条第一款的规定，我国外商投资企业与其外国投资者之间的出资义务等事项，应当适用中华人民共和国法律；外国投资者的司法管理人和清盘人的民事权利能力及民事行为能力等事项，应当适用该外国投资者登记地的法律。

《中华人民共和国公司法》第十三条规定，公司法定代表人变更应当办理变更登记。对法定代表人变更事项进行登记，其意义在于向社会公示公司意志代表权的基本状态。工商登记的法定代表人对外具有公示效力，如果涉及公司以外的第三人因公司代表权而产生的外部争议，应以工商登记为准。而对于公司与股东之间因法定代表人任免产生的内部争议，则应以有效的股东会任免决议为准，并在公司内部产生法定代表人变更的法律效果。

《北京公达房地产有限责任公司诉北京市祥和三峡房地产开发公司房地产开发合同纠纷案》，《最高人民法院公报》2010年第11期

裁判摘要：公司的法定代表人依法代表公司对外进行民事活动。法定代表人发生变更的，应当在工商管理部门办理变更登记。公司的法定代表人在对外签订合同时已经被上级单位决定停止职务，但未办理变更登记，公司以此主张合同无效的，人民法院不予支持。

第六十六条 【登记机关的公示义务】登记机关应当依法及时公示法人登记的有关信息。

关联法规参见

▶**法律：**《慈善法》第70条。

▶**行政法规：**《企业法人登记管理条例》第23条、第24条，《公司登记管理条例》第55条、第57条，《企业信息公示暂行条例》第3条、第6条至第10条。

司法解释适用

《最高人民法院关于人民法院办理执行异议和复议案件若干问题的规定》（法释〔2020〕21号修改）

新《人民法院办理执行异议和复议案件规定》	原《人民法院办理执行异议和复议案件规定》
第二十五条 对案外人的异议，人民法院应当按照下列标准判断其是否系权利人： （一）已登记的不动产，按照不动产登记簿判断；未登记的建筑物、构筑物及其附	**第二十五条** 对案外人的异议，人民法院应当按照下列标准判断其是否系权利人： （一）已登记的不动产，按照不动产登记簿判断；未登记的建筑物、构筑物及其附

新《人民法院办理执行异议和复议案件规定》	原《人民法院办理执行异议和复议案件规定》
属设施，按照土地使用权登记簿、建设工程规划许可、施工许可等相关证据判断； （二）已登记的机动车、船舶、航空器等特定动产，按照相关管理部门的登记判断；未登记的特定动产和其他动产，按照实际占有情况判断； （三）银行存款和存管在金融机构的有价证券，按照金融机构和登记结算机构登记的账户名称判断；有价证券由具备合法经营资质的托管机构名义持有的，按照该机构登记的实际出资人账户名称判断； （四）股权按照工商行政管理机关的登记和企业信用信息公示系统公示的信息判断； （五）其他财产和权利，有登记的，按照登记机构的登记判断；无登记的，按照合同等证明财产权属或者权利人的证据判断。 案外人依据另案生效法律文书提出排除执行异议，该法律文书认定的执行标的权利人与依照前款规定得出的判断不一致的，依照本规定第二十六条规定处理。	属设施，按照土地使用权登记簿、建设工程规划许可、施工许可等相关证据判断； （二）已登记的机动车、船舶、航空器等特定动产，按照相关管理部门的登记判断；未登记的特定动产和其他动产，按照实际占有情况判断； （三）银行存款和存管在金融机构的有价证券，按照金融机构和登记结算机构登记的账户名称判断；有价证券由具备合法经营资质的托管机构名义持有的，按照该机构登记的实际投资人账户名称判断； （四）股权按照工商行政管理机关的登记和企业信用信息公示系统公示的信息判断； （五）其他财产和权利，有登记的，按照登记机构的登记判断；无登记的，按照合同等证明财产权属或者权利人的证据判断。 案外人依据另案生效法律文书提出排除执行异议，该法律文书认定的执行标的权利人与依照前款规定得出的判断不一致的，依照本规定第二十六条规定处理。

第六十七条　【法人合并、分立后的权利义务承担】 法人合并的，其权利和义务由合并后的法人享有和承担。

法人分立的，其权利和义务由分立后的法人享有连带债权，承担连带债务，但是债权人和债务人另有约定的除外。

关联法规参见

▶**法律：**《民法典侵权责任编》第1181条，《公司法》第172条至第176条，《税收征收管理法》第48条。

司法解释适用

《最高人民法院关于适用〈中华人民共和国民事诉讼法〉的解释》（法释〔2020〕20号修改）

新《民事诉讼法司法解释》	原《民事诉讼法司法解释》
第六十三条（原第六十三条）　企业法人合并的，因合并前的民事活动发生的纠纷，以合并后的企业为当事人；企业法人分立的，因分立前的民事活动发生的纠纷，以分立后的企业为共同诉讼人。	

<table>
<tr><th>新《民事诉讼法司法解释》</th><th>原《民事诉讼法司法解释》</th></tr>
<tr><td colspan="2">第四百七十二条（原第四百七十二条） 依照民事诉讼法第二百三十二条规定，执行中作为被执行人的法人或者其他组织分立、合并的，人民法院可以裁定变更后的法人或者其他组织为被执行人；被注销的，如果依照有关实体法的规定有权利义务承受人的，可以裁定该权利义务承受人为被执行人。</td></tr>
</table>

权威案例指引

▶公报案例

《信达公司合肥办事处诉中国医药集团总公司等借款担保合同纠纷案》，《最高人民法院公报》2004 年第 12 期

裁判摘要：企业因全部资产被整体划拨而变更产权关系后，无偿接受企业的公司将所接受企业的全部经营性净资产及相应的债务作为自己的出资组建其所属的新公司的，应在接受原企业资产的范围内对其原有债务承担连带责任。

《工商银行山东分行诉信诚公司等借款合同纠纷案》，《最高人民法院公报》2004 年第 11 期

裁判摘要：根据《民法通则》第四十八条的规定，企业采取以部分财产和等额债务相抵的方式与他人组建新公司，且对所出让财产不持有相应股份的，未转移债务的债权人有权要求新公司在其所接收原企业财产范围内对原企业债务承担连带责任。

第六十八条 【法人的终止】有下列原因之一并依法完成清算、注销登记的，法人终止：

（一）法人解散；

（二）法人被宣告破产；

（三）法律规定的其他原因。

法人终止，法律、行政法规规定须经有关机关批准的，依照其规定。

关联法规参见

▶**法律：**《证券法》第 96 条，《公司法》第 180 条，《商业银行法》第 69 条、第 71 条、第 72 条，《保险法》第 89 条、第 90 条，《企业破产法》第 2 条、第 7 条。

第六十九条　【法人的解散】 有下列情形之一的，法人解散：

（一）法人章程规定的存续期间届满或者法人章程规定的其他解散事由出现；

（二）法人的权力机构决议解散；

（三）因法人合并或者分立需要解散；

（四）法人依法被吊销营业执照、登记证书，被责令关闭或者被撤销；

（五）法律规定的其他情形。

关联法规参见

▶**法律**：《公司法》第181条、第182条，《商业银行法》第69条，《保险法》第89条。

权威案例指引

▶**指导性案例**

林方清诉常熟市凯莱实业有限公司、戴小明公司解散纠纷案，指导案例8号（2012年4月9日）

裁判要点：公司法第一百八十三条将“公司经营管理发生严重困难”作为股东提起解散公司之诉的条件之一。判断“公司经营管理是否发生严重困难”，应从公司组织机构的运行状态进行综合分析。公司虽处于盈利状态，但其股东会机制长期失灵，内部管理有严重障碍，已陷入僵局状态，可以认定为公司经营管理发生严重困难。对于符合公司法及相关司法解释规定的其他条件的，人民法院可以依法判决公司解散。

第七十条　【清算义务人】 法人解散的，除合并或者分立的情形外，清算义务人应当及时组成清算组进行清算。

法人的董事、理事等执行机构或者决策机构的成员为清算义务人。法律、行政法规另有规定的，依照其规定。

清算义务人未及时履行清算义务，造成损害的，应当承担民事责任；主管机关或者利害关系人可以申请人民法院指定有关人员组成清算组进行清算。

关联法规参见

▶**法律**：《民办教育促进法》第58条，《公司法》第183条、第184条，《刑法》第162条，《慈善法》第18条，《商业银行法》第69条、第70条，《保险法》第89条、第149条。

▶**行政法规**：《宗教事务条例》第60条，《社会团体登记管理条例》第20条，《事业单位登记管理暂行条例》第 13 条，《基金会管理条例》第 18 条，《民办非企业单位登记管理暂行条例》第 16 条。

司法解释适用

《最高人民法院关于适用〈中华人民共和国公司法〉若干问题的规定（二）》（法释〔2020〕18 号修改）

<table>
<tr><th>新《公司法司法解释（二）》</th><th>原《公司法司法解释（二）》</th></tr>
<tr><td colspan="2">第十八条（原第十八条）　有限责任公司的股东、股份有限公司的董事和控股股东未在法定期限内成立清算组开始清算，导致公司财产贬值、流失、毁损或者灭失，债权人主张其在造成损失范围内对公司债务承担赔偿责任的，人民法院应依法予以支持。
有限责任公司的股东、股份有限公司的董事和控股股东因怠于履行义务，导致公司主要财产、账册、重要文件等灭失，无法进行清算，债权人主张其对公司债务承担连带清偿责任的，人民法院应依法予以支持。
上述情形系实际控制人原因造成，债权人主张实际控制人对公司债务承担相应民事责任的，人民法院应依法予以支持。</td></tr>
<tr><td colspan="2">第十九条（原第十九条）　有限责任公司的股东、股份有限公司的董事和控股股东，以及公司的实际控制人在公司解散后，恶意处置公司财产给债权人造成损失，或者未经依法清算，以虚假的清算报告骗取公司登记机关办理法人注销登记，债权人主张其对公司债务承担相应赔偿责任的，人民法院应依法予以支持。</td></tr>
<tr><td colspan="2">第二十条（原第二十条）　公司解散应当在依法清算完毕后，申请办理注销登记。公司未经清算即办理注销登记，导致公司无法进行清算，债权人主张有限责任公司的股东、股份有限公司的董事和控股股东，以及公司的实际控制人对公司债务承担清偿责任的，人民法院应依法予以支持。
公司未经依法清算即办理注销登记，股东或者第三人在公司登记机关办理注销登记时承诺对公司债务承担责任，债权人主张其对公司债务承担相应民事责任的，人民法院应依法予以支持。</td></tr>
</table>

权威案例指引

▶指导性案例

上海存亮贸易有限公司诉蒋志东、王卫明等买卖合同纠纷案，指导案例 9 号（2012 年 9 月 18 日）

裁判要点：有限责任公司的股东、股份有限公司的董事和控股股东，应当依法在公司被吊销营业执照后履行清算义务，不能以其不是实际控制人或者未实际参加公司经营管理为由，免除清算义务。

▶公报案例

《雷远城与厦门王将房地产发展有限公司、远东房地产发展有限公司财产权属纠纷案》，《最高人民法院公报》2007 年第 11 期

裁判摘要：根据相关法律、法规和司法解释的规定，法人被吊销营业执照后应当依法进

行清算，其债权、债务由清算组负责清理。法人被吊销营业执照后未依法进行清算的，债权人可以申请人民法院指定有关人员组成清算组进行清算。法人被吊销营业执照后没有依法进行清算，债权人也没有申请人民法院指定有关人员组成清算组进行清算，而是在诉讼过程中通过法人自认或者法人与债权人达成调解协议，在清算之前对其债权债务关系做出处理、对法人资产进行处分，损害其他债权人利益的，不符合公平原则，人民法院对此不予支持。

第七十一条　【法人清算的法律适用】法人的清算程序和清算组职权，依照有关法律的规定；没有规定的，参照适用公司法律的有关规定。

关联法规参见

▶**法律**：《证券法》第92条、第108条、第144条、第158条、第159条，《民办教育促进法》第58条，《企业所得税法》第55条，《公司法》第184条至第189条，《农民专业合作社法》第48条。

▶**行政法规**：《外资银行管理条例》第58条、第60条、第61条，《外资保险公司管理条例》第26条至第29条，《公司登记管理条例》第41条、第42条。

司法解释适用

《最高人民法院关于适用〈中华人民共和国公司法〉若干问题的规定（二）》（法释〔2020〕18号修改）

新《公司法司法解释（二）》	原《公司法司法解释（二）》
第七条　公司应当依照民法典第七十条、公司法第一百八十三条的规定，在解散事由出现之日起十五日内成立清算组，开始自行清算。 有下列情形之一，债权人、公司股东、董事或其他利害关系人申请人民法院指定清算组进行清算的，人民法院应予受理： （一）公司解散逾期不成立清算组进行清算的； （二）虽然成立清算组但故意拖延清算的； （三）违法清算可能严重损害债权人或者股东利益的。	**第七条**　公司应当依照公司法第一百八十三条的规定，在解散事由出现之日起十五日内成立清算组，开始自行清算。 有下列情形之一，债权人申请人民法院指定清算组进行清算的，人民法院应予受理： （一）公司解散逾期不成立清算组进行清算的； （二）虽然成立清算组但故意拖延清算的； （三）违法清算可能严重损害债权人或者股东利益的。 ~~具有本条第二款所列情形，而债权人未提起清算申请，公司股东申请人民法院指定清算组对公司进行清算的，人民法院应予受理。~~

《最高人民法院关于印发〈全国法院审理债券纠纷案件座谈会纪要〉的通知》

5. 债券受托管理人的诉讼主体资格。债券发行人不能如约偿付债券本息或者出现债券募集文件约定的违约情形时，受托管理人根据债券募集文件、债券受托管理协议的约定或者债券持有人会议决议的授权，以自己的名义代表债券持有人提起、参加民事诉讼，或者申请发行人破产重整、破产清算的，人民法院应当依法予以受理。

受托管理人应当向人民法院提交符合债券募集文件、债券受托管理协议或者债券持有人会议规则的授权文件。

17. 破产程序中受托管理人和代表人的债委会成员资格。债券持有人会议授权的受托管理人或者推选的代表人参与破产重整、清算、和解程序的，人民法院在确定债权人委员会的成员时，应当将其作为债权人代表人选。

债券持有人自行主张权利的，人民法院在破产重整、清算、和解程序中确定债权人委员会的成员时，可以责成自行主张权利的债券持有人通过自行召集债券持有人会议等方式推选出代表人，并吸收该代表人进入债权人委员会，以体现和代表多数债券持有人的意志和利益。

33. 发行人破产管理人的债券信息披露责任。债券发行人进入破产程序后，发行人的债券信息披露义务由破产管理人承担，但发行人自行管理财产和营业事务的除外。破产管理人应当按照证券法及相关监管规定的要求，及时、公平地履行披露义务，所披露的信息必须真实、准确、完整。破产管理人就接管破产企业后的相关事项所披露的内容存在虚假记载、误导性陈述或者重大遗漏，足以影响投资人对发行人偿付能力的判断的，对债券持有人、债券投资者主张依法判令其承担虚假陈述民事责任的诉讼请求，人民法院应当予以支持。

第七十二条　【清算的法律效果】 清算期间法人存续，但是不得从事与清算无关的活动。

法人清算后的剩余财产，按照法人章程的规定或者法人权力机构的决议处理。法律另有规定的，依照其规定。

清算结束并完成法人注销登记时，法人终止；依法不需要办理法人登记的，清算结束时，法人终止。

关联法规参见

▶**法律：**《证券法》第131条，《公司法》第186条，《慈善法》第18条，《证券投资基金法》第81条、第82条，《企业破产法》第135条。

▶**行政法规：**《宗教事务条例》第60条，《社会团体登记管理条例》第21条、第22条，《事业单位登记管理暂行条例》第13条，《基金会管理条例》第18条，《民办非企业单位登记管理暂行条例》第17条。

司法解释适用

《最高人民法院经济审判庭关于人民法院不宜以一方当事人公司营业执照被吊销，已丧失民事诉讼主体资格为由，裁定驳回起诉问题的复函》

甘肃省高级人民法院：

你院〔1999〕甘经终字第193号请示报告收悉。经研究，答复如下：

吊销企业法人营业执照，是工商行政管理局对实施违法行为的企业法人给予的一种行政处罚。根据《中华人民共和国民法通则》第四十条、第四十六条和《中华人民共和国企业法人登记管理条例》第三十三条的规定，企业法人营业执照被吊销后，应当由其开办单位（包括股东）或者企业组织清算组依法进行清算，停止清算范围外的活动。清算期间，企业民事诉讼主体资格依然存在。本案中人民法院不应以甘肃新科工贸有限责任公司（以下简称新科公司）被吊销企业法人营业执照，丧失民事诉讼主体资格为由，裁定驳回起诉。本案债务人新科公司在诉讼中被吊销企业法人营业执照后，至今未组织清算组依法进行清算，因此，债权人兰州岷山制药厂以新科公司为被告，后又要求追加该公司全体股东为被告，应当准许，追加该公司的股东为共同被告参加诉讼，承担清算责任。

第七十三条　【法人的破产终止】法人被宣告破产的，依法进行破产清算并完成法人注销登记时，法人终止。

关联法规参见

▶**法律**：《公司法》第190条，《企业破产法》第2条、第7条、第107条至第122条。

第七十四条　【法人的分支机构】法人可以依法设立分支机构。法律、行政法规规定分支机构应当登记的，依照其规定。

分支机构以自己的名义从事民事活动，产生的民事责任由法人承担；也可以先以该分支机构管理的财产承担，不足以承担的，由法人承担。

关联法规参见

▶**法律**：《证券法》第122条，《海关法》第4条，《境外非政府组织境内活动管理法》第18条，《民事诉讼法》第48条，《种子法》第38条，《商业银行法》第19条、第22条，《保险法》第74条，《邮政法》第54条。

▶**行政法规**：《公司登记管理条例》第45条至第47条，《社会团体登记管理条例》第17条，《基金会管理条例》第12条，《民办非企业单位登记管理暂行条例》第13条。

司法解释适用

《最高人民法院关于民事执行中变更、追加当事人若干问题的规定》（法释〔2020〕21号修改）

新《民事执行中变更、追加当事人规定》	原《民事执行中变更、追加当事人规定》
第十五条（原第十五条）　作为被执行人的法人分支机构，不能清偿生效法律文书确定的债务，申请执行人申请变更、追加该法人为被执行人的，人民法院应予支持。法人直接管理的责任财产仍不能清偿债务的，人民法院可以直接执行该法人其他分支机构的财产。 作为被执行人的法人，直接管理的责任财产不能清偿生效法律文书确定债务的，人民法院可以直接执行该法人分支机构的财产。	

《最高人民法院关于适用〈中华人民共和国民事诉讼法〉的解释》（法释〔2020〕20号修改）

新《民事诉讼法司法解释》	原《民事诉讼法司法解释》
第五十二条（原第五十二条）　民事诉讼法第四十八条规定的其他组织是指合法成立、有一定的组织机构和财产，但又不具备法人资格的组织，包括： （一）依法登记领取营业执照的个人独资企业； （二）依法登记领取营业执照的合伙企业； （三）依法登记领取我国营业执照的中外合作经营企业、外资企业； （四）依法成立的社会团体的分支机构、代表机构； （五）依法设立并领取营业执照的法人的分支机构； （六）依法设立并领取营业执照的商业银行、政策性银行和非银行金融机构的分支机构； （七）经依法登记领取营业执照的乡镇企业、街道企业； （八）其他符合本条规定条件的组织。	
第五十三条（原第五十三条）　法人非依法设立的分支机构，或者虽依法设立，但没有领取营业执照的分支机构，以设立该分支机构的法人为当事人。	

权威案例指引

▶公报案例

《李建国与孟凡生、长春圣祥建筑工程有限公司等案外人执行异议之诉案》，《最高人民法院公报》2017年第2期

裁判摘要：一、法律规则是立法机关综合衡量取舍之后确立的价值评判标准，应当成为司法实践中具有普遍适用效力的规则，除非法律有特别规定，否则在适用时不应受到某些特殊情况或者既定事实的影响。

二、分公司的财产即为公司财产，分公司的民事责任由公司承担，这是《中华人民共和国公司法》确立的基本规则。以分公司名义依法注册登记的，即应受到该规则调整。至于分

公司与公司之间有关权利义务及责任划分的内部约定，因不足以对抗其依法注册登记的公示效力，进而不足以对抗第三人。

三、遵法守法依法行事者，其合法权益必将受到法律保护；不遵法守法甚至违反法律者，因其漠视甚至无视法律规则，就应当承担不受法律保护或者受到法律追究的风险。

四、最高人民法院《关于人民法院执行工作若干问题的规定（试行）》第78条规定以及予以保护的承包或者租赁经营，应当是法律所准许的承包、租赁形式。企业或者个人以承包租赁为名借用建筑施工企业资质之实的，因违反有关法律及司法解释规定，故不应包含在该条保护范围之内。

五、实际施工人是《最高人民法院关于审理建设工程施工合同纠纷案件适用法律问题的解释》中规定的概念，因其规范情形之特定性，故亦应在该规范所涉之建设工程施工合同纠纷案件中，才适宜对实际施工人的身份作出认定。

《泛华工程有限公司西南公司与中国人寿保险（集团）公司商品房预售合同纠纷案》，《最高人民法院公报》2008年第2期

裁判摘要：根据《中华人民共和国公司法》第十三条的规定，公司可以设立分公司，分公司不具有企业法人资格，其民事责任由公司承担。因此，公司分支机构于公司法人变更过程中是否已实际经工商部门注销完毕，不影响公司基于独立法人资格行使其分支机构所享有的民事权利、承担其分支机构所负有的民事义务。

▶典型案例

《潘文才申请执行债权转让合同纠纷案》，《最高法院3月31日召开新闻通气会公布4个典型案例之四》（2015年3月31日）

典型意义：本案是一起个人与分公司之间产生的债权转让合同纠纷，属于典型的分公司无力还款，总公司承担责任的执行案件。在追加中扶建设有限责任公司（以下简称中扶建设公司）为被执行人后，该企业懈怠履行债务，逃避执行，严重损害了申请人的合法权益。执行法院对中扶建设公司采取了一系列的执行措施。其中，采用具有执行联动效应的失信被执行人制度，将中扶建设公司纳入失信被执行人名单，向全社会公布。同时，对中扶建设公司限制高消费，对负有直接责任的法定代表人庄清良限制高消费、罚款，以进行惩戒。中扶建设公司因企业纳入失信名单而不能开展招投标业务，法人代表庄清良个人受到处罚等原因，该公司主动与申请人潘文财进行协商，达成和解协议，按约履行了相关债务。

在本案执行中，北京市通州区人民法院通过依法追加被执行人，维护了申请人的权益。执行法官在执行中采用多种执行措施，运用相关联动机制，对被执行人及法定代表人进行威慑，促成其积极履行债务。同时，有关企业可以从本案中认识到总公司的法律责任，以及涉及的法律风险，在一定程度上可规范相关企业的行为。

第七十五条　【设立中的法人】设立人为设立法人从事的民事活动，其法律后果由法人承受；法人未成立的，其法律后果由设立人承受，设立人为二人以上的，享有连带债权，承担连带债务。

设立人为设立法人以自己的名义从事民事活动产生的民事责任，第三人有权选择请求法人或者设立人承担。

关联法规参见

▶**法律**：《公司法》第94条。

司法解释适用

《最高人民法院关于适用〈中华人民共和国公司法〉若干问题的规定（三）》（法释〔2020〕18号修改）

<table>
<tr><th>新《公司法司法解释（三）》</th><th>原《公司法司法解释（三）》</th></tr>
<tr><td>第二条　发起人为设立公司以自己名义对外签订合同，合同相对人请求该发起人承担合同责任的，人民法院应予支持；公司成立后合同相对人请求公司承担合同责任的，人民法院应予支持。</td><td>第二条　发起人为设立公司以自己名义对外签订合同，合同相对人请求该发起人承担合同责任的，人民法院应予支持。
公司成立后~~对前款规定的合同予以确认，或者已经实际享有合同权利或者履行合同义务，~~合同相对人请求公司承担合同责任的，人民法院应予支持。</td></tr>
<tr><td colspan="2">第三条（原第三条）　发起人以设立中公司名义对外签订合同，公司成立后合同相对人请求公司承担合同责任的，人民法院应予支持。
公司成立后有证据证明发起人利用设立中公司的名义为自己的利益与相对人签订合同，公司以此为由主张不承担合同责任的，人民法院应予支持，但相对人为善意的除外。</td></tr>
<tr><td colspan="2">第四条（原第四条）　公司因故未成立，债权人请求全体或者部分发起人对设立公司行为所产生的费用和债务承担连带清偿责任的，人民法院应予支持。
部分发起人依照前款规定承担责任后，请求其他发起人分担的，人民法院应当判令其他发起人按照约定的责任承担比例分担责任；没有约定责任承担比例的，按照约定的出资比例分担责任；没有约定出资比例的，按照均等份额分担责任。
因部分发起人的过错导致公司未成立，其他发起人主张其承担设立行为所产生的费用和债务的，人民法院应当根据过错情况，确定过错一方的责任范围。</td></tr>
<tr><td colspan="2">第五条（原第五条）　发起人因履行公司设立职责造成他人损害，公司成立后受害人请求公司承担侵权赔偿责任的，人民法院应予支持；公司未成立，受害人请求全体发起人承担连带赔偿责任的，人民法院应予支持。
公司或者无过错的发起人承担赔偿责任后，可以向有过错的发起人追偿。</td></tr>
</table>

第二节　营利法人

第七十六条　【营利法人的概念】以取得利润并分配给股东等出资人为目的成立的法人，为营利法人。

营利法人包括有限责任公司、股份有限公司和其他企业法人等。

关联法规参见

▶**法律**：《民办教育促进法》第19条，《公司法》第4条、第8条、第34条，《全民所有制工业企业法》第2条，《乡镇企业法》第2条。

第七十七条　【营利法人的成立】营利法人经依法登记成立。

关联法规参见

▶**法律**：《公司法》第6条，《全民所有制工业企业法》第16条。

▶**行政法规**：《企业法人登记管理条例》第2条、第4条。

第七十八条　【营利法人的营业执照】依法设立的营利法人，由登记机关发给营利法人营业执照。营业执照签发日期为营利法人的成立日期。

关联法规参见

▶**法律**：《商业银行法》第16条，《全民所有制工业企业法》第16条。

▶**行政法规**：《企业法人登记管理条例》第3条、第16条，《公司登记管理条例》第25条。

第七十九条　【营利法人的章程】设立营利法人应当依法制定法人章程。

关联法规参见

▶**法律**：《公司法》第12条、第25条。

权威案例指引

▶**指导性案例**

宋文军诉西安市大华餐饮有限公司股东资格确认纠纷案，指导案例96号（2018年6月20日）

裁判要点：国有企业改制为有限责任公司，其初始章程对股权转让进行限制，明确约定公司回购条款，只要不违反公司法等法律强制性规定，可认定为有效。有限责任公司按照初始章程约定，支付合理对价回购股东股权，且通过转让给其他股东等方式进行合理处置的，人民法院应予支持。

第八十条　【营利法人的权力机构】营利法人应当设权力机构。

权力机构行使修改法人章程，选举或者更换执行机构、监督机构成员，以及法人章程规定的其他职权。

关联法规参见

▶法律：《公司法》第36条、第37条、第66条、第98条。

第八十一条 【营利法人的执行机构】营利法人应当设执行机构。

执行机构行使召集权力机构会议，决定法人的经营计划和投资方案，决定法人内部管理机构的设置，以及法人章程规定的其他职权。

执行机构为董事会或者执行董事的，董事长、执行董事或者经理按照法人章程的规定担任法定代表人；未设董事会或者执行董事的，法人章程规定的主要负责人为其执行机构和法定代表人。

关联法规参见

▶法律：《公司法》第13条、第46条、第67条，《乡镇企业法》第14条。

第八十二条 【营利法人的监督机构】营利法人设监事会或者监事等监督机构的，监督机构依法行使检查法人财务，监督执行机构成员、高级管理人员执行法人职务的行为，以及法人章程规定的其他职权。

关联法规参见

▶法律：《公司法》第51条、第53条、第70条、第117条，《商业银行法》第18条。

第八十三条 【营利法人出资人滥用权利的责任承担】营利法人的出资人不得滥用出资人权利损害法人或者其他出资人的利益；滥用出资人权利造成法人或者其他出资人损失的，应当依法承担民事责任。

营利法人的出资人不得滥用法人独立地位和出资人有限责任损害法人债权人的利益；滥用法人独立地位和出资人有限责任，逃避债务，严重损害法人债权人的利益的，应当对法人债务承担连带责任。

关联法规参见

▶行政法规：《证券公司监督管理条例》第3条。

司法解释适用

《最高人民法院关于适用〈中华人民共和国公司法〉若干问题的规定（三）》（法释〔2020〕18号修改）

新《公司法司法解释（三）》	原《公司法司法解释（三）》
第十二条（原第十二条） 公司成立后，公司、股东或者公司债权人以相关股东的行为符合下列情形之一且损害公司权益为由，请求认定该股东抽逃出资的，人民法院应予支持： （一）制作虚假财务会计报表虚增利润进行分配； （二）通过虚构债权债务关系将其出资转出； （三）利用关联交易将出资转出； （四）其他未经法定程序将出资抽回的行为。	

《最高人民法院关于适用〈中华人民共和国企业破产法〉若干问题的规定（二）》（法释〔2020〕18号修改）

新《企业破产法司法解释（二）》	原《企业破产法司法解释（二）》
第四十六条（原第四十六条） 债务人的股东主张以下列债务与债务人对其负有的债务抵销，债务人管理人提出异议的，人民法院应予支持： （一）债务人股东因欠缴债务人的出资或者抽逃出资对债务人所负的债务； （二）债务人股东滥用股东权利或者关联关系损害公司利益对债务人所负的债务。	

《最高人民法院关于审理民间借贷案件适用法律若干问题的规定》（法释〔2020〕17号修改）

新《民间借贷案件规定》	原《民间借贷案件规定》
第二十二条 法人的法定代表人或者非法人组织的负责人以单位名义与出借人签订民间借贷合同，有证据证明所借款项系法定代表人或者负责人个人使用，出借人请求将法定代表人或者负责人列为共同被告或者第三人的，人民法院应予准许。 法人的法定代表人或者非法人组织的负责人以个人名义与出借人订立民间借贷合同，所借款项用于单位生产经营，出借人请求单位与个人共同承担责任的，人民法院应予支持。	**第二十三条** 企业法定代表人或负责人以企业名义与出借人签订民间借贷合同，出借人、企业或者其股东能够证明所借款项用于企业法定代表人或负责人个人使用，出借人请求将企业法定代表人或负责人列为共同被告或者第三人的，人民法院应予准许。 企业法定代表人或负责人以个人名义与出借人签订民间借贷合同，所借款项用于企业生产经营，出借人请求企业与个人共同承担责任的，人民法院应予支持。

《最高人民法院关于印发〈全国法院审理债券纠纷案件座谈会纪要〉的通知》

27. 发行人与其他责任主体的连带责任。发行人的控股股东、实际控制人、发行人的董事、监事、高级管理人员或者履行同等职责的人员，对其制作、出具的信息披露文件中存在虚假记载、误导性陈述或者重大遗漏，足以影响投资人对发行人偿债能力判断的，应当与发行人共同对债券持有人、债券投资者的损失承担连带赔偿责任，但是能够证明自己没有过错的除外。

权威案例指引

▶指导性案例

徐工集团工程机械股份有限公司诉成都川交工贸有限责任公司等买卖合同纠纷案，指导案例15号（2013年1月31日）

裁判要点：关联公司的人员、业务、财务等方面交叉或混同，导致各自财产无法区分，丧失独立人格的，构成人格混同。

关联公司人格混同，严重损害债权人利益的，关联公司相互之间对外部债务承担连带责任。

▶公报案例

《邵萍与云南通海昆通工贸有限公司、通海兴通达工贸有限公司民间借贷纠纷案》，《最高人民法院公报》2017年第3期

裁判摘要：依据《中华人民共和国公司法》第二十条第三款的规定，认定公司滥用法人人格和有限责任的法律责任，应综合多种因素作出判断。在实践中，公司设立的背景，公司的股东、控制人以及主要财务人员的情况，该公司的主要经营业务以及公司与其他公司之间的交易目的，公司的纳税情况以及具体债权人与公司签订合同时的背景情况和履行情况等因素，均应纳入考察范围。

《应高峰诉嘉美德（上海）商贸有限公司、陈惠美其他合同纠纷案》，《最高人民法院公报》2016年第10期

裁判摘要：一、在一人公司法人人格否认之诉中，应区分作为原告的债权人起诉所基于的事由。若债权人以一人公司的股东与公司存在财产混同为由起诉要求股东对公司债务承担连带责任，应实行举证责任倒置，由被告股东对其个人财产与公司财产之间不存在混同承担举证责任。而其他情形下需遵循关于有限责任公司法人人格否认举证责任分配的一般原则，即折衷的举证责任分配原则。

二、一人公司的财产与股东个人财产是否混同，应当审查公司是否建立了独立规范的财务制度、财务支付是否明晰、是否具有独立的经营场所等进行综合考量。

《中国信达资产管理公司成都办事处与四川泰来装饰工程有限公司、四川泰来房屋开发有限公司、四川泰来娱乐有限责任公司借款担保合同纠纷案》，《最高人民法院公报》2008年第10期

裁判摘要：存在股权关系交叉、均为同一法人出资设立、由同一自然人担任各个公司法定代表人的关联公司，如果该法定代表人利用其对于上述多个公司的控制权，无视各公司的独立人格，随意处置、混淆各个公司的财产及债权债务关系，造成各个公司的人员、财产等无法区分的，该多个公司法人表面上虽然彼此独立，但实质上构成人格混同。因此损害债权人合法权益的，该多个公司法人应承担连带清偿责任。

《中国长城资产管理公司昆明办事处与昆明新人人海鲜酒楼有限责任公司、昆明新人人金实酒楼有限责任公司借款合同纠纷案》，《最高人民法院公报》2008年第9期

裁判摘要：人民法院审理民事案件中，鉴于被告方数个企业法人的法定代表人为同一人，且其在各企业法人中的法定职权与义务基本相同，故在向被告方送达开庭传票等法律文书时，仅送达其中一个企业法人，并通过该企业法人向被告方其他企业法人转交或者留置送达的做法，并不影响当事人的诉讼权利，不属于审判程序违法。

第八十四条　【滥用关联关系造成损失的赔偿责任】营利法人的控股出资人、实际控制人、董事、监事、高级管理人员不得利用其关联关系损害法人的利益；利用关联关系造成法人损失的，应当承担赔偿责任。

关联法规参见

▶**法律**：《公司法》第216条。

司法解释适用

《最高人民法院关于适用〈中华人民共和国公司法〉若干问题的规定（三）》（法释〔2020〕18号修改）

新《公司法司法解释（三）》	原《公司法司法解释（三）》
第十二条（原第十二条）　公司成立后，公司、股东或者公司债权人以相关股东的行为符合下列情形之一且损害公司权益为由，请求认定该股东抽逃出资的，人民法院应予支持： （一）制作虚假财务会计报表虚增利润进行分配； （二）通过虚构债权债务关系将其出资转出； （三）利用关联交易将出资转出； （四）其他未经法定程序将出资抽回的行为。	

第八十五条　【营利法人出资人对瑕疵决议的撤销权】营利法人的权力机构、执行机构作出决议的会议召集程序、表决方式违反法律、行政法规、法人章程，或者决议内容违反法人章程的，营利法人的出资人可以请求人民法院撤销该决议。但是，营利法人依据该决议与善意相对人形成的民事法律关系不受影响。

关联法规参见

▶**法律**：《公司法》第22条。

权威案例指引

▶指导性案例

李建军诉上海佳动力环保科技有限公司公司决议撤销纠纷案，指导案例 10 号（2012 年 9 月 18 日）

裁判要点：人民法院在审理公司决议撤销纠纷案件中应当审查：会议召集程序、表决方式是否违反法律、行政法规或者公司章程，以及决议内容是否违反公司章程。在未违反上述规定的前提下，解聘总经理职务的决议所依据的事实是否属实，理由是否成立，不属于司法审查范围。

第八十六条 **【营利法人的社会责任】**营利法人从事经营活动，应当遵守商业道德，维护交易安全，接受政府和社会的监督，承担社会责任。

关联法规参见

▶**法律**：《反不正当竞争法》第 2 条，《食品安全法》第 4 条，《公司法》第 17 条、第 18 条，《旅游法》第 6 条，《网络安全法》第 9 条，《企业国有资产法》第 17 条。

第三节 非营利法人

第八十七条 **【非营利法人的概念】**为公益目的或者其他非营利目的成立，不向出资人、设立人或者会员分配所取得利润的法人，为非营利法人。

非营利法人包括事业单位、社会团体、基金会、社会服务机构等。

关联法规参见

▶**法律**：《证券法》第 145 条，《公益事业捐赠法》第 10 条，《慈善法》第 8 条，《民办教育促进法》第 19 条，《工会法》第 14 条。

▶**行政法规**：《社会团体登记管理条例》第 2 条，《博物馆条例》第 2 条、第 15 条，《事业单位登记管理暂行条例》第 2 条，《基金会管理条例》第 2 条。

司法解释适用

《最高人民法院关于在民事审判工作中适用〈中华人民共和国工会法〉若干问题的解释》（法释〔2020〕17号修改）

新《民事审判工作中适用工会法的解释》	原《民事审判工作中适用工会法的解释》
第一条（原第一条） 人民法院审理涉及工会组织的有关案件时，应当认定依照工会法建立的工会组织的社团法人资格。具有法人资格的工会组织依法独立享有民事权利，承担民事义务。建立工会的企业、事业单位、机关与所建工会以及工会投资兴办的企业，根据法律和司法解释的规定，应当分别承担各自的民事责任。	

第八十八条 【事业单位法人资格的取得】具备法人条件，为适应经济社会发展需要，提供公益服务设立的事业单位，经依法登记成立，取得事业单位法人资格；依法不需要办理法人登记的，从成立之日起，具有事业单位法人资格。

关联法规参见

▶**行政法规**：《事业单位登记管理暂行条例》第2条、第3条、第6条、第11条。

第八十九条 【事业单位法人的治理机构】事业单位法人设理事会的，除法律另有规定外，理事会为其决策机构。事业单位法人的法定代表人依照法律、行政法规或者法人章程的规定产生。

关联法规参见

▶**法律**：《民办教育促进法》第20条。

第九十条 【社会团体法人资格的取得】具备法人条件，基于会员共同意愿，为公益目的或者会员共同利益等非营利目的设立的社会团体，经依法登记成立，取得社会团体法人资格；依法不需要办理法人登记的，从成立之日起，具有社会团体法人资格。

关联法规参见

▶**法律**：《证券法》第164条，《律师法》第43条，《仲裁法》第15条，《红十字会法》第2条、第10条，《保险法》第181条，《拍卖法》第17条，《证券投资基金法》第108条，《注册会计师法》第38条，《工会法》第14条。

▶**行政法规**：《期货交易管理条例》第43条，《社会团体登记管理条例》第2条、第3条、第6条、第9条。

第九十一条　【社会团体法人的治理依据与治理机构】设立社会团体法人应当依法制定法人章程。

社会团体法人应当设会员大会或者会员代表大会等权力机构。

社会团体法人应当设理事会等执行机构。理事长或者会长等负责人按照法人章程的规定担任法定代表人。

关联法规参见

▶**法律：**《民法典总则编》第70条，《证券法》第164条、第165条，《律师法》第44条，《公证法》第4条，《红十字会法》第4条、第8条、第9条，《证券投资基金法》第109条、第110条，《注册会计师法》第34条。

▶**行政法规：**《期货交易管理条例》第44条，《社会团体登记管理条例》第9条至第12条、第14条。

第九十二条　【捐助法人】具备法人条件，为公益目的以捐助财产设立的基金会、社会服务机构等，经依法登记成立，取得捐助法人资格。

依法设立的宗教活动场所，具备法人条件的，可以申请法人登记，取得捐助法人资格。法律、行政法规对宗教活动场所有规定的，依照其规定。

关联法规参见

▶**法律：**《宪法》第36条，《慈善法》第3条、第8条、第9条。

▶**行政法规：**《宗教事务条例》第7条、第19条，《基金会管理条例》第2条。

第九十三条　【捐助法人的治理依据与治理机构】设立捐助法人应当依法制定法人章程。

捐助法人应当设理事会、民主管理组织等决策机构，并设执行机构。理事长等负责人按照法人章程的规定担任法定代表人。

捐助法人应当设监事会等监督机构。

关联法规参见

▶**法律：**《慈善法》第14条至第16条。

▶**行政法规：**《基金会管理条例》第20条至第22条。

第九十四条　【捐助人的权利】 捐助人有权向捐助法人查询捐助财产的使用、管理情况，并提出意见和建议，捐助法人应当及时、如实答复。

捐助法人的决策机构、执行机构或者法定代表人作出决定的程序违反法律、行政法规、法人章程，或者决定内容违反法人章程的，捐助人等利害关系人或者主管机关可以请求人民法院撤销该决定。但是，捐助法人依据该决定与善意相对人形成的民事法律关系不受影响。

关联法规参见

▶**法律：**《慈善法》第42条、第48条。

▶**行政法规：**《宗教事务条例》第57条、第58条，《基金会管理条例》第39条、第43条。

第九十五条　【公益性非营利法人剩余财产的分配】 为公益目的成立的非营利法人终止时，不得向出资人、设立人或者会员分配剩余财产。剩余财产应当按照法人章程的规定或者权力机构的决议用于公益目的；无法按照法人章程的规定或者权力机构的决议处理的，由主管机关主持转给宗旨相同或者相近的法人，并向社会公告。

关联法规参见

▶**法律：**《民办教育促进法》第59条。

▶**行政法规：**《宗教事务条例》第60条，《社会团体登记管理条例》第14条，《基金会管理条例》第33条。

第四节　特别法人

第九十六条　【特别法人的类型】 本节规定的机关法人、农村集体经济组织法人、城镇农村的合作经济组织法人、基层群众性自治组织法人，为特别法人。

关联法规参见

▶**法律：**《村民委员会组织法》第2条，《城市居民委员会组织法》第2条。

第九十七条 【机关法人】 有独立经费的机关和承担行政职能的法定机构从成立之日起，具有机关法人资格，可以从事为履行职能所需要的民事活动。

关联法规参见

▶**法律：**《民法典总则编》第59条。

第九十八条 【机关法人终止后权利义务的承担】 机关法人被撤销的，法人终止，其民事权利和义务由继任的机关法人享有和承担；没有继任的机关法人的，由作出撤销决定的机关法人享有和承担。

关联法规参见

▶**法律：**《行政复议法》第15条，《行政诉讼法》第26条。

司法解释适用

《最高人民法院关于民事执行中变更、追加当事人若干问题的规定》（法释〔2020〕21号修改）

新《民事执行中变更、追加当事人规定》	原《民事执行中变更、追加当事人规定》
第八条（原第八条） 作为申请执行人的机关法人被撤销，继续履行其职能的主体申请变更、追加其为申请执行人的，人民法院应予支持，但生效法律文书确定的权利依法应由其他主体承受的除外；没有继续履行其职能的主体，且生效法律文书确定权利的承受主体不明确，作出撤销决定的主体申请变更、追加其为申请执行人的，人民法院应予支持。	

第九十九条 【农村集体经济组织法人】 农村集体经济组织依法取得法人资格。

法律、行政法规对农村集体经济组织有规定的，依照其规定。

关联法规参见

▶**法律：**《宪法》第8条、第17条，《民法典物权编》第262条，《农村土地承包法》第13条，《农业法》第44条。

第一百条 【合作经济组织法人】 城镇农村的合作经济组织依法取得法人资格。

法律、行政法规对城镇农村的合作经济组织有规定的，依照其规定。

关联法规参见

▶**法律**：《宪法》第8条，《农民专业合作社法》第2条、第3条、第5条、第12条、第14条，《商业银行法》第93条。

▶**行政法规**：《农民专业合作社登记管理条例》第3条。

第一百零一条　【基层群众性自治组织法人】 居民委员会、村民委员会具有基层群众性自治组织法人资格，可以从事为履行职能所需要的民事活动。

未设立村集体经济组织的，村民委员会可以依法代行村集体经济组织的职能。

关联法规参见

▶**法律**：《村民委员会组织法》第7条、第8条，《城市居民委员会组织法》第3条、第4条。

司法解释适用

《最高人民法院关于适用〈中华人民共和国民法典〉有关担保制度的解释》（法释〔2020〕28号）

《民法典担保制度司法解释》	原《担保法司法解释》
第五条　机关法人提供担保的，人民法院应当认定担保合同无效，但是经国务院批准为使用外国政府或者国际经济组织贷款进行转贷的除外。 居民委员会、村民委员会提供担保的，人民法院应当认定担保合同无效，但是依法代行村集体经济组织职能的村民委员会，依照村民委员会组织法规定的讨论决定程序对外提供担保的除外。	**第三条**　国家机关和以公益为目的的事业单位、社会团体违反法律规定提供担保的，担保合同无效。因此给债权人造成损失的，应当根据担保法第五条第二款的规定处理。

权威案例指引

▶**公报案例**

《浙江省乐清市乐城镇石马村村民委员会与浙江顺益房地产开发有限公司合作开发房地产合同纠纷案》，《最高人民法院公报》2008年第9期

裁判摘要：根据《中华人民共和国村民委员会组织法》第十八条、第十九条的规定，村民会议由村民委员会召集，对于涉及村民利益的事项和村民会议认为应当由村民会议讨论决定的涉及村民利益的其他事项，村民委员会必须提请村民会议讨论决定后方可办理。村民委员会经依法召集村民会议讨论决定后与他人订立的协议，应当认定为合法有效。

第四章　非法人组织

第一百零二条　【非法人组织的概念】非法人组织是不具有法人资格，但是能够依法以自己的名义从事民事活动的组织。

非法人组织包括个人独资企业、合伙企业、不具有法人资格的专业服务机构等。

关联法规参见

▶**法律**：《律师法》第14条、第15条，《注册会计师法》第23条，《合伙企业法》第2条，《个人独资企业法》第8条。

权威案例指引

▶**公报案例**

《南通双盈贸易有限公司诉镇江市丹徒区联达机械厂、魏恒聂等六人买卖合同纠纷案》，《最高人民法院公报》2011年第7期

裁判摘要：一、在当事人约定合伙经营企业仍使用合资前个人独资企业营业执照，且实际以合伙方式经营企业的情况下，应据实认定企业的性质。各合伙人共同决定企业的生产经营活动，也应共同对企业生产经营过程中对外所负的债务负责。合伙人故意不将企业的个人独资企业性质据实变更为合伙企业的行为，不应成为各合伙人不承担法律责任的理由。

二、合伙企业债务的承担分为两个层次：第一顺序的债务承担人是合伙企业，第二顺序的债务承担人是全体合伙人。合伙企业法第三十九条所谓的“连带责任”，是指合伙人在第二顺序的责任承担中相互之间所负的连带责任，而非合伙人与合伙企业之间的连带责任。

第一百零三条　【非法人组织的成立】非法人组织应当依照法律的规定登记。

设立非法人组织，法律、行政法规规定须经有关机关批准的，依照其规定。

关联法规参见

▶**法律**：《律师法》第18条，《注册会计师法》第25条、第26条，《合伙企业法》第9条至第11条，《个人独资企业法》第9条、第13条。

第一百零四条　【非法人组织的债务承担】非法人组织的财产不足以清偿债务的，其出资人或者设立人承担无限责任。法律另有规定的，依照其规定。

关联法规参见

▶**法律**：《律师法》第15条、第16条，《注册会计师法》第23条，《合伙企业法》第39条、第57条，《个人独资企业法》第18条、第31条。

第一百零五条　【非法人组织的代表人】 非法人组织可以确定一人或者数人代表该组织从事民事活动。

关联法规参见

▶**法律**：《合伙企业法》第26条，《个人独资企业法》第19条。

司法解释适用

《最高人民法院关于适用〈中华人民共和国民事诉讼法〉的解释》（法释〔2020〕20号修改）

新《民事诉讼法司法解释》	原《民事诉讼法司法解释》
第五十条（原第五十条）　法人的法定代表人以依法登记的为准，但法律另有规定的除外。依法不需要办理登记的法人，以其正职负责人为法定代表人；没有正职负责人的，以其主持工作的副职负责人为法定代表人。 法定代表人已经变更，但未完成登记，变更后的法定代表人要求代表法人参加诉讼的，人民法院可以准许。 其他组织，以其主要负责人为代表人。	

第一百零六条　【非法人组织的解散】 有下列情形之一的，非法人组织解散：

（一）章程规定的存续期间届满或者章程规定的其他解散事由出现；

（二）出资人或者设立人决定解散；

（三）法律规定的其他情形。

关联法规参见

▶**法律**：《律师法》第22条，《注册会计师法》第39条，《个人独资企业法》第26条，《合伙企业法》第85条。

第一百零七条　【非法人组织的清算】 非法人组织解散的，应当依法进行清算。

关联法规参见

▶**法律：**《合伙企业法》第86条至第88条、第90条，《个人独资企业法》第27条至第30条、第32条。

第一百零八条　【非法人组织的参照适用规定】非法人组织除适用本章规定外，参照适用本编第三章第一节的有关规定。

关联法规参见

▶**法律：**《民法典总则编》第65条、第66条。

第五章　民事权利

第一百零九条　【一般人格权】自然人的人身自由、人格尊严受法律保护。

关联法规参见

▶**法律：**《宪法》第37条、第38条，《义务教育法》第29条，《妇女权益保障法》第37条、第42条，《旅游法》第10条，《残疾人保障法》第3条、第40条，《精神卫生法》第4条，《刑法》第238条，《慈善法》第62条，《消费者权益保护法》第14条、第27条、第50条、第51条，《国家赔偿法》第3条，《未成年人保护法》第4条、第27条，《治安管理处罚法》第5条，《劳动合同法》第38条，《预防未成年人犯罪法》第3条、第31条，《国防法》第62条。

司法解释适用

《最高人民法院关于确定民事侵权精神损害赔偿责任若干问题的解释》（法释〔2020〕17号修改）

新《精神损害赔偿司法解释》	原《精神损害赔偿司法解释》
第一条　因人身权益或者具有人身意义的特定物受到侵害，自然人或者其近亲属向人民法院提起诉讼请求精神损害赔偿的，人民法院应当依法予以受理。	**第一条**　自然人因下列人格权利遭受非法侵害，向人民法院起诉请求赔偿精神损害的，人民法院应当依法予以受理： （一）生命权、健康权、身体权； （二）姓名权、肖像权、名誉权、荣誉权； （三）人格尊严权、人身自由权。 违反社会公共利益、社会公德侵害他人隐私或者其他人格利益，受害人以侵权为由向人民法院起诉请求赔偿精神损害的，人民法院应当依法予以受理。

《最高人民法院关于审理国家赔偿案件确定精神损害赔偿责任适用法律若干问题的解释》

第一条 公民以人身权受到侵犯为由提出国家赔偿申请，依照国家赔偿法第三十五条的规定请求精神损害赔偿的，适用本解释。

法人或者非法人组织请求精神损害赔偿的，人民法院不予受理。

第二条 公民以人身权受到侵犯为由提出国家赔偿申请，未请求精神损害赔偿，或者未同时请求消除影响、恢复名誉、赔礼道歉以及精神损害抚慰金的，人民法院应当向其释明。经释明后不变更请求，案件审结后又基于同一侵权事实另行提出申请的，人民法院不予受理。

权威案例指引

▶公报案例

《林某某、陈某某诉蔡某某一般人格权纠纷案》，《最高人民法院公报》2020年第11期

裁判摘要：一、民事主体行使各自的民主权利，均应在法律赋予的限度之内，不得以行使自己的权利为由侵害其他民事主体的合法权益。

二、人民法院审理民事主体各自行使民事权利导致冲突的案件，应当依据事实，判断各方当事人行使其民事权利的合法性与适度性，据此平衡上述权利冲突。

第一百一十条 【具体人格权】 自然人享有生命权、身体权、健康权、姓名权、肖像权、名誉权、荣誉权、隐私权、婚姻自主权等权利。

法人、非法人组织享有名称权、名誉权和荣誉权。

关联法规参见

▶**法律：**《宪法》第39条、第49条，《民法典婚姻家庭编》第1041条、第1056条，《民法典侵权责任编》第1164条，《老年人权益保障法》第21条，《妇女权益保障法》第38条、第42条、第44条，《刑法》第257条，《涉外民事关系法律适用法》第46条。

司法解释适用

《最高人民法院关于审理利用信息网络侵害人身权益民事纠纷案件适用法律若干问题的规定》（法释〔2020〕17号修改）

新《利用信息网络侵害人身权益纠纷案件规定》	原《利用信息网络侵害人身权益纠纷案件规定》
第一条（原第一条） 本规定所称的利用信息网络侵害人身权益民事纠纷案件，是指利用信息网络侵害他人姓名权、名称权、名誉权、荣誉权、肖像权、隐私权等人身权益引起的纠纷案件。	

《最高人民法院关于审理人身损害赔偿案件适用法律若干问题的解释》（法释〔2020〕17号修改）

新《人身损害赔偿司法解释》	原《人身损害赔偿司法解释》
第一条 因生命、身体、健康遭受侵害，赔偿权利人起诉请求赔偿义务人赔偿物质损害和精神损害的，人民法院应予受理。 本条所称“赔偿权利人”，是指因侵权行为或者其他致害原因直接遭受人身损害的受害人以及死亡受害人的近亲属。 本条所称“赔偿义务人”，是指因自己或者他人的侵权行为以及其他致害原因依法应当承担民事责任的自然人、法人或者非法人组织。	**第一条** 因生命、健康、身体遭受侵害，赔偿权利人起诉请求赔偿义务人赔偿财产损失和精神损害的，人民法院应予受理。 本条所称“赔偿权利人”，是指因侵权行为或者其他致害原因直接遭受人身损害的受害人、~~依法由受害人承担扶养义务的被扶养人~~以及死亡受害人的近亲属。 本条所称“赔偿义务人”，是指因自己或者他人的侵权行为以及其他致害原因依法应当承担民事责任的自然人、法人或者其他组织。
新增条文 **第二十三条** 精神损害抚慰金适用《最高人民法院关于确定民事侵权精神损害赔偿责任若干问题的解释》予以确定。	

《最高人民法院关于确定民事侵权精神损害赔偿责任若干问题的解释》（法释〔2020〕17号修改）

新《精神损害赔偿司法解释》	原《精神损害赔偿司法解释》
第一条 因人身权益或者具有人身意义的特定物受到侵害，自然人或者其近亲属向人民法院提起诉讼请求精神损害赔偿的，人民法院应当依法予以受理。	**第一条** 自然人因下列人格权利遭受非法侵害，向人民法院起诉请求赔偿精神损害的，人民法院应当依法予以受理： （一）生命权、健康权、身体权； （二）姓名权、肖像权、名誉权、荣誉权； （三）人格尊严权、人身自由权。 违反社会公共利益、社会公德侵害他人隐私或者其他人格利益，受害人以侵权为由向人民法院起诉请求赔偿精神损害的，人民法院应当依法予以受理。
第二条（原第二条） 非法使被监护人脱离监护，导致亲子关系或者近亲属间的亲属关系遭受严重损害，监护人向人民法院起诉请求赔偿精神损害的，人民法院应当依法予以受理。	

第111条

第一百一十一条　【个人信息权】 自然人的个人信息受法律保护。任何组织或者个人需要获取他人个人信息的，应当依法取得并确保信息安全，不得非法收集、使用、加工、传输他人个人信息，不得非法买卖、提供或者公开他人个人信息。

关联法规参见

▶**法律：**《宪法》第40条，《旅游法》第52条、第86条，《刑法》第253条，《网络安全法》第22条、第40条至第43条、第45条、第76条，《商业银行法》第29条，《消费者权益保护法》第14条、第29条、第50条，《档案法》第2条、第4条、第5条、第28条、第32条，《生物安全法》第25条、第26条，《居民身份证法》第19条，《统计法》第9条、第39条，《护照法》第12条，《海警法》第23条。

▶**行政法规：**《缺陷汽车产品召回管理条例》第7条，《戒毒条例》第7条，《征信业管理条例》第13条至第15条，《彩票管理条例》第27条。

司法解释适用

《最高人民法院关于审理利用信息网络侵害人身权益民事纠纷案件适用法律若干问题的规定》（法释〔2020〕17号修改）

<table>
<tr><th>新《利用信息网络侵害
人身权益纠纷案件规定》</th><th>原《利用信息网络侵害
人身权益纠纷案件规定》</th></tr>
<tr><td colspan="2">删除条文

~~**第十二条**　网络用户或者网络服务提供者利用网络公开自然人基因信息、病历资料、健康检查资料、犯罪记录、家庭住址、私人活动等个人隐私和其他个人信息，造成他人损害，被侵权人请求其承担侵权责任的，人民法院应予支持。但下列情形除外：~~
~~（一）经自然人书面同意且在约定范围内公开；~~
~~（二）为促进社会公共利益且在必要范围内；~~
~~（三）学校、科研机构等基于公共利益为学术研究或者统计的目的，经自然人书面同意，且公开的方式不足以识别特定自然人；~~
~~（四）自然人自行在网络上公开的信息或者其他已合法公开的个人信息；~~
~~（五）以合法渠道获取的个人信息；~~
~~（六）法律或者行政法规另有规定。~~
~~网络用户或者网络服务提供者以违反社会公共利益、社会公德的方式公开前款第四项、第五项规定的个人信息，或者公开该信息侵害权利人值得保护的重大利益，权利人请求网络用户或者网络服务提供者承担侵权责任的，人民法院应予支持。~~
~~国家机关行使职权公开个人信息的，不适用本条规定。~~</td></tr>
</table>

《最高人民法院关于审理旅游纠纷案件适用法律若干问题的规定》（法释〔2020〕17号修改）

新《旅游纠纷司法解释》	原《旅游纠纷司法解释》
第九条　旅游经营者、旅游辅助服务者以非法收集、存储、使用、加工、传输、买卖、提供、公开等方式处理旅游者个人信息，旅游者请求其承担相应责任的，人民法院应予支持。	**第九条**　旅游经营者、旅游辅助服务者泄露旅游者个人信息或者未经旅游者同意公开其个人信息，旅游者请求其承担相应责任的，人民法院应予支持。

《最高人民法院、最高人民检察院关于办理侵犯公民个人信息刑事案件适用法律若干问题的解释》

第一条　刑法第二百五十三条之一规定的"公民个人信息"，是指以电子或者其他方式记录的能够单独或者与其他信息结合识别特定自然人身份或者反映特定自然人活动情况的各种信息，包括姓名、身份证件号码、通信通讯联系方式、住址、账号密码、财产状况、行踪轨迹等。

第二条　违反法律、行政法规、部门规章有关公民个人信息保护的规定的，应当认定为刑法第二百五十三条之一规定的"违反国家有关规定"。

《最高人民法院关于人民法院在互联网公布裁判文书的规定》

第十条　人民法院在互联网公布裁判文书时，应当删除下列信息：

（一）自然人的家庭住址、通讯方式、身份证号码、银行账号、健康状况、车牌号码、动产或不动产权属证书编号等个人信息；

（二）法人以及其他组织的银行账号、车牌号码、动产或不动产权属证书编号等信息；

（三）涉及商业秘密的信息；

（四）家事、人格权益等纠纷中涉及个人隐私的信息；

（五）涉及技术侦查措施的信息；

（六）人民法院认为不宜公开的其他信息。

按照本条第一款删除信息影响对裁判文书正确理解的，用符号"×"作部分替代。

第一百一十二条　【身份权】自然人因婚姻家庭关系等产生的人身权利受法律保护。

关联法规参见

▶**法律**：《宪法》第49条，《民法典总则编》第26条，《民法典婚姻家庭编》第1058条、第1067条、第1068条、第1074条、第1075条、第1091条、第1111条，《老年人权益保障法》第14条、第15条，《未成年人保护法》第15条至第18条。

司法解释适用

《最高人民法院关于适用〈中华人民共和国民法典〉婚姻家庭编的解释（一）》（法释〔2020〕22号）

《民法典婚姻家庭编司法解释（一）》	原《婚姻法司法解释（一）》
第八十七条 承担民法典第一千零九十一条规定的损害赔偿责任的主体，为离婚诉讼当事人中无过错方的配偶。 人民法院判决不准离婚的案件，对于当事人基于民法典第一千零九十一条提出的损害赔偿请求，不予支持。 在婚姻关系存续期间，当事人不起诉离婚而单独依据民法典第一千零九十一条提起损害赔偿请求的，人民法院不予受理。	**第二十九条** 承担婚姻法第四十六条规定的损害赔偿责任的主体，为离婚诉讼当事人中无过错方的配偶。 人民法院判决不准离婚的案件，对于当事人基于婚姻法第四十六条提出的损害赔偿请求，不予支持。

《最高人民法院关于审理国家赔偿案件确定精神损害赔偿责任适用法律若干问题的解释》

第一条 公民以人身权受到侵犯为由提出国家赔偿申请，依照国家赔偿法第三十五条的规定请求精神损害赔偿的，适用本解释。

法人或者非法人组织请求精神损害赔偿的，人民法院不予受理。

第二条 公民以人身权受到侵犯为由提出国家赔偿申请，未请求精神损害赔偿，或者未同时请求消除影响、恢复名誉、赔礼道歉以及精神损害抚慰金的，人民法院应当向其释明。经释明后不变更请求，案件审结后又基于同一侵权事实另行提出申请的，人民法院不予受理。

第一百一十三条 【财产权受法律平等保护】民事主体的财产权利受法律平等保护。

关联法规参见

▶**法律**：《宪法》第12条、第13条，《民法典总则编》第2条、第4条，《民法典物权编》第206条、第258条、第265条、第267条。

第一百一十四条 【物权的概念】民事主体依法享有物权。

物权是权利人依法对特定的物享有直接支配和排他的权利，包括所有权、用益物权和担保物权。

关联法规参见

▶**法律**：《民法典物权编》第205条、第240条、第241条、第323条、第386条。

第一百一十五条　【物权的客体】 物包括不动产和动产。法律规定权利作为物权客体的，依照其规定。

关联法规参见

▶**法律：**《民法典物权编》第 395 条、第 440 条。

第一百一十六条　【物权法定】 物权的种类和内容，由法律规定。

关联法规参见

▶**法律：**《民法典物权编》第 205 条、第 240 条、第 331 条、第 344 条、第 362 条、第 372 条、第 394 条、第 425 条、第 447 条。

第一百一十七条　【物的征收与征用】 为了公共利益的需要，依照法律规定的权限和程序征收、征用不动产或者动产的，应当给予公平、合理的补偿。

关联法规参见

▶**法律：**《宪法》第 10 条、第 13 条，《民法典物权编》第 244 条、第 245 条、第 327 条、第 390 条，《土地管理法》第 46 条至第 49 条，《城市房地产管理法》第 6 条，《农村土地承包法》第 17 条，《妇女权益保障法》第 32 条，《国防交通法》第 7 条，《渔业法》第 14 条，《草原法》第 38 条，《农业法》第 71 条，《国防法》第 51 条，《突发事件应对法》第 12 条。

▶**行政法规：**《国有土地上房屋征收与补偿条例》第 8 条。

司法解释适用

《最高人民法院关于办理申请人民法院强制执行国有土地上房屋征收补偿决定案件若干问题的规定》

第一条　申请人民法院强制执行征收补偿决定案件，由房屋所在地基层人民法院管辖，高级人民法院可以根据本地实际情况决定管辖法院。

第二条　申请机关向人民法院申请强制执行，除提供《条例》第二十八条规定的强制执行申请书及附具材料外，还应当提供下列材料：

（一）征收补偿决定及相关证据和所依据的规范性文件；

（二）征收补偿决定送达凭证、催告情况及房屋被征收人、直接利害关系人的意见；

（三）社会稳定风险评估材料；

（四）申请强制执行的房屋状况；

（五）被执行人的姓名或者名称、住址及与强制执行相关的财产状况等具体情况；

（六）法律、行政法规规定应当提交的其他材料。

强制执行申请书应当由申请机关负责人签名，加盖申请机关印章，并注明日期。

强制执行的申请应当自被执行人的法定起诉期限届满之日起三个月内提出；逾期申请的，除有正当理由外，人民法院不予受理。

《最高人民法院关于征收国有土地上房屋时是否应当对被征收人未经登记的空地和院落予以补偿的答复》

山东省高级人民法院：

你院《关于征收国有土地上房屋时是否应当对被征收人未确权登记的空地和院落单独予以补偿的请示》收悉，经研究，答复如下：

对土地公有制之前，通过购买房屋方式使用私有的土地，土地转为国有后迄今仍继续使用的，未经确权登记，亦应确定现使用者的国有土地使用权。

国有土地上房屋征收补偿中，应将当事人合法享有国有土地使用权的院落、空地面积纳入评估范围，按照征收时的房地产市场价格，一并予以征收补偿。

此复。

权威案例指引

▶公报案例

《山西省安业集团有限公司诉山西省太原市人民政府收回国有土地使用权决定案》，《最高人民法院公报》2017 年第 1 期

裁判摘要：有征收必有补偿，无补偿则无征收。征收补偿应当遵循及时补偿原则和公平补偿原则。补偿问题未依法定程序解决前，被征收人有权拒绝交出房屋和土地。

▶典型案例

《古田翠屏湖爱乐置业有限公司、福建爱乐投资有限公司诉古田县人民政府行政协议及赔偿案》，《最高人民法院发布产权保护行政诉讼典型案例之二》（2020 年 7 月 27 日）

典型意义：行政机关与民营企业依法签订的行政协议应受法律保护，行政机关应对符合法律规定解除行政协议给民营企业合法产权造成的损失依法给予补偿，切实保护民营企业的合法产权。行政协议具有双方意思表示一致的特点，审理行政协议案件可适用审理民事合同纠纷的相关规则，因此，属于可适用调解的行政案件。二审法院为认真贯彻落实生态文明实验区建设要求，切实保护好民营企业的合法产权，有效化解和实质性解决行政争议，积极组织各方当事人协商调解。在查明事实、分清责任的基础上，为双方厘清是非、释明法理，终于使各方取得共识，达成调解协议。不仅有效化解了案涉行政协议的争议，还一揽子解决了因解除案涉行政协议引起的土地使用权出让合同解除、土地使用权收回、在建工程交接以及有关购房户、工程款纠纷等一系列相关问题。既为生态文明建设大局提供司法服务，又为民营企业合法产权提供司法保障，促进了法治政府、诚信政府建设，有利于营造良好的营商环境，取得了较好的法律效果和社会效果。

第一百一十八条　【债权的概念】民事主体依法享有债权。

债权是因合同、侵权行为、无因管理、不当得利以及法律的其他规定，权利人请求特定义务人为或者不为一定行为的权利。

关联法规参见

▶**法律**：《民法典合同编》第509条。

第一百一十九条　【合同之债】依法成立的合同，对当事人具有法律约束力。

关联法规参见

▶**法律**：《民法典合同编》第464条、第563条、第577条。

第一百二十条　【侵权责任之债】民事权益受到侵害的，被侵权人有权请求侵权人承担侵权责任。

关联法规参见

▶**法律**：《民法典侵权责任编》第1165条、第1166条。

第一百二十一条　【无因管理之债】没有法定的或者约定的义务，为避免他人利益受损失而进行管理的人，有权请求受益人偿还由此支出的必要费用。

第一百二十二条　【不当得利之债】因他人没有法律根据，取得不当利益，受损失的人有权请求其返还不当利益。

关联法规参见

▶**法律**：《民法典总则编》第129条。

第一百二十三条　【知识产权及其客体】民事主体依法享有知识产权。

知识产权是权利人依法就下列客体享有的专有的权利：

（一）作品；

（二）发明、实用新型、外观设计；

（三）商标；

（四）地理标志；

（五）商业秘密；

（六）集成电路布图设计；

（七）植物新品种；

（八）法律规定的其他客体。

关联法规参见

▶**法律：**《民法典合同编》第501条，《民法典侵权责任编》第1164条，《反不正当竞争法》第9条，《商标法》第3条、第8条至第12条、第16条、第36条、第47条、第56条至第68条，《种子法》第25条、第28条，《农业法》第23条、第49条，《著作权法》第3条、第10条、第33条、第39条、第52条至第54条，《专利法》第2条、第11条、第13条、第59条、第62条、第71条，《科学技术进步法》第20条。

▶**国际条约：**《成立世界知识产权组织公约》第2条。

▶**行政法规：**《植物新品种保护条例》，《商标法实施条例》第4条、第75条、第76条，《著作权法实施条例》第2条、第26条至第28条、第33条至第35条，《计算机软件保护条例》，《信息网络传播权保护条例》，《专利法实施细则》第84条，《集成电路布图设计保护条例》第1条、第2条。

司法解释适用

《最高人民法院关于审理侵犯专利权纠纷案件应用法律若干问题的解释（二）》（法释〔2020〕19号修改）

新《专利权纠纷司法解释（二）》	原《专利权纠纷司法解释（二）》
为正确审理侵犯专利权纠纷案件，根据《中华人民共和国民法典》《中华人民共和国专利法》《中华人民共和国民事诉讼法》等有关法律规定，结合审判实践，制定本解释。 **第一条**　权利要求书有两项以上权利要求的，权利人应当在起诉状中载明据以起	为正确审理侵犯专利权纠纷案件，根据《中华人民共和国专利法》《中华人民共和国侵权责任法》《中华人民共和国民事诉讼法》等有关法律规定，结合审判实践，制定本解释。 **第一条**　权利要求书有两项以上权利要求的，权利人应当在起诉状中载明据以起

<table>
<tr><th>新《专利权纠纷司法解释（二）》</th><th>原《专利权纠纷司法解释（二）》</th></tr>
<tr><td>诉被诉侵权人侵犯其专利权的权利要求。起诉状对此未记载或者记载不明的，人民法院应当要求权利人明确。经释明，权利人仍不予明确的，人民法院可以裁定驳回起诉。</td><td>诉被诉侵权人侵犯其专利权的权利要求。起诉状对此未记载或者记载不明的，人民法院应当要求权利人明确。经释明，权利人仍不予明确的，人民法院可以裁定驳回起诉。</td></tr>
<tr><td>第二条　权利人在专利侵权诉讼中主张的权利要求被国务院专利行政部门宣告无效的，审理侵犯专利权纠纷案件的人民法院可以裁定驳回权利人基于该无效权利要求的起诉。
有证据证明宣告上述权利要求无效的决定被生效的行政判决撤销的，权利人可以另行起诉。
专利权人另行起诉的，诉讼时效期间从本条第二款所称行政判决书送达之日起计算。</td><td>第二条　权利人在专利侵权诉讼中主张的权利要求被专利复审委员会宣告无效的，审理侵犯专利权纠纷案件的人民法院可以裁定驳回权利人基于该无效权利要求的起诉。
有证据证明宣告上述权利要求无效的决定被生效的行政判决撤销的，权利人可以另行起诉。
专利权人另行起诉的，诉讼时效期间从本条第二款所称行政判决书送达之日起计算。</td></tr>
<tr><td colspan="2">第三条（原第三条）　因明显违反专利法第二十六条第三款、第四款导致说明书无法用于解释权利要求，且不属于本解释第四条规定的情形，专利权因此被请求宣告无效的，审理侵犯专利权纠纷案件的人民法院一般应当裁定中止诉讼；在合理期限内专利权未被请求宣告无效的，人民法院可以根据权利要求的记载确定专利权的保护范围。</td></tr>
<tr><td colspan="2">第四条（原第四条）　权利要求书、说明书及附图中的语法、文字、标点、图形、符号等存有歧义，但本领域普通技术人员通过阅读权利要求书、说明书及附图可以得出唯一理解的，人民法院应当根据该唯一理解予以认定。</td></tr>
<tr><td colspan="2">第五条（原第五条）　在人民法院确定专利权的保护范围时，独立权利要求的前序部分、特征部分以及从属权利要求的引用部分、限定部分记载的技术特征均有限定作用。</td></tr>
<tr><td>第六条　人民法院可以运用与涉案专利存在分案申请关系的其他专利及其专利审查档案、生效的专利授权确权裁判文书解释涉案专利的权利要求。
专利审查档案，包括专利审查、复审、无效程序中专利申请人或者专利权人提交的书面材料，国务院专利行政部门制作的审查意见通知书、会晤记录、口头审理记录、生效的专利复审请求审查决定书和专利权无效宣告请求审查决定书等。</td><td>第六条　人民法院可以运用与涉案专利存在分案申请关系的其他专利及其专利审查档案、生效的专利授权确权裁判文书解释涉案专利的权利要求。
专利审查档案，包括专利审查、复审、无效程序中专利申请人或者专利权人提交的书面材料，国务院专利行政部门~~及其专利复审委员会~~制作的审查意见通知书、会晤记录、口头审理记录、生效的专利复审请求审查决定书和专利权无效宣告请求审查决定书等。</td></tr>
</table>

新《专利权纠纷司法解释（二）》	原《专利权纠纷司法解释（二）》
第七条（原第七条） 被诉侵权技术方案在包含封闭式组合物权利要求全部技术特征的基础上增加其他技术特征的，人民法院应当认定被诉侵权技术方案未落入专利权的保护范围，但该增加的技术特征属于不可避免的常规数量杂质的除外。 前款所称封闭式组合物权利要求，一般不包括中药组合物权利要求。	
第八条（原第八条） 功能性特征，是指对于结构、组分、步骤、条件或其之间的关系等，通过其在发明创造中所起的功能或者效果进行限定的技术特征，但本领域普通技术人员仅通过阅读权利要求即可直接、明确地确定实现上述功能或者效果的具体实施方式的除外。 与说明书及附图记载的实现前款所称功能或者效果不可缺少的技术特征相比，被诉侵权技术方案的相应技术特征是以基本相同的手段，实现相同的功能，达到相同的效果，且本领域普通技术人员在被诉侵权行为发生时无需经过创造性劳动就能够联想到的，人民法院应当认定该相应技术特征与功能性特征相同或者等同。	
第九条（原第九条） 被诉侵权技术方案不能适用于权利要求中使用环境特征所限定的使用环境的，人民法院应当认定被诉侵权技术方案未落入专利权的保护范围。	
第十条（原第十条） 对于权利要求中以制备方法界定产品的技术特征，被诉侵权产品的制备方法与其不相同也不等同的，人民法院应当认定被诉侵权技术方案未落入专利权的保护范围。	
第十一条（原第十一条） 方法权利要求未明确记载技术步骤的先后顺序，但本领域普通技术人员阅读权利要求书、说明书及附图后直接、明确地认为该技术步骤应当按照特定顺序实施的，人民法院应当认定该步骤顺序对于专利权的保护范围具有限定作用。	
第十二条（原第十二条） 权利要求采用“至少”“不超过”等用语对数值特征进行界定，且本领域普通技术人员阅读权利要求书、说明书及附图后认为专利技术方案特别强调该用语对技术特征的限定作用，权利人主张与其不相同的数值特征属于等同特征的，人民法院不予支持。	
第十三条（原第十三条） 权利人证明专利申请人、专利权人在专利授权确权程序中对权利要求书、说明书及附图的限缩性修改或者陈述被明确否定的，人民法院应当认定该修改或者陈述未导致技术方案的放弃。	
第十四条（原第十四条） 人民法院在认定一般消费者对于外观设计所具有的知识水平和认知能力时，一般应当考虑被诉侵权行为发生时授权外观设计所属相同或者相近种类产品的设计空间。设计空间较大的，人民法院可以认定一般消费者通常不容易注意到不同设计之间的较小区别；设计空间较小的，人民法院可以认定一般消费者通常更容易注意到不同设计之间的较小区别。	
第十五条（原第十五条） 对于成套产品的外观设计专利，被诉侵权设计与其一项外观设计相同或者近似的，人民法院应当认定被诉侵权设计落入专利权的保护范围。	
第十六条（原第十六条） 对于组装关系唯一的组件产品的外观设计专利，被诉侵权设计与其组合状态下的外观设计相同或者近似的，人民法院应当认定被诉侵权设计落入专利权的保护范围。	

<table>
<tr><th>新《专利权纠纷司法解释（二）》</th><th>原《专利权纠纷司法解释（二）》</th></tr>
<tr><td colspan="2">对于各构件之间无组装关系或者组装关系不唯一的组件产品的外观设计专利，被诉侵权设计与其全部单个构件的外观设计均相同或者近似的，人民法院应当认定被诉侵权设计落入专利权的保护范围；被诉侵权设计缺少其单个构件的外观设计或者与之不相同也不近似的，人民法院应当认定被诉侵权设计未落入专利权的保护范围。</td></tr>
<tr><td colspan="2">第十七条（原第十七条）　对于变化状态产品的外观设计专利，被诉侵权设计与变化状态图所示各种使用状态下的外观设计均相同或者近似的，人民法院应当认定被诉侵权设计落入专利权的保护范围；被诉侵权设计缺少其一种使用状态下的外观设计或者与之不相同也不近似的，人民法院应当认定被诉侵权设计未落入专利权的保护范围。</td></tr>
<tr><td colspan="2">第十八条（原第十八条）　权利人依据专利法第十三条诉请在发明专利申请公布日至授权公告日期间实施该发明的单位或者个人支付适当费用的，人民法院可以参照有关专利许可使用费合理确定。
发明专利申请公布时申请人请求保护的范围与发明专利公告授权时的专利权保护范围不一致，被诉技术方案均落入上述两种范围的，人民法院应当认定被告在前款所称期间内实施了该发明；被诉技术方案仅落入其中一种范围的，人民法院应当认定被告在前款所称期间内未实施该发明。
发明专利公告授权后，未经专利权人许可，为生产经营目的使用、许诺销售、销售在本条第一款所称期间内已由他人制造、销售、进口的产品，且该他人已支付或者书面承诺支付专利法第十三条规定的适当费用的，对于权利人关于上述使用、许诺销售、销售行为侵犯专利权的主张，人民法院不予支持。</td></tr>
<tr><td colspan="2">第十九条（原第十九条）　产品买卖合同依法成立的，人民法院应当认定属于专利法第十一条规定的销售。</td></tr>
<tr><td colspan="2">第二十条（原第二十条）　对于将依照专利方法直接获得的产品进一步加工、处理而获得的后续产品，进行再加工、处理的，人民法院应当认定不属于专利法第十一条规定的“使用依照该专利方法直接获得的产品”。</td></tr>
<tr><td>第二十一条　明知有关产品系专门用于实施专利的材料、设备、零部件、中间物等，未经专利权人许可，为生产经营目的将该产品提供给他人实施了侵犯专利权的行为，权利人主张该提供者的行为属于<u>民法典第一千一百六十九条</u>规定的帮助他人实施侵权行为的，人民法院应予支持。
明知有关产品、方法被授予专利权，未经专利权人许可，为生产经营目的积极诱导他人实施了侵犯专利权的行为，权利人主张该诱导者的行为属于<u>民法典第一千一百六十九条</u>规定的教唆他人实施侵权行为的，人民法院应予支持。</td><td>第二十一条　明知有关产品系专门用于实施专利的材料、设备、零部件、中间物等，未经专利权人许可，为生产经营目的将该产品提供给他人实施了侵犯专利权的行为，权利人主张该提供者的行为属于<u>侵权责任法第九条</u>规定的帮助他人实施侵权行为的，人民法院应予支持。
明知有关产品、方法被授予专利权，未经专利权人许可，为生产经营目的积极诱导他人实施了侵犯专利权的行为，权利人主张该诱导者的行为属于<u>侵权责任法第九条</u>规定的教唆他人实施侵权行为的，人民法院应予支持。</td></tr>
</table>

<table>
<tr><th>新《专利权纠纷司法解释（二）》</th><th>原《专利权纠纷司法解释（二）》</th></tr>
<tr><td colspan="2">第二十二条（原第二十二条）　对于被诉侵权人主张的现有技术抗辩或者现有设计抗辩，人民法院应当依照专利申请日时施行的专利法界定现有技术或者现有设计。</td></tr>
<tr><td colspan="2">第二十三条（原第二十三条）　被诉侵权技术方案或者外观设计落入在先的涉案专利权的保护范围，被诉侵权人以其技术方案或者外观设计被授予专利权为由抗辩不侵犯涉案专利权的，人民法院不予支持。</td></tr>
<tr><td colspan="2">第二十四条（原第二十四条）　推荐性国家、行业或者地方标准明示所涉必要专利的信息，被诉侵权人以实施该标准无需专利权人许可为由抗辩不侵犯该专利权的，人民法院一般不予支持。
推荐性国家、行业或者地方标准明示所涉必要专利的信息，专利权人、被诉侵权人协商该专利的实施许可条件时，专利权人故意违反其在标准制定中承诺的公平、合理、无歧视的许可义务，导致无法达成专利实施许可合同，且被诉侵权人在协商中无明显过错的，对于权利人请求停止标准实施行为的主张，人民法院一般不予支持。
本条第二款所称实施许可条件，应当由专利权人、被诉侵权人协商确定。经充分协商，仍无法达成一致的，可以请求人民法院确定。人民法院在确定上述实施许可条件时，应当根据公平、合理、无歧视的原则，综合考虑专利的创新程度及其在标准中的作用、标准所属的技术领域、标准的性质、标准实施的范围和相关的许可条件等因素。
法律、行政法规对实施标准中的专利另有规定的，从其规定。</td></tr>
<tr><td colspan="2">第二十五条（原第二十五条）　为生产经营目的使用、许诺销售或者销售不知道是未经专利权人许可而制造并售出的专利侵权产品，且举证证明该产品合法来源的，对于权利人请求停止上述使用、许诺销售、销售行为的主张，人民法院应予支持，但被诉侵权产品的使用者举证证明其已支付该产品的合理对价的除外。
本条第一款所称不知道，是指实际不知道且不应当知道。
本条第一款所称合法来源，是指通过合法的销售渠道、通常的买卖合同等正常商业方式取得产品。对于合法来源，使用者、许诺销售者或者销售者应当提供符合交易习惯的相关证据。</td></tr>
<tr><td colspan="2">第二十六条（原第二十六条）　被告构成对专利权的侵犯，权利人请求判令其停止侵权行为的，人民法院应予支持，但基于国家利益、公共利益的考量，人民法院可以不判令被告停止被诉行为，而判令其支付相应的合理费用。</td></tr>
<tr><td colspan="2">第二十七条（原第二十七条）　权利人因被侵权所受到的实际损失难以确定的，人民法院应当依照专利法第六十五条第一款的规定，要求权利人对侵权人因侵权所获得的利益进行举证；在权利人已经提供侵权人所获利益的初步证据，而与专利侵权行为相关的账簿、资料主要由侵权人掌握的情况下，人民法院可以责令侵权人提供该账簿、资料；侵权人无正当理由拒不提供或者提供虚假的账簿、资料的，人民法院可以根据权利人的主张和提供的证据认定侵权人因侵权所获得的利益。</td></tr>
<tr><td colspan="2">第二十八条（原第二十八条）　权利人、侵权人依法约定专利侵权的赔偿数额或者赔偿计算方法，并在专利侵权诉讼中主张依据该约定确定赔偿数额的，人民法院应予支持。</td></tr>
</table>

<table>
<tr><th>新《专利权纠纷司法解释（二）》</th><th>原《专利权纠纷司法解释（二）》</th></tr>
<tr><td colspan="2">第二十九条（原第二十九条）　宣告专利权无效的决定作出后，当事人根据该决定依法申请再审，请求撤销专利权无效宣告前人民法院作出但未执行的专利侵权的判决、调解书的，人民法院可以裁定中止再审审查，并中止原判决、调解书的执行。
专利权人向人民法院提供充分、有效的担保，请求继续执行前款所称判决、调解书的，人民法院应当继续执行；侵权人向人民法院提供充分、有效的反担保，请求中止执行的，人民法院应当准许。人民法院生效裁判未撤销宣告专利权无效的决定的，专利权人应当赔偿因继续执行给对方造成的损失；宣告专利权无效的决定被人民法院生效裁判撤销，专利权仍有效的，人民法院可以依据前款所称判决、调解书直接执行上述反担保财产。</td></tr>
<tr><td colspan="2">第三十条（原第三十条）　在法定期限内对宣告专利权无效的决定不向人民法院起诉或者起诉后生效裁判未撤销该决定，当事人根据该决定依法申请再审，请求撤销宣告专利权无效前人民法院作出但未执行的专利侵权的判决、调解书的，人民法院应当再审。当事人根据该决定，依法申请终结执行宣告专利权无效前人民法院作出但未执行的专利侵权的判决、调解书的，人民法院应当裁定终结执行。</td></tr>
<tr><td colspan="2">第三十一条（原第三十一条）　本解释自2016年4月1日起施行。最高人民法院以前发布的相关司法解释与本解释不一致的，以本解释为准。</td></tr>
</table>

《最高人民法院关于审理专利纠纷案件适用法律问题的若干规定》（法释〔2020〕19号修改）

新《专利纠纷案件规定》	原《专利纠纷案件规定》
为了正确审理专利纠纷案件，根据《中华人民共和国民法典》《中华人民共和国专利法》《中华人民共和国民事诉讼法》和《中华人民共和国行政诉讼法》等法律的规定，作如下规定。	为了正确审理专利纠纷案件，根据《中华人民共和国民法通则》~~（以下简称民法通则）~~、《中华人民共和国专利法》~~（以下简称专利法）~~、《中华人民共和国民事诉讼法》和《中华人民共和国行政诉讼法》等法律的规定，作如下规定。
第一条　人民法院受理下列专利纠纷案件： 1. 专利申请权权属纠纷案件； 2. 专利权权属纠纷案件； 3. 专利合同纠纷案件； 4. 侵害专利权纠纷案件； 5. 假冒他人专利纠纷案件； 6. 发明专利临时保护期使用费纠纷案件； 7. 职务发明创造发明人、设计人奖励、报酬纠纷案件； 8. 诉前申请行为保全纠纷案件；	**第一条**　人民法院受理下列专利纠纷案件： 1. 专利申请权纠纷案件； 2. 专利权权属纠纷案件； 3. ~~专利权、~~专利~~申请权转让~~合同纠纷案件； 4. 侵犯专利权纠纷案件； 5. 假冒他人专利纠纷案件； 6. 发明专利申请公布后、专利权授予前使用费纠纷案件； 7. 职务发明创造发明人、设计人奖励、报酬纠纷案件； 8. 诉前申请停止侵权、财产保全案件；

新《专利纠纷案件规定》	原《专利纠纷案件规定》
9. 诉前申请财产保全纠纷案件； 10. 因申请行为保全损害责任纠纷案件； 11. 因申请财产保全损害责任纠纷案件； 12. 发明创造发明人、设计人署名权纠纷案件； 13. 确认不侵害专利权纠纷案件； 14. 专利权宣告无效后返还费用纠纷案件； 15. 因恶意提起专利权诉讼损害责任纠纷案件； 16. 标准必要专利使用费纠纷案件； 17. 不服国务院专利行政部门维持驳回申请复审决定案件； 18. 不服国务院专利行政部门专利权无效宣告请求决定案件； 19. 不服国务院专利行政部门实施强制许可决定案件； 20. 不服国务院专利行政部门实施强制许可使用费裁决案件； 21. 不服国务院专利行政部门行政复议决定案件； 22. 不服国务院专利行政部门作出的其他行政决定案件； 23. 不服管理专利工作的部门行政决定案件； 24. 确认是否落入专利权保护范围纠纷案件； 25. 其他专利纠纷案件。	9. 发明人、设计人资格纠纷案件； 10. 不服专利复审委员会维持驳回申请复审决定案件； 11. 不服专利复审委员会专利权无效宣告请求决定案件； 12. 不服国务院专利行政部门实施强制许可决定案件； 13. 不服国务院专利行政部门实施强制许可使用费裁决案件； 14. 不服国务院专利行政部门行政复议决定案件； 15. 不服管理专利工作的部门行政决定案件； 16. 其他专利纠纷案件。

删除条文

~~**第二条** 专利纠纷第一审案件，由各省、自治区、直辖市人民政府所在地的中级人民法院和最高人民法院指定的中级人民法院管辖。~~

~~最高人民法院根据实际情况，可以指定基层人民法院管辖第一审专利纠纷案件。~~

~~**第三条** 当事人对专利复审委员会于2001年7月1日以后作出的关于实用新型、外观设计专利权撤销请求复审决定不服向人民法院起诉的，人民法院不予受理。~~

~~**第四条** 当事人对专利复审委员会于2001年7月1日以后作出的关于维持驳回实用新型、外观设计专利申请的复审决定，或者关于实用新型、外观设计专利权无效宣告请求的决定不服向人民法院起诉的，人民法院应当受理。~~

<table>
<tr><th>新《专利纠纷案件规定》</th><th>原《专利纠纷案件规定》</th></tr>
<tr><td colspan="2">第二条（原第五条）　因侵犯专利权行为提起的诉讼，由侵权行为地或者被告住所地人民法院管辖。
侵权行为地包括：被诉侵犯发明、实用新型专利权的产品的制造、使用、许诺销售、销售、进口等行为的实施地；专利方法使用行为的实施地，依照该专利方法直接获得的产品的使用、许诺销售、销售、进口等行为的实施地；外观设计专利产品的制造、许诺销售、销售、进口等行为的实施地；假冒他人专利的行为实施地。上述侵权行为的侵权结果发生地。</td></tr>
<tr><td colspan="2">第三条（原第六条）　原告仅对侵权产品制造者提起诉讼，未起诉销售者，侵权产品制造地与销售地不一致的，制造地人民法院有管辖权；以制造者与销售者为共同被告起诉的，销售地人民法院有管辖权。
销售者是制造者分支机构，原告在销售地起诉侵权产品制造者制造、销售行为的，销售地人民法院有管辖权。</td></tr>
<tr><td colspan="2">删除条文
<s>第七条　原告根据 1993 年 1 月 1 日以前提出的专利申请和根据该申请授予的方法发明专利权提起的侵权诉讼，参照本规定第五条、第六条的规定确定管辖。</s>
<s>人民法院在上述案件实体审理中依法适用方法发明专利权不延及产品的规定。</s></td></tr>
<tr><td colspan="2">第四条（原第八条）　对申请日在 2009 年 10 月 1 日前（不含该日）的实用新型专利提起侵犯专利权诉讼，原告可以出具由国务院专利行政部门作出的检索报告；对申请日在 2009 年 10 月 1 日以后的实用新型或者外观设计专利提起侵犯专利权诉讼，原告可以出具由国务院专利行政部门作出的专利权评价报告。根据案件审理需要，人民法院可以要求原告提交检索报告或者专利权评价报告。原告无正当理由不提交的，人民法院可以裁定中止诉讼或者判令原告承担可能的不利后果。
侵犯实用新型、外观设计专利权纠纷案件的被告请求中止诉讼的，应当在答辩期内对原告的专利权提出宣告无效的请求。</td></tr>
<tr><td colspan="2">第五条（原第九条）　人民法院受理的侵犯实用新型、外观设计专利权纠纷案件，被告在答辩期间内请求宣告该项专利权无效的，人民法院应当中止诉讼，但具备下列情形之一的，可以不中止诉讼：
（一）原告出具的检索报告或者专利权评价报告未发现导致实用新型或者外观设计专利权无效的事由的；
（二）被告提供的证据足以证明其使用的技术已经公知的；
（三）被告请求宣告该项专利权无效所提供的证据或者依据的理由明显不充分的；
（四）人民法院认为不应当中止诉讼的其他情形。</td></tr>
<tr><td colspan="2">第六条（原第十条）　人民法院受理的侵犯实用新型、外观设计专利权纠纷案件，被告在答辩期间届满后请求宣告该项专利权无效的，人民法院不应当中止诉讼，但经审查认为有必要中止诉讼的除外。</td></tr>
</table>

<table>
<tr><th>新《专利纠纷案件规定》</th><th>原《专利纠纷案件规定》</th></tr>
<tr><td>第七条　人民法院受理的侵犯发明专利权纠纷案件或者经国务院专利行政部门审查维持专利权的侵犯实用新型、外观设计专利权纠纷案件，被告在答辩期间内请求宣告该项专利权无效的，人民法院可以不中止诉讼。</td><td>第十一条　人民法院受理的侵犯发明专利权纠纷案件或者经专利复审委员会审查维持专利权的侵犯实用新型、外观设计专利权纠纷案件，被告在答辩期间内请求宣告该项专利权无效的，人民法院可以不中止诉讼。</td></tr>
<tr><td colspan="2">第八条（原第十二条）　人民法院决定中止诉讼，专利权人或者利害关系人请求责令被告停止有关行为或者采取其他制止侵权损害继续扩大的措施，并提供了担保，人民法院经审查符合有关法律规定的，可以在裁定中止诉讼的同时一并作出有关裁定 。</td></tr>
<tr><td colspan="2">第九条（原第十三条）　人民法院对专利权进行财产保全，应当向国务院专利行政部门发出协助执行通知书，载明要求协助执行的事项，以及对专利权保全的期限，并附人民法院作出的裁定书。
对专利权保全的期限一次不得超过六个月，自国务院专利行政部门收到协助执行通知书之日起计算。如果仍然需要对该专利权继续采取保全措施的，人民法院应当在保全期限届满前向国务院专利行政部门另行送达继续保全的协助执行通知书。保全期限届满前未送达的，视为自动解除对该专利权的财产保全。
人民法院对出质的专利权可以采取财产保全措施，质权人的优先受偿权不受保全措施的影响；专利权人与被许可人已经签订的独占实施许可合同，不影响人民法院对该专利权进行财产保全。
人民法院对已经进行保全的专利权，不得重复进行保全。</td></tr>
<tr><td colspan="2">第十条（原第十四条）　2001 年 7 月 1 日以前利用本单位的物质技术条件所完成的发明创造，单位与发明人或者设计人订有合同，对申请专利的权利和专利权的归属作出约定的，从其约定。</td></tr>
<tr><td colspan="2">第十一条（原第十五条）　人民法院受理的侵犯专利权纠纷案件，涉及权利冲突的，应当保护在先依法享有权利的当事人的合法权益。</td></tr>
<tr><td>第十二条　专利法第二十三条第三款所称的合法权利，包括就作品、商标、地理标志、姓名、企业名称、肖像，以及有一定影响的商品名称、包装、装潢等享有的合法权利或者权益。</td><td>第十六条　专利法第二十三条所称的在先取得的合法权利包括：商标权、著作权、企业名称权、肖像权、知名商品特有包装或者装潢使用权等。</td></tr>
<tr><td colspan="2">第十三条（原第十七条）　专利法第五十九条第一款所称的“发明或者实用新型专利权的保护范围以其权利要求的内容为准，说明书及附图可以用于解释权利要求的内容”，是指专利权的保护范围应当以权利要求记载的全部技术特征所确定的范围为准，也包括与该技术特征相等同的特征所确定的范围。
等同特征，是指与所记载的技术特征以基本相同的手段，实现基本相同的功能，达到基本相同的效果，并且本领域普通技术人员在被诉侵权行为发生时无需经过创造性劳动就能够联想到的特征。</td></tr>
</table>

<table>
<tr><th>新《专利纠纷案件规定》</th><th>原《专利纠纷案件规定》</th></tr>
<tr><td colspan="2">删除条文
~~**第十八条**　侵犯专利权行为发生在2001年7月1日以前的，适用修改前专利法的规定确定民事责任；发生在2001年7月1日以后的，适用修改后专利法的规定确定民事责任。~~
~~**第十九条**　假冒他人专利的，人民法院可以依照专利法第六十三条的规定确定其民事责任。管理专利工作的部门未给予行政处罚的，人民法院可以依照民法通则第一百三十四条第三款的规定给予民事制裁，适用民事罚款数额可以参照专利法第六十三条的规定确定。~~</td></tr>
<tr><td colspan="2">**第十四条（原第二十条）**　专利法第六十五条规定的权利人因被侵权所受到的实际损失可以根据专利权人的专利产品因侵权所造成销售量减少的总数乘以每件专利产品的合理利润所得之积计算。权利人销售量减少的总数难以确定的，侵权产品在市场上销售的总数乘以每件专利产品的合理利润所得之积可以视为权利人因被侵权所受到的实际损失。
专利法第六十五条规定的侵权人因侵权所获得的利益可以根据该侵权产品在市场上销售的总数乘以每件侵权产品的合理利润所得之积计算。侵权人因侵权所获得的利益一般按照侵权人的营业利润计算，对于完全以侵权为业的侵权人，可以按照销售利润计算。</td></tr>
<tr><td colspan="2">**第十五条（原第二十一条）**　权利人的损失或者侵权人获得的利益难以确定，有专利许可使用费可以参照的，人民法院可以根据专利权的类型、侵权行为的性质和情节、专利许可的性质、范围、时间等因素，参照该专利许可使用费的倍数合理确定赔偿数额；没有专利许可使用费可以参照或者专利许可使用费明显不合理的，人民法院可以根据专利权的类型、侵权行为的性质和情节等因素，依照专利法第六十五条第二款的规定确定赔偿数额。</td></tr>
<tr><td colspan="2">**第十六条（原第二十二条）**　权利人主张其为制止侵权行为所支付合理开支的，人民法院可以在专利法第六十五条确定的赔偿数额之外另行计算。</td></tr>
<tr><td>**第十七条**　侵犯专利权的诉讼时效为三年，自专利权人或者利害关系人知道或者应当知道权利受到损害以及义务人之日起计算。权利人超过三年起诉的，如果侵权行为在起诉时仍在继续，在该项专利权有效期内，人民法院应当判决被告停止侵权行为，侵权损害赔偿数额应当自权利人向人民法院起诉之日起向前推算三年计算。</td><td>**第二十三条**　侵犯专利权的诉讼时效为二年，自专利权人或者利害关系人知道或者应当知道侵权行为之日起计算。权利人超过二年起诉的，如果侵权行为在起诉时仍在继续，在该项专利权有效期内，人民法院应当判决被告停止侵权行为，侵权损害赔偿数额应当自权利人向人民法院起诉之日起向前推算二年计算。</td></tr>
<tr><td colspan="2">**第十八条（原第二十四条）**　专利法第十一条、第六十九条所称的许诺销售，是指以做广告、在商店橱窗中陈列或者在展销会上展出等方式作出销售商品的意思表示。</td></tr>
<tr><td colspan="2">**第十九条（原第二十五条）**　人民法院受理的侵犯专利权纠纷案件，已经过管理专利工作的部门作出侵权或者不侵权认定的，人民法院仍应当就当事人的诉讼请求进行全面审查。</td></tr>
</table>

新《专利纠纷案件规定》	原《专利纠纷案件规定》
第二十条（原第二十六条） 以前的有关司法解释与本规定不一致的，以本规定为准。	

《最高人民法院关于审理侵害植物新品种权纠纷案件具体应用法律问题的若干规定》（法释〔2020〕19号修改）

新《植物新品种权纠纷案件规定》	原《植物新品种权纠纷案件规定》
为正确处理侵害植物新品种权纠纷案件，根据《中华人民共和国民法典》《中华人民共和国种子法》《中华人民共和国民事诉讼法》《全国人民代表大会常务委员会关于在北京、上海、广州设立知识产权法院的决定》和《全国人民代表大会常务委员会关于专利等知识产权案件诉讼程序若干问题的决定》等有关规定，结合侵害植物新品种权纠纷案件的审判经验和实际情况，就具体应用法律的若干问题规定如下。	为正确处理侵犯植物新品种权纠纷案件，根据《中华人民共和国民法通则》、《中华人民共和国民事诉讼法》等有关规定，结合侵犯植物新品种权纠纷案件的审判经验和实际情况，就具体应用法律的若干问题规定如下。
第一条 植物新品种权所有人（以下称品种权人）或者利害关系人认为植物新品种权受到侵害的，可以依法向人民法院提起诉讼。 前款所称利害关系人，包括植物新品种实施许可合同的被许可人、品种权财产权利的合法继承人等。 独占实施许可合同的被许可人可以单独向人民法院提起诉讼；排他实施许可合同的被许可人可以和品种权人共同起诉，也可以在品种权人不起诉时，自行提起诉讼；普通实施许可合同的被许可人经品种权人明确授权，可以提起诉讼。	**第一条** 植物新品种权所有人（以下称品种权人）或者利害关系人认为植物新品种权受到侵犯的，可以依法向人民法院提起诉讼。 前款所称利害关系人，包括植物新品种实施许可合同的被许可人、品种权财产权利的合法继承人等。 独占实施许可合同的被许可人可以单独向人民法院提起诉讼；排他实施许可合同的被许可人可以和品种权人共同起诉，也可以在品种权人不起诉时，自行提起诉讼；普通实施许可合同的被许可人经品种权人明确授权，可以提起诉讼。
第二条 未经品种权人许可，生产、繁殖或者销售授权品种的繁殖材料，或者为商业目的将授权品种的繁殖材料重复使用于生产另一品种的繁殖材料的，人民法院应当认定为侵害植物新品种权。 被诉侵权物的特征、特性与授权品种的特征、特性相同，或者特征、特性的不同是因非遗传变异所致的，人民法院一般应当认定被诉侵权物属于生产、繁殖或者销售授权品种的繁殖材料。	**第二条** 未经品种权人许可，为商业目的生产或销售授权品种的繁殖材料，或者为商业目的将授权品种的繁殖材料重复使用于生产另一品种的繁殖材料的，人民法院应当认定为侵犯植物新品种权。 被控侵权物的特征、特性与授权品种的特征、特性相同，或者特征、特性的不同是因非遗传变异所致的，人民法院一般应当认定被控侵权物属于商业目的生产或者销售授权品种的繁殖材料。

新《植物新品种权纠纷案件规定》	原《植物新品种权纠纷案件规定》
被诉侵权人重复以授权品种的繁殖材料为亲本与其他亲本另行繁殖的，人民法院一般应当认定属于为商业目的将授权品种的繁殖材料重复使用于生产另一品种的繁殖材料。	被控侵权人重复以授权品种的繁殖材料为亲本与其他亲本另行繁殖的，人民法院一般应当认定属于商业目的将授权品种的繁殖材料重复使用于生产另一品种的繁殖材料。
第三条　侵害植物新品种权纠纷案件涉及的专门性问题需要鉴定的，由双方当事人协商确定的有鉴定资格的鉴定机构、鉴定人鉴定；协商不成的，由人民法院指定的有鉴定资格的鉴定机构、鉴定人鉴定。 没有前款规定的鉴定机构、鉴定人的，由具有相应品种检测技术水平的专业机构、专业人员鉴定。	**第三条**　侵犯植物新品种权纠纷案件涉及的专门性问题需要鉴定的，由双方当事人协商确定的有鉴定资格的鉴定机构、鉴定人鉴定；协商不成的，由人民法院指定的有鉴定资格的鉴定机构、鉴定人鉴定。 没有前款规定的鉴定机构、鉴定人的，由具有相应品种检测技术水平的专业机构、专业人员鉴定。
第四条　对于侵害植物新品种权纠纷案件涉及的专门性问题可以采取田间观察检测、基因指纹图谱检测等方法鉴定。 对采取前款规定方法作出的鉴定意见，人民法院应当依法质证，认定其证明力。	**第四条**　对于侵犯植物新品种权纠纷案件涉及的专门性问题可以采取田间观察检测、基因指纹图谱检测等方法鉴定。 对采取前款规定方法作出的鉴定结论，人民法院应当依法质证，认定其证明力。
第五条　品种权人或者利害关系人向人民法院提起侵害植物新品种权诉讼前，可以提出行为保全或者证据保全请求，人民法院经审查作出裁定。 人民法院采取证据保全措施时，可以根据案件具体情况，邀请有关专业技术人员按照相应的技术规程协助取证。	**第五条**　品种权人或者利害关系人向人民法院提起侵犯植物新品种权诉讼时，同时提出先行停止侵犯植物新品种权行为或者保全证据请求的，人民法院经审查可以先行作出裁定。 人民法院采取证据保全措施时，可以根据案件具体情况，邀请有关专业技术人员按照相应的技术规程协助取证。
第六条　人民法院审理侵害植物新品种权纠纷案件，应当依照民法典第一百七十九条、第一千一百八十五条、种子法第七十三条的规定，结合案件具体情况，判决侵权人承担停止侵害、赔偿损失等民事责任。 人民法院可以根据权利人的请求，按照权利人因被侵权所受实际损失或者侵权人因侵权所得利益确定赔偿数额。权利人的损失或者侵权人获得的利益难以确定的，可以参照该植物新品种权许可使用费的倍数合理确定。权利人为制止侵权行为所支付的合理开支应当另行计算。	**第六条**　人民法院审理侵犯植物新品种权纠纷案件，应当依照民法通则第一百三十四条的规定，结合案件具体情况，判决侵权人承担停止侵害、赔偿损失等民事责任。 人民法院可以根据被侵权人的请求，按照被侵权人因侵权所受损失或者侵权人因侵权所得利益确定赔偿数额。被侵权人请求按照植物新品种实施许可费确定赔偿数额的，人民法院可以根据植物新品种实施许可的种类、时间、范围等因素，参照该植物新品种实施许可费合理确定赔偿数额。

新《植物新品种权纠纷案件规定》	原《植物新品种权纠纷案件规定》
依照前款规定难以确定赔偿数额的，人民法院可以综合考虑侵权的性质、期间、后果，植物新品种权许可使用费的数额，植物新品种实施许可的种类、时间、范围及权利人调查、制止侵权所支付的合理费用等因素，在300万元以下确定赔偿数额。 故意侵害他人植物新品种权，情节严重的，可以按照第二款确定数额的一倍以上三倍以下确定赔偿数额。	依照前款规定难以确定赔偿数额的，人民法院可以综合考虑侵权的性质、期间、后果，植物新品种实施许可费的数额，植物新品种实施许可的种类、时间、范围及被侵权人调查、制止侵权所支付的合理费用等因素，在50万元以下确定赔偿数额。
第七条 权利人和侵权人均同意将侵权物折价抵扣权利人所受损失的，人民法院应当准许。权利人或者侵权人不同意折价抵扣的，人民法院依照当事人的请求，责令侵权人对侵权物作消灭活性等使其不能再被用作繁殖材料的处理。 侵权物正处于生长期或者销毁侵权物将导致重大不利后果的，人民法院可以不采取责令销毁侵权物的方法，而判令其支付相应的合理费用。但法律、行政法规另有规定的除外。	**第七条** 被侵权人和侵权人均同意将侵权物折价抵扣被侵权人所受损失的，人民法院应当准许。被侵权人或者侵权人不同意折价抵扣的，人民法院依照当事人的请求，责令侵权人对侵权物作消灭活性等使其不能再被用作繁殖材料的处理。 侵权物正处于生长期或者销毁侵权物将导致重大不利后果的，人民法院可以不采取责令销毁侵权物的方法，但法律、行政法规另有规定的除外。
第八条（原第八条） 以农业或者林业种植为业的个人、农村承包经营户接受他人委托代为繁殖侵害品种权的繁殖材料，不知道代繁物是侵害品种权的繁殖材料并说明委托人的，不承担赔偿责任。	

《最高人民法院关于审理商标民事纠纷案件适用法律若干问题的解释》（法释〔2020〕19号修改）

新《商标纠纷司法解释》	原《商标纠纷司法解释》
为了正确审理商标纠纷案件，根据《中华人民共和国民法典》《中华人民共和国商标法》《中华人民共和国民事诉讼法》等法律的规定，就适用法律若干问题解释如下：	为了正确审理商标纠纷案件，根据《中华人民共和国民法通则》、《中华人民共和国合同法》、《中华人民共和国商标法》、《中华人民共和国民事诉讼法》等法律的规定，就适用法律若干问题解释如下：
第一条 下列行为属于商标法第五十七条第（七）项规定的给他人注册商标专用权造成其他损害的行为： （一）将与他人注册商标相同或者相近似的文字作为企业的字号在相同或者类似商品上突出使用，容易使相关公众产生误认的；	**第一条** 下列行为属于商标法第五十二条第（五）项规定的给他人注册商标专用权造成其他损害的行为： （一）将与他人注册商标相同或者相近似的文字作为企业的字号在相同或者类似商品上突出使用，容易使相关公众产生误认的；

新《商标纠纷司法解释》	原《商标纠纷司法解释》
（二）复制、摹仿、翻译他人注册的驰名商标或其主要部分在不相同或者不相类似商品上作为商标使用，误导公众，致使该驰名商标注册人的利益可能受到损害的； （三）将与他人注册商标相同或者相近似的文字注册为域名，并且通过该域名进行相关商品交易的电子商务，容易使相关公众产生误认的。	（二）复制、摹仿、翻译他人注册的驰名商标或其主要部分在不相同或者不相类似商品上作为商标使用，误导公众，致使该驰名商标注册人的利益可能受到损害的； （三）将与他人注册商标相同或者相近似的文字注册为域名，并且通过该域名进行相关商品交易的电子商务，容易使相关公众产生误认的。
第二条　依据商标法第十三条第二款的规定，复制、摹仿、翻译他人未在中国注册的驰名商标或其主要部分，在相同或者类似商品上作为商标使用，容易导致混淆的，应当承担停止侵害的民事法律责任。	**第二条**　依据商标法第十三条第一款的规定，复制、摹仿、翻译他人未在中国注册的驰名商标或其主要部分，在相同或者类似商品上作为商标使用，容易导致混淆的，应当承担停止侵害的民事法律责任。
第三条　商标法第四十三条规定的商标使用许可包括以下三类： （一）独占使用许可，是指商标注册人在约定的期间、地域和以约定的方式，将该注册商标仅许可一个被许可人使用，商标注册人依约定不得使用该注册商标； （二）排他使用许可，是指商标注册人在约定的期间、地域和以约定的方式，将该注册商标仅许可一个被许可人使用，商标注册人依约定可以使用该注册商标但不得另行许可他人使用该注册商标； （三）普通使用许可，是指商标注册人在约定的期间、地域和以约定的方式，许可他人使用其注册商标，并可自行使用该注册商标和许可他人使用其注册商标。	**第三条**　商标法第四十条规定的商标使用许可包括以下三类： （一）独占使用许可，是指商标注册人在约定的期间、地域和以约定的方式，将该注册商标仅许可一个被许可人使用，商标注册人依约定不得使用该注册商标； （二）排他使用许可，是指商标注册人在约定的期间、地域和以约定的方式，将该注册商标仅许可一个被许可人使用，商标注册人依约定可以使用该注册商标但不得另行许可他人使用该注册商标； （三）普通使用许可，是指商标注册人在约定的期间、地域和以约定的方式，许可他人使用其注册商标，并可自行使用该注册商标和许可他人使用其注册商标。
第四条　商标法第六十条第一款规定的利害关系人，包括注册商标使用许可合同的被许可人、注册商标财产权利的合法继承人等。 在发生注册商标专用权被侵害时，独占使用许可合同的被许可人可以向人民法院提起诉讼；排他使用许可合同的被许可人可以和商标注册人共同起诉，也可以在商标注册人不起诉的情况下，自行提起诉讼；普通使用许可合同的被许可人经商标注册人明确授权，可以提起诉讼。	**第四条**　商标法第五十三条规定的利害关系人，包括注册商标使用许可合同的被许可人、注册商标财产权利的合法继承人等。 在发生注册商标专用权被侵害时，独占使用许可合同的被许可人可以向人民法院提起诉讼；排他使用许可合同的被许可人可以和商标注册人共同起诉，也可以在商标注册人不起诉的情况下，自行提起诉讼；普通使用许可合同的被许可人经商标注册人明确授权，可以提起诉讼。

<table>
<tr><th>新《商标纠纷司法解释》</th><th>原《商标纠纷司法解释》</th></tr>
<tr><td colspan="2">第五条（原第五条）　商标注册人或者利害关系人在注册商标续展宽展期内提出续展申请，未获核准前，以他人侵犯其注册商标专用权提起诉讼的，人民法院应当受理。</td></tr>
<tr><td>第六条　因侵犯注册商标专用权行为提起的民事诉讼，由商标法第十三条、第五十七条所规定侵权行为的实施地、侵权商品的储藏地或者查封扣押地、被告住所地人民法院管辖。
前款规定的侵权商品的储藏地，是指大量或者经常性储存、隐匿侵权商品所在地；查封扣押地，是指海关等行政机关依法查封、扣押侵权商品所在地。</td><td>第六条　因侵犯注册商标专用权行为提起的民事诉讼，由商标法第十三条、第五十二条所规定侵权行为的实施地、侵权商品的储藏地或者查封扣押地、被告住所地人民法院管辖。
前款规定的侵权商品的储藏地，是指大量或者经常性储存、隐匿侵权商品所在地；查封扣押地，是指海关~~、工商~~等行政机关依法查封、扣押侵权商品所在地。</td></tr>
<tr><td colspan="2">第七条（原第七条）　对涉及不同侵权行为实施地的多个被告提起的共同诉讼，原告可以选择其中一个被告的侵权行为实施地人民法院管辖；仅对其中某一被告提起的诉讼，该被告侵权行为实施地的人民法院有管辖权。</td></tr>
<tr><td colspan="2">第八条（原第八条）　商标法所称相关公众，是指与商标所标识的某类商品或者服务有关的消费者和与前述商品或者服务的营销有密切关系的其他经营者。</td></tr>
<tr><td>第九条　商标法第五十七条第（一）（二）项规定的商标相同，是指被控侵权的商标与原告的注册商标相比较，二者在视觉上基本无差别。
商标法第五十七条第（二）项规定的商标近似，是指被控侵权的商标与原告的注册商标相比较，其文字的字形、读音、含义或者图形的构图及颜色，或者其各要素组合后的整体结构相似，或者其立体形状、颜色组合近似，易使相关公众对商品的来源产生误认或者认为其来源与原告注册商标的商品有特定的联系。</td><td>第九条　商标法第五十二条第（一）项规定的商标相同，是指被控侵权的商标与原告的注册商标相比较，二者在视觉上基本无差别。
商标法第五十二条第（一）项规定的商标近似，是指被控侵权的商标与原告的注册商标相比较，其文字的字形、读音、含义或者图形的构图及颜色，或者其各要素组合后的整体结构相似，或者其立体形状、颜色组合近似，易使相关公众对商品的来源产生误认或者认为其来源与原告注册商标的商品有特定的联系。</td></tr>
<tr><td>第十条　人民法院依据商标法第五十七条第（一）（二）项的规定，认定商标相同或者近似按照以下原则进行：
（一）以相关公众的一般注意力为标准；
（二）既要进行对商标的整体比对，又要进行对商标主要部分的比对，比对应当在比对对象隔离的状态下分别进行；
（三）判断商标是否近似，应当考虑请求保护注册商标的显著性和知名度。</td><td>第十条　人民法院依据商标法第五十二条第（一）项的规定，认定商标相同或者近似按照以下原则进行：
（一）以相关公众的一般注意力为标准；
（二）既要进行对商标的整体比对，又要进行对商标主要部分的比对，比对应当在比对对象隔离的状态下分别进行；
（三）判断商标是否近似，应当考虑请求保护注册商标的显著性和知名度。</td></tr>
</table>

新《商标纠纷司法解释》	原《商标纠纷司法解释》
第十一条 商标法第五十七条第（二）项规定的类似商品，是指在功能、用途、生产部门、销售渠道、消费对象等方面相同，或者相关公众一般认为其存在特定联系、容易造成混淆的商品。 类似服务，是指在服务的目的、内容、方式、对象等方面相同，或者相关公众一般认为存在特定联系、容易造成混淆的服务。 商品与服务类似，是指商品和服务之间存在特定联系，容易使相关公众混淆。	**第十一条** 商标法第五十二条第（一）项规定的类似商品，是指在功能、用途、生产部门、销售渠道、消费对象等方面相同，或者相关公众一般认为其存在特定联系、容易造成混淆的商品。 类似服务，是指在服务的目的、内容、方式、对象等方面相同，或者相关公众一般认为存在特定联系、容易造成混淆的服务。 商品与服务类似，是指商品和服务之间存在特定联系，容易使相关公众混淆。
第十二条 人民法院依据商标法第五十七条第（二）项的规定，认定商品或者服务是否类似，应当以相关公众对商品或者服务的一般认识综合判断；《商标注册用商品和服务国际分类表》《类似商品和服务区分表》可以作为判断类似商品或者服务的参考。	**第十二条** 人民法院依据商标法第五十二条第（一）项的规定，认定商品或者服务是否类似，应当以相关公众对商品或者服务的一般认识综合判断；《商标注册用商品和服务国际分类表》、《类似商品和服务区分表》可以作为判断类似商品或者服务的参考。
第十三条 人民法院依据商标法第六十三条第一款的规定确定侵权人的赔偿责任时，可以根据权利人选择的计算方法计算赔偿数额。	**第十三条** 人民法院依据商标法第五十六条第一款的规定确定侵权人的赔偿责任时，可以根据权利人选择的计算方法计算赔偿数额。
第十四条 商标法第六十三条第一款规定的侵权所获得的利益，可以根据侵权商品销售量与该商品单位利润乘积计算；该商品单位利润无法查明的，按照注册商标商品的单位利润计算。	**第十四条** 商标法第五十六条第一款规定的侵权所获得的利益，可以根据侵权商品销售量与该商品单位利润乘积计算；该商品单位利润无法查明的，按照注册商标商品的单位利润计算。
第十五条 商标法第六十三条第一款规定的因被侵权所受到的损失，可以根据权利人因侵权所造成商品销售减少量或者侵权商品销售量与该注册商标商品的单位利润乘积计算。	**第十五条** 商标法第五十六条第一款规定的因被侵权所受到的损失，可以根据权利人因侵权所造成商品销售减少量或者侵权商品销售量与该注册商标商品的单位利润乘积计算。
第十六条 权利人因被侵权所受到的实际损失、侵权人因侵权所获得的利益、注册商标使用许可费均难以确定的，人民法院可以根据当事人的请求或者依职权适用商标法第六十三条第三款的规定确定赔偿数额。	**第十六条** 侵权人因侵权所获得的利益或者被侵权人因被侵权所受到的损失均难以确定的，人民法院可以根据当事人的请求或者依职权适用商标法第五十六条第二款的规定确定赔偿数额。

<table>
<tr><th>新《商标纠纷司法解释》</th><th>原《商标纠纷司法解释》</th></tr>
<tr><td>人民法院在适用商标法第六十三条第三款规定确定赔偿数额时，应当考虑侵权行为的性质、期间、后果，侵权人的主观过错程度，商标的声誉及制止侵权行为的合理开支等因素综合确定。
当事人按照本条第一款的规定就赔偿数额达成协议的，应当准许。</td><td>人民法院在确定赔偿数额时，应当考虑侵权行为的性质、期间、后果，商标的声誉~~，商标使用许可费的数额，商标使用许可的种类、时间、范围~~及制止侵权行为的合理开支等因素综合确定。
当事人按照本条第一款的规定就赔偿数额达成协议的，应当准许。</td></tr>
<tr><td>**第十七条**　商标法第六十三条第一款规定的制止侵权行为所支付的合理开支，包括权利人或者委托代理人对侵权行为进行调查、取证的合理费用。
人民法院根据当事人的诉讼请求和案件具体情况，可以将符合国家有关部门规定的律师费用计算在赔偿范围内。</td><td>**第十七条**　商标法第五十六条第一款规定的制止侵权行为所支付的合理开支，包括权利人或者委托代理人对侵权行为进行调查、取证的合理费用。
人民法院根据当事人的诉讼请求和案件具体情况，可以将符合国家有关部门规定的律师费用计算在赔偿范围内。</td></tr>
<tr><td>**第十八条**　侵犯注册商标专用权的诉讼时效为三年，自商标注册人或者利害权利人知道或者应当知道权利受到损害以及义务人之日起计算。商标注册人或者利害关系人超过三年起诉的，如果侵权行为在起诉时仍在持续，在该注册商标专用权有效期限内，人民法院应当判决被告停止侵权行为，侵权损害赔偿数额应当自权利人向人民法院起诉之日起向前推算三年计算。</td><td>**第十八条**　侵犯注册商标专用权的诉讼时效为二年，自商标注册人或者利害权利人知道或者应当知道侵权行为之日起计算。商标注册人或者利害关系人超过二年起诉的，如果侵权行为在起诉时仍在持续，在该注册商标专用权有效期限内，人民法院应当判决被告停止侵权行为，侵权损害赔偿数额应当自权利人向人民法院起诉之日起向前推算二年计算。</td></tr>
<tr><td>**第十九条**　商标使用许可合同未经备案的，不影响该许可合同的效力，但当事人另有约定的除外。</td><td>**第十九条**　商标使用许可合同未经备案的，不影响该许可合同的效力，但当事人另有约定的除外。
~~商标使用许可合同未在商标局备案的，不得对抗善意第三人。~~</td></tr>
<tr><td colspan="2">**第二十条（原第二十条）**　注册商标的转让不影响转让前已经生效的商标使用许可合同的效力，但商标使用许可合同另有约定的除外。</td></tr>
<tr><td>**第二十一条**　人民法院在审理侵犯注册商标专用权纠纷案件中，依据民法典第一百七十九条、商标法第六十条的规定和案件具体情况，可以判决侵权人承担停止侵害、排除妨碍、消除危险、赔偿损失、消除影响等民事责任，还可以作出罚款，收</td><td>**第二十一条**　人民法院在审理侵犯注册商标专用权纠纷案件中，依据民法通则第一百三十四条、商标法第五十三条的规定和案件具体情况，可以判决侵权人承担停止侵害、排除妨碍、消除危险、赔偿损失、消除影响等民事责任，还可以作出罚款，</td></tr>
</table>

<table>
<tr><th>新《商标纠纷司法解释》</th><th>原《商标纠纷司法解释》</th></tr>
<tr><td>缴侵权商品、伪造的商标标识和主要用于生产侵权商品的材料、工具、设备等财物的民事制裁决定。罚款数额可以参照商标法第六十条第二款的有关规定确定。
行政管理部门对同一侵犯注册商标专用权行为已经给予行政处罚的，人民法院不再予以民事制裁。</td><td>收缴侵权商品、伪造的商标标识和专门用于生产侵权商品的材料、工具、设备等财物的民事制裁决定。罚款数额可以参照《中华人民共和国商标法实施条例》的有关规定确定。
工商行政管理部门对同一侵犯注册商标专用权行为已经给予行政处罚的，人民法院不再予以民事制裁。</td></tr>
<tr><td colspan="2">第二十二条（原第二十二条）　人民法院在审理商标纠纷案件中，根据当事人的请求和案件的具体情况，可以对涉及的注册商标是否驰名依法作出认定。
认定驰名商标，应当依照商标法第十四条的规定进行。
当事人对曾经被行政主管机关或者人民法院认定的驰名商标请求保护的，对方当事人对涉及的商标驰名不持异议，人民法院不再审查。提出异议的，人民法院依照商标法第十四条的规定审查。</td></tr>
<tr><td colspan="2">第二十三条（原第二十三条）　本解释有关商品商标的规定，适用于服务商标。</td></tr>
<tr><td colspan="2">第二十四条（原第二十四条）　以前的有关规定与本解释不一致的，以本解释为准。</td></tr>
</table>

《最高人民法院关于审理著作权民事纠纷案件适用法律若干问题的解释》（法释〔2020〕19号修改）

<table>
<tr><th>新《著作权纠纷司法解释》</th><th>原《著作权纠纷司法解释》</th></tr>
<tr><td>为了正确审理著作权民事纠纷案件，根据《中华人民共和国民法典》《中华人民共和国著作权法》《中华人民共和国民事诉讼法》等法律的规定，就适用法律若干问题解释如下：</td><td>为了正确审理著作权民事纠纷案件，根据《中华人民共和国民法通则》、《中华人民共和国合同法》、《中华人民共和国著作权法》、《中华人民共和国民事诉讼法》等法律的规定，就适用法律若干问题解释如下：</td></tr>
<tr><td colspan="2">第一条（原第一条）　人民法院受理以下著作权民事纠纷案件：
（一）著作权及与著作权有关权益权属、侵权、合同纠纷案件；
（二）申请诉前停止侵害著作权、与著作权有关权益行为，申请诉前财产保全、诉前证据保全案件；
（三）其他著作权、与著作权有关权益纠纷案件。</td></tr>
<tr><td>第二条　著作权民事纠纷案件，由中级以上人民法院管辖。
各高级人民法院根据本辖区的实际情况，可以报请最高人民法院批准，由若干基层人民法院管辖第一审著作权民事纠纷案件。</td><td>第二条　著作权民事纠纷案件，由中级以上人民法院管辖。
各高级人民法院根据本辖区的实际情况，可以确定若干基层人民法院管辖第一审著作权民事纠纷案件。</td></tr>
</table>

新《著作权纠纷司法解释》	原《著作权纠纷司法解释》
第三条 对著作权行政管理部门查处的侵害著作权行为，当事人向人民法院提起诉讼追究该行为人民事责任的，人民法院应当受理。 人民法院审理已经过著作权行政管理部门处理的侵害著作权行为的民事纠纷案件，应当对案件事实进行全面审查。	**第三条** 对著作权行政管理部门查处的侵犯著作权行为，当事人向人民法院提起诉讼追究该行为人民事责任的，人民法院应当受理。 人民法院审理已经过著作权行政管理部门处理的侵犯著作权行为的民事纠纷案件，应当对案件事实进行全面审查。
第四条 因侵害著作权行为提起的民事诉讼，由著作权法第四十七条、第四十八条所规定侵权行为的实施地、侵权复制品储藏地或者查封扣押地、被告住所地人民法院管辖。 前款规定的侵权复制品储藏地，是指大量或者经常性储存、隐匿侵权复制品所在地；查封扣押地，是指海关、版权等行政机关依法查封、扣押侵权复制品所在地。	**第四条** 因侵犯著作权行为提起的民事诉讼，由著作权法第四十六条、第四十七条所规定侵权行为的实施地、侵权复制品储藏地或者查封扣押地、被告住所地人民法院管辖。 前款规定的侵权复制品储藏地，是指大量或者经营性储存、隐匿侵权复制品所在地；查封扣押地，是指海关、版权~~、工商~~等行政机关依法查封、扣押侵权复制品所在地。
第五条 对涉及不同侵权行为实施地的多个被告提起的共同诉讼，原告可以选择向其中一个被告的侵权行为实施地人民法院提起诉讼；仅对其中某一被告提起的诉讼，该被告侵权行为实施地的人民法院有管辖权。	**第五条** 对涉及不同侵权行为实施地的多个被告提起的共同诉讼，原告可以选择其中一个被告的侵权行为实施地人民法院管辖；仅对其中某一被告提起的诉讼，该被告侵权行为实施地的人民法院有管辖权。
第六条（原第六条） 依法成立的著作权集体管理组织，根据著作权人的书面授权，以自己的名义提起诉讼，人民法院应当受理。	
第七条 当事人提供的涉及著作权的底稿、原件、合法出版物、著作权登记证书、认证机构出具的证明、取得权利的合同等，可以作为证据。 在作品或者制品上署名的自然人、法人或者非法人组织视为著作权、与著作权有关权益的权利人，但有相反证明的除外。	**第七条** 当事人提供的涉及著作权的底稿、原件、合法出版物、著作权登记证书、认证机构出具的证明、取得权利的合同等，可以作为证据。 在作品或者制品上署名的自然人、法人或者其他组织视为著作权、与著作权有关权益的权利人，但有相反证明的除外。
第八条（原第八条） 当事人自行或者委托他人以定购、现场交易等方式购买侵权复制品而取得的实物、发票等，可以作为证据。 公证人员在未向涉嫌侵权的一方当事人表明身份的情况下，如实对另一方当事人按照前款规定的方式取得的证据和取证过程出具的公证书，应当作为证据使用，但有相反证据的除外。	

<table>
<tr><th>新《著作权纠纷司法解释》</th><th>原《著作权纠纷司法解释》</th></tr>
<tr><td colspan="2">第九条（原第九条）　著作权法第十条第（一）项规定的“公之于众”，是指著作权人自行或者经著作权人许可将作品向不特定的人公开，但不以公众知晓为构成条件。</td></tr>
<tr><td>第十条　著作权法第十五条第二款所指的作品，著作权人是自然人的，其保护期适用著作权法第二十一条第一款的规定；著作权人是法人或非法人组织的，其保护期适用著作权法第二十一条第二款的规定。</td><td>第十条　著作权法第十五条第二款所指的作品，著作权人是自然人的，其保护期适用著作权法第二十一条第一款的规定；著作权人是法人或其他组织的，其保护期适用著作权法第二十一条第二款的规定。</td></tr>
<tr><td>第十一条　因作品署名顺序发生的纠纷，人民法院按照下列原则处理：有约定的按约定确定署名顺序；没有约定的，可以按照创作作品付出的劳动、作品排列、作者姓氏笔画等确定署名顺序。</td><td>第十一条　因作品署名顺序发生的纠纷，人民法院按照下列原则处理：有约定的按约定确定署名顺序；没有约定的，可以按照创作作品付出的劳动、作品排列、作者姓氏笔划等确定署名顺序。</td></tr>
<tr><td colspan="2">第十二条（原第十二条）　按照著作权法第十七条规定委托作品著作权属于受托人的情形，委托人在约定的使用范围内享有使用作品的权利；双方没有约定使用作品范围的，委托人可以在委托创作的特定目的范围内免费使用该作品。</td></tr>
<tr><td colspan="2">第十三条（原第十三条）　除著作权法第十一条第三款规定的情形外，由他人执笔，本人审阅定稿并以本人名义发表的报告、讲话等作品，著作权归报告人或者讲话人享有。著作权人可以支付执笔人适当的报酬。</td></tr>
<tr><td colspan="2">第十四条（原第十四条）　当事人合意以特定人物经历为题材完成的自传体作品，当事人对著作权权属有约定的，依其约定；没有约定的，著作权归该特定人物享有，执笔人或整理人对作品完成付出劳动的，著作权人可以向其支付适当的报酬。</td></tr>
<tr><td colspan="2">第十五条（原第十五条）　由不同作者就同一题材创作的作品，作品的表达系独立完成并且有创作性的，应当认定作者各自享有独立著作权。</td></tr>
<tr><td colspan="2">第十六条（原第十六条）　通过大众传播媒介传播的单纯事实消息属于著作权法第五条第（二）项规定的时事新闻。传播报道他人采编的时事新闻，应当注明出处。</td></tr>
<tr><td>第十七条　著作权法第三十三条第二款规定的转载，是指报纸、期刊登载其他报刊已发表作品的行为。转载未注明被转载作品的作者和最初登载的报刊出处的，应当承担消除影响、赔礼道歉等民事责任。</td><td>第十七条　著作权法第三十二条第二款规定的转载，是指报纸、期刊登载其他报刊已发表作品的行为。转载未注明被转载作品的作者和最初登载的报刊出处的，应当承担消除影响、赔礼道歉等民事责任。</td></tr>
<tr><td colspan="2">第十八条（原第十八条）　著作权法第二十二条第（十）项规定的室外公共场所的艺术作品，是指设置或者陈列在室外社会公众活动处所的雕塑、绘画、书法等艺术作品。
对前款规定艺术作品的临摹、绘画、摄影、录像人，可以对其成果以合理的方式和范围再行使用，不构成侵权。</td></tr>
</table>

新《著作权纠纷司法解释》	原《著作权纠纷司法解释》
第十九条 出版者、制作者应当对其出版、制作有合法授权承担举证责任，发行者、出租者应当对其发行或者出租的复制品有合法来源承担举证责任。举证不能的，依据著作权法第四十七条、第四十八条的相应规定承担法律责任。	**第十九条** 出版者、制作者应当对其出版、制作有合法授权承担举证责任，发行者、出租者应当对其发行或者出租的复制品有合法来源承担举证责任。举证不能的，依据著作权法第四十六条、第四十七条的相应规定承担法律责任。
第二十条 出版物侵害他人著作权的，出版者应当根据其过错、侵权程度及损害后果等承担赔偿损失的责任。 出版者对其出版行为的授权、稿件来源和署名、所编辑出版物的内容等未尽到合理注意义务的，依据著作权法第四十九条的规定，承担赔偿损失的责任。 出版者应对其已尽合理注意义务承担举证责任。	**第二十条** 出版物侵犯他人著作权的，出版者应当根据其过错、侵权程度及损害后果等承担民事赔偿责任。 出版者对其出版行为的授权、稿件来源和署名、所编辑出版物的内容等未尽到合理注意义务的，依据著作权法第四十八条的规定，承担赔偿责任。 ~~出版者尽了合理注意义务，著作权人也无证据证明出版者应当知道其出版涉及侵权的，依据民法通则第一百一十七条第一款的规定，出版者承担停止侵权、返还其侵权所得利润的民事责任。~~ 出版者所尽合理注意义务情况，由出版者承担举证责任。
第二十一条 计算机软件用户未经许可或者超过许可范围商业使用计算机软件的，依据著作权法第四十八条第（一）项、《计算机软件保护条例》第二十四条第（一）项的规定承担民事责任。	**第二十一条** 计算机软件用户未经许可或者超过许可范围商业使用计算机软件的，依据著作权法第四十七条第（一）项、《计算机软件保护条例》第二十四条第（一）项的规定承担民事责任。
第二十二条 著作权转让合同未采取书面形式的，人民法院依据民法典第四百九十条的规定审查合同是否成立。	**第二十二条** 著作权转让合同未采取书面形式的，人民法院依据合同法第三十六条、第三十七条的规定审查合同是否成立。
第二十三条 出版者将著作权人交付出版的作品丢失、毁损致使出版合同不能履行的，著作权人有权依据民法典第一百八十六条、第二百三十八条、第一千一百八十四条等规定要求出版者承担相应的民事责任。	**第二十三条** 出版者将著作权人交付出版的作品丢失、毁损致使出版合同不能履行的，依据著作权法第五十三条、民法通则第一百一十七条以及合同法第一百二十二条的规定追究出版者的民事责任。

<table>
<tr><th>新《著作权纠纷司法解释》</th><th>原《著作权纠纷司法解释》</th></tr>
<tr><td colspan="2">第二十四条（原第二十四条）　权利人的实际损失，可以根据权利人因侵权所造成复制品发行减少量或者侵权复制品销售量与权利人发行该复制品单位利润乘积计算。发行减少量难以确定的，按照侵权复制品市场销售量确定。</td></tr>
<tr><td>第二十五条　权利人的实际损失或者侵权人的违法所得无法确定的，人民法院根据当事人的请求或者依职权适用著作权法第四十九条第二款的规定确定赔偿数额。
人民法院在确定赔偿数额时，应当考虑作品类型、合理使用费、侵权行为性质、后果等情节综合确定。
当事人按照本条第一款的规定就赔偿数额达成协议的，应当准许。</td><td>第二十五条　权利人的实际损失或者侵权人的违法所得无法确定的，人民法院根据当事人的请求或者依职权适用著作权法第四十八条第二款的规定确定赔偿数额。
人民法院在确定赔偿数额时，应当考虑作品类型、合理使用费、侵权行为性质、后果等情节综合确定。
当事人按照本条第一款的规定就赔偿数额达成协议的，应当准许。</td></tr>
<tr><td>第二十六条　著作权法第四十九条第一款规定的制止侵权行为所支付的合理开支，包括权利人或者委托代理人对侵权行为进行调查、取证的合理费用。
人民法院根据当事人的诉讼请求和具体案情，可以将符合国家有关部门规定的律师费用计算在赔偿范围内。</td><td>第二十六条　著作权法第四十八条第一款规定的制止侵权行为所支付的合理开支，包括权利人或者委托代理人对侵权行为进行调查、取证的合理费用。
人民法院根据当事人的诉讼请求和具体案情，可以将符合国家有关部门规定的律师费用计算在赔偿范围内。</td></tr>
<tr><td colspan="2">删除条文
<s>第二十七条　在著作权法修改决定施行前发生的侵犯著作权行为起诉的案件，人民法院于该决定施行后作出判决的，可以参照适用著作权法第四十八条的规定。</s></td></tr>
<tr><td>第二十七条　侵害著作权的诉讼时效为三年，自著作权人知道或者应当知道权利受到损害以及义务人之日起计算。权利人超过三年起诉的，如果侵权行为在起诉时仍在持续，在该著作权保护期内，人民法院应当判决被告停止侵权行为；侵权损害赔偿数额应当自权利人向人民法院起诉之日起向前推算三年计算。</td><td>第二十八条　侵犯著作权的诉讼时效为两年，自著作权人知道或者应当知道侵权行为之日起计算。权利人超过两年起诉的，如果侵权行为在起诉时仍在持续，在该著作权保护期内，人民法院应当判决被告停止侵权行为；侵权损害赔偿数额应当自权利人向人民法院起诉之日起向前推算两年计算。</td></tr>
<tr><td colspan="2">删除条文
<s>第二十九条　对著作权法第四十七条规定的侵权行为，人民法院根据当事人的请求除追究行为人民事责任外，还可以依据民法通则第一百三十四条第三款的规定给予民事制裁，罚款数额可以参照《中华人民共和国著作权法实施条例》的有关规定确定。</s>
<s>著作权行政管理部门对相同的侵权行为已经给予行政处罚的，人民法院不再予以民事制裁。</s></td></tr>
</table>

新《著作权纠纷司法解释》	原《著作权纠纷司法解释》
第二十八条 人民法院采取保全措施的，依据民事诉讼法及《最高人民法院关于审查知识产权纠纷行为保全案件适用法律若干问题的规定》的有关规定办理。	**第三十条** ~~对2001年10月27日前发生的侵犯著作权行为，当事人于2001年10月27日后向人民法院提出申请采取责令停止侵权行为或者证据保全措施的，适用著作权法第四十九条、第五十条的规定。~~ 人民法院采取诉前措施，参照《最高人民法院关于诉前停止侵犯注册商标专用权行为和保全证据适用法律问题的解释》的规定办理。
第二十九条 除本解释另行规定外，人民法院受理的著作权民事纠纷案件，涉及著作权法修改前发生的民事行为的，适用修改前著作权法的规定；涉及著作权法修改以后发生的民事行为的，适用修改后著作权法的规定；涉及著作权法修改前发生，持续到著作权法修改后的民事行为的，适用修改后著作权法的规定。	**第三十一条** 除本解释另行规定外~~，2001年10月27日以~~后人民法院受理的著作权民事纠纷案件，涉及2001年10月27日前发生的民事行为的，适用修改前著作权法的规定；涉及该日期以后发生的民事行为的，适用修改后著作权法的规定；涉及该日期前发生，持续到该日期后的民事行为的，适用修改后著作权法的规定。
第三十条（原第三十二条） 以前的有关规定与本解释不一致的，以本解释为准。	

《最高人民法院关于审理涉及计算机网络域名民事纠纷案件适用法律若干问题的解释》（法释〔2020〕19号修改）

新《计算机网络域名民事纠纷司法解释》	原《计算机网络域名民事纠纷司法解释》
第四条（原第四条） 人民法院审理域名纠纷案件，对符合以下各项条件的，应当认定被告注册、使用域名等行为构成侵权或者不正当竞争： （一）原告请求保护的民事权益合法有效； （二）被告域名或其主要部分构成对原告驰名商标的复制、模仿、翻译或音译；或者与原告的注册商标、域名等相同或近似，足以造成相关公众的误认； （三）被告对该域名或其主要部分不享有权益，也无注册、使用该域名的正当理由； （四）被告对该域名的注册、使用具有恶意。	
第五条（原第五条） 被告的行为被证明具有下列情形之一的，人民法院应当认定其具有恶意： （一）为商业目的将他人驰名商标注册为域名的； （二）为商业目的注册、使用与原告的注册商标、域名等相同或近似的域名，故意造成与原告提供的产品、服务或者原告网站的混淆，误导网络用户访问其网站或其他在线站点的； （三）曾要约高价出售、出租或者以其他方式转让该域名获取不正当利益的； （四）注册域名后自己并不使用也未准备使用，而有意阻止权利人注册该域名的； （五）具有其他恶意情形的。	

<table>
<tr><th>新《计算机网络域名民事纠纷司法解释》</th><th>原《计算机网络域名民事纠纷司法解释》</th></tr>
<tr><td colspan="2">被告举证证明在纠纷发生前其所持有的域名已经获得一定的知名度，且能与原告的注册商标、域名等相区别，或者具有其他情形足以证明其不具有恶意的，人民法院可以不认定被告具有恶意。</td></tr>
<tr><td colspan="2">第六条（原第六条）　人民法院审理域名纠纷案件，根据当事人的请求以及案件的具体情况，可以对涉及的注册商标是否驰名依法作出认定。</td></tr>
</table>

《最高人民法院关于审理侵犯专利权纠纷案件应用法律若干问题的解释（一）》

为正确审理侵犯专利权纠纷案件，根据《中华人民共和国专利法》、《中华人民共和国民事诉讼法》等有关法律规定，结合审判实际，制定本解释。

第一条　人民法院应当根据权利人主张的权利要求，依据专利法第五十九条第一款的规定确定专利权的保护范围。权利人在一审法庭辩论终结前变更其主张的权利要求的，人民法院应当准许。

权利人主张以从属权利要求确定专利权保护范围的，人民法院应当以该从属权利要求记载的附加技术特征及其引用的权利要求记载的技术特征，确定专利权的保护范围。

第二条　人民法院应当根据权利要求的记载，结合本领域普通技术人员阅读说明书及附图后对权利要求的理解，确定专利法第五十九条第一款规定的权利要求的内容。

第三条　人民法院对于权利要求，可以运用说明书及附图、权利要求书中的相关权利要求、专利审查档案进行解释。说明书对权利要求用语有特别界定的，从其特别界定。

以上述方法仍不能明确权利要求含义的，可以结合工具书、教科书等公知文献以及本领域普通技术人员的通常理解进行解释。

第四条　对于权利要求中以功能或者效果表述的技术特征，人民法院应当结合说明书和附图描述的该功能或者效果的具体实施方式及其等同的实施方式，确定该技术特征的内容。

第五条　对于仅在说明书或者附图中描述而在权利要求中未记载的技术方案，权利人在侵犯专利权纠纷案件中将其纳入专利权保护范围的，人民法院不予支持。

第六条　专利申请人、专利权人在专利授权或者无效宣告程序中，通过对权利要求、说明书的修改或者意见陈述而放弃的技术方案，权利人在侵犯专利权纠纷案件中又将其纳入专利权保护范围的，人民法院不予支持。

第七条　人民法院判定被诉侵权技术方案是否落入专利权的保护范围，应当审查权利人主张的权利要求所记载的全部技术特征。

被诉侵权技术方案包含与权利要求记载的全部技术特征相同或者等同的技术特征的，人民法院应当认定其落入专利权的保护范围；被诉侵权技术方案的技术特征与权利要求记载的全部技术特征相比，缺少权利要求记载的一个以上的技术特征，或者有一个以上技术特征不相同也不等同的，人民法院应当认定其没有落入专利权的保护范围。

第八条　在与外观设计专利产品相同或者相近种类产品上，采用与授权外观设计相同或者近似的外观设计的，人民法院应当认定被诉侵权设计落入专利法第五十九条第二款规定的外观设计专利权的保护范围。

第九条 人民法院应当根据外观设计产品的用途，认定产品种类是否相同或者相近。确定产品的用途，可以参考外观设计的简要说明、国际外观设计分类表、产品的功能以及产品销售、实际使用的情况等因素。

第十条 人民法院应当以外观设计专利产品的一般消费者的知识水平和认知能力，判断外观设计是否相同或者近似。

第十一条 人民法院认定外观设计是否相同或者近似时，应当根据授权外观设计、被诉侵权设计的设计特征，以外观设计的整体视觉效果进行综合判断；对于主要由技术功能决定的设计特征以及对整体视觉效果不产生影响的产品的材料、内部结构等特征，应当不予考虑。

下列情形，通常对外观设计的整体视觉效果更具有影响：

（一）产品正常使用时容易被直接观察到的部位相对于其他部位；

（二）授权外观设计区别于现有设计的设计特征相对于授权外观设计的其他设计特征。

被诉侵权设计与授权外观设计在整体视觉效果上无差异的，人民法院应当认定两者相同；在整体视觉效果上无实质性差异的，应当认定两者近似。

第十二条 将侵犯发明或者实用新型专利权的产品作为零部件，制造另一产品的，人民法院应当认定属于专利法第十一条规定的使用行为；销售该另一产品的，人民法院应当认定属于专利法第十一条规定的销售行为。

将侵犯外观设计专利权的产品作为零部件，制造另一产品并销售的，人民法院应当认定属于专利法第十一条规定的销售行为，但侵犯外观设计专利权的产品在该另一产品中仅具有技术功能的除外。

对于前两款规定的情形，被诉侵权人之间存在分工合作的，人民法院应当认定为共同侵权。

第十三条 对于使用专利方法获得的原始产品，人民法院应当认定为专利法第十一条规定的依照专利方法直接获得的产品。

对于将上述原始产品进一步加工、处理而获得后续产品的行为，人民法院应当认定属于专利法第十一条规定的使用依照该专利方法直接获得的产品。

第十四条 被诉落入专利权保护范围的全部技术特征，与一项现有技术方案中的相应技术特征相同或者无实质性差异的，人民法院应当认定被诉侵权人实施的技术属于专利法第六十二条规定的现有技术。

被诉侵权设计与一个现有设计相同或者无实质性差异的，人民法院应当认定被诉侵权人实施的设计属于专利法第六十二条规定的现有设计。

第十五条 被诉侵权人以非法获得的技术或者设计主张先用权抗辩的，人民法院不予支持。

有下列情形之一的，人民法院应当认定属于专利法第六十九条第（二）项规定的已经作好制造、使用的必要准备：

（一）已经完成实施发明创造所必需的主要技术图纸或者工艺文件；

（二）已经制造或者购买实施发明创造所必需的主要设备或者原材料。

专利法第六十九条第（二）项规定的原有范围，包括专利申请日前已有的生产规模以及利用已有的生产设备或者根据已有的生产准备可以达到的生产规模。

先用权人在专利申请日后将其已经实施或作好实施必要准备的技术或设计转让或者许可他人实施，被诉侵权人主张该实施行为属于在原有范围内继续实施的，人民法院不予支持，但该技术或设计与原有企业一并转让或者承继的除外。

第十六条　人民法院依据专利法第六十五条第一款的规定确定侵权人因侵权所获得的利益，应当限于侵权人因侵犯专利权行为所获得的利益；因其他权利所产生的利益，应当合理扣除。

侵犯发明、实用新型专利权的产品系另一产品的零部件的，人民法院应当根据该零部件本身的价值及其在实现成品利润中的作用等因素合理确定赔偿数额。

侵犯外观设计专利权的产品为包装物的，人民法院应当按照包装物本身的价值及其在实现被包装产品利润中的作用等因素合理确定赔偿数额。

第十七条　产品或者制造产品的技术方案在专利申请日以前为国内外公众所知的，人民法院应当认定该产品不属于专利法第六十一条第一款规定的新产品。

第十八条　权利人向他人发出侵犯专利权的警告，被警告人或者利害关系人经书面催告权利人行使诉权，自权利人收到该书面催告之日起一个月内或者自书面催告发出之日起二个月内，权利人不撤回警告也不提起诉讼，被警告人或者利害关系人向人民法院提起请求确认其行为不侵犯专利权的诉讼的，人民法院应当受理。

第十九条　被诉侵犯专利权行为发生在2009年10月1日以前的，人民法院适用修改前的专利法；发生在2009年10月1日以后的，人民法院适用修改后的专利法。

被诉侵犯专利权行为发生在2009年10月1日以前且持续到2009年10月1日以后，依据修改前和修改后的专利法的规定侵权人均应承担赔偿责任的，人民法院适用修改后的专利法确定赔偿数额。

第二十条　本院以前发布的有关司法解释与本解释不一致的，以本解释为准。

《最高人民法院关于全面加强知识产权司法保护的意见》

2. 加强科技创新成果保护。制定专利授权确权行政案件司法解释，规范专利审查行为，促进专利授权质量提升；加强专利、植物新品种、集成电路布图设计、计算机软件等知识产权案件审判工作，实现知识产权保护范围、强度与其技术贡献程度相适应，推动科技进步和创新，充分发挥科技在引领经济社会发展过程中的支撑和驱动作用。加强药品专利司法保护研究，激发药品研发创新动力，促进医药产业健康发展。

3. 加强商业标志权益保护。综合考虑商标标志的近似程度、商品的类似程度、请求保护商标的显著性和知名度等因素，依法裁判侵害商标权案件和商标授权确权案件，增强商标标志的识别度和区分度。充分运用法律规则，在法律赋予的裁量空间内作出有效规制恶意申请注册商标行为的解释，促进商标申请注册秩序正常化和规范化。加强驰名商标保护，结合众所周知的驰名事实，依法减轻商标权人对于商标驰名的举证负担。加强地理标志保护，依法妥善处理地理标志与普通商标的权利冲突。

4. 加强著作权和相关权利保护。根据不同作品的特点，妥善把握作品独创性判断标准。妥善处理信息网络技术发展与著作权、相关权利保护的关系，统筹兼顾创作者、传播者、商业经营者和社会公众的利益，协调好激励创作、促进产业发展、保障基本文化权益之间的关系，促进文化创新和业态发展。依法妥善审理体育赛事、电子竞技传播纠纷等新类型案件，促进新兴业态规范发展。加强著作权诉讼维权模式问题研究，依法平衡各方利益，防止不正当牟利行为。

5. 加强商业秘密保护。正确把握侵害商业秘密民事纠纷和刑事犯罪的界限。合理适用民事诉讼举证责任规则，依法减轻权利人的维权负担。完善侵犯商业秘密犯罪行为认定标准，规范重大损失计算范围和方法，为减轻商业损害或者重新保障安全所产生的合理补救成本，可以作为认定刑事案件中"造成重大损失"或者"造成特别严重后果"的依据。加强保密商务信息等商业秘密保护，保障企业公平竞争、人才合理流动，促进科技创新。

6. 完善电商平台侵权认定规则。加强打击和整治网络侵犯知识产权行为，有效回应权利人在电子商务平台上的维权诉求。完善"通知－删除"等在内的电商平台治理规则，畅通权利人网络维权渠道。妥善审理网络侵犯知识产权纠纷和恶意投诉不正当竞争纠纷，既要依法免除错误下架通知善意提交者的责任，督促和引导电子商务平台积极履行法定义务，促进电子商务的健康发展，又要追究滥用权利、恶意投诉等行为人的法律责任，合理平衡各方利益。

7. 积极促进智力成果流转应用。依法妥善审理知识产权智力成果流转、转化、应用过程中的纠纷，秉持尊重当事人意思自治、降低交易成本的精神，合理界定智力成果从创造到应用各环节的法律关系、利益分配和责任承担，依法准确界定职务发明与非职务发明，有效保护职务发明人的产权权利，保障研发人员获得奖金和专利实施报酬的合法权益。

8. 依法惩治知识产权犯罪行为。严厉打击侵害知识产权的犯罪行为，进一步推进以审判为中心的刑事诉讼制度改革，切实落实庭审实质化要求，完善鉴定程序，规范鉴定人出庭作证制度和认罪认罚从宽制度。准确把握知识产权刑事法律关系与民事法律关系的界限，强化罚金刑的适用，对以盗窃、威胁、利诱等非法手段获取商业秘密以及其他社会危害性大的犯罪行为，依法从严从重处罚，有效发挥刑罚惩治和震慑知识产权犯罪的功能。

9. 平等保护中外主体合法权利。依法妥善审理因国际贸易、外商投资等引发的涉外知识产权纠纷，坚持依法平等保护，依法简化公证认证程序，进一步健全公正高效权威的纠纷解决机制，增强知识产权司法的国际影响力和公信力。

《最高人民法院关于涉网络知识产权侵权纠纷几个法律适用问题的批复》

一、知识产权权利人主张其权利受到侵害并提出保全申请，要求网络服务提供者、电子商务平台经营者迅速采取删除、屏蔽、断开链接等下架措施的，人民法院应当依法审查并作出裁定。

二、网络服务提供者、电子商务平台经营者收到知识产权权利人依法发出的通知后，应当及时将权利人的通知转送相关网络用户、平台内经营者，并根据构成侵权的初步证据和服务类型采取必要措施；未依法采取必要措施，权利人主张网络服务提供者、电子商务平台经营者对损害的扩大部分与网络用户、平台内经营者承担连带责任的，人民法院可以依法予以支持。

三、在依法转送的不存在侵权行为的声明到达知识产权权利人后的合理期限内，网络服务提供者、电子商务平台经营者未收到权利人已经投诉或者提起诉讼通知的，应当及时终止所采取的删除、屏蔽、断开链接等下架措施。因办理公证、认证手续等权利人无法控制的特殊情况导致的延迟，不计入上述期限，但该期限最长不超过20个工作日。

四、因恶意提交声明导致电子商务平台经营者终止必要措施并造成知识产权权利人损害，权利人依照有关法律规定请求相应惩罚性赔偿的，人民法院可以依法予以支持。

五、知识产权权利人发出的通知内容与客观事实不符，但其在诉讼中主张该通知系善意提交并请求免责，且能够举证证明的，人民法院依法审查属实后应当予以支持。

《最高人民法院关于审理侵犯商业秘密民事案件适用法律若干问题的规定》

第一条 与技术有关的结构、原料、组分、配方、材料、样品、样式、植物新品种繁殖材料、工艺、方法或其步骤、算法、数据、计算机程序及其有关文档等信息，人民法院可以认定构成反不正当竞争法第九条第四款所称的技术信息。

与经营活动有关的创意、管理、销售、财务、计划、样本、招投标材料、客户信息、数据等信息，人民法院可以认定构成反不正当竞争法第九条第四款所称的经营信息。

前款所称的客户信息，包括客户的名称、地址、联系方式以及交易习惯、意向、内容等信息。

第二条 当事人仅以与特定客户保持长期稳定交易关系为由，主张该特定客户属于商业秘密的，人民法院不予支持。

客户基于对员工个人的信赖而与该员工所在单位进行交易，该员工离职后，能够证明客户自愿选择与该员工或者该员工所在的新单位进行交易的，人民法院应当认定该员工没有采用不正当手段获取权利人的商业秘密。

第三条 权利人请求保护的信息在被诉侵权行为发生时不为所属领域的相关人员普遍知悉和容易获得的，人民法院应当认定为反不正当竞争法第九条第四款所称的不为公众所知悉。

第四条 具有下列情形之一的，人民法院可以认定有关信息为公众所知悉：

（一）该信息在所属领域属于一般常识或者行业惯例的；

（二）该信息仅涉及产品的尺寸、结构、材料、部件的简单组合等内容，所属领域的相关人员通过观察上市产品即可直接获得的；

（三）该信息已经在公开出版物或者其他媒体上公开披露的；

（四）该信息已通过公开的报告会、展览等方式公开的；

（五）所属领域的相关人员从其他公开渠道可以获得该信息的。

将为公众所知悉的信息进行整理、改进、加工后形成的新信息，符合本规定第三条规定的，应当认定该新信息不为公众所知悉。

第五条 权利人为防止商业秘密泄露，在被诉侵权行为发生以前所采取的合理保密措施，人民法院应当认定为反不正当竞争法第九条第四款所称的相应保密措施。

人民法院应当根据商业秘密及其载体的性质、商业秘密的商业价值、保密措施的可识别程度、保密措施与商业秘密的对应程度以及权利人的保密意愿等因素，认定权利人是否采取了相应保密措施。

第六条 具有下列情形之一，在正常情况下足以防止商业秘密泄露的，人民法院应当认定权利人采取了相应保密措施：

（一）签订保密协议或者在合同中约定保密义务的；

（二）通过章程、培训、规章制度、书面告知等方式，对能够接触、获取商业秘密的员工、前员工、供应商、客户、来访者等提出保密要求的；

（三）对涉密的厂房、车间等生产经营场所限制来访者或者进行区分管理的；

（四）以标记、分类、隔离、加密、封存、限制能够接触或者获取的人员范围等方式，对商业秘密及其载体进行区分和管理的；

（五）对能够接触、获取商业秘密的计算机设备、电子设备、网络设备、存储设备、软件等，采取禁止或者限制使用、访问、存储、复制等措施的；

（六）要求离职员工登记、返还、清除、销毁其接触或者获取的商业秘密及其载体，继续承担保密义务的；

（七）采取其他合理保密措施的。

第七条 权利人请求保护的信息因不为公众所知悉而具有现实的或者潜在的商业价值的，人民法院经审查可以认定为反不正当竞争法第九条第四款所称的具有商业价值。

生产经营活动中形成的阶段性成果符合前款规定的，人民法院经审查可以认定该成果具有商业价值。

第八条 被诉侵权人以违反法律规定或者公认的商业道德的方式获取权利人的商业秘密的，人民法院应当认定属于反不正当竞争法第九条第一款所称的以其他不正当手段获取权利人的商业秘密。

第九条 被诉侵权人在生产经营活动中直接使用商业秘密，或者对商业秘密进行修改、改进后使用，或者根据商业秘密调整、优化、改进有关生产经营活动的，人民法院应当认定属于反不正当竞争法第九条所称的使用商业秘密。

第十条 当事人根据法律规定或者合同约定所承担的保密义务，人民法院应当认定属于反不正当竞争法第九条第一款所称的保密义务。

当事人未在合同中约定保密义务，但根据诚信原则以及合同的性质、目的、缔约过程、交易习惯等，被诉侵权人知道或者应当知道其获取的信息属于权利人的商业秘密的，人民法院应当认定被诉侵权人对其获取的商业秘密承担保密义务。

第十一条 法人、非法人组织的经营、管理人员以及具有劳动关系的其他人员，人民法院可以认定为反不正当竞争法第九条第三款所称的员工、前员工。

第十二条　人民法院认定员工、前员工是否有渠道或者机会获取权利人的商业秘密，可以考虑与其有关的下列因素：

（一）职务、职责、权限；

（二）承担的本职工作或者单位分配的任务；

（三）参与和商业秘密有关的生产经营活动的具体情形；

（四）是否保管、使用、存储、复制、控制或者以其他方式接触、获取商业秘密及其载体；

（五）需要考虑的其他因素。

第十三条　被诉侵权信息与商业秘密不存在实质性区别的，人民法院可以认定被诉侵权信息与商业秘密构成反不正当竞争法第三十二条第二款所称的实质上相同。

人民法院认定是否构成前款所称的实质上相同，可以考虑下列因素：

（一）被诉侵权信息与商业秘密的异同程度；

（二）所属领域的相关人员在被诉侵权行为发生时是否容易想到被诉侵权信息与商业秘密的区别；

（三）被诉侵权信息与商业秘密的用途、使用方式、目的、效果等是否具有实质性差异；

（四）公有领域中与商业秘密相关信息的情况；

（五）需要考虑的其他因素。

第十四条　通过自行开发研制或者反向工程获得被诉侵权信息的，人民法院应当认定不属于反不正当竞争法第九条规定的侵犯商业秘密行为。

前款所称的反向工程，是指通过技术手段对从公开渠道取得的产品进行拆卸、测绘、分析等而获得该产品的有关技术信息。

被诉侵权人以不正当手段获取权利人的商业秘密后，又以反向工程为由主张未侵犯商业秘密的，人民法院不予支持。

第二十六条　对于侵犯商业秘密行为，商业秘密独占使用许可合同的被许可人提起诉讼的，人民法院应当依法受理。

排他使用许可合同的被许可人和权利人共同提起诉讼，或者在权利人不起诉的情况下自行提起诉讼的，人民法院应当依法受理。

普通使用许可合同的被许可人和权利人共同提起诉讼，或者经权利人书面授权单独提起诉讼的，人民法院应当依法受理。

《最高人民法院关于胡由之、郑乃章诉刘桢、卢碧亮著作权纠纷案的复函》

江西省高级人民法院：

你院赣法（民）发〔1991〕1号“关于胡由之、郑乃章诉刘桢、卢碧亮著作权纠纷案的请示”收悉。根据你院报告及案卷材料，我们研究认为：由刘桢、胡由之、郑乃章三人署名，并请卢碧亮翻译成英文，向国际古陶瓷学术讨论会投稿的《镇窑结构及其特征的剖析》一文，是在原刘、胡、郑三人合作作品的基础上缩写而成的。此后，刘桢将该文中“技术秘密”的内容去掉，文字上稍加修改润色，以《景德镇窑及其构造特征》（以下简称“特征”）

为题，请卢碧亮译成英文后发表在国外某杂志上，署名刘桢、卢碧亮。由于该文未署胡由之、郑乃章之名，侵犯了胡、郑二人的著作权，刘桢应承担民事责任。该文本应署名译者的卢碧亮却署名为作者，但由于该文署名方式主要系刘桢所为，卢碧亮对侵权无过错，可不承担民事责任。鉴于在诉讼中，刘桢已将“特征”的中文稿在国内有关杂志上以刘桢、胡由之、郑乃章三人的名义发表，并已向胡、郑二人赔礼道歉等情节，请审理时予以考虑。

以上意见，供参考。

权威案例指引

▶公报案例

《江苏省高科种业科技有限公司诉南通市粮棉原种场植物新品种追偿权纠纷案》，《最高人民法院公报》2020 年第 7 期

裁判摘要：植物新品种实行“早期公开、延迟审查”制度。品种权被授予后，品种权人依据《植物新品种保护条例》第三十三条规定，主张在植物新品种申请公布日至授权公告日期间未经申请人许可，为商业目的生产、销售授权品种繁殖材料的单位或个人支付使用费的，人民法院可以综合考虑有关植物新品种实施许可费、品种类型和价值、实施者的经营规模等因素合理确定。

《古洞春公司诉怡清源公司等不正当竞争纠纷案》，《最高人民法院公报》2006 年第 9 期

裁判摘要：民法通则第九十七条规定：“公民对自己的发现享有发现权。发现人有权申请领取发现证书、奖金或者其他奖励。”根据该规定，发现权只是对发现者个人或集体给予的一种荣誉权和被奖励权，不能转让也不能继受取得。

植物新品种保护条例第三条规定：“国务院农业、林业行政部门（以下统称审批机关）按照职责分工共同负责植物新品种权申请的受理和审查并对符合本条例规定的植物新品种授予植物新品种权（以下称品种权）。”该条例第三十一条规定：“对经实质审查符合本条例规定的品种权申请，审批机关应当作出授予品种权的决定，颁发品种权证书，并予以登记和公告。”根据上述规定，植物新品种权的取得，必须依法定程序进行，非经法定程序，任何个人或单位不能以任何其他方式原始取得品种权。

▶典型案例

《重庆市磁器口陈麻花食品有限公司与重庆喜火哥饮食文化有限公司九龙坡分公司等侵害商标权及不正当竞争纠纷案》，《依法平等保护民营企业家人身财产安全十大典型案例之九》（2019 年 5 月 16 日）

典型意义：企业商标是生产经营者生产产品或提供服务的质量象征，亦与企业商业信誉、文化品位以及市场核心竞争力等息息相关。我国作为传统文明古国，承载个人技艺、蕴含地方特色、弘扬历史文化的食品小吃、手工工艺品等传统手工产业发达，产生了许多以创始人姓氏或名字注册的知名商标和民族品牌。基于自然人的姓名极易重合或相似的重要特征，对此类商标的依法全面保护尤为重要。本案严格区分商业活动中正当使用自然人姓名与

侵害姓名商标权之间的界限，细化了姓名商标侵权的裁判规则，有效制止了攀附他人商誉的不正当竞争行为，对依法保护姓名商标权企业合法权利、引导市场主体守法经营以及营造公平有序的市场竞争环境等具有积极示范意义。

《彭某侵犯商业秘密罪案》，《最高人民法院发布7起充分发挥审判职能作用保护产权和企业家合法权益典型案例之六》（2018年1月30日）

典型意义：保护商业秘密维护诚信经营公平竞争

商业秘密是企业的重要财产权利，关乎企业的竞争力，对企业的发展至关重要，甚至直接影响企业的生存发展。依法制裁侵犯商业秘密行为，是保护企业产权的重要方面，也是维护公平竞争，保障企业投资、创新、创业的重要措施。本案被告人恶意串通，违反保密义务，获取、使用企业的技术信息和经营信息等商业秘密，造成了权利人的重大损失，不仅构成民事侵权应当承担民事责任，而且因造成了严重后果，已经构成刑法规定的侵害商业秘密罪。人民法院依法判处被告人彭某有期徒刑四年，并处罚金，对侵害商业秘密的行为进行严厉惩处，通过刑事手段对商业秘密进行有力保护，有利于促进诚信经营，公平竞争，为企业经营发展营造良好的法治环境。

《"新华"商标纠纷案》，《"用公开促公正建设核心价值"主题教育活动合同纠纷典型案例之四》（2015年12月4日）

典型意义：本案系涉民生案件，属典型的药品行业的"傍名牌"行为，与人民群众的生命健康安全息息相关，危害更甚；加大对知名药品企业的知识产权的保护，有利于规范药品生产、销售市场秩序，促进良心竞争，打击不正当竞争，促进药品行业的健康发展，从而保障人民群众的身心健康。本案属于典型的知识产权纠纷，涉及商标侵权及不正当竞争。判决认定河南新华侵犯了山东新华的权利，并依法判决河南新华改换自己的名称、字号、停止侵权。

第一百二十四条　【继承权及其客体】自然人依法享有继承权。

自然人合法的私有财产，可以依法继承。

关联法规参见

▶**法律：**《宪法》第13条，《民法典继承编》第1119条、第1121条至第1123条、第1125条、第1127条、第1133条、第1158条、第1160条至第1162条，《民法典侵权责任编》第1164条。

司法解释适用

《最高人民法院关于适用〈中华人民共和国民法典〉继承编的解释（一）》

（法释〔2020〕23号）

《民法典继承编司法解释（一）》	原《继承法意见》
第一条 继承从被继承人生理死亡或者被宣告死亡时开始。 宣告死亡的，根据民法典第四十八条规定确定的死亡日期，为继承开始的时间。	1. 继承从被继承人生理死亡或被宣告死亡时开始。 ~~失踪人~~被宣告死亡的，以法院判决中确定的~~失踪人~~的死亡日期，为继承开始的时间。
删除条文 ~~3. 公民可继承的其他合法财产包括有价证券和履行标的为财物的债权等。~~	
第二条 承包人死亡时尚未取得承包收益的，可以将死者生前对承包所投入的资金和所付出的劳动及其增值和孳息，由发包单位或者接续承包合同的人合理折价、补偿。其价额作为遗产。	4. 承包人死亡时尚未取得承包收益的，可把死者生前对承包所投入的资金和所付出的劳动及其增值和孳息，由发包单位或者接续承包合同的人合理折价、补偿，其价额作为遗产。
第三条（原5） 被继承人生前与他人订有遗赠扶养协议，同时又立有遗嘱的，继承开始后，如果遗赠扶养协议与遗嘱没有抵触，遗产分别按协议和遗嘱处理；如果有抵触，按协议处理，与协议抵触的遗嘱全部或者部分无效。	
第四条 遗嘱继承人依遗嘱取得遗产后，仍有权依照民法典第一千一百三十条的规定取得遗嘱未处分的遗产。	6. 遗嘱继承人依遗嘱取得遗产后，仍有权依继承法第十三条的规定取得遗嘱未处分的遗产。
删除条文 ~~7. 不满六周岁的儿童、精神病患者，应当认定其为无行为能力人。已满六周岁，不满十八周岁的未成年人，应当认定其为限制行为能力人。~~ ~~8. 法定代理人代理被代理人行使继承权、受遗赠权，不得损害被代理人的利益。法定代理人一般不能代理被代理人放弃继承权、受遗赠权。明显损害被代理人利益的，应认定其代理行为无效。~~	
第五条 在遗产继承中，继承人之间因是否丧失继承权发生纠纷，向人民法院提起诉讼的，由人民法院依据民法典第一千一百二十五条的规定，判决确认其是否丧失继承权。	9. 在遗产继承中，继承人之间因是否丧失继承权发生纠纷，诉讼到人民法院的，由人民法院根据继承法第七条的规定，判决确认其是否丧失继承权。

<table>
<tr><th>《民法典继承编司法解释（一）》</th><th>原《继承法意见》</th></tr>
<tr><td>第六条　继承人是否符合民法典第一千一百二十五条第一款第三项规定的“虐待被继承人情节严重”，可以从实施虐待行为的时间、手段、后果和社会影响等方面认定。
虐待被继承人情节严重的，不论是否追究刑事责任，均可确认其丧失继承权。</td><td>10. 继承人虐待被继承人情节是否严重，可以从实施虐待行为的时间、手段、后果和社会影响等方面认定。
虐待被继承人情节严重的，不论是否追究刑事责任，均可确认其丧失继承权。</td></tr>
<tr><td colspan="2">第七条（原 11）　继承人故意杀害被继承人的，不论是既遂还是未遂，均应当确认其丧失继承权。</td></tr>
<tr><td>第八条　继承人有民法典第一千一百二十五条第一款第一项或者第二项所列之行为，而被继承人以遗嘱将遗产指定由该继承人继承的，可以确认遗嘱无效，并确认该继承人丧失继承权。</td><td>12. 继承人有继承法第七条第（一）项或第（二）项所列之行为，而被继承人以遗嘱将遗产指定由该继承人继承的，可确认遗嘱无效，并按继承法第七条的规定处理。</td></tr>
<tr><td>第九条　继承人伪造、篡改、隐匿或者销毁遗嘱，侵害了缺乏劳动能力又无生活来源的继承人的利益，并造成其生活困难的，应当认定为民法典第一千一百二十五条第一款第四项规定的“情节严重”。</td><td>14. 继承人伪造、篡改或者销毁遗嘱，侵害了缺乏劳动能力又无生活来源的继承人的利益，并造成其生活困难的，应认定其行为情节严重。</td></tr>
<tr><td colspan="2">删除条文
<del>13. 继承人虐待被继承人情节严重的，或者遗弃被继承人的，如以后确有悔改表现，而且被虐待人、被遗弃人生前又表示宽恕，可不确认其丧失继承权。</del></td></tr>
<tr><td>第十条　被收养人对养父母尽了赡养义务，同时又对生父母扶养较多的，除可以依照民法典第一千一百二十七条的规定继承养父母的遗产外，还可以依照民法典第一千一百三十一条的规定分得生父母适当的遗产。</td><td>19. 被收养人对养父母尽了赡养义务，同时又对生父母扶养较多的，除可依继承法第十条的规定继承养父母的遗产外，还可依继承法第十四条的规定分得生父母的适当的遗产。</td></tr>
</table>

《最高人民法院民事审判庭关于盲人刘春和生前从事“算命”所积累的财产死后可否视为非法所得加以没收的电话答复》

江苏省高级人民法院：

关于盲人刘春和生前从事“算命”所积累的财产，死后可否视为非法所得加以没收的请示，我们研究认为：

《中华人民共和国治安管理处罚条例》第二十四条四款“利用封建迷信手段，扰乱社会秩序或骗取财物”和第三十二条第一款“赌博或者为赌博提供条件的”，对这两种行为人予以拘留或罚款。据公安部法规局、政策研究室的同志解释，是指正在进行非法活动之当时，对其所得予以没收，对其其他财产则不予追缴。本案中刘春和死后遗留的财产，没有没收的法律依据。第二，事实上也无充分的事实根据和确凿的证据证明刘春和死后遗留这笔财产都是“算命”所得。据此，我们同意你院审委会的意见，即：刘春和遗留的存款和其他财产，应视为遗产，由其法定继承人继承。

附：江苏省高级人民法院请示〔1987〕民请第4号

最高人民法院：

最近，我院收到常州市中级人民法院报告，请示一件关于生前为“算命”的盲人，他从事这种迷信活动所积累的财产，是否应该视为非法所得，并按《民法通则》第一百三十四条第三款的规定予以没收的问题（案情见武进县人民法院的报告）。对此，研究中有两种意见。一种意见认为：瞎子算命所得，是利用迷信进行欺骗取得的，法院只能保护合法财产的继承权，非法财产在审理案件时可以依法没收。另一种意见认为：瞎子算命固然是一种迷信活动，但是一种社会现象，不同于一般的欺诈行为，现在并无取缔“算命”，没收其所得的法规，对其遗产予以没收无法律依据，可以作遗产继承。我们研究，倾向于可以作遗产继承。因对这种案件过去很少碰到，政策界限究竟应该如何掌握吃不准，特此报告，请予复示。

1987年2月25日

第一百二十五条　【投资性权利】民事主体依法享有股权和其他投资性权利。

关联法规参见

▶**法律**：《证券法》第2条、第29条、第50条至第53条、第55条至第57条，《公司法》第4条、第20条、第21条，第31条、第32条、第34条、第152条，《证券投资基金法》第3条，《信托法》第2条、第20条、第21条。

司法解释适用

《最高人民法院关于审理证券市场因虚假陈述引发的民事赔偿案件的若干规定》

一、一般规定

第一条　本规定所称证券市场因虚假陈述引发的民事赔偿案件（以下简称虚假陈述证券民事赔偿案件），是指证券市场投资人以信息披露义务人违反法律规定，进行虚假陈述并致使其遭受损失为由，而向人民法院提起诉讼的民事赔偿案件。

第二条　本规定所称投资人，是指在证券市场上从事证券认购和交易的自然人、法人或者其他组织。

本规定所称证券市场，是指发行人向社会公开募集股份的发行市场，通过证券交易所报价系统进行证券交易的市场，证券公司代办股份转让市场以及国家批准设立的其他证券市场。

第三条 因下列交易发生的民事诉讼，不适用本规定：

（一）在国家批准设立的证券市场以外进行的交易；

（二）在国家批准设立的证券市场上通过协议转让方式进行的交易。

第四条 人民法院审理虚假陈述证券民事赔偿案件，应当着重调解，鼓励当事人和解。

第五条 投资人对虚假陈述行为人提起民事赔偿的诉讼时效期间，适用民法通则第一百三十五条的规定，根据下列不同情况分别起算：

（一）中国证券监督管理委员会或其派出机构公布对虚假陈述行为人作出处罚决定之日；

（二）中华人民共和国财政部、其他行政机关以及有权作出行政处罚的机构公布对虚假陈述行为人作出处罚决定之日；

（三）虚假陈述行为人未受行政处罚，但已被人民法院认定有罪的，作出刑事判决生效之日。

因同一虚假陈述行为，对不同虚假陈述行为人作出两个以上行政处罚；或者既有行政处罚，又有刑事处罚的，以最先作出的行政处罚决定公告之日或者作出的刑事判决生效之日，为诉讼时效起算之日。

三、诉讼方式

第十二条 本规定所涉证券民事赔偿案件的原告可以选择单独诉讼或者共同诉讼方式提起诉讼。

第十三条 多个原告因同一虚假陈述事实对相同被告提起的诉讼，既有单独诉讼也有共同诉讼的，人民法院可以通知提起单独诉讼的原告参加共同诉讼。

多个原告因同一虚假陈述事实对相同被告同时提起两个以上共同诉讼的，人民法院可以将其合并为一个共同诉讼。

第十四条 共同诉讼的原告人数应当在开庭审理前确定。原告人数众多的可以推选二至五名诉讼代表人，每名诉讼代表人可以委托一至二名诉讼代理人。

第十五条 诉讼代表人应当经过其所代表的原告特别授权，代表原告参加开庭审理，变更或者放弃诉讼请求、与被告进行和解或者达成调解协议。

第十六条 人民法院判决被告对人数众多的原告承担民事赔偿责任时，可以在判决主文中对赔偿总额作出判决，并将每个原告的姓名、应获得赔偿金额等列表附于民事判决书后。

四、虚假陈述的认定

第十七条 证券市场虚假陈述，是指信息披露义务人违反证券法律规定，在证券发行或者交易过程中，对重大事件作出违背事实真相的虚假记载、误导性陈述，或者在披露信息时发生重大遗漏、不正当披露信息的行为。

对于重大事件，应当结合证券法第五十九条、第六十条、第六十一条、第六十二条、第七十二条及相关规定的内容认定。

虚假记载，是指信息披露义务人在披露信息时，将不存在的事实在信息披露文件中予以记载的行为。

误导性陈述，是指虚假陈述行为人在信息披露文件中或者通过媒体，作出使投资人对其投资行为发生错误判断并产生重大影响的陈述。

重大遗漏，是指信息披露义务人在信息披露文件中，未将应当记载的事项完全或者部分予以记载。

不正当披露，是指信息披露义务人未在适当期限内或者未以法定方式公开披露应当披露的信息。

第十八条 投资人具有以下情形的，人民法院应当认定虚假陈述与损害结果之间存在因果关系：

（一）投资人所投资的是与虚假陈述直接关联的证券；

（二）投资人在虚假陈述实施日及以后，至揭露日或者更正日之前买入该证券；

（三）投资人在虚假陈述揭露日或者更正日及以后，因卖出该证券发生亏损，或者因持续持有该证券而产生亏损。

第十九条 被告举证证明原告具有以下情形的，人民法院应当认定虚假陈述与损害结果之间不存在因果关系：

（一）在虚假陈述揭露日或者更正日之前已经卖出证券；

（二）在虚假陈述揭露日或者更正日及以后进行的投资；

（三）明知虚假陈述存在而进行的投资；

（四）损失或者部分损失是由证券市场系统风险等其他因素所导致；

（五）属于恶意投资、操纵证券价格的。

第二十条 本规定所指的虚假陈述实施日，是指作出虚假陈述或者发生虚假陈述之日。

虚假陈述揭露日，是指虚假陈述在全国范围发行或者播放的报刊、电台、电视台等媒体上，首次被公开揭露之日。

虚假陈述更正日，是指虚假陈述行为人在中国证券监督管理委员会指定披露证券市场信息的媒体上，自行公告更正虚假陈述并按规定履行停牌手续之日。

五、归责与免责事由

第二十一条 发起人、发行人或者上市公司对其虚假陈述给投资人造成的损失承担民事赔偿责任。

发行人、上市公司负有责任的董事、监事和经理等高级管理人员对前款的损失承担连带赔偿责任。但有证据证明无过错的，应予免责。

第二十二条 实际控制人操纵发行人或者上市公司违反证券法律规定，以发行人或者上市公司名义虚假陈述并给投资人造成损失的，可以由发行人或者上市公司承担赔偿责任。发行人或者上市公司承担赔偿责任后，可以向实际控制人追偿。

实际控制人违反证券法第四条、第五条以及第一百八十八条规定虚假陈述，给投资人造成损失的，由实际控制人承担赔偿责任。

第二十三条 证券承销商、证券上市推荐人对虚假陈述给投资人造成的损失承担赔偿责任。但有证据证明无过错的，应予免责。

负有责任的董事、监事和经理等高级管理人员对证券承销商、证券上市推荐人承担的赔偿责任负连带责任。其免责事由同前款规定。

第二十四条　专业中介服务机构及其直接责任人违反证券法第一百六十一条和第二百零二条的规定虚假陈述，给投资人造成损失的，就其负有责任的部分承担赔偿责任。但有证据证明无过错的，应予免责。

第二十五条　本规定第七条第（七）项规定的其他作出虚假陈述行为的机构或者自然人，违反证券法第五条、第七十二条、第一百八十八条和第一百八十九条规定，给投资人造成损失的，应当承担赔偿责任。

六、共同侵权责任

第二十六条　发起人对发行人信息披露提供担保的，发起人与发行人对投资人的损失承担连带责任。

第二十七条　证券承销商、证券上市推荐人或者专业中介服务机构，知道或者应当知道发行人或者上市公司虚假陈述，而不予纠正或者不出具保留意见的，构成共同侵权，对投资人的损失承担连带责任。

第二十八条　发行人、上市公司、证券承销商、证券上市推荐人负有责任的董事、监事和经理等高级管理人员有下列情形之一的，应当认定为共同虚假陈述，分别与发行人、上市公司、证券承销商、证券上市推荐人对投资人的损失承担连带责任：

（一）参与虚假陈述的；

（二）知道或者应当知道虚假陈述而未明确表示反对的；

（三）其他应当负有责任的情形。

七、损失认定

第二十九条　虚假陈述行为人在证券发行市场虚假陈述，导致投资人损失的，投资人有权要求虚假陈述行为人按本规定第三十条赔偿损失；导致证券被停止发行的，投资人有权要求返还和赔偿所缴股款及银行同期活期存款利率的利息。

第三十条　虚假陈述行为人在证券交易市场承担民事赔偿责任的范围，以投资人因虚假陈述而实际发生的损失为限。投资人实际损失包括：

（一）投资差额损失；

（二）投资差额损失部分的佣金和印花税。

前款所涉资金利息，自买入至卖出证券日或者基准日，按银行同期活期存款利率计算。

第三十一条　投资人在基准日及以前卖出证券的，其投资差额损失，以买入证券平均价格与实际卖出证券平均价格之差，乘以投资人所持证券数量计算。

第三十二条　投资人在基准日之后卖出或者仍持有证券的，其投资差额损失，以买入证券平均价格与虚假陈述揭露日或者更正日起至基准日期间，每个交易日收盘价的平均价格之差，乘以投资人所持证券数量计算。

第三十三条　投资差额损失计算的基准日，是指虚假陈述揭露或者更正后，为将投资人应获赔偿限定在虚假陈述所造成的损失范围内，确定损失计算的合理期间而规定的截止日期。基准日分别按下列情况确定：

（一）揭露日或者更正日起，至被虚假陈述影响的证券累计成交量达到其可流通部分100%之日。但通过大宗交易协议转让的证券成交量不予计算。

（二）按前项规定在开庭审理前尚不能确定的，则以揭露日或者更正日后第30个交易日为基准日。

（三）已经退出证券交易市场的，以摘牌日前一交易日为基准日。

（四）已经停止证券交易的，可以停牌日前一交易日为基准日；恢复交易的，可以本条第（一）项规定确定基准日。

第三十四条 投资人持股期间基于股东身份取得的收益，包括红利、红股、公积金转增所得的股份以及投资人持股期间出资购买的配股、增发股和转配股，不得冲抵虚假陈述行为人的赔偿金额。

第三十五条 已经除权的证券，计算投资差额损失时，证券价格和证券数量应当复权计算。

八、附则

第三十六条 本规定自2003年2月1日起施行。

第三十七条 本院2002年1月15日发布的《关于受理证券市场因虚假陈述引发的民事侵权纠纷案件有关问题的通知》中与本规定不一致的，以本规定为准。

《最高人民法院关于审理虚假陈述侵权纠纷案件有关问题的复函》

黑龙江省高级人民法院：

你院《关于审理虚假陈述侵权纠纷案件有关问题的请示》收悉。对所请示的问题，经研究答复如下：

一、关于承销商的责任问题

申银万国证券有限责任公司（下称申银万国）承销大庆联谊石化股份有限公司（下称大庆联谊）的股票发行时，因未尽到审核义务，且其编制的上市材料中含有虚假信息，而被中国证监会予以行政处罚。申银万国作为承销商，应当知道大庆联谊是否存在虚假陈述的情况，而其没有对最初源于大庆联谊的虚假陈述予以纠正或出具保留意见，并且自己也编制和出具了虚假陈述文件，故根据本院《关于审理证券市场因虚假陈述引发的民事赔偿案件的若干规定》（下称《规定》）第二十七条内容，申银万国的虚假陈述与大庆联谊的虚假陈述构成共同侵权，对因此给投资人的损失，两者应互为承担连带责任。

申银万国没有尽到责任（并编制虚假上市材料），使得含有虚假信息的大庆联谊股票得以发行和上市，其虚假行为影响了广大投资人。在大庆联谊的虚假陈述行为没有被揭露或者更正之前，发行市场的虚假陈述必然对交易市场产生影响，包括对交易市场的投资人进行投资时的影响。故同意你院第一种意见。

你院对《规定》第二十三、二十七条内容的理解是正确的。

二、关于实际控制人承担责任的顺序

实际控制人直接承担民事责任的条件，是其以自己名义直接在证券市场作出虚假陈述行为，并给投资人造成了损失。中国证监会的处罚决定，认定了大庆联谊石油化工总厂（下称石化总厂）存在虚假陈述行为，并且该行为发生在大庆联谊成立之前。据此可以得出两个结论：一是石化总厂的虚假陈述行为是客观存在的；二是石化总厂的虚假陈述发生在大庆联谊成立之前，足以认定石化总厂作为实际控制人直接对证券市场实施了虚假陈述行为。石化总厂直接虚假陈述，也不排斥其操纵大庆联谊在发行股票、交易股份时，以大庆联谊名义进行虚假陈述。因此，石化总厂应当与大庆联谊对投资人因此所受损失共同承担民事责任。石化总厂与大庆联谊之间的责任划分问题，如当事人间有争议，可另行起诉。

三、关于揭露日或更正日的确定

关于大庆联谊揭露日、更正日的确定。1999 年 4 月 20 日，大庆联谊仅就利润虚假、募集资金使用虚假等行为进行了自我更正，没有涉及发行阶段的虚假陈述行为。2000 年 4 月 27 日，中国证监会行政处罚公告后，大庆联谊虚假发行的事实才首次得以公开披露。故原则同意你院关于大庆联谊虚假陈述揭露日确定的第二种意见及处理方案。

关于圣方科技揭露日或更正日的确定。2001 年 5 月 19 日，圣方科技就所收购的圣方显示器公司虚假注册资本 500 万元作出了更正，中国证监会事后主要就该虚假陈述内容进行行政处罚，故认定 2001 年 5 月 19 日为更正日，符合客观事实。同意你院第一种意见。

四、关于中介服务机构民事责任承担问题

《规定》第二十四条内容，是从归责角度对中介服务机构及其直接责任人作出过错推定责任承担总的规定，无论故意或过失，只要行为人主观具有过错，客观给他人造成了损失，该类虚假陈述行为人就其负有责任的部分承担民事责任。《规定》第二十七条内容，是从共同侵权角度对承担过错推定责任的各类虚假陈述行为人，如何判断其与发行人、上市公司构成共同侵权并承担连带责任作出的规定。当发行人或者上市公司存在虚假陈述行为时，上述负有特定义务的各类行为人如没有对虚假陈述内容予以纠正或保留意见，又没有证据证明其无过错（包括故意和过失），则其与发行人或者上市公司构成共同侵权，对投资人因此造成的损失承担连带责任。但专业中介服务机构及其直接责任人的民事责任限定于其负有责任的部分。

如果本案不存在其他法律障碍，请你院在收到本院答复意见后，督促有关法院尽快结案。

此复

权威案例指引

▶公报案例

《世欣荣和投资管理股份有限公司与长安国际信托股份有限公司等信托合同纠纷案》，《最高人民法院公报》2016 年第 12 期

裁判摘要：一、有限合伙企业中，如果执行事务合伙人怠于行使诉讼权利时，不执行合伙事务的有限合伙人可以为了合伙企业的利益以自己的名义提起诉讼。

二、资金信托设立时，受托人因承诺信托而从委托人处取得的资金是信托财产；资金信托设立后，受托人管理运用、处分该资金而取得的财产也属于信托财产。

三、信托财产的确定体现为该财产明确且特定。信托财产的确定要求其从委托人的自有

财产中隔离和指定出来，而且在数量和边界上应当明确，以便受托人为实现信托目的对其进行管理运用、处分；信托财产上存在权利负担或者他人就该财产享有购买权益，与信托财产的确定属不同的法律问题，也不当然影响信托财产的确定。

四、当事人以信托财产上存在权利负担或者他人就该财产享有购买权益，主张信托无效的，不能成立。

第一百二十六条　【其他民事权益】民事主体享有法律规定的其他民事权利和利益。

关联法规参见

▶法律：《民法典侵权责任编》第1164条。

司法解释适用

《最高人民法院关于确定民事侵权精神损害赔偿责任若干问题的解释》（法释〔2020〕17号修改）

新《精神损害赔偿司法解释》	原《精神损害赔偿司法解释》
第二条　死者的姓名、肖像、名誉、荣誉、隐私、遗体、遗骨等受到侵害，其近亲属向人民法院提起诉讼请求精神损害赔偿的，人民法院应当依法予以支持。	**第三条**　自然人死亡后，其近亲属因下列侵权行为遭受精神痛苦，向人民法院起诉请求赔偿精神损害的，人民法院应当依法予以受理： （一）以侮辱、诽谤、贬损、丑化或者违反社会公共利益、社会公德的其他方式，侵害死者姓名、肖像、名誉、荣誉； （二）非法披露、利用死者隐私，或者以违反社会公共利益、社会公德的其他方式侵害死者隐私； （三）非法利用、损害遗体、遗骨，或者以违反社会公共利益、社会公德的其他方式侵害遗体、遗骨。
第四条　法人或者非法人组织以名誉权、荣誉权、名称权遭受侵害为由，向人民法院起诉请求精神损害赔偿的，人民法院不予支持。	**第五条**　法人或者其他组织以人格权利遭受侵害为由，向人民法院起诉请求赔偿精神损害的，人民法院不予受理。

第一百二十七条　【对数据和网络虚拟财产的保护】法律对数据、网络虚拟财产的保护有规定的，依照其规定。

关联法规参见

▶**法律**：《反不正当竞争法》第9条，《刑法》第285条、第286条，《网络安全法》第10条、第21条、第27条、第76条，《著作权法》第14条。

权威案例指引

▶**典型案例**

《淘宝（中国）软件有限公司诉安徽美景信息科技有限公司不正当竞争纠纷案》，《依法平等保护民营企业家人身财产安全十大典型案例之八》（2019年5月16日）

典型意义：本案是首例涉及大数据产品权益保护的新类型不正当竞争案件。当前，大数据产业已成为新一轮科技革命和产业变革中一个蓬勃兴起的新产业，但涉及数据权益的立法付诸阙如，相关主体的权利义务处于不确定状态。本案判决确认平台运营者对其收集的原始数据有权依照其与网络用户的约定进行使用，对其研发的大数据产品享有独立的财产性权益，并妥善运用《反不正当竞争法》原则性条款对擅自利用他人大数据产品内容的行为予以规制，依法保护了研发者对大数据产品所享有的竞争优势和商业利益，也为大数据产业的发展营造了公平有序的竞争环境。

第一百二十八条　【对弱势群体的特别保护】法律对未成年人、老年人、残疾人、妇女、消费者等的民事权利保护有特别规定的，依照其规定。

关联法规参见

▶**法律**：《宪法》第48条、第49条，《老年人权益保障法》第14条、第16条、第21条，《妇女权益保障法》第27条、第33条、第37条至第40条、第42条，《残疾人保障法》第3条、第4条、第12条，《消费者权益保护法》第7条至第15条，《未成年人保护法》第3条、第54条、第56条、第63条。

▶**行政法规**：《化妆品监督管理条例》第8条、第42条至第44条、第69条、第76条。

司法解释适用

《最高人民法院印发〈关于依法妥善审理涉新冠肺炎疫情民事案件若干问题的指导意见（一）〉的通知》

五、依法适用惩罚性赔偿。经营者在经营口罩、护目镜、防护服、消毒液等防疫物品以及食品、药品时，存在《中华人民共和国消费者权益保护法》第五十五条、《中华人民共和国食品安全法》第一百四十八条第二款、《中华人民共和国药品管理法》第一百四十四条第三款、《最高人民法院关于审理食品药品纠纷案件适用法律若干问题的规定》第十五条规定情形，消费者主张依法适用惩罚性赔偿的，人民法院应予支持。

权威案例指引

▶指导性案例

孙银山诉南京欧尚超市有限公司江宁店买卖合同纠纷案，指导案例 23 号（2014 年 1 月 26 日）

裁判要点：消费者购买到不符合食品安全标准的食品，要求销售者或者生产者依照食品安全法规定支付价款十倍赔偿金或者依照法律规定的其他赔偿标准赔偿的，不论其购买时是否明知食品不符合安全标准，人民法院都应予支持。

张莉诉北京合力华通汽车服务有限公司买卖合同纠纷案，指导案例 17 号（2013 年 11 月 8 日）

裁判要点：1. 为家庭生活消费需要购买汽车，发生欺诈纠纷的，可以按照《中华人民共和国消费者权益保护法》处理。

2. 汽车销售者承诺向消费者出售没有使用或维修过的新车，消费者购买后发现系使用或维修过的汽车，销售者不能证明已履行告知义务且得到消费者认可的，构成销售欺诈，消费者要求销售者按照消费者权益保护法赔偿损失的，人民法院应予支持。

▶公报案例

《刘智超诉同方知网（北京）技术有限公司买卖合同纠纷案》，《最高人民法院公报》2020 年第 1 期

裁判摘要：经营者单方设定的最低充值金额条款不仅侵犯了消费者的自主选择权、无故占用了消费者的资金，还会额外增加消费者申请退款时的负担，因此，该最低充值金额条款属于限制消费者合法权益的格式条款，系对消费者不公平、不合理的规定，应认定无效。

《颜荷莲、程玉环诉周宜霞、吉林天药科技有限责任公司等侵权责任纠纷案》，《最高人民法院公报》2019 年第 1 期

裁判摘要：一、保健食品的广告内容必须真实，应以行政主管部门核准的保健功能为准，不得更改和扩大，不得含有虚假、夸大的内容，不得涉及疾病预防、治疗功能。销售企业或经销商推销保健食品时提供的大量宣传资料，如其内容与该保健食品产品说明书载明的功效不一，且不同程度明示或暗示该保健食品具有抗菌、消炎、抗病毒、抗肿瘤、消除疾病等药理作用，则销售企业或经销商宣传保健食品功效的上述违规行为构成虚假宣传，依法应承担虚假宣传责任。

二、根据谁主张谁举证的举证规则，销售企业或经销商的虚假宣传行为与消费者延误治疗是否具有关联，以及与消费者死亡是否存在因果关系及参与度如何确定，应由死者近亲属承担相应举证责任。如当事人未能提供证据或者证据不足以证明其事实主张的，依法由负有举证证明责任的当事人承担不利的后果。

三、经营者向消费者提供有关商品或者服务的质量、性能、用途、有效期限等信息，应当真实、全面，不得作虚假或者引人误解的宣传。经营者提供商品或者服务有欺诈行为的，消费者有权在法律规定的幅度内主张惩罚性赔偿金。

《邓美华诉上海永达鑫悦汽车销售服务有限公司买卖合同纠纷案》，《最高人民法院公报》2018年第11期

裁判摘要：汽车经销商对于车辆后保险杠外观瑕疵予以“拆装后保、后保整喷”的维修超出了车辆售前正常维护和PDI质量检测的范围，经销商对此未履行告知义务的，侵犯了消费者的知情权、选择权，使其陷入错误认识，属于故意隐瞒真实情况，构成消费欺诈。消费者要求经销商按照消费者权益保护法赔偿损失的，经销商应承担车辆三倍价款的惩罚性赔偿责任。

《程浩诉南京欧尚超市有限公司江宁店等产品生产者、销售者责任案》，《最高人民法院公报》2018年第9期

裁判摘要：食品标签欠缺成分含量标注的可认定为标签瑕疵食品，但标签瑕疵食品不等于不安全食品。消费者以食品标签存在瑕疵为由，依据《中华人民共和国食品安全法》第一百四十八条第二款规定索赔十倍价款或三倍损失赔偿的，应由消费者继续就标签瑕疵食品存在其他不符合食品安全标准的情形或该标签瑕疵对食品安全造成影响或对消费者造成误导进行举证证明。

《陈雪琴诉重庆商社新世纪百货连锁经营有限公司等产品销售者责任纠纷案》，《最高人民法院公报》2017年第8期

裁判摘要：产品标注方式虽然不符合规范性要求，但不会导致消费者错误购买的，属于“不符合在产品或者其包装上注明采用的产品标准”的情形，应依据《中华人民共和国产品质量法》第四十条的规定支持消费者的退货请求。

《伊立军与中国工商银行股份有限公司盘锦分行银行卡纠纷案》，《最高人民法院公报》2017年第8期

裁判摘要：银行作为办理金融业务的专业机构，在为自然人办理储蓄等业务时，居于明显的、支配的优势地位，而自然人则处于相对的、被支配的弱势地位，故银行工作人员在为客户办理业务时，理应严格遵守工作流程和业务操作规范，尽到最大的注意和风险提示义务。

《郑传新诉中国电信股份有限公司连云港分公司电信服务合同纠纷案》，《最高人民法院公报》2017年第5期

裁判摘要：根据《消费者权益保护法》的有关规定，市场交易行为应当遵循公平交易原则，反对强买强卖行为。消费者有权知悉所购买商品和接受服务的真实情况。手机电信服务提供者为达到电信增值业务推广目的，事先确定免费体验期，用户可在该期间内免费体验增值服务。免费期过后，电信服务提供者对该增值业务进行收费时，应当得到用户明确的使用承诺，否则，电信服务提供者的强行扣费行为侵犯了消费者对所接受服务的知情权，违背市场公平交易原则。

《施某某、张某某、桂某某诉徐某某肖像权、名誉权、隐私权纠纷案》，《最高人民法院公报》2016年第4期

裁判摘要：为保护未成年人利益和揭露可能存在的犯罪行为，发贴人在其微博中发表未

成年人受伤害信息，所发微博的内容与客观事实基本一致的，符合社会公共利益原则和儿童利益最大化原则，该网络举报行为不构成侵权。

《无锡市掌柜无线网络技术有限公司诉无锡嘉宝置业有限公司网络服务合同纠纷案》，《最高人民法院公报》2015 年第 3 期

裁判摘要：双方当事人明知所发送的电子信息为商业广告性质，却无视手机用户群体是否同意接收商业广告信息的主观意愿，强行向不特定公众发送商业广告短信息，侵害不特定公众的利益，所发送的短信息应认定为垃圾短信，其签订的相关合同无效，所涉价款属于非法所得，人民法院应予收缴。

《苏向前与徐州百鑫商业有限责任公司百惠超市分公司、徐州百鑫商业有限责任公司侵犯消费者权益纠纷案》，《最高人民法院公报》2013 年第 12 期

裁判摘要：产品标识为消费者认识和判断商品特征、价值、适当性和效用的基本依据，是消费者选择和判断是否进行产品消费的重要信息来源。依照《中华人民共和国产品质量法》第五条的规定，销售者应确保产品标识内容的真实性，该内容为对消费者所负真实义务的最低标准。如因产品标识记载的内容不真实而导致消费者受损，经营者应当依法承担相应的责任。

《张志强诉徐州苏宁电器有限公司侵犯消费者权益纠纷案》，《最高人民法院公报》2006 年第 10 期

裁判摘要：商品经营者为消费者提供商品或服务时，应当遵循诚实信用原则，消费者亦有权知悉其所购买、使用的商品或接受的服务的真实情况。在侵犯消费者权益纠纷案件中，消费者主张商品经营者提供的商品存在品质问题，并提供了相应证据的，商品经营者如主张该商品不存在品质问题，应对其主张承担举证责任。

《刘雪娟诉乐金公司、苏宁中心消费者权益纠纷案》，《最高人民法院公报》2005 年第 6 期

裁判摘要：根据消费者权益保护法第八条和产品质量法第二十七条的规定，化妆品经营者在限期使用的化妆品包装上虽标注限用合格日期，但没有说明该日期的确切含义，造成消费者无法了解化妆品安全使用期的，侵害了消费者的知情权。

▶典型案例

《江苏省常州市人民检察院诉常州某生物科技有限公司等消费欺诈民事公益诉讼案》，《最高人民检察院发布 8 件“3·15”食品药品安全消费者权益保护检察公益诉讼典型案例之五》（2021 年 3 月 15 日）

典型意义：近年来，社会上“保健品坑老”现象频发，违法经营者采取虚假夸大宣传保健品功效，诱导和欺诈老年人购买消费，骗取老年人钱财，甚至造成老年人生命健康受到严重危害的后果。检察机关通过提起民事公益诉讼，请求人民法院判令违法者承担惩罚性赔偿责任，加大违法者的违法成本，让违法者“痛到不敢再犯”，同时对潜在的违法者予以威慑，有效遏制社会上“保健品坑老”违法行为，维护消费者合法权益。

《唐某三人诉俞某某返还原物纠纷案王某诉中国工商银行股份有限公司北京某支行财产损害赔偿纠纷案》，《最高人民法院发布人民法院老年人权益保护十大典型案例之二》（2021 年 2 月 24 日）

典型意义：第一，明确规则尺度，保护老年人金融消费安全，首案效应突出。本案是《全国法院民商事审判工作会议纪要》发布后首批维护金融消费者权益案件之一，指出银行应就投资者的年龄、投资经验、专业能力进行审查并考虑老年消费者情况等，对老年投资者应给予特别提示，结合民商事法律、《会议纪要》精神和社会发展实际提出了金融机构提示说明义务和金融消费者注意义务等判断标准。对如何为老年人提供更加合法、安全的投资理财消费环境，具有积极意义。第二，回应人民需求，弘扬社会主义核心价值观，体现时代发展。随着经济快速发展和人口老龄化程度加剧，针对老年群众的金融理财产品层出不穷。要将社会主义核心价值观具体贯彻到审判中，妥善处理和回应金融产品消费与信息化结合中产生的新问题，贯彻民法典立法精神，保护老年消费者的契约自由，为构建良好金融市场秩序、切实维护老年人权益树立典范。第三，践行司法改革，创新审理模式，助力社会治理。本案适用百姓评理团辅助审判，更好地结合法官专业性和公众的价值理念。

《郗某某、周某四人与凌海市某老人之家、中国人民财产保险股份有限公司某分公司服务合同纠纷案》，《最高人民法院发布人民法院老年人权益保护十大典型案例之六》（2021 年 2 月 24 日）

典型意义：由于我国人口老龄化，老年人数量增多，且老年人选择在养老院生活、居住的情况亦有增加趋势，如何保障老年人的权益成为整个社会必须关心和思考的问题。养老院未尽到相应的注意和照管义务，致使老人发生意外死亡，应当承担相应的损害赔偿责任。本案裁判对社会上的养老机构敲响了警钟，养老机构应当尽到责任，排除危害老人生命健康的安全隐患，提高管理水平、提升护理从业人员素质和护理服务能力，充分保障老年人人身、财产安全。本案对于促进养老机构规范化、标准化运行，全面提升养老院服务质量，保证老年人晚年生活幸福具有积极意义。

《柳州市社会福利院申请作为无民事行为能力人指定监护人案》，《最高人民法院发布人民法院老年人权益保护十大典型案例之十》（2021 年 2 月 24 日）

典型意义：老年人是社会的弱势群体，保障其合法权益是全社会的共同责任。在法定顺位监护人多年缺失，无人履行监护职责的情况下，从充分保护和落实无民事行为能力人合法权益的角度出发，经法律程序指定、已形成长期基本生活依赖且担负实际监护责任的社会福利机构作为监护人，是依法保障老年人权益的有益尝试和探索，取得了良好的法律效果和社会效果。本案审理贯彻了家事案件多元化处理原则，法院与政府相关部门之间通力协作，体现了相关职能部门通过司法途径维护和保障老年人合法权益的努力。

《困境儿童指定监护人案——柳州市儿童福利院申请确定监护人纠纷案》，《人民法院大力弘扬社会主义核心价值观十大典型民事案例之十》（2020 年 5 月 13 日）

典型意义：儿童是家庭的希望，是国家和民族的未来，确保儿童健康成长是全社会共同的责任。本案系广西壮族自治区首例由检察机关支持起诉的困境儿童指定监护人案件，审理法院从充分保护未成年人合法权益的角度出发，通过法律程序指定社会福利机构作为监护人，这是人民法院在家事审判改革中进行的有益探索和实践。该案判决依法保护了未成年人的合法权益，充分体现了司法的人文关怀。

《徐瑞云诉敬子桥、浙江淘宝网络有限公司网络购物合同纠纷案》，《最高人民法院发布第一批涉互联网典型案例之二》（2018年8月16日）

典型意义：食品安全关涉人民群众的生命与健康，对于社会稳定、经济发展具有重大影响。近些年，食品安全领域由于重大食品安全事故频发，严重危害到公众健康，对构建和谐社会造成威胁，使我国面临着极为严峻的食品安全问题。随着贸易全球化和我国经济社会的发展，进口食品已经成为我国消费者重要的食品来源，尤其是通过网络销售，大量种类繁多的进口食品送到了消费者手中。进口食品安全问题，同样不能忽视，必须符合我国食品安全国家标准，经营者违反国家食品安全规定销售进口食品的，应当承担相应的法律责任。本案例即明确，进口食品应当符合我国食品安全国家标准，经国家出入境检验检疫机构依照进出口商品检验相关法律、行政法规的规定检验合格，按照国家出入境检验检疫部门的要求随附合格证明材料。被告敬子桥作为经营者必须要保证食品来源的安全。本案中，被告敬子桥通过网络销售的俄罗斯进口奶粉不是我国目前准入的食品，且被告敬子桥也无法提供进口货物的相关报关单据、入境货物检验检疫证明、产品检验检疫卫生证书、海关发放的通关证明等进口食品所应具备的资料，故认定涉案奶粉属于不符合食品安全标准的食品。因被告敬子桥销售明知是不符合食品安全标准的食品，原告要求退还货款并支付价款十倍的赔偿金，于法有据，法院予以支持。被告浙江淘宝网络有限公司对被告敬子桥的主体信息、经营资质进行了审核，并在原告徐瑞云维权时提供了销售者的真实名称、地址和有效联系方式，涉案商品也已及时下架处理，其已经履行了注意义务，不应承担连带赔偿责任。

第一百二十九条　【民事权利的取得方式】民事权利可以依据民事法律行为、事实行为、法律规定的事件或者法律规定的其他方式取得。

关联法规参见

▶**法律：**《民法典物权编》第229条至第231条。

司法解释适用

《最高人民法院关于适用〈中华人民共和国民法典〉有关担保制度的解释》（法释〔2020〕28号）

《民法典担保制度司法解释》	原《担保法司法解释》
第二十一条　主合同或者担保合同约定了仲裁条款的，人民法院对约定仲裁条款的合同当事人之间的纠纷无管辖权。	**第一百二十九条**　主合同和担保合同发生纠纷提起诉讼的，应当根据主合同确定案件管辖。担保人承担连带责任的担保合

《民法典担保制度司法解释》	原《担保法司法解释》
债权人一并起诉债务人和担保人的，应当根据主合同确定管辖法院。 债权人依法可以单独起诉担保人且仅起诉担保人的，应当根据担保合同确定管辖法院。	同发生纠纷，债权人向担保人主张权利的，应当由担保人住所地的法院管辖。 主合同和担保合同选择管辖的法院不一致的，应当根据主合同确定案件管辖。

《最高人民法院关于适用〈中华人民共和国民法典〉物权编的解释（一）》（法释〔2020〕24号）

《民法典物权编司法解释（一）》	原《物权法司法解释（一）》
第八条 依据民法典第二百二十九条至第二百三十一条规定享有物权，但尚未完成动产交付或者不动产登记的权利人，依据民法典第二百三十五条至第二百三十八条的规定，请求保护其物权的，应予支持。	**第八条** 依照物权法第二十八条至第三十条规定享有物权，但尚未完成动产交付或者不动产登记的物权人，根据物权法第三十四条至第三十七条的规定，请求保护其物权的，应予支持。

第一百三十条 【权利行使的自愿原则】民事主体按照自己的意愿依法行使民事权利，不受干涉。

关联法规参见

▶**法律**：《民法典总则编》第5条，《民法典婚姻家庭编》第1046条、第1078条，《种子法》第44条。

第一百三十一条 【权利人的义务履行】民事主体行使权利时，应当履行法律规定的和当事人约定的义务。

关联法规参见

▶**法律**：《民法典物权编》第273条，《民法典合同编》第509条。

司法解释适用

《最高人民法院关于适用〈中华人民共和国民法典〉物权编的解释（一）》（法释〔2020〕24号）

《民法典物权编司法解释（一）》	原《物权法司法解释（一）》
第八条 依据民法典第二百二十九条至第二百三十一条规定享有物权，但尚未完成动产交付或者不动产登记的权利人，依据民法典第二百三十五条至第二百三十八条的规定，请求保护其物权的，应予支持。	**第八条** 依照物权法第二十八条至第三十条规定享有物权，但尚未完成动产交付或者不动产登记的物权人，根据物权法第三十四条至第三十七条的规定，请求保护其物权的，应予支持。

第一百三十二条　【禁止权利滥用】民事主体不得滥用民事权利损害国家利益、社会公共利益或者他人合法权益。

关联法规参见

▶**法律：**《宪法》第51条。

其他法律性文件

《最高人民法院关于印发〈全国法院贯彻实施民法典工作会议纪要〉的通知》

1. 申请宣告失踪或宣告死亡的利害关系人，包括被申请宣告失踪或宣告死亡人的配偶、父母、子女、兄弟姐妹、祖父母、外祖父母、孙子女、外孙子女以及其他与被申请人有民事权利义务关系的民事主体。宣告失踪不是宣告死亡的必经程序，利害关系人可以不经申请宣告失踪而直接申请宣告死亡。但是，为了确保各方当事人权益的平衡保护，对于配偶、父母、子女以外的其他利害关系人申请宣告死亡，人民法院审查后认为申请人通过申请宣告失踪足以保护其权利，其申请宣告死亡违背民法典第一百三十二条关于不得滥用民事权利的规定的，不予支持。

权威案例指引

▶**指导性案例**

王碎永诉深圳歌力思服饰股份有限公司、杭州银泰世纪百货有限公司侵害商标权纠纷案，指导案例82号（2017年3月6日）

裁判要点：当事人违反诚实信用原则，损害他人合法权益，扰乱市场正当竞争秩序，恶意取得、行使商标权并主张他人侵权的，人民法院应当以构成权利滥用为由，判决对其诉讼请求不予支持。

第六章　民事法律行为

第一节　一般规定

第一百三十三条　【民事法律行为的概念】民事法律行为是民事主体通过意思表示设立、变更、终止民事法律关系的行为。

关联法规参见

▶**法律：**《民法典合同编》第464条。

第一百三十四条　【民事法律行为的成立】民事法律行为可以基于双方或者多方的意思表示一致成立，也可以基于单方的意思表示成立。

法人、非法人组织依照法律或者章程规定的议事方式和表决程序作出决议的，该决议行为成立。

关联法规参见

▶**法律：**《民法典合同编》第472条、第479条、第483条，《民法典婚姻家庭编》第1046条、第1078条、第1097条、第1101条、第1104条、第1105条、第1116条，《民法典继承编》第1133条、第1158条，《公司法》第42条、第43条，《合伙企业法》第4条、第18条。

司法解释适用

《最高人民法院关于适用〈中华人民共和国公司法〉若干问题的规定（四）》（法释〔2020〕18号修改）

<table>
<tr><th>新《公司法司法解释（四）》</th><th>原《公司法司法解释（四）》</th></tr>
<tr><td colspan="2">第一条（原第一条）　公司股东、董事、监事等请求确认股东会或者股东大会、董事会决议无效或者不成立的，人民法院应当依法予以受理。</td></tr>
<tr><td>第四条　股东请求撤销股东会或者股东大会、董事会决议，符合民法典第八十五条、公司法第二十二条第二款规定的，人民法院应当予以支持，但会议召集程序或者表决方式仅有轻微瑕疵，且对决议未产生实质影响的，人民法院不予支持。</td><td>第四条　股东请求撤销股东会或者股东大会、董事会决议，符合公司法第二十二条第二款规定的，人民法院应当予以支持，但会议召集程序或者表决方式仅有轻微瑕疵，且对决议未产生实质影响的，人民法院不予支持。</td></tr>
</table>

权威案例指引

▶公报案例

《许明宏诉泉州南明置业有限公司、林树哲与公司有关的纠纷案》，《最高人民法院公报》2019年第7期

裁判摘要：一、人民法院应当根据公司法、公司法司法解释（四）以及民事诉讼法的规定审查提起确认公司决议无效之诉的当事人是否为适格原告。对于在起诉时已经不具有公司股东资格和董事、监事职务的当事人提起的确认公司决议无效之诉，人民法院应当依据民事诉讼法第一百一十九条的规定审查其是否符合与案件有直接利害关系等起诉条件。

二、公司法意义上的董事会决议，是董事会根据法律或者公司章程规定的权限和表决程序，就审议事项经表决形成的反映董事会商业判断和独立意志的决议文件。中外合资经营企业的董事会对于合营一方根据法律规定委派和撤换董事之事项所作的记录性文件，不构成公司法意义上的董事会决议，亦不能成为确认公司决议无效之诉的对象。

《钱碧芳、华宁公司与祝长春、华宇公司、祝明安及汪贤琛股东权纠纷案》，《最高人民法院公报》2006年第7期

裁判摘要：在诉讼调解程序中，经人民法院主持，由有限责任公司全体股东召开股东会会议，就股权转让、公司债权债务及资产的处置等问题形成的《股东会决议》，对各股东均有约束力。故该有限责任公司的股东又就《股东会决议》涉及的问题提起新的诉讼时，如不属于依法应予支持的情形，则应当判令当事人各自遵守和执行股东会决议。

第一百三十五条　【民事法律行为的形式】民事法律行为可以采用书面形式、口头形式或者其他形式；法律、行政法规规定或者当事人约定采用特定形式的，应当采用特定形式。

关联法规参见

▶**法律：**《民法典合同编》第469条，《建筑法》第15条，《电子签名法》第3条、第4条，《农村土地承包法》第22条，《劳动法》第19条，《广告法》第30条，《慈善法》第45条，《商业银行法》第37条，《保险法》第13条，《合伙企业法》第4条，《信托法》第8条，《个人独资企业法》第19条。

司法解释适用

《最高人民法院关于审理买卖合同纠纷案件适用法律问题的解释》（法释〔2020〕17号修改）

新《买卖合同司法解释》	原《买卖合同司法解释》
第一条（原第一条）　当事人之间没有书面合同，一方以送货单、收货单、结算单、发票等主张存在买卖合同关系的，人民法院应当结合当事人之间的交易方式、交易习惯以及其他相关证据，对买卖合同是否成立作出认定。 对账确认函、债权确认书等函件、凭证没有记载债权人名称，买卖合同当事人一方以此证明存在买卖合同关系的，人民法院应予支持，但有相反证据足以推翻的除外。	
删除条文 ~~**第四条**　人民法院在按照合同法的规定认定电子交易合同的成立及效力的同时，还应当适用电子签名法的相关规定。~~	

第一百三十六条　【民事法律行为的生效】民事法律行为自成立时生效，但是法律另有规定或者当事人另有约定的除外。

行为人非依法律规定或者未经对方同意，不得擅自变更或者解除民事法律行为。

关联法规参见

▶**法律：**《民法典合同编》第465条、第502条。

司法解释适用

《最高人民法院关于适用〈中华人民共和国民法典〉有关担保制度的解释》（法释〔2020〕28号）

《民法典担保制度司法解释》	原《担保法司法解释》
新增条文 **第九条** 相对人根据上市公司公开披露的关于担保事项已经董事会或者股东大会决议通过的信息，与上市公司订立担保合同，相对人主张担保合同对上市公司发生效力，并由上市公司承担担保责任的，人民法院应予支持。	
相对人未根据上市公司公开披露的关于担保事项已经董事会或者股东大会决议通过的信息，与上市公司订立担保合同，上市公司主张担保合同对其不发生效力，且不承担担保责任或者赔偿责任的，人民法院应予支持。 相对人与上市公司已公开披露的控股子公司订立的担保合同，或者相对人与股票在国务院批准的其他全国性证券交易场所交易的公司订立的担保合同，适用前两款规定。	

第二节 意思表示

第一百三十七条 【有特定相对人的意思表示的生效时间】 以对话方式作出的意思表示，相对人知道其内容时生效。

以非对话方式作出的意思表示，到达相对人时生效。以非对话方式作出的采用数据电文形式的意思表示，相对人指定特定系统接收数据电文的，该数据电文进入该特定系统时生效；未指定特定系统的，相对人知道或者应当知道该数据电文进入其系统时生效。当事人对采用数据电文形式的意思表示的生效时间另有约定的，按照其约定。

关联法规参见

▶**法律：**《民法典合同编》第474条、第481条、第484条，《电子签名法》第11条。

第一百三十八条 【无相对人的意思表示的生效时间】 无相对人的意思表示，表示完成时生效。法律另有规定的，依照其规定。

关联法规参见

▶**法律：**《民法典继承编》第1133条。

第一百三十九条　【公告的意思表示的生效时间】 以公告方式作出的意思表示，公告发布时生效。

第一百四十条　【意思表示的形式】 行为人可以明示或者默示作出意思表示。

沉默只有在有法律规定、当事人约定或者符合当事人之间的交易习惯时，才可以视为意思表示。

关联法规参见

▶**法律**：《民法典合同编》第469条、第480条，《民法典继承编》第1124条。

第一百四十一条　【意思表示的撤回】 行为人可以撤回意思表示。撤回意思表示的通知应当在意思表示到达相对人前或者与意思表示同时到达相对人。

关联法规参见

▶**法律**：《民法典合同编》第475条、第476条、第485条。

第一百四十二条　【意思表示的解释】 有相对人的意思表示的解释，应当按照所使用的词句，结合相关条款、行为的性质和目的、习惯以及诚信原则，确定意思表示的含义。

无相对人的意思表示的解释，不能完全拘泥于所使用的词句，而应当结合相关条款、行为的性质和目的、习惯以及诚信原则，确定行为人的真实意思。

关联法规参见

▶**法律**：《民法典合同编》第466条、第498条。

权威案例指引

▶公报案例

《中国建设银行股份有限公司广州荔湾支行与广东蓝粤能源发展有限公司等信用证开证纠纷案》，《最高人民法院公报》2016年第5期

裁判摘要：提单具有债权凭证和所有权凭证的双重属性，提单持有人是否因受领提单的交付而取得物权以及取得何种类型的物权，取决于合同的约定。本案中，开证行根据其与开证申请人之间的合同约定持有提单，结合当事人的真实意思表示以及信用证交易的特点，应认定开证行对信用证项下单据中的提单以及提单项下的货物享有质权，开证行行使提单质权

的方式与行使提单项下动产质权的方式相同，即对提单项下货物折价、变卖、拍卖后所得价款享有优先受偿权。

《重庆建工集团股份有限公司与中铁十九局集团有限公司建设工程合同纠纷案》，《最高人民法院公报》2014 年第 4 期

裁判摘要：一、根据审计法的规定，国家审计机关对工程建设单位进行审计是一种行政监督行为，审计人与被审计人之间因国家审计发生的法律关系与本案当事人之间的民事法律关系性质不同。因此，在民事合同中，当事人对接受行政审计作为确定民事法律关系依据的约定，应当具体明确，而不能通过解释推定的方式，认为合同签订时，当事人已经同意接受国家机关的审计行为对民事法律关系的介入。

二、在双方当事人已经通过结算协议确认了工程结算价款并已基本履行完毕的情况下，国家审计机关做出的审计报告，不影响双方结算协议的效力。

《吉林省东润房地产开发有限公司与吉林佳垒房地集团有限公司、第三人大商股份有限公司合资、合作开发房地产合同纠纷案》，《最高人民法院公报》2013 年第 4 期

裁判摘要：双方当事人在签订合同后、履行合同过程中，因情况变化，又签订多份补充协议修改原合同约定的，只要补充协议是当事人的真实意思表示，协议内容符合法律规定，均应认定为有效。当事人对多份补充协议的履行内容存在争议的，应根据协议之间的内在联系，以及协议中约定的权利义务分配的完整性，并结合补充协议签订和成立的时间顺序，根据民法的公平和诚实信用原则，确定协议的最终履行内容。

第三节　民事法律行为的效力

第一百四十三条　【民事法律行为的有效条件】具备下列条件的民事法律行为有效：

（一）行为人具有相应的民事行为能力；

（二）意思表示真实；

（三）不违反法律、行政法规的强制性规定，不违背公序良俗。

关联法规参见

▶**法律：**《民法典总则编》第 153 条，《民法典合同编》第 497 条、第 502 条、第 506 条、第 850 条，《民法典婚姻家庭编》第 1047 条、第 1113 条，《民法典继承编》第 1143 条，《消费者权益保护法》第 26 条。

司法解释适用

《最高人民法院关于适用〈中华人民共和国民法典〉时间效力的若干规定》（法释〔2020〕15号）

《民法典时间效力规定》	
新增条文 **第八条** 民法典施行前成立的合同，适用当时的法律、司法解释的规定合同无效而适用民法典的规定合同有效的，适用民法典的相关规定。	

权威案例指引

▶公报案例

《北京朗坤生物科技有限公司与北京汇朗生物科技有限公司专利权转让合同纠纷案》，《最高人民法院公报》2021年第1期

裁判摘要：专利权被宣告无效，之前已经签订的专利权许可或转让合同并不因此而无效，上述合同因专利权无效而不能履行的，当事人可以据此主张变更或解除合同；专利权被宣告无效后合同尚未履行的部分是否一概不再履行，应根据未履行部分涉及的利益是否系因行使专利权所直接获得的利益进行判断。专利权许可费、转让费、侵权损害赔偿等均属于专利权价值的对价，专利权被宣告无效后，权利人无权要求继续履行。如果未履行部分系因当事人违约行为而应承担的违约金，由于违约金通常并非直接对应于专利权的价值，而是对应当事人的违约行为，专利权宣告无效对此并不具有溯及力，专利权人有权要求违约方继续履行未支付的违约金。

《云南福运物流有限公司与中国人寿财产保险股份公司曲靖中心支公司财产损失保险合同纠纷案》，《最高人民法院公报》2016年第7期

裁判摘要：一、当事人就货物保险损失达成的《赔偿协议书》及《货运险赔偿确认书》是对财产损害赔偿金额的自认，是真实意思表示，是有效的民事法律行为。

二、保险合同以当事人双方意思表示一致为成立要件，即保险合同以双方当事人愿意接受特定条件拘束时，保险合同即为成立。签发保险单属于保险方的行为，目的是对保险合同的内容加以确立，便于当事人知晓保险合同的内容，能产生证明的效果。根据《保险法》第十三条第一款关于"投保人提出保险要求，经保险人同意承保，保险合同成立。保险人应当及时向投保人签发保险单或者其他保险凭证，并在保险单或者其他保险凭证中载明当事人双方约定的全部内容"之规定，签发保险单并非保险合同成立时所必须具备的形式。

三、保险费是被保险人获得保险保障的对价。根据《保险法》第十三条第三款关于"依法成立的保险合同，自成立时生效。投保人和保险人可以对合同的效力约定附条件或者附期限"之规定，保险合同可以明确约定以交纳保险费为合同的生效要件。如保险合同约定于交纳保险费后保险合同生效，则投保人对交纳保险费前所发生的损失不承担赔偿责任。

《万通实业公司与兰州商业银行借款合同纠纷案》，《最高人民法院公报》2005年第9期

裁判摘要：借款合同双方当事人就借款合同中未履行的债务重新签订借款合同，债务人明知并且认可新合同中的一切内容，没有证据证明新合同的订立违背了当事人的真实意思表示，新合同中关于债务数额的约定，应视为债务人对自己权利的处分。只要该处分行为不损害公共利益，不违反国家法律或行政法规的禁止性规定，即应认定新合同中关于债务数额的约定合法有效。

第一百四十四条　【无民事行为能力人实施的民事法律行为】 无民事行为能力人实施的民事法律行为无效。

关联法规参见

▶**法律**：《民法典合同编》第497条，《民法典婚姻家庭编》第1113条，《民法典继承编》第1143条，《票据法》第6条。

第一百四十五条　【限制民事行为能力人实施的民事法律行为】 限制民事行为能力人实施的纯获利益的民事法律行为或者与其年龄、智力、精神健康状况相适应的民事法律行为有效；实施的其他民事法律行为经法定代理人同意或者追认后有效。

相对人可以催告法定代理人自收到通知之日起三十日内予以追认。法定代理人未作表示的，视为拒绝追认。民事法律行为被追认前，善意相对人有撤销的权利。撤销应当以通知的方式作出。

关联法规参见

▶**法律**：《民法典合同编》第497条，《民法典继承编》第1143条，《票据法》第6条。

第一百四十六条　【虚假表示与隐藏行为效力】 行为人与相对人以虚假的意思表示实施的民事法律行为无效。

以虚假的意思表示隐藏的民事法律行为的效力，依照有关法律规定处理。

关联法规参见

▶**法律**：《民法典总则编》第142条，《民法典合同编》第737条，《民法典婚姻家庭编》第1113条。

司法解释适用

《最高人民法院关于适用〈中华人民共和国民法典〉有关担保制度的解释》（法释〔2020〕28号）

《民法典担保制度司法解释》	原《担保法司法解释》
第六十八条 债务人或者第三人与债权人约定将财产形式上转移至债权人名下，债务人不履行到期债务，债权人有权对财产折价或者以拍卖、变卖该财产所得价款偿还债务的，人民法院应当认定该约定有效。当事人已经完成财产权利变动的公示，债务人不履行到期债务，债权人请求参照民法典关于担保物权的有关规定就该财产优先受偿的，人民法院应予支持。 债务人或者第三人与债权人约定将财产形式上转移至债权人名下，债务人不履行到期债务，财产归债权人所有的，人民法院应当认定该约定无效，但是不影响当事人有关提供担保的意思表示的效力。当事人已经完成财产权利变动的公示，债务人不履行到期债务，债权人请求对该财产享有所有权的，人民法院不予支持；债权人请求参照民法典关于担保物权的规定对财产折价或者以拍卖、变卖该财产所得的价款优先受偿的，人民法院应予支持；债务人履行债务后请求返还财产，或者请求对财产折价或者以拍卖、变卖所得的价款清偿债务的，人民法院应予支持。 债务人与债权人约定将财产转移至债权人名下，在一定期间后再由债务人或者其指定的第三人以交易本金加上溢价款回购，债务人到期不履行回购义务，财产归债权人所有的，人民法院应当参照第二款规定处理。回购对象自始不存在的，人民法院应当依照民法典第一百四十六条第二款的规定，按照其实际构成的法律关系处理。	**第七十三条** 抵押物折价或者拍卖、变卖该抵押物的价款低于抵押权设定时约定价值的，应当按照抵押物实现的价值进行清偿。不足清偿的剩余部分，由债务人清偿。 **第七十四条** 抵押物折价或者拍卖、变卖所得的价款，当事人没有约定的，按下列顺序清偿： （一）实现抵押权的费用； （二）主债权的利息； （三）主债权。

权威案例指引

公报案例

《葛亮诉李辉等房屋买卖合同纠纷案》，《最高人民法院公报》2021年第2期

裁判摘要：涉“套路贷”房屋买卖合同效力的判断，不宜仅凭公证授权文书一律认定有效，要查明当事人的真实意思，对隐藏的民事法律行为的效力，综合考量依法作出判定。

《日照港集团有限公司煤炭运销部与山西焦煤集团国际发展股份有限公司借款合同纠纷案》，《最高人民法院公报》2017年第6期

裁判摘要：在三方或三方以上的企业间进行的封闭式循环买卖中，一方在同一时期先卖后买同一标的物，低价卖出高价买入，明显违背营利法人的经营目的与商业常理，此种异常的买卖实为企业间以买卖形式掩盖的借贷法律关系。企业间为此而签订的买卖合同，属于当事人共同实施的虚伪意思表示，应认定为无效。

在企业间实际的借贷法律关系中，作为中间方的托盘企业并非出于生产、经营需要而借款，而是为了转贷牟利，故借贷合同亦应认定为无效。借款合同无效后，借款人应向贷款人返还借款的本金和利息。因贷款人对合同的无效也存在过错，人民法院可以相应减轻借款人返还的利息金额。

《北京博创英诺威科技有限公司与保利民爆科技集团股份有限公司合同纠纷案》，《最高人民法院公报》2015年第3期

裁判摘要：出口退税是我国为鼓励出口而采取的措施。本案并不存在没有真实货物出口而假冒出口的情形。出口方有权获得出口退税款。本案所涉外贸代理合同约定了出口退税款由外贸代理人支付给委托人的条款。该条款是当事人关于出口退税款再分配的约定。系当事人基于真实意思的有权处分，该合同不应因此被认定为为达到骗取国家出口退税款这一非法目的而签订的合同，不应因此被认定无效。外贸代理人获得的出口退税款应当依约支付给委托人。

《徐州大舜房地产开发有限公司诉王志强商品房预售合同纠纷案》，《最高人民法院公报》2013年第12期

裁判摘要：房地产开发企业以规避国家对房地产行业调控为目的，借他人名义与自身签订虚假商品房买卖合同，抵押套取银行信贷资金的，如果商品房买受人明知合同非双方真实意思表示，则该情形符合《中华人民共和国合同法》第五十二条第（三）项的规定，应当认定合同无效。

典型案例

《薛梦懿等四人与西藏国能矿业发展有限公司、西藏龙辉矿业有限公司股权转让合同纠纷案》，《人民法院关于依法审理矿业权民事纠纷案件典型案例之七》（2016年7月12日）

典型意义：股权与矿业权是不同的民事权利，其性质、内容及适用的法律应有所区别。矿山企业的股权属社员权，由股东享有，受公司法调整。矿山企业的股权转让导致股东变化，不当然导致矿业权主体变更，不构成以合法的矿山企业股权转让之形式，逃避行政监

管，实现实质上非法的矿业权转让目的的，不宜认定为变相的矿业权转让，径行判令无效。若股权转让合同中同时约定了矿业权转让、矿业权人变更等实质性内容，则应根据矿业权转让的法律法规认定该部分内容的效力。

《黄国均与遵义市大林弯采矿厂、苏芝昌合伙纠纷案》，《人民法院关于依法审理矿业权民事纠纷案件典型案例之八》（2016年7月12日）

典型意义：矿产资源具有不可再生性。为保护和合理开发矿产资源，取得采矿许可证的企业必须严格执行矿产资源开发利用的法律法规。矿业权人与他人签订合伙协议，但并无实际合伙经营的事实，实施采矿行为一方缴纳挂靠费用，以矿业权人名义自行投资、自负盈亏、自担责任，独立从事矿产资源开采，以达到逃避行政监管的非法目的的，合伙协议应认定无效。矿业权人受到行政处罚，不影响其承担民事责任。人民法院在厘清当事人过错的基础上，根据过错大小确定各方当事人的民事责任，对规范矿业权人依法行使采矿权，维护矿产资源流转秩序具有积极意义。

第一百四十七条 【重大误解】基于重大误解实施的民事法律行为，行为人有权请求人民法院或者仲裁机构予以撤销。

关联法规参见

▶**法律：**《民法典总则编》第142条，《民法典合同编》第497条。

司法解释适用

《最高人民法院关于审理劳动争议案件适用法律问题的解释（一）》（法释〔2020〕26号）

《劳动争议案件适用司法解释（一）》	原《劳动争议案件司法解释（三）》
第三十五条（原第十条） 劳动者与用人单位就解除或者终止劳动合同办理相关手续、支付工资报酬、加班费、经济补偿或者赔偿金等达成的协议，不违反法律、行政法规的强制性规定，且不存在欺诈、胁迫或者乘人之危情形的，应当认定有效。 前款协议存在重大误解或者显失公平情形，当事人请求撤销的，人民法院应予支持。	

《最高人民法院关于人民法院网络司法拍卖若干问题的规定》

第三十一条 当事人、利害关系人提出异议请求撤销网络司法拍卖，符合下列情形之一的，人民法院应当支持：

（一）由于拍卖财产的文字说明、视频或者照片展示以及瑕疵说明严重失实，致使买受人产生重大误解，购买目的无法实现的，但拍卖时的技术水平不能发现或者已经就相关瑕疵以及责任承担予以公示说明的除外；

（二）由于系统故障、病毒入侵、黑客攻击、数据错误等原因致使拍卖结果错误，严重损害当事人或者其他竞买人利益的；

（三）竞买人之间，竞买人与网络司法拍卖服务提供者之间恶意串通，损害当事人或者其他竞买人利益的；

（四）买受人不具备法律、行政法规和司法解释规定的竞买资格的；

（五）违法限制竞买人参加竞买或者对享有同等权利的竞买人规定不同竞买条件的；

（六）其他严重违反网络司法拍卖程序且损害当事人或者竞买人利益的情形。

其他法律性文件

《最高人民法院关于印发〈全国法院贯彻实施民法典工作会议纪要〉的通知》

2. 行为人因对行为的性质、对方当事人、标的物的品种、质量、规格和数量等的错误认识，使行为的后果与自己的意思相悖，并造成较大损失的，人民法院可以认定为民法典第一百四十七条、第一百五十二条规定的重大误解。

第一百四十八条　【欺诈】一方以欺诈手段，使对方在违背真实意思的情况下实施的民事法律行为，受欺诈方有权请求人民法院或者仲裁机构予以撤销。

关联法规参见

▶**法律：**《民法典合同编》第497条，《民法典继承编》第1143条。

其他法律性文件

《最高人民法院关于印发〈全国法院贯彻实施民法典工作会议纪要〉的通知

3. 故意告知虚假情况，或者故意隐瞒真实情况，诱使当事人作出错误意思表示的，人民法院可以认定为民法典第一百四十八条、第一百四十九条规定的欺诈。

权威案例指引

▶**公报案例**

《刘向前诉安邦财产保险公司保险合同纠纷案》，《最高人民法院公报》2013年第8期

裁判摘要：保险事故发生后，保险公司作为专业理赔机构，基于专业经验及对保险合同的理解，其明知或应知保险事故属于赔偿范围，而在无法律和合同依据的情况下，故意隐瞒被保险人可以获得保险赔偿的重要事实，对被保险人进行诱导，在此基础上双方达成销案协议的，应认定被保险人作出了不真实的意思表示，保险公司的行为违背诚信原则构成保险合同欺诈。被保险人请求撤销该销案协议的，人民法院应予支持。

《中国农业银行长沙市先锋支行与湖南金帆投资管理有限公司、长沙金霞开发建设有限公司借款担保合同纠纷案》，《最高人民法院公报》2009年第1期

裁判摘要：导致合同当事人分别持有的合同文本内容有出入的原因复杂多样，不能据此简单地认定合同某一方当事人存在故意欺诈的情形。合同一方当事人如果据此主张对方当事人恶意欺诈，还应当提供其他证据予以证明。

▶**典型案例**

《重庆重铁物流有限公司诉巫山县龙翔商贸有限责任公司、合江县杉杉贸易有限公司买卖合同纠纷案》，《“用公开促公正建设核心价值”主题教育活动合同纠纷典型案例之一》（2015年12月4日）

典型意义：诚实信用原则不仅仅是合同法的基本原则，也是整个民事活动的基本原则。在市场经济活动中，市场主体在行为时不欺不诈，尊重他人利益，保证合同关系的各方当事人都能得到自己的利益，并不得损害社会和第三人的利益，才能更好地促进市场经济健康发展。市场主体的诚实、恪守信用，为市场主体提供了一种普遍的信赖，这种信赖是市场交易所必须的资源之一。如果合同一方当事人不守诚信，违反合同约定，甚至采取欺诈手段，损害对方利益或对社会、第三人造成损害，最终扰乱市场交易秩序，影响整个市场经济活动的健康发展。

本案中，被告龙翔公司、杉杉公司实为同一人控制的公司，但在与原告签订合同时故意隐瞒了这一真实情况，使原告与两公司签订了合同和协议，并且通过伪造货物运单、收货证明，虚开增值税发票等手段，虚构了本不存在的煤炭交易事实。被告龙翔公司基于上述合同虚构煤炭交易，形成了对原告3000余万元的债权，从而到银行办理了保理业务，将此笔应收账款向银行转让进行融资，使得原告可能陷于被银行追索的风险，银行也可能陷于保理业务坏账的风险。两被告不讲诚实信用，其行为完全符合合同欺诈的认定。根据合同法第五十四条的规定，原告撤销合同的诉请，得到了法院的支持。本案的裁判结果体现了良好的社会效果，彰显了法院在制裁违约、打击欺诈、维护社会诚信的重要作用。

《胡百卿诉临沂沂兴房地产开发有限公司房屋买卖合同纠纷案》，《“用公开促公正建设核心价值”主题教育活动合同纠纷典型案例之七》（2015年12月4日）

典型意义：本案是涉及商品房买卖合同中因出卖方故意隐瞒所售房屋已经出卖给第三人的事实，导致合同无效或者被撤销、解除的惩罚性赔偿条款适用的典型案件，也是对合同法第54条中关于一方以欺诈手段使对方在违背真实意思的情况下订立合同被撤销的适用。同时本案也对商品房买卖中惩罚性赔偿原则与定金罚则并存时应如何适用作出阐述。商品房买卖合同中，惩罚性赔偿原则并非以“双倍返还”为限，双方当事人愿意在合同中加入惩罚性赔偿的内容，并不违背法律法规的强制性规定，那么该条款可以视为双方给自己可能造成的损害，而采取的额外保护措施，法院对此应予支持。

第一百四十九条　【第三人欺诈】第三人实施欺诈行为，使一方在违背真实意思的情况下实施的民事法律行为，对方知道或者应当知道该欺诈行为的，受欺诈方有权请求人民法院或者仲裁机构予以撤销。

关联法规参见

▶**法律：**《民法典合同编》第497条。

司法解释适用

《最高人民法院关于适用〈中华人民共和国民法典〉有关担保制度的解释》（法释〔2020〕28号）

《民法典担保制度司法解释》	原《担保法司法解释》
删除条文 ~~**第四十一条** 债务人与保证人共同欺骗债权人，订立主合同和保证合同的，债权人可以请求人民法院予以撤销。因此给债权人造成损失的，由保证人与债务人承担连带赔偿责任。~~	

其他法律性文件

《最高人民法院关于印发〈全国法院贯彻实施民法典工作会议纪要〉的通知》

3. 故意告知虚假情况，或者故意隐瞒真实情况，诱使当事人作出错误意思表示的，人民法院可以认定为民法典第一百四十八条、第一百四十九条规定的欺诈。

第一百五十条　【胁迫】 一方或者第三人以胁迫手段，使对方在违背真实意思的情况下实施的民事法律行为，受胁迫方有权请求人民法院或者仲裁机构予以撤销。

关联法规参见

▶**法律：**《民法典合同编》第497条，《民法典婚姻家庭编》第1052条。

司法解释适用

《最高人民法院关于适用〈中华人民共和国民法典〉有关担保制度的解释》（法释〔2020〕28号）

《民法典担保制度司法解释》	原《担保法司法解释》
删除条文 ~~**第四十条** 主合同债务人采取欺诈、胁迫等手段，使保证人在违背真实意思的情况下提供保证的，债权人知道或者应当知道欺诈、胁迫事实的，按照担保法第三十条的规定处理。~~	
第六十八条 <u>债务人或者第三人与债权人约定将财产形式上转移至债权人名下，债务人不履行到期债务，债权人有权对财产折价或者以拍卖、变卖该财产所得价款偿还债务的，人民法院应当认定该约定有效。当事人已经完成财产权利变动的公示，债务人不履行到期债务，债权人请求参照民法典关于担保物权的有关规定就该财产</u>	**第七十三条** <u>抵押物折价或者拍卖、变卖该抵押物的价款低于抵押权设定时约定价值的，应当按照抵押物实现的价值进行清偿。不足清偿的剩余部分，由债务人清偿。</u> **第七十四条** <u>抵押物折价或者拍卖、变卖所得的价款，当事人没有约定的，按下列顺序清偿：</u>

《民法典担保制度司法解释》	原《担保法司法解释》
优先受偿的，人民法院应予支持。 债务人或者第三人与债权人约定将财产形式上转移至债权人名下，债务人不履行到期债务，财产归债权人所有的，人民法院应当认定该约定无效，但是不影响当事人有关提供担保的意思表示的效力。当事人已经完成财产权利变动的公示，债务人不履行到期债务，债权人请求对该财产享有所有权的，人民法院不予支持；债权人请求参照民法典关于担保物权的规定对财产折价或者以拍卖、变卖该财产所得的价款优先受偿的，人民法院应予支持；债务人履行债务后请求返还财产，或者请求对财产折价或者以拍卖、变卖所得的价款清偿债务的，人民法院应予支持。 债务人与债权人约定将财产转移至债权人名下，在一定期间后再由债务人或者其指定的第三人以交易本金加上溢价款回购，债务人到期不履行回购义务，财产归债权人所有的，人民法院应当参照第二款规定处理。回购对象自始不存在的，人民法院应当依照民法典第一百四十六条第二款的规定，按照其实际构成的法律关系处理。	（一）实现抵押权的费用； （二）主债权的利息； （三）主债权。

《最高人民法院关于适用〈中华人民共和国民法典〉婚姻家庭编的解释（一）》

（法释〔2020〕22号）

《民法典婚姻家庭编司法解释（一）》	原《婚姻法司法解释（一）》
第十八条　行为人以给另一方当事人或者其近亲属的生命、身体、健康、名誉、财产等方面造成损害为要挟，迫使另一方当事人违背真实意愿结婚的，可以认定为民法典第一千零五十二条所称的“胁迫”。 因受胁迫而请求撤销婚姻的，只能是受胁迫一方的婚姻关系当事人本人。	**第十条**　婚姻法第十一条所称的“胁迫”，是指行为人以给另一方当事人或者其近亲属的生命、身体健康、名誉、财产等方面造成损害为要挟，迫使另一方当事人违背真实意愿结婚的情况。 因受胁迫而请求撤销婚姻的，只能是受胁迫一方的婚姻关系当事人本人。

其他法律性文件

《最高人民法院关于印发〈全国法院贯彻实施民法典工作会议纪要〉的通知》

4. 以给自然人及其亲友的生命、身体、健康、名誉、荣誉、隐私、财产等造成损害或者以给法人、非法人组织的名誉、荣誉、财产等造成损害为要挟，迫使其作出不真实的意思表示的，人民法院可以认定为民法典第一百五十条规定的胁迫。

第一百五十一条　【乘人之危导致的显失公平】一方利用对方处于危困状态、缺乏判断能力等情形，致使民事法律行为成立时显失公平的，受损害方有权请求人民法院或者仲裁机构予以撤销。

关联法规参见

▶**法律**：《民法典合同编》第497条。

司法解释适用

《最高人民法院关于审理劳动争议案件适用法律问题的解释（一）》（法释〔2020〕26号）

《劳动争议案件适用司法解释（一）》	原《劳动争议案件司法解释（三）》
第三十五条（原第十条）　劳动者与用人单位就解除或者终止劳动合同办理相关手续、支付工资报酬、加班费、经济补偿或者赔偿金等达成的协议，不违反法律、行政法规的强制性规定，且不存在欺诈、胁迫或者乘人之危情形的，应当认定有效。 前款协议存在重大误解或者显失公平情形，当事人请求撤销的，人民法院应予支持。	

权威案例指引

▶**公报案例**

《黄仲华诉刘三明债权人撤销权纠纷案》，《最高人民法院公报》2013年第1期

裁判摘要：用人单位与劳动者就工伤事故达成赔偿协议，但约定的赔偿金额明显低于劳动者应当享受的工伤保险待遇的，应当认定为显失公平。劳动者请求撤销该赔偿协议的，人民法院应予支持。

《家园公司诉森得瑞公司合同纠纷案》，《最高人民法院公报》2007年第2期

裁判摘要：合同的显失公平，是指合同一方当事人利用自身优势，或者利用对方没有经验等情形，在与对方签订合同中设定明显对自己一方有利的条款，致使双方基于合同的权利义务和客观利益严重失衡，明显违反公平原则。

双方签订的合同中设定了某些看似对一方明显不利的条款，但设立该条款是双方当事人真实的意思表示，其实质恰恰在于衡平双方的权利义务。在此情形下，合同一方当事人以显失公平为由请求撤销该合同条款的，不应予以支持。

▶**典型案例**

《刘家花诉山东费县益客盛源食品有限公司养殖合同纠纷案》，《“用公开促公正建设核心价值”主题教育活动合同纠纷典型案例之三》（2015年12月4日）

典型意义：该案是典型的一方以合同履行中的优势地位获取不当利益的案件，益客盛源公司在回收肉鸭的时候将合同原件收回，尔后否认所签合同的存在，导致养殖户在肉鸭款被克扣的情况下，无法提供合同原件来举证，这种行为严重违背诚实信用原则。该裁判结果对规范该类养殖合同的履行、保护处于弱势地位的养殖户的合法权益具有重大意义。该案事实清楚，责任明确，二审法院依法及时判决，对益客盛源公司利用优势地位获取不当利益的行为进行了批评，严格追究违法失信者的法律责任，保障诚实守信方的合法权益。该案的判决，有利于明晰责任、确立规则、维护诚信，充分体现了人民法院依法维护当事人合法权益，维护社会公平正义的职能作用。

第一百五十二条　【撤销权的消灭】有下列情形之一的，撤销权消灭：

（一）当事人自知道或者应当知道撤销事由之日起一年内、重大误解的当事人自知道或者应当知道撤销事由之日起九十日内没有行使撤销权；

（二）当事人受胁迫，自胁迫行为终止之日起一年内没有行使撤销权；

（三）当事人知道撤销事由后明确表示或者以自己的行为表明放弃撤销权。

当事人自民事法律行为发生之日起五年内没有行使撤销权的，撤销权消灭。

关联法规参见

▶**法律：**《民法典合同编》第497条。

其他法律性文件

《最高人民法院关于印发〈全国法院贯彻实施民法典工作会议纪要〉的通知》

2. 行为人因对行为的性质、对方当事人、标的物的品种、质量、规格和数量等的错误认识，使行为的后果与自己的意思相悖，并造成较大损失的，人民法院可以认定为民法典第一百四十七条、第一百五十二条规定的重大误解。

第一百五十三条　【违反强制性规定；违背公序良俗】违反法律、行政法规的强制性规定的民事法律行为无效。但是，该强制性规定不导致该民事法律行为无效的除外。

违背公序良俗的民事法律行为无效。

关联法规参见

▶**法律**：《民法典总则编》第8条、第143条，《民法典合同编》第496条、第497条、第506条、第850条，《民法典婚姻家庭编》第1051条、第1113条，《农村土地承包法》第58条，《公司法》第22条，《劳动合同法》第26条。

司法解释适用

《最高人民法院关于适用〈中华人民共和国民法典〉有关担保制度的解释》（法释〔2020〕28号）

《民法典担保制度司法解释》	原《担保法司法解释》
第五条　机关法人提供担保的，人民法院应当认定担保合同无效，但是经国务院批准为使用外国政府或者国际经济组织贷款进行转贷的除外。 居民委员会、村民委员会提供担保的，人民法院应当认定担保合同无效，但是依法代行村集体经济组织职能的村民委员会，依照村民委员会组织法规定的讨论决定程序对外提供担保的除外。	**第三条**　国家机关和以公益为目的的事业单位、社会团体违反法律规定提供担保的，担保合同无效。因此给债权人造成损失的，应当根据担保法第五条第二款的规定处理。

《最高人民法院关于审理建设工程施工合同纠纷案件适用法律问题的解释（一）》（法释〔2020〕25号）

《建工合同司法解释（一）》	原《建设工程施工合同纠纷司法解释》
第一条　建设工程施工合同具有下列情形之一的，应当依据民法典第一百五十三条第一款的规定，认定无效： （一）承包人未取得建筑业企业资质或者超越资质等级的； （二）没有资质的实际施工人借用有资质的建筑施工企业名义的； （三）建设工程必须进行招标而未招标或者中标无效的。 承包人因转包、违法分包建设工程与他人签订的建设工程施工合同，应当依据民法典第一百五十三条第一款及第七百九十一条第二款、第三款的规定，认定无效。	**第一条**　建设工程施工合同具有下列情形之一的，应当根据合同法第五十二条第（五）项的规定，认定无效： （一）承包人未取得建筑施工企业资质或者超越资质等级的； （二）没有资质的实际施工人借用有资质的建筑施工企业名义的； （三）建设工程必须进行招标而未招标或者中标无效的。

《最高人民法院关于适用〈中华人民共和国民事诉讼法〉的解释》（法释〔2020〕20号修改）

新《民事诉讼法司法解释》	原《民事诉讼法司法解释》
第四百零五条（原第四百零五条） 人民法院审理再审案件应当围绕再审请求进行。当事人的再审请求超出原审诉讼请求的，不予审理；符合另案诉讼条件的，告知当事人可以另行起诉。 被申请人及原审其他当事人在庭审辩论结束前提出的再审请求，符合民事诉讼法第二百零五条规定的，人民法院应当一并审理。 人民法院经再审，发现已经发生法律效力的判决、裁定损害国家利益、社会公共利益、他人合法权益的，应当一并审理。	

《最高人民法院关于审理民间借贷案件适用法律若干问题的规定》（法释〔2020〕17号修改）

新《民间借贷案件规定》	原《民间借贷案件规定》
第十三条（原第十四条） 具有下列情形之一的，人民法院应当认定民间借贷合同无效： （一）套取金融机构贷款转贷的； （二）以向其他营利法人借贷、向本单位职工集资，或者以向公众非法吸收存款等方式取得的资金转贷的； （三）未依法取得放贷资格的出借人，以营利为目的向社会不特定对象提供借款的； （四）出借人事先知道或者应当知道借款人借款用于违法犯罪活动仍然提供借款的； （五）违反法律、行政法规强制性规定的； （六）违背公序良俗的。	

权威案例指引

▶公报案例

《四川金核矿业有限公司与新疆临钢资源投资股份有限公司特殊区域合作勘查合同纠纷案》，《最高人民法院公报》2017年第4期

裁判摘要：当事人关于在自然保护区、风景名胜区、重点生态功能区、生态环境敏感区和脆弱区等区域内勘查开采矿产资源的合同约定，不得违反法律、行政法规的强制性规定或者损害环境公共利益，否则应依法认定无效。环境资源法律法规中的禁止性规定，即便未明确违反相关规定将导致合同无效，但若认定合同有效并继续履行将损害环境公共利益的，应当认定合同无效。

《海南康力元药业有限公司、海南通用康力制药有限公司与海口奇力制药股份有限公司技术转让合同纠纷案》，《最高人民法院公报》2013年第2期

裁判摘要：在合同效力的认定中，应该以合同是否违反法律、行政法规的强制性规定为判断标准，而不宜以合同违反行政规章的规定为由认定合同无效。在技术合同纠纷案件中，如果技术合同涉及的生产产品或提供服务依法须经行政部门审批或者许可而未经审批或者许

可的，不影响当事人订立的相关技术合同的效力。

《中建材集团进出口公司诉北京大地恒通经贸有限公司、北京天元盛唐投资有限公司、天宝盛世科技发展（北京）有限公司、江苏银大科技有限公司、四川宜宾俄欧工程发展有限公司进出口代理合同纠纷案》，《最高人民法院公报》2011 年第 2 期

裁判摘要：2005 年修订的公司法第十六条第一款规定："公司向其他企业投资或者为他人提供担保，依照公司章程的规定，由董事会或者股东会、股东大会决议；公司章程对投资或者担保的总额及单项投资或者担保的数额有限额规定的，不得超过规定的限额。"该条第二款规定："公司为公司股东或者实际控制人提供担保的，必须经股东会或者股东大会决议。"但公司违反前述条款的规定，与他人订立担保合同的，不能简单认定合同无效。第一，该条款并未明确规定公司违反上述规定对外提供担保导致担保合同无效；第二，公司内部决议程序，不得约束第三人；第三，该条款并非效力性强制性的规定；第四，依据该条款认定担保合同无效，不利于维护合同的稳定和交易的安全。

《梅州市梅江区农村信用合作联社江南信用社诉罗苑玲储蓄合同纠纷案》，《最高人民法院公报》2011 年第 1 期

裁判摘要：一、根据《中华人民共和国合同法》第五十二条第（五）项的规定，违反法律、行政法规的强制性规定的合同无效。最高人民法院《关于适用若干问题的解释（二）》第十四条规定，所谓强制性规定是指效力性强制性规定。仅是针对特定主体的对内管理行为、不涉及公共利益的规定，不属于效力性强制性规定，违反该规定不能导致合同无效。

二、银行作为专业金融机构，对于关乎储户切身利益的内部业务规定，负有告知储户的义务。如银行未向储户履行告知义务，当双方对于储蓄合同相关内容的理解产生分歧时，应当按照一般社会生活常识和普遍认知对合同相关内容作出解释，不能片面依照银行内部业务规定解释合同内容。

《巴菲特投资有限公司诉上海自来水投资建设有限公司股权转让纠纷案》，《最高人民法院公报》2010 年第 4 期

裁判摘要：根据《企业国有资产监督管理暂行条例》第十三条的规定，国务院国有资产监督管理机构可以制定企业国有资产监督管理的规章、制度。根据国务院国资委、财政部制定实施的《企业国有产权转让管理暂行办法》第四、第五条的规定，企业国有产权转让应当在依法设立的产权交易机构中公开进行，企业国有产权转让可以采取拍卖、招投标、协议转让等方式进行。企业未按照上述规定在依法设立的产权交易机构中公开进行企业国有产权转让，而是进行场外交易的，其交易行为违反公开、公平、公正的交易原则，损害社会公共利益，应依法认定其交易行为无效。

《上海市弘正律师事务所诉中国船舶及海洋工程设计研究院服务合同纠纷案》，《最高人民法院公报》2009 年第 12 期

裁判摘要：当事人在诉讼过程中自愿接受调解、和解，是对自身权益的处分，是当事人

依法享有的诉讼权利。律师事务所及其律师作为法律服务者，在接受当事人委托代理诉讼事务中，应当尊重委托人关于接受调解、和解的自主选择，即使认为委托人的选择不妥，也应当出于维护委托人合法权益的考虑提供法律意见，而不能为实现自身利益的最大化，基于多收代理费的目的，通过与委托人约定相关合同条款限制委托人接受调解、和解。上述行为不仅侵犯委托人的诉讼权利，加重委托人的诉讼风险，同时也不利于促进社会和谐，违反社会公共利益，相关合同条款亦属无效。

《安徽省福利彩票发行中心与北京德法利科技发展有限责任公司营销协议纠纷案》，《最高人民法院公报》2009 年第 9 期

裁判摘要：一、根据最高人民法院《关于适用〈中华人民共和国民事诉讼法〉审判监督程序若干问题的解释》第三十三条的规定，人民法院应当在具体的再审请求范围内或在抗诉支持当事人请求的范围内审理再审案件。当事人超出原审范围增加、变更诉讼请求的，不属于再审审理范围。但涉及国家利益、社会公共利益，或者当事人在原审诉讼中已经依法要求增加、变更诉讼请求，原审未予审理且客观上不能形成其他诉讼的除外。

二、根据最高人民法院《关于适用〈中华人民共和国合同法〉若干问题的解释（一）》第四条的规定，合同法实施以后，人民法院确认合同无效，应当以全国人大及其常委会制定的法律和国务院制定的行政法规为依据，不得以地方性法规、行政规章为依据。

《西安市商业银行与健桥证券股份有限公司、西部信用担保有限公司借款担保合同纠纷案》，《最高人民法院公报》2006 年第 9 期

裁判摘要：（一）根据《最高人民法院关于适用〈中华人民共和国合同法〉若干问题的解释（一）》第四条的规定，人民法院确认合同无效，应当以全国人大及其常委会制定的法律和国务院制定的行政法规为依据，不得以地方性法规、行政规章为依据。《中国人民银行关于禁止银行资金违规流入股票市场的通知》属于部门规章，不能作为确认合同效力的依据。

（二）债务人无正当理由未在合同约定的期限内还款，担保人未按照合同约定承担保证责任，均构成合同履行中的违约，本应承担违约责任，而债务人、担保人反以不正当理由主张合同无效的，有违诚实信用原则，依法不应支持。

《吴卫明诉上海花旗银行储蓄合同纠纷案》，《最高人民法院公报》2005 年第 9 期

裁判摘要：外资金融机构向小额储户收取账户管理费的行为，不违反法律、法规的禁止性规定的，不构成违法。

《国际华侨公司诉长江影业公司影片发行权许可合同纠纷案》，《最高人民法院公报》2004 年第 5 期

裁判摘要：电影著作权人可以依照著作权法的规定，自己行使或许可他人行使其著作权。在电影著作权许可使用合同中，著作权人与他人关于按比例分成收入和违约赔偿责任的约定，如不违反民法通则等法律或有关行政法规的禁止性规定，应认定有效。

▶典型案例

《深圳市新世纪投资发展有限公司与东北石油大学合同纠纷案》，《最高人民法院第二巡回法庭关于公正审理跨省重大民商事和行政案件典型案例之六》（2016 年 10 月 31 日）

典型意义：本案当事人跨越黑龙江与广东两省，是涉及处置行政事业性国有资产合同效力的典型案例。在涉及国有资产处置的合同纠纷中，如国有资产处置主体具备独立法人资格，合同各方均具有相应的民事权利能力和民事行为能力，合同内容系当事人意思表示真实，国有资产处置主体在诉讼中将其管理的国有资产利益直接等同于《中华人民共和国》第五十二条规定的国家利益或者社会公共利益，以合同损害国家利益或者社会公共利益为由主张国有资产处置合同无效，但没有其他证据证明或补充说明，合同也不存在《中华人民共和国合同法》第五十二条规定的其他情形的，人民法院对其合同无效的主张不应予以支持。本案中，东北石油大学处置的资产属于行政事业性国有资产。现行法律、行政法规对行政事业性国有资产并无效力性强制性规范。东北石油大学处置安达校区资产，并未损害社会公共利益。东北石油大学系具备独立法人资格的事业单位，具有相应的民事权利能力和民事行为能力，东北石油大学转让的安达校区资产，虽然属国有资产和社会公共教育资源，但安达校区资产的转让系东北石油大学与深圳新世纪公司作为平等的民事主体在平等协商的基础上自愿进行的有偿转让，不应将东北石油大学管理的国有资产利益直接等同于《中华人民共和国合同法》第五十二条所称的国家利益或者社会公共利益，亦不应据此认定转让合同无效。

《傅钦其与仙游县社硎乡人民政府采矿权纠纷案》，《人民法院关于依法审理矿业权民事纠纷案件典型案例之二》（2016 年 7 月 12 日）

典型意义：矿产资源归国家所有，国家对矿产资源的勘查、开采实施严格的许可证管理制度。矿业权的出让应由县级以上国土资源主管部门根据法定权限依法进行，乡级政府并非适格的矿业权出让主体。在不拥有矿山勘查、采矿许可证的情况下，乡级政府签订合同擅自将国家所有的矿产资源交由他人勘查、开采，不仅严重侵害国家对矿产资源的所有权，造成矿业权税费流失，而且极易造成矿产资源的乱采滥挖，甚至导致环境污染、生态破坏。对此类合同应给予否定性法律评价。人民法院应在认定合同无效的前提下，区别返还财产和赔偿损失等不同责任方式，在维护矿产资源国家所有权的同时，综合考虑过错因素，保护当事人的合法利益和矿业权流转市场的交易秩序。

《新疆临钢资源投资股份有限公司与四川金核矿业有限公司特殊区域合作勘查合同纠纷案》，《人民法院关于依法审理矿业权民事纠纷案件典型案例之九》（2016 年 7 月 12 日）

典型意义：在自然保护区、风景名胜区、重点生态功能区、生态环境敏感区和脆弱区等特殊区域内，环境保护与经济发展之间的矛盾较为突出。人民法院审理、执行相关案件，要依据国家和省级国土空间主体功能区规划，充分考虑各类功能区的不同功能定位，确定不同的处理思路。对于优化开发区域尤其是重点开发区域发生的环境资源纠纷，可以更多地考虑合理利用环境容量发展经济的需要，对于限制开发和禁止开发区域，尤其是在划定生态保护红线地区发生的环境资源纠纷，则要贯彻最严格的保护措施。针对上述特殊区域签订的勘查、开采矿产资源合同，即使已经得到国土资源主管部门批准，人民法院仍应对合同效力进行特别审查，若合同违反法律、行政法规的强制性规定，损害环境公共利益的，应依法认定无效。

《李某、王某诉陈某某民间借贷纠纷案》，《“用公开促公正建设核心价值”主题教育活动合同纠纷典型案例之十二》（2015 年 12 月 4 日）

典型意义：出借人明知或应当知道借款人借款用于违法犯罪活动，但为了谋取高息仍然提供借款，此现象在社会上时有发生，但在证据上能够认定出借人明知借款用于违法犯罪活动的案件并不多见，法院在该类案件中认定民间借贷合同无效，对当事人之间约定的高额利息、违约金等不予保护，在维护正常民间融资秩序方面起到了积极作用。

第一百五十四条 【恶意串通】行为人与相对人恶意串通，损害他人合法权益的民事法律行为无效。

关联法规参见

▶**法律：**《民法典合同编》第 497 条，《民法典婚姻家庭编》第 1113 条，《拍卖法》第 65 条，《企业国有资产法》第 72 条，《海事诉讼特别程序法》第 41 条。

司法解释适用

《最高人民法院关于适用〈中华人民共和国民法典〉有关担保制度的解释》（法释〔2020〕28 号）

《民法典担保制度司法解释》	原《担保法司法解释》
删除条文 ~~**第四十一条** 债务人与保证人共同欺骗债权人，订立主合同和保证合同的，债权人可以请求人民法院予以撤销。因此给债权人造成损失的，由保证人与债务人承担连带赔偿责任。~~	
第六十八条 债务人或者第三人与债权人约定将财产形式上转移至债权人名下，债务人不履行到期债务，债权人有权对财产折价或者以拍卖、变卖该财产所得价款偿还债务的，人民法院应当认定该约定有效。当事人已经完成财产权利变动的公示，债务人不履行到期债务，债权人请求参照民法典关于担保物权的有关规定就该财产优先受偿的，人民法院应予支持。	**第七十三条** 抵押物折价或者拍卖、变卖该抵押物的价款低于抵押权设定时约定价值的，应当按照抵押物实现的价值进行清偿。不足清偿的剩余部分，由债务人清偿。 **第七十四条** 抵押物折价或者拍卖、变卖所得的价款，当事人没有约定的，按下列顺序清偿： （一）实现抵押权的费用；

《民法典担保制度司法解释》	原《担保法司法解释》
债务人或者第三人与债权人约定将财产形式上转移至债权人名下，债务人不履行到期债务，财产归债权人所有的，人民法院应当认定该约定无效，但是不影响当事人有关提供担保的意思表示的效力。当事人已经完成财产权利变动的公示，债务人不履行到期债务，债权人请求对该财产享有所有权的，人民法院不予支持；债权人请求参照民法典关于担保物权的规定对财产折价或者以拍卖、变卖该财产所得的价款优先受偿的，人民法院应予支持；债务人履行债务后请求返还财产，或者请求对财产折价或者以拍卖、变卖所得的价款清偿债务的，人民法院应予支持。 债务人与债权人约定将财产转移至债权人名下，在一定期间后再由债务人或者其指定的第三人以交易本金加上溢价款回购，债务人到期不履行回购义务，财产归债权人所有的，人民法院应当参照第二款规定处理。回购对象自始不存在的，人民法院应当依照民法典第一百四十六条第二款的规定，按照其实际构成的法律关系处理。	（二）主债权的利息； （三）主债权。

《最高人民法院关于审理外商投资企业纠纷案件若干问题的规定（一）》（法释〔2020〕18号修改）

新《外商投资企业纠纷规定（一）》	原《外商投资企业纠纷规定（一）》
第二十条（原第二十条）　实际投资者与外商投资企业名义股东之间的合同因恶意串通，损害国家、集体或者第三人利益，被认定无效的，人民法院应当将因此取得的财产收归国家所有或者返还集体、第三人。	

《最高人民法院关于审理与企业改制相关的民事纠纷案件若干问题的规定》（法释〔2020〕18号修改）

新《企业改制民事纠纷案件规定》	原《企业改制民事纠纷案件规定》
第十八条（原第十八条）　企业出售中，当事人双方恶意串通，损害国家利益的，人民法院在审理相关的民事纠纷案件时，应当确认该企业出售行为无效。	

《最高人民法院关于审理商品房买卖合同纠纷案件适用法律若干问题的解释》（法释〔2020〕17号修改）

新《商品房买卖合同纠纷司法解释》	原《商品房买卖合同纠纷司法解释》
第七条（原第十条） 买受人以出卖人与第三人恶意串通，另行订立商品房买卖合同并将房屋交付使用，导致其无法取得房屋为由，请求确认出卖人与第三人订立的商品房买卖合同无效的，应予支持。	

《最高人民法院、最高人民检察院关于办理虚假诉讼刑事案件适用法律若干问题的解释》

第一条 采取伪造证据、虚假陈述等手段，实施下列行为之一，捏造民事法律关系，虚构民事纠纷，向人民法院提起民事诉讼的，应当认定为刑法第三百零七条之一第一款规定的“以捏造的事实提起民事诉讼”：

（一）与夫妻一方恶意串通，捏造夫妻共同债务的；

（二）与他人恶意串通，捏造债权债务关系和以物抵债协议的；

（三）与公司、企业的法定代表人、董事、监事、经理或者其他管理人员恶意串通，捏造公司、企业债务或者担保义务的；

（四）捏造知识产权侵权关系或者不正当竞争关系的；

（五）在破产案件审理过程中申报捏造的债权的；

（六）与被执行人恶意串通，捏造债权或者对查封、扣押、冻结财产的优先权、担保物权的；

（七）单方或者与他人恶意串通，捏造身份、合同、侵权、继承等民事法律关系的其他行为。

隐瞒债务已经全部清偿的事实，向人民法院提起民事诉讼，要求他人履行债务的，以“以捏造的事实提起民事诉讼”论。

向人民法院申请执行基于捏造的事实作出的仲裁裁决、公证债权文书，或者在民事执行过程中以捏造的事实对执行标的提出异议、申请参与执行财产分配的，属于刑法第三百零七条之一第一款规定的“以捏造的事实提起民事诉讼”。

权威案例指引

▶指导性案例

上海欧宝生物科技有限公司诉辽宁特莱维置业发展有限公司企业借贷纠纷案，指导案例68号（2016年9月19日）

裁判要点：人民法院审理民事案件中发现存在虚假诉讼可能时，应当依职权调取相关证据，详细询问当事人，全面严格审查诉讼请求与相关证据之间是否存在矛盾，以及当事人诉讼中言行是否违背常理。经综合审查判断，当事人存在虚构事实、恶意串通、规避法律或国家政策以谋取非法利益，进行虚假民事诉讼情形的，应当依法予以制裁。

广东龙正投资发展有限公司与广东景茂拍卖行有限公司委托拍卖执行复议案，指导案例35号（2014年12月18日）

裁判要点：拍卖行与买受人有关联关系，拍卖行为存在以下情形，损害与标的物相关权利人合法权益的，人民法院可以视为拍卖行与买受人恶意串通，依法裁定该拍卖无效：(1)拍卖过程中没有其他无关联关系的竞买人参与竞买，或者虽有其他竞买人参与竞买，但未进行充分竞价的；(2)拍卖标的物的评估价明显低于实际价格，仍以该评估价成交的。

瑞士嘉吉国际公司诉福建金石制油有限公司等确认合同无效纠纷案，指导案例33号（2014年12月18日）

裁判要点：1. 债务人将主要财产以明显不合理低价转让给其关联公司，关联公司在明知债务人欠债的情况下，未实际支付对价的，可以认定债务人与其关联公司恶意串通、损害债权人利益，与此相关的财产转让合同应当认定为无效。

2.《中华人民共和国合同法》第五十九条规定适用于第三人为财产所有权人的情形，在债权人对债务人享有普通债权的情况下，应当根据《中华人民共和国合同法》第五十八条的规定，判令因无效合同取得的财产返还给原财产所有人，而不能根据第五十九条规定直接判令债务人的关联公司因“恶意串通，损害第三人利益”的合同而取得的债务人的财产返还给债权人。

▶公报案例

《葛亮诉李辉等房屋买卖合同纠纷案》，《最高人民法院公报》2021年第2期

裁判摘要：涉“套路贷”房屋买卖合同效力的判断，不宜仅凭公证授权文书一律认定有效，要查明当事人的真实意思，对隐藏的民事法律行为的效力，综合考量依法作出判定。

《广东龙正投资发展有限公司、广东景茂拍卖行有限公司申请执行复议案》，《最高人民法院公报》2012年第12期

裁判摘要：在买受人与拍卖行的股东均系亲属的情况下，除非能够证明拍卖过程中有其他无关联关系的竞买人参与竞买，且进行了充分的竞价，否则可以认定拍卖行与买受人之间存在串通行为；买受人与拍卖行有串通行为，并明知标的物评估价格及成交价过低，则买受人与拍卖行对于拍卖导致与标的物相关的权利人的权利受侵害构成恶意。人民法院可以依法宣布拍卖无效或撤销拍卖。

《中国太平洋保险（集团）股份有限公司与中国东方资产管理公司青岛办事处、王志刚、胡建君船舶保险合同纠纷再审案》，《最高人民法院公报》2012年第11期

裁判摘要：案外人已将其债权转让给他人，又基于已转让的债权，对涉及该债权的生效民事调解书申请再审，没有法律依据，应予以驳回。合同双方当事人在损失能够基本得到补偿的情况下，各自出于对诉讼风险等因素的考虑而自愿达成调解协议，不宜认定为恶意串通放弃债权损害第三人利益。

《陈全、皮治勇诉重庆碧波房地产开发有限公司、夏昌均、重庆奥康置业有限公司合同纠纷案》，《最高人民法院公报》2010年第10期

裁判摘要：一、根据最高人民法院《关于审理涉及国有土地使用权合同纠纷案件适用法

律问题的解释》第二十四条的规定，合作开发房地产合同约定提供土地使用权的当事人不承担经营风险，只收取固定利益的，应当认定为土地使用权转让合同。当事人自行约定的合同名称不影响对合同性质的认定。

二、《中华人民共和国合同法》第五十二条规定："有下列情形之一的，合同无效：……（二）恶意串通，损害国家、集体或者第三人利益；……"根据前述规定，法人与他人恶意串通签订合同，表面上损害法人自身利益，实质上损害第三人利益的，第三人有权提起确认合同无效之诉。

三、对于前述条款中"恶意串通"行为的认定，应当分析合同双方当事人是否具有主观恶意，并全面分析订立合同时的具体情况、合同约定内容以及合同的履行情况，在此基础上加以综合判定。

《中国光大银行与内蒙包头华达合资卧具装饰厂、中国农业银行包头市青山区支行、包头市青山区人民政府自由路办事处侵权纠纷案》，《最高人民法院公报》2010 年第 2 期

裁判摘要：所谓事后抵押，一般是指债务人有多个普通债权人，在清偿债务时，债务人与其中一个债权人恶意串通，将其全部或者部分财产抵押给该债权人。这种事后抵押的设定通常发生在债务人业已陷入支付危机、濒临破产、其财产已经不足以清偿全部债务的情况下。设定事后抵押必然导致其降低或者丧失了履行其他债务的能力，损害了其他债权人的合法利益。因此，这种事后抵押应认定为无效，抵押权人对于行使抵押权获得的价款没有优先受偿权，已经取得该价款的，应当依法予以返还。

第一百五十五条 【无效或者被撤销民事法律行为自始无效】无效的或者被撤销的民事法律行为自始没有法律约束力。

关联法规参见

▶**法律：**《民法典合同编》第 497 条，《民法典婚姻家庭编》第 1054 条、第 1113 条。

司法解释适用

《最高人民法院关于适用〈中华人民共和国民法典〉婚姻家庭编的解释（一）》（法释〔2020〕22 号）

《民法典婚姻家庭编司法解释（一）》	原《婚姻法司法解释（一）》
第二十条 民法典第一千零五十四条所规定的"自始没有法律约束力"，是指无效婚姻或者可撤销婚姻在依法被确认无效或者被撤销时，才确定该婚姻自始不受法律保护。	**第十三条** 婚姻法第十二条所规定的自始无效，是指无效或者可撤销婚姻在依法被宣告无效或被撤销时，才确定该婚姻自始不受法律保护。

第一百五十六条　【民事法律行为部分无效】民事法律行为部分无效，不影响其他部分效力的，其他部分仍然有效。

关联法规参见

▶**法律：**《民法典合同编》第497条、第507条，《劳动法》第18条，《劳动合同法》第27条。

权威案例指引

▶**公报案例**

《青岛市国土资源和房屋管理局崂山国土资源分局与青岛乾坤木业有限公司土地使用权出让合同纠纷案》，《最高人民法院公报》2008年第5期

裁判摘要：一、对于双方当事人意思表示真实，约定内容不损害国家、集体和第三人的合法权益，且已经过公证的合同，应认定已经成立。

二、根据合同法的相关规定，依法成立的合同，自成立时生效。法律、行政法规规定应当办理批准、登记等手续生效的，依照其规定。

三、合同部分内容无效，但不影响其他部分效力的，应当认定合同其他部分内容有效。

第一百五十七条　【民事法律行为无效、被撤销、不生效力的法律后果】民事法律行为无效、被撤销或者确定不发生效力后，行为人因该行为取得的财产，应当予以返还；不能返还或者没有必要返还的，应当折价补偿。有过错的一方应当赔偿对方由此所受到的损失；各方都有过错的，应当各自承担相应的责任。法律另有规定的，依照其规定。

关联法规参见

▶**法律：**《民法典合同编》第497条，《民法典婚姻家庭编》第1054条。

权威案例指引

▶**典型案例**

《邹克友诉张守忠合同纠纷案》，《“用公开促公正建设核心价值”主题教育活动合同纠纷典型案例之五》（2015年12月4日）

典型意义：近年来，随着城镇化进程的加速，城市近郊的土地持续增值，涉及上述区域的房屋买卖、宅基地转让纠纷迅猛增长。根据现行法律规定及国家政策，宅基地等集体所有土地使用权带有很强的社会保障功能，只能在本集体经济组织成员内部享有、流转；否则，一律无效。但在实践中，违法流转大量存在，若双方正常履约，这种违法现象也“合理”地存在着，并无其他部门监管。但纠纷一旦进入法院，认定转让行为无效毋庸置疑。转让被判无效后，依据《中华人民共和国合同法》第五十八条规定，“合同无效或者被撤销后，因该

合同取得的财产，应当予以返还；不能返还或者没有必要返还的，应当折价补偿。有过错的一方应当赔偿对方因此所受到的损失，双方都有过错的，应当各自承担相应的责任”。在司法实践中，通常对于无效合同损失赔偿的处理也是“各打五十大板”。但是对于近年来基层司法实践中屡见不鲜的涉及集体所有土地使用权及房屋转让纠纷案件，如果机械地适用法律条文，不仅让失信的行为人堂而皇之地获取法外利益，也不利于在社会上弘扬“诚信”的社会主义核心价值观。

诚实信用是人们社会经济活动的基本道德准则，也是社会主义核心价值观的重要内容。而诚实信用原则作为民法的一项基本原则，它要求民事主体在民事活动中要恪守诺言、诚信不欺，不因追求个人利益而损害社会或他人利益，这是以道德规范为基本内容的法律原则。有些纠纷，从法律与道德角度来看，结论可能截然相反，正如本案纠纷。转让人可以冠冕堂皇地以“法律规定”为由实施违反诚信的行为，作为深受中国传统道德规范影响的受让人及社会大众，当然难以接受。正因为如此，法官在处理该类纠纷时，需要在坚持法律规定的前提下，适当引入道德、风俗等规范，让“无情”的法律与“有情”的道德规范结合，实现情、法、理在司法判决中融合。在本案中，法官根据法律的强制性规定，确认涉案楼基地转让协议无效；与此同时，引入诚信原则，在合理的限度内弥补受让人的损失，让失信人承担一定的法律制裁。如此，既能有效地平衡双方的利益，也有助于培养社会公众的诚信观念。这也是在审判实践中培育和践行社会主义核心价值观的良好体现。

第四节　民事法律行为的附条件和附期限

第一百五十八条　【附条件的民事法律行为】民事法律行为可以附条件，但是根据其性质不得附条件的除外。附生效条件的民事法律行为，自条件成就时生效。附解除条件的民事法律行为，自条件成就时失效。

关联法规参见

▶**法律**：《民法典合同编》第568条，《保险法》第13条，《票据法》第33条。

权威案例指引

▶**公报案例**

《莫君飞诉李考兴离婚纠纷案》，《最高人民法院公报》2011年第12期

裁判摘要：婚姻当事人之间为离婚达成的协议是一种要式协议，即双方当事人达成离婚合意，并在协议上签名才能使离婚协议生效。双方当事人对财产的处理是以达成离婚为前提，虽然已经履行了财产权利的变更手续，但因离婚的前提条件不成立而没有生效，已经变更权利人的财产仍属于夫妻婚姻存续期间的共同财产。

《崂山国土局与南太置业公司国有土地使用权出让合同纠纷案》，《最高人民法院公报》2007年第3期

裁判摘要：（一）根据《中华人民共和国合同法》第四十五条规定，当事人对合同的效力约定所附条件，是指在合同中特别约定一定的条件，以条件成就与否作为合同效力发生的根据。该条件必须是将来发生的、不确定的、约定的、合法的事实。政府机关对有关事项或者合同审批或者批准的权限和职责，源于法律和行政法规的规定，不属于当事人约定的范畴。当事人将上述权限和职责约定为合同所附条件，不符合法律规定。

（二）根据《中华人民共和国合同法》第五十二条第（五）项和最高人民法院《关于适用〈中华人民共和国合同法〉若干问题的解释（一）》第四条的规定，确认合同无效应当以法律和行政法规作为依据，不得以地方性法规和行政规章作为依据。双方当事人签订的《国有土地使用权出让合同》中约定的土地用途与规划和评估报告中的土地用途不同，如果可能导致土地使用权出让金低于订立合同时当地政府按照国家规定确定的最低价的，属于影响国有土地使用权出让合同价格条款效力的因素，但不导致国有土地使用权出让合同无效。

（三）根据《中华人民共和国民法通则》第六条的规定，民事主体从事民事活动，除必须遵守法律外，在法律没有规定的情况下还应当遵守国家政策。国务院下发的有关规范整顿土地出让市场秩序的通知以及国务院有关部委颁发的贯彻配套规定等规范性文件，属于国家政策。按照国家有关政策规定，在2002年7月1日前未经市、县政府前置审批或者签订书面项目开发协议而在此后协议出让经营性用地的，应当按照有关规定改为以招标拍卖挂牌方式出让。完善招标拍卖挂牌手续的，属于对有关国有土地使用权出让合同的变更或者解除，影响到相关合同能否实际履行以及是否解除问题，不影响和限制合同的效力。

（四）解除权在实体方面属于形成权，在程序方面则表现为形成之诉。在没有当事人依法提出该诉讼请求的情况下，人民法院不能依职权径行裁判。

第一百五十九条　【条件成就或不成就的拟制】附条件的民事法律行为，当事人为自己的利益不正当地阻止条件成就的，视为条件已经成就；不正当地促成条件成就的，视为条件不成就。

司法解释适用

《最高人民法院经济审判庭关于对一企业租赁经营合同规定由主管部门鉴证后合同生效的条款效力如何认定问题的复函》

山东省高级人民法院：

你院鲁法（经）发〔1990〕70号《关于对一企业租赁经营合同规定由主管部门鉴证后合同生效的条款效力如何认定问题的请示报告》收悉。经研究，答复如下：

本案合同第六条第三项“本合同经双方签字，并经鉴证后生效”的约定，是合同当事人双方真实意思表示，现行法律没有禁止性规定，且，合同鉴证实行的是自愿原则，因此，这

一条款不宜认定无效。但就本案而言，在当事人送交鉴证的合同正式文本上，原告方拒绝签字，合同不能视为成立，也不发生法律效力。故，认定合同第六条第三项条款效力如何，似无实际意义。

此复

权威案例指引

▶**公报案例**

《中国信达资产管理公司兰州办事处与甘肃亚盛盐化工业（集团）有限责任公司借款合同纠纷案》，《最高人民法院公报》2007年第10期

裁判摘要：双方当事人签订合同，约定以一方当事人的上级主管部门批准作为合同生效条件的，该方当事人即负有及时报请其上级主管部门审批、促使合同生效的义务。如果该方当事人怠于履行上述约定义务，在合同业经双方当事人签字盖章成立，合同内容不违反法律禁止性规定、不损害他人利益且已部分履行的情况下，应当认定合同已经生效。

第一百六十条　【附期限的民事法律行为】民事法律行为可以附期限，但是根据其性质不得附期限的除外。附生效期限的民事法律行为，自期限届至时生效。附终止期限的民事法律行为，自期限届满时失效。

关联法规参见

▶**法律**：《民法典合同编》第568条，《保险法》第13条。

第七章　代　理

第一节　一般规定

第一百六十一条　【代理的适用范围】民事主体可以通过代理人实施民事法律行为。

依照法律规定、当事人约定或者民事法律行为的性质，应当由本人亲自实施的民事法律行为，不得代理。

关联法规参见

▶**法律**：《民法典婚姻家庭编》第1049条、第1078条、第1079条、第1097条、第1101条、第1105条、第1116条，《民法典继承编》第1109条、第1139条，《海关法》第11条，

《保险法》第1117条，《拍卖法》第26条、第34条，《执业医师法》第23条。

▶**行政法规**：《中国公民收养子女登记办法》第4条，《婚姻登记条例》第4条、第10条，《外国人在中华人民共和国收养子女登记办法》第8条。

第一百六十二条　【代理的效力】代理人在代理权限内，以被代理人名义实施的民事法律行为，对被代理人发生效力。

关联法规参见

▶**法律**：《民法典合同编》第919条、第925条、第926条、第951条、第961条。

第一百六十三条　【代理的类型】代理包括委托代理和法定代理。

委托代理人按照被代理人的委托行使代理权。法定代理人依照法律的规定行使代理权。

关联法规参见

▶**法律**：《民法典合同编》第919条至第922条。

第一百六十四条　【不当代理的民事责任】代理人不履行或者不完全履行职责，造成被代理人损害的，应当承担民事责任。

代理人和相对人恶意串通，损害被代理人合法权益的，代理人和相对人应当承担连带责任。

关联法规参见

▶**法律**：《民法典合同编》第929条。

司法解释适用

《最高人民法院关于适用〈中华人民共和国民事诉讼法〉的解释》（法释〔2020〕20号修改）

新《民事诉讼法司法解释》	原《民事诉讼法司法解释》
第一百零九条（原第一百零九条）　当事人对欺诈、胁迫、恶意串通事实的证明，以及对口头遗嘱或者赠与事实的证明，人民法院确信该待证事实存在的可能性能够排除合理怀疑的，应当认定该事实存在。	

第二节　委托代理

第一百六十五条　【委托代理授权的形式要求】委托代理授权采用书面形式的，授权委托书应当载明代理人的姓名或者名称、代理事项、权限和期限，并由被代理人签名或者盖章。

关联法规参见

▶**法律**：《民法典合同编》第919条。

第一百六十六条　【共同代理】数人为同一代理事项的代理人的，应当共同行使代理权，但是当事人另有约定的除外。

关联法规参见

▶**法律**：《民法典合同编》第932条，《信托法》第31条。

第一百六十七条　【违法代理的责任承担】代理人知道或者应当知道代理事项违法仍然实施代理行为，或者被代理人知道或者应当知道代理人的代理行为违法未作反对表示的，被代理人和代理人应当承担连带责任。

第一百六十八条　【禁止自己代理；禁止双方代理】代理人不得以被代理人的名义与自己实施民事法律行为，但是被代理人同意或者追认的除外。

代理人不得以被代理人的名义与自己同时代理的其他人实施民事法律行为，但是被代理的双方同意或者追认的除外。

关联法规参见

▶**法律**：《民法典合同编》第956条、第961条，《公司法》第148条、《保险法》第108条、第109条，《信托法》第28条。

权威案例指引

▶**公报案例**

《向美琼等人诉张凤霞等人执行遗嘱代理协议纠纷案》，《最高人民法院公报》2004年第1期

裁判摘要：遗嘱执行人在遗嘱人没有明确其执行遗嘱所得报酬的情况下，与继承人就执

行遗嘱相关事项自愿签订代理协议，并按照协议约定收取遗嘱执行费，不属于律师法第三十四条禁止的律师在同一案件中为双方当事人代理的情形，应认定代理协议有效。

▶**典型案例**

《王某诉某人寿保险股份有限公司人身保险合同纠纷案——保险合同代签名的法律后果》，《最高人民法院公布三起保险合同纠纷典型案例之一》（2013年6月7日）

典型意义：投保人在订立保险合同时应当亲自签章。保险业务员代为签字，但投保人已经交纳保险费的，视为其对代签字行为的追认。

《解释（二）》涉及条款：第三条第一款投保人或者投保人的代理人订立保险合同时没有亲自签字或者盖章，而由保险人或者保险人的代理人代为签字或者盖章的，对投保人不生效。但投保人已经交纳保险费的，视为其对代签字或者盖章行为的追认。

第一百六十九条 【转委托代理】代理人需要转委托第三人代理的，应当取得被代理人的同意或者追认。

转委托代理经被代理人同意或者追认的，被代理人可以就代理事务直接指示转委托的第三人，代理人仅就第三人的选任以及对第三人的指示承担责任。

转委托代理未经被代理人同意或者追认的，代理人应当对转委托的第三人的行为承担责任；但是，在紧急情况下代理人为了维护被代理人的利益需要转委托第三人代理的除外。

关联法规参见

▶**法律：**《民法典合同编》第923条，《信托法》第30条。

第一百七十条 【职务代理】执行法人或者非法人组织工作任务的人员，就其职权范围内的事项，以法人或者非法人组织的名义实施的民事法律行为，对法人或者非法人组织发生效力。

法人或者非法人组织对执行其工作任务的人员职权范围的限制，不得对抗善意相对人。

关联法规参见

▶**法律：**《民法典总则编》第61条，《民法典合同编》第504条，《合伙企业法》第26条至第28条。

第一百七十一条　【无权代理】行为人没有代理权、超越代理权或者代理权终止后，仍然实施代理行为，未经被代理人追认的，对被代理人不发生效力。

相对人可以催告被代理人自收到通知之日起三十日内予以追认。被代理人未作表示的，视为拒绝追认。行为人实施的行为被追认前，善意相对人有撤销的权利。撤销应当以通知的方式作出。

行为人实施的行为未被追认的，善意相对人有权请求行为人履行债务或者就其受到的损害请求行为人赔偿。但是，赔偿的范围不得超过被代理人追认时相对人所能获得的利益。

相对人知道或者应当知道行为人无权代理的，相对人和行为人按照各自的过错承担责任。

第一百七十二条　【表见代理】行为人没有代理权、超越代理权或者代理权终止后，仍然实施代理行为，相对人有理由相信行为人有代理权的，代理行为有效。

权威案例指引

▶公报案例

《王见刚与王永安、第三人岚县大源采矿厂侵犯出资人权益纠纷案》，《最高人民法院公报》2013 年第 5 期

裁判摘要：夫妻一方转让个人独资企业，即使未经另一方同意，相对人有理由相信行为人有代理权的，则构成表见代理，该代理行为有效。个人独资企业的投资人发生变更的，应向工商登记机关申请办理变更登记，但该变更登记不属于转让行为有效的前提条件，未办理变更登记，依照法律规定应当受到相应的行政处罚，但并不影响转让的效力。《个人独资企业法》第十五条的规定应视为管理性的强制性规范而非效力性的强制性规范。

《刘雷诉汪维剑、朱开荣、天安保险盐城中心支公司交通事故人身损害赔偿纠纷案》，《最高人民法院公报》2012 年第 3 期

裁判摘要：投保人通过保险公司设立的营销部购买机动车第三者责任险，营销部营销人员为侵吞保费，将自己伪造的、内容和形式与真保单一致的假保单填写后，加盖伪造的保险公司业务专用章，通过营销部的销售员在该营销部内销售并交付投保人。作为不知情的善意投保人有理由相信其购买的保险是真实的，保单的内容也并不违反有关法律的规定，营销部的行为在民法上应当视为保险公司的行为。因此，虽然投保人持有的保单是假的，但并不能据此免除保险公司根据保险合同依法应当承担的民事责任。

《兴业银行广州分行与深圳市机场股份有限公司借款合同纠纷案》，《最高人民法院公报》2009 年第 11 期

裁判摘要：一、根据最高人民法院《关于在审理经济纠纷案件中涉及经济犯罪嫌疑若干问题的规定》，行为人私刻单位公章或者擅自使用单位公章、业务介绍信、盖有公章的空白合同书以签订经济合同的方法进行的犯罪行为，单位有明显过错，且该过错行为与被害人的经济损失之间有因果关系的，单位对该过错行为所造成的损失，依法应当承担赔偿责任。单位规章制度不健全、用人失察、对其高级管理人员监管不力，属于单位具有明显过错的具体表现。

二、表见代理是指行为人没有代理权、超越代理权或者代理权终止后仍以代理人名义订立合同，而善意相对人客观上有充分的理由相信行为人具有代理权的，该代理行为有效，被代理人应按照合同约定承担其与相对人之间的民事责任。但如果合同系以合法形式掩盖非法目的，则合同依法为无效合同，在此情况下不应适用合同法关于表见代理的规定。

《新疆农村社会养老保险基金管理中心诉中国银行新疆分行存单纠纷案》，《最高人民法院公报》2004 年第 11 期

裁判摘要：根据《民法通则》第一百零六条第二款的规定，商业银行对所属工作人员作出除名处理后，未收缴其工作证件，致使其继续使用该证件并利用原单位加盖业务专用章的存款票证骗取他人存款，造成他人经济损失的，商业银行应承担相应的民事责任。

▶典型案例

《中国铁路物资沈阳有限公司与天津市长芦盐业总公司买卖合同纠纷案》，《最高人民法院第二巡回法庭关于公正审理跨省重大民商事和行政案件典型案例之五》（2016 年 10 月 31 日）

典型意义：本案当事人跨越辽宁与天津两省市，是一起关于认定表见代理法律关系的典型案例。基于民商事交易的复杂性，在民商事审判中对于表见代理的构成往往不易形成客观上的固定标准，需要结合合同缔结、合同履行、交易模式、交易惯例等各种因素进行综合考量。特别是在连续性交易中，不能孤立地看待某一次的交易而忽视合同双方之前及之后的行为特征，应当尽可能的探究当事人意思表示，进而形成法官内心确信，恰当地运用自由裁量权予以认定。本案即充分考虑行为人、本人、第三人之间在此前及此后的行为表现，并结合相关事实进行了全面分析和综合判断，在还原案件事实的基础上，最终认定表见代理的存在，最大程度地保护了善意行为人的合法权益，体现了维系正常民商事交易关系、保护诚信等方面的良好社会效果。

第三节 代理终止

第一百七十三条 【委托代理的终止】 有下列情形之一的，委托代理终止：

（一）代理期限届满或者代理事务完成；

（二）被代理人取消委托或者代理人辞去委托；

（三）代理人丧失民事行为能力；

（四）代理人或者被代理人死亡；

（五）作为代理人或者被代理人的法人、非法人组织终止。

关联法规参见

▶**法律**：《民法典合同编》第934条至第936条，《信托法》第15条、第52条、第53条。

第一百七十四条 【委托代理终止的例外】 被代理人死亡后，有下列情形之一的，委托代理人实施的代理行为有效：

（一）代理人不知道且不应当知道被代理人死亡；

（二）被代理人的继承人予以承认；

（三）授权中明确代理权在代理事务完成时终止；

（四）被代理人死亡前已经实施，为了被代理人的继承人的利益继续代理。

作为被代理人的法人、非法人组织终止的，参照适用前款规定。

关联法规参见

▶**法律**：《民法典合同编》第935条。

第一百七十五条 【法定代理的终止】 有下列情形之一的，法定代理终止：

（一）被代理人取得或者恢复完全民事行为能力；

（二）代理人丧失民事行为能力；

（三）代理人或者被代理人死亡；

（四）法律规定的其他情形。

关联法规参见

▶**法律：**《民法典总则编》第 39 条。

第八章　民事责任

第一百七十六条　【民事义务的履行和民事责任的承担】民事主体依照法律规定或者按照当事人约定，履行民事义务，承担民事责任。

关联法规参见

▶**法律：**《民法典总则编》第 118 条至第 122 条、第 131 条，《民法典合同编》第 509 条、第 578 条、第 584 条、第 585 条、第 596 条，《民法典侵权责任编》第 1164 条至第 1166 条，《建筑法》第 15 条，《劳动合同法》第 29 条。

司法解释适用

《最高人民法院关于审理买卖合同纠纷案件适用法律问题的解释》（法释〔2020〕17 号修改）

新《买卖合同司法解释》	原《买卖合同司法解释》
第二十条　买卖合同因违约而解除后，守约方主张继续适用违约金条款的，人民法院应予支持；但约定的违约金过分高于造成的损失的，人民法院可以参照民法典第五百八十五条第二款的规定处理。	**第二十六条**　买卖合同因违约而解除后，守约方主张继续适用违约金条款的，人民法院应予支持；但约定的违约金过分高于造成的损失的，人民法院可以参照合同法第一百一十四条第二款的规定处理。

第一百七十七条　【按份责任】二人以上依法承担按份责任，能够确定责任大小的，各自承担相应的责任；难以确定责任大小的，平均承担责任。

司法解释适用

《最高人民法院关于审理道路交通事故损害赔偿案件适用法律若干问题的解释》（法释〔2020〕17 号修改）

新《道路交通事故司法解释》	原《道路交通事故司法解释》
第十条　多辆机动车发生交通事故造成第三人损害，当事人请求多个侵权人承担赔偿责任的，人民法院应当区分不同情	**第十三条**　多辆机动车发生交通事故造成第三人损害，当事人请求多个侵权人承担赔偿责任的，人民法院应当区分不同情

新《道路交通事故司法解释》	原《道路交通事故司法解释》
况，依照民法典第一千一百七十条、第一千一百七十一条、第一千一百七十二条的规定，确定侵权人承担连带责任或者按份责任。	况，依照侵权责任法第十条、第十一条或者第十二条的规定，确定侵权人承担连带责任或者按份责任。

《最高人民法院关于审理人身损害赔偿案件适用法律若干问题的解释》（法释〔2020〕17号修改）

<table>
<tr><th>新《人身损害赔偿司法解释》</th><th>原《人身损害赔偿司法解释》</th></tr>
<tr><td colspan="2">删除条文

~~**第三条** 二人以上共同故意或者共同过失致人损害，或者虽无共同故意、共同过失，但其侵害行为直接结合发生同一损害后果的，构成共同侵权，应当依照民法通则第一百三十条规定承担连带责任。~~
~~二人以上没有共同故意或者共同过失，但其分别实施的数个行为间接结合发生同一损害后果的，应当根据过失大小或者原因力比例各自承担相应的赔偿责任。~~</td></tr>
</table>

第一百七十八条　【连带责任】二人以上依法承担连带责任的，权利人有权请求部分或者全部连带责任人承担责任。

连带责任人的责任份额根据各自责任大小确定；难以确定责任大小的，平均承担责任。实际承担责任超过自己责任份额的连带责任人，有权向其他连带责任人追偿。

连带责任，由法律规定或者当事人约定。

司法解释适用

《最高人民法院关于审理人身损害赔偿案件适用法律若干问题的解释》（法释〔2020〕17号修改）

<table>
<tr><th>新《人身损害赔偿司法解释》</th><th>原《人身损害赔偿司法解释》</th></tr>
<tr><td colspan="2">删除条文

~~**第三条** 二人以上共同故意或者共同过失致人损害，或者虽无共同故意、共同过失，但其侵害行为直接结合发生同一损害后果的，构成共同侵权，应当依照民法通则第一百三十条规定承担连带责任。~~
~~二人以上没有共同故意或者共同过失，但其分别实施的数个行为间接结合发生同一损害后果的，应当根据过失大小或者原因力比例各自承担相应的赔偿责任。~~</td></tr>
</table>

<table>
<tr><th>新《人身损害赔偿司法解释》</th><th>原《人身损害赔偿司法解释》</th></tr>
<tr><td colspan="2">第二条①（原第五条）　赔偿权利人起诉部分共同侵权人的，人民法院应当追加其他共同侵权人作为共同被告。赔偿权利人在诉讼中放弃对部分共同侵权人的诉讼请求的，其他共同侵权人对被放弃诉讼请求的被告应当承担的赔偿份额不承担连带责任。责任范围难以确定的，推定各共同侵权人承担同等责任。
人民法院应当将放弃诉讼请求的法律后果告知赔偿权利人，并将放弃诉讼请求的情况在法律文书中叙明。</td></tr>
</table>

第一百七十九条　【民事责任的承担方式】承担民事责任的方式主要有：

（一）停止侵害；

（二）排除妨碍；

（三）消除危险；

（四）返还财产；

（五）恢复原状；

（六）修理、重作、更换；

（七）继续履行；

（八）赔偿损失；

（九）支付违约金；

（十）消除影响、恢复名誉；

（十一）赔礼道歉。

法律规定惩罚性赔偿的，依照其规定。

本条规定的承担民事责任的方式，可以单独适用，也可以合并适用。

关联法规参见

▶**法律：**《民法典合同编》第577条，《民法典物权编》第235条至第237条，《民法典侵权责任编》第1185条、第1207条、第1232条，《药品管理法》第144条，《商标法》第63条，《食品安全法》第148条，《电子商务法》第42条，《消费者权益保护法》第50条、第52条、第55条，《农业法》第90条，《著作权法》第52条，《专利法》第60条。

▶**行政法规：**《化妆品监督管理条例》第76条。

---

① 建议废止《人身损害赔偿司法解释》第2条，理由：与《民法典总则编》第一百七十八条冲突。

司法解释适用

《最高人民法院关于审理人身损害赔偿案件适用法律若干问题的解释》（法释〔2020〕17号修改）

新《人身损害赔偿司法解释》	原《人身损害赔偿司法解释》
新增条文 **第二十三条** 精神损害抚慰金适用《最高人民法院关于确定民事侵权精神损害赔偿责任若干问题的解释》予以确定。	

《最高人民法院关于审理医疗损害责任纠纷案件适用法律若干问题的解释》（法释〔2020〕17号修改）

新《医疗损害责任纠纷司法解释》	原《医疗损害责任纠纷司法解释》
第二十三条 医疗产品的生产者、销售者、药品上市许可持有人明知医疗产品存在缺陷仍然生产、销售，造成患者死亡或者健康严重损害，被侵权人请求生产者、销售者、药品上市许可持有人赔偿损失及二倍以下惩罚性赔偿的，人民法院应予支持。	**第二十三条** 医疗产品的生产者、销售者明知医疗产品存在缺陷仍然生产、销售，造成患者死亡或者健康严重损害，被侵权人请求生产者、销售者赔偿损失及二倍以下惩罚性赔偿的，人民法院应予支持。

《最高人民法院关于审理食品药品纠纷案件适用法律若干问题的规定》（法释〔2020〕17号修改）

新《食品药品纠纷司法解释》	原《食品药品纠纷司法解释》
第十五条 生产不符合安全标准的食品或者销售明知是不符合安全标准的食品，消费者除要求赔偿损失外，依据食品安全法等法律规定向生产者、销售者主张赔偿金的，人民法院应予支持。 生产假药、劣药或者明知是假药、劣药仍然销售、使用的，受害人或者其近亲属除请求赔偿损失外，依据药品管理法等法律规定向生产者、销售者主张赔偿金的，人民法院应予支持。	**第十五条** 生产不符合安全标准的食品或者销售明知是不符合安全标准的食品，消费者除要求赔偿损失外，向生产者、销售者主张支付价款十倍赔偿金或者依照法律规定的其他赔偿标准要求赔偿的，人民法院应予支持。

《最高人民法院关于审理侵害知识产权民事案件适用惩罚性赔偿的解释》

第一条 原告主张被告故意侵害其依法享有的知识产权且情节严重，请求判令被告承担惩罚性赔偿责任的，人民法院应当依法审查处理。

本解释所称故意，包括商标法第六十三条第一款和反不正当竞争法第十七条第三款规定的恶意。

权威案例指引

▶典型案例

《云和县土岩岗头庵叶腊石矿与国网浙江省电力公司矿产压覆侵权纠纷案》，《人民法院关于依法审理矿业权民事纠纷案件典型案例之十》（2016年7月12日）

典型意义：在建设铁路、工厂、水库、输油管道、输电线路和各种大型建筑物或者建筑群之前，建设单位须向省级国土资源主管部门了解拟建工程所在地区的矿产资源分布和开采情况。非经国务院授权的部门批准，不得压覆重要矿床。矿床压覆人未经审批评估、与矿业权人签订补偿协议、办理矿产资源储量登记等法定程序，在采矿权人矿区范围内建设工程，压覆矿产资源，侵害了矿业权人的合法利益。但就侵权责任的承担方式而言，应综合考虑输电线路等国家重点建设工程关涉国家利益和社会公共利益，投资巨大并已投入运营等因素，不宜径行判令拆除。在矿业权人仅请求排除妨碍的情形下，人民法院应予以充分释明，告知其可另行主张适当的责任方式，兼顾国家利益、社会公共利益和矿业权人的合法权益，适应国家产业政策与社会经济发展需要。

《杨季康（笔名杨绛）与中贸圣佳国际拍卖有限公司、李国强诉前禁令案》，《最高人民法院公布七起保障民生典型案例之二》（2014年2月17日）

典型意义：本案是人民法院作出的首例涉及著作人格权的临时禁令，也是民事诉讼法（2012年修订）实施后首例针对侵害著作权行为作出的首例临时禁令。同时，由于案件涉及我国已故著名作家、文学研究家钱钟书先生及我国著名作家、翻译家、外国文学研究家杨绛女士，案件处理受到了社会的广泛关注。审理法院积极合理采取保全措施，准确把握保全措施的适用条件和程序，既为权利人及时提供保护，又防止滥用诉讼权利。在社会各界对钱钟书手稿即将被大规模曝光一事高度关注的情况下，法院充分考虑了该案对于社会公共利益可能造成的影响，准确地作出了司法禁令，既有效保护了著作权人权利，又避免对拍卖公司及相关公众造成影响。该禁令将有助于推动全社会特别是收信人对于发信人著作权及隐私权的保护，彰显了司法权威，发挥了司法的社会引导功能。

第一百八十条　【不可抗力】因不可抗力不能履行民事义务的，不承担民事责任。法律另有规定的，依照其规定。

不可抗力是不能预见、不能避免且不能克服的客观情况。

关联法规参见

▶法律：《民法典合同编》第590条、第832条，《民法典侵权责任编》第1237条，《电力法》第60条，《旅游法》第67条，《水污染防治法》第96条，《慈善法》第106条，《铁路法》第18条。

司法解释适用

《最高人民法院印发〈关于依法妥善审理涉新冠肺炎疫情民事案件若干问题的指导意见（一）〉的通知》

二、依法准确适用不可抗力规则。人民法院审理涉疫情民事案件，要准确适用不可抗力的具体规定，严格把握适用条件。对于受疫情或者疫情防控措施直接影响而产生的民事纠纷，符合不可抗力法定要件的，适用《中华人民共和国民法总则》第一百八十条、《中华人民共和国合同法》第一百一十七条和第一百一十八条等规定妥善处理；其他法律、行政法规另有规定的，依照其规定。当事人主张适用不可抗力部分或者全部免责的，应当就不可抗力直接导致民事义务部分或者全部不能履行的事实承担举证责任。

三、依法妥善审理合同纠纷案件。受疫情或者疫情防控措施直接影响而产生的合同纠纷案件，除当事人另有约定外，在适用法律时，应当综合考量疫情对不同地区、不同行业、不同案件的影响，准确把握疫情或者疫情防控措施与合同不能履行之间的因果关系和原因力大小，按照以下规则处理：

（一）疫情或者疫情防控措施直接导致合同不能履行的，依法适用不可抗力的规定，根据疫情或者疫情防控措施的影响程度部分或者全部免除责任。当事人对于合同不能履行或者损失扩大有可归责事由的，应当依法承担相应责任。因疫情或者疫情防控措施不能履行合同义务，当事人主张其尽到及时通知义务的，应当承担相应举证责任。

（二）疫情或者疫情防控措施仅导致合同履行困难的，当事人可以重新协商；能够继续履行的，人民法院应当切实加强调解工作，积极引导当事人继续履行。当事人以合同履行困难为由请求解除合同的，人民法院不予支持。继续履行合同对于一方当事人明显不公平，其请求变更合同履行期限、履行方式、价款数额等的，人民法院应当结合案件实际情况决定是否予以支持。合同依法变更后，当事人仍然主张部分或者全部免除责任的，人民法院不予支持。因疫情或者疫情防控措施导致合同目的不能实现，当事人请求解除合同的，人民法院应予支持。

（三）当事人存在因疫情或者疫情防控措施得到政府部门补贴资助、税费减免或者他人资助、债务减免等情形的，人民法院可以作为认定合同能否继续履行等案件事实的参考因素。

《最高人民法院印发〈关于依法妥善审理涉新冠肺炎疫情民事案件若干问题的指导意见（三）〉的通知》

6. 对于与疫情相关的涉外商事海事纠纷等案件的适用法律问题，人民法院应当依照《中华人民共和国涉外民事关系法律适用法》等法律以及相关司法解释的规定，确定应当适用的法律。

应当适用我国法律的，关于不可抗力规则的具体适用，按照《最高人民法院关于依法妥善审理涉新冠肺炎疫情民事案件若干问题的指导意见（一）》执行。

应当适用域外法律的，人民法院应当准确理解该域外法中与不可抗力规则类似的成文法规定或者判例法的内容，正确适用，不能以我国法律中关于不可抗力的规定当然理解域外法的类似规定。

8. 在审理信用证纠纷案件时，人民法院应当遵循信用证的独立抽象性原则与严格相符原则。准确区分恶意不交付货物与因疫情或者疫情防控措施导致不能交付货物的情形，严格依据《最高人民法院关于审理信用证纠纷案件若干问题的规定》第十一条的规定，审查当事人以存在信用证欺诈为由，提出中止支付信用证项下款项的申请应否得到支持。

适用国际商会《跟单信用证统一惯例》（UCP600）的，人民法院要正确适用该惯例第36条关于银行不再进行承付或者议付的具体规定。当事人主张因疫情或者疫情防控措施导致银行营业中断的，人民法院应当依法对是否构成该条规定的不可抗力作出认定。当事人关于不可抗力及其责任另有约定的除外。

9. 在审理独立保函纠纷案件时，人民法院应当遵循保函独立性原则与严格相符原则。依据《最高人民法院关于审理独立保函纠纷案件若干问题的规定》第十二条的规定，严格认定构成独立保函欺诈的情形，并依据该司法解释第十四条的规定，审查当事人以独立保函欺诈为由，提出中止支付独立保函项下款项的申请应否得到支持。

独立保函载明适用国际商会《见索即付保函统一规则》（URDG758）的，人民法院要正确适用该规则第26条因不可抗力导致独立保函或者反担保函项下的交单或者付款无法履行的规定以及相应的展期制度的规定。当事人主张因疫情或者疫情防控措施导致相关营业中断的，人民法院应当依法对是否构成该条规定的不可抗力作出认定。当事人关于不可抗力及其责任另有约定的除外。

第一百八十一条 【正当防卫】因正当防卫造成损害的，不承担民事责任。

正当防卫超过必要的限度，造成不应有的损害的，正当防卫人应当承担适当的民事责任。

关联法规参见

▶**法律**：《刑法》第20条。

司法解释适用

《最高人民法院关于审理民事、行政诉讼中司法赔偿案件适用法律若干问题的解释》

第七条 具有下列情形之一的，国家不承担赔偿责任：

（一）属于民事诉讼法第一百零五条、第一百零七条第二款和第二百三十三条规定情形的；

（二）申请执行人提供执行标的物错误的，但人民法院明知该标的物错误仍予以执行的除外；

（三）人民法院依法指定的保管人对查封、扣押、冻结的财产违法动用、隐匿、毁损、转移或者变卖的；

（四）人民法院工作人员与行使职权无关的个人行为；

（五）因不可抗力、正当防卫和紧急避险造成损害后果的；

（六）依法不应由国家承担赔偿责任的其他情形。

第一百八十二条　【紧急避险】 因紧急避险造成损害的，由引起险情发生的人承担民事责任。

危险由自然原因引起的，紧急避险人不承担民事责任，可以给予适当补偿。

紧急避险采取措施不当或者超过必要的限度，造成不应有的损害的，紧急避险人应当承担适当的民事责任。

关联法规参见

▶**法律**：《刑法》第21条。

司法解释适用

《最高人民法院关于审理民事、行政诉讼中司法赔偿案件适用法律若干问题的解释》

第七条　具有下列情形之一的，国家不承担赔偿责任：

（一）属于民事诉讼法第一百零五条、第一百零七条第二款和第二百三十三条规定情形的；

（二）申请执行人提供执行标的物错误的，但人民法院明知该标的物错误仍予以执行的除外；

（三）人民法院依法指定的保管人对查封、扣押、冻结的财产违法动用、隐匿、毁损、转移或者变卖的；

（四）人民法院工作人员与行使职权无关的个人行为；

（五）因不可抗力、正当防卫和紧急避险造成损害后果的；

（六）依法不应由国家承担赔偿责任的其他情形。

第一百八十三条　【见义勇为的侵权责任和补偿责任】 因保护他人民事权益使自己受到损害的，由侵权人承担民事责任，受益人可以给予适当补偿。没有侵权人、侵权人逃逸或者无力承担民事责任，受害人请求补偿的，受益人应当给予适当补偿。

关联法规参见

▶**法律**：《道路交通安全法》第70条。

▶**行政法规**：《工伤保险条例》第 15 条。

司法解释适用

《最高人民法院关于审理人身损害赔偿案件适用法律若干问题的解释》（法释〔2020〕17 号修改）

新《人身损害赔偿司法解释》	原《人身损害赔偿司法解释》
删除条文 ~~**第十五条**　为维护国家、集体或者他人的合法权益而使自己受到人身损害，因没有侵权人、不能确定侵权人或者侵权人没有赔偿能力，赔偿权利人请求受益人在受益范围内予以适当补偿的，人民法院应予支持。~~	

权威案例指引

▶**指导性案例**

张庆福、张殿凯诉朱振彪生命权纠纷案，指导案例 98 号（2018 年 12 月 19 日）

裁判要点：行为人非因法定职责、法定义务或约定义务，为保护国家、社会公共利益或者他人的人身、财产安全，实施阻止不法侵害者逃逸的行为，人民法院可以认定为见义勇为。

重庆市涪陵志大物业管理有限公司诉重庆市涪陵区人力资源和社会保障局劳动和社会保障行政确认案，指导案例 94 号（2018 年 6 月 20 日）

裁判要点：职工见义勇为，为制止违法犯罪行为而受到伤害的，属于《工伤保险条例》第十五条第一款第二项规定的为维护公共利益受到伤害的情形，应当视同工伤。

第一百八十四条　【紧急救助的责任豁免】因自愿实施紧急救助行为造成受助人损害的，救助人不承担民事责任。

关联法规参见

▶**法律**：《民法典总则编》第 183 条。

司法解释适用

《最高人民法院关于审理人身损害赔偿案件适用法律若干问题的解释》（法释〔2020〕17 号修改）

新《人身损害赔偿司法解释》	原《人身损害赔偿司法解释》
删除条文 ~~**第十五条**　为维护国家、集体或者他人的合法权益而使自己受到人身损害，因没有侵权人、不能确定侵权人或者侵权人没有赔偿能力，赔偿权利人请求受益人在受益范围内予以适当补偿的，人民法院应予支持。~~	

第一百八十五条　【英雄烈士人格利益的保护】侵害英雄烈士等的姓名、肖像、名誉、荣誉，损害社会公共利益的，应当承担民事责任。

关联法规参见

▶**法律**：《英雄烈士保护法》第22条、第23条、第25条、第26条。

▶**行政法规**：《烈士褒扬条例》第2条、第8条、第9条、第13条、第26条、第29条、第32条、第37条、第41条，《军人抚恤优待条例》第8条、第11条。

司法解释适用

《最高人民法院关于适用〈中华人民共和国民法典〉时间效力的若干规定》（法释〔2020〕15号）

《民法典时间效力规定》	
新增条文 **第六条**　《中华人民共和国民法总则》施行前，侵害英雄烈士等的姓名、肖像、名誉、荣誉，损害社会公共利益引起的民事纠纷案件，适用民法典第一百八十五条的规定。	

权威案例指引

▶**指导性案例**

葛长生诉洪振快名誉权、荣誉权纠纷案，指导案例99号（2018年12月19日）

裁判要点：1. 对侵害英雄烈士名誉、荣誉等行为，英雄烈士的近亲属依法向人民法院提起诉讼的，人民法院应予受理。

2. 英雄烈士事迹和精神是中华民族的共同历史记忆和社会主义核心价值观的重要体现，英雄烈士的名誉、荣誉等受法律保护。人民法院审理侵害英雄烈士名誉、荣誉等案件，不仅要依法保护相关个人权益，还应发挥司法彰显公共价值功能，维护社会公共利益。

3. 任何组织和个人以细节考据、观点争鸣等名义对英雄烈士的事迹和精神进行污蔑和贬损，属于歪曲、丑化、亵渎、否定英雄烈士事迹和精神的行为，应当依法承担法律责任。

▶**典型案例**

《董存瑞、黄继光英雄烈士名誉权纠纷公益诉讼案——杭州市西湖区人民检察院诉瞿某某侵害烈士名誉权公益诉讼案》，《人民法院大力弘扬社会主义核心价值观十大典型民事案例之一》（2020年5月13日）

典型意义：董存瑞、黄继光等英雄烈士的事迹和精神是中华民族共同的历史记忆和宝贵的精神财富。对英烈事迹的亵渎，不仅侵害了英烈本人的名誉权，给英烈亲属造成精神痛苦，也伤害了社会公众的民族和历史感情，损害了社会公共利益。互联网名誉侵权案件具有传播速度快、社会影响大等特点，该两案系全国首次通过互联网审理涉英烈保护民事公益诉讼案件，明确侵权结果发生地法院对互联网民事公益诉讼案件具有管辖权，有利于高效、精准打击利用互联网侵害英雄烈士权益不法行为，为网络空间注入尊崇英雄、热爱英雄、景仰英雄的法治能量。

《淮安谢勇烈士名誉权纠纷公益诉讼案——淮安市人民检察院诉曾某侵害烈士名誉权公益诉讼案》，《人民法院大力弘扬社会主义核心价值观十大典型民事案例之二》（2020 年 5 月 13 日）

典型意义：本案是《中华人民共和国英雄烈士保护法》实施后全国首例适用该法进行审判的案件，是以检察机关提起公益诉讼方式保护当代消防英烈名誉、维护社会公共利益的典型案例。本案中，谢勇烈士的英雄事迹和精神为国家所褒扬，成为全社会、全民族宝贵的精神遗产，其名誉、荣誉等人格权益已经上升为社会公共利益，不容亵渎。曾某利用成员众多、易于传播的微信群，故意发表带有侮辱性质的不实言论，歪曲烈士谢勇英勇牺牲的事实，诋毁烈士形象，已经超出了言论自由的范畴，侵害了谢勇烈士人格权益和社会公共利益，应承担相应的法律责任。本案裁判顺应时代要求，回应民众呼声，通过释法说理匡扶正义，传播社会正能量，弘扬时代主旋律，对营造崇尚英烈、敬重英烈、捍卫英烈精神的社会环境以及引导公众树立正确的历史观、民族观、文化观，起到积极作用。

第一百八十六条　【违约责任与侵权责任的竞合】因当事人一方的违约行为，损害对方人身权益、财产权益的，受损害方有权选择请求其承担违约责任或者侵权责任。

关联法规参见

▶**法律**：《民法典总则编》第 118 条。

司法解释适用

《最高人民法院关于审理无正本提单交付货物案件适用法律若干问题的规定》（法释〔2020〕18 号修改）

新《无正本提单交付货物规定》	原《无正本提单交付货物规定》
第三条（原第三条）　承运人因无正本提单交付货物造成正本提单持有人损失的，正本提单持有人可以要求承运人承担违约责任，或者承担侵权责任。 正本提单持有人要求承运人承担无正本提单交付货物民事责任的，适用海商法规定；海商法没有规定的，适用其他法律规定。	

《最高人民法院关于审理利用信息网络侵害人身权益民事纠纷案件适用法律若干问题的规定》（法释〔2020〕17号修改）

新《利用信息网络侵害人身权益纠纷案件规定》	原《利用信息网络侵害人身权益纠纷案件规定》
第五条　其发布的信息被采取删除、屏蔽、断开链接等措施的网络用户，主张网络服务提供者承担违约责任或者侵权责任，网络服务提供者以收到民法典第一千一百九十五条第一款规定的有效通知为由抗辩的，人民法院应予支持。	**第七条**　其发布的信息被采取删除、屏蔽、断开链接等措施的网络用户，主张网络服务提供者承担违约责任或者侵权责任，网络服务提供者以收到通知为由抗辩的，人民法院应予支持。 ~~被采取删除、屏蔽、断开链接等措施的网络用户，请求网络服务提供者提供通知内容的，人民法院应予支持。~~

《最高人民法院关于审理旅游纠纷案件适用法律若干问题的规定》（法释〔2020〕17号修改）

新《旅游纠纷司法解释》	原《旅游纠纷司法解释》
第三条　因旅游经营者方面的同一原因造成旅游者人身损害、财产损失，旅游者选择请求旅游经营者承担违约责任或者侵权责任的，人民法院应当根据当事人选择的案由进行审理。	**第三条**　因旅游经营者方面的同一原因造成旅游者人身损害、财产损失，旅游者选择要求旅游经营者承担违约责任或者侵权责任的，人民法院应当根据当事人选择的案由进行审理。
删除条文 ~~**第二十一条**　旅游者提起违约之诉，主张精神损害赔偿的，人民法院应告知其变更为侵权之诉；旅游者仍坚持提起违约之诉的，对于其精神损害赔偿的主张，人民法院不予支持。~~	

权威案例指引

▶公报案例

《东京海上日动火灾保险（中国）有限公司上海分公司与新杰物流集团股份有限公司保险人代位求偿权纠纷案》，《最高人民法院公报》2019年第12期

裁判摘要：货物运输合同履行过程中托运人财产遭受损失，在承运人存在侵权与合同责任竞合的情形下，允许托运人或其保险人依据《合同法》第一百二十二条选择侵权诉讼或合同诉讼。但是，托运人要求承运人承担侵权责任的，承运人仍然可以依据货物运输合同的有关约定进行抗辩。法院应依据诚实信用原则，综合考虑合同条款效力、合同目的等因素确定赔偿范围。

《中山市隆成日用制品有限公司与湖北童霸儿童用品有限公司侵害实用新型专利权纠纷案》，《最高人民法院公报》2015年第1期

裁判摘要：权利人与侵权人就侵权损害赔偿数额作出的事先约定不构成权利人与侵权人之间的交易合同，故侵权人应承担的民事责任仅为侵权责任，不属于合同法第一百二十二条规定的侵权责任与违约责任竞合的情形。

《世纪证券有限责任公司与天津市住房公积金管理中心、世纪证券有限责任公司天津世纪大道营业部、中国旅游国际信托投资有限公司天津证券交易营业部、中国旅游国际信托投资有限公司侵权纠纷案》，《最高人民法院公报》2006年第5期

裁判摘要：客户在证券公司开户投资，证券公司及其营业部对客户账户内的资金和证券既负有合同约定的妥善保管义务，同时还负有法定的妥善保管义务。证券公司营业部挪用客户账户内资金或证券的，既构成违约，又构成侵权，客户有权选择要求证券营业部承担违约责任或者侵权责任。客户以侵权为由对证券营业部提起民事诉讼的，应按照民事诉讼法第二十九条的规定，由侵权行为地或者被告住所地人民法院管辖。

第一百八十七条　【民事责任优先】民事主体因同一行为应当承担民事责任、行政责任和刑事责任的，承担行政责任或者刑事责任不影响承担民事责任；民事主体的财产不足以支付的，优先用于承担民事责任。

关联法规参见

▶**法律：**《证券法》第220条，《产品质量法》第64条，《食品安全法》第147条，《公司法》第214条，《刑法》第36条，《行政处罚法》第8条，《证券投资基金法》第150条，《消费者权益保护法》第58条，《特种设备安全法》第97条，《合伙企业法》第106条，《个人独资企业法》第43条。

权威案例指引

▶**公报案例**

《中国远大集团有限责任公司与中国轻工业对外经济技术合作公司进出口代理合同纠纷案》，《最高人民法院公报》2016年第2期

裁判摘要：行为人以所在单位名义与他人签订经济合同，给他人造成经济损失构成犯罪的，除依法追究行为人的刑事责任外，其所在单位也应对给他人造成的经济损失依法承担相应的民事责任。

《吴国军诉陈晓富、王克祥及德清县中建房地产开发有限公司民间借贷、担保合同纠纷案》，《最高人民法院公报》2011年第11期

裁判摘要：民间借贷涉嫌或构成非法吸收公众存款罪，合同一方当事人可能被追究刑事责任的，并不当然影响民间借贷合同以及相对应的担保合同的效力。如果民间借贷纠纷案件

的审理并不必须以刑事案件的审理结果为依据，则民间借贷纠纷案件无须中止审理。

《广东黄河实业集团有限公司与北京然自中医药科技发展中心一般股权转让侵权纠纷案》，《最高人民法院公报》2009年第1期

裁判摘要：担任法人之法定代表人的自然人，以该法人的名义，采取欺诈手段与他人订立民事合同，从中获取的财产被该法人占有，由此产生的法律后果，是该自然人涉嫌合同诈骗犯罪，同时该法人与他人之间因合同被撤销而形成债权债务关系。人民法院应当依照最高人民法院《关于在审理经济纠纷案件中涉及经济犯罪嫌疑若干问题的规定》第十条的规定，将自然人涉嫌犯罪部分移交公安机关处理，同时继续审理民事纠纷部分。

第九章　诉讼时效

第一百八十八条　【普通诉讼时效】向人民法院请求保护民事权利的诉讼时效期间为三年。法律另有规定的，依照其规定。

诉讼时效期间自权利人知道或者应当知道权利受到损害以及义务人之日起计算。法律另有规定的，依照其规定。但是，自权利受到损害之日起超过二十年的，人民法院不予保护，有特殊情况的，人民法院可以根据权利人的申请决定延长。

关联法规参见

▶**法律：**《民法典总则编》第189条至第191条，《民法典物权编》第419条，《民法典合同编》第594条，《民用航空法》第135条、第171条，《产品质量法》第45条，《民事诉讼法》第54条、第193条，《保险法》第26条，《拍卖法》第61条，《环境保护法》第66条，《国家赔偿法》第39条，《涉外民事关系法律适用法》第7条，《专利法》第74条，《票据法》第17条、第18条，《海商法》第257条至第259条、第261条至第263条、第265条至第267条。

▶**行政法规：**《铁路货物运输合同实施细则》第22条，《水路货物运输合同实施细则》第31条。

司法解释适用

《最高人民法院关于审理专利纠纷案件适用法律问题的若干规定》（法释〔2020〕19号修改）

新《民事诉讼法司法解释》	原《民事诉讼法司法解释》
第十七条　侵犯专利权的诉讼时效为三年，自专利权人或者利害关系人知道或者应当知道权利受到损害以及义务人之日起	**第二十三条**　侵犯专利权的诉讼时效为二年，自专利权人或者利害关系人知道或者应当知道侵权行为之日起计算。权利人

新《民事诉讼法司法解释》	原《民事诉讼法司法解释》
计算。权利人超过三年起诉的，如果侵权行为在起诉时仍在继续，在该项专利权有效期内，人民法院应当判决被告停止侵权行为，侵权损害赔偿数额应当自权利人向人民法院起诉之日起向前推算三年计算。	超过二年起诉的，如果侵权行为在起诉时仍在继续，在该项专利权有效期内，人民法院应当判决被告停止侵权行为，侵权损害赔偿数额应当自权利人向人民法院起诉之日起向前推算二年计算。

《最高人民法院关于审理侵犯专利权纠纷案件应用法律若干问题的解释（二）》（法释〔2020〕19号修改）

新《专利权纠纷司法解释（二）》	原《专利权纠纷司法解释（二）》
第二条　权利人在专利侵权诉讼中主张的权利要求被国务院专利行政部门宣告无效的，审理侵犯专利权纠纷案件的人民法院可以裁定驳回权利人基于该无效权利要求的起诉。 有证据证明宣告上述权利要求无效的决定被生效的行政判决撤销的，权利人可以另行起诉。 专利权人另行起诉的，诉讼时效期间从本条第二款所称行政判决书送达之日起计算。	**第二条**　权利人在专利侵权诉讼中主张的权利要求被专利复审委员会宣告无效的，审理侵犯专利权纠纷案件的人民法院可以裁定驳回权利人基于该无效权利要求的起诉。 有证据证明宣告上述权利要求无效的决定被生效的行政判决撤销的，权利人可以另行起诉。 专利权人另行起诉的，诉讼时效期间从本条第二款所称行政判决书送达之日起计算。

《最高人民法院关于审理民事案件适用诉讼时效制度若干问题的规定》（法释〔2020〕17号修改）

<table>
<tr><th>新《民事案件诉讼时效规定》</th><th>原《民事案件诉讼时效规定》</th></tr>
<tr><td>第四条　未约定履行期限的合同，依照民法典第五百一十条、第五百一十一条的规定，可以确定履行期限的，诉讼时效期间从履行期限届满之日起计算；不能确定履行期限的，诉讼时效期间从债权人要求债务人履行义务的宽限期届满之日起计算，但债务人在债权人第一次向其主张权利之时明确表示不履行义务的，诉讼时效期间从债务人明确表示不履行义务之日起计算。</td><td>第六条　未约定履行期限的合同，依照合同法第六十一条、第六十二条的规定，可以确定履行期限的，诉讼时效期间从履行期限届满之日起计算；不能确定履行期限的，诉讼时效期间从债权人要求债务人履行义务的宽限期届满之日起计算，但债务人在债权人第一次向其主张权利之时明确表示不履行义务的，诉讼时效期间从债务人明确表示不履行义务之日起计算。</td></tr>
<tr><td colspan="2">第六条（原第八条）　返还不当得利请求权的诉讼时效期间，从当事人一方知道或者应当知道不当得利事实及对方当事人之日起计算。</td></tr>
<tr><td colspan="2">第七条（原第九条）　管理人因无因管理行为产生的给付必要管理费用、赔偿损失请求权的诉讼时效期间，从无因管理行为结束并且管理人知道或者应当知道本人之日起计算。
本人因不当无因管理行为产生的赔偿损失请求权的诉讼时效期间，从其知道或者应当知道管理人及损害事实之日起计算。</td></tr>
</table>

其他法律性文件

《最高人民法院关于印发〈全国法院贯彻实施民法典工作会议纪要〉的通知》

5. 民法典第一百八十八条第一款规定的普通诉讼时效期间，可以适用民法典有关诉讼时效中止、中断的规定，不适用延长的规定。民法典第一百八十八条第二款规定的“二十年”诉讼时效期间可以适用延长的规定，不适用中止、中断的规定。

诉讼时效根据民法典第一百九十五条的规定中断后，在新的诉讼时效期间内，再次出现第一百九十五条规定的中断事由，可以认定诉讼时效再次中断。权利人向义务人的代理人、财产代管人或者遗产管理人主张权利的，可以认定诉讼时效中断。

权威案例指引

▶**典型案例**

《江门市浩银贸易有限公司与联泰物流（Union Logistics，Inc）海上货物运输合同纠纷案》，《最高人民法院发布2018年全国海事审判典型案例》（2019年9月11日）

典型意义：我国海商法作为民法的特别法，规定了有别于一般民事法律的特殊诉讼时效制度。在涉及海商法调整的权利义务关系时，应优先适用海商法的相关规定。在海商法没有明确规定时，应适用民法通则等一般民事法律规定。海商法第二百六十七条第一款虽然规定了请求人提起诉讼方能中断诉讼时效，但该法并未明确规定“提起诉讼”的具体情形，此时应适用民法通则等法律及相关司法解释予以界定。此案对于处理海商法与一般民事法律诉讼时效制度的关系具有参考价值。

第一百八十九条　【分期履行债务诉讼时效的起算】 当事人约定同一债务分期履行的，诉讼时效期间自最后一期履行期限届满之日起计算。

关联法规参见

▶**法律**：《民法典总则编》第188条。

司法解释适用

《最高人民法院关于分期履行的合同中诉讼时效应如何计算问题的答复》

云南省高级人民法院：

你院《云南省高级人民法院关于继续性租金债权的诉讼时效期间如何计算的请示》收悉。经研究，答复如下：

对分期履行合同的每一期债务发生争议的，诉讼时效期间自该期债务履行期届满之日的次日起算。

此复。

第一百九十条　【对法定代理人请求权诉讼时效的起算】 无民事行为能力人或者限制民事行为能力人对其法定代理人的请求权的诉讼时效期间，自该法定代理终止之日起计算。

关联法规参见

▶**法律**：《民法典总则编》第175条、第188条。

司法解释适用

《最高人民法院、最高人民检察院、公安部、民政部关于依法处理监护人侵害未成年人权益行为若干问题的意见》

41. 撤销监护人资格诉讼终结后六个月内，未成年人及其现任监护人可以向人民法院申请人身安全保护裁定。

44. 民政部门担任监护人的，承担抚养职责的儿童福利机构可以送养未成年人。

送养未成年人应当在人民法院作出撤销监护人资格判决一年后进行。侵害人有本意见第40条第2款规定情形的，不受一年后送养的限制。

第一百九十一条　【未成年人遭受性侵害的损害赔偿诉讼时效的起算】未成年人遭受性侵害的损害赔偿请求权的诉讼时效期间，自受害人年满十八周岁之日起计算。

关联法规参见

▶**法律**：《民法典总则编》第188条，《未成年人保护法》第54条。

第一百九十二条　【诉讼时效届满的法律后果】诉讼时效期间届满的，义务人可以提出不履行义务的抗辩。

诉讼时效期间届满后，义务人同意履行的，不得以诉讼时效期间届满为由抗辩；义务人已经自愿履行的，不得请求返还。

司法解释适用

《最高人民法院关于适用〈中华人民共和国民法典〉有关担保制度的解释》（法释〔2020〕28号）

《民法典担保制度司法解释》	原《担保法司法解释》
第三十五条　保证人知道或者应当知道主债权诉讼时效期间届满仍然提供保证或者承担保证责任，又以诉讼时效期间届满为由拒绝承担保证责任或者请求返还财产的，人民法院不予支持；保证人承担保证责任后向债务人追偿的，人民法院不予支持，但是债务人放弃诉讼时效抗辩的除外。	**第三十五条**　保证人对已经超过诉讼时效期间的债务承担保证责任或者提供保证的，又以超过诉讼时效为由抗辩的，人民法院不予支持。

《最高人民法院关于适用〈中华人民共和国民事诉讼法〉的解释》（法释〔2020〕20号修改）

新《民事诉讼法司法解释》	原《民事诉讼法司法解释》
第二百一十九条（原第二百一十九条） 当事人超过诉讼时效期间起诉的，人民法院应予受理。受理后对方当事人提出诉讼时效抗辩，人民法院经审理认为抗辩事由成立的，判决驳回原告的诉讼请求。	
第四百八十三条（原第四百八十三条） 申请执行人超过申请执行时效期间向人民法院申请强制执行的，人民法院应予受理。被执行人对申请执行时效期间提出异议，人民法院经审查异议成立的，裁定不予执行。 被执行人履行全部或者部分义务后，又以不知道申请执行时效期间届满为由请求执行回转的，人民法院不予支持。	
第五百一十七条（原第五百一十七条） 债权人根据民事诉讼法第二百五十四条规定请求人民法院继续执行的，不受民事诉讼法第二百三十九条规定申请执行时效期间的限制。	
第五百一十九条（原第五百一十九条） 经过财产调查未发现可供执行的财产，在申请执行人签字确认或者执行法院组成合议庭审查核实并经院长批准后，可以裁定终结本次执行程序。 依照前款规定终结执行后，申请执行人发现被执行人有可供执行财产的，可以再次申请执行。再次申请不受申请执行时效期间的限制。	
第五百二十条（原第五百二十条） 因撤销申请而终结执行后，当事人在民事诉讼法第二百三十九条规定的申请执行时效期间内再次申请执行的，人民法院应当受理。	

《最高人民法院关于审理票据纠纷案件若干问题的规定》（法释〔2020〕18号修改）

新《票据纠纷案件规定》	原《票据纠纷案件规定》
第十五条（原第十六条） 票据债务人依照票据法第九条、第十七条、第十八条、第二十二条和第三十一条的规定，对持票人提出下列抗辩的，人民法院应予支持： （一）欠缺法定必要记载事项或者不符合法定格式的； （二）超过票据权利时效的； （三）人民法院作出的除权判决已经发生法律效力的； （四）以背书方式取得但背书不连续的； （五）其他依法不得享有票据权利的。	

《最高人民法院关于审理民事案件适用诉讼时效制度若干问题的规定》（法释〔2020〕17号修改）

<table>
<tr><th>新《民事案件诉讼时效规定》</th><th>原《民事案件诉讼时效规定》</th></tr>
<tr><td colspan="2">第三条（原第四条）　当事人在一审期间未提出诉讼时效抗辩，在二审期间提出的，人民法院不予支持，但其基于新的证据能够证明对方当事人的请求权已过诉讼时效期间的情形除外。</td></tr>
<tr><td colspan="2">当事人未按照前款规定提出诉讼时效抗辩，以诉讼时效期间届满为由申请再审或者提出再审抗辩的，人民法院不予支持。</td></tr>
<tr><td colspan="2">第十八条（原第二十一条）　主债务诉讼时效期间届满，保证人享有主债务人的诉讼时效抗辩权。
保证人未主张前述诉讼时效抗辩权，承担保证责任后向主债务人行使追偿权的，人民法院不予支持，但主债务人同意给付的情形除外。</td></tr>
<tr><td>第十九条　诉讼时效期间届满，当事人一方向对方当事人作出同意履行义务的意思表示或者自愿履行义务后，又以诉讼时效期间届满为由进行抗辩的，人民法院不予支持。
当事人双方就原债务达成新的协议，债权人主张义务人放弃诉讼时效抗辩权的，人民法院应予支持。
超过诉讼时效期间，贷款人向借款人发出催收到期贷款通知单，债务人在通知单上签字或者盖章，能够认定借款人同意履行诉讼时效期间已经届满的义务的，对于贷款人关于借款人放弃诉讼时效抗辩权的主张，人民法院应予支持。</td><td>第二十二条　诉讼时效期间届满，当事人一方向对方当事人作出同意履行义务的意思表示或者自愿履行义务后，又以诉讼时效期间届满为由进行抗辩的，人民法院不予支持。</td></tr>
</table>

《最高人民法院关于人民法院赔偿委员会适用质证程序审理国家赔偿案件的规定》

第七条　下列情形，由赔偿义务机关负举证责任：

（一）属于法定免责情形；

（二）赔偿请求超过法定时效；

（三）具有其他抗辩事由。

第一百九十三条　【诉讼时效援引的当事人主义】人民法院不得主动适用诉讼时效的规定。

第一百九十四条　【诉讼时效的中止】在诉讼时效期间的最后六个月内，因下列障碍，不能行使请求权的，诉讼时效中止：

（一）不可抗力；

（二）无民事行为能力人或者限制民事行为能力人没有法定代理人，或者法定代理人死亡、丧失民事行为能力、丧失代理权；

（三）继承开始后未确定继承人或者遗产管理人；

（四）权利人被义务人或者其他人控制；

（五）其他导致权利人不能行使请求权的障碍。

自中止时效的原因消除之日起满六个月，诉讼时效期间届满。

关联法规参见

▶**法律**：《国防动员法》第67条，《海商法》第266条。

司法解释适用

《最高人民法院关于适用〈中华人民共和国民法典〉有关担保制度的解释》（法释〔2020〕28号）

《民法典担保制度司法解释》	原《担保法司法解释》
第二十八条　一般保证中，债权人依据生效法律文书对债务人的财产依法申请强制执行，保证债务诉讼时效的起算时间按照下列规则确定： （一）人民法院作出终结本次执行程序裁定，或者依照民事诉讼法第二百五十七条第三项、第五项的规定作出终结执行裁定的，自裁定送达债权人之日起开始计算； （二）人民法院自收到申请执行书之日起一年内未作出前项裁定的，自人民法院收到申请执行书满一年之日起开始计算，但是保证人有证据证明债务人仍有财产可供执行的除外。 一般保证的债权人在保证期间届满前对债务人提起诉讼或者申请仲裁，债权人举证证明存在民法典第六百八十七条第二款但书规定情形的，保证债务的诉讼时效自债权人知道或者应当知道该情形之日起开始计算。	**第三十四条**　一般保证的债权人在保证期间届满前对债务人提起诉讼或者申请仲裁的，从判决或者仲裁裁决生效之日起，开始计算保证合同的诉讼时效。

《民法典担保制度司法解释》	原《担保法司法解释》
第三十五条 保证人知道或者应当知道主债权诉讼时效期间届满仍然提供保证或者承担保证责任，又以诉讼时效期间届满为由拒绝承担保证责任或者请求返还财产的，人民法院不予支持；保证人承担保证责任后向债务人追偿的，人民法院不予支持，但是债务人放弃诉讼时效抗辩的除外。	**第三十五条** 保证人对已经超过诉讼时效期间的债务承担保证责任或者提供保证的，又以超过诉讼时效为由抗辩的，人民法院不予支持。
第四十四条 主债权诉讼时效期间届满后，抵押权人主张行使抵押权的，人民法院不予支持；抵押人以主债权诉讼时效期间届满为由，主张不承担担保责任的，人民法院应予支持。主债权诉讼时效期间届满前，债权人仅对债务人提起诉讼，经人民法院判决或者调解后未在民事诉讼法规定的申请执行时效期间内对债务人申请强制执行，其向抵押人主张行使抵押权的，人民法院不予支持。 主债权诉讼时效期间届满后，财产被留置的债务人或者对留置财产享有所有权的第三人请求债权人返还留置财产的，人民法院不予支持；债务人或者第三人请求拍卖、变卖留置财产并以所得价款清偿债务的，人民法院应予支持。 主债权诉讼时效期间届满的法律后果，以登记作为公示方式的权利质权，参照适用第一款的规定；动产质权、以交付权利凭证作为公示方式的权利质权，参照适用第二款的规定。	**第三十五条** 保证人对已经超过诉讼时效期间的债务承担保证责任或者提供保证的，又以超过诉讼时效为由抗辩的，人民法院不予支持。 **第三十六条** 一般保证中，主债务诉讼时效中断，保证债务诉讼时效中断；连带责任保证中，主债务诉讼时效中断，保证债务诉讼时效不中断。 一般保证和连带责任保证中，主债务诉讼时效中止的，保证债务的诉讼时效同时中止。

《最高人民法院关于适用〈中华人民共和国民事诉讼法〉执行程序若干问题的解释》（法释〔2020〕21号修改）

新《民事诉讼法执行程序司法解释》	原《民事诉讼法执行程序司法解释》
第十九条（原第二十七条） 在申请执行时效期间的最后六个月内，因不可抗力或者其他障碍不能行使请求权的，申请执行时效中止。从中止时效的原因消除之日起，申请执行时效期间继续计算。	

第一百九十五条　【诉讼时效的中断】有下列情形之一的，诉讼时效中断，从中断、有关程序终结时起，诉讼时效期间重新计算：

（一）权利人向义务人提出履行请求；

（二）义务人同意履行义务；

（三）权利人提起诉讼或者申请仲裁；

（四）与提起诉讼或者申请仲裁具有同等效力的其他情形。

关联法规参见

▶**法律**：《海商法》第267条。

司法解释适用

《最高人民法院关于适用〈中华人民共和国民法典〉有关担保制度的解释》（法释〔2020〕28号）

《民法典担保制度司法解释》	原《担保法司法解释》
第二十八条　一般保证中，债权人依据生效法律文书对债务人的财产依法申请强制执行，保证债务诉讼时效的起算时间按照下列规则确定： （一）人民法院作出终结本次执行程序裁定，或者依照民事诉讼法第二百五十七条第三项、第五项的规定作出终结执行裁定的，自裁定送达债权人之日起开始计算； （二）人民法院自收到申请执行书之日起一年内未作出前项裁定的，自人民法院收到申请执行书满一年之日起开始计算，但是保证人有证据证明债务人仍有财产可供执行的除外。 一般保证的债权人在保证期间届满前对债务人提起诉讼或者申请仲裁，债权人举证证明存在民法典第六百八十七条第二款但书规定情形的，保证债务的诉讼时效自债权人知道或者应当知道该情形之日起开始计算。	**第三十四条**　一般保证的债权人在保证期间届满前对债务人提起诉讼或者申请仲裁的，从判决或者仲裁裁决生效之日起，开始计算保证合同的诉讼时效。
第三十五条　保证人知道或者应当知道主债权诉讼时效期间届满仍然提供保证或者承担保证责任，又以诉讼时效期间届满为由拒绝承担保证责任或者请求返还财产	**第三十五条**　保证人对已经超过诉讼时效期间的债务承担保证责任或者提供保证的，又以超过诉讼时效为由抗辩的，人民法院不予支持。

《民法典担保制度司法解释》	原《担保法司法解释》
的，人民法院不予支持；保证人承担保证责任后向债务人追偿的，人民法院不予支持，但是债务人放弃诉讼时效抗辩的除外。	
第四十四条 主债权诉讼时效期间届满后，抵押权人主张行使抵押权的，人民法院不予支持；抵押人以主债权诉讼时效期间届满为由，主张不承担担保责任的，人民法院应予支持。主债权诉讼时效期间届满前，债权人仅对债务人提起诉讼，经人民法院判决或者调解后未在民事诉讼法规定的申请执行时效期间内对债务人申请强制执行，其向抵押人主张行使抵押权的，人民法院不予支持。 主债权诉讼时效期间届满后，财产被留置的债务人或者对留置财产享有所有权的第三人请求债权人返还留置财产的，人民法院不予支持；债务人或者第三人请求拍卖、变卖留置财产并以所得价款清偿债务的，人民法院应予支持。 主债权诉讼时效期间届满的法律后果，以登记作为公示方式的权利质权，参照适用第一款的规定；动产质权、以交付权利凭证作为公示方式的权利质权，参照适用第二款的规定。	**第三十五条** 保证人对已经超过诉讼时效期间的债务承担保证责任或者提供保证的，又以超过诉讼时效为由抗辩的，人民法院不予支持。 **第三十六条** 一般保证中，主债务诉讼时效中断，保证债务诉讼时效中断；连带责任保证中，主债务诉讼时效中断，保证债务诉讼时效不中断。 一般保证和连带责任保证中，主债务诉讼时效中止的，保证债务的诉讼时效同时中止。

《最高人民法院关于适用〈中华人民共和国民事诉讼法〉执行程序若干问题的解释》（法释〔2020〕21号修改）

新《民事诉讼法执行程序司法解释》	原《民事诉讼法执行程序司法解释》
第二十条（原第二十八条） 申请执行时效因申请执行、当事人双方达成和解协议、当事人一方提出履行要求或者同意履行义务而中断。从中断时起，申请执行时效期间重新计算。	

《最高人民法院关于适用〈中华人民共和国企业破产法〉若干问题的规定（二）》（法释〔2020〕18号修改）

新《企业破产法司法解释（二）》	原《企业破产法司法解释（二）》
第十九条（原第十九条） 债务人对外享有债权的诉讼时效，自人民法院受理破产申请之日起中断。 债务人无正当理由未对其到期债权及时行使权利，导致其对外债权在破产申请受理前一年内超过诉讼时效期间的，人民法院受理破产申请之日起重新计算上述债权的诉讼时效期间。	

《最高人民法院关于审理海上保险纠纷案件若干问题的规定》（法释〔2020〕18号修改）

新《海上保险纠纷规定》	原《海上保险纠纷规定》
第十五条（原第十五条） 保险人取得代位请求赔偿权利后，以被保险人向第三人提起诉讼、提交仲裁、申请扣押船舶或者第三人同意履行义务为由主张诉讼时效中断的，人民法院应予支持。	

《最高人民法院关于审理无正本提单交付货物案件适用法律若干问题的规定》（法释〔2020〕18号修改）

新《无正本提单交付货物规定》	原《无正本提单交付货物规定》
第十五条（原第十五条） 正本提单持有人以承运人无正本提单交付货物为由提起的诉讼，时效中断适用海商法第二百六十七条的规定。 正本提单持有人以承运人与无正本提单提取货物的人共同实施无正本提单交付货物行为为由提起的侵权诉讼，时效中断适用本条前款规定。	

《最高人民法院关于审理票据纠纷案件若干问题的规定》（法释〔2020〕18号修改）

新《票据纠纷案件规定》	原《票据纠纷案件规定》
第十九条（原第二十条） 票据法第十七条规定的票据权利时效发生中断的，只对发生时效中断事由的当事人有效。	

《最高人民法院关于审理民事案件适用诉讼时效制度若干问题的规定》（法释〔2020〕17号修改）

新《民事案件诉讼时效规定》	原《民事案件诉讼时效规定》
第八条 具有下列情形之一的，应当认定为民法典第一百九十五条规定的"权利人向义务人提出履行请求"，产生诉讼时效中断的效力： （一）当事人一方直接向对方当事人送交主张权利文书，对方当事人在文书上签名、盖章、按指印或者虽未签名、盖章、按指印但能够以其他方式证明该文书到达对方当事人的； （二）当事人一方以发送信件或者数据电文方式主张权利，信件或者数据电文到达或者应当到达对方当事人的； （三）当事人一方为金融机构，依照法律规定或者当事人约定从对方当事人账户中扣收欠款本息的；	**第十条** 具有下列情形之一的，应当认定为民法通则第一百四十条规定的"当事人一方提出要求"，产生诉讼时效中断的效力： （一）当事人一方直接向对方当事人送交主张权利文书，对方当事人在文书上签字、盖章或者虽未签字、盖章但能够以其他方式证明该文书到达对方当事人的； （二）当事人一方以发送信件或者数据电文方式主张权利，信件或者数据电文到达或者应当到达对方当事人的； （三）当事人一方为金融机构，依照法律规定或者当事人约定从对方当事人账户中扣收欠款本息的；

<table>
<tr><th>新《民事案件诉讼时效规定》</th><th>原《民事案件诉讼时效规定》</th></tr>
<tr><td>（四）当事人一方下落不明，对方当事人在国家级或者下落不明的当事人一方住所地的省级有影响的媒体上刊登具有主张权利内容的公告的，但法律和司法解释另有特别规定的，适用其规定。
前款第（一）项情形中，对方当事人为法人或者其他组织的，签收人可以是其法定代表人、主要负责人、负责收发信件的部门或者被授权主体；对方当事人为自然人的，签收人可以是自然人本人、同住的具有完全行为能力的亲属或者被授权主体。</td><td>（四）当事人一方下落不明，对方当事人在国家级或者下落不明的当事人一方住所地的省级有影响的媒体上刊登具有主张权利内容的公告的，但法律和司法解释另有特别规定的，适用其规定。
前款第（一）项情形中，对方当事人为法人或者其他组织的，签收人可以是其法定代表人、主要负责人、负责收发信件的部门或者被授权主体；对方当事人为自然人的，签收人可以是自然人本人、同住的具有完全行为能力的亲属或者被授权主体。</td></tr>
<tr><td colspan="2">第九条（原第十一条）　权利人对同一债权中的部分债权主张权利，诉讼时效中断的效力及于剩余债权，但权利人明确表示放弃剩余债权的情形除外。</td></tr>
<tr><td colspan="2">第十条（原第十二条）　当事人一方向人民法院提交起诉状或者口头起诉的，诉讼时效从提交起诉状或者口头起诉之日起中断。</td></tr>
<tr><td>第十一条　下列事项之一，人民法院应当认定与提起诉讼具有同等诉讼时效中断的效力：
（一）申请支付令；
（二）申请破产、申报破产债权；
（三）为主张权利而申请宣告义务人失踪或死亡；
（四）申请诉前财产保全、诉前临时禁令等诉前措施；
（五）申请强制执行；
（六）申请追加当事人或者被通知参加诉讼；
（七）在诉讼中主张抵销；
（八）其他与提起诉讼具有同等诉讼时效中断效力的事项。</td><td>第十三条　下列事项之一，人民法院应当认定与提起诉讼具有同等诉讼时效中断的效力：
~~（一）申请仲裁；~~
（二）申请支付令；
（三）申请破产、申报破产债权；
（四）为主张权利而申请宣告义务人失踪或死亡；
（五）申请诉前财产保全、诉前临时禁令等诉前措施；
（六）申请强制执行；
（七）申请追加当事人或者被通知参加诉讼；
（八）在诉讼中主张抵销；
（九）其他与提起诉讼具有同等诉讼时效中断效力的事项。</td></tr>
<tr><td colspan="2">第十二条（原第十四条）　权利人向人民调解委员会以及其他依法有权解决相关民事纠纷的国家机关、事业单位、社会团体等社会组织提出保护相应民事权利的请求，诉讼时效从提出请求之日起中断。</td></tr>
</table>

<table>
<tr><th>新《民事案件诉讼时效规定》</th><th>原《民事案件诉讼时效规定》</th></tr>
<tr><td colspan="2">第十三条（原第十五条）　权利人向公安机关、人民检察院、人民法院报案或者控告，请求保护其民事权利的，诉讼时效从其报案或者控告之日起中断。
上述机关决定不立案、撤销案件、不起诉的，诉讼时效期间从权利人知道或者应当知道不立案、撤销案件或者不起诉之日起重新计算；刑事案件进入审理阶段，诉讼时效期间从刑事裁判文书生效之日起重新计算。</td></tr>
<tr><td>第十四条　义务人作出分期履行、部分履行、提供担保、请求延期履行、制定清偿债务计划等承诺或者行为的，应当认定为民法典第一百九十五条规定的“义务人同意履行义务”。</td><td>第十六条　义务人作出分期履行、部分履行、提供担保、请求延期履行、制定清偿债务计划等承诺或者行为的，应当认定为民法通则第一百四十条规定的当事人一方“同意履行义务”。</td></tr>
<tr><td colspan="2">第十五条（原第十七条）　对于连带债权人中的一人发生诉讼时效中断效力的事由，应当认定对其他连带债权人也发生诉讼时效中断的效力。
对于连带债务人中的一人发生诉讼时效中断效力的事由，应当认定对其他连带债务人也发生诉讼时效中断的效力。</td></tr>
<tr><td colspan="2">第十六条（原第十八条）　债权人提起代位权诉讼的，应当认定对债权人的债权和债务人的债权均发生诉讼时效中断的效力。</td></tr>
<tr><td colspan="2">第十七条（原第十九条）　债权转让的，应当认定诉讼时效从债权转让通知到达债务人之日起中断。
债务承担情形下，构成原债务人对债务承认的，应当认定诉讼时效从债务承担意思表示到达债权人之日起中断。</td></tr>
</table>

《最高人民法院关于超过诉讼时效期间借款人在催款通知单上签字或者盖章的法律效力问题的批复》

河北省高级人民法院：

你院〔1998〕冀经一请字第38号《关于超过诉讼时效期间信用社向借款人发出的“催收到期贷款通知单”是否受法律保护的请示》收悉。经研究，答复如下：

根据《中华人民共和国民法通则》第四条、第九十条规定的精神，对于超过诉讼时效期间，信用社向借款人发出催收到期贷款通知单，债务人在该通知单上签字或者盖章的，应当视为对原债务的重新确认，该债权债务关系应受法律保护。

此复

其他法律性文件

《最高人民法院关于印发〈全国法院贯彻实施民法典工作会议纪要〉的通知》

5. 民法典第一百八十八条第一款规定的普通诉讼时效期间，可以适用民法典有关诉讼时效中止、中断的规定，不适用延长的规定。民法典第一百八十八条第二款规定的“二十年”诉讼时效期间可以适用延长的规定，不适用中止、中断的规定。

诉讼时效根据民法典第一百九十五条的规定中断后，在新的诉讼时效期间内，再次出现

第一百九十五条规定的中断事由，可以认定诉讼时效再次中断。权利人向义务人的代理人、财产代管人或者遗产管理人主张权利的，可以认定诉讼时效中断。

第一百九十六条　【不适用诉讼时效的请求权】 下列请求权不适用诉讼时效的规定：

（一）请求停止侵害、排除妨碍、消除危险；

（二）不动产物权和登记的动产物权的权利人请求返还财产；

（三）请求支付抚养费、赡养费或者扶养费；

（四）依法不适用诉讼时效的其他请求权。

关联法规参见

▶**法律：**《民法典物权编》第419条。

司法解释适用

《最高人民法院关于适用〈中华人民共和国公司法〉若干问题的规定（三）》（法释〔2020〕18号修改）

新《公司法司法解释（三）》	原《公司法司法解释（三）》
第十九条（原第十九条）　公司股东未履行或者未全面履行出资义务或者抽逃出资，公司或者其他股东请求其向公司全面履行出资义务或者返还出资，被告股东以诉讼时效为由进行抗辩的，人民法院不予支持。 公司债权人的债权未过诉讼时效期间，其依照本规定第十三条第二款、第十四条第二款的规定请求未履行或者未全面履行出资义务或者抽逃出资的股东承担赔偿责任，被告股东以出资义务或者返还出资义务超过诉讼时效期间为由进行抗辩的，人民法院不予支持。	

《最高人民法院关于适用〈中华人民共和国企业破产法〉若干问题的规定（二）》（法释〔2020〕18号修改）

新《企业破产法司法解释（二）》	原《企业破产法司法解释（二）》
第二十条（原第二十条）　管理人代表债务人提起诉讼，主张出资人向债务人依法缴付未履行的出资或者返还抽逃的出资本息，出资人以认缴出资尚未届至公司章程规定的缴纳期限或者违反出资义务已经超过诉讼时效为由抗辩的，人民法院不予支持。 管理人依据公司法的相关规定代表债务人提起诉讼，主张公司的发起人和负有监督股东履行出资义务的董事、高级管理人员，或者协助抽逃出资的其他股东、董事、高级管理人员、实际控制人等，对股东违反出资义务或者抽逃出资承担相应责任，并将财产归入债务人财产的，人民法院应予支持。	

《最高人民法院关于审理环境侵权责任纠纷案件适用法律若干问题的解释》（法释〔2020〕17号修改）

新《环境侵权责任纠纷司法解释》	原《环境侵权责任纠纷司法解释》
删除条文 ~~**第十七条** 被侵权人提起诉讼，请求污染者停止侵害、排除妨碍、消除危险的，不受环境保护法第六十六条规定的时效期间的限制。~~	

《最高人民法院关于审理民事案件适用诉讼时效制度若干问题的规定》（法释〔2020〕17号修改）

新《民事案件诉讼时效规定》	原《民事案件诉讼时效规定》
第一条（原第一条） 当事人可以对债权请求权提出诉讼时效抗辩，但对下列债权请求权提出诉讼时效抗辩的，人民法院不予支持： （一）支付存款本金及利息请求权； （二）兑付国债、金融债券以及向不特定对象发行的企业债券本息请求权； （三）基于投资关系产生的缴付出资请求权； （四）其他依法不适用诉讼时效规定的债权请求权。	

《最高人民法院关于审理中央级财政资金转为部分中央企业国家资本金有关纠纷案件的通知》

三、除人民法院已经受理的案件外，有关中央企业返还资金请求权的诉讼时效期间自《通知》第五条规定的期限届满之日起算。

当事人主张确认公司或企业出资人权益请求权不适用诉讼时效的规定。

权威案例指引

▶指导性案例

上海市虹口区久乐大厦小区业主大会诉上海环亚实业总公司业主共有权纠纷案，指导案例65号（2016年9月19日）

裁判要点：专项维修资金是专门用于物业共用部位、共用设施设备保修期满后的维修和更新、改造的资金，属于全体业主共有。缴纳专项维修资金是业主为维护建筑物的长期安全使用而应承担的一项法定义务。业主拒绝缴纳专项维修资金，并以诉讼时效提出抗辩的，人民法院不予支持。

第一百九十七条 【诉讼时效法定】诉讼时效的期间、计算方法以及中止、中断的事由由法律规定，当事人约定无效。

当事人对诉讼时效利益的预先放弃无效。

第一百九十八条 【仲裁时效的准用】法律对仲裁时效有规定的，依照其规定；没有规定的，适用诉讼时效的规定。

关联法规参见

▶**法律**：《民法典合同编》第 594 条，《农村土地承包经营纠纷调解仲裁法》第 18 条，《劳动争议调解仲裁法》第 27 条。

司法解释适用

《最高人民法院关于审理涉及农村土地承包经营纠纷调解仲裁案件适用法律若干问题的解释》（法释〔2020〕17 号修改）

新《农村土地承包经营纠纷调解仲裁案件司法解释》	原《农村土地承包经营纠纷调解仲裁案件司法解释》
第一条（原第一条） 农村土地承包仲裁委员会根据农村土地承包经营纠纷调解仲裁法第十八条规定，以超过申请仲裁的时效期间为由驳回申请后，当事人就同一纠纷提起诉讼的，人民法院应予受理。	

《最高人民法院关于人事争议申请仲裁的时效期间如何计算的批复》

四川省高级人民法院：

你院《关于事业单位人事争议仲裁时效如何计算的请示》（川高法〔2012〕430 号）收悉。经研究，批复如下：

依据《中华人民共和国劳动争议调解仲裁法》第二十七条第一款、第五十二条的规定，当事人自知道或者应当知道其权利被侵害之日起一年内申请仲裁，仲裁机构予以受理的，人民法院应予认可。

《最高人民法院关于对国外仲裁机构的裁决申请承认和申请执行是否应一并提出问题的请示的复函》

陕西省高级人民法院：

你院〔2013〕陕民三他字第 1 号《关于对国外仲裁机构的裁决申请承认和申请执行是否应一并提出问题的请示》收悉。经研究，答复如下：

1. 对于外国仲裁裁决，法律没有规定当事人必须一并申请承认和执行，当事人可以选择仅申请人民法院承认，也可以选择申请人民法院承认和执行。当事人先申请人民法院承认外国仲裁裁决，人民法院经审查裁定予以承认的，当事人还可以申请人民法院执行该仲裁裁决。

2. 根据《最高人民法院关于人民法院处理与涉外仲裁及外国仲裁事项有关问题的通知》（法发〔1995〕18 号）的精神，泰王国泰普克沥青（大众）有限公司（以下简称泰普克公司）申请执行涉案外国仲裁裁决，西安市中级人民法院在拟裁定不予受理前，应当逐级上报最高人民法院，待最高人民法院答复后作出相应裁定。

3. 西安市中级人民法院于 2009 年 12 月 7 日裁定承认涉案外国仲裁裁决，泰普克公司于 2010 年 1 月 27 日申请执行该仲裁裁决，西安市中级人民法院审查是否执行该仲裁裁决，应当适用当时施行的《中华人民共和国民事诉讼法（2007）》。依照《中华人民共和国民事诉讼法（2007）》第二百一十五条第一款的规定，申请执行的期间为二年；申请执行时效的中止、中断，适用法律有关诉讼时效中止、中断的规定。西安市中级人民法院裁定承认仲裁裁决后，泰普克公司申请执行该仲裁裁决的期限从该裁定生效之日起重新计算。泰普克公司申请执行该仲裁裁决，并未超过《中华人民共和国民事诉讼法（2007）》规定的二年申请执行期限。西安市中级人民法院以泰普克公司申请执行超过《中华人民共和国民事诉讼法（2007）》规定的申请执行期限为由，裁定不予受理，适用法律不当，应予纠正。

此复

第一百九十九条　【除斥期间】 法律规定或者当事人约定的撤销权、解除权等权利的存续期间，除法律另有规定外，自权利人知道或者应当知道权利产生之日起计算，不适用有关诉讼时效中止、中断和延长的规定。存续期间届满，撤销权、解除权等权利消灭。

关联法规参见

▶**法律：**《民法典总则编》第145条、第152条、第171条，《民法典合同编》第541条、第663条、第664条，《民法典婚姻家庭编》第1052条。

司法解释适用

《最高人民法院关于适用〈中华人民共和国民法典〉婚姻家庭编的解释（一）》（法释〔2020〕22号）

《民法典婚姻家庭编司法解释（一）》	原《婚姻法司法解释（一）》
第十九条　民法典第一千零五十二条规定的“一年”，不适用诉讼时效中止、中断或者延长的规定。 受胁迫或者被非法限制人身自由的当事人请求撤销婚姻的，不适用民法典第一百五十二条第二款的规定。	**第十二条**　婚姻法第十一条规定的“一年”，不适用诉讼时效中止、中断或者延长的规定。

《最高人民法院关于适用〈中华人民共和国民事诉讼法〉的解释》（法释〔2020〕20号修改）

新《民事诉讼法司法解释》	原《民事诉讼法司法解释》
第一百二十七条（原第一百二十七条）　民事诉讼法第五十六条第三款、第二百零五条以及本解释第三百七十四条、第三百八十四条、第四百零一条、第四百二十二条、第四百二十三条规定的六个月，民事诉讼法第二百二十三条规定的一年，为不变期间，不适用诉讼时效中止、中断、延长的规定。	

《最高人民法院关于审理买卖合同纠纷案件适用法律问题的解释》（法释〔2020〕17号修改）

新《买卖合同司法解释》	原《买卖合同司法解释》
第十二条　人民法院具体认定民法典第六百二十一条第二款规定的“合理期限”时，应当综合当事人之间的交易性质、交易目的、交易方式、交易习惯、标的物的种类、数量、性质、安装和使用情况、瑕疵的性质、买受人应尽的合理注意义务、检验方法和难易程度、买受人或者检验人所处的具体环境、自身技能以及其他合理因素，依据诚实信用原则进行判断。 民法典第六百二十一条第二款规定的“二年”是最长的合理期限。该期限为不变期间，不适用诉讼时效中止、中断或者延长的规定。	**第十七条**　人民法院具体认定合同法第一百五十八条第二款规定的“合理期间”时，应当综合当事人之间的交易性质、交易目的、交易方式、交易习惯、标的物的种类、数量、性质、安装和使用情况、瑕疵的性质、买受人应尽的合理注意义务、检验方法和难易程度、买受人或者检验人所处的具体环境、自身技能以及其他合理因素，依据诚实信用原则进行判断。 合同法第一百五十八条第二款规定的“两年”是最长的合理期间。该期间为不变期间，不适用诉讼时效中止、中断或者延长的规定。

《最高人民法院关于审理民事案件适用诉讼时效制度若干问题的规定》（法释〔2020〕17号修改）

新《民事案件诉讼时效规定》	原《民事案件诉讼时效规定》
第五条　享有撤销权的当事人一方请求撤销合同的，应适用民法典关于除斥期间的规定。对方当事人对撤销合同请求权提出诉讼时效抗辩的，人民法院不予支持。 合同被撤销，返还财产、赔偿损失请求权的诉讼时效期间从合同被撤销之日起计算。	**第七条**　享有撤销权的当事人一方请求撤销合同的，应适用合同法第五十五条关于一年除斥期间的规定。 对方当事人对撤销合同请求权提出诉讼时效抗辩的，人民法院不予支持。 合同被撤销，返还财产、赔偿损失请求权的诉讼时效期间从合同被撤销之日起计算。

权威案例指引

▶公报案例

《绵阳市红日实业有限公司、蒋洋诉绵阳高新区科创实业有限公司股东会决议效力及公司增资纠纷案》，《最高人民法院公报》2011年第3期

裁判摘要：一、在民商事法律关系中，公司作为行为主体实施法律行为的过程可以划分为两个层次，一是公司内部的意思形成阶段，通常表现为股东会或董事会决议；二是公司对外作出意思表示的阶段，通常表现为公司对外签订的合同。出于保护善意第三人和维护交易安全的考虑，在公司内部意思形成过程存在瑕疵的情况下，只要对外的表示行为不存在无效的情形，公司就应受其表示行为的制约。

二、根据《中华人民共和国公司法》第三十五条的规定，公司新增资本时，股东有权优先按照实缴的出资比例认缴出资。从权利性质上来看，股东对于新增资本的优先认缴权应属形成权。现行法律并未明确规定该项权利的行使期限，但从维护交易安全和稳定经济秩序的角度出发，结合商事行为的规则和特点，人民法院在处理相关案件时应限定该项权利行使的合理期间，对于超出合理期间行使优先认缴权的主张不予支持。

第十章　期间计算

第二百条　【期间的计算单位】民法所称的期间按照公历年、月、日、小时计算。

第二百零一条　【期间的起算】按照年、月、日计算期间的，开始的当日不计入，自下一日开始计算。

按照小时计算期间的，自法律规定或者当事人约定的时间开始计算。

关联法规参见

▶**法律**：《民事诉讼法》第82条。

司法解释适用

《最高人民法院关于适用〈中华人民共和国民事诉讼法〉的解释》（法释〔2020〕20号修改）

新《民事诉讼法司法解释》	原《民事诉讼法司法解释》
第一百二十五条（原第一百二十五条）　依照民事诉讼法第八十二条第二款规定，民事诉讼中以时起算的期间从次时起算；以日、月、年计算的期间从次日起算。	

第二百零二条　【期间到期日的确定】按照年、月计算期间的，到期月的对应日为期间的最后一日；没有对应日的，月末日为期间的最后一日。

第二百零三条　【期间计算的特殊规定】期间的最后一日是法定休假日的，以法定休假日结束的次日为期间的最后一日。

期间的最后一日的截止时间为二十四时；有业务时间的，停止业务活动的时间为截止时间。

关联法规参见

▶**法律**：《劳动法》第44条、第45条，《民事诉讼法》第82条。

▶**行政法规**：《全国年节及纪念日放假办法》，《国务院关于职工工作时间的规定》第7条。

第二百零四条　【期间计算方法的例外】期间的计算方法依照本法的规定，但是法律另有规定或者当事人另有约定的除外。

第二编　物　权

第一分编　通　则

第一章　一般规定

第二百零五条　【物权编的调整范围】本编调整因物的归属和利用产生的民事关系。

关联法规参见

▶**法律**：《民法典总则编》第2条、第114条、第115条，《土地管理法》第4条，《城市房地产管理法》第2条，《海域使用管理法》第2条。

▶**行政法规**：《不动产登记暂行条例》第2条，《森林法实施条例》第2条。

司法解释适用

《最高人民法院关于适用〈中华人民共和国民法典〉物权编的解释（一）》（法释〔2020〕24号）

《民法典物权编司法解释（一）》	原《物权法司法解释（一）》
第一条（原第一条）　因不动产物权的归属，以及作为不动产物权登记基础的买卖、赠与、抵押等产生争议，当事人提起民事诉讼的，应当依法受理。当事人已经在行政诉讼中申请一并解决上述民事争议，且人民法院一并审理的除外。	

第二百零六条　【社会主义基本经济制度和经济政策】国家坚持和完善公有制为主体、多种所有制经济共同发展，按劳分配为主体、多种分配方式并存，社会主义市场经济体制等社会主义基本经济制度。

国家巩固和发展公有制经济，鼓励、支持和引导非公有制经济的发展。

国家实行社会主义市场经济，保障一切市场主体的平等法律地位和发展权利。

关联法规参见

▶**法律**：《宪法》第6条至第8条，第11条、第15条，《民法典总则编》第4条，《农业法》第 5 条，《民族区域自治法》第 26 条。

第二百零七条　【各类权利人物权的平等保护原则】 国家、集体、私人的物权和其他权利人的物权受法律平等保护，任何组织或者个人不得侵犯。

关联法规参见

▶**法律：**《宪法》第 8 条、第 11 条至第 13 条，《民法典总则编》第 3 条、第 4 条、第 113 条，《森林法》第 15 条，《土地管理法》第 12 条、第 13 条，《城市房地产管理法》第 5 条，《外商投资法》第 5 条、第 6 条，《野生动物保护法》第 3 条、第 6 条，《文物保护法》第 6 条，《水法》第 3 条、第 6 条，《草原法》第 4 条、第 12 条，《农业法》第 7 条、第 10 条，《工会法》第 46 条，《海域使用管理法》第 23 条，《矿产资源法》第 3 条，《公益事业捐赠法》第 7 条。

司法解释适用

《最高人民法院关于依法平等保护非公有制经济促进非公有制经济健康发展的意见》

2. 贯彻党的十八届四中全会精神，依法平等保护各种所有制经济共同发展。法律面前人人平等是我国宪法确立的基本原则。非公有制经济与公有制经济一样，是社会主义市场经济的重要组成部分，都是我国经济社会发展的重要基础。党的十八届四中全会决定指出，平等是社会主义法律的基本属性。人民法院在依法保障公有制经济发展，不断增强国有经济活力、控制力和影响力的同时，要依法平等保护非公有制经济的合法权益，坚持各类市场主体的诉讼地位平等、法律适用平等、法律责任平等，为各种所有制经济提供平等司法保障。

第二百零八条　【物权公示原则：不动产登记、动产交付】 不动产物权的设立、变更、转让和消灭，应当依照法律规定登记。动产物权的设立和转让，应当依照法律规定交付。

关联法规参见

▶**法律：**《民法典合同编》第 598 条，《森林法》第 15 条，《土地管理法》第 12 条，《城市房地产管理法》第 60 条、第 61 条，《农村土地承包法》第 24 条、第 35 条，《草原法》第 11 条、第 12 条，《海域使用管理法》第 6 条、第 19 条。

第二章　物权的设立、变更、转让和消灭

第一节　不动产登记

第二百零九条　【不动产物权的登记生效原则及其例外】不动产物权的设立、变更、转让和消灭，经依法登记，发生效力；未经登记，不发生效力，但是法律另有规定的除外。

依法属于国家所有的自然资源，所有权可以不登记。

关联法规参见

▶**法律：**《民法典合同编》第598条，《森林法》第14条、第15条，《土地管理法》第12条，《城市房地产管理法》第35条、第36条、第60条至第63条，《渔业法》第11条，《草原法》第11条。

▶**行政法规：**《不动产登记暂行条例》，《土地管理法实施条例》第4条至第6条。

司法解释适用

《最高人民法院关于适用〈中华人民共和国民法典〉婚姻家庭编的解释（一）》（法释〔2020〕22号）

《民法典婚姻家庭编司法解释（一）》	原《婚姻法司法解释（三）》
第七十八条　夫妻一方婚前签订不动产买卖合同，以个人财产支付首付款并在银行贷款，婚后用夫妻共同财产还贷，不动产登记于首付款支付方名下的，离婚时该不动产由双方协议处理。 依前款规定不能达成协议的，人民法院可以判决该不动产归登记一方，尚未归还的贷款为不动产登记一方的个人债务。双方婚后共同还贷支付的款项及其相对应财产增值部分，离婚时应根据民法典第一千零八十七条第一款规定的原则，由不动产登记一方对另一方进行补偿。	**第十条**　夫妻一方婚前签订不动产买卖合同，以个人财产支付首付款并在银行贷款，婚后用夫妻共同财产还贷，不动产登记于首付款支付方名下的，离婚时该不动产由双方协议处理。 依前款规定不能达成协议的，人民法院可以判决该不动产归产权登记一方，尚未归还的贷款为产权登记一方的个人债务。双方婚后共同还贷支付的款项及其相对应财产增值部分，离婚时应根据婚姻法第三十九条第一款规定的原则，由产权登记一方对另一方进行补偿。

《最高人民法院关于人民法院民事执行中查封、扣押、冻结财产的规定》（法释〔2020〕21号修改）

新《人民法院民事执行中查封、扣押、冻结财产规定》	原《人民法院民事执行中查封、扣押、冻结财产规定》
第十五条（原第十七条）　被执行人将其所有的需要办理过户登记的财产出卖给第三人，第三人已经支付部分或者全部价款并实际占有该财产，但尚未办理产权过户登记手续的，人民法院可以查封、扣押、冻结；第三人已经支付全部价款并实际占有，但未办理过户登记手续的，如果第三人对此没有过错，人民法院不得查封、扣押、冻结。	

《最高人民法院关于审理房屋登记案件若干问题的规定》

第一条　公民、法人或者其他组织对房屋登记机构的房屋登记行为以及与查询、复制登记资料等事项相关的行政行为或者相应的不作为不服，提起行政诉讼的，人民法院应当依法受理。

第二条　房屋登记机构根据人民法院、仲裁委员会的法律文书或者有权机关的协助执行通知书以及人民政府的征收决定办理的房屋登记行为，公民、法人或者其他组织不服提起行政诉讼的，人民法院不予受理，但公民、法人或者其他组织认为登记与有关文书内容不一致的除外。

房屋登记机构作出未改变登记内容的换发、补发权属证书、登记证明或者更新登记簿的行为，公民、法人或者其他组织不服提起行政诉讼的，人民法院不予受理。

房屋登记机构在行政诉讼法施行前作出的房屋登记行为，公民、法人或者其他组织不服提起行政诉讼的，人民法院不予受理。

第三条　公民、法人或者其他组织对房屋登记行为不服提起行政诉讼的，不受下列情形的影响：

（一）房屋灭失；

（二）房屋登记行为已被登记机构改变；

（三）生效法律文书将房屋权属证书、房屋登记簿或者房屋登记证明作为定案证据采用。

第四条　房屋登记机构为债务人办理房屋转移登记，债权人不服提起诉讼，符合下列情形之一的，人民法院应当依法受理：

（一）以房屋为标的物的债权已办理预告登记的；

（二）债权人为抵押权人且房屋转让未经其同意的；

（三）人民法院依债权人申请对房屋采取强制执行措施并已通知房屋登记机构的；

（四）房屋登记机构工作人员与债务人恶意串通的。

第五条　同一房屋多次转移登记，原房屋权利人、原利害关系人对首次转移登记行为提起行政诉讼的，人民法院应当依法受理。

原房屋权利人、原利害关系人对首次转移登记行为及后续转移登记行为一并提起行政诉讼的，人民法院应当依法受理；人民法院判决驳回原告就在先转移登记行为提出的诉讼请求，或者因保护善意第三人确认在先房屋登记行为违法的，应当裁定驳回原告对后续转移登记行为的起诉。

原房屋权利人、原利害关系人未就首次转移登记行为提起行政诉讼，对后续转移登记行为提起行政诉讼的，人民法院不予受理。

第六条 人民法院受理房屋登记行政案件后，应当通知没有起诉的下列利害关系人作为第三人参加行政诉讼：

（一）房屋登记簿上载明的权利人；

（二）被诉异议登记、更正登记、预告登记的权利人；

（三）人民法院能够确认的其他利害关系人。

第七条 房屋登记行政案件由房屋所在地人民法院管辖，但有下列情形之一的也可由被告所在地人民法院管辖：

（一）请求房屋登记机构履行房屋转移登记、查询、复制登记资料等职责的；

（二）对房屋登记机构收缴房产证行为提起行政诉讼的；

（三）对行政复议改变房屋登记行为提起行政诉讼的。

第八条 当事人以作为房屋登记行为基础的买卖、共有、赠与、抵押、婚姻、继承等民事法律关系无效或者应当撤销为由，对房屋登记行为提起行政诉讼的，人民法院应当告知当事人先行解决民事争议，民事争议处理期间不计算在行政诉讼起诉期限内；已经受理的，裁定中止诉讼。

第九条 被告对被诉房屋登记行为的合法性负举证责任。被告保管证据原件的，应当在法庭上出示。被告不保管原件的，应当提交与原件核对一致的复印件、复制件并作出说明。当事人对被告提交的上述证据提出异议的，应当提供相应的证据。

第十条 被诉房屋登记行为合法的，人民法院应当判决驳回原告的诉讼请求。

第十一条 被诉房屋登记行为涉及多个权利主体或者房屋可分，其中部分主体或者房屋的登记违法应予撤销的，可以判决部分撤销。

被诉房屋登记行为违法，但该行为已被登记机构改变的，判决确认被诉行为违法。

被诉房屋登记行为违法，但判决撤销将给公共利益造成重大损失或者房屋已为第三人善意取得的，判决确认被诉行为违法，不撤销登记行为。

第十二条 申请人提供虚假材料办理房屋登记，给原告造成损害，房屋登记机构未尽合理审慎职责的，应当根据其过错程度及其在损害发生中所起作用承担相应的赔偿责任。

第十三条 房屋登记机构工作人员与第三人恶意串通违法登记，侵犯原告合法权益的，房屋登记机构与第三人承担连带赔偿责任。

第十四条 最高人民法院以前所作的相关的司法解释，凡与本规定不一致的，以本规定为准。

农村集体土地上的房屋登记行政案件参照本规定。

《最高人民法院关于当前民事审判工作中的若干具体问题》

二、关于物权纠纷案件的审理问题

物权法是中国特色社会主义法律体系中的重要支柱性法律。物权法理论性强，与国家的基本政治经济制度联系紧密，同时，对物权的保护又分散在各类民事纠纷案件中，审理难度大。最高法院民一庭经过几年的酝酿和反复研究论证，就物权法中涉及登记、共有、善意取得等问题起草的司法解释即将出台。这里也先和大家通个气，司法解释出台后，各地民事审判部门要认真组织学习，充分运用到具体审判实践中。我重点谈一下不动产统一登记问题。今年3月1日《不动产登记暂行条例》施行，大家要充分认识到这个条例对维护交易安全和交易秩序、保障权利人合法权益的重要意义。

第一，坚决维护登记的严肃性和权威性。要严格适用物权法第九条规定，除法律有特别规定情形外，对未予登记的不动产物权设立、变更、转让和消灭行为，依法确认其不具有物权变动效力。在对外关系上，要维护不动产登记的权利推定效力，依法保护相对人的合法权益，维护交易安全。

……

权威案例指引

▶公报案例

《大连羽田钢管有限公司与大连保税区弘丰钢铁工贸有限公司、株式会社羽田钢管制造所、大连高新技术产业园区龙王塘街道办事处物权确认纠纷案》，《最高人民法院公报》2012年第6期

裁判摘要：在物权确权纠纷案件中，根据物权变动的基本原则，对于当事人依据受让合同提出的确权请求应当视动产与不动产区别予以对待。人民法院对于已经交付的动产权属可以予以确认。对于权利人提出的登记于他人名下的不动产物权归其所有的确权请求，人民法院不宜直接判决确认其权属，而应当判决他人向权利人办理登记过户。

第二百一十条　【不动产登记机构的确定；国家实行统一登记制度】不动产登记，由不动产所在地的登记机构办理。

国家对不动产实行统一登记制度。统一登记的范围、登记机构和登记办法，由法律、行政法规规定。

关联法规参见

▶**法律：**《森林法》第15条，《土地管理法》第12条，《城市房地产管理法》第60条至第63条。《农村土地承包法》第24条，《渔业法》第11条，《草原法》第11条、第12条。

▶**行政法规：**《不动产登记暂行条例》第4条至第7条，《土地管理法实施条例》第4条至第6条。

司法解释适用

《最高人民法院关于适用〈中华人民共和国民法典〉有关担保制度的解释》（法释〔2020〕28号）

《民法典担保制度司法解释》	原《担保法司法解释》
第四十九条 以违法的建筑物抵押的，抵押合同无效，但是一审法庭辩论终结前已经办理合法手续的除外。抵押合同无效的法律后果，依照本解释第十七条的有关规定处理。 当事人以建设用地使用权依法设立抵押，抵押人以土地上存在违法的建筑物为由主张抵押合同无效的，人民法院不予支持。	**第四十八条** 以法定程序确认为违法、违章的建筑物抵押的，抵押无效。 **第四十九条** 以尚未办理权属证书的财产抵押的，在第一审法庭辩论终结前能够提供权利证书或者补办登记手续的，可以认定抵押有效。 当事人未办理抵押物登记手续的，不得对抗第三人。

第二百一十一条 【不动产登记申请材料】 当事人申请登记，应当根据不同登记事项提供权属证明和不动产界址、面积等必要材料。

关联法规参见

▶**行政法规：**《不动产登记暂行条例》第8条、第14条至第16条。

第二百一十二条 【不动产登记机构应当履行的职责】 登记机构应当履行下列职责：

（一）查验申请人提供的权属证明和其他必要材料；

（二）就有关登记事项询问申请人；

（三）如实、及时登记有关事项；

（四）法律、行政法规规定的其他职责。

申请登记的不动产的有关情况需要进一步证明的，登记机构可以要求申请人补充材料，必要时可以实地查看。

关联法规参见

▶**行政法规：**《不动产登记暂行条例》第17条至第22条。

司法解释适用

《最高人民法院关于审理房屋登记行政案件中发现涉嫌刑事犯罪问题应如何处理的答复》

天津市高级人民法院：

你院《关于李宵诉天津市国土资源和房屋管理局房屋登记一案如何适用法律问题的请示报告》收悉。经研究答复如下：

人民法院在审理有关房屋登记行政案件中，发现涉嫌刑事犯罪问题的，不应将该案全案移送公安机关处理，而应区别不同情况分别处理：

一、第三人购买的房屋不属于善意取得，参照民法通则第五十八条和合同法第五十二条、第五十九条的规定，房屋买卖行为属于无效的行为，人民法院应当依法判决撤销被诉核发房屋产权证行为。

二、第三人购买的房屋属于善意取得，房屋管理机关未尽审慎审查职责的，依据物权法第一百零六条等有关法律的规定，第三人的合法权益应当予以保护，人民法院可以判决确认被诉具体行政行为违法。

三、如果不能确定第三人购买的房屋是否属于善意取得，应当中止案件审理，待有权机关作出有效确认后，再恢复审理。

此复。

第二百一十三条　【不动产登记机构禁止从事的行为】登记机构不得有下列行为：

（一）要求对不动产进行评估；

（二）以年检等名义进行重复登记；

（三）超出登记职责范围的其他行为。

关联法规参见

▶**法律：**《资产评估法》第2条、第3条、第22条。

▶**行政法规：**《不动产登记暂行条例》第28条至第32条。

第二百一十四条　【不动产物权变动的生效时间】不动产物权的设立、变更、转让和消灭，依照法律规定应当登记的，自记载于不动产登记簿时发生效力。

关联法规参见

▶**行政法规：**《不动产登记暂行条例》第21条，《土地管理法实施条例》第6条。

司法解释适用

《最高人民法院关于适用〈中华人民共和国民法典〉物权编的解释（一）》（法释〔2020〕24号）

《民法典物权编司法解释（一）》	原《物权法司法解释（一）》
第十七条 民法典第三百一十一条第一款第一项所称的"受让人受让该不动产或者动产时"，是指依法完成不动产物权转移登记或者动产交付之时。 当事人以民法典第二百二十六条规定的方式交付动产的，转让动产民事法律行为生效时为动产交付之时；当事人以民法典第二百二十七条规定的方式交付动产的，转让人与受让人之间有关转让返还原物请求权的协议生效时为动产交付之时。 法律对不动产、动产物权的设立另有规定的，应当按照法律规定的时间认定权利人是否为善意。	**第十八条** 物权法第一百零六条第一款第一项所称的"受让人受让该不动产或者动产时"，是指依法完成不动产物权转移登记或者动产交付之时。 当事人以物权法第二十五条规定的方式交付动产的，转让动产法律行为生效时为动产交付之时；当事人以物权法第二十六条规定的方式交付动产的，转让人与受让人之间有关转让返还原物请求权的协议生效时为动产交付之时。 法律对不动产、动产物权的设立另有规定的，应当按照法律规定的时间认定权利人是否为善意。

《最高人民法院关于适用〈中华人民共和国公司法〉若干问题的规定（三）》（法释〔2020〕18号修改）

新《公司法司法解释（三）》	原《公司法司法解释（三）》
第十条（原第十条） 出资人以房屋、土地使用权或者需要办理权属登记的知识产权等财产出资，已经交付公司使用但未办理权属变更手续，公司、其他股东或者公司债权人主张认定出资人未履行出资义务的，人民法院应当责令当事人在指定的合理期间内办理权属变更手续；在前述期间内办理了权属变更手续的，人民法院应当认定其已经履行了出资义务；出资人主张自其实际交付财产给公司使用时享有相应股东权利的，人民法院应予支持。 出资人以前款规定的财产出资，已经办理权属变更手续但未交付给公司使用，公司或者其他股东主张其向公司交付、并在实际交付之前不享有相应股东权利的，人民法院应予支持。	

第二百一十五条 【物债区分原则】 当事人之间订立有关设立、变更、转让和消灭不动产物权的合同，除法律另有规定或者当事人另有约定外，自合同成立时生效；未办理物权登记的，不影响合同效力。

关联法规参见

▶**法律：**《民法典合同编》第502条。

司法解释适用

《最高人民法院关于审理买卖合同纠纷案件适用法律问题的解释》（法释〔2020〕17号修改）

<table>
<tr><th>新《买卖合同司法解释》</th><th>原《买卖合同司法解释》</th></tr>
<tr><td colspan="2">删除条文

~~**第三条**　当事人一方以出卖人在缔约时对标的物没有所有权或者处分权为由主张合同无效的，人民法院不予支持。~~
~~出卖人因未取得所有权或者处分权致使标的物所有权不能转移，买受人要求出卖人承担违约责任或者要求解除合同并主张损害赔偿的，人民法院应予支持。~~</td></tr>
</table>

最高人民法院关于审理城镇房屋租赁合同纠纷案件具体应用法律若干问题的解释（法释〔2020〕17号修改）

<table>
<tr><th>新《城镇房屋租赁合同纠纷司法解释》</th><th>原《城镇房屋租赁合同纠纷司法解释》</th></tr>
<tr><td colspan="2">删除条文

~~**第四条**　当事人以房屋租赁合同未按照法律、行政法规规定办理登记备案手续为由，请求确认合同无效的，人民法院不予支持。~~
~~当事人约定以办理登记备案手续为房屋租赁合同生效条件的，从其约定。但当事人一方已经履行主要义务，对方接受的除外。~~</td></tr>
</table>

《最高人民法院关于审理涉及国有土地使用权合同纠纷案件适用法律问题的解释》（法释〔2020〕17号修改）

<table>
<tr><th>新《国有土地使用权合同纠纷司法解释》</th><th>原《国有土地使用权合同纠纷司法解释》</th></tr>
<tr><td colspan="2">第八条（原第八条）　土地使用权人作为转让方与受让方订立土地使用权转让合同后，当事人一方以双方之间未办理土地使用权变更登记手续为由，请求确认合同无效的，不予支持。</td></tr>
</table>

《最高人民法院关于当前形势下进一步做好房地产纠纷案件审判工作的指导意见》

二、切实依法维护国有土地使用权转让市场。要正确理解城市房地产管理法等法律、行政法规关于土地使用权转让条件的规定，准确把握物权效力与合同效力的区分原则，尽可能维持合同效力，促进土地使用权的正常流转。

权威案例指引

▶公报案例

《陆丰市陆丰典当行与陈卫平、陈淑铭、陆丰市康乐奶品有限公司清算小组、第三人张其心土地抵债合同纠纷案》，《最高人民法院公报》2008年第4期

裁判摘要：典当行持有中国人民银行颁发的金融机构法人许可证，其经营范围包括为非

国有中、小企业和个人办理质押贷款业务，属于经批准合法成立的金融机构。行为人以取得土地的合法手续作为抵押向典当行借款的，不违反有关法律的禁止性规定。即使该土地抵押未向有关部门办理抵押登记，也仅仅不发生对抗第三人的法律效力，并不因此影响行为人与典当行之间典当协议的合法有效。

第二百一十六条　【不动产登记簿的法律效力；不动产登记簿的管理】不动产登记簿是物权归属和内容的根据。

不动产登记簿由登记机构管理。

关联法规参见

▶**行政法规：**《不动产登记暂行条例》第8条至第10条、第12条、第13条。

司法解释适用

《最高人民法院关于适用〈中华人民共和国民法典〉有关担保制度的解释》（法释〔2020〕28号）

《担保制度司法解释》	原《担保法司法解释》
第四十七条　不动产登记簿就抵押财产、被担保的债权范围等所作的记载与抵押合同约定不一致的，人民法院应当根据登记簿的记载确定抵押财产、被担保的债权范围等事项。	**第六十一条**　抵押物登记记载的内容与抵押合同约定的内容不一致的，以登记记载的内容为准。

《最高人民法院关于适用〈中华人民共和国民法典〉物权编的解释（一）》（法释〔2020〕24号）

《民法典物权编司法解释（一）》	原《物权法司法解释（一）》
第二条（原第二条）　当事人有证据证明不动产登记簿的记载与真实权利状态不符、其为该不动产物权的真实权利人，请求确认其享有物权的，应予支持。	

《最高人民法院关于人民法院办理执行异议和复议案件若干问题的规定》（法释〔2020〕21号修改）

新《人民法院办理执行异议和复议案件规定》	原《人民法院办理执行异议和复议案件规定》
第二十五条　对案外人的异议，人民法院应当按照下列标准判断其是否系权利人： （一）已登记的不动产，按照不动产登记簿判断；未登记的建筑物、构筑物及其附属设施，按照土地使用权登记簿、建设工程规划许可、施工许可等相关证据判断；	**第二十五条**　对案外人的异议，人民法院应当按照下列标准判断其是否系权利人： （一）已登记的不动产，按照不动产登记簿判断；未登记的建筑物、构筑物及其附属设施，按照土地使用权登记簿、建设工程规划许可、施工许可等相关证据判断；

新《人民法院办理执行异议和复议案件规定》	原《人民法院办理执行异议和复议案件规定》
（二）已登记的机动车、船舶、航空器等特定动产，按照相关管理部门的登记判断；未登记的特定动产和其他动产，按照实际占有情况判断； （三）银行存款和存管在金融机构的有价证券，按照金融机构和登记结算机构登记的账户名称判断；有价证券由具备合法经营资质的托管机构名义持有的，按照该机构登记的实际出资人账户名称判断； （四）股权按照工商行政管理机关的登记和企业信用信息公示系统公示的信息判断； （五）其他财产和权利，有登记的，按照登记机构的登记判断；无登记的，按照合同等证明财产权属或者权利人的证据判断。 案外人依据另案生效法律文书提出排除执行异议，该法律文书认定的执行标的权利人与依照前款规定得出的判断不一致的，依照本规定第二十六条规定处理。	（二）已登记的机动车、船舶、航空器等特定动产，按照相关管理部门的登记判断；未登记的特定动产和其他动产，按照实际占有情况判断； （三）银行存款和存管在金融机构的有价证券，按照金融机构和登记结算机构登记的账户名称判断；有价证券由具备合法经营资质的托管机构名义持有的，按照该机构登记的实际投资人账户名称判断； （四）股权按照工商行政管理机关的登记和企业信用信息公示系统公示的信息判断； （五）其他财产和权利，有登记的，按照登记机构的登记判断；无登记的，按照合同等证明财产权属或者权利人的证据判断。 案外人依据另案生效法律文书提出排除执行异议，该法律文书认定的执行标的权利人与依照前款规定得出的判断不一致的，依照本规定第二十六条规定处理。

《最高人民法院关于人民法院民事执行中查封、扣押、冻结财产的规定》（法释〔2020〕21号修改）

<table>
<tr><th>新《人民法院民事执行中查封、
扣押、冻结财产规定》</th><th>原《人民法院民事执行中查封、
扣押、冻结财产规定》</th></tr>
<tr><td colspan="2">第二条（原第二条）　人民法院可以查封、扣押、冻结被执行人占有的动产、登记在被执行人名下的不动产、特定动产及其他财产权。
未登记的建筑物和土地使用权，依据土地使用权的审批文件和其他相关证据确定权属。
对于第三人占有的动产或者登记在第三人名下的不动产、特定动产及其他财产权，第三人书面确认该财产属于被执行人的，人民法院可以查封、扣押、冻结。</td></tr>
<tr><td colspan="2">第七条（原第九条）　查封不动产的，人民法院应当张贴封条或者公告，并可以提取保存有关财产权证照。
查封、扣押、冻结已登记的不动产、特定动产及其他财产权，应当通知有关登记机关办理登记手续。未办理登记手续的，不得对抗其他已经办理了登记手续的查封、扣押、冻结行为。</td></tr>
</table>

《最高人民法院关于审理涉及农村集体土地行政案件若干问题的规定》

第八条 土地权属登记（包括土地权属证书）在生效裁判和仲裁裁决中作为定案证据，利害关系人对该登记行为提起诉讼的，人民法院应当依法受理。

《最高人民法院关于审理房屋登记案件若干问题的规定》

第三条 公民、法人或者其他组织对房屋登记行为不服提起行政诉讼的，不受下列情形的影响：

（一）房屋灭失；

（二）房屋登记行为已被登记机构改变；

（三）生效法律文书将房屋权属证书、房屋登记簿或者房屋登记证明作为定案证据采用。

权威案例指引

▶**公报案例**

《江西省南昌百货总公司、湖南赛福尔房地产开发公司与南昌新洪房地产综合开发有限公司合资、合作开发房地产合同纠纷案》，《最高人民法院公报》2013年第1期

裁判摘要：一、在审理合作开发房地产纠纷时，判断争议房屋产权的归属应当依据合作协议的约定以及房地产管理部门的登记情况全面分析。在没有证据证明双方变更了合作协议约定的情况下，一方当事人仅以为对方偿还部分债务或向对方出借款项、对争议房产享有优先受偿权，以及"五证"登记在其名下等事实为由，主张确认全部房产归其所有的，人民法院不予支持。

二、合作双方在签订合作合同之后，合作项目在双方共同努力下得以优化变更，建筑面积在土地面积不变的情况下因容积率变化而得以增加。由于土地价值与容积率呈正相关，提供土地一方的出资部分因容积率增加而增值，其应分获的房产面积亦应相应增加，该方当事人可按照原合同约定的分配比例请求分配新增面积部分。当事人对于应分得但未实际获得的不足部分，如让另一方实际交付已不现实，可根据市场行情认定该部分房产价值，由另一方以支付现金的方式补足该部分面积差。

第二百一十七条 【不动产权属证书与不动产登记簿的关系及效力认定】不动产权属证书是权利人享有该不动产物权的证明。不动产权属证书记载的事项，应当与不动产登记簿一致；记载不一致的，除有证据证明不动产登记簿确有错误外，以不动产登记簿为准。

关联法规参见

▶**行政法规：**《不动产登记暂行条例》第21条。

司法解释适用

《最高人民法院关于审理房屋登记案件若干问题的规定》

第一条 公民、法人或者其他组织对房屋登记机构的房屋登记行为以及与查询、复制登

记资料等事项相关的行政行为或者相应的不作为不服，提起行政诉讼的，人民法院应当依法受理。

第二条　房屋登记机构根据人民法院、仲裁委员会的法律文书或者有权机关的协助执行通知书以及人民政府的征收决定办理的房屋登记行为，公民、法人或者其他组织不服提起行政诉讼的，人民法院不予受理，但公民、法人或者其他组织认为登记与有关文书内容不一致的除外。

房屋登记机构作出未改变登记内容的换发、补发权属证书、登记证明或者更新登记簿的行为，公民、法人或者其他组织不服提起行政诉讼的，人民法院不予受理。

房屋登记机构在行政诉讼法施行前作出的房屋登记行为，公民、法人或者其他组织不服提起行政诉讼的，人民法院不予受理。

权威案例指引

▶公报案例

《四川省聚丰房地产开发有限责任公司与达州广播电视大学合资、合作开发房地产合同纠纷案》，《最高人民法院公报》2014年第10期

裁判摘要：根据《中华人民共和国物权法》的规定，不动产物权应当依不动产登记簿的内容确定，不动产权属证书只是权利人享有该不动产物权的证明。行政机关注销国有土地使用证但并未注销土地登记的，国有土地的使用权人仍然是土地登记档案中记载的权利人。国有土地使用权转让法律关系中的转让人以国有土地使用证被注销、其不再享有土地使用权为由主张解除合同的，人民法院不应支持。

第二百一十八条　【权利人、利害关系人有权查询、复制不动产登记资料】权利人、利害关系人可以申请查询、复制不动产登记资料，登记机构应当提供。

关联法规参见

▶**法律**：《民用航空法》第12条，《刑事诉讼法》第55条，《民事诉讼法》第67条，《反间谍法》第9条、第10条，《海商法》第13条。

▶**行政法规**：《不动产登记暂行条例》第23条至第28条，《土地管理法实施条例》第3条。

司法解释适用

《最高人民法院关于审理房屋登记案件若干问题的规定》

第一条　公民、法人或者其他组织对房屋登记机构的房屋登记行为以及与查询、复制登记资料等事项相关的行政行为或者相应的不作为不服，提起行政诉讼的，人民法院应当依法受理。

第二百一十九条　【利害关系人的非法利用不动产登记资料禁止义务】利害关系人不得公开、非法使用权利人的不动产登记资料。

关联法规参见

▶**行政法规**：《不动产登记暂行条例》第27条、第28条。

第二百二十条　【更正登记和异议登记】权利人、利害关系人认为不动产登记簿记载的事项错误的，可以申请更正登记。不动产登记簿记载的权利人书面同意更正或者有证据证明登记确有错误的，登记机构应当予以更正。

不动产登记簿记载的权利人不同意更正的，利害关系人可以申请异议登记。登记机构予以异议登记，申请人自异议登记之日起十五日内不提起诉讼的，异议登记失效。异议登记不当，造成权利人损害的，权利人可以向申请人请求损害赔偿。

关联法规参见

▶**行政法规**：《不动产登记暂行条例》第3条、第14条。

司法解释适用

《最高人民法院关于适用〈中华人民共和国民法典〉物权编的解释（一）》（法释〔2020〕24号）

《民法典物权编司法解释（一）》	原《物权法司法解释（一）》
第二条（原第二条）　当事人有证据证明不动产登记簿的记载与真实权利状态不符、其为该不动产物权的真实权利人，请求确认其享有物权的，应予支持。	
第三条　异议登记因民法典第二百二十条第二款规定的事由失效后，当事人提起民事诉讼，请求确认物权归属的，应当依法受理。异议登记失效不影响人民法院对案件的实体审理。	**第三条**　异议登记因物权法第十九条第二款规定的事由失效后，当事人提起民事诉讼，请求确认物权归属的，应当依法受理。异议登记失效不影响人民法院对案件的实体审理。

《最高人民法院关于审理房屋登记案件若干问题的规定》

第一条　公民、法人或者其他组织对房屋登记机构的房屋登记行为以及与查询、复制登记资料等事项相关的行政行为或者相应的不作为不服，提起行政诉讼的，人民法院应当依法受理。

第六条　人民法院受理房屋登记行政案件后，应当通知没有起诉的下列利害关系人作为第三人参加行政诉讼：

（一）房屋登记簿上载明的权利人；
（二）被诉异议登记、更正登记、预告登记的权利人；
（三）人民法院能够确认的其他利害关系人。

第二百二十一条　【预告登记及其法律效力；预告登记的失效】 当事人签订买卖房屋的协议或者签订其他不动产物权的协议，为保障将来实现物权，按照约定可以向登记机构申请预告登记。预告登记后，未经预告登记的权利人同意，处分该不动产的，不发生物权效力。

预告登记后，债权消灭或者自能够进行不动产登记之日起九十日内未申请登记的，预告登记失效。

第221条

关联法规参见

▶**法律**：《城市房地产管理法》第45条。

司法解释适用

《最高人民法院关于适用〈中华人民共和国民法典〉有关担保制度的解释》（法释〔2020〕28号）

《民法典担保制度司法解释》	原《担保法司法解释》
第四十九条　以违法的建筑物抵押的，抵押合同无效，但是一审法庭辩论终结前已经办理合法手续的除外。抵押合同无效的法律后果，依照本解释第十七条的有关规定处理。 当事人以建设用地使用权依法设立抵押，抵押人以土地上存在违法的建筑物为由主张抵押合同无效的，人民法院不予支持。	**第四十八条**　以法定程序确认为违法、违章的建筑物抵押的，抵押无效。 **第四十九条**　以尚未办理权属证书的财产抵押的，在第一审法庭辩论终结前能够提供权利证书或者补办登记手续的，可以认定抵押有效。 当事人未办理抵押物登记手续的，不得对抗第三人。

《最高人民法院关于适用〈中华人民共和国民法典〉物权编的解释（一）》（法释〔2020〕24号）

《民法典物权编司法解释（一）》	原《物权法司法解释（一）》
第四条　未经预告登记的权利人同意，转让不动产所有权等物权，或者设立建设用地使用权、居住权、地役权、抵押权等其他物权的，应当依照民法典第二百二十一条第一款的规定，认定其不发生物权效力。	**第四条**　未经预告登记的权利人同意，转移不动产所有权，或者设定建设用地使用权、地役权、抵押权等其他物权的，应当依照物权法第二十条第一款的规定，认定其不发生物权效力。

<table>
<tr><th>《民法典物权编司法解释（一）》</th><th>原《物权法司法解释（一）》</th></tr>
<tr><td>第五条　预告登记的买卖不动产物权的协议被认定无效、被撤销，或者预告登记的权利人放弃债权的，应当认定为民法典第二百二十一条第二款所称的“债权消灭”。</td><td>第五条　买卖不动产物权的协议被认定无效、被撤销<del>、被解除</del>，或者预告登记的权利人放弃债权的，应当认定为物权法第二十条第二款所称的“债权消灭”。</td></tr>
<tr><td colspan="2">第十五条（原第十六条）　具有下列情形之一的，应当认定不动产受让人知道转让人无处分权：
（一）登记簿上存在有效的异议登记；
（二）预告登记有效期内，未经预告登记的权利人同意；
（三）登记簿上已经记载司法机关或者行政机关依法裁定、决定查封或者以其他形式限制不动产权利的有关事项；
（四）受让人知道登记簿上记载的权利主体错误；
（五）受让人知道他人已经依法享有不动产物权。
真实权利人有证据证明不动产受让人应当知道转让人无处分权的，应当认定受让人具有重大过失。</td></tr>
</table>

《最高人民法院关于人民法院办理执行异议和复议案件若干问题的规定》（法释〔2020〕21号修改）

<table>
<tr><th>新《人民法院办理执行异议和复议案件规定》</th><th>原《人民法院办理执行异议和复议案件规定》</th></tr>
<tr><td colspan="2">第三十条（原第三十条）　金钱债权执行中，对被查封的办理了受让物权预告登记的不动产，受让人提出停止处分异议的，人民法院应予支持；符合物权登记条件，受让人提出排除执行异议的，应予支持。</td></tr>
</table>

《最高人民法院关于审理商品房买卖合同纠纷案件适用法律若干问题的解释》（法释〔2020〕17号修改）

<table>
<tr><th>新《商品房买卖合同纠纷司法解释》</th><th>原《商品房买卖合同纠纷司法解释》</th></tr>
<tr><td colspan="2">第一条（原第一条）　本解释所称的商品房买卖合同，是指房地产开发企业（以下统称为出卖人）将尚未建成或者已竣工的房屋向社会销售并转移房屋所有权于买受人，买受人支付价款的合同。</td></tr>
<tr><td colspan="2">第二条（原第二条）　出卖人未取得商品房预售许可证明，与买受人订立的商品房预售合同，应当认定无效，但是在起诉前取得商品房预售许可证明的，可以认定有效。</td></tr>
<tr><td colspan="2">第六条（原第六条）　当事人以商品房预售合同未按照法律、行政法规规定办理登记备案手续为由，请求确认合同无效的，不予支持。
当事人约定以办理登记备案手续为商品房预售合同生效条件的，从其约定，但当事人一方已经履行主要义务，对方接受的除外。</td></tr>
</table>

<table>
<tr><th>新《商品房买卖合同纠纷司法解释》</th><th>原《商品房买卖合同纠纷司法解释》</th></tr>
<tr><td colspan="2">删除条文

~~**第九条**　出卖人订立商品房买卖合同时，具有下列情形之一，导致合同无效或者被撤销、解除的，买受人可以请求返还已付购房款及利息、赔偿损失，并可以请求出卖人承担不超过已付购房款一倍的赔偿责任：~~
~~（一）故意隐瞒没有取得商品房预售许可证明的事实或者提供虚假商品房预售许可证明；~~
~~（二）故意隐瞒所售房屋已经抵押的事实；~~
~~（三）故意隐瞒所售房屋已经出卖给第三人或者为拆迁补偿安置房屋的事实。~~</td></tr>
</table>

第222条

第二百二十二条　【虚假登记与错误登记的责任】 当事人提供虚假材料申请登记，造成他人损害的，应当承担赔偿责任。

因登记错误，造成他人损害的，登记机构应当承担赔偿责任。登记机构赔偿后，可以向造成登记错误的人追偿。

关联法规参见

▶**法律**：《民法典总则编》第177条至第179条、第186条、第187条，《民法典侵权责任编》第1164条至第1166条、第1168条至第1172条、第1184条、第1187条、第1191条，《土地管理法》第84条，《城市房地产管理法》第71条，《行政复议法》第6条、第7条、第9条至第16条、第29条至第31条、第39条，《行政诉讼法》第2条、第6条、第12条至第18条、第20条至第30条、第33条至第49条、第60条至第64条、第70条、第71条、第74条至第76条、第79条，《国家赔偿法》第2条至第16条、第32条、第36条、第37条。

▶**行政法规**：《不动产登记暂行条例》第29条至第32条。

司法解释适用

《最高人民法院关于适用〈中华人民共和国民法典〉有关担保制度的解释》（法释〔2020〕28号）

《民法典担保制度司法解释》	原《担保法司法解释》
第四十八条　当事人申请办理抵押登记手续时，因登记机构的过错致使其不能办理抵押登记，当事人请求登记机构承担赔偿责任的，人民法院依法予以支持。	**第五十九条**　当事人办理抵押物登记手续时，因登记部门的原因致使其无法办理抵押物登记，抵押人向债权人交付权利凭证的，可以认定债权人对该财产有优先受偿权。但是，未办理抵押物登记的，不得对抗第三人。

《最高人民法院关于适用〈中华人民共和国民法典〉物权编的解释（一）》（法释〔2020〕24号）

《民法典物权编司法解释（一）》	原《物权法司法解释（一）》
第一条（原第一条） 不动产物权的归属，以及作为不动产物权登记基础的买卖、赠与、抵押等产生争议，当事人提起民事诉讼的，应当依法受理。当事人已经在行政诉讼中申请一并解决上述民事争议，且人民法院一并审理的除外。	

《最高人民法院关于审理国家赔偿案件确定精神损害赔偿责任适用法律若干问题的解释》

第一条 公民以人身权受到侵犯为由提出国家赔偿申请，依照国家赔偿法第三十五条的规定请求精神损害赔偿的，适用本解释。

法人或者非法人组织请求精神损害赔偿的，人民法院不予受理。

第二条 公民以人身权受到侵犯为由提出国家赔偿申请，未请求精神损害赔偿，或者未同时请求消除影响、恢复名誉、赔礼道歉以及精神损害抚慰金的，人民法院应当向其释明。经释明后不变更请求，案件审结后又基于同一侵权事实另行提出申请的，人民法院不予受理。

《最高人民法院关于适用〈中华人民共和国行政诉讼法〉的解释》

第二十二条 行政诉讼法第二十六条第二款规定的"复议机关改变原行政行为"，是指复议机关改变原行政行为的处理结果。复议机关改变原行政行为所认定的主要事实和证据、改变原行政行为所适用的规范依据，但未改变原行政行为处理结果的，视为复议机关维持原行政行为。

复议机关确认原行政行为无效，属于改变原行政行为。

复议机关确认原行政行为违法，属于改变原行政行为，但复议机关以违反法定程序为由确认原行政行为违法的除外。

第一百三十三条 行政诉讼法第二十六条第二款规定的"复议机关决定维持原行政行为"，包括复议机关驳回复议申请或者复议请求的情形，但以复议申请不符合受理条件为由驳回的除外。

第一百三十四条 复议机关决定维持原行政行为的，作出原行政行为的行政机关和复议机关是共同被告。原告只起诉作出原行政行为的行政机关或者复议机关的，人民法院应当告知原告追加被告。原告不同意追加的，人民法院应当将另一机关列为共同被告。

行政复议决定既有维持原行政行为内容，又有改变原行政行为内容或者不予受理申请内容的，作出原行政行为的行政机关和复议机关为共同被告。

复议机关作共同被告的案件，以作出原行政行为的行政机关确定案件的级别管辖。

第一百三十五条 复议机关决定维持原行政行为的，人民法院应当在审查原行政行为合法性的同时，一并审查复议决定的合法性。

作出原行政行为的行政机关和复议机关对原行政行为合法性共同承担举证责任，可以由其中一个机关实施举证行为。复议机关对复议决定的合法性承担举证责任。

复议机关作共同被告的案件，复议机关在复议程序中依法收集和补充的证据，可以作为人民法院认定复议决定和原行政行为合法的依据。

第一百三十六条　人民法院对原行政行为作出判决的同时，应当对复议决定一并作出相应判决。

人民法院依职权追加作出原行政行为的行政机关或者复议机关为共同被告的，对原行政行为或者复议决定可以作出相应判决。

人民法院判决撤销原行政行为和复议决定的，可以判决作出原行政行为的行政机关重新作出行政行为。

人民法院判决作出原行政行为的行政机关履行法定职责或者给付义务的，应当同时判决撤销复议决定。

原行政行为合法、复议决定违法的，人民法院可以判决撤销复议决定或者确认复议决定违法，同时判决驳回原告针对原行政行为的诉讼请求。

原行政行为被撤销、确认违法或者无效，给原告造成损失的，应当由作出原行政行为的行政机关承担赔偿责任；因复议决定加重损害的，由复议机关对加重部分承担赔偿责任。

原行政行为不符合复议或者诉讼受案范围等受理条件，复议机关作出维持决定的，人民法院应当裁定一并驳回对原行政行为和复议决定的起诉。

第一百三十七条　公民、法人或者其他组织请求一并审理行政诉讼法第六十一条规定的相关民事争议，应当在第一审开庭审理前提出；有正当理由的，也可以在法庭调查中提出。

第一百三十八条人民法院决定在行政诉讼中一并审理相关民事争议，或者案件当事人一致同意相关民事争议在行政诉讼中一并解决，人民法院准许的，由受理行政案件的人民法院管辖。

公民、法人或者其他组织请求一并审理相关民事争议，人民法院经审查发现行政案件已经超过起诉期限，民事案件尚未立案的，告知当事人另行提起民事诉讼；民事案件已经立案的，由原审判组织继续审理。

人民法院在审理行政案件中发现民事争议为解决行政争议的基础，当事人没有请求人民法院一并审理相关民事争议的，人民法院应当告知当事人依法申请一并解决民事争议。当事人就民事争议另行提起民事诉讼并已立案的，人民法院应当中止行政诉讼的审理。民事争议处理期间不计算在行政诉讼审理期限内。

第一百三十九条　有下列情形之一的，人民法院应当作出不予准许一并审理民事争议的决定，并告知当事人可以依法通过其他渠道主张权利：

（一）法律规定应当由行政机关先行处理的；

（二）违反民事诉讼法专属管辖规定或者协议管辖约定的；

（三）约定仲裁或者已经提起民事诉讼的；

（四）其他不宜一并审理民事争议的情形。

对不予准许的决定可以申请复议一次。

第一百四十条 人民法院在行政诉讼中一并审理相关民事争议的，民事争议应当单独立案，由同一审判组织审理。

人民法院审理行政机关对民事争议所作裁决的案件，一并审理民事争议的，不另行立案。

第一百四十一条 人民法院一并审理相关民事争议，适用民事法律规范的相关规定，法律另有规定的除外。

当事人在调解中对民事权益的处分，不能作为审查被诉行政行为合法性的根据。

第一百四十二条 对行政争议和民事争议应当分别裁判。

当事人仅对行政裁判或者民事裁判提出上诉的，未上诉的裁判在上诉期满后即发生法律效力。第一审人民法院应当将全部案卷一并移送第二审人民法院，由行政审判庭审理。第二审人民法院发现未上诉的生效裁判确有错误的，应当按照审判监督程序再审。

《最高人民法院关于审理涉及农村集体土地行政案件若干问题的规定》

第二条 土地登记机构根据人民法院生效裁判文书、协助执行通知书或者仲裁机构的法律文书办理的土地权属登记行为，土地权利人不服提起诉讼的，人民法院不予受理，但土地权利人认为登记内容与有关文书内容不一致的除外。

《最高人民法院关于适用〈中华人民共和国国家赔偿法〉若干问题的解释（一）》

第一条 国家机关及其工作人员行使职权侵犯公民、法人和其他组织合法权益的行为发生在2010年12月1日以后，或者发生在2010年12月1日以前、持续至2010年12月1日以后的，适用修正的国家赔偿法。

第二条 国家机关及其工作人员行使职权侵犯公民、法人和其他组织合法权益的行为发生在2010年12月1日以前的，适用修正前的国家赔偿法，但有下列情形之一的，适用修正的国家赔偿法：

（一）2010年12月1日以前已经受理赔偿请求人的赔偿请求但尚未作出生效赔偿决定的；

（二）赔偿请求人在2010年12月1日以后提出赔偿请求的。

第三条 人民法院对2010年12月1日以前已经受理但尚未审结的国家赔偿确认案件，应当继续审理。

第四条 公民、法人和其他组织对行使侦查、检察、审判职权的机关以及看守所、监狱管理机关在2010年12月1日以前作出并已发生法律效力的不予确认职务行为违法的法律文书不服，未依据修正前的国家赔偿法规定提出申诉并经有权机关作出侵权确认结论，直接向人民法院赔偿委员会申请赔偿的，不予受理。

第五条 公民、法人和其他组织对在2010年12月1日以前发生法律效力的赔偿决定不服提出申诉的，人民法院审查处理时适用修正前的国家赔偿法；但是仅就修正的国家赔偿法增加的赔偿项目及标准提出申诉的，人民法院不予受理。

第六条 人民法院审查发现2010年12月1日以前发生法律效力的确认裁定、赔偿决定确有错误应当重新审查处理的，适用修正前的国家赔偿法。

《最高人民法院关于审理房屋登记案件若干问题的规定》

第一条 公民、法人或者其他组织对房屋登记机构的房屋登记行为以及与查询、复制登记资料等事项相关的行政行为或者相应的不作为不服，提起行政诉讼的，人民法院应当依法受理。

第七条 房屋登记行政案件由房屋所在地人民法院管辖，但有下列情形之一的也可由被告所在地人民法院管辖：

（一）请求房屋登记机构履行房屋转移登记、查询、复制登记资料等职责的；

（二）对房屋登记机构收缴房产证行为提起行政诉讼的；

（三）对行政复议改变房屋登记行为提起行政诉讼的。

第八条 当事人以作为房屋登记行为基础的买卖、共有、赠与、抵押、婚姻、继承等民事法律关系无效或者应当撤销为由，对房屋登记行为提起行政诉讼的，人民法院应当告知当事人先行解决民事争议，民事争议处理期间不计算在行政诉讼起诉期限内；已经受理的，裁定中止诉讼。

第九条 被告对被诉房屋登记行为的合法性负举证责任。被告保管证据原件的，应当在法庭上出示。被告不保管原件的，应当提交与原件核对一致的复印件、复制件并作出说明。当事人对被告提交的上述证据提出异议的，应当提供相应的证据。

第十条 被诉房屋登记行为合法的，人民法院应当判决驳回原告的诉讼请求。

第十一条 被诉房屋登记行为涉及多个权利主体或者房屋可分，其中部分主体或者房屋的登记违法应予撤销的，可以判决部分撤销。

被诉房屋登记行为违法，但该行为已被登记机构改变的，判决确认被诉行为违法。

被诉房屋登记行为违法，但判决撤销将给公共利益造成重大损失或者房屋已为第三人善意取得的，判决确认被诉行为违法，不撤销登记行为。

第十二条 申请人提供虚假材料办理房屋登记，给原告造成损害，房屋登记机构未尽合理审慎职责的，应当根据其过错程度及其在损害发生中所起作用承担相应的赔偿责任。

第十三条 房屋登记机构工作人员与第三人恶意串通违法登记，侵犯原告合法权益的，房屋登记机构与第三人承担连带赔偿责任。

第十四条 最高人民法院以前所作的相关的司法解释，凡与本规定不一致的，以本规定为准。

农村集体土地上的房屋登记行政案件参照本规定。

《最高人民法院关于房地产管理机关能否撤销错误的注销抵押登记行为问题的批复》

广西壮族自治区高级人民法院：

你院《关于首长机电设备贸易（香港）有限公司不服柳州市房产局注销抵押登记、吊销（1997）柳房他证字第0410号房屋他项权证并要求发还0410号房屋他项权证上诉一案的请示》收悉。经研究答复如下：

房地产管理机关可以撤销错误的注销抵押登记行为。

此复

《最高人民法院关于审理行政赔偿案件若干问题的规定》

第一条　《中华人民共和国国家赔偿法》第三条、第四条规定的其他违法行为，包括具体行政行为和与行政机关及其工作人员行使行政职权有关的，给公民、法人或者其他组织造成损害的，违反行政职责的行为。

第二条　赔偿请求人对行政机关确认具体行政行为违法但又决定不予赔偿，或者对确定的赔偿数额有异议提起行政赔偿诉讼的，人民法院应予受理。

第三条　赔偿请求人认为行政机关及其工作人员实施了国家赔偿法第三条第（三）、（四）、（五）项和第四条第（四）项规定的非具体行政行为的行为侵犯其人身权、财产权并造成损失，赔偿义务机关拒不确认致害行为违法，赔偿请求人可直接向人民法院提起行政赔偿诉讼。

第四条　公民、法人或者其他组织在提起行政诉讼的同时一并提出行政赔偿请求的，人民法院应一并受理。

赔偿请求人单独提起行政赔偿诉讼，须以赔偿义务机关先行处理为前提。赔偿请求人对赔偿义务机关确定的赔偿数额有异议或者赔偿义务机关逾期不予赔偿，赔偿请求人有权向人民法院提起行政赔偿诉讼。

第五条　法律规定由行政机关最终裁决的具体行政行为，被作出最终裁决的行政机关确认违法，赔偿请求人以赔偿义务机关应当赔偿而不予赔偿或逾期不予赔偿或者对赔偿数额有异议提起行政赔偿诉讼，人民法院应依法受理。

第六条　公民、法人或者其他组织以国防、外交等国家行为或者行政机关制定发布行政法规、规章或者具有普遍约束力的决定、命令侵犯其合法权益造成损害为由，向人民法院提起行政赔偿诉讼的，人民法院不予受理。

第七条　公民、法人或者其他组织在提起行政诉讼的同时一并提出行政赔偿请求的，人民法院依照行政诉讼法第十七条、第十八条、第二十条的规定管辖。

第八条　赔偿请求人提起行政赔偿诉讼的请求涉及不动产的，由不动产所在地的人民法院管辖。

第九条　单独提起的行政赔偿诉讼案件由被告住所地的基层人民法院管辖。

中级人民法院管辖下列第一审行政赔偿案件：

（1）被告为海关、专利管理机关的；

（2）被告为国务院各部门或者省、自治区、直辖市人民政府的；

（3）本辖区内其他重大影响和复杂的行政赔偿案件。

高级人民法院管辖本辖区内有重大影响和复杂的第一审行政赔偿案件。

最高人民法院管辖全国范围内有重大影响和复杂的第一审行政赔偿案件。

第十条　赔偿请求人因同一事实对两个以上行政机关提起行政赔偿诉讼的，可以向其中任何一个行政机关住所地的人民法院提起。赔偿请求人向两个以上有管辖权的人民法院提起行政赔偿诉讼的，由最先收到起诉状的人民法院管辖。

第十一条　公民对限制人身自由的行政强制措施不服，或者对行政机关基于同一事实对同一当事人作出限制人身自由和对财产采取强制措施的具体行政行为不服，在提起行政诉讼的同时一并提出行政赔偿请求的，由受理该行政案件的人民法院管辖；单独提起行政赔偿诉讼的，由被告住所地或原告住所地或不动产所在地的人民法院管辖。

第十二条　人民法院发现受理的案件不属于自己管辖，应当移送有管辖权的人民法院；受移送的人民法院不得再行移送。

第十三条　人民法院对管辖权发生争议的，由争议双方协商解决，协商不成的，报请他们的共同上级人民法院指定管辖。如双方为跨省、自治区、直辖市的人民法院，高级人民法院协商不成的，由最高人民法院及时指定管辖。

依前款规定报请上级人民法院指定管辖时，应当逐级进行。

第十四条　与行政赔偿案件处理结果有法律上的利害关系的其他公民、法人或者其他组织有权作为第三人参加行政赔偿诉讼。

第十五条　受害的公民死亡，其继承人和其他有抚养关系的亲属以及死者生前抚养的无劳动能力的人有权提起行政赔偿诉讼。

第十六条　企业法人或者其他组织被行政机关撤销、变更、兼并、注销，认为经营自主权受到侵害，依法提起行政赔偿诉讼，原企业法人或其他组织，或者对其享有权利的法人或其他组织均具有原告资格。

第十七条　两个以上行政机关共同侵权，赔偿请求人对其中一个或者数个侵权机关提起行政赔偿诉讼，若诉讼请求系可分之诉，被诉的一个或者数个侵权机关被告；若诉讼请求系不可分之诉，由人民法院依法追加其他侵权机关为共同被告。

第十八条　复议机关的复议决定加重损害的，赔偿请求人只对作出原决定的行政机关提起行政赔偿诉讼，作出原决定的行政机关为被告；赔偿请求人只对复议机关提起行政赔偿诉讼的，复议机关为被告。

第十九条　行政机关依据行政诉讼法第六十六条的规定申请人民法院强制执行具体行政行为，由于据以强制执行的根据错误而发生行政赔偿诉讼的，申请强制执行的行政机关为被告。

第二十条　人民法院审理行政赔偿案件，需要变更被告而原告不同意变更的，裁定驳回起诉。

第二十一条　赔偿请求人单独提起行政赔偿诉讼，应当符合下列条件：

（1）原告具有请求资格；

（2）有明确的被告；

（3）有具体的赔偿请求和受损害的事实根据；

（4）加害行为为具体行政行为的，该行为已被确认为违法；

（5）赔偿义务机关已先行处理或超过法定期限不予处理；

（6）属于人民法院行政赔偿诉讼的受案范围和受诉人民法院管辖；

（7）符合法律规定的起诉期限。

第二十二条 赔偿请求人单独提起行政赔偿诉讼，可以在向赔偿义务机关递交赔偿申请后的两个月届满之日起三个月内提出。

第二十三条 公民、法人或者其他组织在提起行政诉讼的同时一并提出行政赔偿请求的，其起诉期限按照行政诉讼起诉期限的规定执行。

行政案件的原告可以在提起行政诉讼后至人民法院一审庭审结束前，提出行政赔偿请求。

第二十四条 赔偿义务机关作出赔偿决定时，未告知赔偿请求人的诉权或者起诉期限，致使赔偿请求人逾期向人民法院起诉的，其起诉期限从赔偿请求人实际知道诉权或者起诉期限时计算，但逾期的期间自赔偿请求人收到赔偿决定之日起不得超过一年。

第二十五条 受害的公民死亡，其继承人和有抚养关系的人提起行政赔偿诉讼，应当提供该公民死亡的证明及赔偿请求人与死亡公民之间的关系证明。

第二十六条 当事人先后被采取限制人身自由的行政强制措施和刑事拘留等强制措施，因强制措施被确认为违法而请求赔偿的，人民法院按其行为性质分别适用行政赔偿程序和刑事赔偿程序立案受理。

第二十七条 人民法院接到原告单独提起的行政赔偿起诉状，应当进行审查，并在七日内立案或者作出不予受理的裁定。

人民法院接到行政赔偿起诉状后，在七日内不能确定可否受理的，应当先予受理。审理中发现不符合受理条件的，裁定驳回起诉。

当事人对不予受理或者驳回起诉的裁定不服的，可以在裁定书送达之日起十日内向上一级人民法院提起上诉。

第二十八条 当事人在提起行政诉讼的同时一并提出行政赔偿请求，或者因具体行政行为和与行使行政职权有关的其他行为侵权造成损害一并提出行政赔偿请求的，人民法院应当分别立案，根据具体情况可以合并审理，也可以单独审理。

第二十九条 人民法院审理行政赔偿案件，就当事人之间的行政赔偿争议进行审理与裁判。

第三十条 人民法院审理行政赔偿案件在坚持合法、自愿的前提下，可以就赔偿范围、赔偿方式和赔偿数额进行调解。调解成立的，应当制作行政赔偿调解书。

第三十一条 被告在一审判决前同原告达成赔偿协议，原告申请撤诉的，人民法院应当依法予以审查并裁定是否准许。

第三十二条 原告在行政赔偿诉讼中对自己的主张承担举证责任。被告有权提供不予赔偿或者减少赔偿数额方面的证据。

第三十三条 被告的具体行政行为违法但尚未对原告合法权益造成损害的，或者原告的请求没有事实根据或法律根据的，人民法院应当判决驳回原告的赔偿请求。

第三十四条 人民法院对赔偿请求人未经确认程序而直接提起行政赔偿诉讼的案件，在判决时应当对赔偿义务机关致害行为是否违法予以确认。

第三十五条　人民法院对单独提起行政赔偿案件作出判决的法律文书的名称为行政赔偿判决书、行政赔偿裁定书或者行政赔偿调解书。

第三十六条　发生法律效力的行政赔偿判决、裁定或调解协议，当事人必须履行。一方拒绝履行的，对方当事人可以向第一审人民法院申请执行。

申请执行的期限，申请人是公民的为一年，申请人是法人或者其他组织的为六个月。

第三十七条　单独受理的第一审行政赔偿案件的审理期限为三个月，第二审为两个月；一并受理行政赔偿请求案件的审理期限与该行政案件的审理期限相同。如因特殊情况不能按期结案，需要延长审限的，应按照行政诉讼法的有关规定报请批准。

第三十八条　人民法院审理行政赔偿案件，除依照国家赔偿法行政赔偿程序的规定外，对本规定没有规定的，在不与国家赔偿法相抵触的情况下，可以适用行政诉讼的有关规定。

第三十九条　赔偿请求人要求人民法院确认致害行为违法涉及的鉴定、勘验、审计等费用，由申请人预付，最后由败诉方承担。

第四十条　最高人民法院以前所作的有关司法解释与本规定不一致的，按本规定执行。

第二百二十三条　【不动产登记收费标准的确定】不动产登记费按件收取，不得按照不动产的面积、体积或者价款的比例收取。

关联法规参见

▶**行政法规：**《不动产登记暂行条例》第 8 条。

第二节　动产交付

第二百二十四条　【动产物权变动的交付生效】动产物权的设立和转让，自交付时发生效力，但是法律另有规定的除外。

关联法规参见

▶**法律：**《民法典合同编》第 598 条、第 641 条。

司法解释适用

《最高人民法院关于人民法院民事执行中拍卖、变卖财产的规定》（法释〔2020〕21号修改）

新《人民法院民事执行中拍卖、变卖财产规定》	原《人民法院民事执行中拍卖、变卖财产规定》
第二十六条 不动产、动产或者其他财产权拍卖成交或者抵债后，该不动产、动产的所有权、其他财产权自拍卖成交或者抵债裁定送达买受人或者承受人时起转移。	**第二十九条** ~~动产拍卖成交或者抵债后，其所有权自该动产交付时起转移给买受人或者承受人。~~ 不动产、~~有登记的特定~~动产或者其他财产权拍卖成交或者抵债后，该不动产、特定动产的所有权、其他财产权自拍卖成交或者抵债裁定送达买受人或者承受人时起转移。

《最高人民法院关于购买人使用分期付款购买的车辆从事运输因交通事故造成他人财产损失保留车辆所有权的出卖方不应承担民事责任的批复》

四川省高级人民法院：

你院川高法〔1999〕2号《关于在实行分期付款、保留所有权的车辆买卖合同履行过程中购买方使用该车辆进行货物运输给他人造成损失的，出卖方是否应当承担民事责任的请示》收悉。经研究，答复如下：

采取分期付款方式购车，出卖方在购买方付清全部车款前保留车辆所有权的，购买方以自己名义与他人订立货物运输合同并使用该车运输时，因交通事故造成他人财产损失的，出卖方不承担民事责任。

此复

权威案例指引

▶公报案例

《中国长城资产管理公司乌鲁木齐办事处与新疆华电工贸有限责任公司、新疆华电红雁池发电有限责任公司、新疆华电苇湖梁发电有限责任公司等借款合同纠纷案》，《最高人民法院公报》2009年第2期

裁判摘要：一、注册资本是公司最基本的资产，确定和维持公司一定数额的资本，对于奠定公司基本的债务清偿能力，保障债权人利益和交易安全具有重要价值。股东出资是公司资本确定、维持原则的基本要求，出资是股东最基本、最重要的义务，股东应当按期足额缴纳公司章程中规定的各自所认缴的出资额，以货币出资的，应当将货币出资足额存入公司在银行开设的账户；以非货币财产出资的，应当依法办理财产权的转移手续。

二、根据《中华人民共和国物权法》第二十三条的规定，动产物权的设立和转让自交付

时发生效力，动产所有权的转移以实际交付为准。股东以动产实物出资的，应当将作为出资的动产按期实际交付给公司。未实际交付的，应当认定股东没有履行出资义务，其出资没有实际到位。

第二百二十五条 【船舶、航空器和机动车物权变动采取登记对抗主义】船舶、航空器和机动车等的物权的设立、变更、转让和消灭，未经登记，不得对抗善意第三人。

关联法规参见

▶**法律**：《民法典物权编》第403条，《民用航空法》第5条、第11条、第12条、第14条、第16条、第33条，《道路交通安全法》第8条、第12条、第14条、第119条、《海商法》第3条、第9条、第10条、第13条、第14条。

▶**行政法规**：《渔港水域交通安全管理条例》第2条、第4条、第12条，《船舶登记条例》第2条至第6条、第56条，《民用航空器权利登记条例》第2条至第4条、第15条、第17条。

司法解释适用

《最高人民法院关于适用〈中华人民共和国民法典〉物权编的解释（一）》（法释〔2020〕24号）

《民法典物权编司法解释（一）》	原《物权法司法解释（一）》
第六条 转让人转让船舶、航空器和机动车等所有权，受让人已经支付合理价款并取得占有，虽未经登记，但转让人的债权人主张其为民法典第二百二十五条所称的“善意第三人”的，不予支持，法律另有规定的除外。	**第六条** 转让人转移船舶、航空器和机动车等所有权，受让人已经支付对价并取得占有，虽未经登记，但转让人的债权人主张其为物权法第二十四条所称的“善意第三人”的，不予支持，法律另有规定的除外。
第十九条 转让人将民法典第二百二十五条规定的船舶、航空器和机动车等交付给受让人的，应当认定符合民法典第三百一十一条第一款第三项规定的善意取得的条件。	**第二十条** 转让人将物权法第二十四条规定的船舶、航空器和机动车等交付给受让人的，应当认定符合物权法第一百零六条第一款第三项规定的善意取得的条件。

《最高人民法院关于审理买卖合同纠纷案件适用法律问题的解释》（法释〔2020〕17号修改）

新《买卖合同司法解释》	原《买卖合同司法解释》
第十条（原第十条） 出卖人就同一船舶、航空器、机动车等特殊动产订立多重买卖合同，在买卖合同均有效的情况下，买受人均要求实际履行合同的，应当按照以下情形分别处理：	

新《买卖合同司法解释》	原《买卖合同司法解释》
（一）先行受领交付的买受人请求出卖人履行办理所有权转移登记手续等合同义务的，人民法院应予支持； （二）均未受领交付，先行办理所有权转移登记手续的买受人请求出卖人履行交付标的物等合同义务的，人民法院应予支持； （三）均未受领交付，也未办理所有权转移登记手续，依法成立在先合同的买受人请求出卖人履行交付标的物和办理所有权转移登记手续等合同义务的，人民法院应予支持； （四）出卖人将标的物交付给买受人之一，又为其他买受人办理所有权转移登记，已受领交付的买受人请求将标的物所有权登记在自己名下的，人民法院应予支持。	

第二百二十六条　【简易交付】动产物权设立和转让前，权利人已经占有该动产的，物权自民事法律行为生效时发生效力。

司法解释适用

《最高人民法院关于适用〈中华人民共和国民法典〉物权编的解释（一）》（法释〔2020〕24号）

《民法典物权编司法解释（一）》	原《物权法司法解释（一）》
第十七条　民法典第三百一十一条第一款第一项所称的“受让人受让该不动产或者动产时”，是指依法完成不动产物权转移登记或者动产交付之时。 当事人以民法典第二百二十六条规定的方式交付动产的，转让动产民事法律行为生效时为动产交付之时；当事人以民法典第二百二十七条规定的方式交付动产的，转让人与受让人之间有关转让返还原物请求权的协议生效时为动产交付之时。 法律对不动产、动产物权的设立另有规定的，应当按照法律规定的时间认定权利人是否为善意。	**第十八条**　物权法第一百零六条第一款第一项所称的“受让人受让该不动产或者动产时”，是指依法完成不动产物权转移登记或者动产交付之时。 当事人以物权法第二十五条规定的方式交付动产的，转让动产法律行为生效时为动产交付之时；当事人以物权法第二十六条规定的方式交付动产的，转让人与受让人之间有关转让返还原物请求权的协议生效时为动产交付之时。 法律对不动产、动产物权的设立另有规定的，应当按照法律规定的时间认定权利人是否为善意。

第二百二十七条　【指示交付】动产物权设立和转让前，第三人占有该动产的，负有交付义务的人可以通过转让请求第三人返还原物的权利代替交付。

关联法规参见

▶**法律：**《民法典合同编》第598条、第910条。

司法解释适用

《最高人民法院关于适用〈中华人民共和国民法典〉物权编的解释（一）》（法释〔2020〕24号）

《民法典物权编司法解释（一）》	原《物权法司法解释（一）》
第十七条　民法典第三百一十一条第一款第一项所称的"受让人受让该不动产或者动产时"，是指依法完成不动产物权转移登记或者动产交付之时。 当事人以民法典第二百二十六条规定的方式交付动产的，转让动产民事法律行为生效时为动产交付之时；当事人以民法典第二百二十七条规定的方式交付动产的，转让人与受让人之间有关转让返还原物请求权的协议生效时为动产交付之时。 法律对不动产、动产物权的设立另有规定的，应当按照法律规定的时间认定权利人是否为善意。	**第十八条**　物权法第一百零六条第一款第一项所称的"受让人受让该不动产或者动产时"，是指依法完成不动产物权转移登记或者动产交付之时。 当事人以物权法第二十五条规定的方式交付动产的，转让动产法律行为生效时为动产交付之时；当事人以物权法第二十六条规定的方式交付动产的，转让人与受让人之间有关转让返还原物请求权的协议生效时为动产交付之时。 法律对不动产、动产物权的设立另有规定的，应当按照法律规定的时间认定权利人是否为善意。

权威案例指引

▶公报案例

《肯考帝亚农产品贸易（上海）有限公司与广东富虹油品有限公司、第三人中国建设银行股份有限公司湛江市分行所有权确认纠纷案》，《最高人民法院公报》2012年第1期

裁判摘要：根据《中华人民共和国海商法》第七十九条第（三）项的规定，不记名指示提单可以经空白背书转让，但当提单持有人以其中一套正本提单换取提货单后，当事人已不可能将全套正本提单进行转让，故此后的所谓提单转让行为对当事人不产生拘束力。

《中华人民共和国物权法》第二十三条规定，动产物权的设立和转让，自交付时发生效力。交付是否完成是动产所有权转移与否的标准，动产由第三人占有时，则应根据《中华人民共和国物权法》第二十六条的规定进行指示交付。最高人民法院《关于适用〈中华人民共和国担保法〉若干问题的解释》第八十八条规定，出质人以间接占有的财产出质的，以质押合同书面通知占有人时视为移交。根据该条规定精神，提货单的交付，仅意味着当事人的提货请求权进行了转移，在当事人未将提货请求转移事实通知实际占有人时，提货单的交付并不构成《中华人民共和国物权法》第二十六条所规定的指示交付。

第二百二十八条　【占有改定】动产物权转让时，当事人又约定由出让人继续占有该动产的，物权自该约定生效时发生效力。

第228条

关联法规参见

▶**法律**：《民法典合同编》第598条。

权威案例指引

▶**公报案例**

《青岛源宏祥纺织有限公司诉港润（聊城）印染有限公司取回权确认纠纷案》，《最高人民法院公报》2012年第4期

裁判摘要：《中华人民共和国物权法》第二十三条规定："动产物权的设立和转让，自交付时发生效力，但法律另有规定的除外。"同时，该法第二十七条规定："动产物权转让时，双方又约定由出让人继续占有该动产的，物权自该约定生效时发生效力。"依据上述规定，动产物权的转让，以交付为公示要件，无论交付的方式是现实交付还是以占有改定方式交付。当事人之间仅仅就物权的转移达成协议，但未就该动产达成出让人继续占有该动产的占有改定协议的，不能构成物权法第二十七条规定的占有改定，故不能发生物权转移的效力。

第三节　其他规定

第二百二十九条　【法律文书、征收决定导致物权变动效力发生时间】因人民法院、仲裁机构的法律文书或者人民政府的征收决定等，导致物权设立、变更、转让或者消灭的，自法律文书或者征收决定等生效时发生效力。

关联法规参见

▶**法律**：《民事诉讼法》第97条、第154条、第155条、第164条、第175条，《仲裁法》第9条、第49条至第52条、第57条。

▶**行政法规**：《国有土地上房屋征收与补偿条例》第13条。

司法解释适用

《最高人民法院关于适用〈中华人民共和国民法典〉物权编的解释（一）》（法释〔2020〕24号）

《民法典物权编司法解释（一）》	原《物权法司法解释（一）》
第七条　人民法院、仲裁机构在分割共有不动产或者动产等案件中作出并依法生效的改变原有物权关系的判决书、裁决书、调解书，以及人民法院在执行程序中作出的拍卖	**第七条**　人民法院、仲裁委员会在分割共有不动产或者动产等案件中作出并依法生效的改变原有物权关系的判决书、裁决书、调解书，以及人民法院在执行程序中作出的

《民法典物权编司法解释（一）》	原《物权法司法解释（一）》
成交裁定书、变卖成交裁定书、以物抵债裁定书，应当认定为民法典第二百二十九条所称导致物权设立、变更、转让或者消灭的人民法院、仲裁机构的法律文书。	拍卖成交裁定书、以物抵债裁定书，应当认定为物权法第二十八条所称导致物权设立、变更、转让或者消灭的人民法院、仲裁委员会的法律文书。
第八条　依据民法典第二百二十九条至第二百三十一条规定享有物权，但尚未完成动产交付或者不动产登记的权利人，依据民法典第二百三十五条至第二百三十八条的规定，请求保护其物权的，应予支持。	**第八条**　依照物权法第二十八条至第三十条规定享有物权，但尚未完成动产交付或者不动产登记的物权人，根据物权法第三十四条至第三十七条的规定，请求保护其物权的，应予支持。

《最高人民法院关于适用〈中华人民共和国民事诉讼法〉的解释》（法释〔2020〕20号修改）

新《民事诉讼法司法解释》	原《民事诉讼法司法解释》
第四百九十三条（原第四百九十三条）　拍卖成交或者依法定程序裁定以物抵债的，标的物所有权自拍卖成交裁定或者抵债裁定送达买受人或者接受抵债物的债权人时转移。	

《最高人民法院关于人民法院民事执行中拍卖、变卖财产的规定》（法释〔2020〕21号修改）

新《人民法院民事执行中拍卖、变卖财产规定》	原《人民法院民事执行中拍卖、变卖财产规定》
第二十六条　不动产、动产或者其他财产权拍卖成交或者抵债后，该不动产、动产的所有权、其他财产权自拍卖成交或者抵债裁定送达买受人或者承受人时起转移。	**第二十九条**　~~动产拍卖成交或者抵债后，其所有权自该动产交付时起转移给买受人或者承受人。~~ 不动产、~~有登记的特~~定动产或者其他财产权拍卖成交或者抵债后，该不动产、特定动产的所有权、其他财产权自拍卖成交或者抵债裁定送达买受人或者承受人时起转移。

《最高人民法院关于人民法院网络司法拍卖若干问题的规定》

第二十二条　网络司法拍卖成交的，由网络司法拍卖平台以买受人的真实身份自动生成确认书并公示。

拍卖财产所有权自拍卖成交裁定送达买受人时转移。

第二百三十条　【因继承取得物权的生效时间确定】因继承取得物权的，自继承开始时发生效力。

关联法规参见

▶**法律：**《民法典继承编》第1121条、第1127条、第1133条、第1160条。

司法解释适用

《最高人民法院关于适用〈中华人民共和国民法典〉继承编的解释（一）》（法释〔2020〕23号）

《民法典继承编司法解释（一）》	原《继承法意见》
第一条 继承从被继承人生理死亡或者被宣告死亡时开始。 宣告死亡的，根据民法典第四十八条规定确定的死亡日期，为继承开始的时间。	1. 继承从被继承人生理死亡或被宣告死亡时开始。 ~~失踪人~~被宣告死亡的，~~以法院判决中确定的失踪人~~的死亡日期，为继承开始的时间。 ~~2. 相互有继承关系的几个人在同一事件中死亡，如不能确定死亡先后时间的，推定没有继承人的人先死亡。死亡人各自都有继承人的，如几个死亡人辈分不同，推定长辈先死亡；几个死亡人辈分相同，推定同时死亡，彼此不发生继承，由他们各自的继承人分别继承。~~
第三十五条（原49） 继承人放弃继承的意思表示，应当在继承开始后、遗产分割前作出。遗产分割后表示放弃的不再是继承权，而是所有权。	
第三十七条（原51） 放弃继承的效力，追溯到继承开始的时间。	

第231条

第二百三十一条 【因事实行为导致物权变动的生效时间】 因合法建造、拆除房屋等事实行为设立或者消灭物权的，自事实行为成就时发生效力。

关联法规参见

▶**法律**：《城市房地产管理法》第60条，《城乡规划法》第40条、第41条、第43条、第45条、第64条、第65条。

司法解释适用

《最高人民法院关于适用〈中华人民共和国民法典〉物权编的解释（一）》（法释〔2020〕24号）

《民法典物权编司法解释（一）》	原《物权法司法解释（一）》
第八条 依据民法典第二百二十九条至第二百三十一条规定享有物权，但尚未完成动产交付或者不动产登记的权利人，依据民法典第二百三十五条至第二百三十八条的规定，请求保护其物权的，应予支持。	**第八条** 依照物权法第二十八条至第三十条规定享有物权，但尚未完成动产交付或者不动产登记的物权人，根据依照物权法第三十四条至第三十七条的规定，请求保护其物权的，应予支持。

第二百三十二条　【处分非因法律行为取得的不动产】 处分依照本节规定享有的不动产物权，依照法律规定需要办理登记的，未经登记，不发生物权效力。

关联法规参见

▶**法律：**《城市房地产管理法》第 38 条、第 39 条。

第
232
~
233
条

司法解释适用

《最高人民法院关于适用〈中华人民共和国民法典〉物权编的解释（一）》（法释〔2020〕24 号）

《民法典物权编司法解释（一）》	原《物权法司法解释（一）》
第八条　依据民法典第二百二十九条至第二百三十一条规定享有物权，但尚未完成动产交付或者不动产登记的权利人，依据民法典第二百三十五条至第二百三十八条的规定，请求保护其物权的，应予支持。	**第八条**　依照物权法第二十八条至第三十条规定享有物权，但尚未完成动产交付或者不动产登记的物权人，根据物权法第三十四条至第三十七条的规定，请求保护其物权的，应予支持。

第三章　物权的保护

第二百三十三条　【物权遭受侵害的救济途径】 物权受到侵害的，权利人可以通过和解、调解、仲裁、诉讼等途径解决。

关联法规参见

▶**法律：**《森林法》第 22 条，《土地管理法》第 14 条，《农村土地承包法》第 55 条、第 56 条，《民事诉讼法》第 2 条、第 3 条、第 93 条、第 199 条至第 201 条，《仲裁法》第 2 条至第 6 条、第 9 条，《水法》第 57 条，《渔业法》第 13 条，《草原法》第 16 条，《人民调解法》第 2 条、第 17 条，《矿产资源法》第 49 条，《农村土地承包经营纠纷调解仲裁法》第 2 条至第 4 条，《海域使用管理法》第 31 条。

司法解释适用

《最高人民法院关于适用〈中华人民共和国民法典〉物权编的解释（一）》（法释〔2020〕24 号）

《民法典物权编司法解释（一）》	原《物权法司法解释（一）》
第一条（原第一条） 因不动产物权的归属，以及作为不动产物权登记基础的买卖、赠与、抵押等产生争议，当事人提起民事诉讼的，应当依法受理。当事人已经在行政诉讼中申请一并解决上述民事争议，且人民法院一并审理的除外。	

《最高人民法院关于审理涉及农村土地承包经营纠纷调解仲裁案件适用法律若干问题的解释》（法释〔2020〕17 号修改）

新《农村土地承包经营纠纷调解仲裁案件司法解释》	原《农村土地承包经营纠纷调解仲裁案件司法解释》
第一条（原第一条） 农村土地承包仲裁委员会根据农村土地承包经营纠纷调解仲裁法第十八条规定，以超过申请仲裁的时效期间为由驳回申请后，当事人就同一纠纷提起诉讼的，人民法院应予受理。	
第二条（原第二条） 当事人在收到农村土地承包仲裁委员会作出的裁决书之日起三十日后或者签收农村土地承包仲裁委员会作出的调解书后，就同一纠纷向人民法院提起诉讼的，裁定不予受理；已经受理的，裁定驳回起诉。	
第三条（原第三条） 当事人在收到农村土地承包仲裁委员会作出的裁决书之日起三十日内，向人民法院提起诉讼，请求撤销仲裁裁决的，人民法院应当告知当事人就原纠纷提起诉讼。	

《最高人民法院关于审理涉及农村集体土地行政案件若干问题的规定》

第一条 农村集体土地的权利人或者利害关系人（以下简称土地权利人）认为行政机关作出的涉及农村集体土地的行政行为侵犯其合法权益，提起诉讼的，属于人民法院行政诉讼的受案范围。

第四条 土地使用权人或者实际使用人对行政机关作出涉及其使用或实际使用的集体土地的行政行为不服的，可以以自己的名义提起诉讼。

第五条 土地权利人认为土地储备机构作出的行为侵犯其依法享有的农村集体土地所有权或使用权的，向人民法院提起诉讼的，应当以土地储备机构所隶属的土地管理部门为被告。

第六条 土地权利人认为乡级以上人民政府作出的土地确权决定侵犯其依法享有的农村集体土地所有权或者使用权，经复议后向人民法院提起诉讼的，人民法院应当依法受理。

法律、法规规定应当先申请行政复议的土地行政案件，复议机关作出不受理复议申请的决定或者以不符合受理条件为由驳回复议申请，复议申请人不服的，应当以复议机关为被告向人民法院提起诉讼。

第七条　土地权利人认为行政机关作出的行政处罚、行政强制措施等行政行为侵犯其依法享有的农村集体土地所有权或者使用权，直接向人民法院提起诉讼的，人民法院应当依法受理。

第二百三十四条　【利害关系人的物权确认请求权】因物权的归属、内容发生争议的，利害关系人可以请求确认权利。

关联法规参见

▶**法律**：《土地管理法》第14条，《行政复议法》第6条、第30条。

司法解释适用

《最高人民法院关于适用〈中华人民共和国民法典〉物权编的解释（一）》（法释〔2020〕24号）

《民法典物权编司法解释（一）》	原《物权法司法解释（一）》
第一条（原第一条）　因不动产物权的归属，以及作为不动产物权登记基础的买卖、赠与、抵押等产生争议，当事人提起民事诉讼的，应当依法受理。当事人已经在行政诉讼中申请一并解决上述民事争议，且人民法院一并审理的除外。	
第二条（原第二条）　当事人有证据证明不动产登记簿的记载与真实权利状态不符、其为该不动产物权的真实权利人，请求确认其享有物权的，应予支持。	
第三条　异议登记因民法典第二百二十条第二款规定的事由失效后，当事人提起民事诉讼，请求确认物权归属的，应当依法受理。异议登记失效不影响人民法院对案件的实体审理。	**第三条**　异议登记因物权法第十九条第二款规定的事由失效后，当事人提起民事诉讼，请求确认物权归属的，应当依法受理。异议登记失效不影响人民法院对案件的实体审理。

《最高人民法院关于审理建筑物区分所有权纠纷案件适用法律若干问题的解释》[①]（法释〔2020〕17号修改）

新《建筑物区分所有权司法解释》	原《建筑物区分所有权司法解释》
第十八条（原第十八条）　人民法院审理建筑物区分所有权案件中，涉及有关物权归属争议的，应当以法律、行政法规为依据。	

第二百三十五条　【权利人的返还原物请求权】无权占有不动产或者动产的，权利人可以请求返还原物。

① 该司法解释名称有修改：原《最高人民法院关于审理建筑物区分所有权纠纷案件具体应用法律若干问题的解释》名称修改为新《最高人民法院关于审理建筑物区分所有权纠纷案件适用法律若干问题的解释》，下同。

关联法规参见

▶**法律**：《民法典总则编》第53条、第157条、第179条、第196条，《民法典侵权责任编》第1167条，《土地管理法》第77条、第78条。

司法解释适用

《最高人民法院关于适用〈中华人民共和国民法典〉物权编的解释（一）》（法释〔2020〕24号）

《民法典物权编司法解释（一）》	原《物权法司法解释（一）》
第八条 依据民法典第二百二十九条至第二百三十一条规定享有物权，但尚未完成动产交付或者不动产登记的权利人，依据民法典第二百三十五条至第二百三十八条的规定，请求保护其物权的，应予支持。	**第八条** 依照物权法第二十八条至第三十条规定享有物权，但尚未完成动产交付或者不动产登记的物权人，根据物权法第三十四条至第三十七条的规定，请求保护其物权的，应予支持。

第二百三十六条 【权利人的排除妨害、消除危险请求权】妨害物权或者可能妨害物权的，权利人可以请求排除妨害或者消除危险。

关联法规参见

▶**法律**：《民法典总则编》第179条、第196条，《民法典侵权责任编》第1167条。

司法解释适用

《最高人民法院关于适用〈中华人民共和国民法典〉物权编的解释（一）》（法释〔2020〕24号）

《民法典物权编司法解释（一）》	原《物权法司法解释（一）》
第八条 依据民法典第二百二十九条至第二百三十一条规定享有物权，但尚未完成动产交付或者不动产登记的权利人，依据民法典第二百三十五条至第二百三十八条的规定，请求保护其物权的，应予支持。	**第八条** 依照物权法第二十八条至第三十条规定享有物权，但尚未完成动产交付或者不动产登记的物权人，根据物权法第三十四条至第三十七条的规定，请求保护其物权的，应予支持。

《最高人民法院关于适用〈中华人民共和国民事诉讼法〉的解释》（法释〔2020〕20号修改）

新《民事诉讼法司法解释》	原《民事诉讼法司法解释》
第一百七十条（原第一百七十条） 民事诉讼法第一百零六条第三项规定的情况紧急，包括： （一）需要立即停止侵害、排除妨碍的； （二）需要立即制止某项行为的；	

新《民事诉讼法司法解释》	原《民事诉讼法司法解释》
（三）追索恢复生产、经营急需的保险理赔费的； （四）需要立即返还社会保险金、社会救助资金的； （五）不立即返还款项，将严重影响权利人生活和生产经营的。	

《最高人民法院关于审理涉及农村土地承包纠纷案件适用法律问题的解释》（法释〔2020〕17号修改）

新《农村土地承包纠纷司法解释》	原《农村土地承包纠纷司法解释》
第十二条　发包方胁迫承包方将土地经营权流转给第三人，承包方请求撤销其与第三人签订的流转合同的，应予支持。 发包方阻碍承包方依法流转土地经营权，承包方请求排除妨碍、赔偿损失的，应予支持。	**第十二条**　发包方强迫承包方将土地承包经营权流转给第三人，承包方请求确认其与第三人签订的流转合同无效的，应予支持。 发包方阻碍承包方依法流转土地承包经营权，承包方请求排除妨碍、赔偿损失的，应予支持。

第二百三十七条　【物权损害的救济方式；物权的债权保护方法】 造成不动产或者动产毁损的，权利人可以依法请求修理、重作、更换或者恢复原状。

关联法规参见

▶**法律**：《民法典总则编》第179条，《民法典侵权责任编》第1167条。

司法解释适用

《最高人民法院关于适用〈中华人民共和国民法典〉物权编的解释（一）》（法释〔2020〕24号）

《民法典物权编司法解释（一）》	原《物权法司法解释（一）》
第八条　依据民法典第二百二十九条至第二百三十一条规定享有物权，但尚未完成动产交付或者不动产登记的权利人，依据民法典第二百三十五条至第二百三十八条的规定，请求保护其物权的，应予支持。	**第八条**　依照物权法第二十八条至第三十条规定享有物权，但尚未完成动产交付或者不动产登记的物权人，根据物权法第三十四条至第三十七条的规定，请求保护其物权的，应予支持。

第二百三十八条　【侵害物权的民事责任竞合】 侵害物权，造成权利人损害的，权利人可以依法请求损害赔偿，也可以依法请求承担其他民事责任。

关联法规参见

▶**法律**：《民法典总则编》第176条、第179条，《民法典侵权责任编》第1182条、第1184条。

司法解释适用

《最高人民法院关于适用〈中华人民共和国民法典〉有关担保制度的解释》（法释〔2020〕28号）

《民法典担保制度司法解释》	原《担保法司法解释》
新增条文 **第二十七条** 一般保证的债权人取得对债务人赋予强制执行效力的公证债权文书后，在保证期间内向人民法院申请强制执行，保证人以债权人未在保证期间内对债务人提起诉讼或者申请仲裁为由主张不承担保证责任的，人民法院不予支持。	

《最高人民法院关于适用〈中华人民共和国民法典〉物权编的解释（一）》（法释〔2020〕24号）

《民法典物权编司法解释（一）》	原《物权法司法解释（一）》
第八条 依据民法典第二百二十九条至第二百三十一条规定享有物权，但尚未完成动产交付或者不动产登记的权利人，依据民法典第二百三十五条至第二百三十八条的规定，请求保护其物权的，应予支持。	**第八条** 依照物权法第二十八条至第三十条规定享有物权，但尚未完成动产交付或者不动产登记的物权人，根据物权法第三十四条至第三十七条的规定，请求保护其物权的，应予支持。

第二百三十九条　【物权保护方式的单用和并用】本章规定的物权保护方式，可以单独适用，也可以根据权利被侵害的情形合并适用。

关联法规参见

▶**法律**：《民法典总则编》第176条、第179条、第187条。

第二分编　所有权

第四章　一般规定

第二百四十条　【所有权的内容】所有权人对自己的不动产或者动产，依法享有占有、使用、收益和处分的权利。

关联法规参见

▶**法律**：《海商法》第 7 条。

第二百四十一条　【所有权人设立他物权】所有权人有权在自己的不动产或者动产上设立用益物权和担保物权。用益物权人、担保物权人行使权利，不得损害所有权人的权益。

关联法规参见

▶**法律**：《森林法》第 15 条至第 18 条，《土地管理法》第 10 条、第 13 条，《城市房地产管理法》第 3 条、第 8 条、第 23 条、第 27 条，《水法》第 7 条、第 48 条，《渔业法》第 11 条，《草原法》第 10 条，《矿产资源法》第 3 条，《海域使用管理法》第 3 条、第 9 条、第 22 条至第 24 条、第 28 条。

▶**行政法规**：《城镇国有土地使用权出让和转让暂行条例》第 2 条。

第二百四十二条　【国家的专有权】法律规定专属于国家所有的不动产和动产，任何组织或者个人不能取得所有权。

关联法规参见

▶**法律**：《宪法》第 9 条、第 10 条，《土地管理法》第 2 条、第 9 条，《煤炭法》第 3 条，《水法》第 3 条，《矿产资源法》第 3 条。

第二百四十三条　【不动产的征收及其补偿】为了公共利益的需要，依照法律规定的权限和程序可以征收集体所有的土地和组织、个人的房屋以及其他不动产。

征收集体所有的土地，应当依法及时足额支付土地补偿费、安置补助费以及农村村民住宅、其他地上附着物和青苗等的补偿费用，并安排被征地农民的社会保障费用，保障被征地农民的生活，维护被征地农民的合法权益。

征收组织、个人的房屋以及其他不动产，应当依法给予征收补偿，维护被征收人的合法权益；征收个人住宅的，还应当保障被征收人的居住条件。

任何组织或者个人不得贪污、挪用、私分、截留、拖欠征收补偿费等费用。

关联法规参见

▶**法律**：《宪法》第10条、第13条，《民法典总则编》第117条，《民法典物权编》第327条、第338条、第358条，《森林法》第21条，《土地管理法》第2条、第45条至第51条、第79条、第80条，《城市房地产管理法》第6条、第9条，《农村土地承包法》第17条、第62条，《电力法》第16条，《刑法》第381条、第410条，《行政诉讼法》第12条，《煤炭法》第3条、第18条，《邮政法》第12条，《铁路法》第36条，《立法法》第8条，《军事设施保护法》第13条，《渔业法》第14条，《草原法》第38条、第39条、第63条，《国家赔偿法》第4条，《农业法》第71条，《国防法》第51条，《归侨侨眷权益保护法》第13条。

▶**法律解释**：《全国人民代表大会常务委员会关于〈中华人民共和国刑法〉第九十三条第二款的解释》，《全国人民代表大会常务委员会关于〈中华人民共和国刑法〉第二百二十八条、第三百四十二条、第四百一十条的解释》。

▶**行政法规**：《国有土地上房屋征收与补偿条例》。

司法解释适用

《最高人民法院关于审理涉及农村土地承包纠纷案件适用法律问题的解释》（法释〔2020〕17号修改）

<table>
<tr><th>新《农村土地承包纠纷司法解释》</th><th>原《农村土地承包纠纷司法解释》</th></tr>
<tr><td>第二十条　承包地被依法征收，承包方请求发包方给付已经收到的地上附着物和青苗的补偿费的，应予支持。
承包方已将土地经营权<u>以出租、入股或者其他方式</u>流转给第三人的，除当事人另有约定外，青苗补偿费归实际投入人所有，地上附着物补偿费归附着物所有人所有。</td><td>第二十二条　承包地被依法征收，承包方请求发包方给付已经收到的地上附着物和青苗的补偿费的，应予支持。
承包方已将土地承包经营权<u>以转包、出租等方式</u>流转给第三人的，除当事人另有约定外，青苗补偿费归实际投入人所有，地上附着物补偿费归附着物所有人所有。</td></tr>
<tr><td colspan="2">第二十一条（原第二十三条）　承包地被依法征收，放弃统一安置的家庭承包方，请求发包方给付已经收到的安置补助费的，应予支持。</td></tr>
<tr><td colspan="2">第二十二条（原第二十四条）　农村集体经济组织或者村民委员会、村民小组，可以依照法律规定的民主议定程序，决定在本集体经济组织内部分配已经收到的土地补偿费。征地补偿安置方案确定时已经具有本集体经济组织成员资格的人，请求支付相应份额的，应予支持。但已报全国人大常委会、国务院备案的地方性法规、自治条例和单行条例、地方政府规章对土地补偿费在农村集体经济组织内部的分配办法另有规定的除外。</td></tr>
</table>

《最高人民法院关于审理涉及农村集体土地行政案件若干问题的规定》

第十条　土地权利人对土地管理部门组织实施过程中确定的土地补偿有异议，直接向人民法院提起诉讼的，人民法院不予受理，但应当告知土地权利人先申请行政机关裁决。

第十二条　征收农村集体土地时涉及被征收土地上的房屋及其他不动产，土地权利人可以请求依照物权法第四十二条第二款的规定给予补偿。

征收农村集体土地时未就被征收土地上的房屋及其他不动产进行安置补偿，补偿安置时房屋所在地已纳入城市规划区，土地权利人请求参照执行国有土地上房屋征收补偿标准的，人民法院一般应予支持，但应当扣除已经取得的土地补偿费。

《最高人民法院关于办理申请人民法院强制执行国有土地上房屋征收补偿决定案件若干问题的规定》

为依法正确办理市、县级人民政府申请人民法院强制执行国有土地上房屋征收补偿决定（以下简称征收补偿决定）案件，维护公共利益，保障被征收房屋所有权人的合法权益，根据《中华人民共和国行政诉讼法》、《中华人民共和国行政强制法》、《国有土地上房屋征收与补偿条例》（以下简称《条例》）等有关法律、行政法规规定，结合审判实际，制定本规定。

第一条　申请人民法院强制执行征收补偿决定案件，由房屋所在地基层人民法院管辖，高级人民法院可以根据本地实际情况决定管辖法院。

第二条　申请机关向人民法院申请强制执行，除提供《条例》第二十八条规定的强制执行申请书及附具材料外，还应当提供下列材料：

（一）征收补偿决定及相关证据和所依据的规范性文件；

（二）征收补偿决定送达凭证、催告情况及房屋被征收人、直接利害关系人的意见；

（三）社会稳定风险评估材料；

（四）申请强制执行的房屋状况；

（五）被执行人的姓名或者名称、住址及与强制执行相关的财产状况等具体情况；

（六）法律、行政法规规定应当提交的其他材料。

强制执行申请书应当由申请机关负责人签名，加盖申请机关印章，并注明日期。

强制执行的申请应当自被执行人的法定起诉期限届满之日起三个月内提出；逾期申请的，除有正当理由外，人民法院不予受理。

第三条　人民法院认为强制执行的申请符合形式要件且材料齐全的，应当在接到申请后五日内立案受理，并通知申请机关；不符合形式要件或者材料不全的应当限期补正，并在最终补正的材料提供后五日内立案受理；不符合形式要件或者逾期无正当理由不补正材料的，裁定不予受理。

申请机关对不予受理的裁定有异议的，可以自收到裁定之日起十五日内向上一级人民法院申请复议，上一级人民法院应当自收到复议申请之日起十五日内作出裁定。

第四条　人民法院应当自立案之日起三十日内作出是否准予执行的裁定；有特殊情况需要延长审查期限的，由高级人民法院批准。

第五条　人民法院在审查期间，可以根据需要调取相关证据、询问当事人、组织听证或者进行现场调查。

第六条　征收补偿决定存在下列情形之一的，人民法院应当裁定不准予执行：

（一）明显缺乏事实根据；

（二）明显缺乏法律、法规依据；

（三）明显不符合公平补偿原则，严重损害被执行人合法权益，或者使被执行人基本生活、生产经营条件没有保障；

（四）明显违反行政目的，严重损害公共利益；

（五）严重违反法定程序或者正当程序；

（六）超越职权；

（七）法律、法规、规章等规定的其他不宜强制执行的情形。

人民法院裁定不准予执行的，应当说明理由，并在五日内将裁定送达申请机关。

第七条 申请机关对不准予执行的裁定有异议的，可以自收到裁定之日起十五日内向上一级人民法院申请复议，上一级人民法院应当自收到复议申请之日起三十日内作出裁定。

第八条 人民法院裁定准予执行的，应当在五日内将裁定送达申请机关和被执行人，并可以根据实际情况建议申请机关依法采取必要措施，保障征收与补偿活动顺利实施。

第九条 人民法院裁定准予执行的，一般由作出征收补偿决定的市、县级人民政府组织实施，也可以由人民法院执行。

第十条 《条例》施行前已依法取得房屋拆迁许可证的项目，人民法院裁定准予执行房屋拆迁裁决的，参照本规定第九条精神办理。

第十一条 最高人民法院以前所作的司法解释与本规定不一致的，按本规定执行。

《最高人民法院关于认真贯彻执行〈关于办理申请人民法院强制执行国有土地上房屋征收补偿决定案件若干问题的规定〉的通知》

各省、自治区、直辖市高级人民法院，解放军军事法院，新疆维吾尔自治区高级人民法院生产建设兵团分院：

《最高人民法院关于办理申请人民法院强制执行国有土地上房屋征收补偿决定案件若干问题的规定》（法释〔2012〕4号，以下简称《规定》）已由最高人民法院审判委员会第1543次会议讨论通过，于2012年4月10日起施行。为准确把握和正确适用《规定》，现就有关问题通知如下：

一、充分认识制定实施《规定》的重要意义

制定实施《规定》是人民法院服务大局、回应社会关切的需要。房屋征收与补偿事关社会稳定、人民安居乐业、经济社会协调发展，党中央、国务院高度重视。《中华人民共和国行政强制法》（以下称《行政强制法》）、《国有土地上房屋征收与补偿条例》（以下称《条例》）颁布实施以来，有关市、县级人民政府申请人民法院强制执行房屋征收补偿决定（以下称征收补偿决定）以及新旧规定衔接等问题成为社会关注焦点。人民法院审判、执行工作面临许多新情况、新问题，需要统一法律、法规适用标准，明确具体工作规范。《规定》是对相关法律、法规规定精神的进一步细化和落实。

制定实施《规定》是解决现实工作难题、保障合法权益与实现公共利益的需要。近年来，一些地方因强制拆迁引发的恶性事件屡屡发生，为此，国务院下大力气进行专项整治，我院也下发紧急通知并开展专项检查，取得了明显成效。《规定》从案件受理、审查和执行等各个环节作出明确规定，规范相关程序和执行主体，有利于从制度上切实保障人民群众合法权益和公共利益的实现，理顺征收与补偿工作秩序，防止类似事件的发生。

制定实施《规定》是探索和改革执行方式、创新和加强社会管理的需要。《条例》是一项重大制度创新，关于强制执行方式问题《行政强制法》尚未明确规定，为人民法院的探索和改革留有空间。《规定》充分反映了有关国家机关反复协商后形成的共识，是紧密结合中国国情，创新和完善执行工作体制和工作机制的重要举措，对推进人民法院司法改革、创新和加强社会管理必将发挥积极的促进作用。各级人民法院要深刻理解制定实施《规定》的重要性，在审判实践中认真贯彻执行。

二、注意处理好有关问题

一是案件管辖问题。《规定》明确了申请人民法院强制执行征收补偿决定的案件，以房屋所在地基层人民法院管辖为原则，旨在体现将矛盾化解在基层的处理纠纷总原则。因案件情况和各地执法环境存在较大差异，《规定》授权高级人民法院可根据本地实际情况决定管辖法院，包括可以就相关案件管辖作出统一规定，也包括可以就个案管辖作出具体处理。各高级人民法院要准确、灵活地适用法律和司法解释有关规定，科学配置中、基层人民法院的管辖权。

二是案件受理问题。《规定》明确了申请机关提出强制执行申请时应当提交的各项材料，其中社会稳定风险评估材料应当依据《条例》第十二条有关规定形成（涉及被征收人数量较多的还应包括经政府常务会议讨论决定方面的材料）。人民法院要认真审查申请是否符合形式要件、材料是否齐全，依照《规定》和《最高人民法院关于执行〈中华人民共和国行政诉讼法〉若干问题的解释》（以下称《若干解释》）的有关规定作出相应处理。

三是审查方式和标准问题。《规定》明确了人民法院审查时可以根据需要调取相关证据、询问当事人、组织听证或者进行现场调查，列举了裁定不准予执行的八种情形。特别是“明显不符合公平补偿原则，严重损害被执行人合法权益，被执行人基本生活、生产经营条件没有保障”、“明显违反行政目的，严重损害公共利益”以及“严重违反法定程序或者正当程序”等规定，具有鲜明的针对性。人民法院要准确理解和把握其精神实质，坚持以人为本的正确导向，坚持程序合法性与正当性审查标准，坚决防止滥用强制手段和“形式合法、实质不合法”现象的发生。

四是审查期限问题。《规定》依照《行政强制法》第五十八条规定，将相关案件审查期限规定为三十日，主要考虑此类案件许多具有复杂性和敏感性，法官需要有相对充分的审查时间，以做到审慎稳妥、判断准确，防止因草率裁定而损害被征收人合法权益或者使公众产生审查程序流于形式的误解。因特殊情况（如案情疑难复杂、需征求有关部门意见或调查取证等）需要延长审查期限的，由高级人民法院批准。基层人民法院应参照《若干解释》第八十二条规定的程序，直接报请高级人民法院批准，同时报中级人民法院备案。

五是裁决方式问题。人民法院在相关案件受理、审查和复议程序中所作的裁定，都应当说明理由，特别要注重增强不准予执行裁定的逻辑严密性和说理透彻性。上级人民法院经复议撤销原审裁定的同时，既可以直接作出是否受理或者是否准予执行的裁定，也可以针对原审裁定认定事实不清、证据不足等情形，裁定发回原审法院重新审查，申请机关对重新审查后的裁定可再次依法申请复议。

六是强制执行方式问题。《规定》明确了人民法院裁定准予执行的，一般由作出征收补偿决定的市、县级人民政府组织实施的总原则，以体现“裁执分离”的改革方向。人民法院在作出准予执行的裁定时，可以同时载明由相关政府组织实施；认为自身有足够能力实施时（个别例外情形），也可以依照《规定》由人民法院执行。

七是司法建议问题。人民法院作出准予执行的裁定时，可以根据案件的实际情况，就审查中预见的与强制执行相关的问题，书面建议申请机关依法采取必要措施消除隐患或者落实必要的应对预案，也可以针对政府组织实施行为提出相关建议，以保障征收与补偿活动依法有序顺利实施。人民法院不得与地方政府搞联合执行、委托执行；对被执行人及利害关系人认为强制执行过程中具体行政行为违法而提起的行政诉讼或者行政赔偿诉讼，应当依法受理。

八是新旧规定衔接问题。《规定》明确对行政机关依据《条例》施行前的规定作出的房屋拆迁裁决，人民法院裁定准予执行的，参照《规定》第九条精神办理。对行政机关就上述裁决提出的强制执行申请，人民法院应当依照相关法律、法规及司法解释的规定，严格立案、审查，认真执行《最高人民法院关于坚决防止土地征收、房屋拆迁强制执行引发恶性事件的紧急通知》（法明传〔2011〕327号）的具体要求，凡存在补偿安置不到位或其他不宜强制执行情形的，不得裁定准予执行；对于裁定准予执行的，要按照《规定》第九条确定的强制执行方式妥善处理，以促进房屋拆迁活动依法稳妥有序进行。

三、认真抓好《规定》的贯彻执行

《规定》条款内容虽然不多，但是对于解决房屋征收与补偿领域的突出矛盾，规范人民法院依法办理相关案件和强制执行活动稳妥实施，具有重要的积极作用。各级人民法院要调整工作思路，理顺工作机制，完善工作制度，加大对贯彻执行《规定》的领导和指导力度。要组织审判人员逐条学习理解、准确把握《规定》的精神和本通知的要求。必要时可以组织开展培训宣传活动，以增进人民群众和行政机关的理解与支持。要大力加强调查研究，积极争取地方党委、政府加大对人民法院机构设置、人员配备、物质装备建设的支持力度，切实解决相关案件数量大幅度增加后人民法院面临的实际困难。要结合本地实际情况制定实施方案，对于《规定》贯彻执行过程中出现的新情况新问题，要及时报告上级人民法院。

特此通知。

权威案例指引

▶典型案例

《李三德诉宝鸡市渭滨区人民政府行政强制案》，《最高人民法院发布产权保护行政诉讼典型案例之三》（2020年7月27日）

典型意义：《中华人民共和国土地管理法》《国有土地上房屋征收与补偿条例》等法律法规对集体土地和国有土地上房屋征收程序和方式均作出了明确规定。行政机关在对土地和房屋征收的过程中，应当遵循“先补偿、后拆迁”原则，依法对被征收人进行安置补偿。在被征收人已经依法得到安置补偿或者无正当理由拒绝接受安置补偿的情况下，行政机关若要实现强制搬迁和拆除，也必须按照法定程序申请人民法院强制执行，在获得人民法院准许强制执行裁定前，行政机关没有直接强制拆除被征收房屋的权利。本案中，渭滨区政府在李三德腾空房屋并交付住房钥匙后实施拆除房屋的行为，从形式上看似乎是依照协议的行为，也不违背李三德的意愿。但不可忽视的是，这种“貌似自愿”是建立在被征收人李三德并没有获得实质补偿的基础上。李三德受政府许诺“奖励”政策的影响，与陈家村城改办签订了《拆迁过渡协议》，仅对过渡费、搬迁费和奖励金额等进行约定，并未对李三德作出实质性补偿安置。渭滨区政府以此作为拆除房屋的依据，不符合“先补偿、后拆迁”原则的立法精神，不利于全面保护被征收人切身利益。因此，渭滨区政府在没有完成安置补偿工作，又没有依法申请人民法院强制执行的情况下，即拆除了李三德的房屋，明显违反法律规定。

《武汉市武昌南方铁路配件厂诉武汉市洪山区人民政府房屋征收补偿决定案》，《最高人民法院发布产权保护行政诉讼典型案例之四》（2020 年 7 月 27 日）

典型意义：处于正常生产经营状态、特别是经济效益尚可的企业在遇到征收时，出于坚持生产事业、安置员工等主客观方面的实际需要，往往抱有在征收后继续生产经营的意愿，这种意愿是企业经营权及财产权的合理延伸。为实现这一意愿，被征收企业多倾向于选择房屋产权调换的补偿方式，希望直接获得用于继续生产的房屋、场地等必要生产资料。在征收补偿工作中，征收补偿实施主体应当适度考虑被征收企业的意愿和被征收房屋的特定用途，在不突破法律规定和征收补偿政策框架、不背离国家利益及社会公共利益的前提下，尽可能制定与之相匹配的征收补偿安置方案，正当履行告知、送达等法定程序义务，作出合理的补偿决定，在维护国家利益及社会公共利益的同时，兼顾对企业经营权、财产权等合法权益的保护，使企业的市场经济活力得以维系。

《王风俊诉北京市房山区住房和城乡建设委员会拆迁补偿安置行政裁决案》，《最高人民法院发布 8 起人民法院征收拆迁典型案例（第二批）之一》，（2018 年 5 月 15 日）

典型意义：在集体土地征收拆迁当中，安置人口数量之认定关乎被拆迁农户财产权利的充分保护，准确认定乃是依法行政应有之义。实践中，有些地方出于行政效率等方面的考虑，简单以拆迁户口冻结统计的时间节点来确定安置人口数量，排除因婚姻、出生、回国、军人退伍转业等原因必须入户、分户的特殊情形，使得某些特殊人群尤其是弱势群体的合理需求得不到应有的尊重，合法权益得不到应有的保护。本案中，二审法院通过纠正错误的一审判决和被诉行政行为，正确贯彻征收补偿的法律规则，充分保护农民合法权益的同时，也体现了国家对婚嫁女、新生儿童等特殊群体的特别关爱。

《孙德兴诉浙江省舟山市普陀区人民政府房屋征收补偿案》，《最高人民法院发布 8 起人民法院征收拆迁典型案例（第二批）之二》，（2018 年 5 月 15 日）

典型意义：评估报告只有准确反映被征收房屋的价值，被征收人才有可能获得充分合理的补偿。要做到这一点，不仅需要行政机关和评估机构依法依规实施评估，同时也离不开被征收人自身的配合与协助。如果被征收人拒绝履行配合与协助的义务导致无法评估，不利后果应由被征收人承担。本案即属此种情形，在孙德兴拒绝评估机构入户，导致装饰装修及房屋附属物无法评估的情况下，行政机关没有直接对上述财物确定补偿数额，而是在决定中载明经入户按实评估后按规定予以补偿，人民法院判决对这一做法予以认可。此案判决不仅体现了对被拆迁人合法权益的保护，更值得注意的是，以个案方式引导被征收人积极协助当地政府的依法征拆工作，依法维护自身的合法权益。

《吉林省永吉县龙达物资经销处诉吉林省永吉县人民政府征收补偿案》，《最高人民法院发布8起人民法院征收拆迁典型案例（第二批）之五》，（2018年5月15日）

典型意义：在征收拆迁案件当中，评估报告作为确定征收补偿价值的核心证据，人民法院能否依法对其进行有效审查，已经在很大程度上决定着案件能否得到实质解决，被拆迁人的合法权益能否得到充分保障。本案中，人民法院对评估报告的审查是严格的、到位的，因而效果也是好的。在认定涉案评估报告存在遗漏评估设备、没有评估师的签字盖章、未附带资产设备的明细说明、未告知申请复核的评估权利等系列问题之后，对这些问题的性质作出评估，得出了两个结论。一是评估报告不具备合法的证据形式，不能如实地反映被征收人的财产情况。二是据此认定评估报告缺乏客观公正性、不具备合法效力。在上述论理基础上撤销了被诉房屋征收补偿决定并判令行政机关限期重作。本案对评估报告所进行的适度审查，可以作为此类案件的一种标杆。

《谷玉梁、孟巧林诉江苏省盐城市亭湖区人民政府房屋征收补偿决定案》，《最高人民法院发布8起人民法院征收拆迁典型案例（第二批）之八》，（2018年5月15日）

典型意义："正义不仅要实现，而且要以看得见的方式实现"。科学合理的程序可以保障人民群众的知情权、参与权、陈述权和申辩权，促进实体公正。程序正当性在推进法治政府建设过程中具有独立的实践意义和理论价值，此既是党的十九大对加强权力监督与运行机制的基本要求，也是法治发展到一定阶段推进依法行政、建设法治政府的客观需要。《国有土地上房屋征收补偿条例》确立了征收补偿应当遵循决策民主、程序正当、结果公开原则，并对评估机构选择、评估过程运行、评估结果送达以及申请复估、申请鉴定等关键程序作了具有可操作性的明确规定。在房屋征收补偿过程中，行政机关不仅要做到实体合法，也必须做到程序正当。本案中，人民法院结合被诉征收补偿决定的形成过程，着重从评估机构的选定、评估事项的确定、评估报告的送达、评估异议以及补偿方式的选择等多个程序角度，分析了亭湖区政府征收全过程的程序正当性，进而肯定了安置补偿方式与结果的合法性。既强调被征收人享有的应受法律保障的程序与实体权利，也支持了本案行政机关采取的一系列正确做法，有力地发挥了司法监督作用，对于确立相关领域的审查范围和审查标准，维护公共利益具有示范意义。

第二百四十四条　【国家保护耕地与禁止违法征收集体所有土地】 国家对耕地实行特殊保护，严格限制农用地转为建设用地，控制建设用地总量。不得违反法律规定的权限和程序征收集体所有的土地。

关联法规参见

▶法律：《土地管理法》第 3 条、第 4 条、第 30 条至第 43 条、第 75 条至第 77 条、第 79 条，《煤炭法》第 18 条。

▶行政法规：《土地管理法实施条例》第 16 条至第 18 条。

第244～246条

第二百四十五条　【物的征用及其补偿】 因抢险救灾、疫情防控等紧急需要，依照法律规定的权限和程序可以征用组织、个人的不动产或者动产。被征用的不动产或者动产使用后，应当返还被征用人。组织、个人的不动产或者动产被征用或者征用后毁损、灭失的，应当给予补偿。

关联法规参见

▶法律：《宪法》第 10 条、第 13 条，《民法典总则编》第 117 条，《民法典物权编》第 327 条、《森林法》第 21 条，《土地管理法》第 2 条、第 57 条，《药品管理法》第 92 条，《农村土地承包法》第 17 条、第 62 条，《电力法》第 16 条，《反恐怖主义法》第 78 条，《刑法》第 381 条、第 410 条，《煤炭法》第 18 条，《国防交通法》第 7 条，《防洪法》第 45 条，《铁路法》第 36 条，《立法法》第 8 条，《反间谍法》第 11 条，《军事设施保护法》第 13 条，《渔业法》第 14 条，《草原法》第 38 条、第 39 条、第 63 条、《传染病防治法》第 45 条、《农业法》第 71 条，《国家赔偿法》第 4 条，《国防动员法》第 54 条至第 59 条，《国防法》第 51 条，《归侨侨眷权益保护法》第 13 条，《防震减灾法》第 61 条，《突发事件应对法》第 12 条，《戒严法》第 17 条，《人民武装警察法》第 25 条。

▶法律解释：《全国人民代表大会常务委员会关于〈中华人民共和国刑法〉第二百二十八条、第三百四十二条、第四百一十条的解释》。

▶行政法规：《土地管理法实施条例》第 25 条、第 26 条。

第五章　国家所有权和集体所有权、私人所有权

第二百四十六条　【国家所有财产的范围；国家所有权的行使主体】 法律规定属于国家所有的财产，属于国家所有即全民所有。

国有财产由国务院代表国家行使所有权。法律另有规定的，依照其规定。

关联法规参见

▶法律：《宪法》第9条，《森林法》第14条，《土地管理法》第2条、第5条至第8条、第15条至第29条，《野生动物保护法》第3条，《煤炭法》第12条，《水法》第3条，《渔业法》第6条、第7条，《草原法》第9条，《农业法》第71条，《海岛保护法》第4条，《矿产资源法》第3条、第11条，《企业国有资产法》第2条至第4条，《海域使用管理法》第3条。

司法解释适用

《最高人民法院关于徐志君等十一人诉龙泉市龙渊镇第八村村委会土地征用补偿费分配纠纷一案的批复》

浙江省高级人民法院：

你院《关于徐志君等十一人诉龙泉市龙渊镇第八村村委会土地征用补偿费分配纠纷一案的请示》收悉。经研究，答复如下：

根据《中华人民共和国土地管理法》第四十七条第二款，《中华人民共和国土地管理法实施条例》第二十五条、第二十六条及我院有关司法解释的规定，国家征用农民耕地的补偿费包括土地补偿费、安置补助费以及地上附着物和青苗的补偿费。土地补偿费归农村集体经济组织所有，只能用于发展生产和安排就业，不能挪用和私分。农村集体经济组织成员与农村集体经济组织因土地补偿费发生的争议，不属于平等主体之间的民事法律关系，不属于人民法院受理民事诉讼的范围。对此类争议，人民法院依法不予受理，应由有关行政部门协调解决。

至于因安置补助费发生的争议应否由人民法院受理，则应具体分析。需要安置的人员由农村集体经济组织安置的，安置补偿费支付给农村集体经济组织，由农村集体经济组织管理和使用。因此发生的争议，也不属于人民法院受理民事诉讼的范围，人民法院不应作为民事案件受理。对于不需要由农村集体经济组织安置的人员，安置补偿费应直接支付给有关人员。因此发生的纠纷，属于平等主体之间的民事权利义务争议，人民法院应作为民事案件受理。

地上附着物与青苗补偿费应归地上附着物及青苗的所有者所有。地上附着物与青苗的所有者因该项补偿费与集体经济组织发生的争议属于平等主体之间的民事权利义务争议，属于人民法院受理民事案件的范围，此类争议人民法院应当作为民事案件受理。

以上意见供参考。

第二百四十七条　【国家对矿藏、水流和海域的所有权】 矿藏、水流、海域属于国家所有。

关联法规参见

▶法律：《宪法》第9条，《煤炭法》第3条，《水法》第3条，《矿产资源法》第3条，《海域使用管理法》第3条，《领海及毗连区法》第2条，《预算法》第27条。

▶行政法规：《矿产资源法实施细则》第3条，《预算法实施条例》第12条。

第二百四十八条 【国家对无居民海岛的所有权及行使】 无居民海岛属于国家所有，国务院代表国家行使无居民海岛所有权。

关联法规参见

▶**法律**：《海岛保护法》第5条。

第二百四十九条 【国家所有土地的范围】 城市的土地，属于国家所有。法律规定属于国家所有的农村和城市郊区的土地，属于国家所有。

关联法规参见

▶**法律**：《宪法》第10条，《土地管理法》第2条、第9条。

▶**行政法规**：《土地管理法实施条例》第2条。

第二百五十条 【国家所有的自然资源的范围】 森林、山岭、草原、荒地、滩涂等自然资源，属于国家所有，但是法律规定属于集体所有的除外。

关联法规参见

▶**法律**：《宪法》第9条，《森林法》第14条，《煤炭法》第3条，《水法》第3条，《草原法》第9条，《海岛保护法》第4条，《矿产资源法》第3条，《海域使用管理法》第3条，《民族区域自治法》第27条。

▶**行政法规**：《森林法实施条例》第2条。

第二百五十一条 【国家所有的野生动植物资源的范围】 法律规定属于国家所有的野生动植物资源，属于国家所有。

关联法规参见

▶**法律**：《野生动物保护法》第2条、第3条，《渔业法》第37条。

▶**行政法规**：《野生植物保护条例》第2条，《陆生野生动物保护实施条例》第2条，《水生野生动物保护实施条例》第2条，《野生药材资源保护管理条例》第4条。

第二百五十二条 【无线电频谱属于国家所有】 无线电频谱资源属于国家所有。

关联法规参见

▶**行政法规**：《无线电管理条例》第4条。

第二百五十三条　【国家所有的文物的范围】法律规定属于国家所有的文物，属于国家所有。

关联法规参见

▶**法律：**《文物保护法》第2条、第5条。

▶**行政法规：**《水下文物保护管理条例》第2条、第3条。

第二百五十四条　【国防资产的国家所有权；基础设施的国家所有权】国防资产属于国家所有。

铁路、公路、电力设施、电信设施和油气管道等基础设施，依照法律规定为国家所有的，属于国家所有。

关联法规参见

▶**法律：**《建筑法》第42条，《电力法》第4条、第52条，《铁路法》第2条，《石油天然气管道保护法》第3条、第58条，《国防法》第40条至第42条。

第二百五十五条　【国家机关的所有权】国家机关对其直接支配的不动产和动产，享有占有、使用以及依照法律和国务院的有关规定处分的权利。

关联法规参见

▶**法律：**《民法典总则编》第58条、第87条、第96条至第98条，《监狱法》第9条，《森林法》第20条，《国防法》第41条、第42条。

第二百五十六条　【事业单位的所有权】国家举办的事业单位对其直接支配的不动产和动产，享有占有、使用以及依照法律和国务院的有关规定收益、处分的权利。

关联法规参见

▶**法律：**《民法典总则编》第87条至第89条，《森林法》第20条，《高等教育法》第38条、第61条、第64条。

▶**行政法规：**《事业单位登记管理暂行条例》第2条、第3条、第6条。

第二百五十七条　【国家出资企业的出资人的确定及其权利义务行使】国家出资的企业，由国务院、地方人民政府依照法律、行政法规规定分别代表国家履行出资人职责，享有出资人权益。

关联法规参见

▶**法律：**《宪法》第16条，《电力法》第7条，《公司法》第2条至第4条、第64条至第70条，《煤炭法》第13条，《商业银行法》第4条，《全民所有制工业企业法》第2条，《企业国有资产法》第2条至第38条。

▶**行政法规：**《企业国有资产监督管理暂行条例》第3条至第28条。

第二百五十八条　【国有财产的保护】国家所有的财产受法律保护，禁止任何组织或者个人侵占、哄抢、私分、截留、破坏。

关联法规参见

▶**法律：**《宪法》第12条，《草原法》第9条。

第二百五十九条　【国有财产管理机构及其人员的义务与职责；违反国有财产管理规定承担的法律责任】履行国有财产管理、监督职责的机构及其工作人员，应当依法加强对国有财产的管理、监督，促进国有财产保值增值，防止国有财产损失；滥用职权，玩忽职守，造成国有财产损失的，应当依法承担法律责任。

违反国有财产管理规定，在企业改制、合并分立、关联交易等过程中，低价转让、合谋私分、擅自担保或者以其他方式造成国有财产损失的，应当依法承担法律责任。

关联法规参见

▶**法律：**《刑法》第167条至第169条，《企业国有资产法》第8条、第10条至第15条。

▶**行政法规：**《企业国有资产监督管理暂行条例》第13条、第15条、第29条至第39条，《企业国有资产产权登记管理办法》第2条至第12条。

第二百六十条　【集体所有的动产和不动产的范围】集体所有的不动产和动产包括：

（一）法律规定属于集体所有的土地和森林、山岭、草原、荒地、滩涂；

（二）集体所有的建筑物、生产设施、农田水利设施；

（三）集体所有的教育、科学、文化、卫生、体育等设施；

（四）集体所有的其他不动产和动产。

关联法规参见

▶**法律**：《宪法》第9条、第10条，《森林法》第14条，《土地管理法》第9条、第11条，《草原法》第9条。

▶**行政法规**：《不动产登记暂行条例》第5条。

第二百六十一条　【农民集体所有的权利性质；集体物权的重大事项由集体决定】农民集体所有的不动产和动产，属于本集体成员集体所有。

下列事项应当依照法定程序经本集体成员决定：

（一）土地承包方案以及将土地发包给本集体以外的组织或者个人承包；

（二）个别土地承包经营权人之间承包地的调整；

（三）土地补偿费等费用的使用、分配办法；

（四）集体出资的企业的所有权变动等事项；

（五）法律规定的其他事项。

关联法规参见

▶**法律**：《宪法》第17条，《土地管理法》第13条、第49条、第63条，《农村土地承包法》第19条、第20条、第28条、第52条，《村民委员会组织法》第24条。

第二百六十二条　【行使集体所有权的主体】对于集体所有的土地和森林、山岭、草原、荒地、滩涂等，依照下列规定行使所有权：

（一）属于村农民集体所有的，由村集体经济组织或者村民委员会依法代表集体行使所有权；

（二）分别属于村内两个以上农民集体所有的，由村内各该集体经济组织或者村民小组依法代表集体行使所有权；

（三）属于乡镇农民集体所有的，由乡镇集体经济组织代表集体行使所有权。

关联法规参见

▶**法律**：《民法典总则编》第96条、第99条至第101条，《土地管理法》第11条，《农村土地承包法》第13条，《村民委员会组织法》第2条、第3条、第5条、第6条、第8条、第11条、第28条。

司法解释适用

《最高人民法院关于审理涉及农村集体土地行政案件若干问题的规定》

第三条 村民委员会或者农村集体经济组织对涉及农村集体土地的行政行为不起诉的，过半数的村民可以以集体经济组织名义提起诉讼。

农村集体经济组织成员全部转为城镇居民后，对涉及农村集体土地的行政行为不服的，过半数的原集体经济组织成员可以提起诉讼。

第二百六十三条 **【城镇集体所有权】** 城镇集体所有的不动产和动产，依照法律、行政法规的规定由本集体享有占有、使用、收益和处分的权利。

关联法规参见

▶**法律**：《宪法》第8条，《民法典总则编》第96条、第100条、第101条，《森林法》第20条。

▶**行政法规**：《城镇集体所有制企业条例》第4条、第6条、第21条。

第二百六十四条 **【集体成员对集体财产状况的知情权和对相关资料的查阅、复制权】** 农村集体经济组织或者村民委员会、村民小组应当依照法律、行政法规以及章程、村规民约向本集体成员公布集体财产的状况。集体成员有权查阅、复制相关资料。

关联法规参见

▶**法律**：《宪法》第17条，《土地管理法》第49条，《农村土地承包法》第20条，《村民委员会组织法》第23条、第24条、第30条至第36条，《农业法》第73条。

第二百六十五条 **【集体财产权受法律保护；受侵害的集体成员的撤销请求权】** 集体所有的财产受法律保护，禁止任何组织或者个人侵占、哄抢、私分、破坏。

农村集体经济组织、村民委员会或者其负责人作出的决定侵害集体成员合法权益的，受侵害的集体成员可以请求人民法院予以撤销。

关联法规参见

▶**法律**：《宪法》第12条、第17条，《农业法》第72条。

司法解释适用

《最高人民法院关于村民小组组长利用职务便利非法占有公共财物行为如何定性问题的批复》

四川省高级人民法院：

你院川高法〔1998〕224号《关于村民小组组长利用职务便利侵吞公共财物如何定性的问题的请示》收悉。经研究，答复如下：

对村民小组组长利用职务上的便利，将村民小组集体财产非法占为己有，数额较大的行为，应当依照刑法第二百七十一条第一款的规定，以职务侵占罪定罪处罚。

此复

第二百六十六条　【私人所有权的范围】私人对其合法的收入、房屋、生活用品、生产工具、原材料等不动产和动产享有所有权。

关联法规参见

▶**法律：**《宪法》第11条至第13条，《民法典总则编》第113条，《森林法》第15条、第20条、《外商投资法》第5条、第6条、第21条，《刑法》第92条，《个人独资企业法》第17条。

权威案例指引

▶**公报案例**

《汪秉诚等六人诉淮安市博物馆返还祖宅的埋藏文物纠纷案》，《最高人民法院公报》2013年第5期

裁判摘要：《中华人民共和国民法通则》第七十九条规定：所有人不明的埋藏物，归国家所有；《中华人民共和国文物保护法》第五条也将中华人民共和国境内地下遗存的文物一般推定为“属于国家所有”。但埋藏或隐藏于公民祖宅且能够基本证明属于其祖产的埋藏物，在无法律明文规定禁止其拥有的情况下，应判定属于公民私人财产。

第二百六十七条　【私人合法财产受法律保护】私人的合法财产受法律保护，禁止任何组织或者个人侵占、哄抢、破坏。

关联法规参见

▶**法律：**《宪法》第13条，《民法典总则编》第113条。

第二百六十八条　【企业出资人的权利】国家、集体和私人依法可以出资设立有限责任公司、股份有限公司或者其他企业。国家、集体和私人所有的不动产或者动产投到企业的，由出资人按照约定或者出资比例享有资产收益、重大决策以及选择经营管理者等权利并履行义务。

关联法规参见

▶**法律**：《公司法》第3条、第4条、第27条，《企业国有资产法》第12条、第14条，《合伙企业法》第21条，《个人独资企业法》第17条，《乡镇企业法》第10条、第11条、第13条、第14条。

▶**行政法规**：《乡村集体所有制企业条例》第6条。

第二百六十九条　【法人所有权】营利法人对其不动产和动产依照法律、行政法规以及章程享有占有、使用、收益和处分的权利。

营利法人以外的法人，对其不动产和动产的权利，适用有关法律、行政法规以及章程的规定。

关联法规参见

▶**法律**：《民法典总则编》第57条至第60条、第74条、第76条、第77条，《公司法》第3条，《企业国有资产法》第16条、第21条，《乡镇企业法》第11条。

▶**行政法规**：《乡村集体所有制企业条例》第24条。

第二百七十条　【社会团体法人、捐助法人所有权】社会团体法人、捐助法人依法所有的不动产和动产，受法律保护。

关联法规参见

▶**法律**：《民法典总则编》第58条、第87条、第90条至第92条，《慈善法》第3条、第8条、第9条、第52条。

▶**行政法规**：《宗教事务条例》第19条至第23条、第49条、第50条，《社会团体登记管理条例》第2条、第3条、第26条、第29条，《基金会管理条例》第2条、第27条。

司法解释适用

《最高人民法院关于产业工会、基层工会是否具备社会团体法人资格和工会经费集中户可否冻结划拨问题的批复》①（法释〔2020〕21号修改）

新《批复》	原《批复》
各省、自治区、直辖市高级人民法院，解放军军事法院：	各省、自治区、直辖市高级人民法院，解放军军事法院：

① 该司法解释名称有修改：原《最高人民法院关于产业工会、基层工会是否具备社团法人资格和工会经费集中户可否冻结划拨问题的批复》名称修改为新《最高人民法院关于产业工会、基层工会是否具备社会团体法人资格和工会经费集中户可否冻结划拨问题的批复》。

新《批复》	原《批复》
山东等省高级人民法院就审判工作中如何认定产业工会、基层工会的社会团体法人资格和对工会财产、经费查封、扣押、冻结、划拨的问题，向我院请示。经研究，批复如下： 一、根据《中华人民共和国工会法》（以下简称工会法）的规定，产业工会社会团体法人资格的取得是由工会法直接规定的，依法不需要办理法人登记。基层工会只要符合《中华人民共和国民法典》、工会法和《中国工会章程》规定的条件，报上一级工会批准成立，即具有社会团体法人资格。人民法院在审理案件中，应当严格按照法律规定的社会团体法人条件，审查基层工会社会团体法人的法律地位。产业工会、具有社会团体法人资格的基层工会与建立工会的营利法人是各自独立的法人主体。企业或企业工会对外发生的经济纠纷，各自承担民事责任。上级工会对基层工会是否具备法律规定的社会团体法人的条件审查不严或不实，应当承担与其过错相应的民事责任。 二、确定产业工会或者基层工会兴办企业的法人资格，原则上以工商登记为准；其上级工会依据有关规定进行审批是必经程序，人民法院不应以此为由冻结、划拨上级工会的经费并替欠债企业清偿债务。产业工会或基层工会投资兴办的具备法人资格的企业，如果投资不足或者抽逃资金的，应当补足投资或者在注册资金不实的范围内承担责任；如果投资全部到位，又无抽逃资金的行为，当企业负债时，应当以企业所有的或者经营管理的财产承担有限责任。 三、根据工会法的规定，工会经费包括工会会员缴纳的会费，建立工会组织的企业事业单位、机关按每月全部职工工资总额的百分之二的比例向工会拨交的经费，以及工会所属的企业、事业单位上缴的收入和	山东等省高级人民法院就审判工作中如何认定产业工会、基层工会的社团法人资格和对工会财产、经费查封、扣押、冻结、划拨的问题，向我院请示。经研究，批复如下： 一、根据《中华人民共和国工会法》（以下简称工会法）的规定，产业工会社团法人资格的取得是由工会法直接规定的，依法不需要办理法人登记。基层工会只要符合《中华人民共和国民法通则》（以下简称民法通则）、工会法和《中国工会章程》规定的条件，报上一级工会批准成立，即具有社团法人资格。人民法院在审理案件中，应当严格按照法律规定的社团法人条件，审查基层工会社团法人的法律地位。产业工会、具有社团法人资格的基层工会与建立工会的企业法人是各自独立的法人主体。企业或企业工会对外发生的经济纠纷，各自承担民事责任。上级工会对基层工会是否具备法律规定的社团法人的条件审查不严或不实，应当承担与其过错相应的民事责任。 二、确定产业工会或者基层工会兴办企业的法人资格，原则上以工商登记为准；其上级工会依据有关规定进行审批是必经程序，人民法院不应以此为由冻结、划拨上级工会的经费并替欠债企业清偿债务。产业工会或基层工会投资兴办的具备法人资格的企业，如果投资不足或者抽逃资金的，应当补足投资或者在注册资金不实的范围内承担责任；如果投资全部到位，又无抽逃资金的行为，当企业负债时，应当以企业所有的或者经营管理的财产承担有限责任。 三、根据工会法的规定，工会经费包括工会会员缴纳的会费，建立工会组织的企业事业单位、机关按每月全部职工工资总额的百分之二的比例向工会拨交的经费，以及工会所属的企业、事业单位上缴的收入和

新《批复》	原《批复》
人民政府的补助等。工会经费要按比例逐月向地方各级总工会和全国总工会拨交。工会的经费一经拨交，所有权随之转移。在银行独立开列的“工会经费集中户”，与企业经营资金无关，专门用于工会经费的集中与分配，不能在此账户开支费用或挪用、转移资金。因此，人民法院在审理案件中，不应将工会经费视为所在企业的财产，在企业欠债的情况下，不应冻结、划拨工会经费及“工会经费集中户”的款项。	人民政府的补助等。工会经费要按比例逐月向地方各级总工会和全国总工会拨交。工会的经费一经拨交，所有权随之转移。在银行独立开列的“工会经费集中户”，与企业经营资金无关，专门用于工会经费的集中与分配，不能在此账户开支费用或挪用、转移资金。因此，人民法院在审理案件中，不应将工会经费视为所在企业的财产，在企业欠债的情况下，不应冻结、划拨工会经费及“工会经费集中户”的款项。

第六章　业主的建筑物区分所有权

第二百七十一条　【业主的建筑物区分所有权】 业主对建筑物内的住宅、经营性用房等专有部分享有所有权，对专有部分以外的共有部分享有共有和共同管理的权利。

关联法规参见

▶ **行政法规：**《物业管理条例》第6条、第27条。

司法解释适用

《最高人民法院关于审理建筑物区分所有权纠纷案件适用法律若干问题的解释》（法释〔2020〕17号修改）

新《建筑物区分所有权司法解释》	原《建筑物区分所有权司法解释》
为正确审理建筑物区分所有权纠纷案件，依法保护当事人的合法权益，根据《中华人民共和国民法典》等法律的规定，结合民事审判实践，制定本解释。	为正确审理建筑物区分所有权纠纷案件，依法保护当事人的合法权益，根据《中华人民共和国物权法》等法律的规定，结合民事审判实践，制定本解释。
第一条　依法登记取得或者依据民法典第二百二十九条至第二百三十一条规定取得建筑物专有部分所有权的人，应当认定为民法典第二编第六章所称的业主。	**第一条**　依法登记取得或者根据物权法第二章第三节规定取得建筑物专有部分所有权的人，应当认定为物权法第六章所称的业主。

新《建筑物区分所有权司法解释》	原《建筑物区分所有权司法解释》
基于与建设单位之间的商品房买卖民事法律行为，已经合法占有建筑物专有部分，但尚未依法办理所有权登记的人，可以认定为民法典第二编第六章所称的业主。	基于与建设单位之间的商品房买卖民事法律行为，已经合法占有建筑物专有部分，但尚未依法办理所有权登记的人，可以认定为物权法第六章所称的业主。
第二条 建筑区划内符合下列条件的房屋，以及车位、摊位等特定空间，应当认定为民法典第二编第六章所称的专有部分： （一）具有构造上的独立性，能够明确区分； （二）具有利用上的独立性，可以排他使用； （三）能够登记成为特定业主所有权的客体。 规划上专属于特定房屋，且建设单位销售时已经根据规划列入该特定房屋买卖合同中的露台等，应当认定为前款所称的专有部分的组成部分。 本条第一款所称房屋，包括整栋建筑物。	**第二条** 建筑区划内符合下列条件的房屋，以及车位、摊位等特定空间，应当认定为物权法第六章所称的专有部分： （一）具有构造上的独立性，能够明确区分； （二）具有利用上的独立性，可以排他使用； （三）能够登记成为特定业主所有权的客体。 规划上专属于特定房屋，且建设单位销售时已经根据规划列入该特定房屋买卖合同中的露台等，应当认定为物权法第六章所称专有部分的组成部分。 本条第一款所称房屋，包括整栋建筑物。
第三条 除法律、行政法规规定的共有部分外，建筑区划内的以下部分，也应当认定为民法典第二编第六章所称的共有部分： （一）建筑物的基础、承重结构、外墙、屋顶等基本结构部分，通道、楼梯、大堂等公共通行部分，消防、公共照明等附属设施、设备，避难层、设备层或者设备间等结构部分； （二）其他不属于业主专有部分，也不属于市政公用部分或者其他权利人所有的场所及设施等。 建筑区划内的土地，依法由业主共同享有建设用地使用权，但属于业主专有的整栋建筑物的规划占地或者城镇公共道路、绿地占地除外。	**第三条** 除法律、行政法规规定的共有部分外，建筑区划内的以下部分，也应当认定为物权法第六章所称的共有部分： （一）建筑物的基础、承重结构、外墙、屋顶等基本结构部分，通道、楼梯、大堂等公共通行部分，消防、公共照明等附属设施、设备，避难层、设备层或者设备间等结构部分； （二）其他不属于业主专有部分，也不属于市政公用部分或者其他权利人所有的场所及设施等。 建筑区划内的土地，依法由业主共同享有建设用地使用权，但属于业主专有的整栋建筑物的规划占地或者城镇公共道路、绿地占地除外。
第十六条（原第十六条） 建筑物区分所有权纠纷涉及专有部分的承租人、借用人等物业使用人的，参照本解释处理。	

新《建筑物区分所有权司法解释》	原《建筑物区分所有权司法解释》
专有部分的承租人、借用人等物业使用人，根据法律、法规、管理规约、业主大会或者业主委员会依法作出的决定，以及其与业主的约定，享有相应权利，承担相应义务。	
第十七条（原第十七条） 本解释所称建设单位，包括包销期满，按照包销合同约定的包销价格购买尚未销售的物业后，以自己名义对外销售的包销人。	
第十八条（原第十八条） 人民法院审理建筑物区分所有权案件中，涉及有关物权归属争议的，应当以法律、行政法规为依据。	
第十九条（原第十九条） 本解释自2009年10月1日起施行。 因物权法施行后实施的行为引起的建筑物区分所有权纠纷案件，适用本解释。 本解释施行前已经终审，本解释施行后当事人申请再审或者按照审判监督程序决定再审的案件，不适用本解释。	

第272条

权威案例指引

▶公报案例

《重庆市豪运房地产开发有限公司诉重庆市九龙坡区西彭帝景豪苑业主委员会车位纠纷案》，《最高人民法院公报》2021年第2期

裁判摘要：小区建设完成之后，随小区内房屋的出售，小区建筑区划内的土地使用权也随同转移至小区业主，小区的共有部分土地使用权归小区业主共有。不能办理产权登记成为特定业主所有权的客体的地上车位，不能成为享有专有权的专有部分，该部分占用业主共有的道路或者其他场地用于停放汽车的车位，属于业主共有。

《孙庆军诉南京市清江花苑小区业主委员会业主知情权纠纷案》，《最高人民法院公报》2015年第12期

裁判摘要：业主作为建筑物区分所有人，享有知情权，享有了解本小区建筑区划内涉及业主共有权及共同管理权等相关事项的权利，业主委员会应全面、合理公开其掌握的情况和资料。对于业主行使知情权亦应加以合理限制，防止滥用权利，其范围应限于涉及业主合法权益的信息，并遵循简便的原则。

第二百七十二条　【业主对专有部分的专有权】业主对其建筑物专有部分享有占有、使用、收益和处分的权利。业主行使权利不得危及建筑物的安全，不得损害其他业主的合法权益。

关联法规参见

▶行政法规：《物业管理条例》第52条。

第
273
条

司法解释适用

《最高人民法院关于审理建筑物区分所有权纠纷案件适用法律若干问题的解释》（法释〔2020〕17号修改）

新《建筑物区分所有权司法解释》	原《建筑物区分所有权司法解释》
第二条 建筑区划内符合下列条件的房屋，以及车位、摊位等特定空间，应当认定为民法典第二编第六章所称的专有部分： （一）具有构造上的独立性，能够明确区分； （二）具有利用上的独立性，可以排他使用； （三）能够登记成为特定业主所有权的客体。 规划上专属于特定房屋，且建设单位销售时已经根据规划列入该特定房屋买卖合同中的露台等，应当认定为前款所称的专有部分的组成部分。 本条第一款所称房屋，包括整栋建筑物。	**第二条** 建筑区划内符合下列条件的房屋，以及车位、摊位等特定空间，应当认定为物权法第六章所称的专有部分： （一）具有构造上的独立性，能够明确区分； （二）具有利用上的独立性，可以排他使用； （三）能够登记成为特定业主所有权的客体。 规划上专属于特定房屋，且建设单位销售时已经根据规划列入该特定房屋买卖合同中的露台等，应当认定为物权法第六章所称专有部分的组成部分。 本条第一款所称房屋，包括整栋建筑物。
第四条（原第四条） 业主基于对住宅、经营性用房等专有部分特定使用功能的合理需要，无偿利用屋顶以及与其专有部分相对应的外墙面等共有部分的，不应认定为侵权。但违反法律、法规、管理规约，损害他人合法权益的除外。	
第十六条（原第十六条） 建筑物区分所有权纠纷涉及专有部分的承租人、借用人等物业使用人的，参照本解释处理。 专有部分的承租人、借用人等物业使用人，根据法律、法规、管理规约、业主大会或者业主委员会依法作出的决定，以及其与业主的约定，享有相应权利，承担相应义务。	

第二百七十三条　【业主对共有部分的共有权及义务；共有权与管理权随同专有权一并转让】业主对建筑物专有部分以外的共有部分，享有权利，承担义务；不得以放弃权利为由不履行义务。

业主转让建筑物内的住宅、经营性用房，其对共有部分享有的共有和共同管理的权利一并转让。

关联法规参见

▶**行政法规：**《物业管理条例》第6条、第7条、第27条、第53条、第54条。

司法解释适用

《最高人民法院关于审理建筑物区分所有权纠纷案件适用法律若干问题的解释》（法释〔2020〕17号修改）

<table>
<tr><th>新《建筑物区分所有权司法解释》</th><th>原《建筑物区分所有权司法解释》</th></tr>
<tr><td>第三条 除法律、行政法规规定的共有部分外，建筑区划内的以下部分，也应当认定为民法典第二编第六章所称的共有部分：
（一）建筑物的基础、承重结构、外墙、屋顶等基本结构部分，通道、楼梯、大堂等公共通行部分，消防、公共照明等附属设施、设备，避难层、设备层或者设备间等结构部分；
（二）其他不属于业主专有部分，也不属于市政公用部分或者其他权利人所有的场所及设施等。
建筑区划内的土地，依法由业主共同享有建设用地使用权，但属于业主专有的整栋建筑物的规划占地或者城镇公共道路、绿地占地除外。</td><td>第三条 除法律、行政法规规定的共有部分外，建筑区划内的以下部分，也应当认定为物权法第六章所称的共有部分：
（一）建筑物的基础、承重结构、外墙、屋顶等基本结构部分，通道、楼梯、大堂等公共通行部分，消防、公共照明等附属设施、设备，避难层、设备层或者设备间等结构部分；
（二）其他不属于业主专有部分，也不属于市政公用部分或者其他权利人所有的场所及设施等。
建筑区划内的土地，依法由业主共同享有建设用地使用权，但属于业主专有的整栋建筑物的规划占地或者城镇公共道路、绿地占地除外。</td></tr>
<tr><td colspan="2">第四条（原第四条） 业主基于对住宅、经营性用房等专有部分特定使用功能的合理需要，无偿利用屋顶以及与其专有部分相对应的外墙面等共有部分的，不应认定为侵权。但违反法律、法规、管理规约，损害他人合法权益的除外。</td></tr>
<tr><td>第十四条 建设单位、物业服务企业或者其他管理人等擅自占用、处分业主共有部分、改变其使用功能或者进行经营性活动，权利人请求排除妨害、恢复原状、确认处分行为无效或者赔偿损失的，人民法院应予支持。
属于前款所称擅自进行经营性活动的情形，权利人请求建设单位、物业服务企业或者其他管理人等将扣除合理成本之后的收益用于补充专项维修资金或者业主共同决定的其他用途的，人民法院应予支持。行为人对成本的支出及其合理性承担举证责任。</td><td>第十四条 建设单位或者其他行为人擅自占用、处分业主共有部分、改变其使用功能或者进行经营性活动，权利人请求排除妨害、恢复原状、确认处分行为无效或者赔偿损失的，人民法院应予支持。
属于前款所称擅自进行经营性活动的情形，权利人请求行为人将扣除合理成本之后的收益用于补充专项维修资金或者业主共同决定的其他用途的，人民法院应予支持。行为人对成本的支出及其合理性承担举证责任。</td></tr>
</table>

权威案例指引

▶公报案例

《徐州西苑艺君花园（一期）业主委员会诉徐州中川房地产开发有限公司物业管理用房所有权确认纠纷案》，《最高人民法院公报》2014年第6期

裁判摘要：业主委员会依照《中华人民共和国物权法》第七十五条第一款规定成立，具有一定目的、名称、组织机构与场所，管理相应财产，是《中华人民共和国民事诉讼法》第四十九条第一款规定的“其他组织”。业主委员会依据业主共同或业主大会决议，在授权范围内，以业主委员会名义从事法律行为，具备诉讼主体资格。

物业管理用房依规划定点建造，为区分所有权建筑物管理人进行管理维护业务必须的场所，依照《中华人民共和国物权法》第七十二条第一款的规定，为业主共有。在建筑物竣工验收交付后，物业管理用房的分割、转移、调整或重新配置，应当由业主共同或业主大会决定。

第二百七十四条　【建筑区划内的道路、绿地等场所和设施属于业主共有财产】建筑区划内的道路，属于业主共有，但是属于城镇公共道路的除外。建筑区划内的绿地，属于业主共有，但是属于城镇公共绿地或者明示属于个人的除外。建筑区划内的其他公共场所、公用设施和物业服务用房，属于业主共有。

关联法规参见

▶行政法规：《物业管理条例》第37条、第38条。

司法解释适用

《最高人民法院关于审理建筑物区分所有权纠纷案件适用法律若干问题的解释》（法释〔2020〕17号修改）

新《建筑物区分所有权司法解释》	原《建筑物区分所有权司法解释》
第三条　除法律、行政法规规定的共有部分外，建筑区划内的以下部分，也应当认定为民法典第二编第六章所称的共有部分： （一）建筑物的基础、承重结构、外墙、屋顶等基本结构部分，通道、楼梯、大堂等公共通行部分，消防、公共照明等附属设施、设备，避难层、设备层或者设备间等结构部分；	**第三条**　除法律、行政法规规定的共有部分外，建筑区划内的以下部分，也应当认定为物权法第六章所称的共有部分： （一）建筑物的基础、承重结构、外墙、屋顶等基本结构部分，通道、楼梯、大堂等公共通行部分，消防、公共照明等附属设施、设备，避难层、设备层或者设备间等结构部分；

新《建筑物区分所有权司法解释》	原《建筑物区分所有权司法解释》
（二）其他不属于业主专有部分，也不属于市政公用部分或者其他权利人所有的场所及设施等。 建筑区划内的土地，依法由业主共同享有建设用地使用权，但属于业主专有的整栋建筑物的规划占地或者城镇公共道路、绿地占地除外。	（二）其他不属于业主专有部分，也不属于市政公用部分或者其他权利人所有的场所及设施等。 建筑区划内的土地，依法由业主共同享有建设用地使用权，但属于业主专有的整栋建筑物的规划占地或者城镇公共道路、绿地占地除外。

权威案例指引

▶公报案例

《长城宽带网络服务有限公司江苏分公司诉中国铁通集团有限公司南京分公司恢复原状纠纷案》，《最高人民法院公报》2019 年第 12 期

裁判摘要：小区内的通信管道在小区交付后属于全体业主共有。通信运营公司与小区房地产开发公司签订的小区内通信管线等通信设施由通信运营公司享有专有使用权的条款，侵犯了业主的共有权，侵犯了业主选择电信服务的自由选择权，应属无效。

《宜兴市新街街道海德名园业主委员会诉宜兴市恒兴置业有限公司、南京紫竹物业管理股份有限公司宜兴分公司物权确认纠纷、财产损害赔偿纠纷案》，《最高人民法院公报》2018 年第 11 期

裁判摘要：开发商与小区业主对开发商在小区内建造的房屋发生权属争议时，应由开发商承担举证责任。如开发商无充分证据证明该房屋系其所有，且其已将该房屋建设成本分摊到出售给业主的商品房中，则该房屋应当属于小区全体业主所有。开发商在没有明确取得业主同意的情况下，自行占有使用该房屋，不能视为业主默示同意由开发商无偿使用，应认定开发商构成侵权。业主参照自该房屋应当移交时起的使用费向开发商主张赔偿责任的，人民法院应予支持。

《青岛中南物业管理有限公司南京分公司诉徐献太、陆素侠物业管理合同纠纷案》，《最高人民法院公报》2007 年第 9 期

裁判摘要：一、业主与所在小区的物业管理公司签订物业管理服务协议后，即与物业管理公司之间建立了物业管理服务合同关系。物业管理公司作为提供物业管理服务的合同一方当事人，有义务依约进行物业管理，要求业主遵守业主公约及小区物业管理规定，有权对于违反业主公约及物业管理规定的行为加以纠正，以维护小区正常的物业管理秩序，维护小区全体业主的共同利益。当业主不按照整改要求纠正违反业主公约和物业管理规定的行为时，物业管理公司作为合同一方当事人，有权依法提起诉讼。

二、对于与业主所购房屋毗邻庭院绿地的权属问题，不能仅仅依据房地产开发商的售楼人员曾向业主口头承诺“买一楼房屋送花园”，以及该庭院绿地实际为业主占有、使用的事实，即认定业主对该庭院绿地享有独占使用权。该庭院绿地作为不动产，其使用权的归属必

须根据房屋买卖双方正式签订的商品房买卖协议及物权登记情况加以确定。

三、业主不得违反业主公约及物业管理规定，基于个人利益擅自破坏、改造与其房屋毗邻的庭院绿地。即使业主对于该庭院绿地具有独占使用权，如果该庭院绿地属于小区绿地的组成部分，业主在使用该庭院绿地时亦应遵守业主公约、物业管理规定关于小区绿地的管理规定，不得擅自破坏该庭院绿地，损害小区其他业主的合法权益。

第二百七十五条　【建筑区划内车位、车库的归属规则】建筑区划内，规划用于停放汽车的车位、车库的归属，由当事人通过出售、附赠或者出租等方式约定。

占用业主共有的道路或者其他场地用于停放汽车的车位，属于业主共有。

司法解释适用

《最高人民法院关于审理建筑物区分所有权纠纷案件适用法律若干问题的解释》（法释〔2020〕17号修改）

新《建筑物区分所有权司法解释》	原《建筑物区分所有权司法解释》
第五条　建设单位按照配置比例将车位、车库，以出售、附赠或者出租等方式处分给业主的，应当认定其行为符合民法典第二百七十六条有关“应当首先满足业主的需要”的规定。 前款所称配置比例是指规划确定的建筑区划内规划用于停放汽车的车位、车库与房屋套数的比例。	**第五条**　建设单位按照配置比例将车位、车库，以出售、附赠或者出租等方式处分给业主的，应当认定其行为符合物权法第七十四条第一款有关“应当首先满足业主的需要”的规定。 前款所称配置比例是指规划确定的建筑区划内规划用于停放汽车的车位、车库与房屋套数的比例。
第六条　建筑区划内在规划用于停放汽车的车位之外，占用业主共有道路或者其他场地增设的车位，应当认定为民法典第二百七十五条第二款所称的车位。	**第六条**　建筑区划内在规划用于停放汽车的车位之外，占用业主共有道路或者其他场地增设的车位，应当认定为物权法第七十四条第三款所称的车位。

第二百七十六条　【建筑区划内车位、车库优先满足业主需求】建筑区划内，规划用于停放汽车的车位、车库应当首先满足业主的需要。

司法解释适用

《最高人民法院关于审理建筑物区分所有权纠纷案件适用法律若干问题的解释》（法释〔2020〕17号修改）

新《建筑物区分所有权司法解释》	原《建筑物区分所有权司法解释》
第五条　建设单位按照配置比例将车位、车库，以出售、附赠或者出租等方式处分给业主的，应当认定其行为符合民法典第二百七十六条有关“应当首先满足业主的需要”的规定。 前款所称配置比例是指规划确定的建筑区划内规划用于停放汽车的车位、车库与房屋套数的比例。	**第五条**　建设单位按照配置比例将车位、车库，以出售、附赠或者出租等方式处分给业主的，应当认定其行为符合物权法第七十四条第一款有关“应当首先满足业主的需要”的规定。 前款所称配置比例是指规划确定的建筑区划内规划用于停放汽车的车位、车库与房屋套数的比例。
第六条　建筑区划内在规划用于停放汽车的车位之外，占用业主共有道路或者其他场地增设的车位，应当认定为民法典第二百七十五条第二款所称的车位。	**第六条**　建筑区划内在规划用于停放汽车的车位之外，占用业主共有道路或者其他场地增设的车位，应当认定为物权法第七十四条第三款所称的车位。

第二百七十七条　【业主大会和业主委员会的成立】业主可以设立业主大会，选举业主委员会。业主大会、业主委员会成立的具体条件和程序，依照法律、法规的规定。

地方人民政府有关部门、居民委员会应当对设立业主大会和选举业主委员会给予指导和协助。

关联法规参见

▶**行政法规**：《物业管理条例》第6条至第20条。

司法解释适用

《最高人民法院关于春雨花园业主委员会是否具有民事诉讼主体资格的复函》

安徽省高级人民法院：

你院〔2004〕皖民一他字第34号《关于春雨花园业主委员会是否具有民事诉讼主体资格的请示》收悉。经研究，答复如下：

根据《物业管理条例》规定，业主委员会是业主大会的执行机构，根据业主大会的授权对外代表业主进行民事活动，所产生的法律后果由全体业主承担。业主委员会与他人发生民事争议的，可以作为被告参加诉讼。

《最高人民法院关于金湖新村业主委员会是否具备民事诉讼主体资格请示一案的复函》

安徽省高级人民法院：

你院〔2002〕皖民一终字第112号《关于金湖新村业主委员会是否具备民事诉讼主体资格的请示报告》收悉。经研究，答复如下：

根据《中华人民共和国民事诉讼法》第四十九条、最高人民法院《关于适用〈中华人民共和国民事诉讼法〉若干问题的意见》第四十条的规定，金湖新村业主委员会符合“其他组织”条件，对房地产开发单位未向业主委员会移交住宅区规划图等资料、未提供配套公用设施、公用设施专项费、公共部位维护费及物业管理用房、商业用房的，可以自己名义提起诉讼。

第二百七十八条　【由业主共同决定的事项以及表决规则】 下列事项由业主共同决定：

（一）制定和修改业主大会议事规则；

（二）制定和修改管理规约；

（三）选举业主委员会或者更换业主委员会成员；

（四）选聘和解聘物业服务企业或者其他管理人；

（五）使用建筑物及其附属设施的维修资金；

（六）筹集建筑物及其附属设施的维修资金；

（七）改建、重建建筑物及其附属设施；

（八）改变共有部分的用途或者利用共有部分从事经营活动；

（九）有关共有和共同管理权利的其他重大事项。

业主共同决定事项，应当由专有部分面积占比三分之二以上的业主且人数占比三分之二以上的业主参与表决。决定前款第六项至第八项规定的事项，应当经参与表决专有部分面积四分之三以上的业主且参与表决人数四分之三以上的业主同意。决定前款其他事项，应当经参与表决专有部分面积过半数的业主且参与表决人数过半数的业主同意。

关联法规参见

▶**行政法规：**《物业管理条例》第11条至第14条。

司法解释适用

《最高人民法院关于审理物业服务纠纷案件适用法律若干问题的解释》[①]（法释〔2020〕17号修改）

<table>
<tr><th>新《物业服务纠纷司法解释》</th><th>原《物业服务纠纷司法解释》</th></tr>
<tr><td colspan="2">删除条文

~~第八条　业主大会按照物权法第七十六条规定的程序作出解聘物业服务企业的决定后，业主委员会请求解除物业服务合同的，人民法院应予支持。~~
~~物业服务企业向业主委员会提出物业费主张的，人民法院应当告知其向拖欠物业费的业主另行主张权利。~~</td></tr>
<tr><td>第三条　物业服务合同的权利义务终止后，业主请求物业服务人退还已经预收，但尚未提供物业服务期间的物业费的，人民法院应予支持。</td><td>第九条　物业服务合同的权利义务终止后，业主请求物业服务企业退还已经预收，但尚未提供物业服务期间的物业费的，人民法院应予支持。
~~物业服务企业请求业主支付拖欠的物业费的，按照本解释第六条规定处理。~~</td></tr>
<tr><td colspan="2">删除条文

~~第十条　物业服务合同的权利义务终止后，业主委员会请求物业服务企业退出物业服务区域、移交物业服务用房和相关设施，以及物业服务所必需的相关资料和由其代管的专项维修资金的，人民法院应予支持。~~
~~物业服务企业拒绝退出、移交，并以存在事实上的物业服务关系为由，请求业主支付物业服务合同权利义务终止后的物业费的，人民法院不予支持。~~</td></tr>
</table>

《最高人民法院关于审理建筑物区分所有权纠纷案件适用法律若干问题的解释》（法释〔2020〕17号修改）

新《建筑物区分所有权司法解释》	原《建筑物区分所有权司法解释》
第七条　处分共有部分，以及业主大会依法决定或者管理规约依法确定应由业主共同决定的事项，应当认定为民法典第二百七十八条第一款第（九）项规定的有关共有和共同管理权利的“其他重大事项”。	**第七条**　~~改变共有部分的用途、利用共有部分从事经营性活动、~~处分共有部分，以及业主大会依法决定或者管理规约依法确定应由业主共同决定的事项，应当认定为物权法第七十六条第一款第（七）项规定的有关共有和共同管理权利的“其他重大事项”。

① 该司法解释名称有修改：原《最高人民法院关于审理物业服务纠纷案件具体应用法律若干问题的解释》名称修改为新《最高人民法院关于审理物业服务纠纷案件适用法律若干问题的解释》，下同。

新《建筑物区分所有权司法解释》	原《建筑物区分所有权司法解释》
第八条 民法典第二百七十八条第二款和第二百八十三条规定的专有部分面积可以按照不动产登记簿记载的面积计算；尚未进行物权登记的，暂按测绘机构的实测面积计算；尚未进行实测的，暂按房屋买卖合同记载的面积计算。	**第八条** 物权法第七十六条第二款和第八十条规定的专有部分面积和建筑物总面积，可以按照下列方法认定： （一）专有部分面积，按照不动产登记簿记载的面积计算；尚未进行物权登记的，暂按测绘机构的实测面积计算；尚未进行实测的，暂按房屋买卖合同记载的面积计算； （二）建筑物总面积，按照前项的统计总和计算。
第九条 民法典第二百七十八条第二款规定的业主人数可以按照专有部分的数量计算，一个专有部分按一人计算。但建设单位尚未出售和虽已出售但尚未交付的部分，以及同一买受人拥有一个以上专有部分的，按一人计算。	**第九条** 物权法第七十六条第二款规定的业主人数和总人数，可以按照下列方法认定： （一）业主人数，按照专有部分的数量计算，一个专有部分按一人计算。但建设单位尚未出售和虽已出售但尚未交付的部分，以及同一买受人拥有一个以上专有部分的，按一人计算； （二）总人数，按照前项的统计总和计算。

第二百七十九条　【业主将住宅转变为经营性用房应当遵循的规则】 业主不得违反法律、法规以及管理规约，将住宅改变为经营性用房。业主将住宅改变为经营性用房的，除遵守法律、法规以及管理规约外，应当经有利害关系的业主一致同意。

关联法规参见

▶**行政法规：**《物业管理条例》第49条、第58条。

司法解释适用

《最高人民法院关于审理建筑物区分所有权纠纷案件适用法律若干问题的解释》（法释〔2020〕17号修改）

新《建筑物区分所有权司法解释》	原《建筑物区分所有权司法解释》
第十条 业主将住宅改变为经营性用房，未依据民法典第二百七十九条的规定经有利害关系的业主一致同意，有利害关系的业主请求排除妨害、消除危险、恢复原	**第十条** 业主将住宅改变为经营性用房，未按照物权法第七十七条的规定经有利害关系的业主同意，有利害关系的业主请求排除妨害、消除危险、恢复原状或者赔

新《建筑物区分所有权司法解释》	原《建筑物区分所有权司法解释》
状或者赔偿损失的，人民法院应予支持。 将住宅改变为经营性用房的业主以多数有利害关系的业主同意其行为进行抗辩的，人民法院不予支持。	偿损失的，人民法院应予支持。 将住宅改变为经营性用房的业主以多数有利害关系的业主同意其行为进行抗辩的，人民法院不予支持。
第十一条 业主将住宅改变为经营性用房，本栋建筑物内的其他业主，应当认定为民法典第二百七十九条所称“有利害关系的业主”。建筑区划内，本栋建筑物之外的业主，主张与自己有利害关系的，应证明其房屋价值、生活质量受到或者可能受到不利影响。	**第十一条** 业主将住宅改变为经营性用房，本栋建筑物内的其他业主，应当认定为物权法第七十七条所称“有利害关系的业主”。建筑区划内，本栋建筑物之外的业主，主张与自己有利害关系的，应证明其房屋价值、生活质量受到或者可能受到不利影响。
第十四条 建设单位、物业服务企业或者其他管理人等擅自占用、处分业主共有部分、改变其使用功能或者进行经营性活动，权利人请求排除妨害、恢复原状、确认处分行为无效或者赔偿损失的，人民法院应予支持。 属于前款所称擅自进行经营性活动的情形，权利人请求建设单位、物业服务企业或者其他管理人等将扣除合理成本之后的收益用于补充专项维修资金或者业主共同决定的其他用途的，人民法院应予支持。行为人对成本的支出及其合理性承担举证责任。	**第十四条** 建设单位或者其他行为人擅自占用、处分业主共有部分、改变其使用功能或者进行经营性活动，权利人请求排除妨害、恢复原状、确认处分行为无效或者赔偿损失的，人民法院应予支持。 属于前款所称擅自进行经营性活动的情形，权利人请求行为人将扣除合理成本之后的收益用于补充专项维修资金或者业主共同决定的其他用途的，人民法院应予支持。行为人对成本的支出及其合理性承担举证责任。

权威案例指引

▶公报案例

《张一诉郑中伟、中国联合网络通信有限公司武汉市分公司建筑物区分所有权纠纷案》，《最高人民法院公报》2014年第11期

裁判摘要：在审理建筑物区分所有权案件时，即使业主对房屋的使用没有给其他区分所有权人造成噪音、污水、异味等影响，只要房屋的用途发生改变，由专供个人、家庭日常生活居住使用改变为用于商业、工业、旅游、办公等经营性活动，即可认定该行为影响了业主的安宁生活，属于将住宅改变为经营性用房，应依照《物权法》第七十七条关于业主改变住宅用途的规定处理。

房屋使用人将住宅改变为经营性用房的，应承担与业主相同的法定义务，除遵守法律、法规和管理规约外，还应当经有利害关系的业主同意。

第二百八十条　【业主大会和业主委员会决定的法律效力；受侵害业主的撤销请求权】 业主大会或者业主委员会的决定，对业主具有法律约束力。

业主大会或者业主委员会作出的决定侵害业主合法权益的，受侵害的业主可以请求人民法院予以撤销。

关联法规参见

▶**行政法规：**《物业管理条例》第12条、第19条。

司法解释适用

《最高人民法院关于审理物业服务纠纷案件适用法律若干问题的解释》（法释〔2020〕17号修改）

新《物业服务纠纷司法解释》	原《物业服务纠纷司法解释》
删除条文 ~~**第一条**　建设单位依法与物业服务企业签订的前期物业服务合同，以及业主委员会与业主大会依法选聘的物业服务企业签订的物业服务合同，对业主具有约束力。业主以其并非合同当事人为由提出抗辩的，人民法院不予支持。~~	

《最高人民法院关于审理建筑物区分所有权纠纷案件适用法律若干问题的解释》（法释〔2020〕17号修改）

新《建筑物区分所有权司法解释》	原《建筑物区分所有权司法解释》
第十二条　业主以业主大会或者业主委员会作出的决定侵害其合法权益或者违反了法律规定的程序为由，依据民法典第二百八十条第二款的规定请求人民法院撤销该决定的，应当在知道或者应当知道业主大会或者业主委员会作出决定之日起一年内行使。	**第十二条**　业主以业主大会或者业主委员会作出的决定侵害其合法权益或者违反了法律规定的程序为由，依据物权法第七十八条第二款的规定请求人民法院撤销该决定的，应当在知道或者应当知道业主大会或者业主委员会作出决定之日起一年内行使。

第二百八十一条　【建筑物及其附属设施的维修基金的所有权和筹集、使用规则】 建筑物及其附属设施的维修资金，属于业主共有。经业主共同决定，可以用于电梯、屋顶、外墙、无障碍设施等共有部分的维修、更新和改造。建筑物及其附属设施的维修资金的筹集、使用情况应当定期公布。

紧急情况下需要维修建筑物及其附属设施的，业主大会或者业主委员会可以依法申请使用建筑物及其附属设施的维修资金。

关联法规参见

▶**行政法规：**《物业管理条例》第 53 条、第 54 条、第 60 条。

司法解释适用

《最高人民法院关于审理建筑物区分所有权纠纷案件适用法律若干问题的解释》（法释〔2020〕17 号修改）

新《建筑物区分所有权司法解释》	原《建筑物区分所有权司法解释》
第十三条（原第十三条）　业主请求公布、查阅下列应当向业主公开的情况和资料的，人民法院应予支持： （一）建筑物及其附属设施的维修资金的筹集、使用情况； （二）管理规约、业主大会议事规则，以及业主大会或者业主委员会的决定及会议记录； （三）物业服务合同、共有部分的使用和收益情况； （四）建筑区划内规划用于停放汽车的车位、车库的处分情况； （五）其他应当向业主公开的情况和资料。	

权威案例指引

▶**公报案例**

《夏浩鹏等人诉上海市闸北区精文城市家园小区业主委员会业主知情权纠纷案》，《最高人民法院公报》2011 年第 10 期

裁判摘要：业主知情权是指业主了解建筑区划内涉及业主共有权以及共同管理权相关事项的权利。根据最高人民法院《关于审理建筑物区分所有权纠纷案件具体应用法律若干问题的解释》第十三条的规定，业主请求公布、查阅建筑物及其附属设施的维修基金使用、业委会的决定及会议记录、共有部分的收益、物业服务合同等情况和资料的，人民法院应予支持。司法解释对于业主知情权的范围作出了明确的规定，业主以合理的方式行使知情权，应当受到法律保护。

第二百八十二条　【业主共有部分收益的归属】建设单位、物业服务企业或者其他管理人等利用业主的共有部分产生的收入，在扣除合理成本之后，属于业主共有。

关联法规参见

▶**行政法规：**《物业管理条例》第 54 条。

权威案例指引

▶**公报案例**

《无锡市春江花园业主委员会诉上海陆家嘴物业管理有限公司等物业管理纠纷案》，《最高人民法院公报》2010 年第 5 期

裁判摘要：根据《中华人民共和国物权法》第七十二条的规定，业主对建筑物专有部分

以外的共有部分，享有权利，承担义务。共有部分在物业服务企业物业管理（包括前期物业管理）期间所产生的收益，在没有特别约定的情况下，应属全体业主所有，并主要用于补充小区的专项维修资金。物业服务企业对共有部分进行经营管理的，可以享有一定比例的收益。

第二百八十三条　【建筑物及其附属设施的费用分摊和收益分配确定规则】 建筑物及其附属设施的费用分摊、收益分配等事项，有约定的，按照约定；没有约定或者约定不明确的，按照业主专有部分面积所占比例确定。

关联法规参见

▶**行政法规：**《物业管理条例》第21条至第23条、第25条、第26条、第54条、第55条。

司法解释适用

《最高人民法院关于审理建筑物区分所有权纠纷案件适用法律若干问题的解释》（法释〔2020〕17号修改）

新《建筑物区分所有权司法解释》	原《建筑物区分所有权司法解释》
第八条　民法典第二百七十八条第二款和第二百八十三条规定的专有部分面积可以按照不动产登记簿记载的面积计算；尚未进行物权登记的，暂按测绘机构的实测面积计算；尚未进行实测的，暂按房屋买卖合同记载的面积计算。	**第八条**　物权法第七十六条第二款和第八十条规定的专有部分面积~~和建筑物总面积~~，可以按照~~下列方法认定：~~ ~~（一）专有部分面积，按照~~不动产登记簿记载的面积计算；尚未进行物权登记的，暂按测绘机构的实测面积计算；尚未进行实测的，暂按房屋买卖合同记载的面积计算； ~~（二）建筑物总面积，按照前项的统计总和计算~~。
第九条　民法典第二百七十八条第二款规定的业主人数可以按照专有部分的数量计算，一个专有部分按一人计算。但建设单位尚未出售和虽已出售但尚未交付的部分，以及同一买受人拥有一个以上专有部分的，按一人计算。	**第九条**　物权法第七十六条第二款规定的业主人数~~和总人数~~，可以按照~~下列方法认定：~~ ~~（一）业主人数，按照~~专有部分的数量计算，一个专有部分按一人计算。但建设单位尚未出售和虽已出售但尚未交付的部分，以及同一买受人拥有一个以上专有部分的，按一人计算； ~~（二）总人数，按照前项的统计总和计算~~。

第二百八十四条　【业主对建筑物及其附属设施的管理权及行使规则】业主可以自行管理建筑物及其附属设施，也可以委托物业服务企业或者其他管理人管理。

对建设单位聘请的物业服务企业或者其他管理人，业主有权依法更换。

关联法规参见

▶**行政法规**：《物业管理条例》第21条至第48条。

司法解释适用

《最高人民法院关于审理物业服务纠纷案件适用法律若干问题的解释》（法释〔2020〕17号修改）

<table>
<tr><th>新《物业服务纠纷司法解释》</th><th>原《物业服务纠纷司法解释》</th></tr>
<tr><td colspan="2">删除条文

~~**第一条**　建设单位依法与物业服务企业签订的前期物业服务合同，以及业主委员会与业主大会依法选聘的物业服务企业签订的物业服务合同，对业主具有约束力。业主以其并非合同当事人为由提出抗辩的，人民法院不予支持。~~
~~**第二条**　符合下列情形之一，业主委员会或者业主请求确认合同或者合同相关条款无效的，人民法院应予支持：~~
~~（一）物业服务企业将物业服务区域内的全部物业服务业务一并委托他人而签订的委托合同；~~
~~（二）物业服务合同中免除物业服务企业责任、加重业主委员会或者业主责任、排除业主委员会或者业主主要权利的条款。~~
~~前款所称物业服务合同包括前期物业服务合同。~~</td></tr>
</table>

第二百八十五条　【物业服务企业或其他管理人的管理义务与配合行政执法的义务】物业服务企业或者其他管理人根据业主的委托，依照本法第三编有关物业服务合同的规定管理建筑区划内的建筑物及其附属设施，接受业主的监督，并及时答复业主对物业服务情况提出的询问。

物业服务企业或者其他管理人应当执行政府依法实施的应急处置措施和其他管理措施，积极配合开展相关工作。

关联法规参见

▶**法律**：《民法典合同编》第937条至第950条。

▶**行政法规**：《物业管理条例》第34条、第35条、第49条至第52条、第55条。

司法解释适用

《最高人民法院关于审理物业服务纠纷案件适用法律若干问题的解释》（法释〔2020〕17号修改）

<table>
<tr><th>新《物业服务纠纷司法解释》</th><th>原《物业服务纠纷司法解释》</th></tr>
<tr><td>为正确审理物业服务纠纷案件，依法保护当事人的合法权益，根据《中华人民共和国民法典》等法律规定，结合民事审判实践，制定本解释。</td><td>为正确审理物业服务纠纷案件，依法保护当事人的合法权益，根据《中华人民共和国民法通则》、《中华人民共和国物权法》、《中华人民共和国合同法》等法律规定，结合民事审判实践，制定本解释。</td></tr>
<tr><td colspan="2">删除条文

~~第一条　建设单位依法与物业服务企业签订的前期物业服务合同，以及业主委员会与业主大会依法选聘的物业服务企业签订的物业服务合同，对业主具有约束力。业主以其并非合同当事人为由提出抗辩的，人民法院不予支持。~~
~~第二条　符合下列情形之一，业主委员会或者业主请求确认合同或者合同相关条款无效的，人民法院应予支持：~~
~~（一）物业服务企业将物业服务区域内的全部物业服务业务一并委托他人而签订的委托合同；~~
~~（二）物业服务合同中免除物业服务企业责任、加重业主委员会或者业主责任、排除业主委员会或者业主主要权利的条款。~~
~~前款所称物业服务合同包括前期物业服务合同。~~
~~第三条　物业服务企业不履行或者不完全履行物业服务合同约定的或者法律、法规规定以及相关行业规范确定的维修、养护、管理和维护义务，业主请求物业服务企业承担继续履行、采取补救措施或者赔偿损失等违约责任的，人民法院应予支持。~~
~~物业服务企业公开作出的服务承诺及制定的服务细则，应当认定为物业服务合同的组成部分。~~</td></tr>
<tr><td>第一条　业主违反物业服务合同或者法律、法规、管理规约，实施妨碍物业服务与管理的行为，物业服务人请求业主承担停止侵害、排除妨碍、恢复原状等相应民事责任的，人民法院应予支持。</td><td>第四条　业主违反物业服务合同或者法律、法规、管理规约，实施妨害物业服务与管理的行为，物业服务企业请求业主承担恢复原状、停止侵害、排除妨害等相应民事责任的，人民法院应予支持。</td></tr>
<tr><td>第二条　物业服务人违反物业服务合同约定或者法律、法规、部门规章规定，擅自扩大收费范围、提高收费标准或者重复收费，业主以违规收费为由提出抗辩的，人民法院应予支持。
业主请求物业服务人退还其已经收取的违规费用的，人民法院应予支持。</td><td>第五条　物业服务企业违反物业服务合同约定或者法律、法规、部门规章规定，擅自扩大收费范围、提高收费标准或者重复收费，业主以违规收费为由提出抗辩的，人民法院应予支持。
业主请求物业服务企业退还其已收取的违规费用的，人民法院应予支持。</td></tr>
</table>

<table>
<tr><th>新《物业服务纠纷司法解释》</th><th>原《物业服务纠纷司法解释》</th></tr>
<tr><td colspan="2">删除条文

~~**第六条**　经书面催交，业主无正当理由拒绝交纳或者在催告的合理期限内仍未交纳物业费，物业服务企业请求业主支付物业费的，人民法院应予支持。物业服务企业已经按照合同约定以及相关规定提供服务，业主仅以未享受或者无需接受相关物业服务为抗辩理由的，人民法院不予支持。~~
~~**第七条**　业主与物业的承租人、借用人或者其他物业使用人约定由物业使用人交纳物业费，物业服务企业请求业主承担连带责任的，人民法院应予支持。~~
~~**第八条**　业主大会按照物权法第七十六条规定的程序作出解聘物业服务企业的决定后，业主委员会请求解除物业服务合同的，人民法院应予支持。~~
~~物业服务企业向业主委员会提出物业费主张的，人民法院应当告知其向拖欠物业费的业主另行主张权利。~~</td></tr>
<tr><td>**第三条**　物业服务合同的权利义务终止后，业主请求物业服务人退还已经预收，但尚未提供物业服务期间的物业费的，人民法院应予支持。</td><td>**第九条**　物业服务合同的权利义务终止后，业主请求物业服务企业退还已经预收，但尚未提供物业服务期间的物业费的，人民法院应予支持。
~~物业服务企业请求业主支付拖欠的物业费的，按照本解释第六条规定处理。~~</td></tr>
<tr><td colspan="2">删除条文

~~**第十条**　物业服务合同的权利义务终止后，业主委员会请求物业服务企业退出物业服务区域、移交物业服务用房和相关设施，以及物业服务所必需的相关资料和由其代管的专项维修资金的，人民法院应予支持。~~
~~物业服务企业拒绝退出、移交，并以存在事实上的物业服务关系为由，请求业主支付物业服务合同权利义务终止后的物业费的，人民法院不予支持。~~
~~**第十一条**　本解释涉及物业服务企业的规定，适用于物权法第七十六条第八十一条、第八十二条所称其他管理人。~~</td></tr>
<tr><td>**第四条**　因物业的承租人、借用人或者其他物业使用人实施违反物业服务合同，以及法律、法规或者管理规约的行为引起的物业服务纠纷，人民法院可以参照关于业主的规定处理。</td><td>**第十二条**　因物业的承租人、借用人或者其他物业使用人实施违反物业服务合同，以及法律、法规或者管理规约的行为引起的物业服务纠纷，人民法院应当参照本解释关于业主的规定处理。</td></tr>
<tr><td colspan="2">**第五条（原第十三条）**　本解释自2009年10月1日起施行。
本解释施行前已经终审，本解释施行后当事人申请再审或者按照审判监督程序决定再审的案件，不适用本解释。</td></tr>
</table>

《最高人民法院关于审理建筑物区分所有权纠纷案件适用法律若干问题的解释》（法释〔2020〕17 号修改）

新《建筑物区分所有权司法解释》	原《建筑物区分所有权司法解释》
第十四条 建设单位、物业服务企业或者其他管理人等擅自占用、处分业主共有部分、改变其使用功能或者进行经营性活动，权利人请求排除妨害、恢复原状、确认处分行为无效或者赔偿损失的，人民法院应予支持。 属于前款所称擅自进行经营性活动的情形，权利人请求建设单位、物业服务企业或者其他管理人等将扣除合理成本之后的收益用于补充专项维修资金或者业主共同决定的其他用途的，人民法院应予支持。行为人对成本的支出及其合理性承担举证责任。	**第十四条** 建设单位或者其他行为人擅自占用、处分业主共有部分、改变其使用功能或者进行经营性活动，权利人请求排除妨害、恢复原状、确认处分行为无效或者赔偿损失的，人民法院应予支持。 属于前款所称擅自进行经营性活动的情形，权利人请求行为人将扣除合理成本之后的收益用于补充专项维修资金或者业主共同决定的其他用途的，人民法院应予支持。行为人对成本的支出及其合理性承担举证责任。

第
286
条

第二百八十六条　【业主守法守约义务；业主大会或者业主委员会对于侵害建筑物的行为人的请求权；对拒不履行义务行为人的处理规则】业主应当遵守法律、法规以及管理规约，相关行为应当符合节约资源、保护生态环境的要求。对于物业服务企业或者其他管理人执行政府依法实施的应急处置措施和其他管理措施，业主应当依法予以配合。

业主大会或者业主委员会，对任意弃置垃圾、排放污染物或者噪声、违反规定饲养动物、违章搭建、侵占通道、拒付物业费等损害他人合法权益的行为，有权依照法律、法规以及管理规约，请求行为人停止侵害、排除妨碍、消除危险、恢复原状、赔偿损失。

业主或者其他行为人拒不履行相关义务的，有关当事人可以向有关行政主管部门报告或者投诉，有关行政主管部门应当依法处理。

关联法规参见

▶**行政法规：**《物业管理条例》第 17 条、第 45 条、第 50 条、第 64 条。

司法解释适用

《最高人民法院关于审理物业服务纠纷案件适用法律若干问题的解释》（法释〔2020〕17号修改）

新《物业服务纠纷司法解释》	原《物业服务纠纷司法解释》
第一条　业主违反物业服务合同或者法律、法规、管理规约，实施妨碍物业服务与管理的行为，物业服务人请求业主承担停止侵害、排除妨碍、恢复原状等相应民事责任的，人民法院应予支持。	**第四条**　业主违反物业服务合同或者法律、法规、管理规约，实施妨害物业服务与管理的行为，物业服务企业请求业主承担恢复原状、停止侵害、排除妨害等相应民事责任的，人民法院应予支持。
删除条文 ~~**第六条**　经书面催交，业主无正当理由拒绝交纳或者在催告的合理期限内仍未交纳物业费，物业服务企业请求业主支付物业费的，人民法院应予支持。物业服务企业已经按照合同约定以及相关规定提供服务，业主仅以未享受或者无需接受相关物业服务为抗辩理由的，人民法院不予支持。~~ ~~**第七条**　业主与物业的承租人、借用人或者其他物业使用人约定由物业使用人交纳物业费，物业服务企业请求业主承担连带责任的，人民法院应予支持。~~	
第四条　因物业的承租人、借用人或者其他物业使用人实施违反物业服务合同，以及法律、法规或者管理规约的行为引起的物业服务纠纷，人民法院可以参照关于业主的规定处理。	**第十二条**　因物业的承租人、借用人或者其他物业使用人实施违反物业服务合同，以及法律、法规或者管理规约的行为引起的物业服务纠纷，人民法院应当参照~~本解释~~关于业主的规定处理。

《最高人民法院关于审理建筑物区分所有权纠纷案件适用法律若干问题的解释》（法释〔2020〕17号修改）

新《建筑物区分所有权司法解释》	原《建筑物区分所有权司法解释》
第十四条　建设单位、物业服务企业或者其他管理人等擅自占用、处分业主共有部分、改变其使用功能或者进行经营性活动，权利人请求排除妨害、恢复原状、确认处分行为无效或者赔偿损失的，人民法院应予支持。 属于前款所称擅自进行经营性活动的情形，权利人请求建设单位、物业服务企业或者其他管理人等将扣除合理成本之后的收益用于补充专项维修资金或者业主共同决定的其他用途的，人民法院应予支持。行为人对成本的支出及其合理性承担举证责任。	**第十四条**　建设单位或者其他行为人擅自占用、处分业主共有部分、改变其使用功能或者进行经营性活动，权利人请求排除妨害、恢复原状、确认处分行为无效或者赔偿损失的，人民法院应予支持。 属于前款所称擅自进行经营性活动的情形，权利人请求行为人将扣除合理成本之后的收益用于补充专项维修资金或者业主共同决定的其他用途的，人民法院应予支持。行为人对成本的支出及其合理性承担举证责任。

新《建筑物区分所有权司法解释》	原《建筑物区分所有权司法解释》
第十五条 业主或者其他行为人违反法律、法规、国家相关强制性标准、管理规约，或者违反业主大会、业主委员会依法作出的决定，实施下列行为的，可以认定为民法典第二百八十六条第二款所称的其他“损害他人合法权益的行为”： （一）损害房屋承重结构，损害或者违章使用电力、燃气、消防设施，在建筑物内放置危险、放射性物品等危及建筑物安全或者妨碍建筑物正常使用； （二）违反规定破坏、改变建筑物外墙面的形状、颜色等损害建筑物外观； （三）违反规定进行房屋装饰装修； （四）违章加建、改建，侵占、挖掘公共通道、道路、场地或者其他共有部分。	**第十五条** 业主或者其他行为人违反法律、法规、国家相关强制性标准、管理规约，或者违反业主大会、业主委员会依法作出的决定，实施下列行为的，可以认定为物权法第八十三条第二款所称的其他“损害他人合法权益的行为”： （一）损害房屋承重结构，损害或者违章使用电力、燃气、消防设施，在建筑物内放置危险、放射性物品等危及建筑物安全或者妨碍建筑物正常使用； （二）违反规定破坏、改变建筑物外墙面的形状、颜色等损害建筑物外观； （三）违反规定进行房屋装饰装修； （四）违章加建、改建，侵占、挖掘公共通道、道路、场地或者其他共有部分。
第十六条（原第十六条） 建筑物区分所有权纠纷涉及专有部分的承租人、借用人等物业使用人的，参照本解释处理。 专有部分的承租人、借用人等物业使用人，根据法律、法规、管理规约、业主大会或者业主委员会依法作出的决定，以及其与业主的约定，享有相应权利，承担相应义务。	

第二百八十七条 【业主请求权】业主对建设单位、物业服务企业或者其他管理人以及其他业主侵害自己合法权益的行为，有权请求其承担民事责任。

关联法规参见

►**行政法规：**《物业管理条例》第17条、第45条、第50条、第64条。

司法解释适用

《最高人民法院关于审理物业服务纠纷案件适用法律若干问题的解释》（法释〔2020〕17号修改）

新《物业服务纠纷司法解释》	原《物业服务纠纷司法解释》
第一条 业主违反物业服务合同或者法律、法规、管理规约，实施妨碍物业服务与管理的行为，物业服务人请求业主承担停止侵害、排除妨碍、恢复原状等相应民事责任的，人民法院应予支持。	**第四条** 业主违反物业服务合同或者法律、法规、管理规约，实施妨害物业服务与管理的行为，物业服务企业请求业主承担恢复原状、停止侵害、排除妨害等相应民事责任的，人民法院应予支持。

新《物业服务纠纷司法解释》	原《物业服务纠纷司法解释》
删除条文 **第六条**　~~经书面催交，业主无正当理由拒绝交纳或者在催告的合理期限内仍未交纳物业费，物业服务企业请求业主支付物业费的，人民法院应予支持。物业服务企业已经按照合同约定以及相关规定提供服务，业主仅以未享受或者无需接受相关物业服务为抗辩理由的，人民法院不予支持。~~ **第七条**　~~业主与物业的承租人、借用人或者其他物业使用人约定由物业使用人交纳物业费，物业服务企业请求业主承担连带责任的，人民法院应予支持。~~	
第四条　因物业的承租人、借用人或者其他物业使用人实施违反物业服务合同，以及法律、法规或者管理规约的行为引起的物业服务纠纷，人民法院可以参照关于业主的规定处理。	**第十二条**　因物业的承租人、借用人或者其他物业使用人实施违反物业服务合同，以及法律、法规或者管理规约的行为引起的物业服务纠纷，人民法院应当参照~~本解释~~关于业主的规定处理。

《最高人民法院关于审理建筑物区分所有权纠纷案件适用法律若干问题的解释》（法释〔2020〕17号修改）

新《建筑物区分所有权司法解释》	原《建筑物区分所有权司法解释》
第十四条　建设单位、物业服务企业或者其他管理人等擅自占用、处分业主共有部分、改变其使用功能或者进行经营性活动，权利人请求排除妨害、恢复原状、确认处分行为无效或者赔偿损失的，人民法院应予支持。 属于前款所称擅自进行经营性活动的情形，权利人请求建设单位、物业服务企业或者其他管理人等将扣除合理成本之后的收益用于补充专项维修资金或者业主共同决定的其他用途的，人民法院应予支持。行为人对成本的支出及其合理性承担举证责任。	**第十四条**　建设单位或者其他行为人擅自占用、处分业主共有部分、改变其使用功能或者进行经营性活动，权利人请求排除妨害、恢复原状、确认处分行为无效或者赔偿损失的，人民法院应予支持。 属于前款所称擅自进行经营性活动的情形，权利人请求行为人将扣除合理成本之后的收益用于补充专项维修资金或者业主共同决定的其他用途的，人民法院应予支持。行为人对成本的支出及其合理性承担举证责任。
第十五条　业主或者其他行为人违反法律、法规、国家相关强制性标准、管理规约，或者违反业主大会、业主委员会依法作出的决定，实施下列行为的，可以认定为民法典第二百八十六条第二款所称的其他“损害他人合法权益的行为”： （一）损害房屋承重结构，损害或者违章使用电力、燃气、消防设施，在建筑物内	**第十五条**　业主或者其他行为人违反法律、法规、国家相关强制性标准、管理规约，或者违反业主大会、业主委员会依法作出的决定，实施下列行为的，可以认定为物权法第八十三条第二款所称的其他“损害他人合法权益的行为”： （一）损害房屋承重结构，损害或者违章使用电力、燃气、消防设施，在建筑物内

新《建筑物区分所有权司法解释》	原《建筑物区分所有权司法解释》
放置危险、放射性物品等危及建筑物安全或者妨碍建筑物正常使用； （二）违反规定破坏、改变建筑物外墙面的形状、颜色等损害建筑物外观； （三）违反规定进行房屋装饰装修； （四）违章加建、改建，侵占、挖掘公共通道、道路、场地或者其他共有部分。	放置危险、放射性物品等危及建筑物安全或者妨碍建筑物正常使用； （二）违反规定破坏、改变建筑物外墙面的形状、颜色等损害建筑物外观； （三）违反规定进行房屋装饰装修； （四）违章加建、改建，侵占、挖掘公共通道、道路、场地或者其他共有部分。
第十六条（原第十六条） 建筑物区分所有权纠纷涉及专有部分的承租人、借用人等物业使用人的，参照本解释处理。 专有部分的承租人、借用人等物业使用人，根据法律、法规、管理规约、业主大会或者业主委员会依法作出的决定，以及其与业主的约定，享有相应权利，承担相应义务。	

第七章　相邻关系

第二百八十八条　【处理相邻关系的基本原则】 不动产的相邻权利人应当按照有利生产、方便生活、团结互助、公平合理的原则，正确处理相邻关系。

第二百八十九条　【处理相邻关系的法源依据】 法律、法规对处理相邻关系有规定的，依照其规定；法律、法规没有规定的，可以按照当地习惯。

关联法规参见

▶**法律：**《民法典总则编》第10条，《建筑法》第39条至第42条，《民用航空法》第58条至第61条，《煤炭法》第24条、第25条，《航道法》第30条，《水法》第28条、第56条、第57条，《铁路法》第46条，《石油天然气管道保护法》第14条、第26条、第27条、第44条至第49条。

▶**行政法规：**《民用机场管理条例》第48条至第51条，《铁路安全管理条例》第30条至第32条。

第二百九十条　【相邻权利人用水、排水权；自然流水利用、排放规则】不动产权利人应当为相邻权利人用水、排水提供必要的便利。

对自然流水的利用，应当在不动产的相邻权利人之间合理分配。对自然流水的排放，应当尊重自然流向。

关联法规参见

▶**法律：**《水法》第28条、第56条、第57条。

第二百九十一条　【相邻关系人通行权规则】不动产权利人对相邻权利人因通行等必须利用其土地的，应当提供必要的便利。

权威案例指引

▶**公报案例**

《屠福炎诉王义炎相邻通行权纠纷案》，《最高人民法院公报》2013年第3期

裁判摘要：一、买卖合同中，买受人取得的只能是出卖人有处分权的标的物或权利。如果出卖人无权处分，即使买卖双方在合同中进行了约定，买受人也无法通过该买卖合同而取得相应的权属。

二、出卖人出卖不动产时，其基于相邻关系而在他人不动产上享有的通行等权利不应成为转让标的。即使双方在买卖合同中对该通行权进行了所谓的约定，对第三人也不具有约束力。买受人享有的通行权权源基础同样是相邻关系，而并非是买卖合同的约定。当客观情况发生变化，买受人不再符合相邻关系要件时，第三人得拒绝买受人的通行要求，买受人无权以买卖合同中关于通行权的约定约束第三人。

▶**典型案例**

《青海茂祥房地产开发有限公司与青海省气象局财产损害赔偿纠纷案》，《关于依法平等保护非公有制经济，促进非公有制经济健康发展民事商事典型案例之二》（2016年4月8日）

典型意义：本案是因相邻关系造成妨碍应当承担民事责任的典型性案例。实践中存在非公有制企业和政府机关、国有企业等因相邻关系等非合同关系引发的民事纠纷，在此类纠纷中，同样需要依照法律规定，对非公有制企业的合法权益予以保护，而不能允许其他主体对其合法权益肆意侵害而不承担相应法律责任。本案中，青海省气象局堵塞青海茂祥房地产开发有限公司开发建设青海省气象局旧房改造项目正在施工的唯一通道构成侵权的事实，已由另案生效法律文书所确认，对于此侵权行为造成的青海茂祥房地产开发有限公司的财产损失，青海省气象局应当予以赔偿。因此，青海茂祥房地产开发有限公司的诉讼请求，在有证据支持的范围内，得到了人民法院的支持。人民法院审理该案件时，平等对待双方当事人，准确适用《民法通则》及其司法解释等相关规定，依法支持青海茂祥房地产开发有限公司的

相应诉讼请求，维护了其作为非公有制企业的合法权益。

第二百九十二条　【相邻关系人利用相邻土地的权利】不动产权利人因建造、修缮建筑物以及铺设电线、电缆、水管、暖气和燃气管线等必须利用相邻土地、建筑物的，该土地、建筑物的权利人应当提供必要的便利。

第二百九十三条　【建造建筑物不得妨碍相邻建筑物】建造建筑物，不得违反国家有关工程建设标准，不得妨碍相邻建筑物的通风、采光和日照。

第二百九十四条　【不动产权利人不得弃置废物和排放污染物】不动产权利人不得违反国家规定弃置固体废物，排放大气污染物、水污染物、土壤污染物、噪声、光辐射、电磁辐射等有害物质。

关联法规参见

▶**法律：**《固体废物污染环境防治法》第4条、第5条、第17条、第19条、第20条、第22条、第23条、第36条、第37条、第40条、第41条、第49条、第63条、第72条、第78条至第80条、第84条、第85条、第102条、第124条，《环境噪声污染防治法》第10条、第11条、第15条、第16条、第63条，《大气污染防治法》第8条至第17条，《水污染防治法》第10条、第12条至第15条，《环境保护法》第2条、第16条、第42条，《放射性污染防治法》第9条、第10条、第62条。

▶**行政法规：**《广播电视设施保护条例》第11条。

第二百九十五条　【禁止进行危及相邻不动产安全的活动】不动产权利人挖掘土地、建造建筑物、铺设管线以及安装设备等，不得危及相邻不动产的安全。

关联法规参见

▶**法律：**《建筑法》第39条、第40条、第49条。

第二百九十六条　【相邻权的限度】不动产权利人因用水、排水、通行、铺设管线等利用相邻不动产的，应当尽量避免对相邻的不动产权利人造成损害。

关联法规参见

▶**法律：**《水法》第76条。

第八章　共　有

第二百九十七条　【共有】不动产或者动产可以由两个以上组织、个人共有。共有包括按份共有和共同共有。

关联法规参见

▶**法律：**《合伙企业法》第20条、第21条，《海商法》第10条。

第二百九十八条　【按份共有权】按份共有人对共有的不动产或者动产按照其份额享有所有权。

司法解释适用

《最高人民法院关于适用〈中华人民共和国民法典〉有关担保制度的解释》（法释〔2020〕28号）

《民法典担保制度司法解释》	原《担保法司法解释》
删除条文 ~~**第五十四条**　按份共有人以其共有财产中享有的份额设定抵押的，抵押有效。~~ ~~共同共有人以其共有财产设定抵押，未经其他共有人的同意，抵押无效。但是，其他共有人知道或者应当知道而未提出异议的视为同意，抵押有效。~~	

《最高人民法院关于适用〈中华人民共和国民法典〉婚姻家庭编的解释（一）》（法释〔2020〕22号）

《民法典婚姻家庭编司法解释（一）》	原《婚姻法司法解释（三）》
删除条文 ~~**第七条**　婚后由一方父母出资为子女购买的不动产，产权登记在出资人子女名下的，可按照婚姻法第十八条第（三）项的规定，视为只对自己子女一方的赠与，该不动产应认定为夫妻一方的个人财产。~~ ~~由双方父母出资购买的不动产，产权登记在一方子女名下的，该不动产可认定为双方按照各自父母的出资份额按份共有，但当事人另有约定的除外。~~	

第二百九十九条　【共同共有权】共同共有人对共有的不动产或者动产共同享有所有权。

关联法规参见

▶**法律**：《民法典婚姻家庭编》第 1062 条，《民法典继承编》第 1153 条，《妇女权益保障法》第 43 条、第 47 条。

司法解释适用

《最高人民法院关于适用〈中华人民共和国民法典〉婚姻家庭编的解释（一）》（法释〔2020〕22 号）

<table>
<tr><th>《民法典婚姻家庭编司法解释（一）》</th><th>原《婚姻法系列司法解释》</th></tr>
<tr><td>第二十二条　被确认无效或者被撤销的婚姻，当事人同居期间所得的财产，除有证据证明为当事人一方所有的以外，按共同共有处理。</td><td>《婚姻法司法解释一》
第十五条　被宣告无效或被撤销的婚姻，当事人同居期间所得的财产，按共同共有处理。~~但有证据证明为当事人一方所有的除外。~~</td></tr>
<tr><td colspan="2">删除条文
《婚姻法司法解释一》
~~第十七条　婚姻法第十七条关于“夫或妻对夫妻共同所有的财产，有平等的处理权”的规定，应当理解为：~~
~~（一）夫或妻在处理夫妻共同财产上的权利是平等的。因日常生活需要而处理夫妻共同财产的，任何一方均有权决定。~~
~~（二）夫或妻非因日常生活需要对夫妻共同财产做重要处理决定，夫妻双方应当平等协商，取得一致意见。他人有理由相信其为夫妻双方共同意思表示的，另一方不得以不同意或不知道为由对抗善意第三人。~~</td></tr>
<tr><td>第二十九条　当事人结婚前，父母为双方购置房屋出资的，该出资应当认定为对自己子女个人的赠与，但父母明确表示赠与双方的除外。
当事人结婚后，父母为双方购置房屋出资的，依照约定处理；没有约定或者约定不明确的，按照民法典第一千零六十二条第一款第四项规定的原则处理。</td><td>《婚姻法司法解释二》
第二十二条　当事人结婚前，父母为双方购置房屋出资的，该出资应当认定为对自己子女的个人赠与，但父母明确表示赠与双方的除外。
当事人结婚后，父母为双方购置房屋出资的，该出资应当认定为对夫妻双方的赠与，但父母明确表示赠与一方的除外。</td></tr>
<tr><td>第三十一条　民法典第一千零六十三条规定为夫妻一方的个人财产，不因婚姻关系的延续而转化为夫妻共同财产。但当事人另有约定的除外。</td><td>《婚姻法司法解释一》
第十九条　婚姻法第十八条规定为夫妻一方所有的财产，不因婚姻关系的延续而转化为夫妻共同财产。但当事人另有约定的除外。</td></tr>
</table>

《民法典婚姻家庭编司法解释（一）》	原《婚姻法系列司法解释》
第七十八条　夫妻一方婚前签订不动产买卖合同，以个人财产支付首付款并在银行贷款，婚后用夫妻共同财产还贷，不动产登记于首付款支付方名下的，离婚时该不动产由双方协议处理。 依前款规定不能达成协议的，人民法院可以判决该不动产归登记一方，尚未归还的贷款为不动产登记一方的个人债务。双方婚后共同还贷支付的款项及其相对应财产增值部分，离婚时应根据民法典第一千零八十七条第一款规定的原则，由不动产登记一方对另一方进行补偿。	**《婚姻法司法解释三》** **第十条**　夫妻一方婚前签订不动产买卖合同，以个人财产支付首付款并在银行贷款，婚后用夫妻共同财产还贷，不动产登记于首付款支付方名下的，离婚时该不动产由双方协议处理。 依前款规定不能达成协议的，人民法院可以判决该不动产归产权登记一方，尚未归还的贷款为产权登记一方的个人债务。双方婚后共同还贷支付的款项及其相对应财产增值部分，离婚时应根据婚姻法第三十九条第一款规定的原则，由产权登记一方对另一方进行补偿。
第七十九条　婚姻关系存续期间，双方用夫妻共同财产出资购买以一方父母名义参加房改的房屋，登记在一方父母名下，离婚时另一方主张按照夫妻共同财产对该房屋进行分割的，人民法院不予支持。购买该房屋时的出资，可以作为债权处理。	**《婚姻法司法解释三》** **第十二条**　婚姻关系存续期间，双方用夫妻共同财产出资购买以一方父母名义参加房改的房屋，产权登记在一方父母名下，离婚时另一方主张按照夫妻共同财产对该房屋进行分割的，人民法院不予支持。购买该房屋时的出资，可以作为债权处理。

第三百条　【共有人对共有财产的管理权利与义务】共有人按照约定管理共有的不动产或者动产；没有约定或者约定不明确的，各共有人都有管理的权利和义务。

第三百零一条　【共有人对于共有财产重大事项的表决权规则】处分共有的不动产或者动产以及对共有的不动产或者动产作重大修缮、变更性质或者用途的，应当经占份额三分之二以上的按份共有人或者全体共同共有人同意，但是共有人之间另有约定的除外。

司法解释适用

《最高人民法院关于适用〈中华人民共和国民法典〉有关担保制度的解释》（法释〔2020〕28号）

《民法典担保制度司法解释》	原《担保法司法解释》
删除条文 ~~第五十四条　按份共有人以其共有财产中享有的份额设定抵押的，抵押有效。~~ ~~共同共有人以其共有财产设定抵押，未经其他共有人的同意，抵押无效。但是，其他共有人知道或者应当知道而未提出异议的视为同意，抵押有效。~~	

《最高人民法院关于适用〈中华人民共和国民法典〉婚姻家庭编的解释（一）》（法释〔2020〕22号）

《民法典婚姻家庭编司法解释（一）》	原《婚姻法司法解释（三）》
第二十八条　一方未经另一方同意出售夫妻共同所有的房屋，第三人善意购买、支付合理对价并已办理不动产登记，另一方主张追回该房屋的，人民法院不予支持。 夫妻一方擅自处分共同所有的房屋造成另一方损失，离婚时另一方请求赔偿损失的，人民法院应予支持。	**第十一条**　一方未经另一方同意出售夫妻共同共有的房屋，第三人善意购买、支付合理对价并办理产权登记手续，另一方主张追回该房屋的，人民法院不予支持。 夫妻一方擅自处分共同共有的房屋造成另一方损失，离婚时另一方请求赔偿损失的，人民法院应予支持。
第八十二条　夫妻之间订立借款协议，以夫妻共同财产出借给一方从事个人经营活动或者用于其他个人事务的，应视为双方约定处分夫妻共同财产的行为，离婚时可以按照借款协议的约定处理。	**第十六条**　夫妻之间订立借款协议，以夫妻共同财产出借给一方从事个人经营活动或用于其他个人事务的，应视为双方约定处分夫妻共同财产的行为，离婚时可按照借款协议的约定处理。

第三百零二条　【共有人对共有物的管理费用分担规则】共有人对共有物的管理费用以及其他负担，有约定的，按照其约定；没有约定或者约定不明确的，按份共有人按照其份额负担，共同共有人共同负担。

第三百零三条　【共有物的分割规则】共有人约定不得分割共有的不动产或者动产，以维持共有关系的，应当按照约定，但是共有人有重大理由需要分割的，可以请求分割；没有约定或者约定不明确的，按份共有人可以随时请求分割，共同共有人在共有的基础丧失或者有重大理由需要分割时可以请求分割。因分割造成其他共有人损害的，应当给予赔偿。

关联法规参见

▶**法律**：《民法典婚姻家庭编》第1087条，《合伙企业法》第21条。

司法解释适用

《最高人民法院关于适用〈中华人民共和国民法典〉婚姻家庭编的解释（一）》（法释〔2020〕22号）

《民法典婚姻家庭编司法解释（一）》	原《婚姻法司法解释（三）》
第三十八条　婚姻关系存续期间，除民法典第一千零六十六条规定情形以外，夫妻一方请求分割共同财产的，人民法院不予支持。	**第四条**　婚姻关系存续期间，夫妻一方请求分割共同财产的，人民法院不予支持~~，但有下列重大理由且不损害债权人利益的除外：~~ ~~（一）一方有隐藏、转移、变卖、毁损、挥霍夫妻共同财产或者伪造夫妻共同债务等严重损害夫妻共同财产利益行为的；~~ ~~（二）一方负有法定扶养义务的人患重大疾病需要医治，另一方不同意支付相关医疗费用的~~。

《最高人民法院关于适用〈中华人民共和国企业破产法〉若干问题的规定（二）》（法释〔2020〕18号修改）

新《企业破产法适用若干规定（二）》	原《企业破产法司法解释（二）》
第四条　债务人对按份享有所有权的共有财产的相关份额，或者共同享有所有权的共有财产的相应财产权利，以及依法分割共有财产所得部分，人民法院均应认定为债务人财产。 人民法院宣告债务人破产清算，属于共有财产分割的法定事由。人民法院裁定债务人重整或者和解的，共有财产的分割应当依据民法典第三百零三条的规定进行；基于重整或者和解的需要必须分割共有财产，管理人请求分割的，人民法院应予准许。 因分割共有财产导致其他共有人损害产生的债务，其他共有人请求作为共益债务清偿的，人民法院应予支持。	**第四条**　债务人对按份享有所有权的共有财产的相关份额，或者共同享有所有权的共有财产的相应财产权利，以及依法分割共有财产所得部分，人民法院均应认定为债务人财产。 人民法院宣告债务人破产清算，属于共有财产分割的法定事由。人民法院裁定债务人重整或者和解的，共有财产的分割应当依据物权法第九十九条的规定进行；基于重整或者和解的需要必须分割共有财产，管理人请求分割的，人民法院应予准许。 因分割共有财产导致其他共有人损害产生的债务，其他共有人请求作为共益债务清偿的，人民法院应予支持。

权威案例指引

▶公报案例

《刘柯妤诉刘茂勇、周忠容共有房屋分割案》，《最高人民法院公报》2016年第7期

裁判摘要：父母出资购房将产权登记在子女名下，具有赠与性质。子女不仅应在物质上赡养父母，也应在精神上慰藉父母，努力让父母安宁、愉快地生活。子女对父母赠与的房屋依物权法分则行使物权，将损害父母生活的，人民法院可依物权法总则的规定不予支持。

第三百零四条　【共有物分割的方式；共有人对分割共有物瑕疵的损失分担】共有人可以协商确定分割方式。达不成协议，共有的不动产或者动产可以分割且不会因分割减损价值的，应当对实物予以分割；难以分割或者因分割会减损价值的，应当对折价或者拍卖、变卖取得的价款予以分割。

共有人分割所得的不动产或者动产有瑕疵的，其他共有人应当分担损失。

关联法规参见

▶**法律：**《民法典婚姻家庭编》第1087条，《民法典继承编》第1156条。

司法解释适用

《最高人民法院关于适用〈中华人民共和国民法典〉婚姻家庭编的解释（一）》（法释〔2020〕22号）

《民法典婚姻家庭编司法解释（一）》	原《婚姻法系列司法解释》
第六十九条　当事人达成的以协议离婚或者到人民法院调解离婚为条件的财产以及债务处理协议，如果双方离婚未成，一方在离婚诉讼中反悔的，人民法院应当认定该财产以及债务处理协议没有生效，并根据实际情况依照民法典第一千零八十七条和第一千零八十九条的规定判决。 当事人依照民法典第一千零七十六条签订的离婚协议中关于财产以及债务处理的条款，对男女双方具有法律约束力。登记离婚后当事人因履行上述协议发生纠纷提起诉讼的，人民法院应当受理。	**《婚姻法司法解释三》** **第十四条**　当事人达成的以登记离婚或者到人民法院协议离婚为条件的财产分割协议，如果双方~~协议~~离婚未成，一方在离婚诉讼中反悔的，人民法院应当认定该财产分割协议没有生效，并根据实际情况依法对夫妻共同财产进行分割。 **《婚姻法司法解释二》** **第八条**　离婚协议中关于财产分割的条款或者当事人因离婚就财产分割达成的协议，对男女双方具有法律约束力。 当事人因履行上述~~财产分割~~协议发生纠纷提起诉讼的，人民法院应当受理。

<table>
<tr><th>《民法典婚姻家庭编司法解释（一）》</th><th>原《婚姻法系列司法解释》</th></tr>
<tr><td>第七十条　夫妻双方协议离婚后就财产分割问题反悔，请求撤销财产分割协议的，人民法院应当受理。
人民法院审理后，未发现订立财产分割协议时存在欺诈、胁迫等情形的，应当依法驳回当事人的诉讼请求。</td><td>《婚姻法司法解释二》
第九条　男女双方协议离婚后~~一年内~~就财产分割问题反悔，请求~~变更或者~~撤销财产分割协议的，人民法院应当受理。
人民法院审理后，未发现订立财产分割协议时存在欺诈、胁迫等情形的，应当依法驳回当事人的诉讼请求。</td></tr>
<tr><td>第七十六条　双方对夫妻共同财产中的房屋价值及归属无法达成协议时，人民法院按以下情形分别处理：
（一）双方均主张房屋所有权并且同意竞价取得的，应当准许；
（二）一方主张房屋所有权的，由评估机构按市场价格对房屋作出评估，取得房屋所有权的一方应当给予另一方相应的补偿；
（三）双方均不主张房屋所有权的，根据当事人的申请拍卖、变卖房屋，就所得价款进行分割。</td><td>《婚姻法司法解释二》
第二十条　双方对夫妻共同财产中的房屋价值及归属无法达成协议时，人民法院按以下情形分别处理：
（一）双方均主张房屋所有权并且同意竞价取得的，应当准许；
（二）一方主张房屋所有权的，由评估机构按市场价格对房屋作出评估，取得房屋所有权的一方应当给予另一方相应的补偿；
（三）双方均不主张房屋所有权的，根据当事人的申请拍卖房屋，就所得价款进行分割。</td></tr>
<tr><td colspan="2">第七十七条（原《婚姻法司法解释二》第二十一条）　离婚时双方对尚未取得所有权或者尚未取得完全所有权的房屋有争议且协商不成的，人民法院不宜判决房屋所有权的归属，应当根据实际情况判决由当事人使用。
当事人就前款规定的房屋取得完全所有权后，有争议的，可以另行向人民法院提起诉讼。</td></tr>
<tr><td colspan="2">第八十一条（原《婚姻法司法解释三》第十五条）　婚姻关系存续期间，夫妻一方作为继承人依法可以继承的遗产，在继承人之间尚未实际分割，起诉离婚时另一方请求分割的，人民法院应当告知当事人在继承人之间实际分割遗产后另行起诉。</td></tr>
<tr><td colspan="2">第八十三条（原《婚姻法司法解释三》第十八条）　离婚后，一方以尚有夫妻共同财产未处理为由向人民法院起诉请求分割的，经审查该财产确属离婚时未涉及的夫妻共同财产，人民法院应当依法予以分割。</td></tr>
</table>

《最高人民法院关于人民法院民事执行中查封、扣押、冻结财产的规定》（法释〔2020〕21号修改）

<table>
<tr><th>新《人民法院民事执行中查封、扣押、冻结财产规定》</th><th>原《人民法院民事执行中查封、扣押、冻结财产规定》</th></tr>
<tr><td colspan="2">第十二条（原第十四条） 对被执行人与其他人共有的财产，人民法院可以查封、扣押、冻结，并及时通知共有人。
共有人协议分割共有财产，并经债权人认可的，人民法院可以认定有效。查封、扣押、冻结的效力及于协议分割后被执行人享有份额内的财产；对其他共有人享有份额内的财产的查封、扣押、冻结，人民法院应当裁定予以解除。
共有人提起析产诉讼或者申请执行人代位提起析产诉讼的，人民法院应当准许。诉讼期间中止对该财产的执行。</td></tr>
</table>

第三百零五条　【按份共有人的优先购买权】按份共有人可以转让其享有的共有的不动产或者动产份额。其他共有人在同等条件下享有优先购买的权利。

关联法规参见

▶**法律：**《民法典合同编》第860条，《公司法》第71条，《合伙企业法》第22条至第25条。

司法解释适用

《最高人民法院关于适用〈中华人民共和国民法典〉物权编的解释（一）》（法释〔2020〕24号）

<table>
<tr><th>《民法典物权编司法解释（一）》</th><th>原《物权法司法解释（一）》</th></tr>
<tr><td colspan="2">第九条（原第九条） 共有份额的权利主体因继承、遗赠等原因发生变化时，其他按份共有人主张优先购买的，不予支持，但按份共有人之间另有约定的除外。</td></tr>
<tr><td>第十条 <u>民法典第三百零五条</u>所称的“同等条件”，应当综合共有份额的转让价格、价款履行方式及期限等因素确定。</td><td>第十条 <u>物权法第一百零一条</u>所称的“同等条件”，应当综合共有份额的转让价格、价款履行方式及期限等因素确定。</td></tr>
<tr><td colspan="2">第十一条（原第十一条） 优先购买权的行使期间，按份共有人之间有约定的，按照约定处理；没有约定或者约定不明的，按照下列情形确定：
（一）转让人向其他按份共有人发出的包含同等条件内容的通知中载明行使期间的，以该期间为准；
（二）通知中未载明行使期间，或者载明的期间短于通知送达之日起十五日的，为十五日；
（三）转让人未通知的，为其他按份共有人知道或者应当知道最终确定的同等条件之日起十五日；
（四）转让人未通知，且无法确定其他按份共有人知道或者应当知道最终确定的同等条件的，为共有份额权属转移之日起六个月。</td></tr>
</table>

<table>
<tr><th>《民法典物权编司法解释（一）》</th><th>原《物权法司法解释（一）》</th></tr>
<tr><td colspan="2">第十二条（原第十二条）　按份共有人向共有人之外的人转让其份额，其他按份共有人根据法律、司法解释规定，请求按照同等条件优先购买该共有份额的，应予支持。其他按份共有人的请求具有下列情形之一的，不予支持：
（一）未在本解释第十一条规定的期间内主张优先购买，或者虽主张优先购买，但提出减少转让价款、增加转让人负担等实质性变更要求；
（二）以其优先购买权受到侵害为由，仅请求撤销共有份额转让合同或者认定该合同无效。</td></tr>
<tr><td>第十三条　按份共有人之间转让共有份额，其他按份共有人主张依据民法典第三百零五条规定优先购买的，不予支持，但按份共有人之间另有约定的除外。</td><td>第十三条　按份共有人之间转让共有份额，其他按份共有人主张根据物权法第一百零一条规定优先购买的，不予支持，但按份共有人之间另有约定的除外。</td></tr>
<tr><td colspan="2">删除条文
<s>第十四条　两个以上按份共有人主张优先购买且协商不成时，请求按照转让时各自份额比例行使优先购买权的，应予支持。</s></td></tr>
</table>

第三百零六条　【按份共有人行使优先购买权的规则】按份共有人转让其享有的共有的不动产或者动产份额的，应当将转让条件及时通知其他共有人。其他共有人应当在合理期限内行使优先购买权。

两个以上其他共有人主张行使优先购买权的，协商确定各自的购买比例；协商不成的，按照转让时各自的共有份额比例行使优先购买权。

关联法规参见

▶**法律：**《公司法》第71条。

第三百零七条　【因共有物产生的连带债权债务】因共有的不动产或者动产产生的债权债务，在对外关系上，共有人享有连带债权、承担连带债务，但是法律另有规定或者第三人知道共有人不具有连带债权债务关系的除外；在共有人内部关系上，除共有人另有约定外，按份共有人按照份额享有债权、承担债务，共同共有人共同享有债权、承担债务。偿还债务超过自己应当承担份额的按份共有人，有权向其他共有人追偿。

关联法规参见

▶**法律：**《民法典总则编》第41条，《合伙企业法》第38条至第42条，《个人独资企业法》第18条。

司法解释适用

《最高人民法院关于适用〈中华人民共和国民法典〉婚姻家庭编的解释（一）》（法释〔2020〕22号）

《民法典婚姻家庭编司法解释（一）》	原《婚姻法司法解释（二）》
第三十三条 债权人就一方婚前所负个人债务向债务人的配偶主张权利的，人民法院不予支持。但债权人能够证明所负债务用于婚后家庭共同生活的除外。	**第二十四条** 债权人就婚姻关系存续期间夫妻一方以个人名义所负债务主张权利的，应当按夫妻共同债务处理。但夫妻一方能够证明债权人与债务人明确约定为个人债务，或者能够证明属于婚姻法第十九条第三款规定情形的除外。
第三十四条 夫妻一方与第三人串通，虚构债务，第三人主张该债务为夫妻共同债务的，人民法院不予支持。 夫妻一方在从事赌博、吸毒等违法犯罪活动中所负债务，第三人主张该债务为夫妻共同债务的，人民法院不予支持。	**第二十四条** 夫妻一方与第三人串通，虚构债务，第三人主张权利的，人民法院不予支持。 夫妻一方在从事赌博、吸毒等违法犯罪活动中所负债务，第三人主张权利的，人民法院不予支持。
第三十五条 当事人的离婚协议或者人民法院生效判决、裁定、调解书已经对夫妻财产分割问题作出处理的，债权人仍有权就夫妻共同债务向男女双方主张权利。 一方就夫妻共同债务承担清偿责任后，主张由另一方按照离婚协议或者人民法院的法律文书承担相应债务的，人民法院应予支持。	**第二十五条** 当事人的离婚协议或者人民法院的判决书、裁定书、调解书已经对夫妻财产分割问题作出处理的，债权人仍有权就夫妻共同债务向男女双方主张权利。 一方就共同债务承担连带清偿责任后，基于离婚协议或者人民法院的法律文书向另一方主张追偿的，人民法院应当支持。
第三十六条 夫或者妻一方死亡的，生存一方应当对婚姻关系存续期间的夫妻共同债务承担清偿责任。	**第二十六条** 夫或妻一方死亡的，生存一方应当对婚姻关系存续期间的共同债务承担连带清偿责任。

第三百零八条 【没有约定、约定不明时共有物共有性质的认定】

共有人对共有的不动产或者动产没有约定为按份共有或者共同共有，或者约定不明确的，除共有人具有家庭关系等外，视为按份共有。

关联法规参见

▶**法律：**《民法典合同编》第517条。

第三百零九条　【按份共有人共有份额的认定规则】按份共有人对共有的不动产或者动产享有的份额，没有约定或者约定不明确的，按照出资额确定；不能确定出资额的，视为等额享有。

关联法规参见

▶**法律：**《民法典合同编》第517条。

第三百一十条　【准共有】两个以上组织、个人共同享有用益物权、担保物权的，参照适用本章的有关规定。

关联法规参见

▶**法律：**《民法典物权编》第311条。

第九章　所有权取得的特别规定

第三百一十一条　【善意取得】无处分权人将不动产或者动产转让给受让人的，所有权人有权追回；除法律另有规定外，符合下列情形的，受让人取得该不动产或者动产的所有权：

（一）受让人受让该不动产或者动产时是善意；

（二）以合理的价格转让；

（三）转让的不动产或者动产依照法律规定应当登记的已经登记，不需要登记的已经交付给受让人。

受让人依据前款规定取得不动产或者动产的所有权的，原所有权人有权向无处分权人请求损害赔偿。

当事人善意取得其他物权的，参照适用前两款规定。

司法解释适用

《最高人民法院关于适用〈中华人民共和国民法典〉有关担保制度的解释》（法释〔2020〕28号）

《民法典担保制度司法解释》	《原担保法司法解释》
第三十七条　当事人以所有权、使用权不明或者有争议的财产抵押，经审查构成无权处分的，人民法院应当依照民法典第	**第五十五条**　已经设定抵押的财产被采取查封、扣押等财产保全或者执行措施的，不影响抵押权的效力。

《民法典担保制度司法解释》	《原担保法司法解释》
三百一十一条的规定处理。 当事人以依法被查封或者扣押的财产抵押，抵押权人请求行使抵押权，经审查查封或者扣押措施已经解除的，人民法院应予支持。抵押人以抵押权设立时财产被查封或者扣押为由主张抵押合同无效的，人民法院不予支持。 以依法被监管的财产抵押的，适用前款规定。	
第五十四条 动产抵押合同订立后未办理抵押登记，动产抵押权的效力按照下列情形分别处理： （一）抵押人转让抵押财产，受让人占有抵押财产后，抵押权人向受让人请求行使抵押权的，人民法院不予支持，但是抵押权人能够举证证明受让人知道或者应当知道已经订立抵押合同的除外； （二）抵押人将抵押财产出租给他人并移转占有，抵押权人行使抵押权的，租赁关系不受影响，但是抵押权人能够举证证明承租人知道或者应当知道已经订立抵押合同的除外； （三）抵押人的其他债权人向人民法院申请保全或者执行抵押财产，人民法院已经作出财产保全裁定或者采取执行措施，抵押权人主张对抵押财产优先受偿的，人民法院不予支持； （四）抵押人破产，抵押权人主张对抵押财产优先受偿的，人民法院不予支持。	**第六十六条** 抵押人将已抵押的财产出租的，抵押权实现后，租赁合同对受让人不具有约束力。 抵押人将已抵押的财产出租时，如果抵押人未书面告知承租人该财产已抵押的，抵押人对出租抵押物造成承租人的损失承担赔偿责任；如果抵押人已书面告知承租人该财产已抵押的，抵押权实现造成承租人的损失，由承租人自己承担。

新增条文

第五十六条 买受人在出卖人正常经营活动中通过支付合理对价取得已被设立担保物权的动产，担保物权人请求就该动产优先受偿的，人民法院不予支持，但是有下列情形之一的除外：

（一）购买商品的数量明显超过一般买受人；

（二）购买出卖人的生产设备；

（三）订立买卖合同的目的在于担保出卖人或者第三人履行债务；

（四）买受人与出卖人存在直接或者间接的控制关系；

（五）买受人应当查询抵押登记而未查询的其他情形。

《民法典担保制度司法解释》	《原担保法司法解释》
前款所称出卖人正常经营活动，是指出卖人的经营活动属于其营业执照明确记载的经营范围，且出卖人持续销售同类商品。前款所称担保物权人，是指已经办理登记的抵押权人、所有权保留买卖的出卖人、融资租赁合同的出租人。	
删除条文 ~~**第八十四条**　出质人以其不具有所有权但合法占有的动产出质的，不知出质人无处分权的质权人行使质权后，因此给动产所有人造成损失的，由出质人承担赔偿责任。~~	

《最高人民法院关于适用〈中华人民共和国民法典〉物权编的解释（一）》（法释〔2020〕24号）

《民法典物权编司法解释（一）》	原《物权法司法解释（一）》
第十四条（原第十五条）　受让人受让不动产或者动产时，不知道转让人无处分权，且无重大过失的，应当认定受让人为善意。 真实权利人主张受让人不构成善意的，应当承担举证证明责任。	
第十五条（原第十六条）　具有下列情形之一的，应当认定不动产受让人知道转让人无处分权： （一）登记簿上存在有效的异议登记； （二）预告登记有效期内，未经预告登记的权利人同意； （三）登记簿上已经记载司法机关或者行政机关依法裁定、决定查封或者以其他形式限制不动产权利的有关事项； （四）受让人知道登记簿上记载的权利主体错误； （五）受让人知道他人已经依法享有不动产物权。 真实权利人有证据证明不动产受让人应当知道转让人无处分权的，应当认定受让人具有重大过失。	
第十六条（原第十七条）　受让人受让动产时，交易的对象、场所或者时机等不符合交易习惯的，应当认定受让人具有重大过失。	
第十七条　民法典第三百一十一条第一款第一项所称的“受让人受让该不动产或者动产时”，是指依法完成不动产物权转移登记或者动产交付之时。 当事人以民法典第二百二十六条规定的方式交付动产的，转让动产民事法律行为生效时为动产交付之时；当事人以民法典第二百二十七条规定的方式交付动产的，转让人与受让人之间有关转让返还原物请求权的协议生效时为动产交付之时。 法律对不动产、动产物权的设立另有规定的，应当按照法律规定的时间认定权利人是否为善意。	**第十八条**　物权法第一百零六条第一款第一项所称的“受让人受让该不动产或者动产时”，是指依法完成不动产物权转移登记或者动产交付之时。 当事人以物权法第二十五条规定的方式交付动产的，转让动产法律行为生效时为动产交付之时；当事人以物权法第二十六条规定的方式交付动产的，转让人与受让人之间有关转让返还原物请求权的协议生效时为动产交付之时。 法律对不动产、动产物权的设立另有规定的，应当按照法律规定的时间认定权利人是否为善意。

《民法典物权编司法解释（一）》	原《物权法司法解释（一）》
第十八条 民法典第三百一十一条第一款第二项所称“合理的价格”，应当根据转让标的物的性质、数量以及付款方式等具体情况，参考转让时交易地市场价格以及交易习惯等因素综合认定。	**第十九条** 物权法第一百零六条第一款第二项所称“合理的价格”，应当根据转让标的物的性质、数量以及付款方式等具体情况，参考转让时交易地市场价格以及交易习惯等因素综合认定。
第十九条 转让人将民法典第二百二十五条规定的船舶、航空器和机动车等交付给受让人的，应当认定符合民法典第三百一十一条第一款第三项规定的善意取得的条件。	**第二十条** 转让人将物权法第二十四条规定的船舶、航空器和机动车等交付给受让人的，应当认定符合物权法第一百零六条第一款第三项规定的善意取得的条件。
第二十条 具有下列情形之一，受让人主张依据民法典第三百一十一条规定取得所有权的，不予支持： （一）转让合同被认定无效； （二）转让合同被撤销。	**第二十一条** 具有下列情形之一，受让人主张根据物权法第一百零六条规定取得所有权的，不予支持： （一）转让合同~~因违反合同法第五十二条规定~~被认定无效； （二）转让合同~~因受让人存在欺诈、胁迫或者乘人之危等法定事由~~被撤销。

《最高人民法院关于适用〈中华人民共和国民法典〉婚姻家庭编的解释（一）》（法释〔2020〕22 号）

《民法典婚姻家庭编司法解释（一）》	原《婚姻法司法解释（三）》
第二十八条 一方未经另一方同意出售夫妻共同所有的房屋，第三人善意购买、支付合理对价并已办理不动产登记，另一方主张追回该房屋的，人民法院不予支持。 夫妻一方擅自处分共同所有的房屋造成另一方损失，离婚时另一方请求赔偿损失的，人民法院应予支持。	**第十一条** 一方未经另一方同意出售夫妻共同共有的房屋，第三人善意购买、支付合理对价并办理产权登记手续，另一方主张追回该房屋的，人民法院不予支持。 夫妻一方擅自处分共同共有的房屋造成另一方损失，离婚时另一方请求赔偿损失的，人民法院应予支持。

《最高人民法院关于审理技术合同纠纷案件适用法律若干问题的解释》（法释〔2020〕19 号修改）

新《技术合同纠纷司法解释》	原《技术合同纠纷司法解释》
第十二条 根据民法典第八百五十条的规定，侵害他人技术秘密的技术合同被确认无效后，除法律、行政法规另有规定的以外，善意取得该技术秘密的一方当事人可以在其取得时的范围内继续使用该技术秘密，但应当向权利人支付合理的使用费并承担保密义务。	**第十二条** 根据合同法第三百二十九条的规定，侵害他人技术秘密的技术合同被确认无效后，除法律、行政法规另有规定的以外，善意取得该技术秘密的一方当事人可以在其取得时的范围内继续使用该技术秘密，但应当向权利人支付合理的使用费并承担保密义务。

新《技术合同纠纷司法解释》	原《技术合同纠纷司法解释》
当事人双方恶意串通或者一方知道或者应当知道另一方侵权仍与其订立或者履行合同的，属于共同侵权，人民法院应当判令侵权人承担连带赔偿责任和保密义务，因此取得技术秘密的当事人不得继续使用该技术秘密。	当事人双方恶意串通或者一方知道或者应当知道另一方侵权仍与其订立或者履行合同的，属于共同侵权，人民法院应当判令侵权人承担连带赔偿责任和保密义务，因此取得技术秘密的当事人不得继续使用该技术秘密。

《最高人民法院关于适用〈中华人民共和国公司法〉若干问题的规定（三）》

（法释〔2020〕18号修改）

新《公司法司法解释（三）》	原《公司法司法解释（三）》
第七条　出资人以不享有处分权的财产出资，当事人之间对于出资行为效力产生争议的，人民法院可以参照民法典第三百一十一条的规定予以认定。 以贪污、受贿、侵占、挪用等违法犯罪所得的货币出资后取得股权的，对违法犯罪行为予以追究、处罚时，应当采取拍卖或者变卖的方式处置其股权。	**第七条**　出资人以不享有处分权的财产出资，当事人之间对于出资行为效力产生争议的，人民法院可以参照物权法第一百零六条的规定予以认定。 以贪污、受贿、侵占、挪用等违法犯罪所得的货币出资后取得股权的，对违法犯罪行为予以追究、处罚时，应当采取拍卖或者变卖的方式处置其股权。
第二十五条　名义股东将登记于其名下的股权转让、质押或者以其他方式处分，实际出资人以其对于股权享有实际权利为由，请求认定处分股权行为无效的，人民法院可以参照民法典第三百一十一条的规定处理。 名义股东处分股权造成实际出资人损失，实际出资人请求名义股东承担赔偿责任的，人民法院应予支持。	**第二十五条**　名义股东将登记于其名下的股权转让、质押或者以其他方式处分，实际出资人以其对于股权享有实际权利为由，请求认定处分股权行为无效的，人民法院可以参照物权法第一百零六条的规定处理。 名义股东处分股权造成实际出资人损失，实际出资人请求名义股东承担赔偿责任的，人民法院应予支持。
第二十七条　股权转让后尚未向公司登记机关办理变更登记，原股东将仍登记于其名下的股权转让、质押或者以其他方式处分，受让股东以其对于股权享有实际权利为由，请求认定处分股权行为无效的，人民法院可以参照民法典第三百一十一条的规定处理。 原股东处分股权造成受让股东损失，受让股东请求原股东承担赔偿责任、对于未及时办理变更登记有过错的董事、高级管	**第二十七条**　股权转让后尚未向公司登记机关办理变更登记，原股东将仍登记于其名下的股权转让、质押或者以其他方式处分，受让股东以其对于股权享有实际权利为由，请求认定处分股权行为无效的，人民法院可以参照物权法第一百零六条的规定处理。 原股东处分股权造成受让股东损失，受让股东请求原股东承担赔偿责任、对于未及时办理变更登记有过错的董事、高级管

新《公司法司法解释（三）》	原《公司法司法解释（三）》
理人员或者实际控制人承担相应责任的，人民法院应予支持；受让股东对于未及时办理变更登记也有过错的，可以适当减轻上述董事、高级管理人员或者实际控制人的责任。	理人员或者实际控制人承担相应责任的，人民法院应予支持；受让股东对于未及时办理变更登记也有过错的，可以适当减轻上述董事、高级管理人员或者实际控制人的责任。

《最高人民法院关于适用〈中华人民共和国企业破产法〉若干问题的规定（二）》（法释〔2020〕18号修改）

新《企业破产法司法解释（二）》	原《企业破产法司法解释（二）》
第三十条　债务人占有的他人财产被违法转让给第三人，依据民法典第三百一十一条的规定第三人已善意取得财产所有权，原权利人无法取回该财产的，人民法院应当按照以下规定处理： （一）转让行为发生在破产申请受理前的，原权利人因财产损失形成的债权，作为普通破产债权清偿； （二）转让行为发生在破产申请受理后的，因管理人或者相关人员执行职务导致原权利人损害产生的债务，作为共益债务清偿。	**第三十条**　债务人占有的他人财产被违法转让给第三人，依据物权法第一百零六条的规定第三人已善意取得财产所有权，原权利人无法取回该财产的，人民法院应当按照以下规定处理： （一）转让行为发生在破产申请受理前的，原权利人因财产损失形成的债权，作为普通破产债权清偿； （二）转让行为发生在破产申请受理后的，因管理人或者相关人员执行职务导致原权利人损害产生的债务，作为共益债务清偿。
第三十一条　债务人占有的他人财产被违法转让给第三人，第三人已向债务人支付了转让价款，但依据民法典第三百一十一条的规定未取得财产所有权，原权利人依法追回转让财产的，对因第三人已支付对价而产生的债务，人民法院应当按照以下规定处理： （一）转让行为发生在破产申请受理前的，作为普通破产债权清偿； （二）转让行为发生在破产申请受理后的，作为共益债务清偿。	**第三十一条**　债务人占有的他人财产被违法转让给第三人，第三人已向债务人支付了转让价款，但依据物权法第一百零六条的规定未取得财产所有权，原权利人依法追回转让财产的，对因第三人已支付对价而产生的债务，人民法院应当按照以下规定处理： （一）转让行为发生在破产申请受理前的，作为普通破产债权清偿； （二）转让行为发生在破产申请受理后的，作为共益债务清偿。
第三十五条（原第三十五条）　出卖人破产，其管理人决定继续履行所有权保留买卖合同的，买受人应当按照原买卖合同的约定支付价款或者履行其他义务。 买受人未依约支付价款或者履行完毕其他义务，或者将标的物出卖、出质或者作出其他不当处分，给出卖人造成损害，出卖人管理人依法主张取回标的物的，人民法院应予支持。但是，买受人已经支付标的物总价款百分之七十五以上或者第三人善意取得标的物所有权或者其他物权的除外。 因本条第二款规定未能取回标的物，出卖人管理人依法主张买受人继续支付价款、履行完毕其他义务，以及承担相应赔偿责任的，人民法院应予支持。	

新《企业破产法司法解释（二）》	原《企业破产法司法解释（二）》
第三十七条　买受人破产，其管理人决定继续履行所有权保留买卖合同的，原买卖合同中约定的买受人支付价款或者履行其他义务的期限在破产申请受理时视为到期，买受人管理人应当及时向出卖人支付价款或者履行其他义务。 买受人管理人无正当理由未及时支付价款或者履行完毕其他义务，或者将标的物出卖、出质或者作出其他不当处分，给出卖人造成损害，出卖人依据民法典第六百四十一条等规定主张取回标的物的，人民法院应予支持。但是，买受人已支付标的物总价款百分之七十五以上或者第三人善意取得标的物所有权或者其他物权的除外。 因本条第二款规定未能取回标的物，出卖人依法主张买受人继续支付价款、履行完毕其他义务，以及承担相应赔偿责任的，人民法院应予支持。对因买受人未支付价款或者未履行完毕其他义务，以及买受人管理人将标的物出卖、出质或者作出其他不当处分导致出卖人损害产生的债务，出卖人主张作为共益债务清偿的，人民法院应予支持。	**第三十七条**　买受人破产，其管理人决定继续履行所有权保留买卖合同的，原买卖合同中约定的买受人支付价款或者履行其他义务的期限在破产申请受理时视为到期，买受人管理人应当及时向出卖人支付价款或者履行其他义务。 买受人管理人无正当理由未及时支付价款或者履行完毕其他义务，或者将标的物出卖、出质或者作出其他不当处分，给出卖人造成损害，出卖人依据合同法第一百三十四条等规定主张取回标的物的，人民法院应予支持。但是，买受人已支付标的物总价款百分之七十五以上或者第三人善意取得标的物所有权或者其他物权的除外。 因本条第二款规定未能取回标的物，出卖人依法主张买受人继续支付价款、履行完毕其他义务，以及承担相应赔偿责任的，人民法院应予支持。对因买受人未支付价款或者未履行完毕其他义务，以及买受人管理人将标的物出卖、出质或者作出其他不当处分导致出卖人损害产生的债务，出卖人主张作为共益债务清偿的，人民法院应予支持。

《最高人民法院关于审理外商投资企业纠纷案件若干问题的规定（一）》（法释〔2020〕18号修改）

新《外商投资企业纠纷规定（一）》	原《外商投资企业纠纷规定（一）》
第二十一条（原第二十一条）　外商投资企业一方股东或者外商投资企业以提供虚假材料等欺诈或者其他不正当手段向外商投资企业审批机关申请变更外商投资企业批准证书所载股东，导致外商投资企业他方股东丧失股东身份或原有股权份额，他方股东请求确认股东身份或原有股权份额的，人民法院应予支持。第三人已经善意取得该股权的除外。 他方股东请求侵权股东或者外商投资企业赔偿损失的，人民法院应予支持。	

《最高人民法院关于审理融资租赁合同纠纷案件适用法律问题的解释》（法释〔2020〕17号修改）

<table>
<tr><th>新《融资租赁合同纠纷司法解释》</th><th>原《融资租赁合同纠纷司法解释》</th></tr>
<tr><td colspan="2">删除条文

~~第九条　承租人或者租赁物的实际使用人，未经出租人同意转让租赁物或者在租赁物上设立其他物权，第三人依据物权法第一百零六条的规定取得租赁物的所有权或者其他物权，出租人主张第三人物权权利不成立的，人民法院不予支持，但有下列情形之一的除外：~~
~~（一）出租人已在租赁物的显著位置作出标识，第三人在与承租人交易时知道或者应当知道该物为租赁物的；~~
~~（二）出租人授权承租人将租赁物抵押给出租人并在登记机关依法办理抵押权登记的；~~
~~（三）第三人与承租人交易时，未按照法律、行政法规、行业或者地区主管部门的规定在相应机构进行融资租赁交易查询的；~~
~~（四）出租人有证据证明第三人知道或者应当知道交易标的物为租赁物的其他情形。~~</td></tr>
</table>

《最高人民法院关于审理买卖合同纠纷案件适用法律问题的解释》（法释〔2020〕17号修改）

<table>
<tr><th>新《买卖合同司法解释》</th><th>原《买卖合同司法解释》</th></tr>
<tr><td colspan="2">删除条文

~~第三条　当事人一方以出卖人在缔约时对标的物没有所有权或者处分权为由主张合同无效的，人民法院不予支持。~~
~~出卖人因未取得所有权或者处分权致使标的物所有权不能转移，买受人要求出卖人承担违约责任或者要求解除合同并主张损害赔偿的，人民法院应予支持。~~
~~第三十五条　当事人约定所有权保留，在标的物所有权转移前，买受人有下列情形之一，对出卖人造成损害，出卖人主张取回标的物的，人民法院应予支持：~~
~~（一）未按约定支付价款的；~~
~~（二）未按约定完成特定条件的；~~
~~（三）将标的物出卖、出质或者作出其他不当处分的。~~
~~取回的标的物价值显著减少，出卖人要求买受人赔偿损失的，人民法院应予支持。~~</td></tr>
<tr><td>第二十六条　买受人已经支付标的物总价款的百分之七十五以上，出卖人主张取回标的物的，人民法院不予支持。
在民法典第六百四十二条第一款第三项情形下，第三人依据民法典第三百一十一条的规定已经善意取得标的物所有权或者其他物权，出卖人主张取回标的物的，人民法院不予支持。</td><td>第三十六条　买受人已经支付标的物总价款的百分之七十五以上，出卖人主张取回标的物的，人民法院不予支持。
在本解释第三十五条第一款第（三）项情形下，第三人依据物权法第一百零六条的规定已经善意取得标的物所有权或者其他物权，出卖人主张取回标的物的，人民法院不予支持。</td></tr>
</table>

《最高人民法院关于刑事裁判涉财产部分执行的若干规定》

第十一条　被执行人将刑事裁判认定为赃款赃物的涉案财物用于清偿债务、转让或者设置其他权利负担，具有下列情形之一的，人民法院应予追缴：

（一）第三人明知是涉案财物而接受的；

（二）第三人无偿或者以明显低于市场的价格取得涉案财物的；

（三）第三人通过非法债务清偿或者违法犯罪活动取得涉案财物的；

（四）第三人通过其他恶意方式取得涉案财物的。

第三人善意取得涉案财物的，执行程序中不予追缴。作为原所有人的被害人对该涉案财物主张权利的，人民法院应当告知其通过诉讼程序处理。

《最高人民法院关于审理房屋登记案件若干问题的规定》

第十一条　被诉房屋登记行为涉及多个权利主体或者房屋可分，其中部分主体或者房屋的登记违法应予撤销的，可以判决部分撤销。

被诉房屋登记行为违法，但该行为已被登记机构改变的，判决确认被诉行为违法。

被诉房屋登记行为违法，但判决撤销将给公共利益造成重大损失或者房屋已为第三人善意取得的，判决确认被诉行为违法，不撤销登记行为。

《最高人民法院行政审判庭关于谭永智不服甘肃省人民政府房产登记行政复议决定请示案的答复》

甘肃省高级人民法院：

你院《关于谭永智不服甘肃省人民政府房产登记行政复议决定一案的请示报告》收悉，经研究答复如下：

1. 根据《行政复议法》第十二条的规定，对县级以上地方各级人民政府工作部门的具体行政行为不服的，申请人既可以向该部门的本级人民政府申请行政复议，也可以向上一级主管部门申请行政复议。上级行政机关认为行政复议机关无正当理由不依法受理复议申请的，可以依据《中华人民共和国行政复议法》第二十条和《中华人民共和国行政复议法实施条例》第三十一条的规定，先行督促行政复议机关受理；经督促仍不受理的，应当责令行政复议机关限期受理，必要时上级行政机关也可以直接受理。

2. 公司的法定代表人应以在公司登记机关登记备案为准。经股东大会或者董事会任命的董事长虽未依法办理法定代表人登记手续，但在全体股东对股东大会或者董事会决议的合法性无异议的情况下，可以代表公司申请行政复议或提起诉讼。如其后的股东大会、董事会已经通过新的决议否定了对原董事长的任命，则原董事长无权代表公司申请复议或诉讼。公司股东对行政复议机关或人民法院受理原董事长的复议申请或起诉提出异议后，行政复议机关或人民法院不应作出实体裁判，而应中止案件审理，要求相关当事人先行依法解决公司决议纠纷，明确公司代表权。

《最高人民法院关于审理房屋登记行政案件中发现涉嫌刑事犯罪问题应如何处理的答复》

天津市高级人民法院：

你院《关于李宵诉天津市国土资源和房屋管理局房屋登记一案如何适用法律问题的请示报告》收悉。经研究答复如下：

人民法院在审理有关房屋登记行政案件中，发现涉嫌刑事犯罪问题的，不应将该案全案移送公安机关处理，而应区别不同情况分别处理：

一、第三人购买的房屋不属于善意取得，参照民法通则第五十八条和合同法第五十二条、第五十九条的规定，房屋买卖行为属于无效的行为，人民法院应当依法判决撤销被诉核发房屋产权证行为。

二、第三人购买的房屋属于善意取得，房屋管理机关未尽审慎审查职责的，依据物权法第一百零六条等有关法律的规定，第三人的合法权益应当予以保护，人民法院可以判决确认被诉具体行政行为违法。

三、如果不能确定第三人购买的房屋是否属于善意取得，应当中止案件审理，待有权机关作出有效确认后，再恢复审理。

此复。

《最高人民法院关于中国农业银行大连市分行友好支行诉大连中大集团公司、第三人中国大连国际经济技术合作集团有限公司借款合同抵押担保纠纷一案请示的答复》

辽宁省高级人民法院：

你院〔2002〕辽民三初字第12号请示收悉。经研究，答复如下：

从你院请示材料看，依据大连市中级人民法院〔1999〕大民初字第160号民事调解书、大连市房地产管理局大房局管字〔2000〕16号文件以及大连市中级人民法院〔2002〕大行再字第21号行政判决书，中大大厦9－15层的产权确系中国大连国际经济技术合作集团有限公司（以下简称大连国际）所有，大连中大集团公司（以下简称中大集团）未经大连国际的同意将中大大厦整体抵押给债权人中国农业银行大连市分行友好支行（以下简称友好支行）的行为，属于无权处分行为，依照《中华人民共和国合同法》第五十一条的规定，抵押合同涉及无权处分部分无效。但鉴于中大大厦在抵押时的全部产权登记在中大集团名下，不动产登记具有权利推定效力，因此，如无证据证明友好支行在接受抵押时对中大大厦9－15层产权的真实状况为明知或应知的，友好支行可以善意取得对中大大厦9－15层的抵押权。你院应当在查明案件事实，尤其是债权人在接受抵押时是否属于善意的基础上，妥善处理该案。

此复

权威案例指引

▶公报案例

《连成贤诉臧树林排除妨害纠纷案》，《最高人民法院公报》2015年第10期

裁判摘要：签订房屋买卖合同后出卖方应向买受人履行权利与实物的双重交付，在买受方已取得房屋产权而未实际占有的情况下，其仅仅基于物权请求权要求有权占有人迁出，法

院应作慎重审查。若占有人对房屋的占有具有合法性、正当性，买受方应以合同相对方为被告提起债权给付之诉，要求对方履行交付房屋的义务或在房屋客观上无法交付的情况下承担相应的违约责任。

第三百一十二条　【遗失物的处理规则】 所有权人或者其他权利人有权追回遗失物。该遗失物通过转让被他人占有的，权利人有权向无处分权人请求损害赔偿，或者自知道或者应当知道受让人之日起二年内向受让人请求返还原物；但是，受让人通过拍卖或者向具有经营资格的经营者购得该遗失物的，权利人请求返还原物时应当支付受让人所付的费用。权利人向受让人支付所付费用后，有权向无处分权人追偿。

司法解释适用

《最高人民法院关于刑事裁判涉财产部分执行的若干规定》

第十条　对赃款赃物及其收益，人民法院应当一并追缴。

被执行人将赃款赃物投资或者置业，对因此形成的财产及其收益，人民法院应予追缴。

被执行人将赃款赃物与其他合法财产共同投资或者置业，对因此形成的财产中与赃款赃物对应的份额及其收益，人民法院应予追缴。

对于被害人的损失，应当按照刑事裁判认定的实际损失予以发还或者赔偿。

第十一条　被执行人将刑事裁判认定为赃款赃物的涉案财物用于清偿债务、转让或者设置其他权利负担，具有下列情形之一的，人民法院应予追缴：

（一）第三人明知是涉案财物而接受的；

（二）第三人无偿或者以明显低于市场的价格取得涉案财物的；

（三）第三人通过非法债务清偿或者违法犯罪活动取得涉案财物的；

（四）第三人通过其他恶意方式取得涉案财物的。

第三人善意取得涉案财物的，执行程序中不予追缴。作为原所有人的被害人对该涉案财物主张权利的，人民法院应当告知其通过诉讼程序处理。

《最高人民法院、最高人民检察院关于办理诈骗刑事案件具体应用法律若干问题的解释》

第九条　案发后查封、扣押、冻结在案的诈骗财物及其孳息，权属明确的，应当发还被害人；权属不明确的，可按被骗款物占查封、扣押、冻结在案的财物及其孳息总额的比例发还被害人，但已获退赔的应予扣除。

第十条　行为人已将诈骗财物用于清偿债务或者转让给他人，具有下列情形之一的，应当依法追缴：

（一）对方明知是诈骗财物而收取的；

（二）对方无偿取得诈骗财物的；

（三）对方以明显低于市场的价格取得诈骗财物的；

（四）对方取得诈骗财物系源于非法债务或者违法犯罪活动的。

他人善意取得诈骗财物的，不予追缴。

《最高人民法院关于人民法院查封的财产被转卖是否保护善意取得人利益问题的复函》

河北省高级人民法院：

你院《关于被执行人转卖法院查封财产第三人善意取得是否应予保护的请示》收悉。经研究，答复如下：

人民法院依法查封的财产被转卖的，对买受人原则上不适用善意取得制度。但鉴于所请示的案件中，有关法院在执行本案时，对液化气铁路罐车的查封手续不够完备，因此在处理时对申请执行人和买受人的利益均应给予照顾，具体可对罐车或其变价款在申请执行人和买受人之间进行公平合理分配。

第三百一十三条　【善意取得的动产上原有的权利负担消灭及其例外】善意受让人取得动产后，该动产上的原有权利消灭。但是，善意受让人在受让时知道或者应当知道该权利的除外。

关联法规参见

▶**法律：**《民法典合同编》第621条。

第三百一十四条　【遗失物拾得人的返还义务】拾得遗失物，应当返还权利人。拾得人应当及时通知权利人领取，或者送交公安等有关部门。

关联法规参见

▶**行政法规：**《危险化学品安全管理条例》第99条。

第三百一十五条　【遗失物受领部门的义务】有关部门收到遗失物，知道权利人的，应当及时通知其领取；不知道的，应当及时发布招领公告。

第三百一十六条　【遗失物拾得人的妥善保管义务】拾得人在遗失物送交有关部门前，有关部门在遗失物被领取前，应当妥善保管遗失物。因故意或者重大过失致使遗失物毁损、灭失的，应当承担民事责任。

关联法规参见

▶**行政法规**：《铁路旅客运输办理细则》第 94 条、第 95 条。

第三百一十七条　【权利人领取遗失物时的费用支付义务】 权利人领取遗失物时，应当向拾得人或者有关部门支付保管遗失物等支出的必要费用。

权利人悬赏寻找遗失物的，领取遗失物时应当按照承诺履行义务。

拾得人侵占遗失物的，无权请求保管遗失物等支出的费用，也无权请求权利人按照承诺履行义务。

关联法规参见

▶**法律**：《刑法》第 270 条。

第三百一十八条　【无人认领的遗失物的处理规则】 遗失物自发布招领公告之日起一年内无人认领的，归国家所有。

关联法规参见

▶**法律**：《海关法》第 30 条、第 51 条、《民事诉讼法》第 192 条，《邮政法》第 33 条。

第三百一十九条　【拾得漂流物、发现埋藏物或者隐藏物参照适用拾得遗失物的规则】 拾得漂流物、发现埋藏物或者隐藏物的，参照适用拾得遗失物的有关规定。法律另有规定的，依照其规定。

关联法规参见

▶**法律**：《刑法》第 270 条，《文物保护法》第 32 条。

▶**行政法规**：《河道管理条例》第 33 条，《金银管理条例》第 13 条，《城镇国有土地使用权出让和转让暂行条例》第 2 条。

第三百二十条　【从物随主物转让规则】 主物转让的，从物随主物转让，但是当事人另有约定的除外。

关联法规参见

▶**法律**：《民法典合同编》第 631 条。

司法解释适用

《最高人民法院关于适用〈中华人民共和国民法典〉有关担保制度的解释》（法释〔2020〕28号）

《民法典担保制度司法解释》	原《担保法司法解释》
第四十条 从物产生于抵押权依法设立前，抵押权人主张抵押权的效力及于从物的，人民法院应予支持，但是当事人另有约定的除外。 从物产生于抵押权依法设立后，抵押权人主张抵押权的效力及于从物的，人民法院不予支持，但是在抵押权实现时可以一并处分。	**第六十三条** 抵押权设定前为抵押物的从物的，抵押权的效力及于抵押物的从物。但是，抵押物与其从物为两个以上的人分别所有时，抵押权的效力不及于抵押物的从物。
删除条文 ~~**第九十一条** 动产质权的效力及于质物的从物。但是，从物未随同质物移交质权人占有的，质权的效力不及于从物。~~	

《最高人民法院关于人民法院民事执行中查封、扣押、冻结财产的规定》（法释〔2020〕21号修改）

新《人民法院民事执行中查封、扣押、冻结财产规定》	原《人民法院民事执行中查封、扣押、冻结财产规定》
第二十条（原第二十二条） 查封、扣押的效力及于查封、扣押物的从物和天然孳息。	

第三百二十一条 【孳息的归属】 天然孳息，由所有权人取得；既有所有权人又有用益物权人的，由用益物权人取得。当事人另有约定的，按照其约定。

法定孳息，当事人有约定的，按照约定取得；没有约定或者约定不明确的，按照交易习惯取得。

关联法规参见

▶**法律：**《民法典物权编》第412条、第413条、第452条，《民法典合同编》第573条、第630条、第900条，《刑事诉讼法》第245条。

司法解释适用

《最高人民法院关于适用〈中华人民共和国刑事诉讼法〉的解释》（法释〔2021〕1号）

新《刑事诉讼法司法解释》	原《刑事诉讼法司法解释》
第四百四十四条　对查封、扣押、冻结的财物及其孳息，应当在判决书中写明名称、金额、数量、存放地点及其处理方式等。涉案财物较多，不宜在判决主文中详细列明的，可以附清单。 判决追缴违法所得或者责令退赔的，应当写明追缴、退赔的金额或者财物的名称、数量等情况；已经发还的，应当在判决书中写明。	**第三百六十五条**　对查封、扣押、冻结的财物及其孳息，应当在判决书中写明名称、金额、数量、存放地点及其处理方式等。涉案财物较多，不宜在判决主文中详细列明的，可以附清单。 ~~涉案财物未随案移送的，应当在判决书中写明，并写明由查封、扣押、冻结机关负责处理。~~
第四百四十五条　查封、扣押、冻结的财物及其孳息，经审查，确属违法所得或者依法应当追缴的其他涉案财物的，应当判决返还被害人，或者没收上缴国库，但法律另有规定的除外。 对判决时尚未追缴到案或者尚未足额退赔的违法所得，应当判决继续追缴或者责令退赔。 判决返还被害人的涉案财物，应当通知被害人认领；无人认领的，应当公告通知；公告满一年无人认领的，应当上缴国库；上缴国库后有人认领，经查证属实的，应当申请退库予以返还；原物已经拍卖、变卖的，应当返还价款。 对侵犯国有财产的案件，被害单位已经终止且没有权利义务继受人，或者损失已经被核销的，查封、扣押、冻结的财物及其孳息应当上缴国库。	**第三百六十六条**　查封、扣押、冻结的财物及其孳息，经审查，确属违法所得或者依法应当追缴的其他涉案财物的，应当判决返还被害人，或者没收上缴国库，但法律另有规定的除外。 判决返还被害人的涉案财物，应当通知被害人认领；无人认领的，应当公告通知；公告满三个月无人认领的，应当上缴国库；上缴国库后有人认领，经查证属实的，应当申请退库予以返还；原物已经拍卖、变卖的，应当返还价款。 对侵犯国有财产的案件，被害单位已经终止且没有权利义务继受人，或者损失已经被核销的，查封、扣押、冻结的财物及其孳息应当上缴国库。
新增条文 **第四百四十六条**　第二审期间，发现第一审判决未对随案移送的涉案财物及其孳息作出处理的，可以裁定撤销原判，发回原审人民法院重新审判，由原审人民法院依法对涉案财物及其孳息一并作出处理。 判决生效后，发现原判未对随案移送的涉案财物及其孳息作出处理的，由原审人民法院依法对涉案财物及其孳息另行作出处理。	

《最高人民法院关于人民法院民事执行中查封、扣押、冻结财产的规定》（法释〔2020〕21号修改）

新《人民法院民事执行中查封、扣押、冻结财产规定》	原《人民法院民事执行中查封、扣押、冻结财产规定》
第二十条（原第二十二条） 查封、扣押的效力及于查封、扣押物的从物和天然孳息。	

权威案例指引

▶**公报案例**

《福州商贸大厦筹备处与福建佳盛投资发展有限公司借款纠纷案》，《最高人民法院公报》2006年第7期

裁判摘要：银行利息作为主债权的收益，属于法定孳息，除法律有特别规定或者当事人有特别约定外，取得孳息的权利随着主物所有权的转移而转移。

第三百二十二条 【添附：加工、附合、混合物的归属】因加工、附合、混合而产生的物的归属，有约定的，按照约定；没有约定或者约定不明确的，依照法律规定；法律没有规定的，按照充分发挥物的效用以及保护无过错当事人的原则确定。因一方当事人的过错或者确定物的归属造成另一方当事人损害的，应当给予赔偿或者补偿。

司法解释适用

《最高人民法院关于适用〈中华人民共和国民法典〉有关担保制度的解释》（法释〔2020〕28号）

《民法典担保制度司法解释》	原《担保法司法解释》
第四十一条 抵押权依法设立后，抵押财产被添附，添附物归第三人所有，抵押权人主张抵押权效力及于补偿金的，人民法院应予支持。 抵押权依法设立后，抵押财产被添附，抵押人对添附物享有所有权，抵押权人主张抵押权的效力及于添附物的，人民法院应予支持，但是添附导致抵押财产价值增加的，抵押权的效力不及于增加的价值部分。 抵押权依法设立后，抵押人与第三人因添附成为添附物的共有人，抵押权人主张	**第六十二条** 抵押物因附合、混合或者加工使抵押物的所有权为第三人所有的，抵押权的效力及于补偿金；抵押物所有人为附合物、混合物或者加工物的所有人的，抵押权的效力及于附合物、混合物或者加工物；第三人与抵押物所有人为附合物、混合物或者加工物的共有人的，抵押权的效力及于抵押人对共有物享有的份额。

《民法典担保制度司法解释》	原《担保法司法解释》
抵押权的效力及于抵押人对共有物享有的份额的，人民法院应予支持。 本条所称添附，包括附合、混合与加工。	

权威案例指引

▶公报案例

《胡田云诉汤锦勤、王剑峰所有权确认纠纷案》，《最高人民法院公报》2011年第12期

裁判摘要：房屋折迁安置权益属房屋所有权的综合性权能，一般包括被拆房屋补偿款、搬迁费用、新建房屋补贴、新建房屋土地使用权等在内。应以被折迁房屋的所有权权属决定折迁安置权益的归属，共有人之间有权通过协议予以分割。

在他人享有使用权之土地上建造房屋而形成附和的，房屋所有权一般归属于土地使用权人。对实施房屋建造的非土地使用权人所进行的补偿不仅仅包括金钱给付，在特定身份关系下亦应包括居住使用权益。

第三分编　用益物权

第十章　一般规定

第三百二十三条　【用益物权的定义】用益物权人对他人所有的不动产或者动产，依法享有占有、使用和收益的权利。

关联法规参见

▶法律：《民法典总则编》第114条。

第三百二十四条　【国家所有和集体所有的自然资源的使用规则】国家所有或者国家所有由集体使用以及法律规定属于集体所有的自然资源，组织、个人依法可以占有、使用和收益。

关联法规参见

▶法律：《土地管理法》第10条。

第三百二十五条 【自然资源有偿使用规则】 国家实行自然资源有偿使用制度，但是法律另有规定的除外。

关联法规参见

▶**法律**：《城市房地产管理法》第3条、第40条，《土地管理法》第2条、第54条、第55条，《水法》第7条，《矿产资源法》第5条。

▶**行政法规**：《土地管理法实施条例》第29条，《城镇国有土地使用权出让和转让暂行条例》第2条。

第三百二十六条 【用益物权的行使规范】 用益物权人行使权利，应当遵守法律有关保护和合理开发利用资源、保护生态环境的规定。所有权人不得干涉用益物权人行使权利。

关联法规参见

▶**法律**：《宪法》第9条、第10条、第26条，《土地管理法》第3条，《农村土地承包法》第11条，《水污染防治法》第49条，《海洋环境保护法》第24条，《煤炭法》第11条、第57条，《水法》第9条、第31条，《环境保护法》第64条，《草原法》第14条、第33条至第35条，《清洁生产促进法》第25条，《农业法》第57条至第59条、第61条、第65条、第66条，《水土保持法》第17条、第25条、第28条，《矿产资源法》第3条、第29条、第30条、第32条、第44条。

第三百二十七条 【征收征用影响或消灭用益物权时用益物权人的补偿请求权】 因不动产或者动产被征收、征用致使用益物权消灭或者影响用益物权行使的，用益物权人有权依据本法第二百四十三条、第二百四十五条的规定获得相应补偿。

关联法规参见

▶**法律**：《宪法》第10条、第13条，《民法典物权编》第243条、第245条、第338条、第358条，《土地管理法》第2条、第47条、第48条，《渔业法》第14条，《草原法》第39条，《农业法》第71条。

司法解释适用

《最高人民法院关于审理涉及农村土地承包纠纷案件适用法律问题的解释》（法释〔2020〕17号修改）

新《农村土地承包纠纷司法解释》	原《农村土地承包纠纷司法解释》
第二十条 承包地被依法征收，承包方请求发包方给付已经收到的地上附着物和青苗的补偿费的，应予支持。 承包方已将土地经营权以出租、入股或者其他方式流转给第三人的，除当事人另有约定外，青苗补偿费归实际投入人所有，地上附着物补偿费归附着物所有人所有。	**第二十二条** 承包地被依法征收，承包方请求发包方给付已经收到的地上附着物和青苗的补偿费的，应予支持。 承包方已将土地承包经营权以转包、出租等方式流转给第三人的，除当事人另有约定外，青苗补偿费归实际投入人所有，地上附着物补偿费归附着物所有人所有。
第二十一条（原第二十三条） 承包地被依法征收，放弃统一安置的家庭承包方，请求发包方给付已经收到的安置补助费的，应予支持。	

《最高人民法院关于审理涉及农村集体土地行政案件若干问题的规定》

第十二条 征收农村集体土地时涉及被征收土地上的房屋及其他不动产，土地权利人可以请求依照物权法第四十二条第二款的规定给予补偿。

征收农村集体土地时未就被征收土地上的房屋及其他不动产进行安置补偿，补偿安置时房屋所在地已纳入城市规划区，土地权利人请求参照执行国有土地上房屋征收补偿标准的，人民法院一般应予支持，但应当扣除已经取得的土地补偿费。

经收到的安置补助费的，应予支持。

权威案例指引

▶公报案例

《丰宁长阁矿业有限公司与北京铁路局物权保护纠纷案》，《最高人民法院公报》2019年第9期

裁判摘要：一、建设单位与矿业权人达成压覆矿产补偿意向，并依照相关法律法规履行了压覆审批手续，则其压覆矿产的行为不具有违法性，主观上亦不存在过错，不构成侵权。矿业权人因矿产被压覆所受损失可以依法得到补偿。

二、建设项目因公共利益压覆矿产的，建设单位应补偿矿业权人被压覆资源储量在压覆时市场条件下所应缴价款，以及所压覆的矿区分担的勘察投资、已建的开采设施投入和搬迁相应设施等直接损失。

第三百二十八条 【法律保护海域使用权】依法取得的海域使用权受法律保护。

关联法规参见

▶**法律**：《海域使用管理法》第3条、第6条、第19条至第33条、第36条。

▶**行政法规**：《不动产登记暂行条例》第5条。

第三百二十九条　【依法取得的探矿权、采矿权、取水权等准物权受法律保护】 依法取得的探矿权、采矿权、取水权和使用水域、滩涂从事养殖、捕捞的权利受法律保护。

关联法规参见

▶**法律**：《宪法》第9条，《土地管理法》第12条，《煤炭法》第6条、第20条、第24条、第58条，《水法》第3条、第6条、第7条、第48条，《渔业法》第11条、第12条、第23条、第24条，《监狱法》第9条，《矿产资源法》第3条至第6条、第39条、第40条、第42条。

▶**行政法规**：《矿产资源法实施细则》第5条、第6条，《取水许可和水资源费征收管理条例》第2条至第4条，《探矿权采矿权转让管理办法》第2条至第13条，《渔业法实施细则》第10条、第15条至第19条。

权威案例指引

▶**典型案例**

《孙素贤等三人与玄正军探矿权权属纠纷案》，《人民法院关于依法审理矿业权民事纠纷案件典型案例之一》（2016年7月12日）

典型意义：矿业权兼具民事物权属性和行政许可特性。矿业权的权利行使和救济关涉行政权和司法权的职责分工。探矿权的取得须经国土资源主管部门许可，《矿产资源勘查许可证》的登记、变更等属于国土资源主管部门的行政管理职能。委托人委托他人办理勘查许可证，受托人未忠实履行受托义务，采取欺诈的手段，将勘查许可证办理在自己名下，委托人直接提起民事诉讼，请求确认勘查许可证归其所有，是权利救济渠道的不当选择，人民法院裁定驳回起诉是对行政机关行政管理职能的尊重，准确把握了司法权介入的法定边界。本案情形下，委托人可以利害关系人身份向国土资源主管部门提出撤销申请，并请求对探矿权的归属依法作出处理；也可以依法提起行政诉讼，请求人民法院对国土资源主管部门的具体行政行为进行审查；还可以依据合同向受托人主张违约责任或者民事损害赔偿，实现权利被侵害后的法律救济。

第十一章　土地承包经营权

第三百三十条　【农村集体经济组织经营体制】 农村集体经济组织实行家庭承包经营为基础、统分结合的双层经营体制。

农民集体所有和国家所有由农民集体使用的耕地、林地、草地以及其他用于农业的土地，依法实行土地承包经营制度。

关联法规参见

▶**法律：**《宪法》第8条，《土地管理法》第13条，《农村土地承包法》第2条、第3条、第7条、第13条、第19条，《农业法》第10条。

司法解释适用

《最高人民法院关于审理涉及农村土地承包经营纠纷调解仲裁案件适用法律若干问题的解释》（法释〔2020〕17号修改）

新《农村土地承包经营纠纷调解仲裁案件司法解释》	原《农村土地承包经营纠纷调解仲裁案件司法解释》
第一条（原第一条）　农村土地承包仲裁委员会根据农村土地承包经营纠纷调解仲裁法第十八条规定，以超过申请仲裁的时效期间为由驳回申请后，当事人就同一纠纷提起诉讼的，人民法院应予受理。	
第二条（原第二条）　当事人在收到农村土地承包仲裁委员会作出的裁决书之日起三十日后或者签收农村土地承包仲裁委员会作出的调解书后，就同一纠纷向人民法院提起诉讼的，裁定不予受理；已经受理的，裁定驳回起诉。	
第三条（原第三条）　当事人在收到农村土地承包仲裁委员会作出的裁决书之日起三十日内，向人民法院提起诉讼，请求撤销仲裁裁决的，人民法院应当告知当事人就原纠纷提起诉讼。	
第四条（原第四条）　农村土地承包仲裁委员会依法向人民法院提交当事人财产保全申请的，申请财产保全的当事人为申请人。 农村土地承包仲裁委员会应当提交下列材料： （一）财产保全申请书； （二）农村土地承包仲裁委员会发出的受理案件通知书； （三）申请人的身份证明； （四）申请保全财产的具体情况。 人民法院采取保全措施，可以责令申请人提供担保，申请人不提供担保的，裁定驳回申请。	

<table>
<tr><th>新《农村土地承包经营纠纷调解仲裁案件司法解释》</th><th>原《农村土地承包经营纠纷调解仲裁案件司法解释》</th></tr>
<tr><td colspan="2">第五条（原第五条）　人民法院对农村土地承包仲裁委员会提交的财产保全申请材料，应当进行审查。符合前条规定的，应予受理；申请材料不齐全或不符合规定的，人民法院应当告知农村土地承包仲裁委员会需要补齐的内容。
人民法院决定受理的，应当于三日内向当事人送达受理通知书并告知农村土地承包仲裁委员会。</td></tr>
<tr><td colspan="2">第六条（原第六条）　人民法院受理财产保全申请后，应当在十日内作出裁定。因特殊情况需要延长的，经本院院长批准，可以延长五日。
人民法院接受申请后，对情况紧急的，必须在四十八小时内作出裁定；裁定采取保全措施的，应当立即开始执行。</td></tr>
<tr><td>第七条　农村土地承包经营纠纷仲裁中采取的财产保全措施，在申请保全的当事人依法提起诉讼后，自动转为诉讼中的财产保全措施，并适用《最高人民法院关于适用〈中华人民共和国民事诉讼法〉的解释》第四百八十七条关于查封、扣押、冻结期限的规定。</td><td>第七条　农村土地承包经营纠纷仲裁中采取的财产保全措施，在申请保全的当事人依法提起诉讼后，自动转为诉讼中的财产保全措施，并适用《最高人民法院关于人民法院民事执行中查封、扣押、冻结财产的规定》第二十九条关于查封、扣押、冻结期限的规定。</td></tr>
<tr><td colspan="2">第八条（原第八条）　农村土地承包仲裁委员会依法向人民法院提交当事人证据保全申请的，应当提供下列材料：
（一）证据保全申请书；
（二）农村土地承包仲裁委员会发出的受理案件通知书；
（三）申请人的身份证明；
（四）申请保全证据的具体情况。
对证据保全的具体程序事项，适用本解释第五、六、七条关于财产保全的规定。</td></tr>
<tr><td colspan="2">第九条（原第九条）　农村土地承包仲裁委员会作出先行裁定后，一方当事人依法向被执行人住所地或者被执行的财产所在地基层人民法院申请执行的，人民法院应予受理和执行。
申请执行先行裁定的，应当提供以下材料：
（一）申请执行书；
（二）农村土地承包仲裁委员会作出的先行裁定书；
（三）申请执行人的身份证明；
（四）申请执行人提供的担保情况；
（五）其他应当提交的文件或证件。</td></tr>
<tr><td>第十条　当事人根据农村土地承包经营纠纷调解仲裁法第四十九条规定，向人民法院申请执行调解书、裁决书，符合《最高人民法院关于人民法院执行工作若干问题的规定（试行）》第十六条规定条件的，人民法院应予受理和执行。</td><td>第十条　当事人根据农村土地承包经营纠纷调解仲裁法第四十九条规定，向人民法院申请执行调解书、裁决书，符合《最高人民法院关于人民法院执行工作若干问题的规定（试行）》第十八条规定条件的，人民法院应予受理和执行。</td></tr>
</table>

新《农村土地承包经营纠纷调解仲裁案件司法解释》	原《农村土地承包经营纠纷调解仲裁案件司法解释》
第十一条（原第十一条） 当事人因不服农村土地承包仲裁委员会作出的仲裁裁决向人民法院提起诉讼的，起诉期从其收到裁决书的次日起计算。	
第十二条（原第十二条） 本解释施行后，人民法院尚未审结的一审、二审案件适用本解释规定。本解释施行前已经作出生效裁判的案件，本解释施行后依法再审的，不适用本解释规定。	

《最高人民法院关于国有土地开荒后用于农耕的土地使用权转让合同纠纷案件如何适用法律问题的批复》（法释〔2020〕17号修改）

新《农耕的土地使用权转让合同纠纷案件如何适用法律问题的批复》	原《农耕的土地使用权转让合同纠纷案件如何适用法律问题的批复》
甘肃省高级人民法院： 你院《关于对国有土地经营权转让如何适用法律的请示》（甘高法〔2010〕84号）收悉。经研究，答复如下： 开荒后用于农耕而未交由农民集体使用的国有土地，不属于《中华人民共和国农村土地承包法》第二条规定的农村土地。此类土地使用权的转让，不适用《中华人民共和国农村土地承包法》的规定，应适用《中华人民共和国民法典》和《中华人民共和国土地管理法》等相关法律规定加以规范。 对于国有土地开荒后用于农耕的土地使用权转让合同，不违反法律、行政法规的强制性规定的，当事人仅以转让方未取得土地使用权证书为由请求确认合同无效的，人民法院依法不予支持；当事人根据合同约定主张对方当事人履行办理土地使用权证书义务的，人民法院依法应予支持。	甘肃省高级人民法院： 你院《关于对国有土地经营权转让如何适用法律的请示》（甘高法〔2010〕84号）收悉。经研究，答复如下： 开荒后用于农耕而未交由农民集体使用的国有土地，不属于《中华人民共和国农村土地承包法》第二条规定的农村土地。此类土地使用权的转让，不适用《中华人民共和国农村土地承包法》的规定，应适用《中华人民共和国合同法》和《中华人民共和国土地管理法》等相关法律规定加以规范。 对于国有土地开荒后用于农耕的土地使用权转让合同，不违反法律、行政法规的强制性规定的，当事人仅以转让方未取得土地使用权证书为由请求确认合同无效的，人民法院依法不予支持；当事人根据合同约定主张对方当事人履行办理土地使用权证书义务的，人民法院依法应予支持。

《最高人民法院关于审理涉及农村土地承包纠纷案件适用法律问题的解释》（法释〔2020〕17号修改）

新《农村土地承包纠纷司法解释》	原《农村土地承包纠纷司法解释》
为正确审理农村土地承包纠纷案件，依法保护当事人的合法权益，根据《中华人民共和国民法典》《中华人民共和国农村土地承包法》《中华人民共和国土地管理法》《中华人民共和国民事诉讼法》等法律的规定，结合民事审判实践，制定本解释。	根据《中华人民共和国民法通则》、《中华人民共和国合同法》、《中华人民共和国民事诉讼法》、《中华人民共和国农村土地承包法》、《中华人民共和国土地管理法》等法律的规定，结合民事审判实践，对审理涉及农村土地承包纠纷案件适用法律的若干问题解释如下：

<table>
<tr><th>新《农村土地承包纠纷司法解释》</th><th>原《农村土地承包纠纷司法解释》</th></tr>
<tr><td>第一条　下列涉及农村土地承包民事纠纷，人民法院应当依法受理：
（一）承包合同纠纷；
（二）承包经营权侵权纠纷；
（三）土地经营权侵权纠纷；
（四）承包经营权互换、转让纠纷；
（五）土地经营权流转纠纷；
（六）承包地征收补偿费用分配纠纷；
（七）承包经营权继承纠纷；
（八）土地经营权继承纠纷。
农村集体经济组织成员因未实际取得土地承包经营权提起民事诉讼的，人民法院应当告知其向有关行政主管部门申请解决。
农村集体经济组织成员就用于分配的土地补偿费数额提起民事诉讼的，人民法院不予受理。</td><td>第一条　下列涉及农村土地承包民事纠纷，人民法院应当依法受理：
（一）承包合同纠纷；
（二）承包经营权侵权纠纷；
（三）承包经营权流转纠纷；
（四）承包地征收补偿费用分配纠纷；
（五）承包经营权继承纠纷。
集体经济组织成员因未实际取得土地承包经营权提起民事诉讼的，人民法院应当告知其向有关行政主管部门申请解决。
集体经济组织成员就用于分配的土地补偿费数额提起民事诉讼的，人民法院不予受理。</td></tr>
<tr><td>第二条　当事人自愿达成书面仲裁协议的，受诉人民法院应当参照《最高人民法院关于适用〈中华人民共和国民事诉讼法〉的解释》第二百一十五条、第二百一十六条的规定处理。
当事人未达成书面仲裁协议，一方当事人向农村土地承包仲裁机构申请仲裁，另一方当事人提起诉讼的，人民法院应予受理，并书面通知仲裁机构。但另一方当事人接受仲裁管辖后又起诉的，人民法院不予受理。
当事人对仲裁裁决不服并在收到裁决书之日起三十日内提起诉讼的，人民法院应予受理。</td><td>第二条　当事人自愿达成书面仲裁协议的，受诉人民法院应当参照最高人民法院《关于适用〈中华人民共和国民事诉讼法〉若干问题的意见》第145条至第148条的规定处理。
当事人未达成书面仲裁协议，一方当事人向农村土地承包仲裁机构申请仲裁，另一方当事人提起诉讼的，人民法院应予受理，并书面通知仲裁机构。但另一方当事人接受仲裁管辖后又起诉的，人民法院不予受理。
当事人对仲裁裁决不服并在收到裁决书之日起三十日内提起诉讼的，人民法院应予受理。</td></tr>
<tr><td colspan="2">第三条（原第三条）　承包合同纠纷，以发包方和承包方为当事人。
前款所称承包方是指以家庭承包方式承包本集体经济组织农村土地的农户，以及以其他方式承包农村土地的组织或者个人。</td></tr>
<tr><td colspan="2">第四条（原第四条）　农户成员为多人的，由其代表人进行诉讼。
农户代表人按照下列情形确定：
（一）土地承包经营权证等证书上记载的人；
（二）未依法登记取得土地承包经营权证等证书的，为在承包合同上签名的人；
（三）前两项规定的人死亡、丧失民事行为能力或者因其他原因无法进行诉讼的，为农户成员推选的人。</td></tr>
</table>

<table>
<tr><th>新《农村土地承包纠纷司法解释》</th><th>原《农村土地承包纠纷司法解释》</th></tr>
<tr><td>第五条　承包合同中有关收回、调整承包地的约定违反农村土地承包法第二十七条、第二十八条、第三十一条规定的，应当认定该约定无效。</td><td>第五条　承包合同中有关收回、调整承包地的约定违反农村土地承包法第二十六条、第二十七条、第三十条、第三十五条规定的，应当认定该约定无效。</td></tr>
<tr><td colspan="2">第六条（原第六条）　因发包方违法收回、调整承包地，或者因发包方收回承包方弃耕、撂荒的承包地产生的纠纷，按照下列情形，分别处理：
（一）发包方未将承包地另行发包，承包方请求返还承包地的，应予支持；
（二）发包方已将承包地另行发包给第三人，承包方以发包方和第三人为共同被告，请求确认其所签订的承包合同无效、返还承包地并赔偿损失的，应予支持。但属于承包方弃耕、撂荒情形的，对其赔偿损失的诉讼请求，不予支持。
前款第（二）项所称的第三人，请求受益方补偿其在承包地上的合理投入的，应予支持。</td></tr>
<tr><td colspan="2">第七条（原第七条）　承包合同约定或者土地承包经营权证等证书记载的承包期限短于农村土地承包法规定的期限，承包方请求延长的，应予支持。</td></tr>
<tr><td>第八条　承包方违反农村土地承包法第十八条规定，未经依法批准将承包地用于非农建设或者对承包地造成永久性损害，发包方请求承包方停止侵害、恢复原状或者赔偿损失的，应予支持。</td><td>第八条　承包方违反农村土地承包法第十七条规定，将承包地用于非农建设或者对承包地造成永久性损害，发包方请求承包方停止侵害、恢复原状或者赔偿损失的，应予支持。</td></tr>
<tr><td>第九条　发包方根据农村土地承包法第二十七条规定收回承包地前，承包方已经以出租、入股或者其他形式将其土地经营权流转给第三人，且流转期限尚未届满，因流转价款收取产生的纠纷，按照下列情形，分别处理：
（一）承包方已经一次性收取了流转价款，发包方请求承包方返还剩余流转期限的流转价款的，应予支持；
（二）流转价款为分期支付，发包方请求第三人按照流转合同的约定支付流转价款的，应予支持。</td><td>第九条　发包方根据农村土地承包法第二十六条规定收回承包地前，承包方已经以转包、出租等形式将其土地承包经营权流转给第三人，且流转期限尚未届满，因流转价款收取产生的纠纷，按照下列情形，分别处理：
（一）承包方已经一次性收取了流转价款，发包方请求承包方返还剩余流转期限的流转价款的，应予支持；
（二）流转价款为分期支付，发包方请求第三人按照流转合同的约定支付流转价款的，应予支持。</td></tr>
<tr><td>第十条　承包方交回承包地不符合农村土地承包法第三十条规定程序的，不得认定其为自愿交回。</td><td>第十条　承包方交回承包地不符合农村土地承包法第二十九条规定程序的，不得认定其为自愿交回。</td></tr>
</table>

<table>
<tr><th>新《农村土地承包纠纷司法解释》</th><th>原《农村土地承包纠纷司法解释》</th></tr>
<tr><td>第十一条　土地经营权流转中，本集体经济组织成员在流转价款、流转期限等主要内容相同的条件下主张优先权的，应予支持。但下列情形除外：
（一）在书面公示的合理期限内未提出优先权主张的；
（二）未经书面公示，在本集体经济组织以外的人开始使用承包地两个月内未提出优先权主张的。</td><td>第十一条　土地承包经营权流转中，本集体经济组织成员在流转价款、流转期限等主要内容相同的条件下主张优先权的，应予支持。但下列情形除外：
（一）在书面公示的合理期限内未提出优先权主张的；
（二）未经书面公示，在本集体经济组织以外的人开始使用承包地两个月内未提出优先权主张的。</td></tr>
<tr><td>第十二条　发包方胁迫承包方将土地经营权流转给第三人，承包方请求撤销其与第三人签订的流转合同的，应予支持。
发包方阻碍承包方依法流转土地经营权，承包方请求排除妨碍、赔偿损失的，应予支持。</td><td>第十二条　发包方强迫承包方将土地承包经营权流转给第三人，承包方请求确认其与第三人签订的流转合同无效的，应予支持。
发包方阻碍承包方依法流转土地承包经营权，承包方请求排除妨碍、赔偿损失的，应予支持。</td></tr>
<tr><td>第十三条　承包方未经发包方同意，转让其土地承包经营权的，转让合同无效。但发包方无法定理由不同意或者拖延表态的除外。</td><td>第十三条　承包方未经发包方同意，采取转让方式流转其土地承包经营权的，转让合同无效。但发包方无法定理由不同意或者拖延表态的除外。</td></tr>
<tr><td>第十四条　承包方依法采取出租、入股或者其他方式流转土地经营权，发包方仅以该土地经营权流转合同未报其备案为由，请求确认合同无效的，不予支持。</td><td>第十四条　承包方依法采取转包、出租、互换或者其他方式流转土地承包经营权，发包方仅以该土地承包经营权流转合同未报其备案为由，请求确认合同无效的，不予支持。</td></tr>
<tr><td colspan="2">删除条文
<s>第十五条　承包方以其土地承包经营权进行抵押或者抵偿债务的，应当认定无效。对因此造成的损失，当事人有过错的，应当承担相应的民事责任。</s></td></tr>
<tr><td colspan="2">第十五条（原第十六条）　因承包方不收取流转价款或者向对方支付费用的约定产生纠纷，当事人协商变更无法达成一致，且继续履行又显失公平的，人民法院可以根据发生变更的客观情况，按照公平原则处理。</td></tr>
<tr><td>第十六条　当事人对出租地流转期限没有约定或者约定不明的，参照民法典第七百三十条规定处理。除当事人另有约定或者属于林地承包经营外，承包地交回的时间应当在农作物收获期结束后或者下一耕种期开始前。</td><td>第十七条　当事人对转包、出租地流转期限没有约定或者约定不明的，参照合同法第二百三十二条规定处理。除当事人另有约定或者属于林地承包经营外，承包地交回的时间应当在农作物收获期结束后或者下一耕种期开始前。</td></tr>
</table>

<table>
<tr><th>新《农村土地承包纠纷司法解释》</th><th>原《农村土地承包纠纷司法解释》</th></tr>
<tr><td>对提高土地生产能力的投入，对方当事人请求承包方给予相应补偿的，应予支持。</td><td>对提高土地生产能力的投入，对方当事人请求承包方给予相应补偿的，应予支持。</td></tr>
<tr><td>第十七条　发包方或者其他组织、个人擅自截留、扣缴承包收益或者土地经营权流转收益，承包方请求返还的，应予支持。
发包方或者其他组织、个人主张抵销的，不予支持。</td><td>第十八条　发包方或者其他组织、个人擅自截留、扣缴承包收益或者土地承包经营权流转收益，承包方请求返还的，应予支持。
发包方或者其他组织、个人主张抵销的，不予支持。</td></tr>
<tr><td colspan="2">第十八条（原第十九条）　本集体经济组织成员在承包费、承包期限等主要内容相同的条件下主张优先承包的，应予支持。但在发包方将农村土地发包给本集体经济组织以外的组织或者个人，已经法律规定的民主议定程序通过，并由乡（镇）人民政府批准后主张优先承包的，不予支持。</td></tr>
<tr><td>第十九条　发包方就同一土地签订两个以上承包合同，承包方均主张取得土地经营权的，按照下列情形，分别处理：
（一）已经依法登记的承包方，取得土地经营权；
（二）均未依法登记的，生效在先合同的承包方取得土地经营权；
（三）依前两项规定无法确定的，已经根据承包合同合法占有使用承包地的人取得土地经营权，但争议发生后一方强行先占承包地的行为和事实，不得作为确定土地经营权的依据。</td><td>第二十条　发包方就同一土地签订两个以上承包合同，承包方均主张取得土地承包经营权的，按照下列情形，分别处理：
（一）已经依法登记的承包方，取得土地承包经营权；
（二）均未依法登记的，生效在先合同的承包方取得土地承包经营权；
（三）依前两项规定无法确定的，已经根据承包合同合法占有使用承包地的人取得土地承包经营权，但争议发生后一方强行先占承包地的行为和事实，不得作为确定土地承包经营权的依据。</td></tr>
<tr><td colspan="2">删除条文
<s>第二十一条　承包方未依法登记取得土地承包经营权证等证书，即以转让、出租、入股、抵押等方式流转土地承包经营权，发包方请求确认该流转无效的，应予支持。但非因承包方原因未登记取得土地承包经营权证等证书的除外。</s>
<s>承包方流转土地承包经营权，除法律或者本解释有特殊规定外，按照有关家庭承包土地承包经营权流转的规定处理。</s></td></tr>
<tr><td>第二十条　承包地被依法征收，承包方请求发包方给付已经收到的地上附着物和青苗的补偿费的，应予支持。</td><td>第二十二条　承包地被依法征收，承包方请求发包方给付已经收到的地上附着物和青苗的补偿费的，应予支持。</td></tr>
</table>

<table>
<tr><th>新《农村土地承包纠纷司法解释》</th><th>原《农村土地承包纠纷司法解释》</th></tr>
<tr><td>承包方已将土地经营权以出租、入股或者其他方式流转给第三人的，除当事人另有约定外，青苗补偿费归实际投入人所有，地上附着物补偿费归附着物所有人所有。</td><td>承包方已将土地承包经营权以转包、出租等方式流转给第三人的，除当事人另有约定外，青苗补偿费归实际投入人所有，地上附着物补偿费归附着物所有人所有。</td></tr>
<tr><td colspan="2">第二十一条（原第二十三条）　承包地被依法征收，放弃统一安置的家庭承包方，请求发包方给付已经收到的安置补助费的，应予支持。</td></tr>
<tr><td colspan="2">第二十二条（原第二十四条）　农村集体经济组织或者村民委员会、村民小组，可以依照法律规定的民主议定程序，决定在本集体经济组织内部分配已经收到的土地补偿费。征地补偿安置方案确定时已经具有本集体经济组织成员资格的人，请求支付相应份额的，应予支持。但已报全国人大常委会、国务院备案的地方性法规、自治条例和单行条例、地方政府规章对土地补偿费在农村集体经济组织内部的分配办法另有规定的除外。</td></tr>
<tr><td colspan="2">第二十三条（原第二十五条）　林地家庭承包中，承包方的继承人请求在承包期内继续承包的，应予支持。
其他方式承包中，承包方的继承人或者权利义务承受者请求在承包期内继续承包的，应予支持。</td></tr>
<tr><td>第二十四条　人民法院在审理涉及本解释第五条、第六条第一款第（二）项及第二款、第十五条的纠纷案件时，应当着重进行调解。必要时可以委托人民调解组织进行调解。</td><td>第二十六条　人民法院在审理涉及本解释第五条、第六条第一款第（二）项及第二款、第十六条的纠纷案件时，应当着重进行调解。必要时可以委托人民调解组织进行调解。</td></tr>
<tr><td colspan="2">第二十五条（原第二十七条）　本解释自2005年9月1日起施行。施行后受理的第一审案件，适用本解释的规定。
施行前已经生效的司法解释与本解释不一致的，以本解释为准。</td></tr>
</table>

第三百三十一条　【土地承包经营权内容】 土地承包经营权人依法对其承包经营的耕地、林地、草地等享有占有、使用和收益的权利，有权从事种植业、林业、畜牧业等农业生产。

关联法规参见

▶**法律：**《宪法》第8条，《民法典总则编》第55条、第80条、第81条，《土地管理法》第13条，《农村土地承包法》第2条至第6条、第8条、第9条、第16条至第18条、第32条，《草原法》第13条。

司法解释适用

《最高人民法院关于审理涉及农村土地承包纠纷案件适用法律问题的解释》（法释〔2020〕17号修改）

新《农村土地承包纠纷司法解释》	原《农村土地承包纠纷司法解释》
第八条　承包方违反农村土地承包法第十八条规定，未经依法批准将承包地用于非农建设或者对承包地造成永久性损害，发包方请求承包方停止侵害、恢复原状或者赔偿损失的，应予支持。	**第八条**　承包方违反农村土地承包法第十七条规定，将承包地用于非农建设或者对承包地造成永久性损害，发包方请求承包方停止侵害、恢复原状或者赔偿损失的，应予支持。

第三百三十二条　【不同土地类型的承包期】耕地的承包期为三十年。草地的承包期为三十年至五十年。林地的承包期为三十年至七十年。

前款规定的承包期限届满，由土地承包经营权人依照农村土地承包的法律规定继续承包。

关联法规参见

▶**法律**：《土地管理法》第13条，《农村土地承包法》第21条、第32条。

司法解释适用

《最高人民法院关于审理涉及农村土地承包纠纷案件适用法律问题的解释》（法释〔2020〕17号修改）

新《农村土地承包纠纷司法解释》	原《农村土地承包纠纷司法解释》
第七条（原第七条）　承包合同约定或者土地承包经营权证等证书记载的承包期限短于农村土地承包法规定的期限，承包方请求延长的，应予支持。	

第三百三十三条　【土地承包经营权的设立时间；土地承包经营权登记机构的职责】土地承包经营权自土地承包经营权合同生效时设立。

登记机构应当向土地承包经营权人发放土地承包经营权证、林权证等证书，并登记造册，确认土地承包经营权。

关联法规参见

▶**法律**：《土地管理法》第12条，《农村土地承包法》第12条、第22条至第24条、第58

条、第59条，《渔业法》第11条，《草原法》第10条至第12条，《森林法》第15条。

▶**行政法规：**《不动产登记暂行条例》第5条。

第三百三十四条　【土地承包经营权的互换、转让及承包地用于非农建设的禁止性规定】土地承包经营权人依照法律规定，有权将土地承包经营权互换、转让。未经依法批准，不得将承包地用于非农建设。

关联法规参见

▶**法律：**《土地管理法》第82条，《农村土地承包法》第10条、第33条至第47条、第60条、第61条、第63条至第65条，《草原法》第15条，《森林法》第17条、第19条。

司法解释适用

《最高人民法院关于审理涉及农村土地承包纠纷案件适用法律问题的解释》（法释〔2020〕17号修改）

新《农村土地承包纠纷司法解释》	原《农村土地承包纠纷司法解释》
第十一条　土地经营权流转中，本集体经济组织成员在流转价款、流转期限等主要内容相同的条件下主张优先权的，应予支持。但下列情形除外： （一）在书面公示的合理期限内未提出优先权主张的； （二）未经书面公示，在本集体经济组织以外的人开始使用承包地两个月内未提出优先权主张的。	**第十一条**　土地承包经营权流转中，本集体经济组织成员在流转价款、流转期限等主要内容相同的条件下主张优先权的，应予支持。但下列情形除外： （一）在书面公示的合理期限内未提出优先权主张的； （二）未经书面公示，在本集体经济组织以外的人开始使用承包地两个月内未提出优先权主张的。
第十二条　发包方胁迫承包方将土地经营权流转给第三人，承包方请求撤销其与第三人签订的流转合同的，应予支持。 发包方阻碍承包方依法流转土地经营权，承包方请求排除妨碍、赔偿损失的，应予支持。	**第十二条**　发包方强迫承包方将土地承包经营权流转给第三人，承包方请求确认其与第三人签订的流转合同无效的，应予支持。 发包方阻碍承包方依法流转土地承包经营权，承包方请求排除妨碍、赔偿损失的，应予支持。
第十三条　承包方未经发包方同意，转让其土地承包经营权的，转让合同无效。但发包方无法定理由不同意或者拖延表态的除外。	**第十三条**　承包方未经发包方同意，采取转让方式流转其土地承包经营权的，转让合同无效。但发包方无法定理由不同意或者拖延表态的除外。

新《农村土地承包纠纷司法解释》	原《农村土地承包纠纷司法解释》
第十四条　承包方依法采取出租、入股或者其他方式流转土地经营权，发包方仅以该土地经营权流转合同未报其备案为由，请求确认合同无效的，不予支持。	**第十四条**　承包方依法采取转包、出租、互换或者其他方式流转土地承包经营权，发包方仅以该土地承包经营权流转合同未报其备案为由，请求确认合同无效的，不予支持。
删除条文 ~~第十五条　承包方以其土地承包经营权进行抵押或者抵偿债务的，应当认定无效。对因此造成的损失，当事人有过错的，应当承担相应的民事责任。~~	
第十五条（原第十六条）　因承包方不收取流转价款或者向对方支付费用的约定产生纠纷，当事人协商变更无法达成一致，且继续履行又显失公平的，人民法院可以根据发生变更的客观情况，按照公平原则处理。	
第十六条　当事人对出租地流转期限没有约定或者约定不明的，参照民法典第七百三十条规定处理。除当事人另有约定或者属于林地承包经营外，承包地交回的时间应当在农作物收获期结束后或者下一耕种期开始前。 对提高土地生产能力的投入，对方当事人请求承包方给予相应补偿的，应予支持。	**第十七条**　当事人对~~转包~~、出租地流转期限没有约定或者约定不明的，参照合同法第二百三十二条规定处理。除当事人另有约定或者属于林地承包经营外，承包地交回的时间应当在农作物收获期结束后或者下一耕种期开始前。 对提高土地生产能力的投入，对方当事人请求承包方给予相应补偿的，应予支持。
第十七条　发包方或者其他组织、个人擅自截留、扣缴承包收益或者土地经营权流转收益，承包方请求返还的，应予支持。	**第十八条**　发包方或者其他组织、个人擅自截留、扣缴承包收益或者土地承包经营权流转收益，承包方请求返还的，应予支持。 ~~发包方或者其他组织、个人主张抵销的，不予支持。~~

第335条

第三百三十五条　【土地承包经营权互换、转让的登记对抗主义】 土地承包经营权互换、转让的，当事人可以向登记机构申请登记；未经登记，不得对抗善意第三人。

关联法规参见

▶**法律**：《土地管理法》第12条，《农村土地承包法》第35条。

▶**行政法规**：《不动产登记暂行条例》第3条。

第三百三十六条 【承包地调整的原则禁止与特别例外】 承包期内发包人不得调整承包地。

因自然灾害严重毁损承包地等特殊情形，需要适当调整承包的耕地和草地的，应当依照农村土地承包的法律规定办理。

关联法规参见

▶**法律：**《土地管理法》第13条，《农村土地承包法》第14条、第15条、第28条、第29条、第57条，《草原法》第13条。

司法解释适用

《最高人民法院关于审理涉及农村土地承包纠纷案件适用法律问题的解释》（法释〔2020〕17号修改）

新《农村土地承包纠纷司法解释》	原《农村土地承包纠纷司法解释》
第五条 承包合同中有关收回、调整承包地的约定违反农村土地承包法第二十七条、第二十八条、第三十一条规定的，应当认定该约定无效。	**第五条** 承包合同中有关收回、调整承包地的约定违反农村土地承包法第二十六条、第二十七条、第三十条、第三十五条规定的，应当认定该约定无效。
第六条（原第六条） 因发包方违法收回、调整承包地，或者因发包方收回承包方弃耕、撂荒的承包地产生的纠纷，按照下列情形，分别处理： （一）发包方未将承包地另行发包，承包方请求返还承包地的，应予支持； （二）发包方已将承包地另行发包给第三人，承包方以发包方和第三人为共同被告，请求确认其所签订的承包合同无效、返还承包地并赔偿损失的，应予支持。但属于承包方弃耕、撂荒情形的，对其赔偿损失的诉讼请求，不予支持。 前款第（二）项所称的第三人，请求受益方补偿其在承包地上的合理投入的，应予支持。	

第三百三十七条 【承包地的收回】 承包期内发包人不得收回承包地。法律另有规定的，依照其规定。

关联法规参见

▶**法律：**《农村土地承包法》第14条、第15条、第27条、第30条、第31条、第57条。

司法解释适用

《最高人民法院关于审理涉及农村土地承包纠纷案件适用法律问题的解释》（法释〔2020〕17号修改）

新《农村土地承包纠纷司法解释》	原《农村土地承包纠纷司法解释》
第五条　承包合同中有关收回、调整承包地的约定违反农村土地承包法第二十七条、第二十八条、第三十一条规定的，应当认定该约定无效。	**第五条**　承包合同中有关收回、调整承包地的约定违反农村土地承包法第二十六条、第二十七条、第三十条、第三十五条规定的，应当认定该约定无效。
第六条（原第六条）　因发包方违法收回、调整承包地，或者因发包方收回承包方弃耕、撂荒的承包地产生的纠纷，按照下列情形，分别处理： （一）发包方未将承包地另行发包，承包方请求返还承包地的，应予支持； （二）发包方已将承包地另行发包给第三人，承包方以发包方和第三人为共同被告，请求确认其所签订的承包合同无效、返还承包地并赔偿损失的，应予支持。但属于承包方弃耕、撂荒情形的，对其赔偿损失的诉讼请求，不予支持。 前款第（二）项所称的第三人，请求受益方补偿其在承包地上的合理投入的，应予支持。	

第三百三十八条　【征收承包地的补偿规则】承包地被征收的，土地承包经营权人有权依据本法第二百四十三条的规定获得相应补偿。

第338条

关联法规参见

▶**法律**：《宪法》第13条，《民法典物权编》第243条、第245条、第327条、第358条，《土地管理法》第48条、第49条、第51条，《农村土地承包法》第17条、第62条，《草原法》第39条。

司法解释适用

《最高人民法院关于审理涉及农村土地承包纠纷案件适用法律问题的解释》（法释〔2020〕17号修改）

新《农村土地承包纠纷司法解释》	原《农村土地承包纠纷司法解释》
第二十条　承包地被依法征收，承包方请求发包方给付已经收到的地上附着物和青苗的补偿费的，应予支持。 承包方已将土地经营权以出租、入股或者其他方式流转给第三人的，除当事人另有约定外，青苗补偿费归实际投入人所有，地上附着物补偿费归附着物所有人所有。	**第二十二条**　承包地被依法征收，承包方请求发包方给付已经收到的地上附着物和青苗的补偿费的，应予支持。 承包方已将土地承包经营权以转包、出租等方式流转给第三人的，除当事人另有约定外，青苗补偿费归实际投入人所有，地上附着物补偿费归附着物所有人所有。

新《农村土地承包纠纷司法解释》	原《农村土地承包纠纷司法解释》
第二十一条（原第二十三条） 承包地被依法征收，放弃统一安置的家庭承包方，请求发包方给付已经收到的安置补助费的，应予支持。	
第二十二条（原第二十四条） 农村集体经济组织或者村民委员会、村民小组，可以依照法律规定的民主议定程序，决定在本集体经济组织内部分配已经收到的土地补偿费。征地补偿安置方案确定时已经具有本集体经济组织成员资格的人，请求支付相应份额的，应予支持。但已报全国人大常委会、国务院备案的地方性法规、自治条例和单行条例、地方政府规章对土地补偿费在农村集体经济组织内部的分配办法另有规定的除外。	

《最高人民法院关于审理涉及农村集体土地行政案件若干问题的规定》

第十二条 征收农村集体土地时涉及被征收土地上的房屋及其他不动产，土地权利人可以请求依照物权法第四十二条第二款的规定给予补偿。

征收农村集体土地时未就被征收土地上的房屋及其他不动产进行安置补偿，补偿安置时房屋所在地已纳入城市规划区，土地权利人请求参照执行国有土地上房屋征收补偿标准的，人民法院一般应予支持，但应当扣除已经取得的土地补偿费。

权威案例指引

▶公报案例

《陈清棕诉亭洋村一组、亭洋村村委会征地补偿款分配纠纷案》，《最高人民法院公报》2005 年第 10 期

裁判摘要：依照土地管理法第十四条和土地承包法第二十六条的规定，承包土地的农民到小城镇落户后，其土地承包经营权可以保留或者依法流转；该土地如果被征用，承包土地的农民有权获得征地补偿款。

第三百三十九条 【土地承包经营权的流转方式】土地承包经营权人可以自主决定依法采取出租、入股或者其他方式向他人流转土地经营权。

关联法规参见

▶**法律：**《农村土地承包法》第 17 条。

第三百四十条 【土地经营权的内容】土地经营权人有权在合同约定的期限内占有农村土地，自主开展农业生产经营并取得收益。

关联法规参见

▶**法律：**《农村土地承包法》第 25 条、第 26 条。

第三百四十一条　【流转期限为五年以上的土地经营权的登记对抗主义】 流转期限为五年以上的土地经营权，自流转合同生效时设立。当事人可以向登记机构申请土地经营权登记；未经登记，不得对抗善意第三人。

关联法规参见

▶**法律：**《农村土地承包法》第41条。

第三百四十二条　【通过招标、拍卖和公开协商等方式承包农村土地的流转方式】 通过招标、拍卖、公开协商等方式承包农村土地，经依法登记取得权属证书的，可以依法采取出租、入股、抵押或者其他方式流转土地经营权。

关联法规参见

▶**法律：**《农村土地承包法》第48条至第54条。

司法解释适用

《最高人民法院关于审理涉及农村土地承包纠纷案件适用法律问题的解释》（法释〔2020〕17号修改）

<table>
<tr><th>新《农村土地承包纠纷司法解释》</th><th>原《农村土地承包纠纷司法解释》</th></tr>
<tr><td colspan="2">第十八条（原第十九条）　本集体经济组织成员在承包费、承包期限等主要内容相同的条件下主张优先承包的，应予支持。但在发包方将农村土地发包给本集体经济组织以外的组织或者个人，已经法律规定的民主议定程序通过，并由乡（镇）人民政府批准后主张优先承包的，不予支持。</td></tr>
<tr><td>第十九条　发包方就同一土地签订两个以上承包合同，承包方均主张取得土地经营权的，按照下列情形，分别处理：
（一）已经依法登记的承包方，取得土地经营权；
（二）均未依法登记的，生效在先合同的承包方取得土地经营权；
（三）依前两项规定无法确定的，已经根据承包合同合法占有使用承包地的人取得土地经营权，但争议发生后一方强行先占承包地的行为和事实，不得作为确定土地经营权的依据。</td><td>第二十条　发包方就同一土地签订两个以上承包合同，承包方均主张取得土地承包经营权的，按照下列情形，分别处理：
（一）已经依法登记的承包方，取得土地承包经营权；
（二）均未依法登记的，生效在先合同的承包方取得土地承包经营权；
（三）依前两项规定无法确定的，已经根据承包合同合法占有使用承包地的人取得土地承包经营权，但争议发生后一方强行先占承包地的行为和事实，不得作为确定土地承包经营权的依据。</td></tr>
</table>

新《农村土地承包纠纷司法解释》	原《农村土地承包纠纷司法解释》
删除条文 ~~第二十一条　承包方未依法登记取得土地承包经营权证等证书，即以转让、出租、入股、抵押等方式流转土地承包经营权，发包方请求确认该流转无效的，应予支持。但非因承包方原因未登记取得土地承包经营权证等证书的除外。~~ ~~承包方流转土地承包经营权，除法律或者本解释有特殊规定外，按照有关家庭承包土地承包经营权流转的规定处理。~~	
第二十条　承包地被依法征收，承包方请求发包方给付已经收到的地上附着物和青苗的补偿费的，应予支持。 承包方已将土地经营权以出租、入股或者其他方式流转给第三人的，除当事人另有约定外，青苗补偿费归实际投入人所有，地上附着物补偿费归附着物所有人所有。	**第二十二条**　承包地被依法征收，承包方请求发包方给付已经收到的地上附着物和青苗的补偿费的，应予支持。 承包方已将土地承包经营权以转包、出租等方式流转给第三人的，除当事人另有约定外，青苗补偿费归实际投入人所有，地上附着物补偿费归附着物所有人所有。

第三百四十三条　【国有农用地承包经营参照适用物权编的有关规定】 国家所有的农用地实行承包经营的，参照适用本编的有关规定。

关联法规参见

▶**法律：**《土地管理法》第41条，《草原法》第10条。

第十二章　建设用地使用权

第三百四十四条　【建设用地使用权的内容】 建设用地使用权人依法对国家所有的土地享有占有、使用和收益的权利，有权利用该土地建造建筑物、构筑物及其附属设施。

关联法规参见

▶**法律：**《土地管理法》第4条、第10条、第44条。

▶**行政法规：**《城镇国有土地使用权出让和转让暂行条例》第2条、第3条。

第三百四十五条　【建设用地使用权的设立范围】 建设用地使用权可以在土地的地表、地上或者地下分别设立。

关联法规参见

▶**法律：**《城乡规划法》第 33 条。

第三百四十六条　【建设用地使用权的设立原则】 设立建设用地使用权，应当符合节约资源、保护生态环境的要求，遵守法律、行政法规关于土地用途的规定，不得损害已经设立的用益物权。

关联法规参见

▶**法律：**《土地管理法》第 52 条、第 64 条、第 65 条、第 79 条、第 81 条。

第三百四十七条　【建设用地使用权的设立方式及划拨方式的限制使用】 设立建设用地使用权，可以采取出让或者划拨等方式。

工业、商业、旅游、娱乐和商品住宅等经营性用地以及同一土地有两个以上意向用地者的，应当采取招标、拍卖等公开竞价的方式出让。

严格限制以划拨方式设立建设用地使用权。

关联法规参见

▶**法律：**《宪法》第 10 条，《城市房地产管理法》第 2 条、第 7 条至第 14 条、第 22 条至第 24 条，《土地管理法》第 2 条、第 54 条、第 55 条。

▶**行政法规：**《城镇国有土地使用权出让和转让暂行条例》第 8 条、第 12 条、第 13 条、第 43 条。

司法解释适用

《最高人民法院关于破产企业国有划拨土地使用权应否列入破产财产等问题的批复》（法释〔2020〕18 号修改）

新《最高人民法院关于破产企业国有划拨土地使用权应否列入破产财产等问题的批复》	旧《最高人民法院关于破产企业国有划拨土地使用权应否列入破产财产等问题的批复》
湖北省高级人民法院： 你院鄂高法〔2002〕158 号《关于破产企业国有划拨土地使用权应否列入破产财产以及有关抵押效力认定等问题的请示》收悉。经研究，答复如下：	湖北省高级人民法院： 你院鄂高法〔2002〕158 号《关于破产企业国有划拨土地使用权应否列入破产财产以及有关抵押效力认定等问题的请示》收悉。经研究，答复如下：

新《最高人民法院关于破产企业国有划拨土地使用权应否列入破产财产等问题的批复》	旧《最高人民法院关于破产企业国有划拨土地使用权应否列入破产财产等问题的批复》
一、根据《中华人民共和国土地管理法》第五十八条第一款第（三）项及《城镇国有土地使用权出让和转让暂行条例》第四十七条的规定，破产企业以划拨方式取得的国有土地使用权不属于破产财产，在企业破产时，有关人民政府可以予以收回，并依法处置。纳入国家兼并破产计划的国有企业，其依法取得的国有土地使用权，应依据国务院有关文件规定办理。 二、企业对其以划拨方式取得的国有土地使用权无处分权，以该土地使用权设定抵押，未经有审批权限的人民政府或土地行政管理部门批准的，不影响抵押合同效力；履行了法定的审批手续，并依法办理抵押登记的，抵押权自登记时设立。根据《中华人民共和国城市房地产管理法》第五十一条的规定，抵押权人只有在以抵押标的物折价或拍卖、变卖所得价款缴纳相当于土地使用权出让金的款项后，对剩余部分方可享有优先受偿权。但纳入国家兼并破产计划的国有企业，其依法取得的国有土地使用权，应依据国务院有关文件规定办理。 三、国有企业以关键设备、成套设备、建筑物设定抵押的，如无其他法定的无效情形，不应当仅以未经政府主管部门批准为由认定抵押合同无效。 本批复自公布之日起施行，正在审理或者尚未审理的案件，适用本批复，但对提起再审的判决、裁定已经发生法律效力的案件除外。 此复。	一、根据《中华人民共和国土地管理法》第五十八条第一款第（四）项及《城镇国有土地使用权出让和转让暂行条例》第四十七条的规定，破产企业以划拨方式取得的国有土地使用权不属于破产财产，在企业破产时，有关人民政府可以予以收回，并依法处置。纳入国家兼并破产计划的国有企业，其依法取得的国有土地使用权，应依据国务院有关文件规定办理。 二、企业对其以划拨方式取得的国有土地使用权无处分权，以该土地使用权为~~标的物~~设定抵押，除依法办理抵押登记手续外，还应经具有审批权限的人民政府或土地行政管理部门批准。否则，应认定抵押无效。如果企业对以划拨方式取得的国有土地使用权设定抵押时，履行了法定的审批手续，并依法办理了抵押登记，应认定抵押有效。根据《中华人民共和国城市房地产管理法》第五十条~~和《中华人民共和国担保法》第五十六条~~的规定，抵押权人只有在以抵押标的物折价或拍卖、变卖所得价款缴纳相当于土地使用权出让金的款项后，对剩余部分方可享有优先受偿权。但纳入国家兼并破产计划的国有企业，其用以划拨方式取得的国有土地使用权设定抵押的，应依据国务院有关文件规定办理。 三、国有企业以关键设备、成套设备、~~厂房设定抵押的效力问题，应依据法释〔2002〕14号《关于国有工业企业以机器设备等财产为抵押物与债权人签订的抵押合同的法律效力问题的批复》办理。~~ ~~国有企业以~~建筑物设定抵押的效力问题，应区分两种情况处理：如果建筑物附着于以划拨方式取得的国有土地使用权之上，将该建筑物与土地使用权一并设定抵押的，对土地使用权的抵押需履行法定的审

新《最高人民法院关于破产企业国有划拨土地使用权应否列入破产财产等问题的批复》	旧《最高人民法院关于破产企业国有划拨土地使用权应否列入破产财产等问题的批复》
	批手续，否则，应认定抵押无效；如果建筑物附着于以出让、转让方式取得的国有土地使用权之上，将该建筑物与土地使用权一并设定抵押的，即使未经有关主管部门批准，亦应认定抵押有效。 本批复自公布之日起施行，正在审理或者尚未审理的案件，适用本批复，但对提起再审的判决、裁定已经发生法律效力的案件除外。 此复。

第348条

《最高人民法院行政审判庭关于拍卖出让国有建设用地使用权的土地行政主管部门与竞得人签署成交确认书行为的性质问题请示的答复》

山东省高级人民法院：

你院鲁高法函〔2010〕17 号《关于国有土地使用权拍卖后土地管理部门与竞得人签署的成交确认书行为的性质问题的请示》收悉。经研究，答复如下：

土地行政主管部门通过拍卖出让国有建设用地使用权，与竞得人签署成交确认书的行为，属于具体行政行为。当事人不服提起行政诉讼的，人民法院应当依法受理。

此复。

第三百四十八条 【建设用地使用权出让合同的书面形式要求；建设用地使用权出让合同应包括的条款】通过招标、拍卖、协议等出让方式设立建设用地使用权的，当事人应当采用书面形式订立建设用地使用权出让合同。

建设用地使用权出让合同一般包括下列条款：

（一）当事人的名称和住所；

（二）土地界址、面积等；

（三）建筑物、构筑物及其附属设施占用的空间；

（四）土地用途、规划条件；

（五）建设用地使用权期限；

（六）出让金等费用及其支付方式；

（七）解决争议的方法。

关联法规参见

▶**法律**：《城乡规划法》第38条、第39条，《城市房地产管理法》第15条。

▶**行政法规**：《城镇国有土地使用权出让和转让暂行条例》第8条、第11条、第12条、第15条至第18条。

司法解释适用

《最高人民法院关于审理涉及国有土地使用权合同纠纷案件适用法律问题的解释》（法释〔2020〕17号修改）

<table>
<tr><th>新《国有土地使用权合同纠纷司法解释》</th><th>原《国有土地使用权合同纠纷司法解释》</th></tr>
<tr><td>第一条　本解释所称的土地使用权出让合同，是指市、县人民政府自然资源主管部门作为出让方将国有土地使用权在一定年限内让与受让方，受让方支付土地使用权出让金的合同。</td><td>第一条　本解释所称的土地使用权出让合同，是指市、县人民政府土地管理部门作为出让方将国有土地使用权在一定年限内让与受让方，受让方支付土地使用权出让金的协议。</td></tr>
<tr><td>第二条　开发区管理委员会作为出让方与受让方订立的土地使用权出让合同，应当认定无效。
本解释实施前，开发区管理委员会作为出让方与受让方订立的土地使用权出让合同，起诉前经市、县人民政府自然资源主管部门追认的，可以认定合同有效。</td><td>第二条　开发区管理委员会作为出让方与受让方订立的土地使用权出让合同，应当认定无效。
本解释实施前，开发区管理委员会作为出让方与受让方订立的土地使用权出让合同，起诉前经市、县人民政府土地管理部门追认的，可以认定合同有效。</td></tr>
<tr><td colspan="2">第三条（原第三条）　经市、县人民政府批准同意以协议方式出让的土地使用权，土地使用权出让金低于订立合同时当地政府按照国家规定确定的最低价的，应当认定土地使用权出让合同约定的价格条款无效。
当事人请求按照订立合同时的市场评估价格交纳土地使用权出让金的，应予支持；受让方不同意按照市场评估价格补足，请求解除合同的，应予支持。因此造成的损失，由当事人按照过错承担责任。</td></tr>
<tr><td colspan="2">第四条（原第四条）　土地使用权出让合同的出让方因未办理土地使用权出让批准手续而不能交付土地，受让方请求解除合同的，应予支持。</td></tr>
<tr><td colspan="2">第五条（原第五条）　受让方经出让方和市、县人民政府城市规划行政主管部门同意，改变土地使用权出让合同约定的土地用途，当事人请求按照起诉时同种用途的土地出让金标准调整土地出让金的，应予支持。</td></tr>
<tr><td colspan="2">第六条（原第六条）　受让方擅自改变土地使用权出让合同约定的土地用途，出让方请求解除合同的，应予支持。</td></tr>
</table>

第三百四十九条　【建设用地使用权的登记生效主义】设立建设用地使用权的，应当向登记机构申请建设用地使用权登记。建设用地使用权自登记时设立。登记机构应当向建设用地使用权人发放权属证书。

关联法规参见

▶**法律**：《城市房地产管理法》第60条、第61条，《土地管理法》第12条、第53条。

▶**行政法规**：《不动产登记暂行条例》第3条、第5条，《土地管理法实施条例》第3条、第5条，《城镇国有土地使用权出让和转让暂行条例》第16条。

司法解释适用

《最高人民法院关于适用〈中华人民共和国民法典〉有关担保制度的解释》（法释〔2020〕28号）

《民法典担保制度司法解释》	原《担保法司法解释》
第六十三条　债权人与担保人订立担保合同，约定以法律、行政法规尚未规定可以担保的财产权利设立担保，当事人主张合同无效的，人民法院不予支持。当事人未在法定的登记机构依法进行登记，主张该担保具有物权效力的，人民法院不予支持。	**第一条**　当事人对由民事关系产生的债权，在不违反法律、法规强制性规定的情况下，以担保法规定的方式设定担保的，可以认定为有效。

《最高人民法院关于适用〈中华人民共和国民法典〉物权编的解释（一）》（法释〔2020〕24号）

《民法典物权编司法解释（一）》	原《物权法司法解释（一）》
第四条　未经预告登记的权利人同意，转让不动产所有权等物权，或者设立建设用地使用权、居住权、地役权、抵押权等其他物权的，应当依照民法典第二百二十一条第一款的规定，认定其不发生物权效力。	**第四条**　未经预告登记的权利人同意，转移不动产所有权，或者设定建设用地使用权、地役权、抵押权等其他物权的，应当依照物权法第二十条第一款的规定，认定其不发生物权效力。

第三百五十条　【建设用地使用权的土地用途限定规则】建设用地使用权人应当合理利用土地，不得改变土地用途；需要改变土地用途的，应当依法经有关行政主管部门批准。

关联法规参见

▶**法律**：《宪法》第10条，《城市房地产管理法》第18条、第26条、第44条，《土地管理法》第4条、第56条、第82条。

▶**行政法规**：《城镇国有土地使用权出让和转让暂行条例》第18条、第27条。

司法解释适用

《最高人民法院关于审理涉及国有土地使用权合同纠纷案件适用法律问题的解释》（法释〔2020〕17号修改）

新《国有土地使用权合同纠纷司法解释》	原《国有土地使用权合同纠纷司法解释》
第五条（原第五条） 受让方经出让方和市、县人民政府城市规划行政主管部门同意，改变土地使用权出让合同约定的土地用途，当事人请求按照起诉时同种用途的土地出让金标准调整土地出让金的，应予支持。	
第六条（原第六条） 受让方擅自改变土地使用权出让合同约定的土地用途，出让方请求解除合同的，应予支持。	

第三百五十一条 【建设用地使用权人的出让金支付义务】建设用地使用权人应当依照法律规定以及合同约定支付出让金等费用。

关联法规参见

▶**法律**：《城市房地产管理法》第3条、第16条、第17条、第19条、第51条、第67条，《土地管理法》第2条、第55条。

▶**行政法规**：《城镇国有土地使用权出让和转让暂行条例》第14条、第15条。

司法解释适用

《最高人民法院关于审理涉及国有土地使用权合同纠纷案件适用法律问题的解释》（法释〔2020〕17号修改）

新《国有土地使用权合同纠纷司法解释》	原《国有土地使用权合同纠纷司法解释》
第三条（原第三条） 经市、县人民政府批准同意以协议方式出让的土地使用权，土地使用权出让金低于订立合同时当地政府按照国家规定确定的最低价的，应当认定土地使用权出让合同约定的价格条款无效。 当事人请求按照订立合同时的市场评估价格交纳土地使用权出让金的，应予支持；受让方不同意按照市场评估价格补足，请求解除合同的，应予支持。因此造成的损失，由当事人按照过错承担责任。	

第三百五十二条　【建设用地使用权人建造的建筑物、构筑物及其附属设施的归属】建设用地使用权人建造的建筑物、构筑物及其附属设施的所有权属于建设用地使用权人，但是有相反证据证明的除外。

关联法规参见

▶**法律：**《土地管理法》第74条、第77条、第83条。

司法解释适用

《最高人民法院关于审理涉及国有土地使用权合同纠纷案件适用法律问题的解释》（法释〔2020〕17号修改）

新《国有土地使用权合同纠纷司法解释》	原《国有土地使用权合同纠纷司法解释》
第二十一条（原第二十四条）　合作开发房地产合同约定提供土地使用权的当事人不承担经营风险，只收取固定利益的，应当认定为土地使用权转让合同。	
第二十二条（原第二十五条）　合作开发房地产合同约定提供资金的当事人不承担经营风险，只分配固定数量房屋的，应当认定为房屋买卖合同。	
第二十三条（原第二十六条）　合作开发房地产合同约定提供资金的当事人不承担经营风险，只收取固定数额货币的，应当认定为借款合同。	
第二十四条（原第二十七条）　合作开发房地产合同约定提供资金的当事人不承担经营风险，只以租赁或者其他形式使用房屋的，应当认定为房屋租赁合同。	

第三百五十三条　【建设用地使用权的流转】建设用地使用权人有权将建设用地使用权转让、互换、出资、赠与或者抵押，但是法律另有规定的除外。

关联法规参见

▶**法律：**《宪法》第10条，《城市房地产管理法》第37条至第42条、第47条、第48条、第51条，《土地管理法》第2条，《公司法》第27条。

▶**行政法规：**《城镇国有土地使用权出让和转让暂行条例》第4条、第19条、第44条、第45条。

司法解释适用

《最高人民法院关于适用〈中华人民共和国公司法〉若干问题的规定（三）》（法释〔2020〕18号修改）

新《公司法司法解释（三）》	原《公司法司法解释（三）》
第八条（原第八条）　出资人以划拨土地使用权出资，或者以设定权利负担的土地使用权出资，公司、其他股东或者公司债权人主张认定出资人未履行出资义务的，人民法院	

<table>
<tr><th>新《公司法司法解释（三）》</th><th>原《公司法司法解释（三）》</th></tr>
<tr><td colspan="2">应当责令当事人在指定的合理期间内办理土地变更手续或者解除权利负担；逾期未办理或者未解除的，人民法院应当认定出资人未依法全面履行出资义务。</td></tr>
<tr><td colspan="2">第十条（原第十条）　出资人以房屋、土地使用权或者需要办理权属登记的知识产权等财产出资，已经交付公司使用但未办理权属变更手续，公司、其他股东或者公司债权人主张认定出资人未履行出资义务的，人民法院应当责令当事人在指定的合理期间内办理权属变更手续；在前述期间内办理了权属变更手续的，人民法院应当认定其已经履行了出资义务；出资人主张自其实际交付财产给公司使用时享有相应股东权利的，人民法院应予支持。
出资人以前款规定的财产出资，已经办理权属变更手续但未交付给公司使用，公司或者其他股东主张其向公司交付、并在实际交付之前不享有相应股东权利的，人民法院应予支持。</td></tr>
</table>

《最高人民法院关于审理涉及国有土地使用权合同纠纷案件适用法律问题的解释》（法释〔2020〕17 号修改）

<table>
<tr><th>新《国有土地使用权合同纠纷司法解释》</th><th>原《国有土地使用权合同纠纷司法解释》</th></tr>
<tr><td>第七条　本解释所称的土地使用权转让合同，是指土地使用权人作为转让方将出让土地使用权转让于受让方，受让方支付价款的合同。</td><td>第七条　本解释所称的土地使用权转让合同，是指土地使用权人作为转让方将出让土地使用权转让于受让方，受让方支付价款的协议。</td></tr>
<tr><td colspan="2">第八条（原第八条）　土地使用权人作为转让方与受让方订立土地使用权转让合同后，当事人一方以双方之间未办理土地使用权变更登记手续为由，请求确认合同无效的，不予支持。</td></tr>
<tr><td colspan="2">删除条文
~~第九条　转让方未取得出让土地使用权证书与受让方订立合同转让土地使用权，起诉前转让方已经取得出让土地使用权证书或者有批准权的人民政府同意转让的，应当认定合同有效。~~</td></tr>
<tr><td>第九条　土地使用权人作为转让方就同一出让土地使用权订立数个转让合同，在转让合同有效的情况下，受让方均要求履行合同的，按照以下情形分别处理：
（一）已经办理土地使用权变更登记手续的受让方，请求转让方履行交付土地等合同义务的，应予支持；
（二）均未办理土地使用权变更登记手续，已先行合法占有投资开发土地的受让方请求转让方履行土地使用权变更登记等合同义务的，应予支持；</td><td>第十条　土地使用权人作为转让方就同一出让土地使用权订立数个转让合同，在转让合同有效的情况下，受让方均要求履行合同的，按照以下情形分别处理：
（一）已经办理土地使用权变更登记手续的受让方，请求转让方履行交付土地等合同义务的，应予支持；
（二）均未办理土地使用权变更登记手续，已先行合法占有投资开发土地的受让方请求转让方履行土地使用权变更登记等合同义务的，应予支持；</td></tr>
</table>

<table>
<tr><th>新《国有土地使用权合同纠纷司法解释》</th><th>原《国有土地使用权合同纠纷司法解释》</th></tr>
<tr><td>（三）均未办理土地使用权变更登记手续，又未合法占有投资开发土地，先行支付土地转让款的受让方请求转让方履行交付土地和办理土地使用权变更登记等合同义务的，应予支持；
（四）合同均未履行，依法成立在先的合同受让方请求履行合同的，应予支持。
未能取得土地使用权的受让方请求解除合同、赔偿损失的，依照民法典的有关规定处理。</td><td>（三）均未办理土地使用权变更登记手续，又未合法占有投资开发土地，先行支付土地转让款的受让方请求转让方履行交付土地和办理土地使用权变更登记等合同义务的，应予支持；
（四）合同均未履行，依法成立在先的合同受让方请求履行合同的，应予支持。
未能取得土地使用权的受让方请求解除合同、赔偿损失的，按照《中华人民共和国合同法》的有关规定处理。</td></tr>
<tr><td colspan="2">删除条文
~~**第十一条**　土地使用权人未经有批准权的人民政府批准，与受让方订立合同转让划拨土地使用权的，应当认定合同无效。但起诉前经有批准权的人民政府批准办理土地使用权出让手续的，应当认定合同有效。~~</td></tr>
<tr><td colspan="2">**第十条（原第十二条）**　土地使用权人与受让方订立合同转让划拨土地使用权，起诉前经有批准权的人民政府同意转让，并由受让方办理土地使用权出让手续的，土地使用权人与受让方订立的合同可以按照补偿性质的合同处理。</td></tr>
<tr><td colspan="2">**第十一条（原第十三条）**　土地使用权人与受让方订立合同转让划拨土地使用权，起诉前经有批准权的人民政府决定不办理土地使用权出让手续，并将该划拨土地使用权直接划拨给受让方使用的，土地使用权人与受让方订立的合同可以按照补偿性质的合同处理。</td></tr>
<tr><td>**第十二条**　本解释所称的合作开发房地产合同，是指当事人订立的以提供出让土地使用权、资金等作为共同投资，共享利润、共担风险合作开发房地产为基本内容的合同。</td><td>**第十四条**　本解释所称的合作开发房地产合同，是指当事人订立的以提供出让土地使用权、资金等作为共同投资，共享利润、共担风险合作开发房地产为基本内容的协议。</td></tr>
<tr><td colspan="2">**第十三条（原第十五条）**　合作开发房地产合同的当事人一方具备房地产开发经营资质的，应当认定合同有效。
当事人双方均不具备房地产开发经营资质的，应当认定合同无效。但起诉前当事人一方已经取得房地产开发经营资质或者已依法合作成立具有房地产开发经营资质的房地产开发企业的，应当认定合同有效。</td></tr>
<tr><td colspan="2">删除条文
~~**第十六条**　土地使用权人未经有批准权的人民政府批准，以划拨土地使用权作为投资与他人订立合同合作开发房地产的，应当认定合同无效。但起诉前已经办理批准手续的，应当认定合同有效。~~</td></tr>
</table>

<table>
<tr><th>新《国有土地使用权合同纠纷司法解释》</th><th>原《国有土地使用权合同纠纷司法解释》</th></tr>
<tr><td>第十四条　投资数额超出合作开发房地产合同的约定，对增加的投资数额的承担比例，当事人协商不成的，按照当事人的违约情况确定；因不可归责于当事人的事由或者当事人的违约情况无法确定的，按照约定的投资比例确定；没有约定投资比例的，按照约定的利润分配比例确定。</td><td>第十七条　投资数额超出合作开发房地产合同的约定，对增加的投资数额的承担比例，当事人协商不成的，按照当事人的过错确定；因不可归责于当事人的事由或者当事人的过错无法确定的，按照约定的投资比例确定；没有约定投资比例的，按照约定的利润分配比例确定。</td></tr>
<tr><td>第十五条　房屋实际建筑面积少于合作开发房地产合同的约定，对房屋实际建筑面积的分配比例，当事人协商不成的，按照当事人的违约情况确定；因不可归责于当事人的事由或者当事人违约情况无法确定的，按照约定的利润分配比例确定。</td><td>第十八条　房屋实际建筑面积少于合作开发房地产合同的约定，对房屋实际建筑面积的分配比例，当事人协商不成的，按照当事人的过错确定；因不可归责于当事人的事由或者当事人过错无法确定的，按照约定的利润分配比例确定。</td></tr>
<tr><td colspan="2">第十六条（原第十九条）　在下列情形下，合作开发房地产合同的当事人请求分配房地产项目利益的，不予受理；已经受理的，驳回起诉：
（一）依法需经批准的房地产建设项目未经有批准权的人民政府主管部门批准；
（二）房地产建设项目未取得建设工程规划许可证；
（三）擅自变更建设工程规划。
因当事人隐瞒建设工程规划变更的事实所造成的损失，由当事人按照过错承担。</td></tr>
<tr><td colspan="2">第十七条（原第二十条）　房屋实际建筑面积超出规划建筑面积，经有批准权的人民政府主管部门批准后，当事人对超出部分的房屋分配比例协商不成的，按照约定的利润分配比例确定。对增加的投资数额的承担比例，当事人协商不成的，按照约定的投资比例确定；没有约定投资比例的，按照约定的利润分配比例确定。</td></tr>
<tr><td colspan="2">第十八条（原第二十一条）　当事人违反规划开发建设的房屋，被有批准权的人民政府主管部门认定为违法建筑责令拆除，当事人对损失承担协商不成的，按照当事人过错确定责任；过错无法确定的，按照约定的投资比例确定责任；没有约定投资比例的，按照约定的利润分配比例确定责任。</td></tr>
<tr><td colspan="2">第十九条（原第二十二条）　合作开发房地产合同约定仅以投资数额确定利润分配比例，当事人未足额交纳出资的，按照当事人的实际投资比例分配利润。</td></tr>
<tr><td colspan="2">第二十条（原第二十三条）　合作开发房地产合同的当事人要求将房屋预售款充抵投资参与利润分配的，不予支持。</td></tr>
<tr><td colspan="2">第二十一条（原第二十四条）　合作开发房地产合同约定提供土地使用权的当事人不承担经营风险，只收取固定利益的，应当认定为土地使用权转让合同。</td></tr>
<tr><td colspan="2">第二十二条（原第二十五条）　合作开发房地产合同约定提供资金的当事人不承担经营风险，只分配固定数量房屋的，应当认定为房屋买卖合同。</td></tr>
</table>

新《国有土地使用权合同纠纷司法解释》	原《国有土地使用权合同纠纷司法解释》
第二十三条（原第二十六条）　合作开发房地产合同约定提供资金的当事人不承担经营风险，只收取固定数额货币的，应当认定为借款合同。	
第二十四条（原第二十七条）　合作开发房地产合同约定提供资金的当事人不承担经营风险，只以租赁或者其他形式使用房屋的，应当认定为房屋租赁合同。	

第三百五十四条　【建设用地使用权流转的形式要件与期限限制】建设用地使用权转让、互换、出资、赠与或者抵押的，当事人应当采用书面形式订立相应的合同。使用期限由当事人约定，但是不得超过建设用地使用权的剩余期限。

关联法规参见

▶**法律：**《民法典合同编》第469条，《城市房地产管理法》第15条、第41条、第43条、第50条。

▶**行政法规：**《城镇国有土地使用权出让和转让暂行条例》第20条至第22条。

第三百五十五条　【建设用地使用权流转登记】建设用地使用权转让、互换、出资或者赠与的，应当向登记机构申请变更登记。

关联法规参见

▶**法律：**《城市房地产管理法》第61条至第63条，《土地管理法》第12条。

▶**行政法规：**《土地管理法实施条例》第6条，《城镇国有土地使用权出让和转让暂行条例》第25条。

第三百五十六条　【建设用地使用权流转之房随地走】建设用地使用权转让、互换、出资或者赠与的，附着于该土地上的建筑物、构筑物及其附属设施一并处分。

关联法规参见

▶**法律：**《城市房地产管理法》第32条。

▶**行政法规：**《土地管理法实施条例》第6条，《城镇国有土地使用权出让和转让暂行条例》第23条、第33条。

司法解释适用

《最高人民法院关于人民法院民事执行中查封、扣押、冻结财产的规定》（法释〔2020〕21号修改）

新《人民法院民事执行中查封、扣押、冻结财产规定》	原《人民法院民事执行中查封、扣押、冻结财产规定》
第二十一条（原第二十三条） 查封地上建筑物的效力及于该地上建筑物使用范围内的土地使用权，查封土地使用权的效力及于地上建筑物，但土地使用权与地上建筑物的所有权分属被执行人与他人的除外。 地上建筑物和土地使用权的登记机关不是同一机关的，应当分别办理查封登记。	

第三百五十七条　【建设用地使用权流转之地随房走】建筑物、构筑物及其附属设施转让、互换、出资或者赠与的，该建筑物、构筑物及其附属设施占用范围内的建设用地使用权一并处分。

关联法规参见

▶**法律：**《城市房地产管理法》第32条。

▶**行政法规：**《土地管理法实施条例》第6条，《城镇国有土地使用权出让和转让暂行条例》第24条、第33条。

第三百五十八条　【建设用地使用权期间的提前终止】建设用地使用权期限届满前，因公共利益需要提前收回该土地的，应当依据本法第二百四十三条的规定对该土地上的房屋以及其他不动产给予补偿，并退还相应的出让金。

关联法规参见

▶**法律：**《民法典物权编》第243条，《城市房地产管理法》第20条，《土地管理法》第58条、第66条。

▶**行政法规：**《国有土地上房屋征收与补偿条例》第2条、第8条、第17条至第23条、第25条至第27条，《城镇国有土地使用权出让和转让暂行条例》第39条、第42条。

权威案例指引

▶**典型案例**

《海口博泰隆房地产开发有限公司诉海口市人民政府有偿收回国有土地使用权案》，《最高人民法院发布产权保护行政诉讼典型案例之一》（2020年7月27日）

典型意义：本案的意义在于确定了有偿收回国有土地使用权补偿标准的问题。根据2004

年修正的《中华人民共和国土地管理法》第五十八条第二款规定，为公共利益需要使用土地而收回国有土地使用权的，对土地使用权人应当给予适当补偿。该款规定的“适当补偿”应当是公平合理的补偿，即综合考虑被收回土地的性质、用途、区位、评估方法、闲置原因等因素，参考市场价格予以补偿。为了适时解决有关历史遗留问题，切实维护土地使用权人及其他投资人合法权益，营造良好营商环境，自然资源部1903号函以及海南省人民政府12号文均规定，县级以上人民政府有偿收回存量商品住宅用地的补偿金额不低于土地使用权人取得土地的成本，并综合考虑其合理的直接损失，参考市场价格确定。本案中，行政机关应本着实质化解行政争议的目的，按照自然资源部1903号函以及海南省人民政府12号文的精神，依法合理作出补偿，合法合理保护土地使用权人的合法权益，营造良好营商环境。

第三百五十九条　【建设用地使用权的续期】住宅建设用地使用权期限届满的，自动续期。续期费用的缴纳或者减免，依照法律、行政法规的规定办理。

非住宅建设用地使用权期限届满后的续期，依照法律规定办理。该土地上的房屋以及其他不动产的归属，有约定的，按照约定；没有约定或者约定不明确的，依照法律、行政法规的规定办理。

关联法规参见

▶**法律**：《城市房地产管理法》第22条。

▶**行政法规**：《土地管理法实施条例》第7条，《城镇国有土地使用权出让和转让暂行条例》第12条、第39条至第41条。

第三百六十条　【建设用地使用权消灭时的注销登记】建设用地使用权消灭的，出让人应当及时办理注销登记。登记机构应当收回权属证书。

关联法规参见

▶**行政法规**：《土地管理法实施条例》第7条。

第三百六十一条　【集体土地作为建设用地应当遵循法律规定】集体所有的土地作为建设用地的，应当依照土地管理的法律规定办理。

关联法规参见

▶**法律**：《土地管理法》第12条、第44条、第59条、第60条、第61条，《乡镇企业法》第28条。

▶**行政法规**：《土地管理法实施条例》第19条、第20条。

第十三章　宅基地使用权

第三百六十二条　【宅基地使用权内容】宅基地使用权人依法对集体所有的土地享有占有和使用的权利，有权依法利用该土地建造住宅及其附属设施。

关联法规参见

▶**法律：**《宪法》第10条，《土地管理法》第4条、第61条、第62条。

第三百六十三条　【宅基地使用权取得、使用和流转遵循法律和国家规定】宅基地使用权的取得、行使和转让，适用土地管理的法律和国家有关规定。

关联法规参见

▶**法律：**《土地管理法》第44条、第59条至第62条、第77条。

第三百六十四条　【宅基地因自然灾害等消灭】宅基地因自然灾害等原因灭失的，宅基地使用权消灭。对失去宅基地的村民，应当依法重新分配宅基地。

关联法规参见

▶**法律：**《土地管理法》第62条。

第三百六十五条　【宅基地使用权转让或消灭时的变更登记与注销登记】已经登记的宅基地使用权转让或者消灭的，应当及时办理变更登记或者注销登记。

关联法规参见

▶**行政法规：**《不动产登记暂行条例》第5条。

第十四章　居住权

第三百六十六条　【居住权的内容】 居住权人有权按照合同约定，对他人的住宅享有占有、使用的用益物权，以满足生活居住的需要。

关联法规参见

▶**法律：**《民法典物权编》第 323 条。

司法解释适用

《最高人民法院关于适用〈中华人民共和国民法典〉婚姻家庭编的解释（一）》（法释〔2020〕22 号）

<table>
<tr><th>《民法典婚姻家庭编司法解释（一）》</th><th>原《婚姻法司法解释（一）》</th></tr>
<tr><td colspan="2">删除条文

~~**第二十七条**　婚姻法第四十二条所称“一方生活困难”，是指依靠个人财产和离婚时分得的财产无法维持当地基本生活水平。~~
~~一方离婚后没有住处的，属于生活困难。~~
~~离婚时，一方以个人财产中的住房对生活困难者进行帮助的形式，可以是房屋的居住权或者房屋的所有权。~~</td></tr>
</table>

权威案例指引

▶典型案例

《唐某三人诉俞某某返还原物纠纷案》，《最高人民法院发布人民法院老年人权益保护十大典型案例之一》（2021 年 2 月 24 日）

典型意义：物权人将房产赠与他人，受赠人承诺允许赠与人及其再婚配偶继续居住使用房屋至去世。在现行法律规定下，该承诺应视为赠与人作出赠与房产时所附的赠与义务，或称之为附条件的赠与。在房产已经转移登记至受赠人后，受赠人无权单方撤销承诺。本案纠纷发生时我国法律并未直接对居住权作出规定，在此情况下，应充分尊重当事人的意思自治。本案的裁判结果不仅符合情理，也与新颁布实施的《中华人民共和国民法典》关于居住权规定的相关精神一致，即不动产过户后，原物权人继续使用不动产，该种保留房屋居住使用权的赠与，可视为设立居住权的合同，新产权人亦无权单方撤销该合同。这一审判思路贯彻了党的十九大提出的加快建立多主体供给多渠道保障住房制度的要求，有利于解决老年人赡养、婚姻家庭生活中涉及的房产问题，保障老有所居，切实保护老年人的权益。

《李某某与李某玉排除妨害纠纷案》，《最高人民法院公布 10 起残疾人权益保障典型案例之六》（2016 年 5 月 14 日）

典型意义：依法切实保障残疾人居住权

如何将残疾人保障法中对残疾人权益保护的指导原则和要求落到实处，是残疾人权益保护审判实践中需要重点予以关注的问题。在切实保障残疾人权益，支持残疾人事业，增强残疾人自立能力的具体司法实践中，切实依法加大残疾人居住权利的保护，是解决残疾人工作、生活的基本问题，也是具体落实残疾人权益保护的具体举措。

第三百六十七条　【居住权合同】设立居住权，当事人应当采用书面形式订立居住权合同。

居住权合同一般包括下列条款：

（一）当事人的姓名或者名称和住所；

（二）住宅的位置；

（三）居住的条件和要求；

（四）居住权期限；

（五）解决争议的方法。

关联法规参见

▶**法律**：《民法典合同编》第469条、第470条。

第三百六十八条　【居住权的登记生效主义】居住权无偿设立，但是当事人另有约定的除外。设立居住权的，应当向登记机构申请居住权登记。居住权自登记时设立。

关联法规参见

▶**法律**：《民法典物权编》第209条。

第三百六十九条　【居住权流转的禁止性规定及例外】居住权不得转让、继承。设立居住权的住宅不得出租，但是当事人另有约定的除外。

关联法规参见

▶**法律**：《民法典物权编》第421条、第443条至第445条。

第三百七十条　【居住权消灭的情形及注销登记】居住权期限届满或者居住权人死亡的，居住权消灭。居住权消灭的，应当及时办理注销登记。

关联法规参见

▶**法律**：《民法典物权编》第209条。

第三百七十一条　【以遗嘱设立居住权的法律适用】以遗嘱方式设立居住权的，参照适用本章的有关规定。

关联法规参见

▶**法律：**《民法典继承编》第1133条。

第十五章　地役权

第三百七十二条　【地役权的内容】地役权人有权按照合同约定，利用他人的不动产，以提高自己的不动产的效益。

前款所称他人的不动产为供役地，自己的不动产为需役地。

关联法规参见

▶**法律：**《民法典物权编》第366条。

第三百七十三条　【设立地役权的形式要件与地役权合同的内容】设立地役权，当事人应当采用书面形式订立地役权合同。

地役权合同一般包括下列条款：

（一）当事人的姓名或者名称和住所；

（二）供役地和需役地的位置；

（三）利用目的和方法；

（四）地役权期限；

（五）费用及其支付方式；

（六）解决争议的方法。

关联法规参见

▶**法律：**《民法典合同编》第469条、第470条。

第三百七十四条　【地役权的登记对抗主义】地役权自地役权合同生效时设立。当事人要求登记的，可以向登记机构申请地役权登记；未经登记，不得对抗善意第三人。

关联法规参见

▶**行政法规：**《不动产登记暂行条例》第5条。

司法解释适用

《最高人民法院关于适用〈中华人民共和国民法典〉物权编的解释（一）》（法释〔2020〕24号）

《民法典物权编司法解释（一）》	原《物权法司法解释（一）》
第四条 未经预告登记的权利人同意，转让不动产所有权等物权，或者设立建设用地使用权、居住权、地役权、抵押权等其他物权的，应当依照民法典第二百二十一条第一款的规定，认定其不发生物权效力。	**第四条** 未经预告登记的权利人同意，转移不动产所有权，或者设定建设用地使用权、地役权、抵押权等其他物权的，应当依照物权法第二十条第一款的规定，认定其不发生物权效力。

第三百七十五条 【供役地权利人的义务】供役地权利人应当按照合同约定，允许地役权人利用其不动产，不得妨害地役权人行使权利。

关联法规参见

▶**法律**：《民法典物权编》第326条。

第三百七十六条 【地役权人利用供役地的限制性】地役权人应当按照合同约定的利用目的和方法利用供役地，尽量减少对供役地权利人物权的限制。

关联法规参见

▶**法律**：《民法典物权编》第241条。

第三百七十七条 【地役权的期限】地役权期限由当事人约定；但是，不得超过土地承包经营权、建设用地使用权等用益物权的剩余期限。

关联法规参见

▶**法律**：《民法典物权编》第332条、第359条，《农村土地承包法》第21条。

▶**行政法规**：《城镇国有土地使用权出让和转让暂行条例》第12条。

第三百七十八条 【在享有或者负担地役权的土地上设立用益物权的规则】土地所有权人享有地役权或者负担地役权的，设立土地承包经营权、宅基地使用权等用益物权时，该用益物权人继续享有或者负担已经设立的地役权。

关联法规参见

▶**法律**：《民法典物权编》第 241 条。

第三百七十九条　【土地所有权人在已设立用益物权的土地上设立地役权的规则】土地上已经设立土地承包经营权、建设用地使用权、宅基地使用权等用益物权的，未经用益物权人同意，土地所有权人不得设立地役权。

第三百八十条　【地役权的转让规则】地役权不得单独转让。土地承包经营权、建设用地使用权等转让的，地役权一并转让，但是合同另有约定的除外。

关联法规参见

▶**法律**：《民法典物权编》第 407 条。

第三百八十一条　【地役权不得单独抵押】地役权不得单独抵押。土地经营权、建设用地使用权等抵押的，在实现抵押权时，地役权一并转让。

第三百八十二条　【需役地及其上用益物权部分转让时受让人同时享有地役权】需役地以及需役地上的土地承包经营权、建设用地使用权等部分转让时，转让部分涉及地役权的，受让人同时享有地役权。

第三百八十三条　【供役地上土地承包经营权和建设用地使用权部分转让时地役权约束受让人】供役地以及供役地上的土地承包经营权、建设用地使用权等部分转让时，转让部分涉及地役权的，地役权对受让人具有法律约束力。

第三百八十四条　【供役地权利人的解除权】地役权人有下列情形之一的，供役地权利人有权解除地役权合同，地役权消灭：

（一）违反法律规定或者合同约定，滥用地役权；

（二）有偿利用供役地，约定的付款期限届满后在合理期限内经两次催告未支付费用。

关联法规参见

▶**法律**：《民法典合同编》第 563 条。

第三百八十五条　【地役权变更登记、注销登记】已经登记的地役权变更、转让或者消灭的，应当及时办理变更登记或者注销登记。

关联法规参见

▶法律：《民法典物权编》第 208 条、第 209 条。

第四分编　担保物权

第十六章　一般规定

第三百八十六条　【担保物权的定义】担保物权人在债务人不履行到期债务或者发生当事人约定的实现担保物权的情形，依法享有就担保财产优先受偿的权利，但是法律另有规定的除外。

关联法规参见

▶法律：《民法典总则编》第 114 条，《民法典合同编》第 807 条，《税收征收管理法》第 45 条、第 46 条，《企业破产法》第 109 条、第 110 条、第 132 条，《海商法》第 25 条。

司法解释适用

《最高人民法院关于适用〈中华人民共和国民法典〉有关担保制度的解释》①（法释〔2020〕28 号）

《民法典担保制度司法解释》	原《担保法司法解释》
第一条　因抵押、质押、留置、保证等担保发生的纠纷，适用本解释。所有权保留买卖、融资租赁、保理等涉及担保功能发生的纠纷，适用本解释的有关规定。	**第一条**　当事人对由民事关系产生的债权，在不违反法律、法规强制性规定的情况下，以担保法规定的方式设定担保的，可以认定为有效。

① 《最高人民法院关于适用〈中华人民共和国民法典〉有关担保制度的解释》（以下简称《民法典担保制度司法解释》）于 2021 年 1 月 1 日起施行，该解释以民法典等法律规定为基础，对《担保法》《最高人民法院关于适用〈中华人民共和国担保法〉若干问题的解释》（以下简称原《担保法解释》）及《全国法院民商事审判工作会议纪要》等多个规范性文件进行了修改或延续；本书对《民法典担保制度司法解释》、原《担保法解释》进行了新旧对比，内容有较大变化。

《民法典担保制度司法解释》	原《担保法司法解释》
第四十五条　当事人约定当债务人不履行到期债务或者发生当事人约定的实现担保物权的情形，担保物权人有权将担保财产自行拍卖、变卖并就所得的价款优先受偿的，该约定有效。因担保人的原因导致担保物权人无法自行对担保财产进行拍卖、变卖，担保物权人请求担保人承担因此增加的费用的，人民法院应予支持。 当事人依照民事诉讼法有关“实现担保物权案件”的规定，申请拍卖、变卖担保财产，被申请人以担保合同约定仲裁条款为由主张驳回申请的，人民法院经审查后，应当按照以下情形分别处理： （一）当事人对担保物权无实质性争议且实现担保物权条件已经成就的，应当裁定准许拍卖、变卖担保财产； （二）当事人对实现担保物权有部分实质性争议的，可以就无争议的部分裁定准许拍卖、变卖担保财产，并告知可以就有争议的部分申请仲裁； （三）当事人对实现担保物权有实质性争议的，裁定驳回申请，并告知可以向仲裁机构申请仲裁。 债权人以诉讼方式行使担保物权的，应当以债务人和担保人作为共同被告。	**第一百二十八条**　债权人向人民法院请求行使担保物权时，债务人和担保人应当作为共同被告参加诉讼。 同一债权既有保证又有物的担保的，当事人发生纠纷提起诉讼的，债务人与保证人、抵押人或者出质人可以作为共同被告参加诉讼。

《最高人民法院关于人民法院执行工作若干问题的规定（试行）》（法释〔2020〕21号修改）

新《人民法院执行工作规定》	原《人民法院执行工作规定》
31.（原40）人民法院对被执行人所有的其他人享有抵押权、质押权或留置权的财产，可以采取查封、扣押措施。财产拍卖、变卖后所得价款，应当在抵押权人、质押权人或留置权人优先受偿后，其余额部分用于清偿申请执行人的债权。	
删除条文 ~~93. 对人民法院查封、扣押或冻结的财产有优先权、担保物权的债权人，可以申请参加参与分配程序，主张优先受偿权。~~ ~~94. 参与分配案件中可供执行的财产，在对享有优先权、担保权的债权人依照法律规定的顺序优先受偿后，按照各个案件债权额的比例进行分配。~~	

《最高人民法院关于人民法院民事执行中拍卖、变卖财产的规定》（法释〔2020〕21 号修改）

新《人民法院民事执行中拍卖、变卖财产规定》	原《人民法院民事执行中拍卖、变卖财产规定》
第二十八条（原第三十一条） 拍卖财产上原有的担保物权及其他优先受偿权，因拍卖而消灭，拍卖所得价款，应当优先清偿担保物权人及其他优先受偿权人的债权，但当事人另有约定的除外。 拍卖财产上原有的租赁权及其他用益物权，不因拍卖而消灭，但该权利继续存在于拍卖财产上，对在先的担保物权或者其他优先受偿权的实现有影响的，人民法院应当依法将其除去后进行拍卖。	

《最高人民法院关于适用〈中华人民共和国民事诉讼法〉的解释》（法释〔2020〕20 号修改）

新《民事诉讼法司法解释》	原《民事诉讼法司法解释》
第五百零八条（原第五百零八条） 被执行人为公民或者其他组织，在执行程序开始后，被执行人的其他已经取得执行依据的债权人发现被执行人的财产不能清偿所有债权的，可以向人民法院申请参与分配。 对人民法院查封、扣押、冻结的财产有优先权、担保物权的债权人，可以直接申请参与分配，主张优先受偿权。	
第五百零九条（原第五百零九条） 申请参与分配，申请人应当提交申请书。申请书应当写明参与分配和被执行人不能清偿所有债权的事实、理由，并附有执行依据。 参与分配申请应当在执行程序开始后，被执行人的财产执行终结前提出。	
第五百一十条（原第五百一十条） 参与分配执行中，执行所得价款扣除执行费用，并清偿应当优先受偿的债权后，对于普通债权，原则上按照其占全部申请参与分配债权数额的比例受偿。清偿后的剩余债务，被执行人应当继续清偿。债权人发现被执行人有其他财产的，可以随时请求人民法院执行。	
第五百一十一条（原第五百一十一条） 多个债权人对执行财产申请参与分配的，执行法院应当制作财产分配方案，并送达各债权人和被执行人。债权人或者被执行人对分配方案有异议的，应当自收到分配方案之日起十五日内向执行法院提出书面异议。	
第五百一十二条（原第五百一十二条） 债权人或者被执行人对分配方案提出书面异议的，执行法院应当通知未提出异议的债权人、被执行人。 未提出异议的债权人、被执行人自收到通知之日起十五日内未提出反对意见的，执行法院依异议人的意见对分配方案审查修正后进行分配；提出反对意见的，应当通知异议人。异议人可以自收到通知之日起十五日内，以提出反对意见的债权人、被执行人为被告，向执行法院提起诉讼；异议人逾期未提起诉讼的，执行法院按照原分配方案进行分配。 诉讼期间进行分配的，执行法院应当提存与争议债权数额相应的款项。	

《最高人民法院关于审理涉船员纠纷案件若干问题的规定》

第六条　具有船舶优先权的海事请求，船员未依照《中华人民共和国海商法》第二十八条的规定请求扣押产生船舶优先权的船舶，仅请求确认其在一定期限内对该产生船舶优先权的船舶享有优先权的，应予支持。

前款规定的期限自优先权产生之日起以一年为限。

第七条　具有船舶优先权的海事请求，船员未申请限制船舶继续营运，仅申请对船舶采取限制处分、限制抵押等保全措施的，应予支持。船员主张该保全措施构成《中华人民共和国海商法》第二十八条规定的船舶扣押的，不予支持。

权威案例指引

▶公报案例

《深圳市奕之帆贸易有限公司、侯庆宾与深圳兆邦基集团有限公司、深圳市康诺富信息咨询有限公司、深圳市鲤鱼门投资发展有限公司、第三人广东立兆电子科技有限公司合同纠纷案》，《最高人民法院公报》2020 年第 2 期

裁判摘要：1. 让与担保的设立应在债务履行期届满之前，但就让与担保的实现问题，参照《中华人民共和国物权法》第一百七十条的规定则需要满足债务人不履行到期债务或者发生当事人约定的实现权利的情形等条件。双方当事人在设立让与担保的合同中约定，如担保物的价值不足以覆盖相关债务，即使债务履行期尚未届满，债权人亦有权主张行使让与担保权利。该约定不违反法律行政法规的强制性规定，应当认定合法有效。

2. 为防止出现债权人取得标的物价值与债权额之间差额等类似于流质、流押之情形，让与担保权利的实现应对当事人课以清算义务。双方当事人就让与担保标的物价值达成的合意，可认定为确定标的物价值的有效方式。在让与担保标的物价值已经确定，但双方均预见债权数额有可能发生变化的情况下，当事人仍应在最终据实结算的债务数额基础上履行相应的清算义务。

第三百八十七条　【担保物权的设立；反担保的设立】债权人在借贷、买卖等民事活动中，为保障实现其债权，需要担保的，可以依照本法和其他法律的规定设立担保物权。

第三人为债务人向债权人提供担保的，可以要求债务人提供反担保。反担保适用本法和其他法律的规定。

关联法规参见

▶**法律：**《民法典物权编》第 157 条、第 387 条。

司法解释适用

《最高人民法院关于适用〈中华人民共和国民法典〉有关担保制度的解释》（法释〔2020〕28号）

《民法典担保制度司法解释》	原《担保法司法解释》
第一条 因抵押、质押、留置、保证等担保发生的纠纷，适用本解释。所有权保留买卖、融资租赁、保理等涉及担保功能发生的纠纷，适用本解释的有关规定。	**第一条** 当事人对由民事关系产生的债权，在不违反法律、法规强制性规定的情况下，以担保法规定的方式设定担保的，可以认定为有效。
第七条 公司的法定代表人违反公司法关于公司对外担保决议程序的规定，超越权限代表公司与相对人订立担保合同，人民法院应当依照民法典第六十一条和第五百零四条等规定处理： （一）相对人善意的，担保合同对公司发生效力；相对人请求公司承担担保责任的，人民法院应予支持。 （二）相对人非善意的，担保合同对公司不发生效力；相对人请求公司承担赔偿责任的，参照适用本解释第十七条的有关规定。 法定代表人超越权限提供担保造成公司损失，公司请求法定代表人承担赔偿责任的，人民法院应予支持。 第一款所称善意，是指相对人在订立担保合同时不知道且不应当知道法定代表人超越权限。相对人有证据证明已对公司决议进行了合理审查，人民法院应当认定其构成善意，但是公司有证据证明相对人知道或者应当知道决议系伪造、变造的除外。	**第四条** 董事、经理违反《中华人民共和国公司法》第六十条的规定，以公司资产为本公司的股东或者其他个人债务提供担保的，担保合同无效。除债权人知道或者应当知道的外，债务人、担保人应当对债权人的损失承担连带赔偿责任。 **第十一条** 法人或者其他组织的法定代表人、负责人超越权限订立的担保合同，除相对人知道或者应当知道其超越权限的以外，该代表行为有效。
第十一条 公司的分支机构未经公司股东（大）会或者董事会决议以自己的名义对外提供担保，相对人请求公司或者其分支机构承担担保责任的，人民法院不予支持，但是相对人不知道且不应当知道分支机构对外提供担保未经公司决议程序的除外。 金融机构的分支机构在其营业执照记载的经营范围内开立保函，或者经有权从事担保业务的上级机构授权开立保函，金融机构或者其分支机构以违反公司法关于公	**第十七条** 企业法人的分支机构未经法人书面授权提供保证的，保证合同无效。因此给债权人造成损失的，应当根据担保法第五条第二款的规定处理。 企业法人的分支机构经法人书面授权提供保证的，如果法人的书面授权范围不明，法人的分支机构应当对保证合同约定的全部债务承担保证责任。 企业法人的分支机构经营管理的财产不足以承担保证责任的，由企业法人承担民事责任。

《民法典担保制度司法解释》	原《担保法司法解释》
司对外担保决议程序的规定为由主张不承担担保责任的，人民法院不予支持。金融机构的分支机构未经金融机构授权提供保函之外的担保，金融机构或者其分支机构主张不承担担保责任的，人民法院应予支持，但是相对人不知道且不应当知道分支机构对外提供担保未经金融机构授权的除外。 担保公司的分支机构未经担保公司授权对外提供担保，担保公司或者其分支机构主张不承担担保责任的，人民法院应予支持，但是相对人不知道且不应当知道分支机构对外提供担保未经担保公司授权的除外。 公司的分支机构对外提供担保，相对人非善意，请求公司承担赔偿责任的，参照本解释第十七条的有关规定处理。	企业法人的分支机构经营管理的财产不足以承担保证责任的，由企业法人承担民事责任。 企业法人的分支机构提供的保证无效后应当承担赔偿责任的，由分支机构经营管理的财产承担。企业法人有过错的，按照担保法第二十九条的规定处理。
第十九条　担保合同无效，承担了赔偿责任的担保人按照反担保合同的约定，在其承担赔偿责任的范围内请求反担保人承担担保责任的，人民法院应予支持。 反担保合同无效的，依照本解释第十七条的有关规定处理。当事人仅以担保合同无效为由主张反担保合同无效的，人民法院不予支持。	**第九条**　担保人因无效担保合同向债权人承担赔偿责任后，可以向债务人追偿，或者在承担赔偿责任的范围内，要求有过错的反担保人承担赔偿责任。 担保人可以根据承担赔偿责任的事实对债务人或者反担保人另行提起诉讼。
删除条文 ~~**第一百三十二条**　在案件审理或者执行程序中，当事人提供财产担保的，人民法院应当对该财产的权属证书予以扣押，同时向有关部门发出协助执行通知书，要求其在规定的时间内不予办理担保财产的转移手续。~~	

第三百八十八条　【担保合同的界定及其与主债权合同的关系；担保合同无效的责任承担规则】设立担保物权，应当依照本法和其他法律的规定订立担保合同。担保合同包括抵押合同、质押合同和其他具有担保功能的合同。担保合同是主债权债务合同的从合同。主债权债务合同无效的，担保合同无效，但是法律另有规定的除外。

担保合同被确认无效后，债务人、担保人、债权人有过错的，应当根据其过错各自承担相应的民事责任。

关联法规参见

▶**法律：**《民法典总则编》第 157 条。

司法解释适用

《最高人民法院关于适用〈中华人民共和国民法典〉有关担保制度的解释》（法释〔2020〕28 号）

《民法典担保制度司法解释》	原《担保法司法解释》
新增条文 **第二条** 当事人在担保合同中约定担保合同的效力独立于主合同，或者约定担保人对主合同无效的法律后果承担担保责任，该有关担保独立性的约定无效。主合同有效的，有关担保独立性的约定无效不影响担保合同的效力；主合同无效的，人民法院应当认定担保合同无效，但是法律另有规定的除外。 因金融机构开立的独立保函发生的纠纷，适用《最高人民法院关于审理独立保函纠纷案件若干问题的规定》。	
第五条 机关法人提供担保的，人民法院应当认定担保合同无效，但是经国务院批准为使用外国政府或者国际经济组织贷款进行转贷的除外。 居民委员会、村民委员会提供担保的，人民法院应当认定担保合同无效，但是依法代行村集体经济组织职能的村民委员会，依照村民委员会组织法规定的讨论决定程序对外提供担保的除外。	**第三条** 国家机关和以公益为目的的事业单位、社会团体违反法律规定提供担保的，担保合同无效。因此给债权人造成损失的，应当根据担保法第五条第二款的规定处理。
第七条 公司的法定代表人违反公司法关于公司对外担保决议程序的规定，超越权限代表公司与相对人订立担保合同，人民法院应当依照民法典第六十一条和第五百零四条等规定处理： （一）相对人善意的，担保合同对公司发生效力；相对人请求公司承担担保责任的，人民法院应予支持。 （二）相对人非善意的，担保合同对公司不发生效力；相对人请求公司承担赔偿责任的，参照适用本解释第十七条的有关规定。 法定代表人超越权限提供担保造成公司损失，公司请求法定代表人承担赔偿责任的，人民法院应予支持。	**第四条** 董事、经理违反《中华人民共和国公司法》第六十条的规定，以公司资产为本公司的股东或者其他个人债务提供担保的，担保合同无效。除债权人知道或者应当知道的外，债务人、担保人应当对债权人的损失承担连带赔偿责任。 **第十一条** 法人或者其他组织的法定代表人、负责人超越权限订立的担保合同，除相对人知道或者应当知道其超越权限的以外，该代表行为有效。

《民法典担保制度司法解释》	原《担保法司法解释》
第一款所称善意，是指相对人在订立担保合同时不知道且不应当知道法定代表人超越权限。相对人有证据证明已对公司决议进行了合理审查，人民法院应当认定其构成善意，但是公司有证据证明相对人知道或者应当知道决议系伪造、变造的除外。	
第十七条　主合同有效而第三人提供的担保合同无效，人民法院应当区分不同情形确定担保人的赔偿责任： （一）债权人与担保人均有过错的，担保人承担的赔偿责任不应超过债务人不能清偿部分的二分之一； （二）担保人有过错而债权人无过错的，担保人对债务人不能清偿的部分承担赔偿责任； （三）债权人有过错而担保人无过错的，担保人不承担赔偿责任。 主合同无效导致第三人提供的担保合同无效，担保人无过错的，不承担赔偿责任；担保人有过错的，其承担的赔偿责任不应超过债务人不能清偿部分的三分之一。	**第七条**　主合同有效而担保合同无效，债权人无过错的，担保人与债务人对主合同债权人的经济损失，承担连带赔偿责任；债权人、担保人有过错的，担保人承担民事责任的部分，不应超过债务人不能清偿部分的二分之一。 **第八条**　主合同无效而导致担保合同无效，担保人无过错的，担保人不承担民事责任；担保人有过错的，担保人承担民事责任的部分，不应超过债务人不能清偿部分的三分之一。
第十八条　承担了担保责任或者赔偿责任的担保人，在其承担责任的范围内向债务人追偿的，人民法院应予支持。 同一债权既有债务人自己提供的物的担保，又有第三人提供的担保，承担了担保责任或者赔偿责任的第三人，主张行使债权人对债务人享有的担保物权的，人民法院应予支持。	**第四十三条**　保证人自行履行保证责任时，其实际清偿额大于主债权范围的，保证人只能在主债权范围内对债务人行使追偿权。
第十九条　担保合同无效，承担了赔偿责任的担保人按照反担保合同的约定，在其承担赔偿责任的范围内请求反担保人承担担保责任的，人民法院应予支持。 反担保合同无效的，依照本解释第十七条的有关规定处理。当事人仅以担保合同无效为由主张反担保合同无效的，人民法院不予支持。	**第九条**　担保人因无效担保合同向债权人承担赔偿责任后，可以向债务人追偿，或者在承担赔偿责任的范围内，要求有过错的反担保人承担赔偿责任。 担保人可以根据承担赔偿责任的事实对债务人或者反担保人另行提起诉讼。

<table>
<tr><th>《民法典担保制度司法解释》</th><th>原《担保法司法解释》</th></tr>
<tr><td>第二十一条　主合同或者担保合同约定了仲裁条款的，人民法院对约定仲裁条款的合同当事人之间的纠纷无管辖权。
债权人一并起诉债务人和担保人的，应当根据主合同确定管辖法院。
债权人依法可以单独起诉担保人且仅起诉担保人的，应当根据担保合同确定管辖法院。</td><td>第一百二十九条　主合同和担保合同发生纠纷提起诉讼的，应当根据主合同确定案件管辖。担保人承担连带责任的担保合同发生纠纷，债权人向担保人主张权利的，应当由担保人住所地的法院管辖。
主合同和担保合同选择管辖的法院不一致的，应当根据主合同确定案件管辖。</td></tr>
<tr><td colspan="2">删除条文
第五条　以法律、法规禁止流通的财产或者不可转让的财产设定担保的，担保合同无效。
以法律、法规限制流通的财产设定担保的，在实现债权时，人民法院应当按照有关法律、法规的规定对该财产进行处理。
第六条　有下列情形之一的，对外担保合同无效：
（一）未经国家有关主管部门批准或者登记对外担保的；
（二）未经国家有关主管部门批准或者登记，为境外机构向境内债权人提供担保的；
（三）为外商投资企业注册资本、外商投资企业中的外方投资部分的对外债务提供担保的；
（四）无权经营外汇担保业务的金融机构、无外汇收入的非金融性质的企业法人提供外汇担保的；
（五）主合同变更或者债权人将对外担保合同项下的权利转让，未经担保人同意和国家有关主管部门批准的，担保人不再承担担保责任。但法律、法规另有规定的除外。
第十条　主合同解除后，担保人对债务人应当承担的民事责任仍应承担担保责任。但是，担保合同另有约定的除外。</td></tr>
</table>

权威案例指引

▶公报案例

《农银财务有限公司与广东三星企业（集团）公司车桥股份有限公司担保合同纠纷案》，《最高人民法院公报》2007 年第 2 期

裁判摘要：根据最高人民法院《关于适用〈中华人民共和国担保法〉若干问题的解释》的规定，抵押合同被确认无效后，当事人之间责任的承担应当根据其过错程度确认。对于因违反我国法律、行政法规而认定无效的抵押合同，因我国法律、行政法规均对外公开，各方当事人都应当了解我国法律、行政法规的相关规定，故应认定各方当事人对于抵押合同的无效均存在一定的过错。

第三百八十九条　【担保物权担保的范围】 担保物权的担保范围包括主债权及其利息、违约金、损害赔偿金、保管担保财产和实现担保物权的费用。当事人另有约定的，按照其约定。

关联法规参见

▶**法律：**《民法典合同编》第 691 条。

司法解释适用

《最高人民法院关于适用〈中华人民共和国民法典〉有关担保制度的解释》（法释〔2020〕28 号）

《民法典担保制度司法解释》	原《担保法司法解释》
第三条　当事人对担保责任的承担约定专门的违约责任，或者约定的担保责任范围超出债务人应当承担的责任范围，担保人主张仅在债务人应当承担的责任范围内承担责任的，人民法院应予支持。 担保人承担的责任超出债务人应当承担的责任范围，担保人向债务人追偿，债务人主张仅在其应当承担的责任范围内承担责任的，人民法院应予支持；担保人请求债权人返还超出部分的，人民法院依法予以支持。	**第四十三条**　保证人自行履行保证责任时，其实际清偿额大于主债权范围的，保证人只能在主债权范围内对债务人行使追偿权。
第十五条　最高额担保中的最高债权额，是指包括主债权及其利息、违约金、损害赔偿金、保管担保财产的费用、实现债权或者实现担保物权的费用等在内的全部债权，但是当事人另有约定的除外。 登记的最高债权额与当事人约定的最高债权额不一致的，人民法院应当依据登记的最高债权额确定债权人优先受偿的范围。	**第二十三条**　最高额保证合同的不特定债权确定后，保证人应当对在最高债权额限度内就一定期间连续发生的债权余额承担保证责任。 **第八十一条**　最高额抵押权所担保的债权范围，不包括抵押物因财产保全或者执行程序被查封后或债务人、抵押人破产后发生的债权。 **第八十三条**　最高额抵押权所担保的不特定债权，在特定后，债权已届清偿期的，最高额抵押权人可以根据普通抵押权的规定行使其抵押权。 抵押权人实现最高额抵押权时，如果实际发生的债权余额高于最高限额的，以最高限额为限，超过部分不具有优先受偿的效力；如果实际发生的债权余额低于最高限额的，以实际发生的债权余额为限对抵押物优先受偿。

《民法典担保制度司法解释》	原《担保法司法解释》
第四十五条 当事人约定当债务人不履行到期债务或者发生当事人约定的实现担保物权的情形，担保物权人有权将担保财产自行拍卖、变卖并就所得的价款优先受偿的，该约定有效。因担保人的原因导致担保物权人无法自行对担保财产进行拍卖、变卖，担保物权人请求担保人承担因此增加的费用的，人民法院应予支持。 当事人依照民事诉讼法有关“实现担保物权案件”的规定，申请拍卖、变卖担保财产，被申请人以担保合同约定仲裁条款为由主张驳回申请的，人民法院经审查后，应当按照以下情形分别处理： （一）当事人对担保物权无实质性争议且实现担保物权条件已经成就的，应当裁定准许拍卖、变卖担保财产； （二）当事人对实现担保物权有部分实质性争议的，可以就无争议的部分裁定准许拍卖、变卖担保财产，并告知可以就有争议的部分申请仲裁； （三）当事人对实现担保物权有实质性争议的，裁定驳回申请，并告知可以向仲裁机构申请仲裁。 债权人以诉讼方式行使担保物权的，应当以债务人和担保人作为共同被告。	**第一百二十八条** 债权人向人民法院请求行使担保物权时，债务人和担保人应当作为共同被告参加诉讼。 同一债权既有保证又有物的担保的，当事人发生纠纷提起诉讼的，债务人与保证人、抵押人或者出质人可以作为共同被告参加诉讼。

第三百九十条　【担保物权的物上代位性】担保期间，担保财产毁损、灭失或者被征收等，担保物权人可以就获得的保险金、赔偿金或者补偿金等优先受偿。被担保债权的履行期限未届满的，也可以提存该保险金、赔偿金或者补偿金等。

关联法规参见

▶**法律：**《海商法》第20条。

第390条

司法解释适用

《最高人民法院关于适用〈中华人民共和国民法典〉有关担保制度的解释》（法释〔2020〕28号）

《民法典担保制度司法解释》	原《担保法司法解释》
第三条 当事人对担保责任的承担约定专门的违约责任，或者约定的担保责任范围超出债务人应当承担的责任范围，担保人主张仅在债务人应当承担的责任范围内承担责任的，人民法院应予支持。 担保人承担的责任超出债务人应当承担的责任范围，担保人向债务人追偿，债务人主张仅在其应当承担的责任范围内承担责任的，人民法院应予支持；担保人请求债权人返还超出部分的，人民法院依法予以支持。	**第四十三条** 保证人自行履行保证责任时，其实际清偿额大于主债权范围的，保证人只能在主债权范围内对债务人行使追偿权。
第四十二条 抵押权依法设立后，抵押财产毁损、灭失或者被征收等，抵押权人请求按照原抵押权的顺位就保险金、赔偿金或者补偿金等优先受偿的，人民法院应予支持。 给付义务人已经向抵押人给付了保险金、赔偿金或者补偿金，抵押权人请求给付义务人向其给付保险金、赔偿金或者补偿金的，人民法院不予支持，但是给付义务人接到抵押权人要求向其给付的通知后仍然向抵押人给付的除外。 抵押权人请求给付义务人向其给付保险金、赔偿金或者补偿金的，人民法院可以通知抵押人作为第三人参加诉讼。	**第八十条** 在抵押物灭失、毁损或者被征用的情况下，抵押权人可以就该抵押物的保险金、赔偿金或者补偿金优先受偿。 ~~抵押物灭失、毁损或者被征用的情况下，抵押权所担保的债权未届清偿期的，抵押权人可以请求人民法院对保险金、赔偿金或补偿金等采取保全措施。~~

删除条文

~~**第九十六条** 本解释第五十七条、第六十二条、第六十四条、第七十一条、第七十二条、第七十三条、第七十四条、第八十条之规定，适用于动产质押。~~

~~**第一百一十四条** 本解释第六十四条、第八十条、第八十七条、第九十一条、第九十三条的规定，适用于留置。~~

第三百九十一条　【未经担保人书面许可的债务转移免除担保人相应担保责任】第三人提供担保，未经其书面同意，债权人允许债务人转移全部或者部分债务的，担保人不再承担相应的担保责任。

司法解释适用

《最高人民法院关于适用〈中华人民共和国民法典〉有关担保制度的解释》（法释〔2020〕28号）

《民法典担保制度司法解释》	原《担保法司法解释》
第三条 当事人对担保责任的承担约定专门的违约责任，或者约定的担保责任范围超出债务人应当承担的责任范围，担保人主张仅在债务人应当承担的责任范围内承担责任的，人民法院应予支持。 担保人承担的责任超出债务人应当承担的责任范围，担保人向债务人追偿，债务人主张仅在其应当承担的责任范围内承担责任的，人民法院应予支持；担保人请求债权人返还超出部分的，人民法院依法予以支持。	**第四十三条** 保证人自行履行保证责任时，其实际清偿额大于主债权范围的，保证人只能在主债权范围内对债务人行使追偿权。
第三十八条 主债权未受全部清偿，担保物权人主张就担保财产的全部行使担保物权的，人民法院应予支持，但是留置权人行使留置权的，应当依照民法典第四百五十条的规定处理。 担保财产被分割或者部分转让，担保物权人主张就分割或者转让后的担保财产行使担保物权的，人民法院应予支持，但是法律或者司法解释另有规定的除外。	**第七十一条** 主债权未受全部清偿的，抵押权人可以就抵押物的全部行使其抵押权。 抵押物被分割或者部分转让的，抵押权人可以就分割或者转让后的抵押物行使抵押权。
第三十九条 主债权被分割或者部分转让，各债权人主张就其享有的债权份额行使担保物权的，人民法院应予支持，但是法律另有规定或者当事人另有约定的除外。 主债务被分割或者部分转移，债务人自己提供物的担保，债权人请求以该担保财产担保全部债务履行的，人民法院应予支持；第三人提供物的担保，主张对未经其书面同意转移的债务不再承担担保责任的，人民法院应予支持。	**第七十二条** 主债权被分割或者部分转让的，各债权人可以就其享有的债权份额行使抵押权。 主债务被分割或者部分转让的，抵押人仍以其抵押物担保数个债务人履行债务。但是，第三人提供抵押的，债权人许可债务人转让债务未经抵押人书面同意的，抵押人对未经其同意转让的债务，不再承担担保责任。

删除条文

~~**第九十六条** 本解释第五十七条、第六十二条、第六十四条、第七十一条、第七十二条、第七十三条、第七十四条、第八十条之规定，适用于动产质押。~~

第三百九十二条 【物的担保与人的担保的关系】被担保的债权既有物的担保又有人的担保的，债务人不履行到期债务或者发生当事人约定的实现担保物权的情形，债权人应当按照约定实现债权；没有约定或者约定不明确，债务人自己提供物的担保的，债权人应当先就该物的担保实现债权；第三人提供物的担保的，债权人可以就物的担保实现债权，也可以请求保证人承担保证责任。提供担保的第三人承担担保责任后，有权向债务人追偿。

关联法规参见

▶**法律**：《企业破产法》第51条、第92条、第101条。

司法解释适用

《最高人民法院关于适用〈中华人民共和国民法典〉有关担保制度的解释》（法释〔2020〕28号）

《民法典担保制度司法解释》	原《担保法司法解释》
第三条 当事人对担保责任的承担约定专门的违约责任，或者约定的担保责任范围超出债务人应当承担的责任范围，担保人主张仅在债务人应当承担的责任范围内承担责任的，人民法院应予支持。 担保人承担的责任超出债务人应当承担的责任范围，担保人向债务人追偿，债务人主张仅在其应当承担的责任范围内承担责任的，人民法院应予支持；担保人请求债权人返还超出部分的，人民法院依法予以支持。	**第四十三条** 保证人自行履行保证责任时，其实际清偿额大于主债权范围的，保证人只能在主债权范围内对债务人行使追偿权。
新增条文 **第四条** 有下列情形之一，当事人将担保物权登记在他人名下，债务人不履行到期债务或者发生当事人约定的实现担保物权的情形，债权人或者其受托人主张就该财产优先受偿的，人民法院依法予以支持： （一）为债券持有人提供的担保物权登记在债券受托管理人名下； （二）为委托贷款人提供的担保物权登记在受托人名下； （三）担保人知道债权人与他人之间存在委托关系的其他情形。	

《民法典担保制度司法解释》	原《担保法司法解释》
第十三条 同一债务有两个以上第三人提供担保，担保人之间约定相互追偿及分担份额，承担了担保责任的担保人请求其他担保人按照约定分担份额的，人民法院应予支持；担保人之间约定承担连带共同担保，或者约定相互追偿但是未约定分担份额的，各担保人按照比例分担向债务人不能追偿的部分。 同一债务有两个以上第三人提供担保，担保人之间未对相互追偿作出约定且未约定承担连带共同担保，但是各担保人在同一份合同书上签字、盖章或者按指印，承担了担保责任的担保人请求其他担保人按照比例分担向债务人不能追偿部分的，人民法院应予支持。 除前两款规定的情形外，承担了担保责任的担保人请求其他担保人分担向债务人不能追偿部分的，人民法院不予支持。	**第二十条** 连带共同保证的债务人在主合同规定的债务履行期届满没有履行债务的，债权人可以要求债务人履行债务，也可以要求任何一个保证人承担全部保证责任。 连带共同保证的保证人承担保证责任后，向债务人不能追偿的部分，由各连带保证人按其内部约定的比例分担。没有约定的，平均分担。 **第二十一条** 按份共同保证的保证人按照保证合同约定的保证份额承担保证责任后，在其履行保证责任的范围内对债务人行使追偿权。 **第三十八条** 同一债权既有保证又有第三人提供物的担保的，债权人可以请求保证人或者物的担保人承担担保责任。当事人对保证担保的范围或者物的担保的范围没有约定或者约定不明的，承担了担保责任的担保人，可以向债务人追偿，也可以要求其他担保人清偿其应当分担的份额。同一债权既有保证又有物的担保的，物的担保合同被确认无效或者被撤销，或者担保物因不可抗力的原因灭失而没有代位物的，保证人仍应当按合同的约定或者法律的规定承担保证责任。 债权人在主合同履行期届满后怠于行使担保物权，致使担保物的价值减少或者毁损、灭失的，视为债权人放弃部分或者全部物的担保。保证人在债权人放弃权利的范围内减轻或者免除保证责任。 **第七十五条** 同一债权有两个以上抵押人的，债权人放弃债务人提供的抵押担保的，其他抵押人可以请求人民法院减轻或者免除其应当承担的担保责任。 同一债权有两个以上抵押人的，当事人对其提供的抵押财产所担保的债权份额或者顺序没有约定或者约定不明的，抵押权人可以就其中任一或者各个财产行使抵押权。

《民法典担保制度司法解释》	原《担保法司法解释》
	抵押人承担担保责任后，可以向债务人追偿，也可以要求其他抵押人清偿其应当承担的份额。 **第七十七条**　同一财产向两个以上债权人抵押的，顺序在先的抵押权与该财产的所有权归属一人时，该财产的所有权人可以以其抵押权对抗顺序在后的抵押权。 **第七十八条**　同一财产向两个以上债权人抵押的，顺序在后的抵押权所担保的债权先到期的，抵押权人只能就抵押物价值超出顺序在先的抵押担保债权的部分受偿。 顺序在先的抵押权所担保的债权先到期的，抵押权实现后的剩余价款应予提存，留待清偿顺序在后的抵押担保债权。 **第一百二十三条**　同一债权上数个担保物权并存时，债权人放弃债务人提供的物的担保的，其他担保人在其放弃权利的范围内减轻或者免除担保责任。
第十八条　承担了担保责任或者赔偿责任的担保人，在其承担责任的范围内向债务人追偿的，人民法院应予支持。 同一债权既有债务人自己提供的物的担保，又有第三人提供的担保，承担了担保责任或者赔偿责任的第三人，主张行使债权人对债务人享有的担保物权的，人民法院应予支持。	**第四十三条**　保证人自行履行保证责任时，其实际清偿额大于主债权范围的，保证人只能在主债权范围内对债务人行使追偿权。
第二十三条　人民法院受理债务人破产案件，债权人在破产程序中申报债权后又向人民法院提起诉讼，请求担保人承担担保责任的，人民法院依法予以支持。 担保人清偿债权人的全部债权后，可以代替债权人在破产程序中受偿；在债权人的债权未获全部清偿前，担保人不得代替债权人在破产程序中受偿，但是有权就债权人通过破产分配和实现担保债权等方式获得清偿总额中超出债权的部分，在其承担担保责任的范围内请求债权人返还。	**第四十四条**　保证期间，人民法院受理债务人破产案件的，债权人既可以向人民法院申报债权，也可以向保证人主张权利。 债权人申报债权后在破产程序中未受清偿的部分，保证人仍应当承担保证责任。债权人要求保证人承担保证责任的，应当在破产程序终结后六个月内提出。

《民法典担保制度司法解释》	原《担保法司法解释》
债权人在债务人破产程序中未获全部清偿，请求担保人继续承担担保责任的，人民法院应予支持；担保人承担担保责任后，向和解协议或者重整计划执行完毕后的债务人追偿的，人民法院不予支持。	
第二十四条 债权人知道或者应当知道债务人破产，既未申报债权也未通知担保人，致使担保人不能预先行使追偿权的，担保人就该债权在破产程序中可能受偿的范围内免除担保责任，但是担保人因自身过错未行使追偿权的除外。	**第四十五条** 债权人知道或者应当知道债务人破产，既未申报债权也未通知保证人，致使保证人不能预先行使追偿权的，保证人在该债权在破产程序中可能受偿的范围内免除保证责任。
第四十五条 当事人约定当债务人不履行到期债务或者发生当事人约定的实现担保物权的情形，担保物权人有权将担保财产自行拍卖、变卖并就所得的价款优先受偿的，该约定有效。因担保人的原因导致担保物权人无法自行对担保财产进行拍卖、变卖，担保物权人请求担保人承担因此增加的费用的，人民法院应予支持。 当事人依照民事诉讼法有关“实现担保物权案件”的规定，申请拍卖、变卖担保财产，被申请人以担保合同约定仲裁条款为由主张驳回申请的，人民法院经审查后，应当按照以下情形分别处理： （一）当事人对担保物权无实质性争议且实现担保物权条件已经成就的，应当裁定准许拍卖、变卖担保财产； （二）当事人对实现担保物权有部分实质性争议的，可以就无争议的部分裁定准许拍卖、变卖担保财产，并告知可以就有争议的部分申请仲裁； （三）当事人对实现担保物权有实质性争议的，裁定驳回申请，并告知可以向仲裁机构申请仲裁。 债权人以诉讼方式行使担保物权的，应当以债务人和担保人作为共同被告。	**第一百二十八条** 债权人向人民法院请求行使担保物权时，债务人和担保人应当作为共同被告参加诉讼。 同一债权既有保证又有物的担保的，当事人发生纠纷提起诉讼的，债务人与保证人、抵押人或者出质人可以作为共同被告参加诉讼。

《最高人民法院关于适用〈中华人民共和国民事诉讼法〉的解释》（法释〔2020〕20号修改）

新《民事诉讼法司法解释》	原《民事诉讼法司法解释》
第三百六十五条　依照民法典第三百九十二条的规定，被担保的债权既有物的担保又有人的担保，当事人对实现担保物权的顺序有约定，实现担保物权的申请违反该约定的，人民法院裁定不予受理；没有约定或者约定不明的，人民法院应当受理。	**第三百六十五条**　依照物权法第一百七十六条的规定，被担保的债权既有物的担保又有人的担保，当事人对实现担保物权的顺序有约定，实现担保物权的申请违反该约定的，人民法院裁定不予受理；没有约定或者约定不明的，人民法院应当受理。

《最高人民法院关于印发〈全国法院审理债券纠纷案件座谈会纪要〉的通知》

26. 债券发行增信机构与发行人的共同责任。债券发行人不能如约偿付债券本息或者出现债券募集文件约定的违约情形时，人民法院应当根据相关增信文件约定的内容，判令增信机构向债券持有人承担相应的责任。监管文件中规定或者增信文件中约定增信机构的增信范围包括损失赔偿内容的，对债券持有人、债券投资者要求增信机构对发行人因欺诈发行、虚假陈述而应负的赔偿责任承担相应担保责任的诉讼请求，人民法院应当予以支持。增信机构承担责任后，有权向发行人等侵权责任主体进行追偿。

第三百九十三条　【担保物权消灭的情形】有下列情形之一的，担保物权消灭：

（一）主债权消灭；

（二）担保物权实现；

（三）债权人放弃担保物权；

（四）法律规定担保物权消灭的其他情形。

关联法规参见

▶**法律**：《民法典物权编》第457条。

第十七章　抵押权

第一节　一般抵押权

第三百九十四条　【抵押权的内容】为担保债务的履行，债务人或者第三人不转移财产的占有，将该财产抵押给债权人的，债务人不履行到期债务或者发生当事人约定的实现抵押权的情形，债权人有权就该财产优先受偿。

前款规定的债务人或者第三人为抵押人，债权人为抵押权人，提供担保的财产为抵押财产。

关联法规参见

▶**法律**：《城市房地产管理法》第47条，《海商法》第11条。

司法解释适用

《最高人民法院关于适用〈中华人民共和国民法典〉有关担保制度的解释》（法释〔2020〕28号）

《民法典担保制度司法解释》	原《担保法司法解释》
第一条　因抵押、质押、留置、保证等担保发生的纠纷，适用本解释。所有权保留买卖、融资租赁、保理等涉及担保功能发生的纠纷，适用本解释的有关规定。	**第一条**　当事人对由民事关系产生的债权，在不违反法律、法规强制性规定的情况下，以担保法规定的方式设定担保的，可以认定为有效。
第四十条　从物产生于抵押权依法设立前，抵押权人主张抵押权的效力及于从物的，人民法院应予支持，但是当事人另有约定的除外。 从物产生于抵押权依法设立后，抵押权人主张抵押权的效力及于从物的，人民法院不予支持，但是在抵押权实现时可以一并处分。	**第六十三条**　抵押权设定前为抵押物的从物的，抵押权的效力及于抵押物的从物。但是，抵押物与其从物为两个以上的人分别所有时，抵押权的效力不及于抵押物的从物。
第四十一条　抵押权依法设立后，抵押财产被添附，添附物归第三人所有，抵押权人主张抵押权效力及于补偿金的，人民法院应予支持。	**第六十二条**　抵押物因附合、混合或者加工使抵押物的所有权为第三人所有的，抵押权的效力及于补偿金；抵押物所有人为附合物、混合物或者加工物的所有人的，

《民法典担保制度司法解释》	原《担保法司法解释》
抵押权依法设立后，抵押财产被添附，抵押人对添附物享有所有权，抵押权人主张抵押权的效力及于添附物的，人民法院应予支持，但是添附导致抵押财产价值增加的，抵押权的效力不及于增加的价值部分。 抵押权依法设立后，抵押人与第三人因添附成为添附物的共有人，抵押权人主张抵押权的效力及于抵押人对共有物享有的份额的，人民法院应予支持。 本条所称添附，包括附合、混合与加工。	抵押权的效力及于附合物、混合物或者加工物；第三人与抵押物所有人为附合物、混合物或者加工物的共有人的，抵押权的效力及于抵押人对共有物享有的份额。
删除条文 ~~**第七十九条** 同一财产法定登记的抵押权与质权并存时，抵押权人优先于质权人受偿。~~ ~~同一财产抵押权与留置权并存时，留置权人优先于抵押权人受偿。~~	

权威案例指引

▶公报案例

《中国长城资产管理公司济南办事处与中国重汽集团济南卡车股份有限公司、山东小鸭集团有限责任公司借款抵押合同纠纷案》，《最高人民法院公报》2008年第3期

裁判摘要：抵押担保是物的担保。在抵押人不是主债务人的情况下，抵押权人可以请求拍卖、变卖抵押财产优先受偿，但不得请求抵押人直接承担债务人的债务。

第三百九十五条 【可抵押财产的范围】债务人或者第三人有权处分的下列财产可以抵押：

（一）建筑物和其他土地附着物；

（二）建设用地使用权；

（三）海域使用权；

（四）生产设备、原材料、半成品、产品；

（五）正在建造的建筑物、船舶、航空器；

（六）交通运输工具；

（七）法律、行政法规未禁止抵押的其他财产。

抵押人可以将前款所列财产一并抵押。

关联法规参见

▶**法律**：《民法典物权编》第402条，《民法典物权编》第342条，《城市房地产管理法》第32条、第48条，《农村土地承包法》第50条，《海域使用管理法》第19条、第20条、第23条。

▶**行政法规**：《全民所有制工业企业转换经营机制条例》第15条，《城镇国有土地使用权出让和转让暂行条例》第4条。

司法解释适用

《最高人民法院关于适用〈中华人民共和国民法典〉有关担保制度的解释》（法释〔2020〕28号）

《民法典担保制度司法解释》	原《担保法司法解释》
第五条 机关法人提供担保的，人民法院应当认定担保合同无效，但是经国务院批准为使用外国政府或者国际经济组织贷款进行转贷的除外。 居民委员会、村民委员会提供担保的，人民法院应当认定担保合同无效，但是依法代行村集体经济组织职能的村民委员会，依照村民委员会组织法规定的讨论决定程序对外提供担保的除外。	**第三条** 国家机关和以公益为目的的事业单位、社会团体违反法律规定提供担保的，担保合同无效。因此给债权人造成损失的，应当根据担保法第五条第二款的规定处理。
第六条 以公益为目的的非营利性学校、幼儿园、医疗机构、养老机构等提供担保的，人民法院应当认定担保合同无效，但是有下列情形之一的除外： （一）在购入或者以融资租赁方式承租教育设施、医疗卫生设施、养老服务设施和其他公益设施时，出卖人、出租人为担保价款或者租金实现而在该公益设施上保留所有权； （二）以教育设施、医疗卫生设施、养老服务设施和其他公益设施以外的不动产、动产或者财产权利设立担保物权。 登记为营利法人的学校、幼儿园、医疗机构、养老机构等提供担保，当事人以其不具有担保资格为由主张担保合同无效的，人民法院不予支持。	**第五十三条** 学校、幼儿园、医院等以公益为目的的事业单位、社会团体，以其教育设施、医疗卫生设施和其他社会公益设施以外的财产为自身债务设定抵押的，人民法院可以认定抵押有效。

《民法典担保制度司法解释》	原《担保法司法解释》
第三十七条　当事人以所有权、使用权不明或者有争议的财产抵押，经审查构成无权处分的，人民法院应当依照民法典第三百一十一条的规定处理。 当事人以依法被查封或者扣押的财产抵押，抵押权人请求行使抵押权，经审查查封或者扣押措施已经解除的，人民法院应予支持。抵押人以抵押权设立时财产被查封或者扣押为由主张抵押合同无效的，人民法院不予支持。 以依法被监管的财产抵押的，适用前款规定。	**第五十五条**　已经设定抵押的财产被采取查封、扣押等财产保全或者执行措施的，不影响抵押权的效力。
第四十六条　不动产抵押合同生效后未办理抵押登记手续，债权人请求抵押人办理抵押登记手续的，人民法院应予支持。 抵押财产因不可归责于抵押人自身的原因灭失或者被征收等导致不能办理抵押登记，债权人请求抵押人在约定的担保范围内承担责任的，人民法院不予支持；但是抵押人已经获得保险金、赔偿金或者补偿金等，债权人请求抵押人在其所获金额范围内承担赔偿责任的，人民法院依法予以支持。 因抵押人转让抵押财产或者其他可归责于抵押人自身的原因导致不能办理抵押登记，债权人请求抵押人在约定的担保范围内承担责任的，人民法院依法予以支持，但是不得超过抵押权能够设立时抵押人应当承担的责任范围。	**第八十条**　在抵押物灭失、毁损或者被征用的情况下，抵押权人可以就该抵押物的保险金、赔偿金或者补偿金优先受偿。 抵押物灭失、毁损或者被征用的情况下，抵押权所担保的债权未届清偿期的，抵押权人可以请求人民法院对保险金、赔偿金或补偿金等采取保全措施。
第四十九条　以违法的建筑物抵押的，抵押合同无效，但是一审法庭辩论终结前已经办理合法手续的除外。抵押合同无效的法律后果，依照本解释第十七条的有关规定处理。 当事人以建设用地使用权依法设立抵押，抵押人以土地上存在违法的建筑物为由主张抵押合同无效的，人民法院不予支持。	**第四十八条**　以法定程序确认为违法、违章的建筑物抵押的，抵押无效。 **第四十九条**　以尚未办理权属证书的财产抵押的，在第一审法庭辩论终结前能够提供权利证书或者补办登记手续的，可以认定抵押有效。 当事人未办理抵押物登记手续的，不得对抗第三人。

《民法典担保制度司法解释》	原《担保法司法解释》
第五十一条 当事人仅以建设用地使用权抵押，债权人主张抵押权的效力及于土地上已有的建筑物以及正在建造的建筑物已完成部分的，人民法院应予支持。债权人主张抵押权的效力及于正在建造的建筑物的续建部分以及新增建筑物的，人民法院不予支持。 当事人以正在建造的建筑物抵押，抵押权的效力范围限于已办理抵押登记的部分。当事人按照担保合同的约定，主张抵押权的效力及于续建部分、新增建筑物以及规划中尚未建造的建筑物的，人民法院不予支持。 抵押人将建设用地使用权、土地上的建筑物或者正在建造的建筑物分别抵押给不同债权人的，人民法院应当根据抵押登记的时间先后确定清偿顺序。	**第四十七条** 以依法获准尚未建造的或者正在建造中的房屋或者其他建筑物抵押的，当事人办理了抵押物登记，人民法院可以认定抵押有效。
删除条文 ~~**第五十二条** 当事人以农作物和与其尚未分离的土地使用权同时抵押的，土地使用权部分的抵押无效。~~ ~~**第五十四条** 按份共有人以其共有财产中享有的份额设定抵押的，抵押有效。~~	

《最高人民法院关于能否将国有土地使用权折价抵偿给抵押权人问题的批复》

四川省高级人民法院：

你院川高法〔1998〕19号《关于能否将国有土地使用权以国土部门认定的价格抵偿给抵押权人的请示》收悉。经研究，答复如下：

在依法以国有土地使用权作抵押的担保纠纷案件中，债务履行期届满抵押权人未受清偿的，可以通过拍卖的方式将土地使用权变现。如果无法变现，债务人又没有其他可供清偿的财产时，应当对国有土地使用权依法评估。人民法院可以参考政府土地管理部门确认的地价评估结果将土地使用权折价，经抵押权人同意，将折价后的土地使用权抵偿给抵押权人，土地使用权由抵押权人享有。

第三百九十六条 【动产浮动抵押规则】 企业、个体工商户、农业生产经营者可以将现有的以及将有的生产设备、原材料、半成品、产品抵押，债务人不履行到期债务或者发生当事人约定的实现抵押权的情形，债权人有权就抵押财产确定时的动产优先受偿。

关联法规参见

▶**法律**：《民法典物权编》第411条。

司法解释适用

《最高人民法院印发〈关于依法妥善审理涉新冠肺炎疫情民事案件若干问题的指导意见（二）〉的通知》

11. 防疫物资生产经营企业以其生产设备、原材料、半成品、产品等动产设定浮动抵押，抵押权人依照《中华人民共和国民事诉讼法》第一百九十六条的规定申请实现担保物权的，人民法院受理申请后，被申请人或者利害关系人能够证明实现抵押权将危及企业防疫物资生产经营的，可待疫情或者疫情防控措施影响因素消除后再行处理。

第三百九十七条　【建筑物和相应的建设用地使用权一并抵押规则】以建筑物抵押的，该建筑物占用范围内的建设用地使用权一并抵押。以建设用地使用权抵押的，该土地上的建筑物一并抵押。

抵押人未依据前款规定一并抵押的，未抵押的财产视为一并抵押。

关联法规参见

▶**法律**：《城市房地产管理法》第32条、第48条。

▶**行政法规**：《城镇国有土地使用权出让和转让暂行条例》第33条。

司法解释适用

《最高人民法院关于适用〈中华人民共和国民法典〉有关担保制度的解释》（法释〔2020〕28号）

《民法典担保制度司法解释》	原《担保法司法解释》
第五十一条　当事人仅以建设用地使用权抵押，债权人主张抵押权的效力及于土地上已有的建筑物以及正在建造的建筑物已完成部分的，人民法院应予支持。债权人主张抵押权的效力及于正在建造的建筑物的续建部分以及新增建筑物的，人民法院不予支持。 当事人以正在建造的建筑物抵押，抵押权的效力范围限于已办理抵押登记的部分。当事人按照担保合同的约定，主张抵押权的效力及于续建部分、新增建筑物以及规划中尚未建造的建筑物的，人民法院不予支持。	**第四十七条**　以依法获准尚未建造的或者正在建造中的房屋或者其他建筑物抵押的，当事人办理了抵押物登记，人民法院可以认定抵押有效。

《民法典担保制度司法解释》	原《担保法司法解释》
抵押人将建设用地使用权、土地上的建筑物或者正在建造的建筑物分别抵押给不同债权人的，人民法院应当根据抵押登记的时间先后确定清偿顺序。	

《最高人民法院关于破产企业国有划拨土地使用权应否列入破产财产等问题的批复》

湖北省高级人民法院：

你院鄂高法〔2002〕158号《关于破产企业国有划拨土地使用权应否列入破产财产以及有关抵押效力认定等问题的请示》收悉。经研究，答复如下：

一、根据《中华人民共和国土地管理法》第五十八条第一款第（三）项及《城镇国有土地使用权出让和转让暂行条例》第四十七条的规定，破产企业以划拨方式取得的国有土地使用权不属于破产财产，在企业破产时，有关人民政府可以予以收回，并依法处置。纳入国家兼并破产计划的国有企业，其依法取得的国有土地使用权，应依据国务院有关文件规定办理。

二、企业对其以划拨方式取得的国有土地使用权无处分权，以该土地使用权设定抵押，未经有审批权限的人民政府或土地行政管理部门批准的，不影响抵押合同效力；履行了法定的审批手续，并依法办理抵押登记的，抵押权自登记时设立。根据《中华人民共和国城市房地产管理法》第五十一条的规定，抵押权人只有在以抵押标的物折价或拍卖、变卖所得价款缴纳相当于土地使用权出让金的款项后，对剩余部分方可享有优先受偿权。但纳入国家兼并破产计划的国有企业，其依法取得的国有土地使用权，应依据国务院有关文件规定办理。

三、国有企业以关键设备、成套设备、建筑物设定抵押的，如无其他法定的无效情形，不应当仅以未经政府主管部门批准为由认定抵押合同无效。

本批复自公布之日起施行，正在审理或者尚未审理的案件，适用本批复，但对提起再审的判决、裁定已经发生法律效力的案件除外。

此复。

权威案例指引

▶公报案例

《中国长城资产管理公司济南办事处与山东省济南医药采购供应站、山东省医药集团有限公司、山东省医药公司借款担保合同纠纷案》，《最高人民法院公报》2008年第1期

裁判摘要：根据最高人民法院《关于破产企业国有划拨土地使用权应否列入破产财产等问题的批复》第三条的规定，如果建筑物附着于以划拨方式取得的国有土地使用权之上，将该建筑物与土地一并设定抵押的，对土地使用权的抵押须履行法定的审批手续，否则，应认定抵押无效。当事人在签订抵押合同时，如果仅仅约定以自有房产设定抵押并办理房屋抵押登记，并未将该房产所附着的、以划拨方式取得的国有土地使用权一并抵押的，不适用上述规定。

第三百九十八条　【乡镇、村企业的建设用地使用权与其上房屋一并抵押规则】 乡镇、村企业的建设用地使用权不得单独抵押。以乡镇、村企业的厂房等建筑物抵押的，其占用范围内的建设用地使用权一并抵押。

关联法规参见

▶**法律：**《城市房地产管理法》第48条，《乡镇企业法》第2条。

第三百九十九条　【禁止抵押的财产范围】 下列财产不得抵押：

（一）土地所有权；

（二）宅基地、自留地、自留山等集体所有土地的使用权，但是法律规定可以抵押的除外；

（三）学校、幼儿园、医疗机构等为公益目的成立的非营利法人的教育设施、医疗卫生设施和其他公益设施；

（四）所有权、使用权不明或者有争议的财产；

（五）依法被查封、扣押、监管的财产；

（六）法律、行政法规规定不得抵押的其他财产。

关联法规参见

▶**法律：**《文物保护法》第24条、第25条，《海关法》第37条。

▶**行政法规：**《宗教事务条例》第54条，《民用爆炸物品安全管理条例》第3条。

司法解释适用

《最高人民法院关于适用〈中华人民共和国民法典〉有关担保制度的解释》（法释〔2020〕28号）

《民法典担保制度司法解释》	原《担保法司法解释》
第六条　以公益为目的的非营利性学校、幼儿园、医疗机构、养老机构等提供担保的，人民法院应当认定担保合同无效，但是有下列情形之一的除外： （一）在购入或者以融资租赁方式承租教育设施、医疗卫生设施、养老服务设施和其他公益设施时，出卖人、出租人为担保价款或者租金实现而在该公益设施上保留所有权；	**第五十三条**　学校、幼儿园、医院等以公益为目的的事业单位、社会团体，以其教育设施、医疗卫生设施和其他社会公益设施以外的财产为自身债务设定抵押的，人民法院可以认定抵押有效。

《民法典担保制度司法解释》	原《担保法司法解释》
（二）以教育设施、医疗卫生设施、养老服务设施和其他公益设施以外的不动产、动产或者财产权利设立担保物权。 登记为营利法人的学校、幼儿园、医疗机构、养老机构等提供担保，当事人以其不具有担保资格为由主张担保合同无效的，人民法院不予支持。	
第三十七条 当事人以所有权、使用权不明或者有争议的财产抵押，经审查构成无权处分的，人民法院应当依照民法典第三百一十一条的规定处理。 当事人以依法被查封或者扣押的财产抵押，抵押权人请求行使抵押权，经审查查封或者扣押措施已经解除的，人民法院应予支持。抵押人以抵押权设立时财产被查封或者扣押为由主张抵押合同无效的，人民法院不予支持。 以依法被监管的财产抵押的，适用前款规定。	**第五十五条** 已经设定抵押的财产被采取查封、扣押等财产保全或者执行措施的，不影响抵押权的效力。
第四十九条 以违法的建筑物抵押的，抵押合同无效，但是一审法庭辩论终结前已经办理合法手续的除外。抵押合同无效的法律后果，依照本解释第十七条的有关规定处理。 当事人以建设用地使用权依法设立抵押，抵押人以土地上存在违法的建筑物为由主张抵押合同无效的，人民法院不予支持。	**第四十八条** 以法定程序确认为违法、违章的建筑物抵押的，抵押无效。 **第四十九条** 以尚未办理权属证书的财产抵押的，在第一审法庭辩论终结前能够提供权利证书或者补办登记手续的，可以认定抵押有效。 当事人未办理抵押物登记手续的，不得对抗第三人。
第五十条 抵押人以划拨建设用地上的建筑物抵押，当事人以该建设用地使用权不能抵押或者未办理批准手续为由主张抵押合同无效或者不生效的，人民法院不予支持。抵押权依法实现时，拍卖、变卖建筑物所得的价款，应当优先用于补缴建设用地使用权出让金。 当事人以划拨方式取得的建设用地使用权抵押，抵押人以未办理批准手续为由主张抵押合同无效或者不生效的，人民法院不	**第四十八条** 以法定程序确认为违法、违章的建筑物抵押的，抵押无效。

《民法典担保制度司法解释》	原《担保法司法解释》
予支持。已经依法办理抵押登记，抵押权人主张行使抵押权的，人民法院应予支持。抵押权依法实现时所得的价款，参照前款有关规定处理。	
删除条文 **第五十二条**　~~当事人以农作物和与其尚未分离的土地使用权同时抵押的，土地使用权部分的抵押无效。~~	

《最高人民法院关于审理涉及农村土地承包纠纷案件适用法律问题的解释》（法释〔2020〕17号修改）

新《农村土地承包纠纷司法解释》	原《农村土地承包纠纷司法解释》
删除条文 **第十五条**　~~承包方以其土地承包经营权进行抵押或者抵偿债务的，应当认定无效。对因此造成的损失，当事人有过错的，应当承担相应的民事责任。~~	

《最高人民法院关于中国农业银行大连市分行友好支行诉大连中大集团公司、第三人中国大连国际经济技术合作集团有限公司借款合同抵押担保纠纷一案请示的答复》

辽宁省高级人民法院：

你院〔2002〕辽民三初字第12号请示收悉。经研究，答复如下：

从你院请示材料看，依据大连市中级人民法院〔1999〕大民初字第160号民事调解书、大连市房地产管理局大房局管字〔2000〕16号文件以及大连市中级人民法院〔2002〕大行再字第21号行政判决书，中大大厦9－15层的产权确系中国大连国际经济技术合作集团有限公司（以下简称大连国际）所有，大连中大集团公司（以下简称中大集团）未经大连国际的同意将中大大厦整体抵押给债权人中国农业银行大连市分行友好支行（以下简称友好支行）的行为，属于无权处分行为，依照《中华人民共和国合同法》第五十一条的规定，抵押合同涉及无权处分部分无效。但鉴于中大大厦在抵押时的全部产权登记在中大集团名下，不动产登记具有权利推定效力，因此，如无证据证明友好支行在接受抵押时对中大大厦9－15层产权的真实状况为明知或应知的，友好支行可以善意取得对中大大厦9－15层的抵押权。你院应当在查明案件事实，尤其是债权人在接受抵押时是否属于善意的基础上，妥善处理该案。

此复

2003年11月24日

第四百条　【抵押合同的书面形式与一般条款】设立抵押权，当事人应当采用书面形式订立抵押合同。

抵押合同一般包括下列条款：

（一）被担保债权的种类和数额；

（二）债务人履行债务的期限；

（三）抵押财产的名称、数量等情况；

（四）担保的范围。

关联法规参见

▶**法律：**《城市房地产管理法》第49条、第50条。

司法解释适用

《最高人民法院关于适用〈中华人民共和国民法典〉有关担保制度的解释》（法释〔2020〕28号）

《民法典担保制度司法解释》	原《担保法司法解释》
第四十七条　不动产登记簿就抵押财产、被担保的债权范围等所作的记载与抵押合同约定不一致的，人民法院应当根据登记簿的记载确定抵押财产、被担保的债权范围等事项。	**第六十一条**　抵押物登记记载的内容与抵押合同约定的内容不一致的，以登记记载的内容为准。
新增条文 **第五十三条**　当事人在动产和权利担保合同中对担保财产进行概括描述，该描述能够合理识别担保财产的，人民法院应当认定担保成立。	
删除条文 ~~**第五十六条**　抵押合同对被担保的主债权种类、抵押财产没有约定或者约定不明，根据主合同和抵押合同不能补正或者无法推定的，抵押不成立。~~ ~~法律规定登记生效的抵押合同签订后，抵押人违背诚实信用原则拒绝办理抵押登记致使债权人受到损失的，抵押人应当承担赔偿责任。~~	

第四百零一条　【流押条款的优先受偿效力】抵押权人在债务履行期限届满前，与抵押人约定债务人不履行到期债务时抵押财产归债权人所有的，只能依法就抵押财产优先受偿。

司法解释适用

《最高人民法院关于适用〈中华人民共和国民法典〉有关担保制度的解释》（法释〔2020〕28 号）

《民法典担保制度司法解释》	原《担保法司法解释》
删除条文 ~~**第五十七条**　当事人在抵押合同中约定，债务履行期届满抵押权人未受清偿时，抵押物的所有权转移为债权人所有的内容无效。该内容的无效不影响抵押合同其他部分内容的效力。~~ ~~债务履行期届满后抵押权人未受清偿时，抵押权人和抵押人可以协议以抵押物折价取得抵押物。但是，损害顺序在后的担保物权人和其他债权人利益的，人民法院可以适用合同法第七十四条、第七十五条的有关规定。~~	

《最高人民法院关于适用〈中华人民共和国民法典〉时间效力的若干规定》（法释〔2020〕15 号）

《民法典时间效力规定》	
新增条文 **第七条**　民法典施行前，当事人在债务履行期限届满前约定债务人不履行到期债务时抵押财产或者质押财产归债权人所有的，适用民法典第四百零一条和第四百二十八条的规定。	

权威案例指引

▶指导性案例

汤龙、刘新龙、马忠太、王洪刚诉新疆鄂尔多斯彦海房地产开发有限公司商品房买卖合同纠纷案，指导案例 72 号（2016 年 12 月 28 日）

裁判要点：借款合同双方当事人经协商一致，终止借款合同关系，建立商品房买卖合同关系，将借款本金及利息转化为已付购房款并经对账清算的，不属于《中华人民共和国物权法》第一百八十六条规定禁止的情形，该商品房买卖合同的订立目的，亦不属于《最高人民法院关于审理民间借贷案件适用法律若干问题的规定》第二十四条规定的“作为民间借贷合同的担保”。在不存在《中华人民共和国合同法》第五十二条规定情形的情况下，该商品房买卖合同具有法律效力。但对转化为已付购房款的借款本金及利息数额，人民法院应当结合借款合同等证据予以审查，以防止当事人将超出法律规定保护限额的高额利息转化为已付购房款。

▶公报案例

《朱俊芳与山西嘉和泰房地产开发有限公司商品房买卖合同纠纷案》，《最高人民法院公报》2014 年第 12 期

裁判摘要：1. 双方当事人基于同一笔款项先后签订《商品房买卖合同》和《借款协

议》，并约定如借款到期，偿还借款，《商品房买卖合同》不再履行；若借款到期，不能偿还借款，则履行《商品房买卖合同》。在合同、协议均依法成立并已生效的情况下，应当认定当事人之间同时成立了商品房买卖和民间借贷两个民事法律关系。该行为并不违反法律、行政法规的强制性规定。

2. 借款到期，借款人不能按期偿还借款。对方当事人要求并通过履行《商品房买卖合同》取得房屋所有权，不违反《担保法》第四十条、《物权法》第一百八十六条有关“禁止流押”的规定。

▶典型案例

《李某诉段某民间借贷纠纷案》，《“用公开促公正建设核心价值”主题教育活动合同纠纷典型案例之十四》（2015年12月4日）

典型意义：1. 贯彻司法解释的立法意图

民间借贷实践中，借贷双方当事人通过签订买卖合同作为借贷合同的担保，是比较典型的纠纷类型。一旦借款期限届满债务人无法偿还借款本息时，债权人往往要求履行买卖合同，从而直接取得标的物的所有权。债权人撇开主合同而要求直接履行作为从合同的买卖合同，实际上是颠倒了主从合同关系，故《最高人民法院关于审理民间借贷案件适用法律若干问题的规定》第二十四条对此作出了明确规定，认为此类案件应按照民间借贷法律关系进行审理。

2. 保持物权法理论的一致性

“禁止流押”是物权法中的一大原则，旨在防止债权人利用优势地位损害债务人的利益，造成对抵押人实质上的不公平。在买卖合同担保借贷合同的交易模式下，债权人通过买卖合同在债务到期前就固定了担保物的价值，且由于预售登记的存在，债务人不可能另行通过交易途径实现担保物的市场价值，买卖合同事实上达到了流押的效果，有违“禁止流押”的强制性规定。

3. 保护当事人的合法权益

债权人为保证其债权的顺利实现，签订的买卖合同标的物的价值通常都高于借贷合同的标的。如债权人直接取得买卖合同标的物的所有权，往往会给债务人带来一定的经济损失，同时可能会对其他债权人的合法权益造成损害。实践中，建议可在诉讼过程中对买卖合同标的物进行诉讼保全，通过合法手段保证债权人实现债权的可能性，对各方当事人的利益予以均衡保护。

第四百零二条　【不动产抵押的登记生效主义】以本法第三百九十五条第一款第一项至第三项规定的财产或者第五项规定的正在建造的建筑物抵押的，应当办理抵押登记。抵押权自登记时设立。

关联法规参见

▶**法律**：《民法典物权编》第395条，《城市房地产管理法》第62条。

▶**行政法规**：《不动产登记暂行条例》第5条、第19条。

司法解释适用

《最高人民法院关于适用〈中华人民共和国民法典〉有关担保制度的解释》（法释〔2020〕28 号）

《民法典担保制度司法解释》	原《担保法司法解释》
第四十六条　不动产抵押合同生效后未办理抵押登记手续，债权人请求抵押人办理抵押登记手续的，人民法院应予支持。 抵押财产因不可归责于抵押人自身的原因灭失或者被征收等导致不能办理抵押登记，债权人请求抵押人在约定的担保范围内承担责任的，人民法院不予支持；但是抵押人已经获得保险金、赔偿金或者补偿金等，债权人请求抵押人在其所获金额范围内承担赔偿责任的，人民法院依法予以支持。 因抵押人转让抵押财产或者其他可归责于抵押人自身的原因导致不能办理抵押登记，债权人请求抵押人在约定的担保范围内承担责任的，人民法院依法予以支持，但是不得超过抵押权能够设立时抵押人应当承担的责任范围。	**第八十条**　在抵押物灭失、毁损或者被征用的情况下，抵押权人可以就该抵押物的保险金、赔偿金或者补偿金优先受偿。 抵押物灭失、毁损或者被征用的情况下，抵押权所担保的债权未届清偿期的，抵押权人可以请求人民法院对保险金、赔偿金或补偿金等采取保全措施。
第四十七条　不动产登记簿就抵押财产、被担保的债权范围等所作的记载与抵押合同约定不一致的，人民法院应当根据登记簿的记载确定抵押财产、被担保的债权范围等事项。	**第六十一条**　抵押物登记记载的内容与抵押合同约定的内容不一致的，以登记记载的内容为准。
第四十八条　当事人申请办理抵押登记手续时，因登记机构的过错致使其不能办理抵押登记，当事人请求登记机构承担赔偿责任的，人民法院依法予以支持。	**第五十九条**　当事人办理抵押物登记手续时，因登记部门的原因致使其无法办理抵押物登记，~~抵押人向债权人交付权利凭证的，可以认定债权人对该财产有优先受偿权。但是，未办理抵押物登记的，不得对抗第三人~~。
第四十九条　以违法的建筑物抵押的，抵押合同无效，但是一审法庭辩论终结前已经办理合法手续的除外。抵押合同无效的法律后果，依照本解释第十七条的有关规定处理。	**第四十八条**　以法定程序确认为违法、违章的建筑物抵押的，抵押无效。 **第四十九条**　以尚未办理权属证书的财产抵押的，在第一审法庭辩论终结前能够提供权利证书或者补办登记手续的，可以认定抵押有效。

《民法典担保制度司法解释》	原《担保法司法解释》
当事人以建设用地使用权依法设立抵押，抵押人以土地上存在违法的建筑物为由主张抵押合同无效的，人民法院不予支持。	当事人未办理抵押物登记手续的，不得对抗第三人。
第五十一条 当事人仅以建设用地使用权抵押，债权人主张抵押权的效力及于土地上已有的建筑物以及正在建造的建筑物已完成部分的，人民法院应予支持。债权人主张抵押权的效力及于正在建造的建筑物的续建部分以及新增建筑物的，人民法院不予支持。 当事人以正在建造的建筑物抵押，抵押权的效力范围限于已办理抵押登记的部分。当事人按照担保合同的约定，主张抵押权的效力及于续建部分、新增建筑物以及规划中尚未建造的建筑物的，人民法院不予支持。 抵押人将建设用地使用权、土地上的建筑物或者正在建造的建筑物分别抵押给不同债权人的，人民法院应当根据抵押登记的时间先后确定清偿顺序。	**第四十七条** 以依法获准尚未建造的或者正在建造中的房屋或者其他建筑物抵押的，当事人办理了抵押物登记，人民法院可以认定抵押有效。
第六十三条 债权人与担保人订立担保合同，约定以法律、行政法规尚未规定可以担保的财产权利设立担保，当事人主张合同无效的，人民法院不予支持。当事人未在法定的登记机构依法进行登记，主张该担保具有物权效力的，人民法院不予支持。	**第一条** 当事人对由民事关系产生的债权，在不违反法律、法规强制性规定的情况下，以担保法规定的方式设定担保的，可以认定为有效。

删除条文

第五十六条 抵押合同对被担保的主债权种类、抵押财产没有约定或者约定不明，根据主合同和抵押合同不能补正或者无法推定的，抵押不成立。

法律规定登记生效的抵押合同签订后，抵押人违背诚实信用原则拒绝办理抵押登记致使债权人受到损失的，抵押人应当承担赔偿责任。

第五十八条 当事人同一天在不同的法定登记部门办理抵押物登记的，视为顺序相同。

因登记部门的原因致使抵押物进行连续登记的，抵押物第一次登记的日期，视为抵押登记的日期，并依此确定抵押权的顺序。

《最高人民法院关于审理商品房买卖合同纠纷案件适用法律若干问题的解释》（法释〔2020〕17号修改）

新《商品房买卖合同纠纷司法解释》	原《商品房买卖合同纠纷司法解释》
第二十二条　买受人未按照商品房担保贷款合同的约定偿还贷款，亦未与担保权人办理不动产抵押登记手续，担保权人起诉买受人，请求处分商品房买卖合同项下买受人合同权利的，应当通知出卖人参加诉讼；担保权人同时起诉出卖人时，如果出卖人为商品房担保贷款合同提供保证的，应当列为共同被告。	**第二十六条**　买受人未按照商品房担保贷款合同的约定偿还贷款，亦未与担保权人办理商品房抵押登记手续，担保权人起诉买受人，请求处分商品房买卖合同项下买受人合同权利的，应当通知出卖人参加诉讼；担保权人同时起诉出卖人时，如果出卖人为商品房担保贷款合同提供保证的，应当列为共同被告。
第二十三条　买受人未按照商品房担保贷款合同的约定偿还贷款，但是已经取得不动产权属证书并与担保权人办理了不动产抵押登记手续，抵押权人请求买受人偿还贷款或者就抵押的房屋优先受偿的，不应当追加出卖人为当事人，但出卖人提供保证的除外。	**第二十七条**　买受人未按照商品房担保贷款合同的约定偿还贷款，但是已经取得房屋权属证书并与担保权人办理了商品房抵押登记手续，抵押权人请求买受人偿还贷款或者就抵押的房屋优先受偿的，不应当追加出卖人为当事人，但出卖人提供保证的除外。

《最高人民法院关于房地产管理机关能否撤销错误的注销抵押登记行为问题的批复》

广西壮族自治区高级人民法院：

你院《关于首长机电设备贸易（香港）有限公司不服柳州市房产局注销抵押登记、吊销〔1997〕柳房他证字第0410号房屋他项权证并要求发还0410号房屋他项权证上诉一案的请示》收悉。经研究答复如下：

房地产管理机关可以撤销错误的注销抵押登记行为。

权威案例指引

▶公报案例

《中国光大银行股份有限公司上海青浦支行诉上海东鹤房地产有限公司、陈思绮保证合同纠纷案》，《最高人民法院公报》2014年第9期

裁判摘要：一、开发商为套取银行资金，与自然人串通签订虚假的预售商品房买卖合同，以该自然人的名义与银行签订商品房抵押贷款合同而获得银行贷款，当商品房买卖合同被依法确认无效后，开发商与该自然人应对银行的贷款共同承担连带清偿责任。

二、预售商品房抵押贷款中，虽然银行与借款人（购房人）对预售商品房做了抵押预告登记，但该预告登记并未使银行获得现实的抵押权，而是待房屋建成交付借款人后银行就该房屋设立抵押权的一种预先的排他性保全。如果房屋建成后的产权未登记至借款人名下，则

抵押权设立登记无法完成，银行不能对该预售商品房行使抵押权。

▶典型案例

《郑某某诉雷某、刘某某、重庆某文化传播有限公司民间借贷纠纷案》，《“用公开促公正建设核心价值”主题教育活动合同纠纷典型案例之十三》（2015年12月4日）

典型意义：民间借贷中，以物权法规定的必须办理抵押登记、质押登记的财产或财产权利作为担保的，应当到相关登记机关办理登记手续。未依法登记的，抵押权、质押权未设立，出借人对担保财产或财产权利不享有优先受偿权。

第四百零三条 【动产抵押权设立的登记对抗主义】以动产抵押的，抵押权自抵押合同生效时设立；未经登记，不得对抗善意第三人。

关联法规参见

▶**法律：**《民法典物权编》第208条。

司法解释适用

《最高人民法院关于适用〈中华人民共和国民法典〉有关担保制度的解释》（法释〔2020〕28号）

《民法典担保制度司法解释》	原《担保法司法解释》
新增条文 **第五十三条** 当事人在动产和权利担保合同中对担保财产进行概括描述，该描述能够合理识别担保财产的，人民法院应当认定担保成立。	
第五十四条 动产抵押合同订立后未办理抵押登记，动产抵押权的效力按照下列情形分别处理： （一）抵押人转让抵押财产，受让人占有抵押财产后，抵押权人向受让人请求行使抵押权的，人民法院不予支持，但是抵押权人能够举证证明受让人知道或者应当知道已经订立抵押合同的除外； （二）抵押人将抵押财产出租给他人并移转占有，抵押权人行使抵押权的，租赁关系不受影响，但是抵押权人能够举证证明承租人知道或者应当知道已经订立抵押合同的除外； （三）抵押人的其他债权人向人民法院申请保全或者执行抵押财产，人民法院已经	**第六十六条** 抵押人将已抵押的财产出租的，抵押权实现后，租赁合同对受让人不具有约束力。 抵押人将已抵押的财产出租时，如果抵押人未书面告知承租人该财产已抵押的，抵押人对出租抵押物造成承租人的损失承担赔偿责任；如果抵押人已书面告知承租人该财产已抵押的，抵押权实现造成承租人的损失，由承租人自己承担。

《民法典担保制度司法解释》	原《担保法司法解释》
作出财产保全裁定或者采取执行措施，抵押权人主张对抵押财产优先受偿的，人民法院不予支持； （四）抵押人破产，抵押权人主张对抵押财产优先受偿的，人民法院不予支持。	
新增条文 **第六十七条** 在所有权保留买卖、融资租赁等合同中，出卖人、出租人的所有权未经登记不得对抗的“善意第三人”的范围及其效力，参照本解释第五十四条的规定处理。	

第四百零四条 【动产抵押权对抗效力的限制】以动产抵押的，不得对抗正常经营活动中已经支付合理价款并取得抵押财产的买受人。

司法解释适用

《最高人民法院关于适用〈中华人民共和国民法典〉有关担保制度的解释》（法释〔2020〕28号）

《民法典担保制度司法解释》	原《担保法司法解释》
第五十四条 动产抵押合同订立后未办理抵押登记，动产抵押权的效力按照下列情形分别处理： （一）抵押人转让抵押财产，受让人占有抵押财产后，抵押权人向受让人请求行使抵押权的，人民法院不予支持，但是抵押权人能够举证证明受让人知道或者应当知道已经订立抵押合同的除外； （二）抵押人将抵押财产出租给他人并移转占有，抵押权人行使抵押权的，租赁关系不受影响，但是抵押权人能够举证证明承租人知道或者应当知道已经订立抵押合同的除外； （三）抵押人的其他债权人向人民法院申请保全或者执行抵押财产，人民法院已经作出财产保全裁定或者采取执行措施，抵押权人主张对抵押财产优先受偿的，人民法院不予支持； （四）抵押人破产，抵押权人主张对抵押财产优先受偿的，人民法院不予支持。	**第六十六条** 抵押人将已抵押的财产出租的，抵押权实现后，租赁合同对受让人不具有约束力。 抵押人将已抵押的财产出租时，如果抵押人未书面告知承租人该财产已抵押的，抵押人对出租抵押物造成承租人的损失承担赔偿责任；如果抵押人已书面告知承租人该财产已抵押的，抵押权实现造成承租人的损失，由承租人自己承担。

《民法典担保制度司法解释》	原《担保法司法解释》
新增条文 **第五十六条** 买受人在出卖人正常经营活动中通过支付合理对价取得已被设立担保物权的动产，担保物权人请求就该动产优先受偿的，人民法院不予支持，但是有下列情形之一的除外： （一）购买商品的数量明显超过一般买受人； （二）购买出卖人的生产设备； （三）订立买卖合同的目的在于担保出卖人或者第三人履行债务； （四）买受人与出卖人存在直接或者间接的控制关系； （五）买受人应当查询抵押登记而未查询的其他情形。 前款所称出卖人正常经营活动，是指出卖人的经营活动属于其营业执照明确记载的经营范围，且出卖人持续销售同类商品。前款所称担保物权人，是指已经办理登记的抵押权人、所有权保留买卖的出卖人、融资租赁合同的出租人。	

第四百零五条 【抵押权和租赁关系之间的效力等级】

第四百零五条 【抵押权和租赁关系之间的效力等级】 抵押权设立前，抵押财产已经出租并转移占有的，原租赁关系不受该抵押权的影响。

关联法规参见

▶**法律**：《民法典合同编》第725条。

司法解释适用

《最高人民法院关于适用〈中华人民共和国民法典〉有关担保制度的解释》（法释〔2020〕28号）

《民法典担保制度司法解释》	原《担保法司法解释》
第五十四条 动产抵押合同订立后未办理抵押登记，动产抵押权的效力按照下列情形分别处理： （一）抵押人转让抵押财产，受让人占有抵押财产后，抵押权人向受让人请求行使抵押权的，人民法院不予支持，但是抵押权人能够举证证明受让人知道或者应当知道已经订立抵押合同的除外； （二）抵押人将抵押财产出租给他人并移转占有，抵押权人行使抵押权的，租赁关系不受影响，但是抵押权人能够举证证明承租人知道或者应当知道已经订立抵押合同的除外；	**第六十五条** 抵押人将已出租的财产抵押的，抵押权实现后，租赁合同在有效期内对抵押物的受让人继续有效。 **第六十六条** 抵押人将已抵押的财产出租的，抵押权实现后，租赁合同对受让人不具有约束力。 抵押人将已抵押的财产出租时，如果抵押人未书面告知承租人该财产已抵押的，抵押人对出租抵押物造成承租人的损失承担赔偿责任；如果抵押人已书面告知承租人该财产已抵押的，抵押权实现造成承租人的损失，由承租人自己承担。

《民法典担保制度司法解释》	原《担保法司法解释》
（三）抵押人的其他债权人向人民法院申请保全或者执行抵押财产，人民法院已经作出财产保全裁定或者采取执行措施，抵押权人主张对抵押财产优先受偿的，人民法院不予支持； （四）抵押人破产，抵押权人主张对抵押财产优先受偿的，人民法院不予支持。	

《最高人民法院关于人民法院民事执行中拍卖、变卖财产的规定》（法释〔2020〕21号修改）

《最高人民法院关于人民法院民事执行中拍卖、变卖财产的规定》	原《人民法院民事执行中拍卖、变卖财产规定》
第二十八条（原第三十一条）　拍卖财产上原有的担保物权及其他优先受偿权，因拍卖而消灭，拍卖所得价款，应当优先清偿担保物权人及其他优先受偿权人的债权，但当事人另有约定的除外。 拍卖财产上原有的租赁权及其他用益物权，不因拍卖而消灭，但该权利继续存在于拍卖财产上，对在先的担保物权或者其他优先受偿权的实现有影响的，人民法院应当依法将其除去后进行拍卖。	

《最高人民法院关于审理城镇房屋租赁合同纠纷案件具体应用法律若干问题的解释》（法释〔2020〕17号修改）

新《城镇房屋租赁合同纠纷司法解释》	原《城镇房屋租赁合同纠纷司法解释》
第十四条　租赁房屋在承租人按照租赁合同占有期限内发生所有权变动，承租人请求房屋受让人继续履行原租赁合同的，人民法院应予支持。但租赁房屋具有下列情形或者当事人另有约定的除外： （一）房屋在出租前已设立抵押权，因抵押权人实现抵押权发生所有权变动的； （二）房屋在出租前已被人民法院依法查封的。	**第二十条**　租赁房屋在租赁期间发生所有权变动，承租人请求房屋受让人继续履行原租赁合同的，人民法院应予支持。但租赁房屋具有下列情形或者当事人另有约定的除外： （一）房屋在出租前已设立抵押权，因抵押权人实现抵押权发生所有权变动的； （二）房屋在出租前已被人民法院依法查封的。

第四百零六条　【抵押期间抵押财产转让应当遵循的规则】 抵押期间，抵押人可以转让抵押财产。当事人另有约定的，按照其约定。抵押财产转让的，抵押权不受影响。

抵押人转让抵押财产的，应当及时通知抵押权人。抵押权人能够证明抵押财产转让可能损害抵押权的，可以请求抵押人将转让所得的价款向抵押权人提前清偿债务或者提存。转让的价款超过债权数额的部分归抵押人所有，不足部分由债务人清偿。

关联法规参见

▶**法律：**《民用航空法》第17条。

司法解释适用

《最高人民法院关于适用〈中华人民共和国民法典〉有关担保制度的解释》（法释〔2020〕28号）

《民法典担保制度司法解释》	原《担保法司法解释》
第四十三条　当事人约定禁止或者限制转让抵押财产但是未将约定登记，抵押人违反约定转让抵押财产，抵押权人请求确认转让合同无效的，人民法院不予支持；抵押财产已经交付或者登记，抵押权人请求确认转让不发生物权效力的，人民法院不予支持，但是抵押权人有证据证明受让人知道的除外；抵押权人请求抵押人承担违约责任的，人民法院依法予以支持。 当事人约定禁止或者限制转让抵押财产且已经将约定登记，抵押人违反约定转让抵押财产，抵押权人请求确认转让合同无效的，人民法院不予支持；抵押财产已经交付或者登记，抵押权人主张转让不发生物权效力的，人民法院应予支持，但是因受让人代替债务人清偿债务导致抵押权消灭的除外。	**第五条**　以法律、法规禁止流通的财产或者不可转让的财产设定担保的，担保合同无效。 以法律、法规限制流通的财产设定担保的，在实现债权时，人民法院应当按照有关法律、法规的规定对该财产进行处理。
删除条文 ~~**第六十七条**　抵押权存续期间，抵押人转让抵押物未通知抵押权人或者未告知受让人的，如果抵押物已经登记的，抵押权人仍可以行使抵押权；取得抵押物所有权的受让人，可以代替债务人清偿其全部债务，使抵押权消灭。受让人清偿债务后可以向抵押人追偿。~~	

《民法典担保制度司法解释》	原《担保法司法解释》
如果抵押物未经登记的，抵押权不得对抗受让人，因此给抵押权人造成损失的，由抵押人承担赔偿责任。 第六十八条 抵押物依法被继承或者赠与的，抵押权不受影响。	

权威案例指引

▶公报案例

《重庆索特盐化股份有限公司与重庆新万基房地产开发有限公司土地使用权转让合同纠纷案》[①]，《最高人民法院公报》2009 年第 4 期

裁判摘要：一、根据《中华人民共和国物权法》第一百九十一条、《中华人民共和国担保法》第四十九条的规定，抵押期间抵押人转让抵押物，应当通知抵押权人并经抵押权人同意，否则转让行为无效。但《中华人民共和国物权法》第一百九十一条以及最高人民法院《关于适用〈中华人民共和国担保法〉若干问题的解释》第六十七条还同时规定，未经通知或者未经抵押权人同意转让抵押物的，如受让方代为清偿债务消灭抵押权的，转让有效。即受让方通过行使涤除权涤除转让标的物上的抵押权负担的，转让行为有效。上述法律、司法解释的规定，旨在实现抵押权人、抵押人和受让人之间的利益平衡，既充分保障抵押权不受侵害，又不过分妨碍财产的自由流转，充分发挥物的效益。

二、根据《中华人民共和国物权法》第十五条的规定，当事人之间订立有关设立、变更、转让和消灭不动产物权的合同，除法律另有规定或者合同另有约定外，自合同成立时生效；未办理物权登记的，不影响合同效力。该规定确定了不动产物权变动的原因与结果相区分的原则。物权转让行为不能成就，并不必然导致物权转让合同无效。

《百花公司诉浩鑫公司买卖合同纠纷案》[②]，《最高人民法院公报》2006 年第 3 期

裁判摘要：一、根据担保法第四十九条第一款和《关于适用〈中华人民共和国担保法〉若干问题的解释》第六十七条，在未通知抵押权人和未告知受让人的情况下，抵押人转让已办理登记的抵押物，只要抵押人在转让后向抵押权人清偿了债务，或者受让人在得知受让物上有抵押权后代抵押人清偿了债务，使物上设定的抵押权消灭，转让行为仍可以有效。

二、能够援引担保法第四十九条第一款规定来主张转让行为无效的，应当是合法权益受到损害的抵押权人或者受让人，不是不履行此款规定通知、告知义务的抵押人。抵押人提起诉讼主张确认转让行为无效的，在确保抵押权实现的前提下，其诉讼请求应当驳回。

---

① 建议废止《重庆索特盐化股份有限公司与重庆新万基房地产开发有限公司土地使用权转让合同纠纷案》（《最高人民法院公报》2009 年第 4 期）。理由：与《民法典物权编》第四百零六条冲突。

② 建议废止《百花公司诉浩鑫公司买卖合同纠纷案》（《最高人民法院公报》2006 年第 3 期）。理由：与《民法典物权编》第四百零六条冲突。

第四百零七条　【抵押权的从属性】抵押权不得与债权分离而单独转让或者作为其他债权的担保。债权转让的，担保该债权的抵押权一并转让，但是法律另有规定或者当事人另有约定的除外。

关联法规参见

▶**法律：**《民法典合同编》第547条。

司法解释适用

《最高人民法院关于适用〈中华人民共和国民法典〉有关担保制度的解释》（法释〔2020〕28号）

《民法典担保制度司法解释》	原《担保法司法解释》
第二十一条　主合同或者担保合同约定了仲裁条款的，人民法院对约定仲裁条款的合同当事人之间的纠纷无管辖权。 债权人一并起诉债务人和担保人的，应当根据主合同确定管辖法院。 债权人依法可以单独起诉担保人且仅起诉担保人的，应当根据担保合同确定管辖法院。	**第一百二十九条**　主合同和担保合同发生纠纷提起诉讼的，应当根据主合同确定案件管辖。担保人承担连带责任的担保合同发生纠纷，债权人向担保人主张权利的，应当由担保人住所地的法院管辖。 主合同和担保合同选择管辖的法院不一致的，应当根据主合同确定案件管辖。
第三十八条　主债权未受全部清偿，担保物权人主张就担保财产的全部行使担保物权的，人民法院应予支持，但是留置权人行使留置权的，应当依照民法典第四百五十条的规定处理。 担保财产被分割或者部分转让，担保物权人主张就分割或者转让后的担保财产行使担保物权的，人民法院应予支持，但是法律或者司法解释另有规定的除外。	**第七十一条**　主债权未受全部清偿的，抵押权人可以就抵押物的全部行使其抵押权。 抵押物被分割或者部分转让的，抵押权人可以就分割或者转让后的抵押物行使抵押权。
第三十九条　主债权被分割或者部分转让，各债权人主张就其享有的债权份额行使担保物权的，人民法院应予支持，但是法律另有规定或者当事人另有约定的除外。 主债务被分割或者部分转移，债务人自己提供物的担保，债权人请求以该担保财产担保全部债务履行的，人民法院应予支持；第三人提供物的担保，主张对未经其书面同意转移的债务不再承担担保责任的，人民法院应予支持。	**第七十二条**　主债权被分割或者部分转让的，各债权人可以就其享有的债权份额行使抵押权。 主债务被分割或者部分转让的，抵押人仍以其抵押物担保数个债务人履行债务。但是，第三人提供抵押的，债权人许可债务人转让债务未经抵押人书面同意的，抵押人对未经其同意转让的债务，不再承担担保责任。

第四百零八条　【抵押财产价值减少时抵押权人的补救措施】 抵押人的行为足以使抵押财产价值减少的，抵押权人有权请求抵押人停止其行为；抵押财产价值减少的，抵押权人有权请求恢复抵押财产的价值，或者提供与减少的价值相应的担保。抵押人不恢复抵押财产的价值，也不提供担保的，抵押权人有权请求债务人提前清偿债务。

司法解释适用

《最高人民法院关于适用〈中华人民共和国民法典〉有关担保制度的解释》（法释〔2020〕28号）

《民法典担保制度司法解释》	原《担保法司法解释》
第二十九条　同一债务有两个以上保证人，债权人以其已经在保证期间内依法向部分保证人行使权利为由，主张已经在保证期间内向其他保证人行使权利的，人民法院不予支持。 同一债务有两个以上保证人，保证人之间相互有追偿权，债权人未在保证期间内依法向部分保证人行使权利，导致其他保证人在承担保证责任后丧失追偿权，其他保证人主张在其不能追偿的范围内免除保证责任的，人民法院应予支持。	**第二十条**　连带共同保证的债务人在主合同规定的债务履行期届满没有履行债务的，债权人可以要求债务人履行债务，也可以要求任何一个保证人承担全部保证责任。 连带共同保证的保证人承担保证责任后，向债务人不能追偿的部分，由各连带保证人按其内部约定的比例分担。没有约定的，平均分担。 **第二十一条**　按份共同保证的保证人按照保证合同约定的保证份额承担保证责任后，在其履行保证责任的范围内对债务人行使追偿权。
第四十二条　抵押权依法设立后，抵押财产毁损、灭失或者被征收等，抵押权人请求按照原抵押权的顺位就保险金、赔偿金或者补偿金等优先受偿的，人民法院应予支持。 给付义务人已经向抵押人给付了保险金、赔偿金或者补偿金，抵押权人请求给付义务人向其给付保险金、赔偿金或者补偿金的，人民法院不予支持，但是给付义务人接到抵押权人要求向其给付的通知后仍然向抵押人给付的除外。 抵押权人请求给付义务人向其给付保险金、赔偿金或者补偿金的，人民法院可以通知抵押人作为第三人参加诉讼。	**第八十条**　在抵押物灭失、毁损或者被征用的情况下，抵押权人可以就该抵押物的保险金、赔偿金或者补偿金优先受偿。 ~~抵押物灭失、毁损或者被征用的情况下，抵押权所担保的债权未届清偿期的，抵押权人可以请求人民法院对保险金、赔偿金或补偿金等采取保全措施。~~

《民法典担保制度司法解释》	原《担保法司法解释》
第四十五条 当事人约定当债务人不履行到期债务或者发生当事人约定的实现担保物权的情形，担保物权人有权将担保财产自行拍卖、变卖并就所得的价款优先受偿的，该约定有效。因担保人的原因导致担保物权人无法自行对担保财产进行拍卖、变卖，担保物权人请求担保人承担因此增加的费用的，人民法院应予支持。 当事人依照民事诉讼法有关“实现担保物权案件”的规定，申请拍卖、变卖担保财产，被申请人以担保合同约定仲裁条款为由主张驳回申请的，人民法院经审查后，应当按照以下情形分别处理： （一）当事人对担保物权无实质性争议且实现担保物权条件已经成就的，应当裁定准许拍卖、变卖担保财产； （二）当事人对实现担保物权有部分实质性争议的，可以就无争议的部分裁定准许拍卖、变卖担保财产，并告知可以就有争议的部分申请仲裁； （三）当事人对实现担保物权有实质性争议的，裁定驳回申请，并告知可以向仲裁机构申请仲裁。 债权人以诉讼方式行使担保物权的，应当以债务人和担保人作为共同被告。	**第一百二十八条** 债权人向人民法院请求行使担保物权时，债务人和担保人应当作为共同被告参加诉讼。 同一债权既有保证又有物的担保的，当事人发生纠纷提起诉讼的，债务人与保证人、抵押人或者出质人可以作为共同被告参加诉讼。

删除条文

~~**第六十九条** 债务人有多个普通债权人的，在清偿债务时，债务人与其中一个债权人恶意串通，将其全部或者部分财产抵押给该债权人，因此丧失了履行其他债务的能力，损害了其他债权人的合法权益，受损害的其他债权人可以请求人民法院撤销该抵押行为。~~

~~**第七十条** 抵押人的行为足以使抵押物价值减少的，抵押权人请求抵押人恢复原状或提供担保遭到拒绝时，抵押权人可以请求债务人履行债务，也可以请求提前行使抵押权。~~

《最高人民法院关于适用〈中华人民共和国民法典〉时间效力的若干规定》

（法释〔2020〕15 号）

《民法典时间效力规定》	

新增条文

第七条 民法典施行前，当事人在债务履行期限届满前约定债务人不履行到期债务时抵押财产或者质押财产归债权人所有的，适用民法典第四百零一条和第四百二十八条的规定。

第四百零九条 【抵押权人放弃抵押权或抵押权顺位的法律后果】 抵押权人可以放弃抵押权或者抵押权的顺位。抵押权人与抵押人可以协议变更抵押权顺位以及被担保的债权数额等内容。但是，抵押权的变更未经其他抵押权人书面同意的，不得对其他抵押权人产生不利影响。

债务人以自己的财产设定抵押，抵押权人放弃该抵押权、抵押权顺位或者变更抵押权的，其他担保人在抵押权人丧失优先受偿权益的范围内免除担保责任，但是其他担保人承诺仍然提供担保的除外。

第409条

关联法规参见

▶**行政法规**：《船舶登记条例》第24条，《民用航空器权利登记条例》第14条。

司法解释适用

《最高人民法院关于适用〈中华人民共和国民法典〉有关担保制度的解释》（法释〔2020〕28号）

《民法典担保制度司法解释》	原《担保法司法解释》
第十三条 同一债务有两个以上第三人提供担保，担保人之间约定相互追偿及分担份额，承担了担保责任的担保人请求其他担保人按照约定分担份额的，人民法院应予支持；担保人之间约定承担连带共同担保，或者约定相互追偿但是未约定分担份额的，各担保人按照比例分担向债务人不能追偿的部分。 同一债务有两个以上第三人提供担保，担保人之间未对相互追偿作出约定且未约定承担连带共同担保，但是各担保人在同一份合同书上签字、盖章或者按指印，承担了担保责任的担保人请求其他担保人按照比例分担向债务人不能追偿部分的，人民法院应予支持。 除前两款规定的情形外，承担了担保责任的担保人请求其他担保人分担向债务人不能追偿部分的，人民法院不予支持。	**第二十条** 连带共同保证的债务人在主合同规定的债务履行期届满没有履行债务的，债权人可以要求债务人履行债务，也可以要求任何一个保证人承担全部保证责任。 连带共同保证的保证人承担保证责任后，向债务人不能追偿的部分，由各连带保证人按其内部约定的比例分担。没有约定的，平均分担。 **第二十一条** 按份共同保证的保证人按照保证合同约定的保证份额承担保证责任后，在其履行保证责任的范围内对债务人行使追偿权。 **第三十八条** 同一债权既有保证又有第三人提供物的担保的，债权人可以请求保证人或者物的担保人承担担保责任。当事人对保证担保的范围或者物的担保的范围没有约定或者约定不明的，承担了担保责任的担保人，可以向债务人追偿，也可以要求其他担保人清偿其应当分担的份额。

《民法典担保制度司法解释》	原《担保法司法解释》
	同一债权既有保证又有物的担保的，物的担保合同被确认无效或者被撤销，或者担保物因不可抗力的原因灭失而没有代位物的，保证人仍应当按合同的约定或者法律的规定承担保证责任。 债权人在主合同履行期届满后怠于行使担保物权，致使担保物的价值减少或者毁损、灭失的，视为债权人放弃部分或者全部物的担保。保证人在债权人放弃权利的范围内减轻或者免除保证责任。 **第七十五条** 同一债权有两个以上抵押人的，债权人放弃债务人提供的抵押担保的，其他抵押人可以请求人民法院减轻或者免除其应当承担的担保责任。 同一债权有两个以上抵押人的，当事人对其提供的抵押财产所担保的债权份额或者顺序没有约定或者约定不明的，抵押权人可以就其中任一或者各个财产行使抵押权。 抵押人承担担保责任后，可以向债务人追偿，也可以要求其他抵押人清偿其应当承担的份额。 **第七十七条** 同一财产向两个以上债权人抵押的，顺序在先的抵押权与该财产的所有权归属一人时，该财产的所有权人可以以其抵押权对抗顺序在后的抵押权。 **第七十八条** 同一财产向两个以上债权人抵押的，顺序在后的抵押权所担保的债权先到期的，抵押权人只能就抵押物价值超出顺序在先的抵押担保债权的部分受偿。 顺序在先的抵押权所担保的债权先到期的，抵押权实现后的剩余价款应予提存，留待清偿顺序在后的抵押担保债权。 **第一百二十三条** 同一债权上数个担保物权并存时，债权人放弃债务人提供的物的担保的，其他担保人在其放弃权利的范围内减轻或者免除担保责任。

<table>
<tr><th>《民法典担保制度司法解释》</th><th>原《担保法司法解释》</th></tr>
<tr><td colspan="2">新增条文

第十四条　同一债务有两个以上第三人提供担保，担保人受让债权的，人民法院应当认定该行为系承担担保责任。受让债权的担保人作为债权人请求其他担保人承担担保责任的，人民法院不予支持；该担保人请求其他担保人分担相应份额的，依照本解释第十三条的规定处理。</td></tr>
<tr><td>**第二十九条**　同一债务有两个以上保证人，债权人以其已经在保证期间内依法向部分保证人行使权利为由，主张已经在保证期间内向其他保证人行使权利的，人民法院不予支持。

同一债务有两个以上保证人，保证人之间相互有追偿权，债权人未在保证期间内依法向部分保证人行使权利，导致其他保证人在承担保证责任后丧失追偿权，其他保证人主张在其不能追偿的范围内免除保证责任的，人民法院应予支持。</td><td>**第二十条**　连带共同保证的债务人在主合同规定的债务履行期届满没有履行债务的，债权人可以要求债务人履行债务，也可以要求任何一个保证人承担全部保证责任。

连带共同保证的保证人承担保证责任后，向债务人不能追偿的部分，由各连带保证人按其内部约定的比例分担。没有约定的，平均分担。

第二十一条　按份共同保证的保证人按照保证合同约定的保证份额承担保证责任后，在其履行保证责任的范围内对债务人行使追偿权。</td></tr>
</table>

第四百一十条　【抵押权实现的方式和程序】债务人不履行到期债务或者发生当事人约定的实现抵押权的情形，抵押权人可以与抵押人协议以抵押财产折价或者以拍卖、变卖该抵押财产所得的价款优先受偿。协议损害其他债权人利益的，其他债权人可以请求人民法院撤销该协议。

抵押权人与抵押人未就抵押权实现方式达成协议的，抵押权人可以请求人民法院拍卖、变卖抵押财产。

抵押财产折价或者变卖的，应当参照市场价格。

关联法规参见

▶**法律：**《民法典合同编》第541条，《民事诉讼法》第196条、第197条、第244条至第247条，《企业破产法》第75条。

司法解释适用

《最高人民法院关于适用〈中华人民共和国民法典〉有关担保制度的解释》

（法释〔2020〕28号）

<table>
<tr><th>《民法典担保制度司法解释》</th><th>原《担保法司法解释》</th></tr>
<tr><td colspan="2">新增条文

第四条 有下列情形之一，当事人将担保物权登记在他人名下，债务人不履行到期债务或者发生当事人约定的实现担保物权的情形，债权人或者其受托人主张就该财产优先受偿的，人民法院依法予以支持：
（一）为债券持有人提供的担保物权登记在债券受托管理人名下；
（二）为委托贷款人提供的担保物权登记在受托人名下；
（三）担保人知道债权人与他人之间存在委托关系的其他情形。</td></tr>
<tr><td>**第四十五条** 当事人约定当债务人不履行到期债务或者发生当事人约定的实现担保物权的情形，担保物权人有权将担保财产自行拍卖、变卖并就所得的价款优先受偿的，该约定有效。因担保人的原因导致担保物权人无法自行对担保财产进行拍卖、变卖，担保物权人请求担保人承担因此增加的费用的，人民法院应予支持。
当事人依照民事诉讼法有关“实现担保物权案件”的规定，申请拍卖、变卖担保财产，被申请人以担保合同约定仲裁条款为由主张驳回申请的，人民法院经审查后，应当按照以下情形分别处理：
（一）当事人对担保物权无实质性争议且实现担保物权条件已经成就的，应当裁定准许拍卖、变卖担保财产；
（二）当事人对实现担保物权有部分实质性争议的，可以就无争议的部分裁定准许拍卖、变卖担保财产，并告知可以就有争议的部分申请仲裁；
（三）当事人对实现担保物权有实质性争议的，裁定驳回申请，并告知可以向仲裁机构申请仲裁。
债权人以诉讼方式行使担保物权的，应当以债务人和担保人作为共同被告。</td><td>**第一百二十八条** 债权人向人民法院请求行使担保物权时，债务人和担保人应当作为共同被告参加诉讼。
同一债权既有保证又有物的担保的，当事人发生纠纷提起诉讼的，债务人与保证人、抵押人或者出质人可以作为共同被告参加诉讼。</td></tr>
</table>

《民法典担保制度司法解释》	原《担保法司法解释》
第六十八条　债务人或者第三人与债权人约定将财产形式上转移至债权人名下，债务人不履行到期债务，债权人有权对财产折价或者以拍卖、变卖该财产所得价款偿还债务的，人民法院应当认定该约定有效。当事人已经完成财产权利变动的公示，债务人不履行到期债务，债权人请求参照民法典关于担保物权的有关规定就该财产优先受偿的，人民法院应予支持。 债务人或者第三人与债权人约定将财产形式上转移至债权人名下，债务人不履行到期债务，财产归债权人所有的，人民法院应当认定该约定无效，但是不影响当事人有关提供担保的意思表示的效力。当事人已经完成财产权利变动的公示，债务人不履行到期债务，债权人请求对该财产享有所有权的，人民法院不予支持；债权人请求参照民法典关于担保物权的规定对财产折价或者以拍卖、变卖该财产所得的价款优先受偿的，人民法院应予支持；债务人履行债务后请求返还财产，或者请求对财产折价或者以拍卖、变卖所得的价款清偿债务的，人民法院应予支持。 债务人与债权人约定将财产转移至债权人名下，在一定期间后再由债务人或者其指定的第三人以交易本金加上溢价款回购，债务人到期不履行回购义务，财产归债权人所有的，人民法院应当参照第二款规定处理。回购对象自始不存在的，人民法院应当依照民法典第一百四十六条第二款的规定，按照其实际构成的法律关系处理。	**第七十三条**　抵押物折价或者拍卖、变卖该抵押物的价款低于抵押权设定时约定价值的，应当按照抵押物实现的价值进行清偿。不足清偿的剩余部分，由债务人清偿。 **第七十四条**　抵押物折价或者拍卖、变卖所得的价款，当事人没有约定的，按下列顺序清偿： （一）实现抵押权的费用； （二）主债权的利息； （三）主债权。

《最高人民法院关于人民法院执行工作若干问题的规定（试行）》（法释〔2020〕21号修改）

新《人民法院执行工作规定》	原《人民法院执行工作规定》
删除条文 ~~46. 人民法院对查封、扣押的被执行人财产进行变价时，应当委托拍卖机构进行拍卖。~~	

新《人民法院执行工作规定》	原《人民法院执行工作规定》
~~财产无法委托拍卖、不适于拍卖或当事人双方同意不需要拍卖的，人民法院可以交由有关单位变卖或自行组织变卖~~。 ~~47. 人民法院对拍卖、变卖被执行人的财产，应当委托依法成立的资产评估机构进行价格评估~~。	
33.（原48）被执行人申请对人民法院查封的财产自行变卖的，人民法院可以准许，但应当监督其按照合理价格在指定的期限内进行，并控制变卖的价款。	
34.（原49）拍卖、变卖被执行人的财产成交后，必须即时钱物两清。 委托拍卖、组织变卖被执行人财产所发生的实际费用，从所得价款中优先扣除。所得价款超出执行标的数额和执行费用的部分，应当退还被执行人。	

《最高人民法院关于人民法院民事执行中查封、扣押、冻结财产的规定》（法释〔2020〕21号修改）

新《人民法院民事执行中查封、扣押、冻结财产规定》	原《人民法院民事执行中查封、扣押、冻结财产规定》
第二条（原第二条） 人民法院可以查封、扣押、冻结被执行人占有的动产、登记在被执行人名下的不动产、特定动产及其他财产权。 未登记的建筑物和土地使用权，依据土地使用权的审批文件和其他相关证据确定权属。 对于第三人占有的动产或者登记在第三人名下的不动产、特定动产及其他财产权，第三人书面确认该财产属于被执行人的，人民法院可以查封、扣押、冻结。	
第三条（原第五条） 人民法院对被执行人下列的财产不得查封、扣押、冻结： （一）被执行人及其所扶养家属生活所必需的衣服、家具、炊具、餐具及其他家庭生活必需的物品； （二）被执行人及其所扶养家属所必需的生活费用。当地有最低生活保障标准的，必需的生活费用依照该标准确定； （三）被执行人及其所扶养家属完成义务教育所必需的物品； （四）未公开的发明或者未发表的著作； （五）被执行人及其所扶养家属用于身体缺陷所必需的辅助工具、医疗物品； （六）被执行人所得的勋章及其他荣誉表彰的物品； （七）根据《中华人民共和国缔结条约程序法》，以中华人民共和国、中华人民共和国政府或者中华人民共和国政府部门名义同外国、国际组织缔结的条约、协定和其他具有条约、协定性质的文件中规定免于查封、扣押、冻结的财产； （八）法律或者司法解释规定的其他不得查封、扣押、冻结的财产。	
第四条（原第六条） 对被执行人及其所扶养家属生活所必需的居住房屋，人民法院可以查封，但不得拍卖、变卖或者抵债。	
第五条（原第七条） 对于超过被执行人及其所扶养家属生活所必需的房屋和生活用品，人民法院根据申请执行人的申请，在保障被执行人及其所扶养家属最低生活标准所必需的居住房屋和普通生活必需品后，可予以执行。	

<table>
<tr><th>新《人民法院民事执行中查封、扣押、冻结财产规定》</th><th>原《人民法院民事执行中查封、扣押、冻结财产规定》</th></tr>
<tr><td colspan="2">第二十条（原第二十二条）　查封、扣押的效力及于查封、扣押物的从物和天然孳息。</td></tr>
<tr><td colspan="2">第二十一条（原第二十三条）　查封地上建筑物的效力及于该地上建筑物使用范围内的土地使用权，查封土地使用权的效力及于地上建筑物，但土地使用权与地上建筑物的所有权分属被执行人与他人的除外。
地上建筑物和土地使用权的登记机关不是同一机关的，应当分别办理查封登记。</td></tr>
<tr><td colspan="2">第二十二条（原第二十四条）　查封、扣押、冻结的财产灭失或者毁损的，查封、扣押、冻结的效力及于该财产的替代物、赔偿款。人民法院应当及时作出查封、扣押、冻结该替代物、赔偿款的裁定。</td></tr>
<tr><td colspan="2">第二十三条（原第二十五条）　查封、扣押、冻结协助执行通知书在送达登记机关时，登记机关已经受理被执行人转让不动产、特定动产及其他财产的过户登记申请，尚未完成登记的，应当协助人民法院执行。人民法院不得对登记机关已经完成登记的被执行人已转让的财产实施查封、扣押、冻结措施。
查封、扣押、冻结协助执行通知书在送达登记机关时，其他人民法院已向该登记机关送达了过户登记协助执行通知书的，应当优先办理过户登记。</td></tr>
<tr><td colspan="2">第二十四条（原第二十六条）　被执行人就已经查封、扣押、冻结的财产所作的移转、设定权利负担或者其他有碍执行的行为，不得对抗申请执行人。
第三人未经人民法院准许占有查封、扣押、冻结的财产或者实施其他有碍执行的行为的，人民法院可以依据申请执行人的申请或者依职权解除其占有或者排除其妨害。
人民法院的查封、扣押、冻结没有公示的，其效力不得对抗善意第三人。</td></tr>
<tr><td>第二十五条　人民法院查封、扣押被执行人设定最高额抵押权的抵押物的，应当通知抵押权人。抵押权人受抵押担保的债权数额自收到人民法院通知时起不再增加。
人民法院虽然没有通知抵押权人，但有证据证明抵押权人知道或者应当知道查封、扣押事实的，受抵押担保的债权数额从其知道或者应当知道该事实时起不再增加。</td><td>第二十七条　人民法院查封、扣押被执行人设定最高额抵押权的抵押物的，应当通知抵押权人。抵押权人受抵押担保的债权数额自收到人民法院通知时起不再增加。
人民法院虽然没有通知抵押权人，但有证据证明抵押权人知道查封、扣押事实的，受抵押担保的债权数额从其知道该事实时起不再增加。</td></tr>
<tr><td colspan="2">第二十六条（原第二十八条）　对已被人民法院查封、扣押、冻结的财产，其他人民法院可以进行轮候查封、扣押、冻结。查封、扣押、冻结解除的，登记在先的轮候查封、扣押、冻结即自动生效。</td></tr>
</table>

<table>
<tr><th>新《人民法院民事执行中查封、扣押、冻结财产规定》</th><th>原《人民法院民事执行中查封、扣押、冻结财产规定》</th></tr>
<tr><td colspan="2">其他人民法院对已登记的财产进行轮候查封、扣押、冻结的，应当通知有关登记机关协助进行轮候登记，实施查封、扣押、冻结的人民法院应当允许其他人民法院查阅有关文书和记录。
其他人民法院对没有登记的财产进行轮候查封、扣押、冻结的，应当制作笔录，并经实施查封、扣押、冻结的人民法院执行人员及被执行人签字，或者书面通知实施查封、扣押、冻结的人民法院。</td></tr>
<tr><td colspan="2">删除条文
~~**第二十九条** 人民法院冻结被执行人的银行存款及其他资金的期限不得超过六个月，查封、扣押动产的期限不得超过一年，查封不动产、冻结其他财产权的期限不得超过二年。法律、司法解释另有规定的除外。~~
~~申请执行人申请延长期限的，人民法院应当在查封、扣押、冻结期限届满前办理续行查封、扣押、冻结手续，续行期限不得超过前款规定期限的二分之一。~~</td></tr>
<tr><td colspan="2">**第二十七条（原第三十条）** 查封、扣押、冻结期限届满，人民法院未办理延期手续的，查封、扣押、冻结的效力消灭。
查封、扣押、冻结的财产已经被执行拍卖、变卖或者抵债的，查封、扣押、冻结的效力消火。</td></tr>
<tr><td>**第二十八条** 有下列情形之一的，人民法院应当作出解除查封、扣押、冻结裁定，并送达申请执行人、被执行人或者案外人：
（一）查封、扣押、冻结案外人财产的；
（二）申请执行人撤回执行申请或者放弃债权的；
（三）查封、扣押、冻结的财产流拍或者变卖不成，申请执行人和其他执行债权人又不同意接受抵债，且对该财产又无法采取其他执行措施的；
（四）债务已经清偿的；
（五）被执行人提供担保且申请执行人同意解除查封、扣押、冻结的；
（六）人民法院认为应当解除查封、扣押、冻结的其他情形。
解除以登记方式实施的查封、扣押、冻结的，应当向登记机关发出协助执行通知书。</td><td>**第三十一条** 有下列情形之一的，人民法院应当作出解除查封、扣押、冻结裁定，并送达申请执行人、被执行人或者案外人：
（一）查封、扣押、冻结案外人财产的；
（二）申请执行人撤回执行申请或者放弃债权的；
（三）查封、扣押、冻结的财产流拍或者变卖不成，申请执行人和其他执行债权人又不同意接受抵债的；
（四）债务已经清偿的；
（五）被执行人提供担保且申请执行人同意解除查封、扣押、冻结的；
（六）人民法院认为应当解除查封、扣押、冻结的其他情形。
解除以登记方式实施的查封、扣押、冻结的，应当向登记机关发出协助执行通知书。</td></tr>
</table>

《最高人民法院关于人民法院民事执行中拍卖、变卖财产的规定》（法释〔2020〕21号修改）

<table>
<tr><th>新《人民法院民事执行中拍卖、变卖财产规定》</th><th>原《人民法院民事执行中拍卖、变卖财产规定》</th></tr>
<tr><td colspan="2">为了进一步规范民事执行中的拍卖、变卖措施，维护当事人的合法权益，根据《中华人民共和国民事诉讼法》等法律的规定，结合人民法院民事执行工作的实践经验，制定本规定。</td></tr>
<tr><td colspan="2">第一条（原第一条）　在执行程序中，被执行人的财产被查封、扣押、冻结后，人民法院应当及时进行拍卖、变卖或者采取其他执行措施。</td></tr>
<tr><td colspan="2">第二条（原第二条）　人民法院对查封、扣押、冻结的财产进行变价处理时，应当首先采取拍卖的方式，但法律、司法解释另有规定的除外。</td></tr>
<tr><td colspan="2">第三条（原第三条）　人民法院拍卖被执行人财产，应当委托具有相应资质的拍卖机构进行，并对拍卖机构的拍卖进行监督，但法律、司法解释另有规定的除外。</td></tr>
<tr><td colspan="2">第四条（原第四条）　对拟拍卖的财产，人民法院可以委托具有相应资质的评估机构进行价格评估。对于财产价值较低或者价格依照通常方法容易确定的，可以不进行评估。
当事人双方及其他执行债权人申请不进行评估的，人民法院应当准许。
对被执行人的股权进行评估时，人民法院可以责令有关企业提供会计报表等资料；有关企业拒不提供的，可以强制提取。</td></tr>
<tr><td colspan="2">删除条文
~~第五条　评估机构由当事人协商一致后经人民法院审查确定；协商不成的，从负责执行的人民法院或者被执行人财产所在地的人民法院确定的评估机构名册中，采取随机的方式确定；当事人双方申请通过公开招标方式确定评估机构的，人民法院应当准许。~~
~~第六条　人民法院收到评估机构作出的评估报告后，应当在五日内将评估报告发送当事人及其他利害关系人。当事人或者其他利害关系人对评估报告有异议的，可以在收到评估报告后十日内以书面形式向人民法院提出。~~
~~当事人或者其他利害关系人有证据证明评估机构、评估人员不具备相应的评估资质或者评估程序严重违法而申请重新评估的，人民法院应当准许。~~
~~第七条　拍卖机构由当事人协商一致后经人民法院审查确定；协商不成的，从负责执行的人民法院或者被执行人财产所在地的人民法院确定的拍卖机构名册中，采取随机的方式确定；当事人双方申请通过公开招标方式确定拍卖机构的，人民法院应当准许。~~</td></tr>
<tr><td>第五条　拍卖应当确定保留价。
拍卖财产经过评估的，评估价即为第一次拍卖的保留价；未作评估的，保留价由人民法院参照市价确定，并应当征询有关当事人的意见。</td><td>第八条　拍卖应当确定保留价。
拍卖保留价由人民法院参照评估价确定；未作评估的，参照市价确定，并应当征询有关当事人的意见。</td></tr>
</table>

<table>
<tr><th>新《人民法院民事执行中拍卖、变卖财产规定》</th><th>原《人民法院民事执行中拍卖、变卖财产规定》</th></tr>
<tr><td>如果出现流拍，再行拍卖时，可以酌情降低保留价，但每次降低的数额不得超过前次保留价的百分之二十。</td><td>~~人民法院确定的保留价，第一次拍卖时，不得低于评估价或者市价的百分之八十；~~如果出现流拍，再行拍卖时，可以酌情降低保留价，但每次降低的数额不得超过前次保留价的百分之二十。</td></tr>
<tr><td colspan="2">第六条（原第九条）　保留价确定后，依据本次拍卖保留价计算，拍卖所得价款在清偿优先债权和强制执行费用后无剩余可能的，应当在实施拍卖前将有关情况通知申请执行人。申请执行人于收到通知后五日内申请继续拍卖的，人民法院应当准许，但应当重新确定保留价；重新确定的保留价应当大于该优先债权及强制执行费用的总额。
依照前款规定流拍的，拍卖费用由申请执行人负担。</td></tr>
<tr><td colspan="2">第七条（原第十条）　执行人员应当对拍卖财产的权属状况、占有使用情况等进行必要的调查，制作拍卖财产现状的调查笔录或者收集其他有关资料。</td></tr>
<tr><td colspan="2">第八条（原第十一条）　拍卖应当先期公告。
拍卖动产的，应当在拍卖七日前公告；拍卖不动产或者其他财产权的，应当在拍卖十五日前公告。</td></tr>
<tr><td colspan="2">第九条（原第十二条）　拍卖公告的范围及媒体由当事人双方协商确定；协商不成的，由人民法院确定。拍卖财产具有专业属性的，应当同时在专业性报纸上进行公告。
当事人申请在其他新闻媒体上公告或者要求扩大公告范围的，应当准许，但该部分的公告费用由其自行承担。</td></tr>
<tr><td colspan="2">第十条（原第十三条）　拍卖不动产、其他财产权或者价值较高的动产的，竞买人应当于拍卖前向人民法院预交保证金。申请执行人参加竞买的，可以不预交保证金。保证金的数额由人民法院确定，但不得低于评估价或者市价的百分之五。
应当预交保证金而未交纳的，不得参加竞买。拍卖成交后，买受人预交的保证金充抵价款，其他竞买人预交的保证金应当在三日内退还；拍卖未成交的，保证金应当于三日内退还竞买人。</td></tr>
<tr><td colspan="2">第十一条（原第十四条）　人民法院应当在拍卖五日前以书面或者其他能够确认收悉的适当方式，通知当事人和已知的担保物权人、优先购买权人或者其他优先权人于拍卖日到场。
优先购买权人经通知未到场的，视为放弃优先购买权。</td></tr>
<tr><td colspan="2">第十二条（原第十五条）　法律、行政法规对买受人的资格或者条件有特殊规定的，竞买人应当具备规定的资格或者条件。
申请执行人、被执行人可以参加竞买。</td></tr>
<tr><td colspan="2">第十三条（原第十六条）　拍卖过程中，有最高应价时，优先购买权人可以表示以该最高价买受，如无更高应价，则拍归优先购买权人；如有更高应价，而优先购买权人不作表示的，则拍归该应价最高的竞买人。
顺序相同的多个优先购买权人同时表示买受的，以抽签方式决定买受人。</td></tr>
</table>

<table>
<tr><th>新《人民法院民事执行中拍卖、变卖财产规定》</th><th>原《人民法院民事执行中拍卖、变卖财产规定》</th></tr>
<tr><td colspan="2">第十四条（原第十七条）　拍卖多项财产时，其中部分财产卖得的价款足以清偿债务和支付被执行人应当负担的费用的，对剩余的财产应当停止拍卖，但被执行人同意全部拍卖的除外。</td></tr>
<tr><td colspan="2">第十五条（原第十八条）　拍卖的多项财产在使用上不可分，或者分别拍卖可能严重减损其价值的，应当合并拍卖。</td></tr>
<tr><td colspan="2">第十六条（原第十九条）　拍卖时无人竞买或者竞买人的最高应价低于保留价，到场的申请执行人或者其他执行债权人申请或者同意以该次拍卖所定的保留价接受拍卖财产的，应当将该财产交其抵债。
有两个以上执行债权人申请以拍卖财产抵债的，由法定受偿顺位在先的债权人优先承受；受偿顺位相同的，以抽签方式决定承受人。承受人应受清偿的债权额低于抵债财产的价额的，人民法院应当责令其在指定的期间内补交差额。</td></tr>
<tr><td colspan="2">第十七条（原第二十条）　在拍卖开始前，有下列情形之一的，人民法院应当撤回拍卖委托：
（一）据以执行的生效法律文书被撤销的；
（二）申请执行人及其他执行债权人撤回执行申请的；
（三）被执行人全部履行了法律文书确定的金钱债务的；
（四）当事人达成了执行和解协议，不需要拍卖财产的；
（五）案外人对拍卖财产提出确有理由的异议的；
（六）拍卖机构与竞买人恶意串通的；
（七）其他应当撤回拍卖委托的情形。</td></tr>
<tr><td colspan="2">第十八条（原第二十一条）　人民法院委托拍卖后，遇有依法应当暂缓执行或者中止执行的情形的，应当决定暂缓执行或者裁定中止执行，并及时通知拍卖机构和当事人。拍卖机构收到通知后，应当立即停止拍卖，并通知竞买人。
暂缓执行期限届满或者中止执行的事由消失后，需要继续拍卖的，人民法院应当在十五日内通知拍卖机构恢复拍卖。</td></tr>
<tr><td colspan="2">第十九条（原第二十二条）　被执行人在拍卖日之前向人民法院提交足额金钱清偿债务，要求停止拍卖的，人民法院应当准许，但被执行人应当负担因拍卖支出的必要费用。</td></tr>
<tr><td colspan="2">第二十条（原第二十三条）　拍卖成交或者以流拍的财产抵债的，人民法院应当作出裁定，并于价款或者需要补交的差价全额交付后十日内，送达买受人或者承受人。</td></tr>
<tr><td colspan="2">第二十一条（原第二十四条）　拍卖成交后，买受人应当在拍卖公告确定的期限或者人民法院指定的期限内将价款交付到人民法院或者汇入人民法院指定的账户。</td></tr>
<tr><td colspan="2">第二十二条（原第二十五条）　拍卖成交或者以流拍的财产抵债后，买受人逾期未支付价款或者承受人逾期未补交差价而使拍卖、抵债的目的难以实现的，人民法院可以裁定重新拍卖。重新拍卖时，原买受人不得参加竞买。</td></tr>
</table>

<table>
<tr><th>新《人民法院民事执行中拍卖、变卖财产规定》</th><th>原《人民法院民事执行中拍卖、变卖财产规定》</th></tr>
<tr><td colspan="2">重新拍卖的价款低于原拍卖价款造成的差价、费用损失及原拍卖中的佣金，由原买受人承担。人民法院可以直接从其预交的保证金中扣除。扣除后保证金有剩余的，应当退还原买受人；保证金数额不足的，可以责令原买受人补交；拒不补交的，强制执行。</td></tr>
<tr><td colspan="2">第二十三条（原第二十六条）　拍卖时无人竞买或者竞买人的最高应价低于保留价，到场的申请执行人或者其他执行债权人不申请以该次拍卖所定的保留价抵债的，应当在六十日内再行拍卖。</td></tr>
<tr><td>第二十四条　对于第二次拍卖仍流拍的动产，人民法院可以依照本规定第十六条的规定将其作价交申请执行人或者其他执行债权人抵债。申请执行人或者其他执行债权人拒绝接受或者依法不能交付其抵债的，人民法院应当解除查封、扣押，并将该动产退还被执行人。</td><td>第二十七条　对于第二次拍卖仍流拍的动产，人民法院可以依照本规定第十九条的规定将其作价交申请执行人或者其他执行债权人抵债。申请执行人或者其他执行债权人拒绝接受或者依法不能交付其抵债的，人民法院应当解除查封、扣押，并将该动产退还被执行人。</td></tr>
<tr><td>第二十五条　对于第二次拍卖仍流拍的不动产或者其他财产权，人民法院可以依照本规定第十六条的规定将其作价交申请执行人或者其他执行债权人抵债。申请执行人或者其他执行债权人拒绝接受或者依法不能交付其抵债的，应当在六十日内进行第三次拍卖。
第三次拍卖流拍且申请执行人或者其他执行债权人拒绝接受或者依法不能接受该不动产或者其他财产权抵债的，人民法院应当于第三次拍卖终结之日起七日内发出变卖公告。自公告之日起六十日内没有买受人愿意以第三次拍卖的保留价买受该财产，且申请执行人、其他执行债权人仍不表示接受该财产抵债的，应当解除查封、冻结，将该财产退还被执行人，但对该财产可以采取其他执行措施的除外。</td><td>第二十八条　对于第二次拍卖仍流拍的不动产或者其他财产权，人民法院可以依照本规定第十九条的规定将其作价交申请执行人或者其他执行债权人抵债。申请执行人或者其他执行债权人拒绝接受或者依法不能交付其抵债的，应当在六十日内进行第三次拍卖。
第三次拍卖流拍且申请执行人或者其他执行债权人拒绝接受或者依法不能接受该不动产或者其他财产权抵债的，人民法院应当于第三次拍卖终结之日起七日内发出变卖公告。自公告之日起六十日内没有买受人愿意以第三次拍卖的保留价买受该财产，且申请执行人、其他执行债权人仍不表示接受该财产抵债的，应当解除查封、冻结，将该财产退还被执行人，但对该财产可以采取其他执行措施的除外。</td></tr>
<tr><td>第二十六条　不动产、动产或者其他财产权拍卖成交或者抵债后，该不动产、动产的所有权、其他财产权自拍卖成交或者抵债裁定送达买受人或者承受人时起转移。</td><td>第二十九条　<s>动产拍卖成交或者抵债后，其所有权自该动产交付时起转移给买受人或者承受人。</s>
不动产、<s>有登记的</s>特定动产或者其他财产权拍卖成交或者抵债后，该不动产、特定动产的所有权、其他财产权自拍卖成交或者抵债裁定送达买受人或者承受人时起转移。</td></tr>
</table>

<table>
<tr><th>新《人民法院民事执行中拍卖、变卖财产规定》</th><th>原《人民法院民事执行中拍卖、变卖财产规定》</th></tr>
<tr><td colspan="2">第二十七条（原第三十条）　人民法院裁定拍卖成交或者以流拍的财产抵债后，除有依法不能移交的情形外，应当于裁定送达后十五日内，将拍卖的财产移交买受人或者承受人。被执行人或者第三人占有拍卖财产应当移交而拒不移交的，强制执行。</td></tr>
<tr><td colspan="2">第二十八条（原第三十一条）　拍卖财产上原有的担保物权及其他优先受偿权，因拍卖而消灭，拍卖所得价款，应当优先清偿担保物权人及其他优先受偿权人的债权，但当事人另有约定的除外。
拍卖财产上原有的租赁权及其他用益物权，不因拍卖而消灭，但该权利继续存在于拍卖财产上，对在先的担保物权或者其他优先受偿权的实现有影响的，人民法院应当依法将其除去后进行拍卖。</td></tr>
<tr><td colspan="2">第二十九条（原第三十二条）　拍卖成交的，拍卖机构可以按照下列比例向买受人收取佣金：
拍卖成交价 200 万元以下的，收取佣金的比例不得超过 5%；超过 200 万元至 1000 万元的部分，不得超过 3%；超过 1000 万元至 5000 万元的部分，不得超过 2%；超过 5000 万元至 1 亿元的部分，不得超过 1%；超过 1 亿元的部分，不得超过 0.5%。
采取公开招标方式确定拍卖机构的，按照中标方案确定的数额收取佣金。
拍卖未成交或者非因拍卖机构的原因撤回拍卖委托的，拍卖机构为本次拍卖已经支出的合理费用，应当由被执行人负担。</td></tr>
<tr><td colspan="2">第三十条（原第三十三条）　在执行程序中拍卖上市公司国有股和社会法人股的，适用最高人民法院《关于冻结、拍卖上市公司国有股和社会法人股若干问题的规定》。</td></tr>
<tr><td colspan="2">第三十一条（原第三十四条）　对查封、扣押、冻结的财产，当事人双方及有关权利人同意变卖的，可以变卖。
金银及其制品、当地市场有公开交易价格的动产、易腐烂变质的物品、季节性商品、保管困难或者保管费用过高的物品，人民法院可以决定变卖。</td></tr>
<tr><td>第三十二条　当事人双方及有关权利人对变卖财产的价格有约定的，按照其约定价格变卖；无约定价格但有市价的，变卖价格不得低于市价；无市价但价值较大、价格不易确定的，应当委托评估机构进行评估，并按照评估价格进行变卖。
按照评估价格变卖不成的，可以降低价格变卖，但最低的变卖价不得低于评估价的二分之一。
变卖的财产无人应买的，适用本规定第十六条的规定将该财产交申请执行人或者其他执行债权人抵债；申请执行人或者其他执行债权人拒绝接受或者依法不能交付其抵债的，人民法院应当解除查封、扣押，并将该财产退还被执行人。</td><td>第三十五条　当事人双方及有关权利人对变卖财产的价格有约定的，按照其约定价格变卖；无约定价格但有市价的，变卖价格不得低于市价；无市价但价值较大、价格不易确定的，应当委托评估机构进行评估，并按照评估价格进行变卖。
按照评估价格变卖不成的，可以降低价格变卖，但最低的变卖价不得低于评估价的二分之一。
变卖的财产无人应买的，适用本规定第十九条的规定将该财产交申请执行人或者其他执行债权人抵债；申请执行人或者其他执行债权人拒绝接受或者依法不能交付其抵债的，人民法院应当解除查封、扣押，并将该财产退还被执行人。</td></tr>
</table>

<table>
<tr><th>新《人民法院民事执行中拍卖、变卖财产规定》</th><th>原《人民法院民事执行中拍卖、变卖财产规定》</th></tr>
<tr><td colspan="2">第三十三条（原第三十六条）　本规定自 2005 年 1 月 1 日起施行。施行前本院公布的司法解释与本规定不一致的，以本规定为准。</td></tr>
</table>

《最高人民法院关于适用〈中华人民共和国民事诉讼法〉的解释》（法释〔2020〕20 号修改）

<table>
<tr><th>新《民事诉讼法司法解释》</th><th>原《民事诉讼法司法解释》</th></tr>
<tr><td colspan="2">第三百六十一条（原第三百六十一条）　民事诉讼法第一百九十六条规定的担保物权人，包括抵押权人、质权人、留置权人；其他有权请求实现担保物权的人，包括抵押人、出质人、财产被留置的债务人或者所有权人等。</td></tr>
<tr><td colspan="2">第三百六十二条（原第三百六十二条）　实现票据、仓单、提单等有权利凭证的权利质权案件，可以由权利凭证持有人住所地人民法院管辖；无权利凭证的权利质权，由出质登记地人民法院管辖。</td></tr>
<tr><td colspan="2">第三百六十三条（原第三百六十三条）　实现担保物权案件属于海事法院等专门人民法院管辖的，由专门人民法院管辖。</td></tr>
<tr><td colspan="2">第三百六十四条（原第三百六十四条）　同一债权的担保物有多个且所在地不同，申请人分别向有管辖权的人民法院申请实现担保物权的，人民法院应当依法受理。</td></tr>
<tr><td>第三百六十五条　依照民法典第三百九十二条的规定，被担保的债权既有物的担保又有人的担保，当事人对实现担保物权的顺序有约定，实现担保物权的申请违反该约定的，人民法院裁定不予受理；没有约定或者约定不明的，人民法院应当受理。</td><td>第三百六十五条　依照物权法第一百七十六条的规定，被担保的债权既有物的担保又有人的担保，当事人对实现担保物权的顺序有约定，实现担保物权的申请违反该约定的，人民法院裁定不予受理；没有约定或者约定不明的，人民法院应当受理。</td></tr>
<tr><td colspan="2">第三百六十六条（原第三百六十六条）　同一财产上设立多个担保物权，登记在先的担保物权尚未实现的，不影响后顺位的担保物权人向人民法院申请实现担保物权。</td></tr>
<tr><td colspan="2">第三百六十七条（原第三百六十七条）　申请实现担保物权，应当提交下列材料：
（一）申请书。申请书应当记明申请人、被申请人的姓名或者名称、联系方式等基本信息，具体的请求和事实、理由；
（二）证明担保物权存在的材料，包括主合同、担保合同、抵押登记证明或者他项权利证书，权利质权的权利凭证或者质权出质登记证明等；
（三）证明实现担保物权条件成就的材料；
（四）担保财产现状的说明；
（五）人民法院认为需要提交的其他材料。</td></tr>
<tr><td colspan="2">第三百六十八条（原第三百六十八条）　人民法院受理申请后，应当在五日内向被申请人送达申请书副本、异议权利告知书等文书。
被申请人有异议的，应当在收到人民法院通知后的五日内向人民法院提出，同时说明理由并提供相应的证据材料。</td></tr>
</table>

<table>
<tr><th>新《民事诉讼法司法解释》</th><th>原《民事诉讼法司法解释》</th></tr>
<tr><td colspan="2">第三百六十九条（原第三百六十九条）　实现担保物权案件可以由审判员一人独任审查。担保财产标的额超过基层人民法院管辖范围的，应当组成合议庭进行审查。</td></tr>
<tr><td colspan="2">第三百七十条（原第三百七十条）　人民法院审查实现担保物权案件，可以询问申请人、被申请人、利害关系人，必要时可以依职权调查相关事实。</td></tr>
<tr><td colspan="2">第三百七十一条（原第三百七十一条）　人民法院应当就主合同的效力、期限、履行情况，担保物权是否有效设立、担保财产的范围、被担保的债权范围、被担保的债权是否已届清偿期等担保物权实现的条件，以及是否损害他人合法权益等内容进行审查。
被申请人或者利害关系人提出异议的，人民法院应当一并审查。</td></tr>
<tr><td colspan="2">第三百七十二条（原第三百七十二条）　人民法院审查后，按下列情形分别处理：
（一）当事人对实现担保物权无实质性争议且实现担保物权条件成就的，裁定准许拍卖、变卖担保财产；
（二）当事人对实现担保物权有部分实质性争议的，可以就无争议部分裁定准许拍卖、变卖担保财产；
（三）当事人对实现担保物权有实质性争议的，裁定驳回申请，并告知申请人向人民法院提起诉讼。</td></tr>
<tr><td colspan="2">第三百七十三条（原第三百七十三条）　人民法院受理申请后，申请人对担保财产提出保全申请的，可以按照民事诉讼法关于诉讼保全的规定办理。</td></tr>
<tr><td colspan="2">第三百七十四条（原第三百七十四条）　适用特别程序作出的判决、裁定，当事人、利害关系人认为有错误的，可以向作出该判决、裁定的人民法院提出异议。人民法院经审查，异议成立或者部分成立的，作出新的判决、裁定撤销或者改变原判决、裁定；异议不成立的，裁定驳回。
对人民法院作出的确认调解协议、准许实现担保物权的裁定，当事人有异议的，应当自收到裁定之日起十五日内提出；利害关系人有异议的，自知道或者应当知道其民事权益受到侵害之日起六个月内提出。</td></tr>
<tr><td colspan="2">第四百六十二条（原第四百六十二条）　发生法律效力的实现担保物权裁定、确认调解协议裁定、支付令，由作出裁定、支付令的人民法院或者与其同级的被执行财产所在地的人民法院执行。
认定财产无主的判决，由作出判决的人民法院将无主财产收归国家或者集体所有。</td></tr>
<tr><td colspan="2">第四百八十六条（原第四百八十六条）　对被执行的财产，人民法院非经查封、扣押、冻结不得处分。对银行存款等各类可以直接扣划的财产，人民法院的扣划裁定同时具有冻结的法律效力。</td></tr>
<tr><td colspan="2">第四百八十七条（原第四百八十七条）　人民法院冻结被执行人的银行存款的期限不得超过一年，查封、扣押动产的期限不得超过两年，查封不动产、冻结其他财产权的期限不得超过三年。
申请执行人申请延长期限的，人民法院应当在查封、扣押、冻结期限届满前办理续行查封、扣押、冻结手续，续行期限不得超过前款规定的期限。
人民法院也可以依职权办理续行查封、扣押、冻结手续。</td></tr>
</table>

<table>
<tr><th>新《民事诉讼法司法解释》</th><th>原《民事诉讼法司法解释》</th></tr>
<tr><td colspan="2">第四百八十八条（原第四百八十八条）　依照民事诉讼法第二百四十七条规定，人民法院在执行中需要拍卖被执行人财产的，可以由人民法院自行组织拍卖，也可以交由具备相应资质的拍卖机构拍卖。
交拍卖机构拍卖的，人民法院应当对拍卖活动进行监督。</td></tr>
<tr><td colspan="2">第四百八十九条（原第四百八十九条）　拍卖评估需要对现场进行检查、勘验的，人民法院应当责令被执行人、协助义务人予以配合。被执行人、协助义务人不予配合的，人民法院可以强制进行。</td></tr>
<tr><td colspan="2">第四百九十条（原第四百九十条）　人民法院在执行中需要变卖被执行人财产的，可以交有关单位变卖，也可以由人民法院直接变卖。
对变卖的财产，人民法院或者其工作人员不得买受。</td></tr>
<tr><td colspan="2">第四百九十一条（原第四百九十一条）　经申请执行人和被执行人同意，且不损害其他债权人合法权益和社会公共利益的，人民法院可以不经拍卖、变卖，直接将被执行人的财产作价交申请执行人抵偿债务。对剩余债务，被执行人应当继续清偿。</td></tr>
<tr><td colspan="2">第四百九十二条（原第四百九十二条）　被执行人的财产无法拍卖或者变卖的，经申请执行人同意，且不损害其他债权人合法权益和社会公共利益的，人民法院可以将该项财产作价后交付申请执行人抵偿债务，或者交付申请执行人管理；申请执行人拒绝接收或者管理的，退回被执行人。</td></tr>
<tr><td colspan="2">第四百九十三条（原第四百九十三条）　拍卖成交或者依法定程序裁定以物抵债的，标的物所有权自拍卖成交裁定或者抵债裁定送达买受人或者接受抵债物的债权人时转移。</td></tr>
<tr><td colspan="2">第四百九十四条（原第四百九十四条）　执行标的物为特定物的，应当执行原物。原物确已毁损或者灭失的，经双方当事人同意，可以折价赔偿。
双方当事人对折价赔偿不能协商一致的，人民法院应当终结执行程序。申请执行人可以另行起诉。</td></tr>
</table>

《最高人民法院关于人民法院委托评估、拍卖工作的若干规定》

第一条　人民法院司法辅助部门负责统一管理和协调司法委托评估、拍卖工作。

第二条　取得政府管理部门行政许可并达到一定资质等级的评估、拍卖机构，可以自愿报名参加人民法院委托的评估、拍卖活动。

人民法院不再编制委托评估、拍卖机构名册。

第三条　人民法院采用随机方式确定评估、拍卖机构。高级人民法院或者中级人民法院可以根据本地实际情况统一实施对外委托。

第四条　人民法院委托的拍卖活动应在有关管理部门确定的统一交易场所或网络平台上进行，另有规定的除外。

第五条　受委托的拍卖机构应通过管理部门的信息平台发布拍卖信息，公示评估、拍卖结果。

第六条　涉国有资产的司法委托拍卖由省级以上国有产权交易机构实施，拍卖机构负责拍卖环节相关工作，并依照相关监管部门制定的实施细则进行。

第七条　《中华人民共和国证券法》规定应当在证券交易所上市交易或转让的证券资产的司法委托拍卖，通过证券交易所实施，拍卖机构负责拍卖环节相关工作；其他证券类资产的司法委托拍卖由拍卖机构实施，并依照相关监管部门制定的实施细则进行。

第八条　人民法院对其委托的评估、拍卖活动实行监督。出现下列情形之一，影响评估、拍卖结果，侵害当事人合法利益的，人民法院将不再委托其从事委托评估、拍卖工作。涉及违反法律法规的，依据有关规定处理：

（1）评估结果明显失实；

（2）拍卖过程中弄虚作假、存在瑕疵；

（3）随机选定后无正当理由不能按时完成评估拍卖工作；

（4）其他有关情形。

第九条　各高级人民法院可参照本规定，结合各地实际情况，制定实施细则，报最高人民法院备案。

第十条　本规定自2012年1月1日起施行。此前的司法解释和有关规定，与本规定相抵触的，以本规定为准。

《最高人民法院关于人民法院网络司法拍卖若干问题的规定》

第一条　本规定所称的网络司法拍卖，是指人民法院依法通过互联网拍卖平台，以网络电子竞价方式公开处置财产的行为。

第二条　人民法院以拍卖方式处置财产的，应当采取网络司法拍卖方式，但法律、行政法规和司法解释规定必须通过其他途径处置，或者不宜采用网络拍卖方式处置的除外。

第三条　网络司法拍卖应当在互联网拍卖平台上向社会全程公开，接受社会监督。

第四条　最高人民法院建立全国性网络服务提供者名单库。网络服务提供者申请纳入名单库的，其提供的网络司法拍卖平台应当符合下列条件：

（一）具备全面展示司法拍卖信息的界面；

（二）具备本规定要求的信息公示、网上报名、竞价、结算等功能；

（三）具有信息共享、功能齐全、技术拓展等功能的独立系统；

（四）程序运作规范、系统安全高效、服务优质价廉；

（五）在全国具有较高的知名度和广泛的社会参与度。

最高人民法院组成专门的评审委员会，负责网络服务提供者的选定、评审和除名。最高人民法院每年引入第三方评估机构对已纳入和新申请纳入名单库的网络服务提供者予以评审并公布结果。

第五条　网络服务提供者由申请执行人从名单库中选择；未选择或者多个申请执行人的选择不一致的，由人民法院指定。

第六条　实施网络司法拍卖的，人民法院应当履行下列职责：

（一）制作、发布拍卖公告；

（二）查明拍卖财产现状、权利负担等内容，并予以说明；

（三）确定拍卖保留价、保证金的数额、税费负担等；

（四）确定保证金、拍卖款项等支付方式；

（五）通知当事人和优先购买权人；

（六）制作拍卖成交裁定；

（七）办理财产交付和出具财产权证照转移协助执行通知书；

（八）开设网络司法拍卖专用账户；

（九）其他依法由人民法院履行的职责。

第七条 实施网络司法拍卖的，人民法院可以将下列拍卖辅助工作委托社会机构或者组织承担：

（一）制作拍卖财产的文字说明及视频或者照片等资料；

（二）展示拍卖财产，接受咨询，引领查看，封存样品等；

（三）拍卖财产的鉴定、检验、评估、审计、仓储、保管、运输等；

（四）其他可以委托的拍卖辅助工作。

社会机构或者组织承担网络司法拍卖辅助工作所支出的必要费用由被执行人承担。

第八条 实施网络司法拍卖的，下列事项应当由网络服务提供者承担：

（一）提供符合法律、行政法规和司法解释规定的网络司法拍卖平台，并保障安全正常运行；

（二）提供安全便捷配套的电子支付对接系统；

（三）全面、及时展示人民法院及其委托的社会机构或者组织提供的拍卖信息；

（四）保证拍卖全程的信息数据真实、准确、完整和安全；

（五）其他应当由网络服务提供者承担的工作。

网络服务提供者不得在拍卖程序中设置阻碍适格竞买人报名、参拍、竞价以及监视竞买人信息等后台操控功能。

网络服务提供者提供的服务无正当理由不得中断。

第九条 网络司法拍卖服务提供者从事与网络司法拍卖相关的行为，应当接受人民法院的管理、监督和指导。

第十条 网络司法拍卖应当确定保留价，拍卖保留价即为起拍价。

起拍价由人民法院参照评估价确定；未作评估的，参照市价确定，并征询当事人意见。起拍价不得低于评估价或者市价的百分之七十。

第十一条 网络司法拍卖不限制竞买人数量。一人参与竞拍，出价不低于起拍价的，拍卖成交。

第十二条 网络司法拍卖应当先期公告，拍卖公告除通过法定途径发布外，还应同时在网络司法拍卖平台发布。拍卖动产的，应当在拍卖十五日前公告；拍卖不动产或者其他财产权的，应当在拍卖三十日前公告。

拍卖公告应当包括拍卖财产、价格、保证金、竞买人条件、拍卖财产已知瑕疵、相关权利义务、法律责任、拍卖时间、网络平台和拍卖法院等信息。

第十三条　实施网络司法拍卖的，人民法院应当在拍卖公告发布当日通过网络司法拍卖平台公示下列信息：

（一）拍卖公告；

（二）执行所依据的法律文书，但法律规定不得公开的除外；

（三）评估报告副本，或者未经评估的定价依据；

（四）拍卖时间、起拍价以及竞价规则；

（五）拍卖财产权属、占有使用、附随义务等现状的文字说明、视频或者照片等；

（六）优先购买权主体以及权利性质；

（七）通知或者无法通知当事人、已知优先购买权人的情况；

（八）拍卖保证金、拍卖款项支付方式和账户；

（九）拍卖财产产权转移可能产生的税费及承担方式；

（十）执行法院名称，联系、监督方式等；

（十一）其他应当公示的信息。

第十四条　实施网络司法拍卖的，人民法院应当在拍卖公告发布当日通过网络司法拍卖平台对下列事项予以特别提示：

（一）竞买人应当具备完全民事行为能力，法律、行政法规和司法解释对买受人资格或者条件有特殊规定的，竞买人应当具备规定的资格或者条件；

（二）委托他人代为竞买的，应当在竞价程序开始前经人民法院确认，并通知网络服务提供者；

（三）拍卖财产已知瑕疵和权利负担；

（四）拍卖财产以实物现状为准，竞买人可以申请实地看样；

（五）竞买人决定参与竞买的，视为对拍卖财产完全了解，并接受拍卖财产一切已知和未知瑕疵；

（六）载明买受人真实身份的拍卖成交确认书在网络司法拍卖平台上公示；

（七）买受人悔拍后保证金不予退还。

第十五条　被执行人应当提供拍卖财产品质的有关资料和说明。

人民法院已按本规定第十三条、第十四条的要求予以公示和特别提示，且在拍卖公告中声明不能保证拍卖财产真伪或者品质的，不承担瑕疵担保责任。

第十六条　网络司法拍卖的事项应当在拍卖公告发布三日前以书面或者其他能够确认收悉的合理方式，通知当事人、已知优先购买权人。权利人书面明确放弃权利的，可以不通知。无法通知的，应当在网络司法拍卖平台公示并说明无法通知的理由，公示满五日视为已经通知。

优先购买权人经通知未参与竞买的，视为放弃优先购买权。

第十七条　保证金数额由人民法院在起拍价的百分之五至百分之二十范围内确定。

竞买人应当在参加拍卖前以实名交纳保证金，未交纳的，不得参加竞买。申请执行人参加竞买的，可以不交保证金；但债权数额小于保证金数额的按差额部分交纳。

交纳保证金，竞买人可以向人民法院指定的账户交纳，也可以由网络服务提供者在其提供的支付系统中对竞买人的相应款项予以冻结。

第十八条 竞买人在拍卖竞价程序结束前交纳保证金经人民法院或者网络服务提供者确认后，取得竞买资格。网络服务提供者应当向取得资格的竞买人赋予竞买代码、参拍密码；竞买人以该代码参与竞买。

网络司法拍卖竞价程序结束前，人民法院及网络服务提供者对竞买人以及其他能够确认竞买人真实身份的信息、密码等，应当予以保密。

第十九条 优先购买权人经人民法院确认后，取得优先竞买资格以及优先竞买代码、参拍密码，并以优先竞买代码参与竞买；未经确认的，不得以优先购买权人身份参与竞买。

顺序不同的优先购买权人申请参与竞买的，人民法院应当确认其顺序，赋予不同顺序的优先竞买代码。

第二十条 网络司法拍卖从起拍价开始以递增出价方式竞价，增价幅度由人民法院确定。竞买人以低于起拍价出价的无效。网络司法拍卖的竞价时间应当不少于二十四小时。竞价程序结束前五分钟内无人出价的，最后出价即为成交价；有出价的，竞价时间自该出价时点顺延五分钟。竞买人的出价时间以进入网络司法拍卖平台服务系统的时间为准。

竞买代码及其出价信息应当在网络竞买页面实时显示，并储存、显示竞价全程。

第二十一条 优先购买权人参与竞买的，可以与其他竞买人以相同的价格出价，没有更高出价的，拍卖财产由优先购买权人竞得。

顺序不同的优先购买权人以相同价格出价的，拍卖财产由顺序在先的优先购买权人竞得。

顺序相同的优先购买权人以相同价格出价的，拍卖财产由出价在先的优先购买权人竞得。

第二十二条 网络司法拍卖成交的，由网络司法拍卖平台以买受人的真实身份自动生成确认书并公示。

拍卖财产所有权自拍卖成交裁定送达买受人时转移。

第二十三条 拍卖成交后，买受人交纳的保证金可以充抵价款；其他竞买人交纳的保证金应当在竞价程序结束后二十四小时内退还或者解冻。拍卖未成交的，竞买人交纳的保证金应当在竞价程序结束后二十四小时内退还或者解冻。

第二十四条 拍卖成交后买受人悔拍的，交纳的保证金不予退还，依次用于支付拍卖产生的费用损失、弥补重新拍卖价款低于原拍卖价款的差价、冲抵本案被执行人的债务以及与拍卖财产相关的被执行人的债务。

悔拍后重新拍卖的，原买受人不得参加竞买。

第二十五条 拍卖成交后，买受人应当在拍卖公告确定的期限内将剩余价款交付人民法院指定账户。拍卖成交后二十四小时内，网络服务提供者应当将冻结的买受人交纳的保证金划入人民法院指定账户。

第二十六条 网络司法拍卖竞价期间无人出价的，本次拍卖流拍。流拍后应当在三十日内在同一网络司法拍卖平台再次拍卖，拍卖动产的应当在拍卖七日前公告；拍卖不动产或者其他财产权的应当在拍卖十五日前公告。再次拍卖的起拍价降价幅度不得超过前次起拍价的百分之二十。

再次拍卖流拍的，可以依法在同一网络司法拍卖平台变卖。

第二十七条 起拍价及其降价幅度、竞价增价幅度、保证金数额和优先购买权人竞买资格及其顺序等事项，应当由人民法院依法组成合议庭评议确定。

第二十八条 网络司法拍卖竞价程序中，有依法应当暂缓、中止执行等情形的，人民法院应当决定暂缓或者裁定中止拍卖；人民法院可以自行或者通知网络服务提供者停止拍卖。

网络服务提供者发现系统故障、安全隐患等紧急情况的，可以先行暂缓拍卖，并立即报告人民法院。

暂缓或者中止拍卖的，应当及时在网络司法拍卖平台公告原因或者理由。

暂缓拍卖期限届满或者中止拍卖的事由消失后，需要继续拍卖的，应当在五日内恢复拍卖。

第二十九条 网络服务提供者对拍卖形成的电子数据，应当完整保存不少于十年，但法律、行政法规另有规定的除外。

第三十条 因网络司法拍卖本身形成的税费，应当依照相关法律、行政法规的规定，由相应主体承担；没有规定或者规定不明的，人民法院可以根据法律原则和案件实际情况确定税费承担的相关主体、数额。

第三十一条 当事人、利害关系人提出异议请求撤销网络司法拍卖，符合下列情形之一的，人民法院应当支持：

（一）由于拍卖财产的文字说明、视频或者照片展示以及瑕疵说明严重失实，致使买受人产生重大误解，购买目的无法实现的，但拍卖时的技术水平不能发现或者已经就相关瑕疵以及责任承担予以公示说明的除外；

（二）由于系统故障、病毒入侵、黑客攻击、数据错误等原因致使拍卖结果错误，严重损害当事人或者其他竞买人利益的；

（三）竞买人之间，竞买人与网络司法拍卖服务提供者之间恶意串通，损害当事人或者其他竞买人利益的；

（四）买受人不具备法律、行政法规和司法解释规定的竞买资格的；

（五）违法限制竞买人参加竞买或者对享有同等权利的竞买人规定不同竞买条件的；

（六）其他严重违反网络司法拍卖程序且损害当事人或者竞买人利益的情形。

第三十二条 网络司法拍卖被人民法院撤销，当事人、利害关系人、案外人认为人民法院的拍卖行为违法致使其合法权益遭受损害的，可以依法申请国家赔偿；认为其他主体的行为违法致使其合法权益遭受损害的，可以另行提起诉讼。

第三十三条 当事人、利害关系人、案外人认为网络司法拍卖服务提供者的行为违法致使其合法权益遭受损害的，可以另行提起诉讼；理由成立的，人民法院应当支持，但具有法定免责事由的除外。

第三十四条 实施网络司法拍卖的，下列机构和人员不得竞买并不得委托他人代为竞买与其行为相关的拍卖财产：

（一）负责执行的人民法院；

（二）网络服务提供者；

（三）承担拍卖辅助工作的社会机构或者组织；

（四）第（一）至（三）项规定主体的工作人员及其近亲属。

第三十五条 网络服务提供者有下列情形之一的，应当将其从名单库中除名：

（一）存在违反本规定第八条第二款规定操控拍卖程序、修改拍卖信息等行为的；

（二）存在恶意串通、弄虚作假、泄漏保密信息等行为的；

（三）因违反法律、行政法规和司法解释等规定受到处罚，不适于继续从事网络司法拍卖的；

（四）存在违反本规定第三十四条规定行为的；

（五）其他应当除名的情形。

网络服务提供者有前款规定情形之一，人民法院可以依照《中华人民共和国民事诉讼法》的相关规定予以处理。

第三十六条 当事人、利害关系人认为网络司法拍卖行为违法侵害其合法权益的，可以提出执行异议。异议、复议期间，人民法院可以决定暂缓或者裁定中止拍卖。

案外人对网络司法拍卖的标的提出异议的，人民法院应当依据《中华人民共和国民事诉讼法》第二百二十七条及相关司法解释的规定处理，并决定暂缓或者裁定中止拍卖。

第三十七条 人民法院通过互联网平台以变卖方式处置财产的，参照本规定执行。

执行程序中委托拍卖机构通过互联网平台实施网络拍卖的，参照本规定执行。

本规定对网络司法拍卖行为没有规定的，适用其他有关司法拍卖的规定。

第三十八条 本规定自2017年1月1日起施行。施行前最高人民法院公布的司法解释和规范性文件与本规定不一致的，以本规定为准。

《最高人民法院关于能否将国有土地使用权折价抵偿给抵押权人问题的批复》

四川省高级人民法院：

你院川高法〔1998〕19号《关于能否将国有土地使用权以国土部门认定的价格抵偿给抵押权人的请示》收悉。经研究，答复如下：

在依法以国有土地使用权作抵押的担保纠纷案件中，债务履行期届满抵押权人未受清偿的，可以通过拍卖的方式将土地使用权变现。如果无法变现，债务人又没有其他可供清偿的财产时，应当对国有土地使用权依法评估。人民法院可以参考政府土地管理部门确认的地价评估结果将土地使用权折价，经抵押权人同意，将折价后的土地使用权抵偿给抵押权人，土地使用权由抵押权人享有。

第四百一十一条　【动产浮动抵押的抵押财产价值的确定时间】依据本法第三百九十六条规定设定抵押的，抵押财产自下列情形之一发生时确定：

（一）债务履行期限届满，债权未实现；

（二）抵押人被宣告破产或者解散；

（三）当事人约定的实现抵押权的情形；

（四）严重影响债权实现的其他情形。

关联法规参见

▶**法律**：《民法典物权编》第396条。

第四百一十二条　【抵押权实现时抵押财产被扣押期间的孳息由抵押权人收取】债务人不履行到期债务或者发生当事人约定的实现抵押权的情形，致使抵押财产被人民法院依法扣押的，自扣押之日起，抵押权人有权收取该抵押财产的天然孳息或者法定孳息，但是抵押权人未通知应当清偿法定孳息义务人的除外。

前款规定的孳息应当先充抵收取孳息的费用。

司法解释适用

《最高人民法院关于适用〈中华人民共和国民法典〉有关担保制度的解释》（法释〔2020〕28号）

《民法典担保制度司法解释》	原《担保法司法解释》
第四十条　从物产生于抵押权依法设立前，抵押权人主张抵押权的效力及于从物的，人民法院应予支持，但是当事人另有约定的除外。 从物产生于抵押权依法设立后，抵押权人主张抵押权的效力及于从物的，人民法院不予支持，但是在抵押权实现时可以一并处分。	**第六十三条**　抵押权设定前为抵押物的从物的，抵押权的效力及于抵押物的从物。但是，抵押物与其从物为两个以上的人分别所有时，抵押权的效力不及于抵押物的从物。
第四十一条　抵押权依法设立后，抵押财产被添附，添附物归第三人所有，抵押权人主张抵押权效力及于补偿金的，人民法院应予支持。	**第六十二条**　抵押物因附合、混合或者加工使抵押物的所有权为第三人所有的，抵押权的效力及于补偿金；抵押物所有人为附合物、混合物或者加工物的所有人的，

《民法典担保制度司法解释》	原《担保法司法解释》
抵押权依法设立后，抵押财产被添附，抵押人对添附物享有所有权，抵押权人主张抵押权的效力及于添附物的，人民法院应予支持，但是添附导致抵押财产价值增加的，抵押权的效力不及于增加的价值部分。 抵押权依法设立后，抵押人与第三人因添附成为添附物的共有人，抵押权人主张抵押权的效力及于抵押人对共有物享有的份额的，人民法院应予支持。 本条所称添附，包括附合、混合与加工。	抵押权的效力及于附合物、混合物或者加工物；第三人与抵押物所有人为附合物、混合物或者加工物的共有人的，抵押权的效力及于抵押人对共有物享有的份额。
删除条文 ~~**第六十四条** 债务履行期届满，债务人不履行债务致使抵押物被人民法院依法扣押的，自扣押之日起抵押权人收取的由抵押物分离的天然孳息和法定孳息，按照下列顺序清偿：~~ ~~（一）收取孳息的费用；~~ ~~（二）主债权的利息；~~ ~~（三）主债权。~~	

《最高人民法院关于人民法院民事执行中查封、扣押、冻结财产的规定》（法释〔2020〕21号修改）

新《人民法院民事执行中查封、扣押、冻结财产规定》	原《人民法院民事执行中查封、扣押、冻结财产规定》
第二十条（原第二十二条） 查封、扣押的效力及于查封、扣押物的从物和天然孳息。	

第四百一十三条 【抵押权实现后价款大于或小于所担保债权的处理规则】 抵押财产折价或者拍卖、变卖后，其价款超过债权数额的部分归抵押人所有，不足部分由债务人清偿。

关联法规参见

▶**法律**：《企业破产法》第110条。

司法解释适用

《最高人民法院关于适用〈中华人民共和国民法典〉有关担保制度的解释》（法释〔2020〕28号）

《民法典担保制度司法解释》	原《担保法司法解释》
第六十八条　债务人或者第三人与债权人约定将财产形式上转移至债权人名下，债务人不履行到期债务，债权人有权对财产折价或者以拍卖、变卖该财产所得价款偿还债务的，人民法院应当认定该约定有效。当事人已经完成财产权利变动的公示，债务人不履行到期债务，债权人请求参照民法典关于担保物权的有关规定就该财产优先受偿的，人民法院应予支持。 债务人或者第三人与债权人约定将财产形式上转移至债权人名下，债务人不履行到期债务，财产归债权人所有的，人民法院应当认定该约定无效，但是不影响当事人有关提供担保的意思表示的效力。当事人已经完成财产权利变动的公示，债务人不履行到期债务，债权人请求对该财产享有所有权的，人民法院不予支持；债权人请求参照民法典关于担保物权的规定对财产折价或者以拍卖、变卖该财产所得的价款优先受偿的，人民法院应予支持；债务人履行债务后请求返还财产，或者请求对财产折价或者以拍卖、变卖所得的价款清偿债务的，人民法院应予支持。 债务人与债权人约定将财产转移至债权人名下，在一定期间后再由债务人或者其指定的第三人以交易本金加上溢价款回购，债务人到期不履行回购义务，财产归债权人所有的，人民法院应当参照第二款规定处理。回购对象自始不存在的，人民法院应当依照民法典第一百四十六条第二款的规定，按照其实际构成的法律关系处理。	**第七十三条**　抵押物折价或者拍卖、变卖该抵押物的价款低于抵押权设定时约定价值的，应当按照抵押物实现的价值进行清偿。不足清偿的剩余部分，由债务人清偿。 **第七十四条**　抵押物折价或者拍卖、变卖所得的价款，当事人没有约定的，按下列顺序清偿： （一）实现抵押权的费用； （二）主债权的利息； （三）主债权。

第四百一十四条　【同一财产上多个抵押权的效力顺序】 同一财产向两个以上债权人抵押的，拍卖、变卖抵押财产所得的价款依照下列规定清偿：

（一）抵押权已经登记的，按照登记的时间先后确定清偿顺序；

（二）抵押权已经登记的先于未登记的受偿；

（三）抵押权未登记的，按照债权比例清偿。

其他可以登记的担保物权，清偿顺序参照适用前款规定。

关联法规参见

▶**法律：**《海商法》第25条。

司法解释适用

《最高人民法院关于适用〈中华人民共和国民法典〉有关担保制度的解释》（法释〔2020〕28号）

《民法典担保制度司法解释》	原《担保法司法解释》
第四十六条　不动产抵押合同生效后未办理抵押登记手续，债权人请求抵押人办理抵押登记手续的，人民法院应予支持。 抵押财产因不可归责于抵押人自身的原因灭失或者被征收等导致不能办理抵押登记，债权人请求抵押人在约定的担保范围内承担责任的，人民法院不予支持；但是抵押人已经获得保险金、赔偿金或者补偿金等，债权人请求抵押人在其所获金额范围内承担赔偿责任的，人民法院依法予以支持。 因抵押人转让抵押财产或者其他可归责于抵押人自身的原因导致不能办理抵押登记，债权人请求抵押人在约定的担保范围内承担责任的，人民法院依法予以支持，但是不得超过抵押权能够设立时抵押人应当承担的责任范围。	**第八十条**　在抵押物灭失、毁损或者被征用的情况下，抵押权人可以就该抵押物的保险金、赔偿金或者补偿金优先受偿。 抵押物灭失、毁损或者被征用的情况下，抵押权所担保的债权未届清偿期的，抵押权人可以请求人民法院对保险金、赔偿金或补偿金等采取保全措施。
第四十七条　不动产登记簿就抵押财产、被担保的债权范围等所作的记载与抵押合同约定不一致的，人民法院应当根据登记簿的记载确定抵押财产、被担保的债权范围等事项。	**第六十一条**　抵押物登记记载的内容与抵押合同约定的内容不一致的，以登记记载的内容为准。

《民法典担保制度司法解释》	原《担保法司法解释》
第四十八条　当事人申请办理抵押登记手续时，因登记机构的过错致使其不能办理抵押登记，当事人请求登记机构承担赔偿责任的，人民法院依法予以支持。	**第五十九条**　当事人办理抵押物登记手续时，因登记部门的原因致使其无法办理抵押物登记，~~抵押人向债权人交付权利凭证的，可以认定债权人对该财产有优先受偿权。但是，未办理抵押物登记的，不得对抗第三人。~~
新增条文 **第五十七条**　担保人在设立动产浮动抵押并办理抵押登记后又购入或者以融资租赁方式承租新的动产，下列权利人为担保价款债权或者租金的实现而订立担保合同，并在该动产交付后十日内办理登记，主张其权利优先于在先设立的浮动抵押权的，人民法院应予支持： （一）在该动产上设立抵押权或者保留所有权的出卖人； （二）为价款支付提供融资而在该动产上设立抵押权的债权人； （三）以融资租赁方式出租该动产的出租人。 买受人取得动产但未付清价款或者承租人以融资租赁方式占有租赁物但是未付清全部租金，又以标的物为他人设立担保物权，前款所列权利人为担保价款债权或者租金的实现而订立担保合同，并在该动产交付后十日内办理登记，主张其权利优先于买受人为他人设立的担保物权的，人民法院应予支持。 同一动产上存在多个价款优先权的，人民法院应当按照登记的时间先后确定清偿顺序。	
删除条文 ~~**第五十八条**　当事人同一天在不同的法定登记部门办理抵押物登记的，视为顺序相同。~~ ~~因登记部门的原因致使抵押物进行连续登记的，抵押物第一次登记的日期，视为抵押登记的日期，并依此确定抵押权的顺序。~~ ~~**第七十六条**　同一动产向两个以上债权人抵押的，当事人未办理抵押物登记，实现抵押权时，各抵押权人按照债权比例受偿。~~	

《最高人民法院关于人民法院执行工作若干问题的规定（试行）》（法释〔2020〕21号修改）

新《人民法院执行工作规定》	原《人民法院执行工作规定》
55.（原88）多份生效法律文书确定金钱给付内容的多个债权人分别对同一被执行人申请执行，各债权人对执行标的物均无担保物权的，按照执行法院采取执行措施的先后顺序受偿。 多个债权人的债权种类不同的，基于所有权和担保物权而享有的债权，优先于金钱债权受偿。有多个担保物权的，按照各担保物权成立的先后顺序清偿。	

<table>
<tr><th>新《人民法院执行工作规定》</th><th>原《人民法院执行工作规定》</th></tr>
<tr><td colspan="2">一份生效法律文书确定金钱给付内容的多个债权人对同一被执行人申请执行，执行的财产不足清偿全部债务的，各债权人对执行标的物均无担保物权的，按照各债权比例受偿。</td></tr>
<tr><td colspan="2">删除条文
~~93. 对人民法院查封、扣押或冻结的财产有优先权、担保物权的债权人，可以申请参加参与分配程序，主张优先受偿权。~~
~~94. 参与分配案件中可供执行的财产，在对享有优先权、担保权的债权人依照法律规定的顺序优先受偿后，按照各个案件债权额的比例进行分配。~~</td></tr>
</table>

《最高人民法院关于适用〈中华人民共和国民事诉讼法〉的解释》（法释〔2020〕20号修改）

<table>
<tr><th>新《民事诉讼法司法解释》</th><th>原《民事诉讼法司法解释》</th></tr>
<tr><td colspan="2">第五百零八条（原第五百零八条）　被执行人为公民或者其他组织，在执行程序开始后，被执行人的其他已经取得执行依据的债权人发现被执行人的财产不能清偿所有债权的，可以向人民法院申请参与分配。
对人民法院查封、扣押、冻结的财产有优先权、担保物权的债权人，可以直接申请参与分配，主张优先受偿权。</td></tr>
<tr><td colspan="2">第五百零九条（原第五百零九条）　申请参与分配，申请人应当提交申请书。申请书应当写明参与分配和被执行人不能清偿所有债权的事实、理由，并附有执行依据。
参与分配申请应当在执行程序开始后，被执行人的财产执行终结前提出。</td></tr>
<tr><td colspan="2">第五百一十条（原第五百一十条）　参与分配执行中，执行所得价款扣除执行费用，并清偿应当优先受偿的债权后，对于普通债权，原则上按照其占全部申请参与分配债权数额的比例受偿。清偿后的剩余债务，被执行人应当继续清偿。债权人发现被执行人有其他财产的，可以随时请求人民法院执行。</td></tr>
<tr><td colspan="2">第五百一十一条（原第五百一十一条）　多个债权人对执行财产申请参与分配的，执行法院应当制作财产分配方案，并送达各债权人和被执行人。债权人或者被执行人对分配方案有异议的，应当自收到分配方案之日起十五日内向执行法院提出书面异议。</td></tr>
<tr><td colspan="2">第五百一十二条（原第五百一十二条）　债权人或者被执行人对分配方案提出书面异议的，执行法院应当通知未提出异议的债权人、被执行人。
未提出异议的债权人、被执行人自收到通知之日起十五日内未提出反对意见的，执行法院依异议人的意见对分配方案审查修正后进行分配；提出反对意见的，应当通知异议人。异议人可以自收到通知之日起十五日内，以提出反对意见的债权人、被执行人为被告，向执行法院提起诉讼；异议人逾期未提起诉讼的，执行法院按照原分配方案进行分配。
诉讼期间进行分配的，执行法院应当提存与争议债权数额相应的款项。</td></tr>
</table>

《最高人民法院关于适用〈中华人民共和国民事诉讼法〉执行程序若干问题的解释》（法释〔2020〕21号修改）

新《民事诉讼法执行程序司法解释》	原《民事诉讼法执行程序司法解释》
第十七条（原第二十五条） 多个债权人对同一被执行人申请执行或者对执行财产申请参与分配的，执行法院应当制作财产分配方案，并送达各债权人和被执行人。债权人或者被执行人对分配方案有异议的，应当自收到分配方案之日起十五日内向执行法院提出书面异议。	
第十八条（原第二十六条） 债权人或者被执行人对分配方案提出书面异议的，执行法院应当通知未提出异议的债权人或被执行人。 未提出异议的债权人、被执行人收到通知之日起十五日内未提出反对意见的，执行法院依异议人的意见对分配方案审查修正后进行分配；提出反对意见的，应当通知异议人。异议人可以自收到通知之日起十五日内，以提出反对意见的债权人、被执行人为被告，向执行法院提起诉讼；异议人逾期未提起诉讼的，执行法院依原分配方案进行分配。 诉讼期间进行分配的，执行法院应当将与争议债权数额相应的款项予以提存。	

《最高人民法院关于审理涉船员纠纷案件若干问题的规定》

第六条 具有船舶优先权的海事请求，船员未依照《中华人民共和国海商法》第二十八条的规定请求扣押产生船舶优先权的船舶，仅请求确认其在一定期限内对该产生船舶优先权的船舶享有优先权的，应予支持。

前款规定的期限自优先权产生之日起以一年为限。

第七条 具有船舶优先权的海事请求，船员未申请限制船舶继续营运，仅申请对船舶采取限制处分、限制抵押等保全措施的，应予支持。船员主张该保全措施构成《中华人民共和国海商法》第二十八条规定的船舶扣押的，不予支持。

第四百一十五条 【既有抵押权又有质权的财产的清偿顺序】 同一财产既设立抵押权又设立质权的，拍卖、变卖该财产所得的价款按照登记、交付的时间先后确定清偿顺序。

关联法规参见

▶**法律：**《民法典物权编》第394条、第425条。

第四百一十六条 【动产抵押担保的优先效力规则】 动产抵押担保的主债权是抵押物的价款，标的物交付后十日内办理抵押登记的，该抵押权人优先于抵押物买受人的其他担保物权人受偿，但是留置权人除外。

关联法规参见

▶**法律：**《民法典物权编》第394条、第447条、第456条。

司法解释适用

《最高人民法院关于适用〈中华人民共和国民法典〉有关担保制度的解释》（法释〔2020〕28号）

《民法典担保制度司法解释》	原《担保法司法解释》
新增条文 **第五十七条** 担保人在设立动产浮动抵押并办理抵押登记后又购入或者以融资租赁方式承租新的动产，下列权利人为担保价款债权或者租金的实现而订立担保合同，并在该动产交付后十日内办理登记，主张其权利优先于在先设立的浮动抵押权的，人民法院应予支持： （一）在该动产上设立抵押权或者保留所有权的出卖人； （二）为价款支付提供融资而在该动产上设立抵押权的债权人； （三）以融资租赁方式出租该动产的出租人。 买受人取得动产但未付清价款或者承租人以融资租赁方式占有租赁物但是未付清全部租金，又以标的物为他人设立担保物权，前款所列权利人为担保价款债权或者租金的实现而订立担保合同，并在该动产交付后十日内办理登记，主张其权利优先于买受人为他人设立的担保物权的，人民法院应予支持。 同一动产上存在多个价款优先权的，人民法院应当按照登记的时间先后确定清偿顺序。	

第四百一十七条 【新增建筑物不属于建设用地使用权抵押的抵押财产】建设用地使用权抵押后，该土地上新增的建筑物不属于抵押财产。该建设用地使用权实现抵押权时，应当将该土地上新增的建筑物与建设用地使用权一并处分。但是，新增建筑物所得的价款，抵押权人无权优先受偿。

关联法规参见

▶**法律：**《城市房地产管理法》第52条。

司法解释适用

《最高人民法院关于适用〈中华人民共和国民法典〉有关担保制度的解释》（法释〔2020〕28号）

《民法典担保制度司法解释》	原《担保法司法解释》
第五十条 抵押人以划拨建设用地上的建筑物抵押，当事人以该建设用地使用权不能抵押或者未办理批准手续为由主张抵	**第四十八条** 以法定程序确认为违法、违章的建筑物抵押的，抵押无效。

《民法典担保制度司法解释》	原《担保法司法解释》
押合同无效或者不生效的，人民法院不予支持。抵押权依法实现时，拍卖、变卖建筑物所得的价款，应当优先用于补缴建设用地使用权出让金。 当事人以划拨方式取得的建设用地使用权抵押，抵押人以未办理批准手续为由主张抵押合同无效或者不生效的，人民法院不予支持。已经依法办理抵押登记，抵押权人主张行使抵押权的，人民法院应予支持。抵押权依法实现时所得的价款，参照前款有关规定处理。	
第五十一条　当事人仅以建设用地使用权抵押，债权人主张抵押权的效力及于土地上已有的建筑物以及正在建造的建筑物已完成部分的，人民法院应予支持。债权人主张抵押权的效力及于正在建造的建筑物的续建部分以及新增建筑物的，人民法院不予支持。 当事人以正在建造的建筑物抵押，抵押权的效力范围限于已办理抵押登记的部分。当事人按照担保合同的约定，主张抵押权的效力及于续建部分、新增建筑物以及规划中尚未建造的建筑物的，人民法院不予支持。 抵押人将建设用地使用权、土地上的建筑物或者正在建造的建筑物分别抵押给不同债权人的，人民法院应当根据抵押登记的时间先后确定清偿顺序。	**第四十七条**　以依法获准尚未建造的或者正在建造中的房屋或者其他建筑物抵押的，当事人办理了抵押物登记，人民法院可以认定抵押有效。

第四百一十八条　【以集体土地使用权抵押的实现抵押权后应当遵守的规则】以集体所有土地的使用权依法抵押的，实现抵押权后，未经法定程序，不得改变土地所有权的性质和土地用途。

关联法规参见

▶**法律：**《民法典物权编》第395条、第398条。

司法解释适用

《最高人民法院关于破产企业国有划拨土地使用权应否列入破产财产等问题的批复》

二、企业对其以划拨方式取得的国有土地使用权无处分权，以该土地使用权设定抵押，未经有审批权限的人民政府或土地行政管理部门批准的，不影响抵押合同效力；履行了法定的审批手续，并依法办理抵押登记的，抵押权自登记时设立。根据《中华人民共和国城市房地产管理法》第五十一条的规定，抵押权人只有在以抵押标的物折价或拍卖、变卖所得价款缴纳相当于土地使用权出让金的款项后，对剩余部分方可享有优先受偿权。但纳入国家兼并破产计划的国有企业，其用以划拨方式取得的国有土地使用权设定抵押的，应依据国务院有关文件规定办理。

第四百一十九条 【抵押权的行使期间】抵押权人应当在主债权诉讼时效期间行使抵押权；未行使的，人民法院不予保护。

关联法规参见

▶**法律**：《民法典总则编》第188条、第189条、第192条至第194条、第196条至第198条。

司法解释适用

《最高人民法院关于适用〈中华人民共和国民法典〉有关担保制度的解释》（法释〔2020〕28号）

《民法典担保制度司法解释》	原《担保法司法解释》
第四十四条 主债权诉讼时效期间届满后，抵押权人主张行使抵押权的，人民法院不予支持；抵押人以主债权诉讼时效期间届满为由，主张不承担担保责任的，人民法院应予支持。主债权诉讼时效期间届满前，债权人仅对债务人提起诉讼，经人民法院判决或者调解后未在民事诉讼法规定的申请执行时效期间内对债务人申请强制执行，其向抵押人主张行使抵押权的，人民法院不予支持。 主债权诉讼时效期间届满后，财产被留置的债务人或者对留置财产享有所有权的第三人请求债权人返还留置财产的，人民法院不予支持；债务人或者第三人请求拍卖、变卖留置财产并以所得价款清偿债务的，人民法院应予支持。	**第三十五条** 保证人对已经超过诉讼时效期间的债务承担保证责任或者提供保证的，又以超过诉讼时效为由抗辩的，人民法院不予支持。 **第三十六条** 一般保证中，主债务诉讼时效中断，保证债务诉讼时效中断；连带责任保证中，主债务诉讼时效中断，保证债务诉讼时效不中断。 一般保证和连带责任保证中，主债务诉讼时效中止的，保证债务的诉讼时效同时中止。

《民法典担保制度司法解释》	原《担保法司法解释》
主债权诉讼时效期间届满的法律后果，以登记作为公示方式的权利质权，参照适用第一款的规定；动产质权、以交付权利凭证作为公示方式的权利质权，参照适用第二款的规定。	
删除条文 ~~**第十二条**　当事人约定的或者登记部门要求登记的担保期间，对担保物权的存续不具有法律约束力。~~ ~~担保物权所担保的债权的诉讼时效结束后，担保权人在诉讼时效结束后的二年内行使担保物权的，人民法院应当予以支持。~~	

权威案例指引

▶公报案例

《王军诉李睿抵押合同纠纷案》，《最高人民法院公报》2017 年第 7 期

裁判摘要：抵押权人在主债权诉讼时效期间未行使抵押权将导致抵押权消灭，而非胜诉权的丧失。抵押权消灭后，抵押人要求解除抵押权登记的，人民法院应当支持。

第二节　最高额抵押权

第四百二十条　【最高额抵押的内容】为担保债务的履行，债务人或者第三人对一定期间内将要连续发生的债权提供担保财产的，债务人不履行到期债务或者发生当事人约定的实现抵押权的情形，抵押权人有权在最高债权额限度内就该担保财产优先受偿。

最高额抵押权设立前已经存在的债权，经当事人同意，可以转入最高额抵押担保的债权范围。

司法解释适用

《最高人民法院关于适用〈中华人民共和国民法典〉有关担保制度的解释》（法释〔2020〕28 号）

《民法典担保制度司法解释》	原《担保法司法解释》
第十五条　最高额担保中的最高债权额，是指包括主债权及其利息、违约金、损	**第二十三条**　最高额保证合同的不特定债权确定后，保证人应当对在最高债权额

《民法典担保制度司法解释》	原《担保法司法解释》
害赔偿金、保管担保财产的费用、实现债权或者实现担保物权的费用等在内的全部债权，但是当事人另有约定的除外。 登记的最高债权额与当事人约定的最高债权额不一致的，人民法院应当依据登记的最高债权额确定债权人优先受偿的范围。	限度内就一定期间连续发生的债权余额承担保证责任。 **第八十一条** 最高额抵押权所担保的债权范围，不包括抵押物因财产保全或者执行程序被查封后或债务人、抵押人破产后发生的债权。 **第八十三条** 最高额抵押权所担保的不特定债权，在特定后，债权已届清偿期的，最高额抵押权人可以根据普通抵押权的规定行使其抵押权。 抵押权人实现最高额抵押权时，如果实际发生的债权余额高于最高限额的，以最高限额为限，超过部分不具有优先受偿的效力；如果实际发生的债权余额低于最高限额的，以实际发生的债权余额为限对抵押物优先受偿。

权威案例指引

▶指导性案例

中国工商银行股份有限公司宣城龙首支行诉宣城柏冠贸易有限公司、江苏凯盛置业有限公司等金融借款合同纠纷案，指导案例95号（2018年6月20日）

裁判要点：当事人另行达成协议将最高额抵押权设立前已经存在的债权转入该最高额抵押担保的债权范围，只要转入的债权数额仍在该最高额抵押担保的最高债权额限度内，即使未对该最高额抵押权办理变更登记手续，该最高额抵押权的效力仍然及于被转入的债权，但不得对第三人产生不利影响。

第四百二十一条 【最高额抵押担保不得随部分债权转让；约定除外】最高额抵押担保的债权确定前，部分债权转让的，最高额抵押权不得转让，但是当事人另有约定的除外。

司法解释适用

《最高人民法院关于适用〈中华人民共和国民法典〉有关担保制度的解释》（法释〔2020〕28号）

《民法典担保制度司法解释》	原《担保法司法解释》
第十五条　最高额担保中的最高债权额，是指包括主债权及其利息、违约金、损害赔偿金、保管担保财产的费用、实现债权或者实现担保物权的费用等在内的全部债权，但是当事人另有约定的除外。 登记的最高债权额与当事人约定的最高债权额不一致的，人民法院应当依据登记的最高债权额确定债权人优先受偿的范围。	**第二十三条**　最高额保证合同的不特定债权确定后，保证人应当对在最高债权额限度内就一定期间连续发生的债权余额承担保证责任。 **第八十一条**　最高额抵押权所担保的债权范围，不包括抵押物因财产保全或者执行程序被查封后或债务人、抵押人破产后发生的债权。 **第八十三条**　最高额抵押权所担保的不特定债权，在特定后，债权已届清偿期的，最高额抵押权人可以根据普通抵押权的规定行使其抵押权。 抵押权人实现最高额抵押权时，如果实际发生的债权余额高于最高限额的，以最高限额为限，超过部分不具有优先受偿的效力；如果实际发生的债权余额低于最高限额的，以实际发生的债权余额为限对抵押物优先受偿。

第四百二十二条　【最高额抵押债权确定前的内容变更】最高额抵押担保的债权确定前，抵押权人与抵押人可以通过协议变更债权确定的期间、债权范围以及最高债权额。但是，变更的内容不得对其他抵押权人产生不利影响。

司法解释适用

《最高人民法院关于适用〈中华人民共和国民法典〉有关担保制度的解释》（法释〔2020〕28号）

《民法典担保制度司法解释》	原《担保法司法解释》
第十五条　最高额担保中的最高债权额，是指包括主债权及其利息、违约金、损害赔偿金、保管担保财产的费用、实现债权或者实现担保物权的费用等在内的全部债权，但是当事人另有约定的除外。	**第二十三条**　最高额保证合同的不特定债权确定后，保证人应当对在最高债权额限度内就一定期间连续发生的债权余额承担保证责任。

《民法典担保制度司法解释》	原《担保法司法解释》
登记的最高债权额与当事人约定的最高债权额不一致的，人民法院应当依据登记的最高债权额确定债权人优先受偿的范围。	**第八十一条** 最高额抵押权所担保的债权范围，不包括抵押物因财产保全或者执行程序被查封后或债务人、抵押人破产后发生的债权。 **第八十三条** 最高额抵押权所担保的不特定债权，在特定后，债权已届清偿期的，最高额抵押权人可以根据普通抵押权的规定行使其抵押权。 抵押权人实现最高额抵押权时，如果实际发生的债权余额高于最高限额的，以最高限额为限，超过部分不具有优先受偿的效力；如果实际发生的债权余额低于最高限额的，以实际发生的债权余额为限对抵押物优先受偿。
第三十条 最高额保证合同对保证期间的计算方式、起算时间等有约定的，按照其约定。 最高额保证合同对保证期间的计算方式、起算时间等没有约定或者约定不明，被担保债权的履行期限均已届满的，保证期间自债权确定之日起开始计算；被担保债权的履行期限尚未届满的，保证期间自最后到期债权的履行期限届满之日起开始计算。 前款所称债权确定之日，依照民法典第四百二十三条的规定认定。	**第三十七条** 最高额保证合同对保证期间没有约定或者约定不明的，如最高额保证合同约定有保证人清偿债务期限的，保证期间为清偿期限届满之日起六个月。没有约定债务清偿期限的，保证期间自最高额保证终止之日或自债权人收到保证人终止保证合同的书面通知到达之日起六个月。

第四百二十三条 【最高额抵押所担保债权的确定时间】 有下列情形之一的，抵押权人的债权确定：

（一）约定的债权确定期间届满；

（二）没有约定债权确定期间或者约定不明确，抵押权人或者抵押人自最高额抵押权设立之日起满二年后请求确定债权；

（三）新的债权不可能发生；

（四）抵押权人知道或者应当知道抵押财产被查封、扣押；

（五）债务人、抵押人被宣告破产或者解散；

（六）法律规定债权确定的其他情形。

司法解释适用

《最高人民法院关于适用〈中华人民共和国民法典〉有关担保制度的解释》（法释〔2020〕28号）

《民法典担保制度司法解释》	原《担保法司法解释》
第十五条 最高额担保中的最高债权额，是指包括主债权及其利息、违约金、损害赔偿金、保管担保财产的费用、实现债权或者实现担保物权的费用等在内的全部债权，但是当事人另有约定的除外。 登记的最高债权额与当事人约定的最高债权额不一致的，人民法院应当依据登记的最高债权额确定债权人优先受偿的范围。	**第二十三条** 最高额保证合同的不特定债权确定后，保证人应当对在最高债权额限度内就一定期间连续发生的债权余额承担保证责任。 **第八十一条** 最高额抵押权所担保的债权范围，不包括抵押物因财产保全或者执行程序被查封后或债务人、抵押人破产后发生的债权。 **第八十三条** 最高额抵押权所担保的不特定债权，在特定后，债权已届清偿期的，最高额抵押权人可以根据普通抵押权的规定行使其抵押权。 抵押权人实现最高额抵押权时，如果实际发生的债权余额高于最高限额的，以最高限额为限，超过部分不具有优先受偿的效力；如果实际发生的债权余额低于最高限额的，以实际发生的债权余额为限对抵押物优先受偿。
第三十条 最高额保证合同对保证期间的计算方式、起算时间等有约定的，按照其约定。 最高额保证合同对保证期间的计算方式、起算时间等没有约定或者约定不明，被担保债权的履行期限均已届满的，保证期间自债权确定之日起开始计算；被担保债权的履行期限尚未届满的，保证期间自最后到期债权的履行期限届满之日起开始计算。 前款所称债权确定之日，依照民法典第四百二十三条的规定认定。	**第三十七条** 最高额保证合同对保证期间没有约定或者约定不明的，如最高额保证合同约定有保证人清偿债务期限的，保证期间为清偿期限届满之日起六个月。没有约定债务清偿期限的，保证期间自最高额保证终止之日或自债权人收到保证人终止保证合同的书面通知到达之日起六个月。

《最高人民法院关于人民法院民事执行中查封、扣押、冻结财产的规定》（法释〔2020〕21号修改）

新《人民法院民事执行中查封、扣押、冻结财产规定》	原《人民法院民事执行中查封、扣押、冻结财产规定》
第二十五条 人民法院查封、扣押被执行人设定最高额抵押权的抵押物的，应当通知抵押权人。抵押权人受抵押担保的债权数额自收到人民法院通知时起不再增加。 人民法院虽然没有通知抵押权人，但有证据证明抵押权人知道或者应当知道查封、扣押事实的，受抵押担保的债权数额从其知道或者应当知道该事实时起不再增加。	**第二十七条** 人民法院查封、扣押被执行人设定最高额抵押权的抵押物的，应当通知抵押权人。抵押权人受抵押担保的债权数额自收到人民法院通知时起不再增加。 人民法院虽然没有通知抵押权人，但有证据证明抵押权人知道查封、扣押事实的，受抵押担保的债权数额从其知道该事实时起不再增加。

第四百二十四条 【最高额抵押的法律适用】 最高额抵押权除适用本节规定外，适用本章第一节的有关规定。

关联法规参见

▶**法律**：《民法典物权编》第439条。

司法解释适用

《最高人民法院关于适用〈中华人民共和国民法典〉有关担保制度的解释》（法释〔2020〕28号）

《民法典担保制度司法解释》	原《担保法司法解释》
第十五条 最高额担保中的最高债权额，是指包括主债权及其利息、违约金、损害赔偿金、保管担保财产的费用、实现债权或者实现担保物权的费用等在内的全部债权，但是当事人另有约定的除外。 登记的最高债权额与当事人约定的最高债权额不一致的，人民法院应当依据登记的最高债权额确定债权人优先受偿的范围。	**第二十三条** 最高额保证合同的不特定债权确定后，保证人应当对在最高债权额限度内就一定期间连续发生的债权余额承担保证责任。 **第八十一条** 最高额抵押权所担保的债权范围，不包括抵押物因财产保全或者执行程序被查封后或债务人、抵押人破产后发生的债权。 **第八十三条** 最高额抵押权所担保的不特定债权，在特定后，债权已届清偿期的，最高额抵押权人可以根据普通抵押权的规定行使其抵押权。

《民法典担保制度司法解释》	原《担保法司法解释》
	抵押权人实现最高额抵押权时，如果实际发生的债权余额高于最高限额的，以最高限额为限，超过部分不具有优先受偿的效力；如果实际发生的债权余额低于最高限额的，以实际发生的债权余额为限对抵押物优先受偿。

第十八章　质　权

第一节　动产质权

第四百二十五条　【质权的内容】 为担保债务的履行，债务人或者第三人将其动产出质给债权人占有的，债务人不履行到期债务或者发生当事人约定的实现质权的情形，债权人有权就该动产优先受偿。

前款规定的债务人或者第三人为出质人，债权人为质权人，交付的动产为质押财产。

司法解释适用

《最高人民法院关于适用〈中华人民共和国民法典〉有关担保制度的解释》（法释〔2020〕28号）

《民法典担保制度司法解释》	原《担保法司法解释》
第一条　因抵押、质押、留置、保证等担保发生的纠纷，适用本解释。所有权保留买卖、融资租赁、保理等涉及担保功能发生的纠纷，适用本解释的有关规定。	**第一条**　当事人对由民事关系产生的债权，在不违反法律、法规强制性规定的情况下，以担保法规定的方式设定担保的，可以认定为有效。
新增条文 **第五十五条**　债权人、出质人与监管人订立三方协议，出质人以通过一定数量、品种等概括描述能够确定范围的货物为债务的履行提供担保，当事人有证据证明监管人系受债权人的委托监管并实际控制该货物的，人民法院应当认定质权于监管人实际控制货物之日起设立。监管人违反约定向出质人或者其他人放货、因保管不善导致货物毁损灭失，债权人请求监管人承担违约责任的，人民法院依法予以支持。	

<table>
<tr><th>《民法典担保制度司法解释》</th><th>原《担保法司法解释》</th></tr>
<tr><td colspan="2">在前款规定情形下，当事人有证据证明监管人系受出质人委托监管该货物，或者虽然受债权人委托但是未实际履行监管职责，导致货物仍由出质人实际控制的，人民法院应当认定质权未设立。债权人可以基于质押合同的约定请求出质人承担违约责任，但是不得超过质权有效设立时出质人应当承担的责任范围。监管人未履行监管职责，债权人请求监管人承担责任的，人民法院依法予以支持。</td></tr>
<tr><td>第五十八条　以汇票出质，当事人以背书记载“质押”字样并在汇票上签章，汇票已经交付质权人的，人民法院应当认定质权自汇票交付质权人时设立。</td><td>第九十八条　以汇票~~、支票、本票~~出质，出质人与质权人没有背书记载“质押”字样，以票据出质对抗善意第三人的，人民法院不予支持。</td></tr>
<tr><td>第五十九条　存货人或者仓单持有人在仓单上以背书记载“质押”字样，并经保管人签章，仓单已经交付质权人的，人民法院应当认定质权自仓单交付质权人时设立。没有权利凭证的仓单，依法可以办理出质登记的，仓单质权自办理出质登记时设立。
出质人既以仓单出质，又以仓储物设立担保，按照公示的先后确定清偿顺序；难以确定先后的，按照债权比例清偿。
保管人为同一货物签发多份仓单，出质人在多份仓单上设立多个质权，按照公示的先后确定清偿顺序；难以确定先后的，按照债权比例受偿。
存在第二款、第三款规定的情形，债权人举证证明其损失系由出质人与保管人的共同行为所致，请求出质人与保管人承担连带赔偿责任的，人民法院应予支持。</td><td>第一百零一条　以票据、债券、存款单、仓单、提单出质的，质权人再转让或者质押的无效。
第一百零二条　以载明兑现或者提货日期的汇票、支票、本票、债券、存款单、仓单、提单出质的，其兑现或者提货日期后于债务履行期的，质权人只能在兑现或者提货日期届满时兑现款项或者提取货物。</td></tr>
<tr><td colspan="2">新增条文
第六十一条　以现有的应收账款出质，应收账款债务人向质权人确认应收账款的真实性后，又以应收账款不存在或者已经消灭为由主张不承担责任的，人民法院不予支持。
以现有的应收账款出质，应收账款债务人未确认应收账款的真实性，质权人以应收账款债务人为被告，请求就应收账款优先受偿，能够举证证明办理出质登记时应收账款真实存在的，人民法院应予支持；质权人不能举证证明办理出质登记时应收账款真实存在，仅以已经办理出质登记为由，请求就应收账款优先受偿的，人民法院不予支持。
以现有的应收账款出质，应收账款债务人已经向应收账款债权人履行了债务，质权人请求应收账款债务人履行债务的，人民法院不予支持，但是应收账款债务人接到质权人要求向其履行的通知后，仍然向应收账款债权人履行的除外。</td></tr>
</table>

《民法典担保制度司法解释》	原《担保法司法解释》
以基础设施和公用事业项目收益权、提供服务或者劳务产生的债权以及其他将有的应收账款出质，当事人为应收账款设立特定账户，发生法定或者约定的质权实现事由时，质权人请求就该特定账户内的款项优先受偿的，人民法院应予支持；特定账户内的款项不足以清偿债务或者未设立特定账户，质权人请求折价或者拍卖、变卖项目收益权等将有的应收账款，并以所得的价款优先受偿的，人民法院依法予以支持。	

权威案例指引

公报案例

《黑龙江闽成投资集团有限公司与西林钢铁集团有限公司、第三人刘志平民间借贷纠纷案》，《最高人民法院公报》2020年第1期

裁判摘要：民间借贷合同是否已成立、生效并全面实际履行，应从签约到履约两方面来判断，出借人应举示借款合同、银行交易记录、对账记录等证据证明，且相关证据应能相互印证。

当事人以签订股权转让协议方式为民间借贷债权进行担保，此种非典型担保方式为让与担保。在不违反法律、行政法规效力性强制性规定的情况下，相关股权转让协议有效。签订股权让与担保协议并依约完成股权登记变更后，因借款人未能按期还款，当事人又约定对目标公司的股权及资产进行评估、抵销相应数额债权、确认此前的股权变更有效，并实际转移目标公司控制权的，应认定此时当事人就真实转让股权达成合意并已实际履行。以此为起算点一年以后借款人才进入重整程序，借款人主张依破产法相关规定撤销该以股抵债行为的，不应支持。

对于股权让与担保是否具有物权效力，应以是否已按照物权公示原则进行公示作为核心判断标准。在股权质押中，质权人可就已办理出质登记的股权优先受偿。在已将作为担保财产的股权变更登记到担保权人名下的股权让与担保中，担保权人形式上已经是作为担保标的物的股权的持有者，其就作为担保的股权所享有的优先受偿权利，更应受到保护，原则上享有对抗第三人的物权效力。当借款人进入重整程序时，确认股权让与担保权人享有优先受偿的权利，不构成《破产法》第十六条规定所指的个别清偿行为。

以股权设定让与担保并办理变更登记后，让与担保权人又同意以该股权为第三人对债务人的债权设定质押并办理质押登记的，第三人对该股权应优于让与担保权人受偿。

第四百二十六条　【禁止出质的动产范围】法律、行政法规禁止转让的动产不得出质。

关联法规参见

法律：《文物保护法》第52条，《海关法》第37条，《合伙企业法》第24条。

行政法规：《古生物化石保护条例》第23条，《博物馆条例》第25条。

司法解释适用

《最高人民法院关于适用〈中华人民共和国民法典〉有关担保制度的解释》（法释〔2020〕28号）

<table>
<tr><th>《民法典担保制度司法解释》</th><th>原《担保法司法解释》</th></tr>
<tr><td colspan="2">删除条文

~~**第五条** 以法律、法规禁止流通的财产或者不可转让的财产设定担保的，担保合同无效。~~

~~以法律、法规限制流通的财产设定担保的，在实现债权时，人民法院应当按照有关法律、法规的规定对该财产进行处理。~~</td></tr>
</table>

《最高人民检察院关于将公务用枪用作借债质押的行为如何适用法律问题的批复》

重庆市人民检察院：

你院渝检（研）〔1998〕8号《关于将公务用枪用作借债抵押的行为是否构成犯罪及适用法律的请示》收悉。经研究，批复如下：

依法配备公务用枪的人员，违反法律规定，将公务用枪用作借债质押物，使枪支处于非依法持枪人的控制、使用之下，严重危害公共安全，是刑法第一百二十八条第二款所规定的非法出借枪支行为的一种形式，应以非法出借枪支罪追究刑事责任；对接受枪支质押的人员，构成犯罪的，根据刑法第一百二十八条第一款的规定，应以非法持有枪支罪追究其刑事责任。

第四百二十七条　【质押合同的书面形式与一般条款】 设立质权，当事人应当采用书面形式订立质押合同。

质押合同一般包括下列条款：

（一）被担保债权的种类和数额；

（二）债务人履行债务的期限；

（三）质押财产的名称、数量等情况；

（四）担保的范围；

（五）质押财产交付的时间、方式。

关联法规参见

▶**法律**：《民法典合同编》第469条、第470条。

司法解释适用

《最高人民法院关于适用〈中华人民共和国民法典〉有关担保制度的解释》（法释〔2020〕28号）

<table>
<tr><th>《民法典担保制度司法解释》</th><th>原《担保法司法解释》</th></tr>
<tr><td colspan="2">新增条文

第五十三条　当事人在动产和权利担保合同中对担保财产进行概括描述，该描述能够合理识别担保财产的，人民法院应当认定担保成立。</td></tr>
</table>

第四百二十八条　【流质条款的优先受偿效力】 质权人在债务履行期限届满前，与出质人约定债务人不履行到期债务时质押财产归债权人所有的，只能依法就质押财产优先受偿。

司法解释适用

《最高人民法院关于适用〈中华人民共和国民法典〉有关担保制度的解释》（法释〔2020〕28号）

<table>
<tr><th>《民法典担保制度司法解释》</th><th>原《担保法司法解释》</th></tr>
<tr><td colspan="2">删除条文

~~第五十七条　当事人在抵押合同中约定，债务履行期届满抵押权人未受清偿时，抵押物的所有权转移为债权人所有的内容无效。该内容的无效不影响抵押合同其他部分内容的效力。~~
~~债务履行期届满后抵押权人未受清偿时，抵押权人和抵押人可以协议以抵押物折价取得抵押物。但是，损害顺序在后的担保物权人和其他债权人利益的，人民法院可以适用合同法第七十四条、第七十五条的有关规定。~~
~~第九十六条　本解释第五十七条、第六十二条、第六十四条、第七十一条、第七十二条、第七十三条、第七十四条、第八十条之规定，适用于动产质押。~~</td></tr>
</table>

第四百二十九条　【质权的设立】 质权自出质人交付质押财产时设立。

关联法规参见

▶**法律：**《票据法》第35条。

司法解释适用

《最高人民法院关于适用〈中华人民共和国民法典〉有关担保制度的解释》（法释〔2020〕28号）

<table>
<tr><th>《民法典担保制度司法解释》</th><th>原《担保法司法解释》</th></tr>
<tr><td colspan="2">新增条文

第五十三条　当事人在动产和权利担保合同中对担保财产进行概括描述，该描述能够合理识别担保财产的，人民法院应当认定担保成立。
第五十五条　债权人、出质人与监管人订立三方协议，出质人以通过一定数量、品种等概括描述能够确定范围的货物为债务的履行提供担保，当事人有证据证明监管人系受债权人的委托监管并实际控制该货物的，人民法院应当认定质权于监管人实际控制货物之日起设立。监管人违反约定向出质人或者其他人放货、因保管不善导致货物毁损灭失，债权人请求监管人承担违约责任的，人民法院依法予以支持。
在前款规定情形下，当事人有证据证明监管人系受出质人委托监管该货物，或者虽然受债权人委托但是未实际履行监管职责，导致货物仍由出质人实际控制的，人民法院应当认定质权未设立。债权人可以基于质押合同的约定请求出质人承担违约责任，但是不得超过质权有效设立时出质人应当承担的责任范围。监管人未履行监管职责，债权人请求监管人承担责任的，人民法院依法予以支持。</td></tr>
<tr><td>第五十八条　以汇票出质，当事人以背书记载“质押”字样并在汇票上签章，汇票已经交付质权人的，人民法院应当认定质权自汇票交付质权人时设立。</td><td>第九十八条　以汇票、支票、本票出质，出质人与质权人没有背书记载“质押”字样，以票据出质对抗善意第三人的，人民法院不予支持。</td></tr>
<tr><td>第五十九条　存货人或者仓单持有人在仓单上以背书记载“质押”字样，并经保管人签章，仓单已经交付质权人的，人民法院应当认定质权自仓单交付质权人时设立。没有权利凭证的仓单，依法可以办理出质登记的，仓单质权自办理出质登记时设立。
出质人既以仓单出质，又以仓储物设立担保，按照公示的先后确定清偿顺序；难以确定先后的，按照债权比例清偿。
保管人为同一货物签发多份仓单，出质人在多份仓单上设立多个质权，按照公示的先后确定清偿顺序；难以确定先后的，按照债权比例受偿。
存在第二款、第三款规定的情形，债权人举证证明其损失系由出质人与保管人的共同行为所致，请求出质人与保管人承担连带赔偿责任的，人民法院应予支持。</td><td>第一百零一条　以票据、债券、存款单、仓单、提单出质的，质权人再转让或者质押的无效。
第一百零二条　以载明兑现或者提货日期的汇票、支票、本票、债券、存款单、仓单、提单出质的，其兑现或者提货日期后于债务履行期的，质权人只能在兑现或者提货日期届满时兑现款项或者提取货物。</td></tr>
</table>

<table>
<tr><th>《民法典担保制度司法解释》</th><th>原《担保法司法解释》</th></tr>
<tr><td colspan="2">新增条文

第六十一条　以现有的应收账款出质，应收账款债务人向质权人确认应收账款的真实性后，又以应收账款不存在或者已经消灭为由主张不承担责任的，人民法院不予支持。
以现有的应收账款出质，应收账款债务人未确认应收账款的真实性，质权人以应收账款债务人为被告，请求就应收账款优先受偿，能够举证证明办理出质登记时应收账款真实存在的，人民法院应予支持；质权人不能举证证明办理出质登记时应收账款真实存在，仅以已经办理出质登记为由，请求就应收账款优先受偿的，人民法院不予支持。
以现有的应收账款出质，应收账款债务人已经向应收账款债权人履行了债务，质权人请求应收账款债务人履行债务的，人民法院不予支持，但是应收账款债务人接到质权人要求向其履行的通知后，仍然向应收账款债权人履行的除外。
以基础设施和公用事业项目收益权、提供服务或者劳务产生的债权以及其他将有的应收账款出质，当事人为应收账款设立特定账户，发生法定或者约定的质权实现事由时，质权人请求就该特定账户内的款项优先受偿的，人民法院应予支持；特定账户内的款项不足以清偿债务或者未设立特定账户，质权人请求折价或者拍卖、变卖项目收益权等将有的应收账款，并以所得的价款优先受偿的，人民法院依法予以支持。</td></tr>
<tr><td colspan="2">删除条文

<s>第八十四条　出质人以其不具有所有权但合法占有的动产出质的，不知出质人无处分权的质权人行使质权后，因此给动产所有人造成损失的，由出质人承担赔偿责任。</s>
<s>第八十六条　债务人或者第三人未按质押合同约定的时间移交质物的，因此给质权人造成损失的，出质人应当根据其过错承担赔偿责任。</s>
<s>第八十七条　出质人代质权人占有质物的，质押合同不生效；质权人将质物返还于出质人后，以其质权对抗第三人的，人民法院不予支持。</s>
<s>因不可归责于质权人的事由而丧失对质物的占有，质权人可以向不当占有人请求停止侵害、恢复原状、返还质物。</s>
<s>第八十八条　出质人以间接占有的财产出质的，质押合同自书面通知送达占有人时视为移交。占有人收到出质通知后，仍接受出质人的指示处分出质财产的，该行为无效。</s>
<s>第八十九条　质押合同中对质押的财产约定不明，或者约定的出质财产与实际移交的财产不一致的，以实际交付占有的财产为准。</s></td></tr>
</table>

《最高人民法院关于适用〈中华人民共和国民法典〉物权编的解释（一）》

（法释〔2020〕24号）

物权编司法解释（一）	原《物权法司法解释（一）》
第十七条　民法典第三百一十一条第一款第一项所称的“受让人受让该不动产或者动产时”，是指依法完成不动产物权转移登记或者动产交付之时。	**第十八条**　物权法第一百零六条第一款第一项所称的“受让人受让该不动产或者动产时”，是指依法完成不动产物权转移登记或者动产交付之时。

物权编司法解释（一）	原《物权法司法解释（一）》
当事人以民法典第二百二十六条规定的方式交付动产的，转让动产民事法律行为生效时为动产交付之时；当事人以民法典第二百二十七条规定的方式交付动产的，转让人与受让人之间有关转让返还原物请求权的协议生效时为动产交付之时。 法律对不动产、动产物权的设立另有规定的，应当按照法律规定的时间认定权利人是否为善意。	当事人以物权法第二十五条规定的方式交付动产的，转让动产法律行为生效时为动产交付之时；当事人以物权法第二十六条规定的方式交付动产的，转让人与受让人之间有关转让返还原物请求权的协议生效时为动产交付之时。 法律对不动产、动产物权的设立另有规定的，应当按照法律规定的时间认定权利人是否为善意。

权威案例指引

▶指导性案例

中国农业发展银行安徽省分行诉张大标、安徽长江融资担保集团有限公司执行异议之诉纠纷案，指导案例54号（2015年11月19日）

裁判要点：当事人依约为出质的金钱开立保证金专门账户，且质权人取得对该专门账户的占有控制权，符合金钱特定化和移交占有的要求，即使该账户内资金余额发生浮动，也不影响该金钱质权的设立。

▶公报案例

《中国农业发展银行安徽省分行诉张大标、安徽长江融资担保集团有限公司保证金质权确认之诉案》，《最高人民法院公报》2015年第1期

裁判摘要：根据担保法司法解释第八十五条规定：金钱质押生效的条件包括金钱特定化和移交债权人占有两个方面。双方当事人已经依约为出质金钱开立了担保保证金专用账户并存入保证金，该账户未作日常结算使用符合特定化的要求。特定化并不等于固定化，账户因业务开展发生浮动不影响特定化的构成。占有是指对物进行控制和管理的事实状态。银行取得对该账户的控制权。实际控制和管理该账户即应认定符合出质金钱移交债权人占有的要求。

《富滇银行股份有限公司大理分行与杨凤鸣、大理建标房地产开发有限公司案外人执行异议之诉案》，《最高人民法院公报》2020年第6期

裁判摘要：保证人与债权银行之间约定设立保证金账户，按比例存入一定金额的保证金用于履行某项保证责任，未经同意保证人不得使用保证金，债权银行有权从该账户直接扣收有关款项，并约定了保证期间等，应认定双方存在金钱质押的合意。保证金账户内资金的特定化不等于固定化，只要资金的浮动均与保证金业务对应、有关，未作日常结算使用，即应认定符合最高人民法院《关于适用〈中华人民共和国担保法〉若干问题的解释》第八十五条规定的金钱以特户形式特定化的要求。如债权银行实际控制和管理保证金账户，应认定已符合对出质金钱占有的要求。

第四百三十条　【质权设立期间的孳息收取】 质权人有权收取质押财产的孳息，但是合同另有约定的除外。

前款规定的孳息应当先充抵收取孳息的费用。

司法解释适用

《最高人民法院关于适用〈中华人民共和国民法典〉有关担保制度的解释》（法释〔2020〕28号）

《民法典担保制度司法解释》	原《担保法司法解释》
第四十一条　抵押权依法设立后，抵押财产被添附，添附物归第三人所有，抵押权人主张抵押权效力及于补偿金的，人民法院应予支持。 抵押权依法设立后，抵押财产被添附，抵押人对添附物享有所有权，抵押权人主张抵押权的效力及于添附物的，人民法院应予支持，但是添附导致抵押财产价值增加的，抵押权的效力不及于增加的价值部分。 抵押权依法设立后，抵押人与第三人因添附成为添附物的共有人，抵押权人主张抵押权的效力及于抵押人对共有物享有的份额的，人民法院应予支持。 本条所称添附，包括附合、混合与加工。	**第六十二条**　抵押物因附合、混合或者加工使抵押物的所有权为第三人所有的，抵押权的效力及于补偿金；抵押物所有人为附合物、混合物或者加工物的所有人的，抵押权的效力及于附合物、混合物或者加工物；第三人与抵押物所有人为附合物、混合物或者加工物的共有人的，抵押权的效力及于抵押人对共有物享有的份额。
删除条文 ~~**第六十四条**　债务履行期届满，债务人不履行债务致使抵押物被人民法院依法扣押的，自扣押之日起抵押权人收取的由抵押物分离的天然孳息和法定孳息，按照下列顺序清偿：~~ ~~（一）收取孳息的费用；~~ ~~（二）主债权的利息；~~ ~~（三）主债权。~~ ~~**第九十六条**　本解释第五十七条、第六十二条、第六十四条、第七十一条、第七十二条、第七十三条、第七十四条、第八十条之规定，适用于动产质押。~~	

第四百三十一条　【质权人对质押财产处分的限制及其法律责任】 质权人在质权存续期间，未经出质人同意，擅自使用、处分质押财产，造成出质人损害的，应当承担赔偿责任。

司法解释适用

《最高人民法院关于适用〈中华人民共和国民法典〉有关担保制度的解释》（法释〔2020〕28号）

<table>
<tr><th>《民法典担保制度司法解释》</th><th>原《担保法司法解释》</th></tr>
<tr><td colspan="2">新增条文

第五十五条　债权人、出质人与监管人订立三方协议，出质人以通过一定数量、品种等概括描述能够确定范围的货物为债务的履行提供担保，当事人有证据证明监管人系受债权人的委托监管并实际控制该货物的，人民法院应当认定质权于监管人实际控制货物之日起设立。监管人违反约定向出质人或者其他人放货、因保管不善导致货物毁损灭失，债权人请求监管人承担违约责任的，人民法院依法予以支持。
在前款规定情形下，当事人有证据证明监管人系受出质人委托监管该货物，或者虽然受债权人委托但是未实际履行监管职责，导致货物仍由出质人实际控制的，人民法院应当认定质权未设立。债权人可以基于质押合同的约定请求出质人承担违约责任，但是不得超过质权有效设立时出质人应当承担的责任范围。监管人未履行监管职责，债权人请求监管人承担责任的，人民法院依法予以支持。</td></tr>
</table>

第四百三十二条　【质权人对于质押财产的妥善保管义务】质权人负有妥善保管质押财产的义务；因保管不善致使质押财产毁损、灭失的，应当承担赔偿责任。

质权人的行为可能使质押财产毁损、灭失的，出质人可以请求质权人将质押财产提存，或者请求提前清偿债务并返还质押财产。

司法解释适用

《最高人民法院关于适用〈中华人民共和国民法典〉有关担保制度的解释》（法释〔2020〕28号）

<table>
<tr><th>《民法典担保制度司法解释》</th><th>原《担保法司法解释》</th></tr>
<tr><td colspan="2">删除条文

~~第九十三条　质权人在质权存续期间，未经出质人同意，擅自使用、出租、处分质物，因此给出质人造成损失的，由质权人承担赔偿责任。~~</td></tr>
<tr><td colspan="2">新增条文

第五十五条　债权人、出质人与监管人订立三方协议，出质人以通过一定数量、品种等概括描述能够确定范围的货物为债务的履行提供担保，当事人有证据证明监管人系受债权人的委托监管并实际控制该货物的，人民法院应当认定质权于监管人实际控制货物之日起</td></tr>
</table>

《民法典担保制度司法解释》	原《担保法司法解释》
设立。监管人违反约定向出质人或者其他人放货、因保管不善导致货物毁损灭失，债权人请求监管人承担违约责任的，人民法院依法予以支持。 在前款规定情形下，当事人有证据证明监管人系受出质人委托监管该货物，或者虽然受债权人委托但是未实际履行监管职责，导致货物仍由出质人实际控制的，人民法院应当认定质权未设立。债权人可以基于质押合同的约定请求出质人承担违约责任，但是不得超过质权有效设立时出质人应当承担的责任范围。监管人未履行监管职责，债权人请求监管人承担责任的，人民法院依法予以支持。	

第四百三十三条　【质物毁损或价值减少时质权人的救济方式】 因不可归责于质权人的事由可能使质押财产毁损或者价值明显减少，足以危害质权人权利的，质权人有权请求出质人提供相应的担保；出质人不提供的，质权人可以拍卖、变卖质押财产，并与出质人协议将拍卖、变卖所得的价款提前清偿债务或者提存。

司法解释适用

《最高人民法院关于适用〈中华人民共和国民法典〉有关担保制度的解释》（法释〔2020〕28号）

《民法典担保制度司法解释》	原《担保法司法解释》
新增条文 **第五十五条**　债权人、出质人与监管人订立三方协议，出质人以通过一定数量、品种等概括描述能够确定范围的货物为债务的履行提供担保，当事人有证据证明监管人系受债权人的委托监管并实际控制该货物的，人民法院应当认定质权于监管人实际控制货物之日起设立。监管人违反约定向出质人或者其他人放货、因保管不善导致货物毁损灭失，债权人请求监管人承担违约责任的，人民法院依法予以支持。 在前款规定情形下，当事人有证据证明监管人系受出质人委托监管该货物，或者虽然受债权人委托但是未实际履行监管职责，导致货物仍由出质人实际控制的，人民法院应当认定质权未设立。债权人可以基于质押合同的约定请求出质人承担违约责任，但是不得超过质权有效设立时出质人应当承担的责任范围。监管人未履行监管职责，债权人请求监管人承担责任的，人民法院依法予以支持。	
删除条文 **第九十条**　~~质物有隐蔽瑕疵造成质权人其他财产损害的，应由出质人承担赔偿责任。但是，质权人在质物移交时明知质物有瑕疵而予以接受的除外。~~ **第九十二条**　~~按照担保法第六十九条的规定将质物提存的，质物提存费用由质权人负担；出质人提前清偿债权的，应当扣除未到期部分的利息。~~	

<table>
<tr><th>《民法典担保制度司法解释》</th><th>原《担保法司法解释》</th></tr>
<tr><td colspan="2">第九十三条 ~~质权人在质权存续期间，未经出质人同意，擅自使用、出租、处分质物，因此给出质人造成损失的，由质权人承担赔偿责任。~~</td></tr>
</table>

第四百三十四条　【质权人转质规则及其法律后果】质权人在质权存续期间，未经出质人同意转质，造成质押财产毁损、灭失的，应当承担赔偿责任。

司法解释适用

《最高人民法院关于适用〈中华人民共和国民法典〉有关担保制度的解释》（法释〔2020〕28号）

<table>
<tr><th>《民法典担保制度司法解释》</th><th>原《担保法司法解释》</th></tr>
<tr><td colspan="2">删除条文

第九十四条 ~~质权人在质权存续期间，为担保自己的债务，经出质人同意，以其所占有的质物为第三人设定质权的，应当在原质权所担保的债权范围之内，超过的部分不具有优先受偿的效力。转质权的效力优于原质权。~~
~~质权人在质权存续期间，未经出质人同意，为担保自己的债务，在其所占有的质物上为第三人设定质权的无效。质权人对因转质而发生的损害承担赔偿责任。~~</td></tr>
<tr><td colspan="2">新增条文

第五十五条 债权人、出质人与监管人订立三方协议，出质人以通过一定数量、品种等概括描述能够确定范围的货物为债务的履行提供担保，当事人有证据证明监管人系受债权人的委托监管并实际控制该货物的，人民法院应当认定质权于监管人实际控制货物之日起设立。监管人违反约定向出质人或者其他人放货、因保管不善导致货物毁损灭失，债权人请求监管人承担违约责任的，人民法院依法予以支持。
在前款规定情形下，当事人有证据证明监管人系受出质人委托监管该货物，或者虽然受债权人委托但是未实际履行监管职责，导致货物仍由出质人实际控制的，人民法院应当认定质权未设立。债权人可以基于质押合同的约定请求出质人承担违约责任，但是不得超过质权有效设立时出质人应当承担的责任范围。监管人未履行监管职责，债权人请求监管人承担责任的，人民法院依法予以支持。</td></tr>
</table>

第四百三十五条　【质权人放弃对债务人财产的质权的法律后果】质权人可以放弃质权。债务人以自己的财产出质，质权人放弃该质权的，其他担保人在质权人丧失优先受偿权益的范围内免除担保责任，但是其他担保人承诺仍然提供担保的除外。

司法解释适用

《最高人民法院关于适用〈中华人民共和国民法典〉有关担保制度的解释》（法释〔2020〕28 号）

《民法典担保制度司法解释》	原《担保法司法解释》
第十三条 同一债务有两个以上第三人提供担保，担保人之间约定相互追偿及分担份额，承担了担保责任的担保人请求其他担保人按照约定分担份额的，人民法院应予支持；担保人之间约定承担连带共同担保，或者约定相互追偿但是未约定分担份额的，各担保人按照比例分担向债务人不能追偿的部分。 同一债务有两个以上第三人提供担保，担保人之间未对相互追偿作出约定且未约定承担连带共同担保，但是各担保人在同一份合同书上签字、盖章或者按指印，承担了担保责任的担保人请求其他担保人按照比例分担向债务人不能追偿部分的，人民法院应予支持。 除前两款规定的情形外，承担了担保责任的担保人请求其他担保人分担向债务人不能追偿部分的，人民法院不予支持。	**第二十条** 连带共同保证的债务人在主合同规定的债务履行期届满没有履行债务的，债权人可以要求债务人履行债务，也可以要求任何一个保证人承担全部保证责任。 连带共同保证的保证人承担保证责任后，向债务人不能追偿的部分，由各连带保证人按其内部约定的比例分担。没有约定的，平均分担。 **第二十一条** 按份共同保证的保证人按照保证合同约定的保证份额承担保证责任后，在其履行保证责任的范围内对债务人行使追偿权。 **第三十八条** 同一债权既有保证又有第三人提供物的担保的，债权人可以请求保证人或者物的担保人承担担保责任。当事人对保证担保的范围或者物的担保的范围没有约定或者约定不明的，承担了担保责任的担保人，可以向债务人追偿，也可以要求其他担保人清偿其应当分担的份额。 同一债权既有保证又有物的担保的，物的担保合同被确认无效或者被撤销，或者担保物因不可抗力的原因灭失而没有代位物的，保证人仍应当按合同的约定或者法律的规定承担保证责任。 债权人在主合同履行期届满后怠于行使担保物权，致使担保物的价值减少或者毁损、灭失的，视为债权人放弃部分或者全部物的担保。保证人在债权人放弃权利的范围内减轻或者免除保证责任。 **第七十五条** 同一债权有两个以上抵押人的，债权人放弃债务人提供的抵押担保的，其他抵押人可以请求人民法院减轻或者免除其应当承担的担保责任。

<table>
<tr><th>《民法典担保制度司法解释》</th><th>原《担保法司法解释》</th></tr>
<tr><td></td><td> 同一债权有两个以上抵押人的，当事人对其提供的抵押财产所担保的债权份额或者顺序没有约定或者约定不明的，抵押权人可以就其中任一或者各个财产行使抵押权。 抵押人承担担保责任后，可以向债务人追偿，也可以要求其他抵押人清偿其应当承担的份额。 第七十七条　同一财产向两个以上债权人抵押的，顺序在先的抵押权与该财产的所有权归属一人时，该财产的所有权人可以以其抵押权对抗顺序在后的抵押权。 第七十八条　同一财产向两个以上债权人抵押的，顺序在后的抵押权所担保的债权先到期的，抵押权人只能就抵押物价值超出顺序在先的抵押担保债权的部分受偿。 顺序在先的抵押权所担保的债权先到期的，抵押权实现后的剩余价款应予提存，留待清偿顺序在后的抵押担保债权。 第一百二十三条　同一债权上数个担保物权并存时，债权人放弃债务人提供的物的担保的，其他担保人在其放弃权利的范围内减轻或者免除担保责任。 </td></tr>
<tr><td colspan="2"> 新增条文 第十四条　同一债务有两个以上第三人提供担保，担保人受让债权的，人民法院应当认定该行为系承担担保责任。受让债权的担保人作为债权人请求其他担保人承担担保责任的，人民法院不予支持；该担保人请求其他担保人分担相应份额的，依照本解释第十三条的规定处理。 </td></tr>
<tr><td> 第二十九条　同一债务有两个以上保证人，债权人以其已经在保证期间内依法向部分保证人行使权利为由，主张已经在保证期间内向其他保证人行使权利的，人民法院不予支持。 同一债务有两个以上保证人，保证人之间相互有追偿权，债权人未在保证期间内依法向部分保证人行使权利，导致其他保证人在承担保证责任后丧失追偿权，其他保证人主张在其不能追偿的范围内免除保证责任的，人民法院应予支持。 </td><td> 第二十条　连带共同保证的债务人在主合同规定的债务履行期届满没有履行债务的，债权人可以要求债务人履行债务，也可以要求任何一个保证人承担全部保证责任。 连带共同保证的保证人承担保证责任后，向债务人不能追偿的部分，由各连带保证人按其内部约定的比例分担。没有约定的，平均分担。 第二十一条　按份共同保证的保证人按照保证合同约定的保证份额承担保证责任后，在其履行保证责任的范围内对债务人行使追偿权。 </td></tr>
</table>

权威案例指引

▶ **公报案例**

《黑龙江北大荒投资担保股份有限公司与黑龙江省建三江农垦七星粮油工贸有限责任公司、黑龙江省建三江农垦宏达粮油工贸有限公司等担保合同纠纷案》，《最高人民法院公报》2018 年第 1 期

裁判摘要：同一债权上既有人的担保，又有债务人提供的物的担保，债权人与债务人的共同过错致使本应依法设立的质权未设立，保证人对此并无过错的，债权人应对质权未设立承担不利后果。物权法第一百七十六条对债务人提供的物保与第三人提供的人保并存时的债权实现顺序有明文规定，保证人对先以债务人的质物清偿债务存在合理信赖，债权人放弃质权损害了保证人的顺位信赖利益，保证人应依物权法第二百一十八条的规定在质权人丧失优先受偿权益的范围内免除保证责任。

第四百三十六条　【质物返还与质权实现】债务人履行债务或者出质人提前清偿所担保的债权的，质权人应当返还质押财产。

债务人不履行到期债务或者发生当事人约定的实现质权的情形，质权人可以与出质人协议以质押财产折价，也可以就拍卖、变卖质押财产所得的价款优先受偿。

质押财产折价或者变卖的，应当参照市场价格。

关联法规参见

▶ **法律：**《企业破产法》第 75 条。

第四百三十七条　【出质人对于质权人的及时行使质权的请求权】出质人可以请求质权人在债务履行期限届满后及时行使质权；质权人不行使的，出质人可以请求人民法院拍卖、变卖质押财产。

出质人请求质权人及时行使质权，因质权人怠于行使权利造成出质人损害的，由质权人承担赔偿责任。

司法解释适用

《最高人民法院关于适用〈中华人民共和国民法典〉有关担保制度的解释》（法释〔2020〕28 号）

《民法典担保制度司法解释》	原《担保法司法解释》
第四十四条　主债权诉讼时效期间届满后，抵押权人主张行使抵押权的，人民法	**第三十五条**　保证人对已经超过诉讼时效期间的债务承担保证责任或者提供保证

《民法典担保制度司法解释》	原《担保法司法解释》
院不予支持；抵押人以主债权诉讼时效期间届满为由，主张不承担担保责任的，人民法院应予支持。主债权诉讼时效期间届满前，债权人仅对债务人提起诉讼，经人民法院判决或者调解后未在民事诉讼法规定的申请执行时效期间内对债务人申请强制执行，其向抵押人主张行使抵押权的，人民法院不予支持。 主债权诉讼时效期间届满后，财产被留置的债务人或者对留置财产享有所有权的第三人请求债权人返还留置财产的，人民法院不予支持；债务人或者第三人请求拍卖、变卖留置财产并以所得价款清偿债务的，人民法院应予支持。 主债权诉讼时效期间届满的法律后果，以登记作为公示方式的权利质权，参照适用第一款的规定；动产质权、以交付权利凭证作为公示方式的权利质权，参照适用第二款的规定。	的，又以超过诉讼时效为由抗辩的，人民法院不予支持。 **第三十六条** 一般保证中，主债务诉讼时效中断，保证债务诉讼时效中断；连带责任保证中，主债务诉讼时效中断，保证债务诉讼时效不中断。 一般保证和连带责任保证中，主债务诉讼时效中止的，保证债务的诉讼时效同时中止。

第四百三十八条 【质押财产变现数额多于或少于债权数额的法律后果】质押财产折价或者拍卖、变卖后，其价款超过债权数额的部分归出质人所有，不足部分由债务人清偿。

第四百三十九条 【最高额质权的设立及其适用规则】出质人与质权人可以协议设立最高额质权。

最高额质权除适用本节有关规定外，参照适用本编第十七章第二节的有关规定。

关联法规参见

▶**法律**：《民法典物权编》第424条。

司法解释适用

《最高人民法院关于适用〈中华人民共和国民法典〉有关担保制度的解释》（法释〔2020〕28号）

《民法典担保制度司法解释》	原《担保法司法解释》
第十五条　最高额担保中的最高债权额，是指包括主债权及其利息、违约金、损害赔偿金、保管担保财产的费用、实现债权或者实现担保物权的费用等在内的全部债权，但是当事人另有约定的除外。 登记的最高债权额与当事人约定的最高债权额不一致的，人民法院应当依据登记的最高债权额确定债权人优先受偿的范围。	**第二十三条**　最高额保证合同的不特定债权确定后，保证人应当对在最高债权额限度内就一定期间连续发生的债权余额承担保证责任。 **第八十一条**　最高额抵押权所担保的债权范围，不包括抵押物因财产保全或者执行程序被查封后或债务人、抵押人破产后发生的债权。

第二节　权利质权

第四百四十条　【可出质的权利的范围】债务人或者第三人有权处分的下列权利可以出质：

（一）汇票、本票、支票；

（二）债券、存款单；

（三）仓单、提单；

（四）可以转让的基金份额、股权；

（五）可以转让的注册商标专用权、专利权、著作权等知识产权中的财产权；

（六）现有的以及将有的应收账款；

（七）法律、行政法规规定可以出质的其他财产权利。

关联法规参见

▶**法律：**《民法典合同编》第908条至第910条，《证券法》第2条、第35条至第39条，《公司法》第31条、第32条、第71条至第75条、第125条至第132条、第137条至第142条，《证券投资基金法》第45条、第46条，《著作权法》第9条，《商标法》第4条、第5条、第56条，《专利法》第10条，《票据法》第2条、第19条、第73条、第81条，《海商法》第71条。

司法解释适用

《最高人民法院关于适用〈中华人民共和国民法典〉有关担保制度的解释》（法释〔2020〕28 号）

《民法典担保制度司法解释》	原《担保法司法解释》
第五十八条 以汇票出质，当事人以背书记载“质押”字样并在汇票上签章，汇票已经交付质权人的，人民法院应当认定质权自汇票交付质权人时设立。	**第九十八条** 以汇票、支票、本票出质，出质人与质权人没有背书记载“质押”字样，以票据出质对抗善意第三人的，人民法院不予支持。
第五十九条 存货人或者仓单持有人在仓单上以背书记载“质押”字样，并经保管人签章，仓单已经交付质权人的，人民法院应当认定质权自仓单交付质权人时设立。没有权利凭证的仓单，依法可以办理出质登记的，仓单质权自办理出质登记时设立。 出质人既以仓单出质，又以仓储物设立担保，按照公示的先后确定清偿顺序；难以确定先后的，按照债权比例清偿。 保管人为同一货物签发多份仓单，出质人在多份仓单上设立多个质权，按照公示的先后确定清偿顺序；难以确定先后的，按照债权比例受偿。 存在第二款、第三款规定的情形，债权人举证证明其损失系由出质人与保管人的共同行为所致，请求出质人与保管人承担连带赔偿责任的，人民法院应予支持。	**第一百零一条** 以票据、债券、存款单、仓单、提单出质的，质权人再转让或者质押的无效。 **第一百零二条** 以载明兑现或者提货日期的汇票、支票、本票、债券、存款单、仓单、提单出质的，其兑现或者提货日期后于债务履行期的，质权人只能在兑现或者提货日期届满时兑现款项或者提取货物。

新增条文

第六十一条 以现有的应收账款出质，应收账款债务人向质权人确认应收账款的真实性后，又以应收账款不存在或者已经消灭为由主张不承担责任的，人民法院不予支持。

以现有的应收账款出质，应收账款债务人未确认应收账款的真实性，质权人以应收账款债务人为被告，请求就应收账款优先受偿，能够举证证明办理出质登记时应收账款真实存在的，人民法院应予支持；质权人不能举证证明办理出质登记时应收账款真实存在，仅以已经办理出质登记为由，请求就应收账款优先受偿的，人民法院不予支持。

以现有的应收账款出质，应收账款债务人已经向应收账款债权人履行了债务，质权人请求应收账款债务人履行债务的，人民法院不予支持，但是应收账款债务人接到质权人要求向其履行的通知后，仍然向应收账款债权人履行的除外。

<table>
<tr><th>《民法典担保制度司法解释》</th><th>原《担保法司法解释》</th></tr>
<tr><td colspan="2">以基础设施和公用事业项目收益权、提供服务或者劳务产生的债权以及其他将有的应收账款出质，当事人为应收账款设立特定账户，发生法定或者约定的质权实现事由时，质权人请求就该特定账户内的款项优先受偿的，人民法院应予支持；特定账户内的款项不足以清偿债务或者未设立特定账户，质权人请求折价或者拍卖、变卖项目收益权等将有的应收账款，并以所得的价款优先受偿的，人民法院依法予以支持。</td></tr>
<tr><td colspan="2">删除条文
~~第九十七条 以公路桥梁、公路隧道或者公路渡口等不动产收益权出质的，按照担保法第七十五条第（四）项的规定处理。~~</td></tr>
</table>

《最高人民法院关于适用〈中华人民共和国公司法〉若干问题的规定（三）》

（法释〔2020〕18 号修改）

新《公司法司法解释（三）》	原《公司法司法解释（三）》
第二十五条 名义股东将登记于其名下的股权转让、质押或者以其他方式处分，实际出资人以其对于股权享有实际权利为由，请求认定处分股权行为无效的，人民法院可以参照民法典第三百一十一条的规定处理。 名义股东处分股权造成实际出资人损失，实际出资人请求名义股东承担赔偿责任的，人民法院应予支持。	**第二十五条** 名义股东将登记于其名下的股权转让、质押或者以其他方式处分，实际出资人以其对于股权享有实际权利为由，请求认定处分股权行为无效的，人民法院可以参照物权法第一百零六条的规定处理。 名义股东处分股权造成实际出资人损失，实际出资人请求名义股东承担赔偿责任的，人民法院应予支持。
第二十七条 股权转让后尚未向公司登记机关办理变更登记，原股东将仍登记于其名下的股权转让、质押或者以其他方式处分，受让股东以其对于股权享有实际权利为由，请求认定处分股权行为无效的，人民法院可以参照民法典第三百一十一条的规定处理。 原股东处分股权造成受让股东损失，受让股东请求原股东承担赔偿责任、对于未及时办理变更登记有过错的董事、高级管理人员或者实际控制人承担相应责任的，人民法院应予支持；受让股东对于未及时办理变更登记也有过错的，可以适当减轻上述董事、高级管理人员或者实际控制人的责任。	**第二十七条** 股权转让后尚未向公司登记机关办理变更登记，原股东将仍登记于其名下的股权转让、质押或者以其他方式处分，受让股东以其对于股权享有实际权利为由，请求认定处分股权行为无效的，人民法院可以参照物权法第一百零六条的规定处理。 原股东处分股权造成受让股东损失，受让股东请求原股东承担赔偿责任、对于未及时办理变更登记有过错的董事、高级管理人员或者实际控制人承担相应责任的，人民法院应予支持；受让股东对于未及时办理变更登记也有过错的，可以适当减轻上述董事、高级管理人员或者实际控制人的责任。

《最高人民法院关于吉林市商业银行营业部与交通银行吉林分行船营支行长春路分理处存单质押纠纷一案请示的答复》

吉林省高级人民法院：

你院2002年11月22日〔2002〕吉高法民三请字第1号《关于上诉人吉林市商业银行营业部与被上诉人交通银行吉林分行船营支行长春路分理处存单纠纷一案的请示报告》，我院于2003年6月2日收悉。根据你院二审认定的事实，经研究，答复如下：

吉林市商业银行营业部（以下简称商业银行）因为贷出款项，并通过存单质押而取得了交通银行吉林分行船营支行长春路分理处（以下简称交通银行）出具的存单。依照本院《关于审理存单纠纷案件的若干规定》第一条第（一）款的规定，本案商业银行以存单质押请求兑付而起诉，应属存单纠纷案件。商业银行在接受出质存单后向交通银行进行了核押，依照上述司法解释第八条第三款的规定，质押合同有效，交通银行应承担本案所涉存单的兑付责任。但应以该存单质押的债权为限。

此复

权威案例指引

▶公报案例

《常州新区工行诉康美公司借款合同纠纷案》，《最高人民法院公报》2005年第4期

裁判摘要：根据担保法第七十五条第（四）项规定，以出口退税账户托管的方式贷款，构成出口退税权利质押。贷款人在借款得不到清偿时，有权在借款人的出口退税款中优先受偿。

▶典型案例

《准确适用合同解释原则 明晰提单持有人的权利性质——中国建设银行股份有限公司广州荔湾支行与广东蓝粤能源发展有限公司等信用证开证纠纷再审案》，《最高法院发布的第二批涉"一带一路"建设典型案例之一》（2017年5月15日）

典型意义：本案是一起具有涉外因素的远期跟单信用证开证纠纷，争议焦点是提单持有人的权利性质。在通过跟单信用证进行国际货物买卖的交易中，因付款而合法持有提单的开证行对提单项下货物享有何种权利，司法实践中对该问题一直缺乏定论，众说纷纭。本案判决对提单的法律属性、信托收据的法律意义以及提单持有人享有何种权利等疑难复杂问题作出了清晰的解答，对于统一该领域的法律适用具有重要指导意义。首先，本案判决明确了跟单信用证对应的提单具有债权凭证和所有权凭证双重属性，提单持有人的具体权利取决于提单流转所依据的原因法律关系，由此澄清了长期困扰司法实践的提单凭证法律属性之争。其次，本案判决将涉案《贸易融资额度合同》及《关于开立信用证的特别约定》《信托收据》等作为一个整体，通过合同体系解释，结合跟单信用证的基本机制和惯例，探究当事人的真实意思表示，从而认定开证行对提单享有质权，切实尊重当事人意思自治，依法保护开证行的优先受偿权。在"一带一路"建设过程中，跟单信用证作为"国际商业交易的生命血液"

发挥着保障交易安全和资金融通的重要功能。该判决通过统一裁判规则，定分止争，完善了跟单信用证交易和保障制度，有效避免了因规则缺位而给国际贸易造成的困扰，充分体现了严格公正司法的精神。

第四百四十一条 【有价证券质权】 以汇票、本票、支票、债券、存款单、仓单、提单出质的，质权自权利凭证交付质权人时设立；没有权利凭证的，质权自办理出质登记时设立。法律另有规定的，依照其规定。

关联法规参见

▶**法律**：《民法典合同编》第910条，《票据法》第2条、第34条、第35条、第80条、第93条，《海商法》第71条、第72条、第79条。

司法解释适用

《最高人民法院关于适用〈中华人民共和国民法典〉有关担保制度的解释》（法释〔2020〕28号）

《民法典担保制度司法解释》	原《担保法司法解释》
新增条文 **第五十三条** 当事人在动产和权利担保合同中对担保财产进行概括描述，该描述能够合理识别担保财产的，人民法院应当认定担保成立。	
第五十八条 以汇票出质，当事人以背书记载“质押”字样并在汇票上签章，汇票已经交付质权人的，人民法院应当认定质权自汇票交付质权人时设立。	**第九十八条** 以汇票、支票、本票出质，出质人与质权人没有背书记载“质押”字样，以票据出质对抗善意第三人的，人民法院不予支持。 **第九十九条** 以公司债券出质的，出质人与质权人没有背书记载“质押”字样，以债券出质对抗公司和第三人的，人民法院不予支持。
第五十九条 存货人或者仓单持有人在仓单上以背书记载“质押”字样，并经保管人签章，仓单已经交付质权人的，人民法院应当认定质权自仓单交付质权人时设立。没有权利凭证的仓单，依法可以办理出质登记的，仓单质权自办理出质登记时设立。 出质人既以仓单出质，又以仓储物设立担保，按照公示的先后确定清偿顺序；难以确定先后的，按照债权比例清偿。	**第一百零一条** 以票据、债券、存款单、仓单、提单出质的，质权人再转让或者质押的无效。 **第一百零二条** 以载明兑现或者提货日期的汇票、支票、本票、债券、存款单、仓单、提单出质的，其兑现或者提货日期后于债务履行期的，质权人只能在兑现或者提货日期届满时兑现款项或者提取货物。

《民法典担保制度司法解释》	原《担保法司法解释》
保管人为同一货物签发多份仓单，出质人在多份仓单上设立多个质权，按照公示的先后确定清偿顺序；难以确定先后的，按照债权比例受偿。 存在第二款、第三款规定的情形，债权人举证证明其损失系由出质人与保管人的共同行为所致，请求出质人与保管人承担连带赔偿责任的，人民法院应予支持。	

新增条文

第六十条 在跟单信用证交易中，开证行与开证申请人之间约定以提单作为担保的，人民法院应当依照民法典关于质权的有关规定处理。

在跟单信用证交易中，开证行依据其与开证申请人之间的约定或者跟单信用证的惯例持有提单，开证申请人未按照约定付款赎单，开证行主张对提单项下货物优先受偿的，人民法院应予支持；开证行主张对提单项下货物享有所有权的，人民法院不予支持。

在跟单信用证交易中，开证行依据其与开证申请人之间的约定或者跟单信用证的惯例，通过转让提单或者提单项下货物取得价款，开证申请人请求返还超出债权部分的，人民法院应予支持。

前三款规定不影响合法持有提单的开证行以提单持有人身份主张运输合同项下的权利。第五十八条以汇票出质，当事人以背书记载“质押”字样并在汇票上签章，汇票已经交付质权人的，人民法院应当认定质权自汇票交付质权人时设立。

第六十一条 以现有的应收账款出质，应收账款债务人向质权人确认应收账款的真实性后，又以应收账款不存在或者已经消灭为由主张不承担责任的，人民法院不予支持。

以现有的应收账款出质，应收账款债务人未确认应收账款的真实性，质权人以应收账款债务人为被告，请求就应收账款优先受偿，能够举证证明办理出质登记时应收账款真实存在的，人民法院应予支持；质权人不能举证证明办理出质登记时应收账款真实存在，仅以已经办理出质登记为由，请求就应收账款优先受偿的，人民法院不予支持。

以现有的应收账款出质，应收账款债务人已经向应收账款债权人履行了债务，质权人请求应收账款债务人履行债务的，人民法院不予支持，但是应收账款债务人接到质权人要求向其履行的通知后，仍然向应收账款债权人履行的除外。

以基础设施和公用事业项目收益权、提供服务或者劳务产生的债权以及其他将有的应收账款出质，当事人为应收账款设立特定账户，发生法定或者约定的质权实现事由时，质权人请求就该特定账户内的款项优先受偿的，人民法院应予支持；特定账户内的款项不足以清偿债务或者未设立特定账户，质权人请求折价或者拍卖、变卖项目收益权等将有的应收账款，并以所得的价款优先受偿的，人民法院依法予以支持。

《最高人民法院关于审理票据纠纷案件若干问题的规定》（法释〔2020〕18号修改）

<table>
<tr><th>新《票据纠纷案件规定》</th><th>原《票据纠纷案件规定》</th></tr>
<tr><td>第三十三条　依照民事诉讼法第<u>二百二十条第二款</u>的规定，在公示催告期间，以公示催告的票据质押、贴现，因质押、贴现而接受该票据的持票人主张票据权利的，人民法院不予支持，但公示催告期间届满以后人民法院作出除权判决以前取得该票据的除外。</td><td>第三十四条　依照民事诉讼法第<u>一百九十七条第二款</u>的规定，在公示催告期间，以公示催告的票据质押、贴现，因质押、贴现而接受该票据的持票人主张票据权利的，人民法院不予支持，但公示催告期间届满以后人民法院作出除权判决以前取得该票据的除外。</td></tr>
<tr><td colspan="2">第四十六条（原第四十七条）　因票据质权人以质押票据再行背书质押或者背书转让引起纠纷而提起诉讼的，人民法院应当认定背书行为无效。</td></tr>
<tr><td colspan="2">第四十七条（原第四十八条）　依照票据法第二十七条的规定，票据的出票人在票据上记载“不得转让”字样，票据持有人背书转让的，背书行为无效。背书转让后的受让人不得享有票据权利，票据的出票人、承兑人对受让人不承担票据责任。</td></tr>
<tr><td>第五十条　依照票据法第三十四条和第三十五条的规定，背书人在票据上记载“不得转让”“委托收款”“质押”字样，其后手再背书转让、委托收款或者质押的，原背书人对后手的被背书人不承担票据责任，但不影响出票人、承兑人以及原背书人之前手的票据责任。</td><td>第五十一条　依照票据法第三十四条和第三十五条的规定，背书人在票据上记载“不得转让”、“委托收款”、“质押”字样，其后手再背书转让、委托收款或者质押的，原背书人对后手的被背书人不承担票据责任，但不影响出票人、承兑人以及原背书人之前手的票据责任。</td></tr>
<tr><td colspan="2">第五十一条（原第五十二条）　依照票据法第五十七条第二款的规定，贷款人恶意或者有重大过失从事票据质押贷款的，人民法院应当认定质押行为无效。</td></tr>
<tr><td colspan="2">第五十二条（原第五十三条）　依照票据法第二十七条的规定，出票人在票据上记载“不得转让”字样，其后手以此票据进行贴现、质押的，通过贴现、质押取得票据的持票人主张票据权利的，人民法院不予支持。</td></tr>
<tr><td colspan="2">第五十三条（原第五十四条）　依照票据法第三十四条和第三十五条的规定，背书人在票据上记载“不得转让”字样，其后手以此票据进行贴现、质押的，原背书人对后手的被背书人不承担票据责任。</td></tr>
<tr><td colspan="2">第五十四条（原第五十五条）　依照票据法第三十五条第二款的规定，以汇票设定质押时，出质人在汇票上只记载了“质押”字样未在票据上签章的，或者出质人未在汇票、粘单上记载“质押”字样而另行签订质押合同、质押条款的，不构成票据质押。</td></tr>
</table>

《最高人民法院关于审理存单纠纷案件的若干规定》（法释〔2020〕18号修改）

新《存单纠纷规定》	原《存单纠纷规定》
第八条（原第八条） 对存单质押的认定和处理 存单可以质押。存单持有人以伪造、变造的虚假存单质押的，质押合同无效。接受虚假存单质押的当事人如以该存单质押为由起诉金融机构，要求兑付存款优先受偿的，人民法院应当判决驳回其诉讼请求，并告知其可另案起诉出质人。 存单持有人以金融机构开具的、未有实际存款或与实际存款不符的存单进行质押，以骗取或占用他人财产的，该质押关系无效。接受存单质押的人起诉的，该存单持有人与开具存单的金融机构为共同被告。利用存单骗取或占用他人财产的存单持有人对侵犯他人财产权承担赔偿责任，开具存单的金融机构因其过错致他人财产权受损，对所造成的损失承担连带赔偿责任。接受存单质押的人在审查存单的真实性上有重大过失的，开具存单的金融机构仅对所造成的损失承担补充赔偿责任。明知存单虚假而接受存单质押的，开具存单的金融机构不承担民事赔偿责任。 金融机构核押的存单出质的，即便存单系伪造、变造、虚开，质押合同均为有效，金融机构应当依法向质权人兑付存单所记载的款项。	

权威案例指引

▶指导性案例

中国建设银行股份有限公司广州荔湾支行诉广东蓝粤能源发展有限公司等信用证开证纠纷案，指导案例111号（2019年2月25日）

裁判要点：1. 提单持有人是否因受领提单的交付而取得物权以及取得何种类型的物权，取决于合同的约定。开证行根据其与开证申请人之间的合同约定持有提单时，人民法院应结合信用证交易的特点，对案涉合同进行合理解释，确定开证行持有提单的真实意思表示。

2. 开证行对信用证项下单据中的提单以及提单项下的货物享有质权的，开证行行使提单质权的方式与行使提单项下货物动产质权的方式相同，即对提单项下货物折价、变卖、拍卖后所得价款享有优先受偿权。

▶公报案例

《滕州市城郊信用社诉建行枣庄市薛城区支行票据纠纷案》，《最高人民法院公报》2004年第11期

裁判摘要：根据担保法第七十六条的规定，当事人以银行汇票为质押凭证，以书面形式另行设定了该汇票的质权，且得到出票银行确认的，应认定汇票的质押有效。

第四百四十二条　【有价证券到期质权人的提前受偿或提存权】汇票、本票、支票、债券、存款单、仓单、提单的兑现日期或者提货日期先于主债权到期的，质权人可以兑现或者提货，并与出质人协议将兑现的价款或者提取的货物提前清偿债务或者提存。

司法解释适用

《最高人民法院关于适用〈中华人民共和国民法典〉有关担保制度的解释》（法释〔2020〕28号）

《民法典担保制度司法解释》	《担保法司法解释》
第五十八条　以汇票出质，当事人以背书记载“质押”字样并在汇票上签章，汇票已经交付质权人的，人民法院应当认定质权自汇票交付质权人时设立。	**第九十八条**　以汇票、支票、本票出质，出质人与质权人没有背书记载“质押”字样，以票据出质对抗善意第三人的，人民法院不予支持。
第五十九条　存货人或者仓单持有人在仓单上以背书记载“质押”字样，并经保管人签章，仓单已经交付质权人的，人民法院应当认定质权自仓单交付质权人时设立。没有权利凭证的仓单，依法可以办理出质登记的，仓单质权自办理出质登记时设立。 出质人既以仓单出质，又以仓储物设立担保，按照公示的先后确定清偿顺序；难以确定先后的，按照债权比例清偿。 保管人为同一货物签发多份仓单，出质人在多份仓单上设立多个质权，按照公示的先后确定清偿顺序；难以确定先后的，按照债权比例受偿。 存在第二款、第三款规定的情形，债权人举证证明其损失系由出质人与保管人的共同行为所致，请求出质人与保管人承担连带赔偿责任的，人民法院应予支持。	**第一百零一条**　以票据、债券、存款单、仓单、提单出质的，质权人再转让或者质押的无效。 **第一百零二条**　以载明兑现或者提货日期的汇票、支票、本票、债券、存款单、仓单、提单出质的，其兑现或者提货日期后于债务履行期的，质权人只能在兑现或者提货日期届满时兑现款项或者提取货物。

新增条文

第六十条　在跟单信用证交易中，开证行与开证申请人之间约定以提单作为担保的，人民法院应当依照民法典关于质权的有关规定处理。

在跟单信用证交易中，开证行依据其与开证申请人之间的约定或者跟单信用证的惯例持有提单，开证申请人未按照约定付款赎单，开证行主张对提单项下货物优先受偿的，人民法院应予支持；开证行主张对提单项下货物享有所有权的，人民法院不予支持。

在跟单信用证交易中，开证行依据其与开证申请人之间的约定或者跟单信用证的惯例，通过转让提单或者提单项下货物取得价款，开证申请人请求返还超出债权部分的，人民法院应予支持。

前三款规定不影响合法持有提单的开证行以提单持有人身份主张运输合同项下的权利。第五十八条以汇票出质，当事人以背书记载“质押”字样并在汇票上签章，汇票已经交付质权人的，人民法院应当认定质权自汇票交付质权人时设立。

第四百四十三条　【基金份额、股权质权的登记设立主义；出质人处分基金份额、股权的限制】 以基金份额、股权出质的，质权自办理出质登记时设立。

基金份额、股权出质后，不得转让，但是出质人与质权人协商同意的除外。出质人转让基金份额、股权所得的价款，应当向质权人提前清偿债务或者提存。

关联法规参见

▶**法律：**《民法典物权编》第427条。

司法解释适用

《最高人民法院关于适用〈中华人民共和国民法典〉有关担保制度的解释》（法释〔2020〕28号）

《民法典担保制度司法解释》	原《担保法司法解释》
第六十九条　股东以将其股权转移至债权人名下的方式为债务履行提供担保，公司或者公司的债权人以股东未履行或者未全面履行出资义务、抽逃出资等为由，请求作为名义股东的债权人与股东承担连带责任的，人民法院不予支持。	**第一百零三条**　以股份有限公司的股份出质的，适用《中华人民共和国公司法》有关股份转让的规定。 以上市公司的股份出质的，质押合同自股份出质向证券登记机构办理出质登记之日起生效。 以非上市公司的股份出质的，质押合同自股份出质记载于股东名册之日起生效。 **第一百零四条**　以依法可以转让的股份、股票出质的，质权的效力及于股份、股票的法定孳息。

《最高人民法院执行工作办公室关于上市公司发起人股份质押合同及红利抵债协议效力问题请示案的复函》

江苏省高级人民法院：

你院《关于上市公司发起人以其持有的法人股在法定不得转让期内设质押担保在可转让时清偿期届满的债权其质押合同效力如何确认等两个问题的请示报告》收悉。经研究，答复如下：

一、关于本案发起人股份质押合同效力的问题，基本同意你院的第二种意见。《公司法》第147条规定对发起人股份转让的期间限制，应当理解为是对股权实际转让的时间的限制，而不是对达成股权转让协议的时间的限制。本案质押的股份不得转让期截止到2002年3月3日，而质押权行使期至2005年9月25日才可开始，在质押权人有权行使质押权时，该质押的股份已经没有转让期间的限制，因此不应以该股份在设定质押时依法尚不得转让为由确认质押合同无效。

二、关于本案中三方当事人达成的以股份所产生的红利抵债的协议（简称三方抵债协议），我们认为：首先，该协议性质上属于三方当事人之间的连环债务的协议抵消关系。在协议抵消的情况下，抵消的条件、标的物、范围，均由当事人自主约定。《合同法》第100条关于双方当事人协议抵消的规定，并不排除本案中三方当事人协议抵消的做法。其次，该协议属于预定抵消合同。根据这种合同，当事人之间将来发生可以抵消的债务时，无须另行作出抵消的意思表示，而当然发生抵消债务的效果。这种协议并不违反法律的强制性规定，应予以认可。本案中吴江工艺织造厂（以下简称织造厂）在中国服装股份有限公司（以下简称服装公司）中的预期红利收益处于不确定状态，符合这种预定抵消合同的特点。

三、关于股份质押协议与三方抵债协议的关系问题，因本案股份质押权的行使附有期限，故质押的效力只能及于质押权行使期到来（即2005年9月25日）之后该股份产生的红利，质押权人中国银行吴江支行（以下简称吴江支行）不能对此前的红利行使质押权。因此，对于织造厂于2001年6月9日从服装公司分得的该期红利，吴江支行不能以股份质押合同有效而对抗服装公司依据三方抵债协议所为的抵消。

四、织造厂在服装公司的红利一旦产生，按照三方抵债协议的约定，服装公司给付织造厂的红利即时自动抵消面料厂对服装公司的债务，不需要实际支付。因此，在宜兴市人民法院向服装公司送达协助执行通知时，被执行人织造厂在服装公司的红利债权已经消灭，不再有可供执行的债权。宜兴市人民法院从服装公司划拨红利的执行是错误的，应予纠正。

《最高人民法院关于冻结、拍卖上市公司国有股和社会法人股若干问题的规定》

第一条　人民法院在审理民事纠纷案件过程中，对股权采取冻结、评估、拍卖和办理股权过户等财产保全和执行措施，适用本规定。

第二条　本规定所指上市公司国有股、包括国家股和国有法人股。国家股指有权代表国家投资的机构或部门向股份有限公司出资或依据法定程序取得的股份；国有法人股指国有法人单位，包括国有资产比例超过50%的国有控股企业，以其依法占有的法人资产向股份有限公司出资形成或者依据法定程序取得的股份。

本规定所指社会法人股是指非国有法人资产投资于上市公司形成的股份。

第三条　人民法院对股权采取冻结、拍卖措施时，被保全人和被执行人应当是股权的持有人或者所有权人。被冻结、拍卖股权的上市公司非依据法定程序确定为案件当事人或者被执行人，人民法院不得对其采取保全或执行措施。

第四条　人民法院在审理案件过程中，股权持有人或者所有权人作为债务人，如有偿还能力的，人民法院一般不应对其股权采取冻结保全措施。

人民法院已对股权采取冻结保全措施的，股权持有人、所有权人或者第三人提供了有效担保，人民法院经审查符合法律规定的，可以解除对股权的冻结。

第五条　人民法院裁定冻结或者解除冻结股权，除应当将法律文书送达负有协助执行义务的单位以外，还应当在作出冻结或者解除冻结裁定后7日内，将法律文书送达股权持有人或者所有权人并书面通知上市公司。

人民法院裁定拍卖上市公司股权，应当于委托拍卖之前将法律文书送达股权持有人或者所有权人并书面通知上市公司。

被冻结或者拍卖股权的当事人是国有股份持有人的，人民法院在向该国有股份持有人送达冻结或者拍卖裁定时，应当告其于5日内报主管财政部门备案。

第六条 冻结股权的期限不超过一年。如申请人需要延长期限的，人民法院应当根据申请，在冻结期限届满前办理续冻手续，每次续冻期限不超过6个月。逾期不办理续冻手续的，视为自动撤销冻结。

第七条 人民法院采取保全措施，所冻结的股权价值不得超过股权持有人或者所有权人的债务总额。股权价值应当按照上市公司最近期报表每股资产净值计算。

股权冻结的效力及于股权产生的股息以及红利、红股等孳息，但股权持有人或者所有权人仍可享有因上市公司增发、配售新股而产生的权利。

第八条 人民法院采取强制执行措施时，如果股权持有人或者所有权人在限期内提供了方便执行的其他财产，应当首先执行其他财产。其他财产不足以清偿债务的，方可执行股权。

本规定所称可供方便执行的其他财产，是指存款、现金、成品和半成品、原材料、交通工具等。

人民法院执行股权，必须进行拍卖。

股权的持有人或者所有权人以股权向债权人质押的，人民法院执行时也应当通过拍卖方式进行，不得直接将股权执行给债权人。

第九条 拍卖股权之前，人民法院应当委托具有证券从业资格的资产评估机构对股权价值进行评估。资产评估机构由债权人和债务人协商选定。不能达成一致意见的，由人民法院召集债权人和债务人提出候选评估机构，以抽签方式决定。

第十条 人民法院委托资产评估机构评估时，应当要求资产评估机构严格依照国家规定的标准、程序和方法对股权价值进行评估，并说明其应当对所作出的评估报告依法承担相应责任。

人民法院还应当要求上市公司向接受人民法院委托的资产评估机构如实提供有关情况和资料；要求资产评估机构对上市公司提供的情况和资料保守秘密。

第十一条 人民法院收到资产评估机构作出的评估报告后，须将评估报告分别送达债权人和债务人以及上市公司。债权人和债务人以及上市公司对评估报告有异议的，应当在收到评估报告后7日内书面提出。人民法院应当将异议书交资产评估机构，要求该机构在10日之内作出说明或者补正。

第十二条 对股权拍卖，人民法院应当委托依法成立的拍卖机构进行。拍卖机构的选定，参照本规定第九条规定的方法进行。

第十三条 股权拍卖保留价，应当按照评估值确定。

第一次拍卖最高应价未达到保留价时，应当继续进行拍卖，每次拍卖的保留价应当不低于前次保留价的 90%。经三次拍卖仍不能成交时，人民法院应当将所拍卖的股权按第三次拍卖的保留价折价抵偿给债权人。

人民法院可以在每次拍卖未成交后主持调解，将所拍卖的股权参照该次拍卖保留价折价抵偿给债权人。

第十四条　拍卖股权，人民法院应当委托拍卖机构于拍卖日前 10 天，在《中国证券报》、《证券时报》或者《上海证券报》上进行公告。

第十五条　国有股权竞买人应当具备依法受让国有股权的条件。

第十六条　股权拍卖过程中，竞买人已经持有的该上市公司股份数额和其竞买的股份数额累计不得超过该上市公司已经发行股份数额的 30%。如竞买人累计持有该上市公司股份数额已达到 30% 仍参与竞买的，须依照《中华人民共和国证券法》的相关规定办理，在此期间应当中止拍卖程序。

第十七条　拍卖成交后，人民法院应当向证券交易市场和证券登记结算公司出具协助执行通知书，由买受人持拍卖机构出具的成交证明和财政主管部门对股权性质的界定等有关文件，向证券交易市场和证券登记结算公司办理股权变更登记。

第四百四十四条　【知识产权质权的登记设立主义；出质人处分知识产权的限制】 以注册商标专用权、专利权、著作权等知识产权中的财产权出质的，质权自办理出质登记时设立。

知识产权中的财产权出质后，出质人不得转让或者许可他人使用，但是出质人与质权人协商同意的除外。出质人转让或者许可他人使用出质的知识产权中的财产权所得的价款，应当向质权人提前清偿债务或者提存。

关联法规参见

▶**法律：**《民法典物权编》第 427 条。

司法解释适用

《最高人民法院关于适用〈中华人民共和国民法典〉有关担保制度的解释》（法释〔2020〕28 号）

<table>
<tr><th>《民法典担保制度司法解释》</th><th>原《担保法司法解释》</th></tr>
<tr><td colspan="2">删除条文

~~**第一百零五条**　以依法可以转让的商标专用权，专利权、著作权中的财产权出质的，出质人未经质权人同意而转让或者许可他人使用已出质权利的，应当认定为无效。因此给质权人或者第三人造成损失的，由出质人承担民事责任。~~</td></tr>
</table>

《民法典担保制度司法解释》	原《担保法司法解释》
新增条文 **第五十三条** 当事人在动产和权利担保合同中对担保财产进行概括描述，该描述能够合理识别担保财产的，人民法院应当认定担保成立。	

第四百四十五条 【应收账款质权的登记设立主义；出质人处分应收账款的限制】 以应收账款出质的，质权自办理出质登记时设立。

应收账款出质后，不得转让，但是出质人与质权人协商同意的除外。出质人转让应收账款所得的价款，应当向质权人提前清偿债务或者提存。

关联法规参见

▶**法律**：《民法典物权编》第427条。

司法解释适用

《最高人民法院关于适用〈中华人民共和国民法典〉有关担保制度的解释》（法释〔2020〕28号）

《民法典担保制度司法解释》	原《担保法司法解释》
新增条文 **第六十一条** 以现有的应收账款出质，应收账款债务人向质权人确认应收账款的真实性后，又以应收账款不存在或者已经消灭为由主张不承担责任的，人民法院不予支持。 以现有的应收账款出质，应收账款债务人未确认应收账款的真实性，质权人以应收账款债务人为被告，请求就应收账款优先受偿，能够举证证明办理出质登记时应收账款真实存在的，人民法院应予支持；质权人不能举证证明办理出质登记时应收账款真实存在，仅以已经办理出质登记为由，请求就应收账款优先受偿的，人民法院不予支持。 以现有的应收账款出质，应收账款债务人已经向应收账款债权人履行了债务，质权人请求应收账款债务人履行债务的，人民法院不予支持，但是应收账款债务人接到质权人要求向其履行的通知后，仍然向应收账款债权人履行的除外。 以基础设施和公用事业项目收益权、提供服务或者劳务产生的债权以及其他将有的应收账款出质，当事人为应收账款设立特定账户，发生法定或者约定的质权实现事由时，质权人请求就该特定账户内的款项优先受偿的，人民法院应予支持；特定账户内的款项不足以清偿债务或者未设立特定账户，质权人请求折价或者拍卖、变卖项目收益权等将有的应收账款，并以所得的价款优先受偿的，人民法院依法予以支持。	

权威案例指引

▶ **指导性案例**

福建海峡银行股份有限公司福州五一支行诉长乐亚新污水处理有限公司、福州市政工程有限公司金融借款合同纠纷案，指导案例53号（2015年11月19日）

裁判要点：1. 特许经营权的收益权可以质押，并可作为应收账款进行出质登记。

2. 特许经营权的收益权依其性质不宜折价、拍卖或变卖，质权人主张优先受偿权的，人民法院可以判令出质债权的债务人将收益权的应收账款优先支付质权人。

第四百四十六条　【权利质权的法律适用】权利质权除适用本节规定外，适用本章第一节的有关规定。

关联法规参见

▶ **法律：**《民法典物权编》第439条。

第十九章　留置权

第四百四十七条　【留置权的内容】债务人不履行到期债务，债权人可以留置已经合法占有的债务人的动产，并有权就该动产优先受偿。

前款规定的债权人为留置权人，占有的动产为留置财产。

关联法规参见

▶ **法律：**《民法典合同编》第783条、第836条、第903条、第959条。

司法解释适用

《最高人民法院关于适用〈中华人民共和国民法典〉有关担保制度的解释》（法释〔2020〕28号）

《民法典担保制度司法解释》	原《担保法司法解释》
第一条　因抵押、质押、留置、保证等担保发生的纠纷，适用本解释。所有权保留买卖、融资租赁、保理等涉及担保功能发生的纠纷，适用本解释的有关规定。	**第一条**　当事人对由民事关系产生的债权，在不违反法律、法规强制性规定的情况下，以担保法规定的方式设定担保的，可以认定为有效。

《民法典担保制度司法解释》	原《担保法司法解释》
第三十八条 主债权未受全部清偿，担保物权人主张就担保财产的全部行使担保物权的，人民法院应予支持，但是留置权人行使留置权的，应当依照民法典第四百五十条的规定处理。 担保财产被分割或者部分转让，担保物权人主张就分割或者转让后的担保财产行使担保物权的，人民法院应予支持，但是法律或者司法解释另有规定的除外。	**第七十一条** 主债权未受全部清偿的，抵押权人可以就抵押物的全部行使其抵押权。 抵押物被分割或者部分转让的，抵押权人可以就分割或者转让后的抵押物行使抵押权。
第四十四条 主债权诉讼时效期间届满后，抵押权人主张行使抵押权的，人民法院不予支持；抵押人以主债权诉讼时效期间届满为由，主张不承担担保责任的，人民法院应予支持。主债权诉讼时效期间届满前，债权人仅对债务人提起诉讼，经人民法院判决或者调解后未在民事诉讼法规定的申请执行时效期间内对债务人申请强制执行，其向抵押人主张行使抵押权的，人民法院不予支持。 主债权诉讼时效期间届满后，财产被留置的债务人或者对留置财产享有所有权的第三人请求债权人返还留置财产的，人民法院不予支持；债务人或者第三人请求拍卖、变卖留置财产并以所得价款清偿债务的，人民法院应予支持。 主债权诉讼时效期间届满的法律后果，以登记作为公示方式的权利质权，参照适用第一款的规定；动产质权、以交付权利凭证作为公示方式的权利质权，参照适用第二款的规定。	**第三十五条** 保证人对已经超过诉讼时效期间的债务承担保证责任或者提供保证的，又以超过诉讼时效为由抗辩的，人民法院不予支持。 **第三十六条** 一般保证中，主债务诉讼时效中断，保证债务诉讼时效中断；连带责任保证中，主债务诉讼时效中断，保证债务诉讼时效不中断。 一般保证和连带责任保证中，主债务诉讼时效中止的，保证债务的诉讼时效同时中止。
第六十二条 债务人不履行到期债务，债权人因同一法律关系留置合法占有的第三人的动产，并主张就该留置财产优先受偿的，人民法院应予支持。第三人以该留置财产并非债务人的财产为由请求返还的，人民法院不予支持。 企业之间留置的动产与债权并非同一法	**第一百零七条** 当事人在合同中约定排除留置权，债务履行期届满，债权人行使留置权的，人民法院不予支持。 **第一百零八条** 债权人合法占有债务人交付的动产时，不知债务人无处分该动产的权利，债权人可以按照担保法第八十二条的规定行使留置权。

《民法典担保制度司法解释》	原《担保法司法解释》
律关系，债务人以该债权不属于企业持续经营中发生的债权为由请求债权人返还留置财产的，人民法院应予支持。 企业之间留置的动产与债权并非同一法律关系，债权人留置第三人的财产，第三人请求债权人返还留置财产的，人民法院应予支持。	**第一百零九条**　债权人的债权已届清偿期，债权人对动产的占有与其债权的发生有牵连关系，债权人可以留置其所占有的动产。 **第一百一十条**　留置权人在债权未受全部清偿前，留置物为不可分物的，留置权人可以就其留置物的全部行使留置权。 **第一百一十一条**　债权人行使留置权与其承担的义务或者合同的特殊约定相抵触的，人民法院不予支持。 **第一百一十二条**　债权人的债权未届清偿期，其交付占有标的物的义务已届履行期的，不能行使留置权。但是，债权人能够证明债务人无支付能力的除外。 **第一百一十三条**　债权人未按担保法第八十七条规定的期限通知债务人履行义务，直接变价处分留置物的，应当对此造成的损失承担赔偿责任。债权人与债务人按照担保法第八十七条的规定在合同中约定宽限期的，债权人可以不经通知，直接行使留置权。 **第一百一十四条**　本解释第六十四条、第八十条、第八十七条、第九十一条、第九十三条的规定，适用于留置。

第448条

第四百四十八条　【可留置的动产范围】债权人留置的动产，应当与债权属于同一法律关系，但是企业之间留置的除外。

司法解释适用

《最高人民法院关于适用〈中华人民共和国民法典〉有关担保制度的解释》（法释〔2020〕28号）

《民法典担保制度司法解释》	原《担保法司法解释》
第三十八条　主债权未受全部清偿，担保物权人主张就担保财产的全部行使担保物权的，人民法院应予支持，但是留置权人行使留置权的，应当依照民法典第四百五十条的规定处理。	**第七十一条**　主债权未受全部清偿的，抵押权人可以就抵押物的全部行使其抵押权。 抵押物被分割或者部分转让的，抵押权人可以就分割或者转让后的抵押物行使抵押权。

《民法典担保制度司法解释》	原《担保法司法解释》
担保财产被分割或者部分转让，担保物权人主张就分割或者转让后的担保财产行使担保物权的，人民法院应予支持，但是法律或者司法解释另有规定的除外。	
第六十二条 债务人不履行到期债务，债权人因同一法律关系留置合法占有的第三人的动产，并主张就该留置财产优先受偿的，人民法院应予支持。第三人以该留置财产并非债务人的财产为由请求返还的，人民法院不予支持。 企业之间留置的动产与债权并非同一法律关系，债务人以该债权不属于企业持续经营中发生的债权为由请求债权人返还留置财产的，人民法院应予支持。 企业之间留置的动产与债权并非同一法律关系，债权人留置第三人的财产，第三人请求债权人返还留置财产的，人民法院应予支持。	**第一百零八条** 债权人合法占有债务人交付的动产时，不知债务人无处分该动产的权利，债权人可以按照担保法第八十二条的规定行使留置权。 **第一百零九条** 债权人的债权已届清偿期，债权人对动产的占有与其债权的发生有牵连关系，债权人可以留置其所占有的动产。

权威案例指引

▶**公报案例**

《长三角商品交易所有限公司诉卢海云返还原物纠纷案》，《最高人民法院公报》2017年第1期

裁判摘要：留置权是平等主体之间实现债权的担保方式；除企业之间留置的以外，债权人留置的动产，应当与债权属于同一法律关系。

劳动关系主体双方在履行劳动合同过程中处于管理与被管理的不平等关系。劳动者以用人单位拖欠劳动报酬为由，主张对用人单位供其使用的工具、物品等动产行使留置权，因此类动产不是劳动合同关系的标的物，与劳动债权不属于同一法律关系，故人民法院不予支持该主张。

第四百四十九条 【不得留置的动产范围】法律规定或者当事人约定不得留置的动产，不得留置。

关联法规参见

▶**法律：**《民法典总则编》第118条，《民法典合同编》第783条、第836条、第959条，《海关法》第37条。

司法解释适用

《最高人民法院关于适用〈中华人民共和国民法典〉有关担保制度的解释》（法释〔2020〕28号）

《民法典担保制度司法解释》	原《担保法司法解释》
第三十八条　主债权未受全部清偿，担保物权人主张就担保财产的全部行使担保物权的，人民法院应予支持，但是留置权人行使留置权的，应当依照民法典第四百五十条的规定处理。 担保财产被分割或者部分转让，担保物权人主张就分割或者转让后的担保财产行使担保物权的，人民法院应予支持，但是法律或者司法解释另有规定的除外。	**第七十一条**　主债权未受全部清偿的，抵押权人可以就抵押物的全部行使其抵押权。 抵押物被分割或者部分转让的，抵押权人可以就分割或者转让后的抵押物行使抵押权。
第六十二条　债务人不履行到期债务，债权人因同一法律关系留置合法占有的第三人的动产，并主张就该留置财产优先受偿的，人民法院应予支持。第三人以该留置财产并非债务人的财产为由请求返还的，人民法院不予支持。 企业之间留置的动产与债权并非同一法律关系，债务人以该债权不属于企业持续经营中发生的债权为由请求债权人返还留置财产的，人民法院应予支持。 企业之间留置的动产与债权并非同一法律关系，债权人留置第三人的财产，第三人请求债权人返还留置财产的，人民法院应予支持。	**第一百零七条**　当事人在合同中约定排除留置权，债务履行期届满，债权人行使留置权的，人民法院不予支持。 **第一百零八条**　债权人合法占有债务人交付的动产时，不知债务人无处分该动产的权利，债权人可以按照担保法第八十二条的规定行使留置权。 **第一百零九条**　债权人的债权已届清偿期，债权人对动产的占有与其债权的发生有牵连关系，债权人可以留置其所占有的动产。 **第一百一十条**　留置权人在债权未受全部清偿前，留置物为不可分物的，留置权人可以就其留置物的全部行使留置权。 **第一百一十一条**　债权人行使留置权与其承担的义务或者合同的特殊约定相抵触的，人民法院不予支持。 **第一百一十二条**　债权人的债权未届清偿期，其交付占有标的物的义务已届履行期的，不能行使留置权。但是，债权人能够证明债务人无支付能力的除外。

《民法典担保制度司法解释》	原《担保法司法解释》
第一百一十三条 债权人未按担保法第八十七条规定的期限通知债务人履行义务，直接变价处分留置物的，应当对此造成的损失承担赔偿责任。债权人与债务人按照担保法第八十七条的规定在合同中约定宽限期的，债权人可以不经通知，直接行使留置权。 **第一百一十四条** 本解释第六十四条、第八十条、第八十七条、第九十一条、第九十三条的规定，适用于留置。	

第四百五十条 【留置可分物时可留置财产的数额】 留置财产为可分物的，留置财产的价值应当相当于债务的金额。

司法解释适用

《最高人民法院关于适用〈中华人民共和国民法典〉有关担保制度的解释》（法释〔2020〕28号）

《民法典担保制度司法解释》	原《担保法司法解释》
第三十八条 主债权未受全部清偿，担保物权人主张就担保财产的全部行使担保物权的，人民法院应予支持，但是留置权人行使留置权的，应当依照民法典第四百五十条的规定处理。 担保财产被分割或者部分转让，担保物权人主张就分割或者转让后的担保财产行使担保物权的，人民法院应予支持，但是法律或者司法解释另有规定的除外。	**第七十一条** 主债权未受全部清偿的，抵押权人可以就抵押物的全部行使其抵押权。 抵押物被分割或者部分转让的，抵押权人可以就分割或者转让后的抵押物行使抵押权。
删除条文 **第一百一十条** ~~留置权人在债权未受全部清偿前，留置物为不可分物的，留置权人可以就其留置物的全部行使留置权。~~	

第四百五十一条 【留置权人对留置物的妥善保管义务】 留置权人负有妥善保管留置财产的义务；因保管不善致使留置财产毁损、灭失的，应当承担赔偿责任。

司法解释适用

《最高人民法院关于适用〈中华人民共和国民法典〉有关担保制度的解释》（法释〔2020〕28号）

《民法典担保制度司法解释》	原《担保法司法解释》
新增条文 **第五十五条** 债权人、出质人与监管人订立三方协议，出质人以通过一定数量、品种等概括描述能够确定范围的货物为债务的履行提供担保，当事人有证据证明监管人系受债权人的委托监管并实际控制该货物的，人民法院应当认定质权于监管人实际控制货物之日起设立。监管人违反约定向出质人或者其他人放货、因保管不善导致货物毁损灭失，债权人请求监管人承担违约责任的，人民法院依法予以支持。 在前款规定情形下，当事人有证据证明监管人系受出质人委托监管该货物，或者虽然受债权人委托但是未实际履行监管职责，导致货物仍由出质人实际控制的，人民法院应当认定质权未设立。债权人可以基于质押合同的约定请求出质人承担违约责任，但是不得超过质权有效设立时出质人应当承担的责任范围。监管人未履行监管职责，债权人请求监管人承担责任的，人民法院依法予以支持。	
第五十九条 存货人或者仓单持有人在仓单上以背书记载“质押”字样，并经保管人签章，仓单已经交付质权人的，人民法院应当认定质权自仓单交付质权人时设立。没有权利凭证的仓单，依法可以办理出质登记的，仓单质权自办理出质登记时设立。 出质人既以仓单出质，又以仓储物设立担保，按照公示的先后确定清偿顺序；难以确定先后的，按照债权比例清偿。 保管人为同一货物签发多份仓单，出质人在多份仓单上设立多个质权，按照公示的先后确定清偿顺序；难以确定先后的，按照债权比例受偿。 存在第二款、第三款规定的情形，债权人举证证明其损失系由出质人与保管人的共同行为所致，请求出质人与保管人承担连带赔偿责任的，人民法院应予支持。	**第一百零二条** 以载明兑现或者提货日期的汇票、支票、本票、债券、存款单、仓单、提单出质的，其兑现或者提货日期后于债务履行期的，质权人只能在兑现或者提货日期届满时兑现款项或者提取货物。

第四百五十二条　【留置财产的孳息收取】 留置权人有权收取留置财产的孳息。

前款规定的孳息应当先充抵收取孳息的费用。

司法解释适用

《最高人民法院关于适用〈中华人民共和国民法典〉有关担保制度的解释》（法释〔2020〕28号）

<table>
<tr><th>《民法典担保制度司法解释》</th><th>原《担保法司法解释》</th></tr>
<tr><td colspan="2">删除条文

<del>第六十四条　债务履行期届满，债务人不履行债务致使抵押物被人民法院依法扣押的，自扣押之日起抵押权人收取的由抵押物分离的天然孳息和法定孳息，按照下列顺序清偿：</del>
<del>（一）收取孳息的费用；</del>
<del>（二）主债权的利息；</del>
<del>（三）主债权。</del>
<del>第一百一十四条　本解释第六十四条、第八十条、第八十七条、第九十一条、第九十三条的规定，适用于留置。</del></td></tr>
</table>

第四百五十三条　【留置权的实现】 留置权人与债务人应当约定留置财产后的债务履行期限；没有约定或者约定不明确的，留置权人应当给债务人六十日以上履行债务的期限，但是鲜活易腐等不易保管的动产除外。债务人逾期未履行的，留置权人可以与债务人协议以留置财产折价，也可以就拍卖、变卖留置财产所得的价款优先受偿。

留置财产折价或者变卖的，应当参照市场价格。

关联法规参见

▶**法律：**《企业破产法》第75条。

司法解释适用

《最高人民法院关于适用〈中华人民共和国民法典〉有关担保制度的解释》（法释〔2020〕28号）

《民法典担保制度司法解释》	原《担保法司法解释》
第三十八条　主债权未受全部清偿，担保物权人主张就担保财产的全部行使担保物权的，人民法院应予支持，但是留置权人行使留置权的，应当依照民法典第四百五十条的规定处理。	**第七十一条**　主债权未受全部清偿的，抵押权人可以就抵押物的全部行使其抵押权。 抵押物被分割或者部分转让的，抵押权人可以就分割或者转让后的抵押物行使抵押权。

《民法典担保制度司法解释》	原《担保法司法解释》
担保财产被分割或者部分转让，担保物权人主张就分割或者转让后的担保财产行使担保物权的，人民法院应予支持，但是法律或者司法解释另有规定的除外。	
第四十四条 主债权诉讼时效期间届满后，抵押权人主张行使抵押权的，人民法院不予支持；抵押人以主债权诉讼时效期间届满为由，主张不承担担保责任的，人民法院应予支持。主债权诉讼时效期间届满前，债权人仅对债务人提起诉讼，经人民法院判决或者调解后未在民事诉讼法规定的申请执行时效期间内对债务人申请强制执行，其向抵押人主张行使抵押权的，人民法院不予支持。 主债权诉讼时效期间届满后，财产被留置的债务人或者对留置财产享有所有权的第三人请求债权人返还留置财产的，人民法院不予支持；债务人或者第三人请求拍卖、变卖留置财产并以所得价款清偿债务的，人民法院应予支持。 主债权诉讼时效期间届满的法律后果，以登记作为公示方式的权利质权，参照适用第一款的规定；动产质权、以交付权利凭证作为公示方式的权利质权，参照适用第二款的规定。	**第三十五条** 保证人对已经超过诉讼时效期间的债务承担保证责任或者提供保证的，又以超过诉讼时效为由抗辩的，人民法院不予支持。 **第三十六条** 一般保证中，主债务诉讼时效中断，保证债务诉讼时效中断；连带责任保证中，主债务诉讼时效中断，保证债务诉讼时效不中断。 一般保证和连带责任保证中，主债务诉讼时效中止的，保证债务的诉讼时效同时中止。
第六十二条 债务人不履行到期债务，债权人因同一法律关系留置合法占有的第三人的动产，并主张就该留置财产优先受偿的，人民法院应予支持。第三人以该留置财产并非债务人的财产为由请求返还的，人民法院不予支持。 企业之间留置的动产与债权并非同一法律关系，债务人以该债权不属于企业持续经营中发生的债权为由请求债权人返还留置财产的，人民法院应予支持。 企业之间留置的动产与债权并非同一法律关系，债权人留置第三人的财产，第三人请求债权人返还留置财产的，人民法院应予支持。	**第一百零七条** 当事人在合同中约定排除留置权，债务履行期届满，债权人行使留置权的，人民法院不予支持。 **第一百零八条** 债权人合法占有债务人交付的动产时，不知债务人无处分该动产的权利，债权人可以按照担保法第八十二条的规定行使留置权。 **第一百零九条** 债权人的债权已届清偿期，债权人对动产的占有与其债权的发生有牵连关系，债权人可以留置其所占有的动产。 **第一百一十条** 留置权人在债权未受全部清偿前，留置物为不可分物的，留置权人可以就其留置物的全部行使留置权。

《民法典担保制度司法解释》	原《担保法司法解释》
	第一百一十一条 债权人行使留置权与其承担的义务或者合同的特殊约定相抵触的，人民法院不予支持。 **第一百一十二条** 债权人的债权未届清偿期，其交付占有标的物的义务已届履行期的，不能行使留置权。但是，债权人能够证明债务人无支付能力的除外。 **第一百一十三条** 债权人未按担保法第八十七条规定的期限通知债务人履行义务，直接变价处分留置物的，应当对此造成的损失承担赔偿责任。债权人与债务人按照担保法第八十七条的规定在合同中约定宽限期的，债权人可以不经通知，直接行使留置权。 **第一百一十四条** 本解释第六十四条、第八十条、第八十七条、第九十一条、第九十三条的规定，适用于留置。

第四白五十四条 【债务人的请求留置权人行使留置权的请求权】 债务人可以请求留置权人在债务履行期限届满后行使留置权；留置权人不行使的，债务人可以请求人民法院拍卖、变卖留置财产。

司法解释适用

《最高人民法院关于适用〈中华人民共和国民法典〉有关担保制度的解释》（法释〔2020〕28号）

《民法典担保制度司法解释》	原《担保法司法解释》
第二十八条 一般保证中，债权人依据生效法律文书对债务人的财产依法申请强制执行，保证债务诉讼时效的起算时间按照下列规则确定： （一）人民法院作出终结本次执行程序裁定，或者依照民事诉讼法第二百五十七条第三项、第五项的规定作出终结执行裁定的，自裁定送达债权人之日起开始计算； （二）人民法院自收到申请执行书之日起一年内未作出前项裁定的，自人民法院收到申请执行书满一年之日起开始计算，但	**第三十四条** 一般保证的债权人在保证期间届满前对债务人提起诉讼或者申请仲裁的，从判决或者仲裁裁决生效之日起，开始计算保证合同的诉讼时效。 连带责任保证的债权人在保证期间届满前要求保证人承担保证责任的，从债权人要求保证人承担保证责任之日起，开始计算保证合同的诉讼时效。

《民法典担保制度司法解释》	原《担保法司法解释》
是保证人有证据证明债务人仍有财产可供执行的除外。 一般保证的债权人在保证期间届满前对债务人提起诉讼或者申请仲裁，债权人举证证明存在民法典第六百八十七条第二款但书规定情形的，保证债务的诉讼时效自债权人知道或者应当知道该情形之日起开始计算。	
第三十五条　保证人知道或者应当知道主债权诉讼时效期间届满仍然提供保证或者承担保证责任，又以诉讼时效期间届满为由拒绝承担保证责任或者请求返还财产的，人民法院不予支持；保证人承担保证责任后向债务人追偿的，人民法院不予支持，但是债务人放弃诉讼时效抗辩的除外。	**第三十五条**　保证人对已经超过诉讼时效期间的债务承担保证责任或者提供保证的，又以超过诉讼时效为由抗辩的，人民法院不予支持。
第四十四条　主债权诉讼时效期间届满后，抵押权人主张行使抵押权的，人民法院不予支持；抵押人以主债权诉讼时效期间届满为由，主张不承担担保责任的，人民法院应予支持。主债权诉讼时效期间届满前，债权人仅对债务人提起诉讼，经人民法院判决或者调解后未在民事诉讼法规定的申请执行时效期间内对债务人申请强制执行，其向抵押人主张行使抵押权的，人民法院不予支持。 主债权诉讼时效期间届满后，财产被留置的债务人或者对留置财产享有所有权的第三人请求债权人返还留置财产的，人民法院不予支持；债务人或者第三人请求拍卖、变卖留置财产并以所得价款清偿债务的，人民法院应予支持。 主债权诉讼时效期间届满的法律后果，以登记作为公示方式的权利质权，参照适用第一款的规定；动产质权、以交付权利凭证作为公示方式的权利质权，参照适用第二款的规定。	**第三十五条**　保证人对已经超过诉讼时效期间的债务承担保证责任或者提供保证的，又以超过诉讼时效为由抗辩的，人民法院不予支持。 **第三十六条**　一般保证中，主债务诉讼时效中断，保证债务诉讼时效中断；连带责任保证中，主债务诉讼时效中断，保证债务诉讼时效不中断。 一般保证和连带责任保证中，主债务诉讼时效中止的，保证债务的诉讼时效同时中止。

<table>
<tr><th>《民法典担保制度司法解释》</th><th>原《担保法司法解释》</th></tr>
<tr><td colspan="2">删除条文

~~第十二条　当事人约定的或者登记部门要求登记的担保期间，对担保物权的存续不具有法律约束力。~~
~~担保物权所担保的债权的诉讼时效结束后，担保权人在诉讼时效结束后的二年内行使担保物权的，人民法院应当予以支持。~~</td></tr>
</table>

第四百五十五条　【留置权的实现方式】留置财产折价或者拍卖、变卖后，其价款超过债权数额的部分归债务人所有，不足部分由债务人清偿。

关联法规参见

▶**法律**：《民法典物权编》第406条、第413条、第438条。

第四百五十六条　【留置权与抵押权或者质权关系的规定：留置权优先于抵押权和质权】同一动产上已经设立抵押权或者质权，该动产又被留置的，留置权人优先受偿。

关联法规参见

▶**法律**：《海商法》第25条。

司法解释适用

《最高人民法院关于适用〈中华人民共和国民法典〉有关担保制度的解释》（法释〔2020〕28号）

《民法典担保制度司法解释》	原《担保法司法解释》
第十三条　同一债务有两个以上第三人提供担保，担保人之间约定相互追偿及分担份额，承担了担保责任的担保人请求其他担保人按照约定分担份额的，人民法院应予支持；担保人之间约定承担连带共同担保，或者约定相互追偿但是未约定分担份额的，各担保人按照比例分担向债务人不能追偿的部分。 同一债务有两个以上第三人提供担保，担保人之间未对相互追偿作出约定且未约定	**第二十条**　连带共同保证的债务人在主合同规定的债务履行期届满没有履行债务的，债权人可以要求债务人履行债务，也可以要求任何一个保证人承担全部保证责任。 连带共同保证的保证人承担保证责任后，向债务人不能追偿的部分，由各连带保证人按其内部约定的比例分担。没有约定的，平均分担。 **第二十一条**　按份共同保证的保证人按

《民法典担保制度司法解释》	原《担保法司法解释》
承担连带共同担保，但是各担保人在同一份合同书上签字、盖章或者按指印，承担了担保责任的担保人请求其他担保人按照比例分担向债务人不能追偿部分的，人民法院应予支持。 除前两款规定的情形外，承担了担保责任的担保人请求其他担保人分担向债务人不能追偿部分的，人民法院不予支持。	照保证合同约定的保证份额承担保证责任后，在其履行保证责任的范围内对债务人行使追偿权。
新增条文 **第十四条**　同一债务有两个以上第三人提供担保，担保人受让债权的，人民法院应当认定该行为系承担担保责任。受让债权的担保人作为债权人请求其他担保人承担担保责任的，人民法院不予支持；该担保人请求其他担保人分担相应份额的，依照本解释第十三条的规定处理。	
第二十九条　同一债务有两个以上保证人，债权人以其已经在保证期间内依法向部分保证人行使权利为由，主张已经在保证期间内向其他保证人行使权利的，人民法院不予支持。 同一债务有两个以上保证人，保证人之间相互有追偿权，债权人未在保证期间内依法向部分保证人行使权利，导致其他保证人在承担保证责任后丧失追偿权，其他保证人主张在其不能追偿的范围内免除保证责任的，人民法院应予支持。	**第二十条**　连带共同保证的债务人在主合同规定的债务履行期届满没有履行债务的，债权人可以要求债务人履行债务，也可以要求任何一个保证人承担全部保证责任。 连带共同保证的保证人承担保证责任后，向债务人不能追偿的部分，由各连带保证人按其内部约定的比例分担。没有约定的，平均分担。 **第二十一条**　按份共同保证的保证人按照保证合同约定的保证份额承担保证责任后，在其履行保证责任的范围内对债务人行使追偿权。
删除条文 **第七十九条**　~~同一财产法定登记的抵押权与质权并存时，抵押权人优先于质权人受偿。~~ ~~同一财产抵押权与留置权并存时，留置权人优先于抵押权人受偿。~~	

第四百五十七条　【留置权消灭】 留置权人对留置财产丧失占有或者留置权人接受债务人另行提供担保的，留置权消灭。

司法解释适用

《最高人民法院关于人民法院民事执行中查封、扣押、冻结财产的规定》（法释〔2020〕21号修改）

新《人民法院民事执行中查封、扣押、冻结财产规定》	原《人民法院民事执行中查封、扣押、冻结财产规定》
第十一条（原第十三条） 查封、扣押、冻结担保物权人占有的担保财产，一般应当指定该担保物权人作为保管人；该财产由人民法院保管的，质权、留置权不因转移占有而消灭。	

《最高人民法院关于适用〈中华人民共和国企业破产法〉若干问题的规定（二）》（法释〔2020〕18号修改）

新《企业破产法司法解释（二）》	原《企业破产法司法解释（二）》
第二十五条（原第二十五条） 管理人拟通过清偿债务或者提供担保取回质物、留置物，或者与质权人、留置权人协议以质物、留置物折价清偿债务等方式，进行对债权人利益有重大影响的财产处分行为的，应当及时报告债权人委员会。未设立债权人委员会的，管理人应当及时报告人民法院。	

第五分编　占　有

第二十章　占　有

第四百五十八条　【有权占有】基于合同关系等产生的占有，有关不动产或者动产的使用、收益、违约责任等，按照合同约定；合同没有约定或者约定不明确的，依照有关法律规定。

第四百五十九条　【恶意占有人占有动产或者不动产致其损害应当承担赔偿责任】占有人因使用占有的不动产或者动产，致使该不动产或者动产受到损害的，恶意占有人应当承担赔偿责任。

关联法规参见

▶**法律**：《民法典物权编》第461条。

第四百六十条　【权利人返还原物请求权以及对善意占有人所支出必要费用的补偿义务】不动产或者动产被占有人占有的，权利人可以请求返还原物及其孳息；但是，应当支付善意占有人因维护该不动产或者动产支出的必要费用。

关联法规参见

▶**法律**：《民法典总则编》第121条，《民法典物权编》第317条，《民法典合同编》第979条。

第四百六十一条　【占有物的毁损、灭失；恶意占有人的损害赔偿责任】占有的不动产或者动产毁损、灭失，该不动产或者动产的权利人请求赔偿的，占有人应当将因毁损、灭失取得的保险金、赔偿金或者补偿金等返还给权利人；权利人的损害未得到足够弥补的，恶意占有人还应当赔偿损失。

第四百六十二条　【占有保护的方法】占有的不动产或者动产被侵占的，占有人有权请求返还原物；对妨害占有的行为，占有人有权请求排除妨害或者消除危险；因侵占或者妨害造成损害的，占有人有权依法请求损害赔偿。

占有人返还原物的请求权，自侵占发生之日起一年内未行使的，该请求权消灭。

关联法规参见

▶**法律**：《民法典总则编》第196条、第199条。

权威案例指引

▶**典型案例**

《邢桂芝诉殷智刚占有物返还案》，《"用公开促公正建设核心价值"主题教育活动婚姻家庭纠纷典型案例之三十》（2015年12月4日）

典型意义：随着我国社会主义经济的发展，《物权法》对公民的保护显得尤为重大。本案虽是占有物返还纠纷，但涉及的问题主要在于占有回复请求权的构成。占有回复请求权，指占有被侵夺的，占有人有权请求侵夺人及其继受人回复其占有，返还占有物。构成要件有四：1. 占有被侵夺。侵夺，指违背占有人的意思，以法律禁止的私力剥夺占有；2. 请求权人须为占有被剥夺的占有人。3. 被请求人为占有的侵夺人及其继受人。须注意两点：侵夺人须仍为现在占有之人。否则，若侵夺人不再是现在占有之人，则对侵夺人无占有回复请求权。4. 须自侵夺之日起一年内行使（一年期满未行使的，占有回复请求权消灭）。占有回复请求权使得占有脱离本权获得独立保护，其法律意旨有三：1. 通过保护占有，保护占有背后（以占有为内容的）物权；2. 通过保护占有，保护占有背后的债权（因债权人不能享有物权请求权）；3. 维护社会平和即物的归属秩序，禁止任何人以法律禁止的私人力量擅自剥夺他人的占有。公民的合法的民事权益受法律保护，任何组织和个人不得侵犯。占有的不动产被侵占的，占有人有权请求返还原物。

第三编　合　同

第一分编　通　则

第一章　一般规定

第四百六十三条　【合同编的调整范围】 本编调整因合同产生的民事关系。

关联法规参见

▶**法律**：《民法典总则编》第2条、第118条。

权威案例指引

▶**公报案例**

《建设银行合肥市新站开发区支行诉安徽新长江公司借款合同纠纷案》，《最高人民法院公报》2004年第3期

裁判摘要：对于《合同法》实施以前成立的合同，适用当时的法律无效而适用《合同法》有效的，应适用《合同法》。

第四百六十四条　【合同的定义；合同编的准用】 合同是民事主体之间设立、变更、终止民事法律关系的协议。

婚姻、收养、监护等有关身份关系的协议，适用有关该身份关系的法律规定；没有规定的，可以根据其性质参照适用本编规定。

关联法规参见

▶**法律**：《民法典总则编》第118条至第123条、第134条至第136条、第143条，《民法典婚姻家庭编》第1040条，《民法典继承编》第1119条，《保险法》第10条。

司法解释适用

《最高人民法院关于适用〈中华人民共和国公司法〉若干问题的规定（三）》（法释〔2020〕18号修改）

<table>
<tr><th>新《公司法司法解释（三）》</th><th>原《公司法司法解释（三）》</th></tr>
<tr><td>第二条　发起人为设立公司以自己名义对外签订合同，合同相对人请求该发起人承担合同责任的，人民法院应予支持；公司成立后合同相对人请求公司承担合同责任的，人民法院应予支持。</td><td>第二条　发起人为设立公司以自己名义对外签订合同，合同相对人请求该发起人承担合同责任的，人民法院应予支持。
公司成立后~~对前款规定的合同予以确认，或者已经实际享有合同权利或者履行合同义务，~~合同相对人请求公司承担合同责任的，人民法院应予支持。</td></tr>
<tr><td colspan="2">第三条（原第三条）　发起人以设立中公司名义对外签订合同，公司成立后合同相对人请求公司承担合同责任的，人民法院应予支持。
公司成立后有证据证明发起人利用设立中公司的名义为自己的利益与相对人签订合同，公司以此为由主张不承担合同责任的，人民法院应予支持，但相对人为善意的除外。</td></tr>
</table>

《最高人民法院关于审理买卖合同纠纷案件适用法律问题的解释》（法释〔2020〕17号修改）

<table>
<tr><th>新《买卖合同司法解释》</th><th>原《买卖合同司法解释》</th></tr>
<tr><td colspan="2">删除条文
~~第二条　当事人签订认购书、订购书、预订书、意向书、备忘录等预约合同，约定在将来一定期限内订立买卖合同，一方不履行订立买卖合同的义务，对方请求其承担预约合同违约责任或者要求解除预约合同并主张损害赔偿的，人民法院应予支持。~~</td></tr>
</table>

《最高人民法院关于审理商品房买卖合同纠纷案件适用法律若干问题的解释》（法释〔2020〕17号修改）

<table>
<tr><th>新《商品房买卖合同纠纷司法解释》</th><th>原《商品房买卖合同纠纷司法解释》</th></tr>
<tr><td colspan="2">第五条（原第五条）　商品房的认购、订购、预订等协议具备《商品房销售管理办法》第十六条规定的商品房买卖合同的主要内容，并且出卖人已经按照约定收受购房款的，该协议应当认定为商品房买卖合同。</td></tr>
</table>

权威案例指引

▶公报案例

《上海冠龙阀门机械有限公司诉唐茂林劳动合同纠纷案》，《最高人民法院公报》2012年第9期

裁判摘要：用人单位在招聘时对应聘者学历有明确要求，而应聘者提供虚假学历证明并

与用人单位签订劳动合同的，属于《劳动合同法》第二十六条规定的以欺诈手段订立劳动合同应属无效的情形，用人单位可以根据《劳动合同法》第三十九条的规定解除该劳动合同。

《中国信达资产管理公司西安办事处与海南华山房地产开发总公司、中国建设银行股份有限公司西安曲江支行借款合同纠纷案》，《最高人民法院公报》2009 年第 12 期

裁判摘要： 当事人签订民事合同具有复杂的动机、目的和作用，合同除确定具体的交易关系外，还可以具有规范和指引作用，即当事人通过合同对以后发生的权利义务关系进行规范和指引；合同还可以具有确认和评价的作用，即当事人通过合同对双方既往发生的民事法律行为的性质、目的和作用加以确认、补充、完善和评价。

第四百六十五条　【依法成立的合同的约束力】 依法成立的合同，受法律保护。

依法成立的合同，仅对当事人具有法律约束力，但是法律另有规定的除外。

关联法规参见

▶ **法律：** 《民法典总则编》第 119 条、第 136 条。

权威案例指引

▶ **指导性案例**

交通运输部南海救助局诉阿昌格罗斯投资公司、香港安达欧森有限公司上海代表处海难救助合同纠纷案，指导案例 110 号（2019 年 2 月 25 日）

裁判要点： 1. 《1989 年国际救助公约》和我国海商法规定救助合同"无效果无报酬"，但均允许当事人对救助报酬的确定可以另行约定。若当事人明确约定，无论救助是否成功，被救助方均应支付报酬，且以救助船舶每马力小时和人工投入等作为计算报酬的标准时，则该合同系雇佣救助合同，而非上述国际公约和我国海商法规定的救助合同。

2. 在《1989 年国际救助公约》和我国海商法对雇佣救助合同没有具体规定的情况下，可以适用我国合同法的相关规定确定当事人的权利义务。

▶ **公报案例**

《海南海联工贸有限公司与海南天河旅业投资有限公司、三亚天阔置业有限公司等合作开发房地产合同纠纷案》，《最高人民法院公报》2016 年第 1 期

裁判摘要： 合作开发房地产关系中，当事人约定一方出地、一方出资并以成立房地产项目公司的方式进行合作开发，项目公司只是合作关系各方履行房地产合作开发协议的载体和平台，合作各方当事人在项目公司中是否享有股权不影响其在合作开发合同中所应享有的权益；合作各方当事人在合作项目中的权利义务应当按照合作开发房地产协议约定的内容予以确定。

《艾斯欧洲集团有限公司与连云港明日国际海运有限公司、上海明日国际船务有限公司航次租船合同纠纷案》，《最高人民法院公报》2011年第8期

裁判摘要：航次租船合同的当事人为出租人和承租人。在航次租船合同有明确约定的情形下，出租人应当按照航次租船合同的约定履行义务，并履行《中华人民共和国海商法》（一九九二年十一月七日第七届全国人民代表大会常务委员会第二十八次会议通过）第四十七条、第四十九条规定的义务。在航次租船合同没有约定或者没有不同约定时，出租人和承租人的权利义务适用《中华人民共和国海商法》（一九九二年十一月七日第七届全国人民代表大会常务委员会第二十八次会议通过）第四章有关海上货物运输合同承运人和托运人权利义务的规定。承租人就航次租船合同提出索赔请求，根据合同相对性原则，应当由航次租船合同的出租人承担相应的责任。实际承运人并非航次租船合同法律关系的当事方，承租人就航次租船合同向实际承运人提出赔偿请求缺乏法律依据。

《大连渤海建筑工程总公司与大连金世纪房屋开发有限公司、大连宝玉房地产开发有限公司、大连宝玉集团有限公司建设工程施工合同纠纷案》，《最高人民法院公报》2008年第11期

裁判摘要：债权属于相对权，相对性是债权的基础，故债权在法律性质上属于对人权。债是特定当事人之间的法律关系，债权人和债务人都是特定的。债权人只能向特定的债务人请求给付，债务人也只对特定的债权人负有给付义务。即使因合同当事人以外的第三人的行为致使债权不能实现，债权人不能依据债权的效力向第三人请求排除妨害，也不能在没有法律依据的情况下突破合同相对性原则要求第三人对债务承担连带责任。

第四百六十六条　【合同的解释；合同条款解释不一致的解释规则】当事人对合同条款的理解有争议的，应当依据本法第一百四十二条第一款的规定，确定争议条款的含义。

合同文本采用两种以上文字订立并约定具有同等效力的，对各文本使用的词句推定具有相同含义。各文本使用的词句不一致的，应当根据合同的相关条款、性质、目的以及诚信原则等予以解释。

关联法规参见

▶**法律：**《民法典总则编》第142条。

其他法律性文件

《最高人民法院关于印发〈全国法院贯彻实施民法典工作会议纪要〉的通知》

6. 当事人对于合同是否成立发生争议，人民法院应当本着尊重合同自由，鼓励和促进交易的精神依法处理。能够确定当事人名称或者姓名、标的和数量的，人民法院一般应当认定合同成立，但法律另有规定或者当事人另有约定的除外。

对合同欠缺的当事人名称或者姓名、标的和数量以外的其他内容，当事人达不成协议的，人

民法院依照民法典第四百六十六条、第五百一十条、第五百一十一条等规定予以确定。

权威案例指引

▶公报案例

《洪秀凤与昆明安钡佳房地产开发有限公司房屋买卖合同纠纷案》，《最高人民法院公报》2016 年第 1 期

裁判摘要：一、合同在性质上属于原始证据、直接证据，应当重视其相对于传来证据、间接证据所具有的较高证明力，并将其作为确定当事人法律关系性质的逻辑起点和基本依据。若要否定书面证据所体现的法律关系，并确定当事人之间存在缺乏以书面证据为载体的其他民事法律关系，必须在证据审核方面给予更为审慎的分析研判。

二、在两种解读结果具有同等合理性的场合，应朝着有利于书面证据所代表法律关系成立的方向作出判定，藉此传达和树立重诺守信的价值导向。

三、透过解释确定争议法律关系的性质，应当秉持使争议法律关系项下之权利义务更加清楚，而不是更加模糊的基本价值取向。在没有充分证据佐证当事人之间存在隐藏法律关系且该隐藏法律关系真实并终局地对当事人产生约束力的场合，不宜简单否定既存外化法律关系对当事人真实意思的体现和反映，避免当事人一方不当摆脱既定权利义务约束的结果出现。

《李占江、朱丽敏与贝洪峰、沈阳东吴地产有限公司民间借贷纠纷案》，《最高人民法院公报》2015 年第 9 期

裁判摘要：《中华人民共和国合同法》第一百二十五条规定："当事人对合同条款的理解有争议的，应当按照合同所使用的词句、合同的有关条款、合同的目的、交易习惯以及诚实信用原则，确定该条款的真实意思。"双方当事人签订的合同为《担保借款合同》，具体到该合同第四条第一款约定的目的，是保证款项的出借方对款项使用情况的知情权、监督权，以便在发现借款人擅自改变款项用途或发生其他可能影响出借人权利的情况时，及时采取措施、收回款项及利息。用目的解释的原理可以得知，提供不真实的材料和报表固然会影响出借方对借款人使用款项的监督，而不提供相关材料和报表却会使得出借人无从了解案涉款项的使用情况，不利于其及时行使自己的权利。因此，借款人在借款的两年多的时间里，从未向出借人提供相关材料和报表，属于违约。

《广州珠江铜厂有限公司与佛山市南海区中兴五金冶炼厂、李烈芬加工合同纠纷案》，《最高人民法院公报》2014 年第 10 期

裁判摘要：当事人对合同条款的理解有争议的，应当按照合同所使用的词句、合同的有关条款、合同的目的、交易习惯以及诚实信用原则，确定该条款的真实意思。当事人基于实际交易需要而签订合同，在特定条件下会作出特定的意思表示，只要其意思表示是真实的，且不违背法律的强制性或者禁止性规定，即应当予以保护。

《枣庄矿业（集团）有限公司柴里煤矿与华夏银行股份有限公司青岛分行、青岛保税区华东国际贸易有限公司联营合同纠纷案》，《最高人民法院公报》2010 年第 6 期

裁判摘要：对合同约定不明而当事人有争议的合同条款，可以根据订立合同的目的等多

种解释方法，综合探究当事人的缔约真意。但就目的解释而言，并非只按一方当事人期待实现的合同目的进行解释，而应按照与合同无利害关系的理性第三人通常理解的当事人共同的合同目的进行解释，且目的解释不应导致对他人合法权益的侵犯或与法律法规相冲突。

《淄博万杰医院与中国银行股份有限公司淄博博山支行、淄博博易纤维有限公司、万杰集团有限责任公司借款担保合同纠纷管辖权异议案》，《最高人民法院公报》2007 年第 12 期

裁判摘要：对于合同条文的解释，必须探究合同当事人内在的、真实的意思表示，而判断合同当事人真实意思表示的首要方法，是判断合同条文的字面意思表示，即文义解释的方法。只有在文义解释不能确定合同条文的准确含义时，才能适用其他的解释方法。

《厦门东方设计装修工程有限公司与福建省实华房地产开发有限公司商品房包销合同纠纷案》，《最高人民法院公报》2006 年第 4 期

裁判摘要：当事人签订的合同中，对某一具体事项使用了不同的词语进行表述，在发生纠纷后双方当事人对这些词语的理解产生分歧的，人民法院在审判案件时应当结合合同全文、双方当事人经济往来的全过程，对当事人订立合同时的真实意思表示作出判断，在此基础上根据诚实信用的原则，对这些词语加以解释。不能简单、片面地强调词语文义上存在的差别。

第四百六十七条　【无名合同及涉外合同的法律适用】本法或者其他法律没有明文规定的合同，适用本编通则的规定，并可以参照适用本编或者其他法律最相类似合同的规定。

在中华人民共和国境内履行的中外合资经营企业合同、中外合作经营企业合同、中外合作勘探开发自然资源合同，适用中华人民共和国法律。

司法解释适用

《最高人民法院关于审理买卖合同纠纷案件适用法律问题的解释》（法释〔2020〕17 号修改）

新《买卖合同司法解释》	原《买卖合同司法解释》
第三十二条　法律或者行政法规对债权转让、股权转让等权利转让合同有规定的，依照其规定；没有规定的，人民法院可以根据民法典第四百六十七条和第六百四十六条的规定，参照适用买卖合同的有关规定。 权利转让或者其他有偿合同参照适用买卖合同的有关规定的，人民法院应当首先引用民法典第六百四十六条的规定，再引用买卖合同的有关规定。	**第四十五条**　法律或者行政法规对债权转让、股权转让等权利转让合同有规定的，依照其规定；没有规定的，人民法院可以根据合同法第一百二十四条和第一百七十四条的规定，参照适用买卖合同的有关规定。 权利转让或者其他有偿合同参照适用买卖合同的有关规定的，人民法院应当首先引用合同法第一百七十四条的规定，再引用买卖合同的有关规定。

第四百六十八条　【非合同之债的法律适用】非因合同产生的债权债务关系，适用有关该债权债务关系的法律规定；没有规定的，适用本编通则的有关规定，但是根据其性质不能适用的除外。

关联法规参见

▶**法律**：《民法典总则编》第 118 条。

其他法律性文件

《最高人民法院关于印发〈全国法院贯彻实施民法典工作会议纪要〉的通知》

20. 要牢固树立法典化思维，确立以民法典为中心的民事实体法律适用理念。准确把握民法典各编之间关系，充分认识“总则与分则”“原则与规则”“一般与特殊”的逻辑体系，综合运用文义解释、体系解释和目的解释等方法，全面、准确理解民法典核心要义，避免断章取义。全面认识各编的衔接配合关系，比如合同编通则中关于债权债务的规定，发挥了债法总则的功能作用，对于合同之债以外的其他债权债务关系同样具有适用效力。

第二章　合同的订立

第四百六十九条　【合同订立形式；合同的书面形式】当事人订立合同，可以采用书面形式、口头形式或者其他形式。

书面形式是合同书、信件、电报、电传、传真等可以有形地表现所载内容的形式。

以电子数据交换、电子邮件等方式能够有形地表现所载内容，并可以随时调取查用的数据电文，视为书面形式。

关联法规参见

▶**法律**：《民法典总则编》第 135 条，《民法典物权编》第 348 条、第 354 条、第 367 条、第 373 条、第 400 条、第 427 条，《城市房地产管理法》第 15 条、第 50 条、第 54 条，《建筑法》第 15 条，《电子签名法》第 3 条至第 8 条，《农村土地承包法》第 40 条，《保险法》第 13 条，《民用航空法》第 14 条、第 26 条、第 148 条，《广告法》第 30 条，《旅游法》第 58 条，《商业银行法》第 37 条，《拍卖法》第 42 条，《草原法》第 14 条，《专利法》第 10 条，《合伙企业法》第 4 条，《海商法》第 9 条、第 12 条、第 128 条、第 156 条。

▶**国际条约**：《联合国国际货物销售合同公约》第 11 条。

▶**行政法规**：《城市房地产开发经营管理条例》第 27 条，《招标投标法实施条例》第 57 条，《中国公民出国旅游管理办法》第 15 条，《对外承包工程管理条例》第 9 条，《期货交易管理条例》第 24 条，《国内水路运输管理条例》第 28 条、第 31 条，《植物新品种保护条例》第 9 条，《计算机软件保护条例》第 10 条、第 11 条、第 19 条、第 20 条，《企业名称登记管理规定》第 23 条，《集成电路布图设计保护条例》第 22 条，《广告管理条例》第 17 条。

司法解释适用

《最高人民法院关于审理买卖合同纠纷案件适用法律问题的解释》（法释〔2020〕17 号修改）

<table>
<tr><th>新《买卖合同司法解释》</th><th>原《买卖合同司法解释》</th></tr>
<tr><td colspan="2">第一条（原第一条）　当事人之间没有书面合同，一方以送货单、收货单、结算单、发票等主张存在买卖合同关系的，人民法院应当结合当事人之间的交易方式、交易习惯以及其他相关证据，对买卖合同是否成立作出认定。
对账确认函、债权确认书等函件、凭证没有记载债权人名称，买卖合同当事人一方以此证明存在买卖合同关系的，人民法院应予支持，但有相反证据足以推翻的除外。</td></tr>
<tr><td colspan="2">删除条文
<s>第四条　人民法院在按照合同法的规定认定电子交易合同的成立及效力的同时，还应当适用电子签名法的相关规定。</s></td></tr>
</table>

《最高人民法院关于适用〈中华人民共和国仲裁法〉若干问题的解释》

第一条　仲裁法第十六条规定的“其他书面形式”的仲裁协议，包括以合同书、信件和数据电文（包括电报、电传、传真、电子数据交换和电子邮件）等形式达成的请求仲裁的协议。

第
470
条

第四百七十条　【合同内容一般包括的条款；示范文本】 合同的内容由当事人约定，一般包括下列条款：

（一）当事人的姓名或者名称和住所；

（二）标的；

（三）数量；

（四）质量；

（五）价款或者报酬；

（六）履行期限、地点和方式；

（七）违约责任；

（八）解决争议的方法。

当事人可以参照各类合同的示范文本订立合同。

关联法规参见

▶**法律**：《农村土地承包法》第 22 条、第 40 条，《保险法》第 18 条，《著作权法》第 26

条、第 27 条，《合伙企业法》第 13 条。

▶**行政法规**：《保障中小企业款项支付条例》第 6 条、第 10 条。

第四百七十一条　【订立合同的方式：要约、承诺或者其他】 当事人订立合同，可以采取要约、承诺方式或者其他方式。

权威案例指引

▶**公报案例**

《李德勇与中国农业银行股份有限公司重庆云阳支行储蓄存款合同纠纷案》，《最高人民法院公报》2015 年第 7 期

裁判摘要：《中华人民共和国合同法》第十三条规定："当事人订立合同，采取要约、承诺方式。"第二十五条规定："承诺生效时合同成立。"依照上述法律规定，储蓄人主张与银行成立储蓄存款合同，应当证明其与银行分别作出要约和承诺，符合合同成立要件。当储蓄人依据犯罪分子伪造的存单主张与银行成立储蓄合同，人民法院应判定储蓄人与银行是否就储蓄事宜分别作出要约、承诺。在不能认定双方成立储蓄合同情形下，储蓄人依据伪造存单提起的诉讼。应依照最高人民法院《关于审理存单纠纷案件的若干规定》，作为一般存单纠纷处理。

第四百七十二条　【要约的界定及其构成】 要约是希望与他人订立合同的意思表示，该意思表示应当符合下列条件：

（一）内容具体确定；

（二）表明经受要约人承诺，要约人即受该意思表示约束。

关联法规参见

▶**国际条约**：《联合国国际货物销售合同公约》第 14 条。

司法解释适用

《最高人民法院关于审理商品房买卖合同纠纷案件适用法律若干问题的解释》（法释〔2020〕17 号修改）

新《商品房买卖合同纠纷司法解释》	原《商品房买卖合同纠纷司法解释》
第三条　商品房的销售广告和宣传资料为要约邀请，但是出卖人就商品房开发规划范围内的房屋及相关设施所作的说明和允诺具体确定，并对商品房买卖合同的订立以及房屋价格的确定有重大影响的，构成要约。该说明和允诺即使未载入商品房买卖合同，亦应当为合同内容，当事人违反的，应当承担违约责任。	**第三条**　商品房的销售广告和宣传资料为要约邀请，但是出卖人就商品房开发规划范围内的房屋及相关设施所作的说明和允诺具体确定，并对商品房买卖合同的订立以及房屋价格的确定有重大影响的，应当视为要约。该说明和允诺即使未载入商品房买卖合同，亦应当视为合同内容，当事人违反的，应当承担违约责任。

第四百七十三条　【要约邀请及其主要类型】要约邀请是希望他人向自己发出要约的表示。拍卖公告、招标公告、招股说明书、债券募集办法、基金招募说明书、商业广告和宣传、寄送的价目表等为要约邀请。

商业广告和宣传的内容符合要约条件的，构成要约。

关联法规参见

▶**法律：**《公司法》第 86 条、第 87 条，《招标投标法》第 10 条、第 16 条、第 17 条，《拍卖法》第 45 条至第 48 条。

司法解释适用

《最高人民法院关于审理商品房买卖合同纠纷案件适用法律若干问题的解释》（法释〔2020〕17 号修改）

新《商品房买卖合同纠纷司法解释》	原《商品房买卖合同纠纷司法解释》
第三条　商品房的销售广告和宣传资料为要约邀请，但是出卖人就商品房开发规划范围内的房屋及相关设施所作的说明和允诺具体确定，并对商品房买卖合同的订立以及房屋价格的确定有重大影响的，构成要约。该说明和允诺即使未载入商品房买卖合同，亦应当为合同内容，当事人违反的，应当承担违约责任。	**第三条**　商品房的销售广告和宣传资料为要约邀请，但是出卖人就商品房开发规划范围内的房屋及相关设施所作的说明和允诺具体确定，并对商品房买卖合同的订立以及房屋价格的确定有重大影响的，应当视为要约。该说明和允诺即使未载入商品房买卖合同，亦应当视为合同内容，当事人违反的，应当承担违约责任。

权威案例指引

▶**公报案例**

《时间集团公司诉浙江省玉环县国土局土地使用权出让合同纠纷案》，《最高人民法院公报》2005 年第 5 期

裁判摘要：根据合同法第十五条第一款的规定，国有土地使用权出让公告属于要约邀请，竞买人在竞买申请中提出报价，并按要约邀请支付保证金的行为，属于要约，双方当事人尚未形成土地使用权出让合同关系。国有土地使用权出让方因出让公告违反法律的禁止性规定，撤销公告后，造成竞买人在缔约阶段发生信赖利益损失的，应对竞买人的实际损失承担缔约过失责任。

第四百七十四条　【要约的生效时间】要约生效的时间适用本法第一百三十七条的规定。

关联法规参见

▶**法律**：《民法典总则编》第 137 条至第 139 条，《电子签名法》第 9 条至第 12 条。

▶**国际条约**：《联合国国际货物销售合同公约》第 15 条。

第四百七十五条　【要约撤回的规则】 要约可以撤回。要约的撤回适用本法第一百四十一条的规定。

关联法规参见

▶**法律**：《民法典总则编》第 141 条，《招标投标法》第 29 条，《拍卖法》第 29 条、第 36 条。

第四百七十六条　【要约的撤销】 要约可以撤销，但是有下列情形之一的除外：

（一）要约人以确定承诺期限或者其他形式明示要约不可撤销；

（二）受要约人有理由认为要约是不可撤销的，并已经为履行合同做了合理准备工作。

关联法规参见

▶**法律**：《证券法》第 68 条。

▶**国际条约**：《联合国国际货物销售合同公约》第 16 条。

第四百七十七条　【撤销要约的生效时间】 撤销要约的意思表示以对话方式作出的，该意思表示的内容应当在受要约人作出承诺之前为受要约人所知道；撤销要约的意思表示以非对话方式作出的，应当在受要约人作出承诺之前到达受要约人。

关联法规参见

▶**法律**：《民法典总则编》第 137 条。

▶**国际条约**：《联合国国际货物销售合同公约》第 16 条。

第四百七十八条　【要约失效的情形】 有下列情形之一的，要约失效：

（一）要约被拒绝；

（二）要约被依法撤销；

（三）承诺期限届满，受要约人未作出承诺；

（四）受要约人对要约的内容作出实质性变更。

关联法规参见

▶法律：《拍卖法》第 36 条。

▶国际条约：《联合国国际货物销售合同公约》第 17 条。

司法解释适用

《最高人民法院关于对诗董橡胶股份有限公司与三角轮胎股份有限公司涉外仲裁一案不予执行的请示的复函》

山东省高级人民法院：

你院〔2012〕鲁执请字第 2 号《关于对诗董橡胶股份有限公司与三角轮胎股份有限公司涉外仲裁一案不予执行的请示报告》收悉。经研究，答复如下：

本案系当事人申请不予执行国内仲裁机构作出的涉外仲裁裁决案件。根据《最高人民法院关于修改后的民事诉讼法施行时未结案件适用法律若干问题的规定》第七条的规定，本案应当依据《中华人民共和国民事诉讼法》（2007 年修正）第二百五十八条的规定进行审查。

根据你院请示报告所述事实，诗董橡胶股份有限公司（以下简称诗董公司）仅提交了载有仲裁条款的合同复印件，三角轮胎股份有限公司（以下简称三角公司）对该复印件的真实性不予认可并否认双方之间存在有效的仲裁协议。诗董公司未能提交其他证据予以佐证，其不能证明与三角公司达成了有效的仲裁协议。且即使认可该合同复印件的真实性，从当事人确认的缔约过程来看，在三角公司将要约传真给诗董公司后，诗董公司对要约中载明的主体、货物数量以及价款等内容进行了实质性修改，构成新的要约。诗董公司亦未能提供证据证明三角公司对该新的要约进行了承诺，双方之间的合同并未成立。退一步讲，即使以当事人已实际履行合同的行为推定合同成立，但是根据我国法律对仲裁协议的书面性要求和仲裁协议的独立性原则，不能据此即认定当事人就纠纷的解决方式达成仲裁协议。况且根据一审法院查明的事实，当事人实际履行的合同不是诗董公司提交的载有仲裁条款的合同，是案外的其他现货买卖合同，而该现货买卖合同中并没有仲裁条款。因此，诗董公司与三角公司之间不存在有效的书面仲裁协议。

综上，案涉仲裁裁决存在《中华人民共和国民事诉讼法》第二百五十八条第一款第（一）项规定的情形，人民法院应不予执行。同意你院审判委员会的意见。

此复

第四百七十九条　【承诺的概念】承诺是受要约人同意要约的意思表示。

关联法规参见

▶国际条约：《联合国国际货物销售合同公约》第 18 条。

第四百八十条　【承诺的方式：通知、行为】承诺应当以通知的方式作出；但是，根据交易习惯或者要约表明可以通过行为作出承诺的除外。

关联法规参见

▶**法律**：《民法典总则编》第 140 条。

第四百八十一条　【承诺的生效；承诺的期限】承诺应当在要约确定的期限内到达要约人。

要约没有确定承诺期限的，承诺应当依照下列规定到达：

（一）要约以对话方式作出的，应当即时作出承诺；

（二）要约以非对话方式作出的，承诺应当在合理期限内到达。

关联法规参见

▶**国际条约**：《联合国国际货物销售合同公约》第 18 条。

第四百八十二条　【承诺期限的起算】要约以信件或者电报作出的，承诺期限自信件载明的日期或者电报交发之日开始计算。信件未载明日期的，自投寄该信件的邮戳日期开始计算。要约以电话、传真、电子邮件等快速通讯方式作出的，承诺期限自要约到达受要约人时开始计算。

关联法规参见

▶**国际条约**：《联合国国际货物销售合同公约》第 20 条。

第四百八十三条　【合同成立时间：承诺生效】承诺生效时合同成立，但是法律另有规定或者当事人另有约定的除外。

关联法规参见

▶**法律**：《民法典合同编》第 490 条。

▶**国际条约**：《联合国货物销售合同公约》第 23 条。

第四百八十四条　【承诺生效时间】 以通知方式作出的承诺，生效的时间适用本法第一百三十七条的规定。

承诺不需要通知的，根据交易习惯或者要约的要求作出承诺的行为时生效。

关联法规参见

▶**法律**：《民法典总则编》第137条至第139条。

第四百八十五条　【承诺的撤回】 承诺可以撤回。承诺的撤回适用本法第一百四十一条的规定。

关联法规参见

▶**法律**：《民法典总则编》第141条。

▶**国际条约**：《联合国国际货物销售合同公约》第22条。

第四百八十六条　【逾期承诺及追认】 受要约人超过承诺期限发出承诺，或者在承诺期限内发出承诺，按照通常情形不能及时到达要约人的，为新要约；但是，要约人及时通知受要约人该承诺有效的除外。

关联法规参见

▶**国际条约**：《联合国国际货物销售合同公约》第18条。

第四百八十七条　【迟到的承诺】 受要约人在承诺期限内发出承诺，按照通常情形能够及时到达要约人，但是因其他原因致使承诺到达要约人时超过承诺期限的，除要约人及时通知受要约人因承诺超过期限不接受该承诺外，该承诺有效。

关联法规参见

▶**国际条约**：《联合国国际货物销售合同公约》第21条。

第四百八十八条　【承诺对要约内容的实质性变更】 承诺的内容应当与要约的内容一致。受要约人对要约的内容作出实质性变更的，为新要约。有关合同标的、数量、质量、价款或者报酬、履行期限、履行地点和方式、违约责任和解决争议方法等的变更，是对要约内容的实质性变更。

关联法规参见

▶**国际条约**：《联合国国际货物销售合同公约》第 19 条。

第四百八十九条　【承诺对要约内容的非实质性变更】承诺对要约的内容作出非实质性变更的，除要约人及时表示反对或者要约表明承诺不得对要约的内容作出任何变更外，该承诺有效，合同的内容以承诺的内容为准。

关联法规参见

▶**国际条约**：《联合国国际货物销售合同公约》第 19 条。

第四百九十条　【书面合同成立时间；违反法定或约定形式时合同的成立】当事人采用合同书形式订立合同的，自当事人均签名、盖章或者按指印时合同成立。在签名、盖章或者按指印之前，当事人一方已经履行主要义务，对方接受时，该合同成立。

法律、行政法规规定或者当事人约定合同应当采用书面形式订立，当事人未采用书面形式但是一方已经履行主要义务，对方接受时，该合同成立。

关联法规参见

▶**法律**：《电子签名法》第 13 条、第 14 条，《电子商务法》第 49 条，《保险法》第 13 条，《证券投资基金法》第 60 条，《信托法》第 8 条，《海商法》第 110 条、第 121 条、第 175 条。

司法解释适用

《最高人民法院关于适用〈中华人民共和国民法典〉有关担保制度的解释》（法释〔2020〕28 号）

<table>
<tr><th>《民法典担保制度司法解释》</th><th>原《担保法司法解释》</th></tr>
<tr><td colspan="2">删除条文

~~**第一百一十六条**　当事人约定以交付定金作为主合同成立或者生效要件的，给付定金的一方未支付定金，但主合同已经履行或者已经履行主要部分的，不影响主合同的成立或者生效。~~</td></tr>
</table>

《最高人民法院关于审理著作权民事纠纷案件适用法律若干问题的解释》（法释〔2020〕19号修改）

新《著作权纠纷司法解释》	原《著作权纠纷司法解释》
第二十二条 著作权转让合同未采取书面形式的，人民法院依据民法典第四百九十条的规定审查合同是否成立。	**第二十二条** 著作权转让合同未采取书面形式的，人民法院依据合同法第三十六条、第三十七条的规定审查合同是否成立。

《最高人民法院关于适用〈中华人民共和国公司法〉若干问题的规定（三）》（法释〔2020〕18号修改）

新《公司法司法解释（三）》	原《公司法司法解释（三）》
第二条 发起人为设立公司以自己名义对外签订合同，合同相对人请求该发起人承担合同责任的，人民法院应予支持；公司成立后合同相对人请求公司承担合同责任的，人民法院应予支持。	**第二条** 发起人为设立公司以自己名义对外签订合同，合同相对人请求该发起人承担合同责任的，人民法院应予支持。 公司成立后~~对前款规定的合同予以确认，或者已经实际享有合同权利或者履行合同义务，~~合同相对人请求公司承担合同责任的，人民法院应予支持。

《最高人民法院关于审理买卖合同纠纷案件适用法律问题的解释》（法释〔2020〕17号修改）

新《买卖合同司法解释》	原《买卖合同司法解释》
第一条（原第一条） 当事人之间没有书面合同，一方以送货单、收货单、结算单、发票等主张存在买卖合同关系的，人民法院应当结合当事人之间的交易方式、交易习惯以及其他相关证据，对买卖合同是否成立作出认定。 对账确认函、债权确认书等函件、凭证没有记载债权人名称，买卖合同当事人一方以此证明存在买卖合同关系的，人民法院应予支持，但有相反证据足以推翻的除外。	

《最高人民法院关于审理商品房买卖合同纠纷案件适用法律若干问题的解释》（法释〔2020〕17号修改）

新《商品房买卖合同纠纷司法解释》	原《商品房买卖合同纠纷司法解释》
第六条（原第六条） 当事人以商品房预售合同未按照法律、行政法规规定办理登记备案手续为由，请求确认合同无效的，不予支持。 当事人约定以办理登记备案手续为商品房预售合同生效条件的，从其约定，但当事人一方已经履行主要义务，对方接受的除外。	

权威案例指引

▶公报案例

《陈呈浴与内蒙古昌宇石业有限公司合同纠纷案》，《最高人民法院公报》2016 年第 3 期

裁判摘要：一、印章真实不等于协议真实。协议形成行为与印章加盖行为在性质上具有相对独立性，协议内容是双方合意行为的表现形式，而印章加盖行为是各方确认双方合意内容的方式，二者相互关联又相对独立。在证据意义上，印章真实一般即可推定协议真实，但在有证据否定或怀疑合意形成行为真实性的情况下，即不能根据印章的真实性直接推定协议的真实性。也就是说，印章在证明协议真实性上尚属初步证据，人民法院认定协议的真实性需综合考虑其他证据及事实。

二、当事人在案件审理中提出的人民法院另案审理中作出的鉴定意见，只宜作为一般书证，根据《中华人民共和国民事诉讼法》第七十六条、第七十八条的规定，鉴定意见只能在本案审理中依法申请、形成和使用。

《河北胜达永强新型建材有限公司与中信银行股份有限公司天津分行、河北宝硕股份有限公司银行承兑汇票协议纠纷案》，《最高人民法院公报》2008 年第 1 期

裁判摘要：《中华人民共和国合同法》第三十二条规定："当事人采用合同书形式订立合同的，自双方当事人签字或者盖章时合同成立。"因此，当事人在合同书上的签字、盖章的效力，是表明合同内容为当事人的真实意思表示，当事人据此享有合同权利、履行合同义务。同时，当事人在合同书上的签字、盖章，还具有使合同相对人确信交易对方，从而确定合同当事人的作用。

《建行浦东分行诉中基公司等借款合同纠纷案》，《最高人民法院公报》2004 年第 7 期

裁判摘要：有争议的合同文本经司法鉴定认定，一方当事人的签名系伪造，印章系变造，且经当事人举证和人民法院查证，均不能证明变造的印章为该当事人自己加盖或授意他人加盖，也不能证明该当事人有明知争议合同文本的存在而不予否认、或者在其他业务活动中使用过变造印章、或者明知他人使用变造印章而不予否认等情形，故不能认定或推定争议合同文本为该当事人真实意思的表示。

第四百九十一条　【确认书与合同成立时间；网络提交订单与合同成立时间】当事人采用信件、数据电文等形式订立合同要求签订确认书的，签订确认书时合同成立。

当事人一方通过互联网等信息网络发布的商品或者服务信息符合要约条件的，对方选择该商品或者服务并提交订单成功时合同成立，但是当事人另有约定的除外。

关联法规参见

▶**法律**：《电子商务法》第49条，《拍卖法》第52条。

司法解释适用

《最高人民法院关于审理买卖合同纠纷案件适用法律问题的解释》（法释〔2020〕17号修改）

新《买卖合同司法解释》	原《买卖合同司法解释》
第一条（原第一条） 当事人之间没有书面合同，一方以送货单、收货单、结算单、发票等主张存在买卖合同关系的，人民法院应当结合当事人之间的交易方式、交易习惯以及其他相关证据，对买卖合同是否成立作出认定。 对账确认函、债权确认书等函件、凭证没有记载债权人名称，买卖合同当事人一方以此证明存在买卖合同关系的，人民法院应予支持，但有相反证据足以推翻的除外。	

第四百九十二条 【合同成立的地点】 承诺生效的地点为合同成立的地点。

采用数据电文形式订立合同的，收件人的主营业地为合同成立的地点；没有主营业地的，其住所地为合同成立的地点。当事人另有约定的，按照其约定。

关联法规参见

▶**法律**：《民法典总则编》第25条、第63条。

司法解释适用

《最高人民法院关于适用〈中华人民共和国民事诉讼法〉的解释》（法释〔2020〕20号修改）

新《民事诉讼法司法解释》	原《民事诉讼法司法解释》
第三条（原第三条） 公民的住所地是指公民的户籍所在地，法人或者其他组织的住所地是指法人或者其他组织的主要办事机构所在地。 法人或者其他组织的主要办事机构所在地不能确定的，法人或者其他组织的注册地或者登记地为住所地。	

第四百九十三条 【采用合同书形式订立合同的成立地点】 当事人采用合同书形式订立合同的，最后签名、盖章或者按指印的地点为合同成立的地点，但是当事人另有约定的除外。

关联法规参见

▶**法律**：《电子签名法》第 12 条，《民事诉讼法》第 34 条。

第四百九十四条　【国家计划合同；法定缔约义务】 国家根据抢险救灾、疫情防控或者其他需要下达国家订货任务、指令性任务的，有关民事主体之间应当依照有关法律、行政法规规定的权利和义务订立合同。

依照法律、行政法规的规定负有发出要约义务的当事人，应当及时发出合理的要约。

依照法律、行政法规的规定负有作出承诺义务的当事人，不得拒绝对方合理的订立合同要求。

关联法规参见

▶**法律**：《全民所有制工业企业法》第 24 条、第 35 条。

第四百九十五条　【预约合同适用规则】 当事人约定在将来一定期限内订立合同的认购书、订购书、预订书等，构成预约合同。

当事人一方不履行预约合同约定的订立合同义务的，对方可以请求其承担预约合同的违约责任。

权威案例指引

▶公报案例

《成都讯捷通讯连锁有限公司与四川蜀都实业有限责任公司、四川友利投资控股股份有限公司房屋买卖合同纠纷案》，《最高人民法院公报》2015 年第 1 期

裁判摘要：一、判断当事人之间订立的合同系本约还是预约的根本标准应当是当事人的意思表示，也就是说，当事人是否有意在将来订立一个新的合同，以最终明确在双方之间形成某种法律关系的具体内容。对于当事人之间存在预约还是本约关系，不能仅孤立地以当事人之间签订的协议之约定为依据，而是应当综合审查相关协议的内容以及当事人嗣后为达成交易进行的磋商和有关的履行行为等事实，从中探寻当事人真实意思，并据此对当事人之间法律关系的性质作出准确界定。

二、根据《物权法》第十五条规定之精神，处分行为有别于负担行为，解除合同并非对物进行处分的方式，合同的解除与否不涉及物之所有权的变动，而只与当事人是否继续承担合同所约定的义务有关。

《张励与徐州市同力创展房地产有限公司商品房预售合同纠纷案》，《最高人民法院公报》2012 年第 11 期

裁判摘要： 预约合同是一种约定将来订立一定合同的合同。当事人一方违反预约合同约定，不与对方签订本约合同或无法按照预约的内容与对方签订本约合同的，应当向对方承担违约责任。

判断商品房买卖中的认购、订购、预订等协议究竟是预约合同还是本约合同，最主要的是看见此类协议是否具备《商品房销售管理办法》第十六条规定的商品房买卖合同的主要内容，即只要具备了双方当事人的姓名或名称，商品房的基本情况（包括房号、建筑面积）、总价或单价、付款时间、方式、交付条件及日期，同时出卖人已经按照约定收受购房款的，就可以认定此类协议已经具备了商品房买卖合同本约的条件；反之，则应认定为预约合同。如果双方当事人在协议中明确约定在具备商品房预售条件时还需重新签订商品房买卖合同的，该协议应认定为预约合同。

《仲崇清诉上海市金轩大邸房地产项目开发有限公司合同纠纷案》，《最高人民法院公报》2008 年第 4 期

裁判摘要： 预约合同，一般指双方当事人为将来订立确定性本合同而达成的合意。预约合同生效后，双方当事人均应当按照约定履行自己的义务。一方当事人未尽义务导致本合同的谈判、磋商不能进行，构成违约的，应当承担相应的违约责任。

第四百九十六条　【格式条款的订立要求；说明义务】 格式条款是当事人为了重复使用而预先拟定，并在订立合同时未与对方协商的条款。

采用格式条款订立合同的，提供格式条款的一方应当遵循公平原则确定当事人之间的权利和义务，并采取合理的方式提示对方注意免除或者减轻其责任等与对方有重大利害关系的条款，按照对方的要求，对该条款予以说明。提供格式条款的一方未履行提示或者说明义务，致使对方没有注意或者理解与其有重大利害关系的条款的，对方可以主张该条款不成为合同的内容。

关联法规参见

▶**法律：**《保险法》第 16 条、第 17 条，《邮政法》第 22 条，《消费者权益保护法》第 26 条、第 28 条。

司法解释适用

《最高人民法院关于适用〈中华人民共和国保险法〉若干问题的解释（二）》

（法释〔2020〕18号修改）

新《保险法司法解释（二）》	原《保险法司法解释（二）》
第九条（原第九条） 保险人提供的格式合同文本中的责任免除条款、免赔额、免赔率、比例赔付或者给付等免除或者减轻保险人责任的条款，可以认定为保险法第十七条第二款规定的“免除保险人责任的条款”。 保险人因投保人、被保险人违反法定或者约定义务，享有解除合同权利的条款，不属于保险法第十七条第二款规定的“免除保险人责任的条款”。	
第十一条（原第十一条） 保险合同订立时，保险人在投保单或者保险单等其他保险凭证上，对保险合同中免除保险人责任的条款，以足以引起投保人注意的文字、字体、符号或者其他明显标志作出提示的，人民法院应当认定其履行了保险法第十七条第二款规定的提示义务。 保险人对保险合同中有关免除保险人责任条款的概念、内容及其法律后果以书面或者口头形式向投保人作出常人能够理解的解释说明的，人民法院应当认定保险人履行了保险法第十七条第二款规定的明确说明义务。	
第十二条（原第十二条） 通过网络、电话等方式订立的保险合同，保险人以网页、音频、视频等形式对免除保险人责任条款予以提示和明确说明的，人民法院可以认定其履行了提示和明确说明义务。	
第十三条（原第十三条） 保险人对其履行了明确说明义务负举证责任。 投保人对保险人履行了符合本解释第十一条第二款要求的明确说明义务在相关文书上签字、盖章或者以其他形式予以确认的，应当认定保险人履行了该项义务。但另有证据证明保险人未履行明确说明义务的除外。	

《最高人民法院关于适用〈中华人民共和国民法典〉时间效力的若干规定》

（法释〔2020〕15号）

《民法典时间效力规定》	
新增条文 **第九条** 民法典施行前订立的合同，提供格式条款一方未履行提示或者说明义务，涉及格式条款效力认定的，适用民法典第四百九十六条的规定。	

其他法律性文件

《最高人民法院关于印发〈全国法院贯彻实施民法典工作会议纪要〉的通知》

7. 提供格式条款的一方对格式条款中免除或者减轻其责任等与对方有重大利害关系的内容，在合同订立时采用足以引起对方注意的文字、符号、字体等特别标识，并按照对方的要求以常人能够理解的方式对该格式条款予以说明的，人民法院应当认定符合民法典第四百九十六条所称

“采取合理的方式”。提供格式条款一方对已尽合理提示及说明义务承担举证责任。

权威案例指引

▶指导性案例

刘超捷诉中国移动通信集团江苏有限公司徐州分公司电信服务合同纠纷案，指导案例 64 号（2016 年 6 月 30 日）

裁判要点：1. 经营者在格式合同中未明确规定对某项商品或服务的限制条件，且未能证明在订立合同时已将该限制条件明确告知消费者并获得消费者同意的，该限制条件对消费者不产生效力。

2. 电信服务企业在订立合同时未向消费者告知某项服务设定了有效期限限制，在合同履行中又以该项服务超过有效期限为由限制或停止对消费者服务的，构成违约，应当承担违约责任。

▶公报案例

《张宇、张霞诉上海亚绿实业投资有限公司商品房预售合同纠纷案》，《最高人民法院公报》2019 年第 5 期

裁判摘要：责任限制型格式条款本质上是一种风险转移约定，根据诚实信用原则，在签约时，经营者除了需要对条款内容进行重点提示，还应当对免责范围内已经显露的重大风险进行如实告知，以保护相对人的信赖利益。经营者故意隐瞒重大风险，造成相对人在信息不对称的情况下达成免责合意，应当认定相对人的真实意思表示中不包括承担被隐瞒的重大风险，免责合意的范围仅限于签约后发生的不确定风险。在后续履约中，因恶意隐瞒重大风险最终导致违约情形发生，经营者主张适用免责条款排除自身违约责任的，人民法院不予支持。

《刘超捷诉中国移动徐州分公司电信服务合同纠纷案》，《最高人民法院公报》2012 年第 10 期

裁判摘要：根据《中华人民共和国消费者权益保护法》第十九条的规定，经营者应当向消费者提供有关服务的真实信息。如经营者对其提供的某项服务业务存在限制条件，应当在订立合同时向消费者明确告知，以便消费者进行选择。电信服务企业在订立合同时未向消费者告知某项服务设定了使用期限限制，在合同履行中又以该项服务超过有效期限为由限制或停止对消费者的服务的，属于违约行为，应当承担违约责任。

《段天国诉中国人民财产保险股份有限公司南京市分公司保险合同纠纷案》，《最高人民法院公报》2011 年第 3 期

裁判摘要：根据 2002 年修订的《中华人民共和国保险法》第十七条第一款、第十八条的规定，订立保险合同，保险人应当向投保人说明保险合同的条款内容。保险合同中规定有关于保险人责任免除条款的，保险人在订立保险合同时应当向投保人明确说明，未明确说明的，该条款不产生效力。据此，保险人有义务在订立保险合同时向投保人就责任免除条款作出明确说明，前述义务是法定义务，也是特别告知义务。如果保险合同当事人对保险人是否履行该项告知义务发生争议，保险人应当提供其对有关免责条款内容做出明确解释的相关证据，否则该免责条款不产生效力。

《杨树岭诉中国平安财产保险股份有限公司天津市宝坻支公司保险合同纠纷案》，《最高人民法院公报》2007 年第 11 期

裁判摘要：一、“家庭成员”“直系血亲”“亲属”等均为法律概念，经营保险业务的保险公司无权对上述法律概念随意进行解释。“家庭”在法律上等同于户籍，“家庭成员”是指在同一户籍内永久共同生活，每个成员的经济收入都作为家庭共同财产的人。“家庭成员”与“直系血亲”“亲属”并非同一概念，具有直系血亲关系的人不一定互为家庭成员。

二、根据保险法第十八条的规定，保险合同中规定有关于保险人责任免除条款的，保险人在订立合同时应当向投保人明确说明，未明确说明的该条款无效。所谓“明确说明”，是指保险人在与投保人签订保险合同之前或者签订保险合同之时，对于保险合同所约定的免责条款，除了在保险单上提示投保人注意外，还应当对有关免责条款的概念、内容及其法律后果等以书面或者口头形式向投保人或其代理人作出解释，以使投保人明了该条款的真实含义和法律后果。

《李思佳诉西陵人保公司人身保险合同纠纷案》，《最高人民法院公报》2006 年第 7 期

裁判摘要：一、根据保险法第九十二条第二款规定，意外伤害保险属于人身保险，不适用财产保险中的“损失补偿原则”。

二、保险合同中有保险人责任免除条款的，在订立保险合同时，保险人应当向投保人明确说明；未明确说明的，该条款不产生效力，保险公司应当按照合同约定理赔。

《丰海公司与海南人保海运货物保险合同纠纷案》，《最高人民法院公报》2006 年第 5 期

裁判摘要：保险单是典型的格式合同。保险人作为提供格式合同的一方，应当遵循公平原则确定合同的权利和义务，并采取合理方式提请对方注意免除保险人责任的条款，否则该免责条款无效。

在海上运输货物保险合同中，“海洋运输货物保险条款”规定的一切险，除包括平安险和水渍险的各项责任外，还包括被保险货物在运输途中由于外来原因所致的全部或部分损失。在不存在被保险人故意或者过失的情况下，除非被保险货物的损失属于保险合同规定的保险人的除外责任，保险人应当承担运输途中外来原因所致的一切损失。

▶典型案例

《吴某诉某保险公司财产保险合同纠纷案——“免除保险人责任的条款”的范围》，《最高人民法院公布三起保险合同纠纷典型案例之三》（2013 年 6 月 7 日）

典型意义：保险人提供的格式合同文本中的责任免除条款、免赔率条款、比例赔付条款，可以认定为《保险法》第十七条第二款规定的“免除保险人责任的条款”，保险人应当尽到提示和明确说明义务。

《解释（二）》涉及条款：第九条保险人提供的格式合同文本中的责任免除条款、免赔额、免赔率、比例赔付或者给付等免除或者减轻保险人责任的条款，可以认定为保险法第十七条第二款规定的“免除保险人责任的条款”。

保险人因投保人、被保险人违反法定或者约定义务，享有解除合同权利的条款，不属于保险法第十七条第二款规定的“免除保险人责任的条款”。

第四百九十七条　【格式条款无效的情形】有下列情形之一的，该格式条款无效：

（一）具有本法第一编第六章第三节和本法第五百零六条规定的无效情形；

（二）提供格式条款一方不合理地免除或者减轻其责任、加重对方责任、限制对方主要权利；

（三）提供格式条款一方排除对方主要权利。

关联法规参见

▶**法律：**《民法典总则编》第143条至第157条，《民法典合同编》第506条，《民用航空法》第130条，《保险法》第19条，《消费者权益保护法》第26条，《海商法》第126条。

司法解释适用

《最高人民法院关于适用〈中华人民共和国民事诉讼法〉的解释》（法释〔2020〕20号修改）

新《民事诉讼法司法解释》	原《民事诉讼法司法解释》
第三十一条（原第三十一条）　经营者使用格式条款与消费者订立管辖协议，未采取合理方式提请消费者注意，消费者主张管辖协议无效的，人民法院应予支持。	

《最高人民法院关于适用〈中华人民共和国保险法〉若干问题的解释（二）》（法释〔2020〕18号修改）

新《保险法司法解释（二）》	原《保险法司法解释（二）》
第九条（原第九条）　保险人提供的格式合同文本中的责任免除条款、免赔额、免赔率、比例赔付或者给付等免除或者减轻保险人责任的条款，可以认定为保险法第十七条第二款规定的“免除保险人责任的条款”。 保险人因投保人、被保险人违反法定或者约定义务，享有解除合同权利的条款，不属于保险法第十七条第二款规定的“免除保险人责任的条款”。	
第十条　保险人将法律、行政法规中的禁止性规定情形作为保险合同免责条款的免责事由，保险人对该条款作出提示后，投保人、被保险人或者受益人以保险人未履行明确说明义务为由主张该条款不成为合同内容的，人民法院不予支持。	**第十条**　保险人将法律、行政法规中的禁止性规定情形作为保险合同免责条款的免责事由，保险人对该条款作出提示后，投保人、被保险人或者受益人以保险人未履行明确说明义务为由主张该条款不生效的，人民法院不予支持。

《最高人民法院关于审理食品药品纠纷案件适用法律若干问题的规定》（法释〔2020〕17号修改）

新《食品药品纠纷司法解释》	原《食品药品纠纷司法解释》
第十六条（原第十六条）　食品、药品的生产者与销售者以格式合同、通知、声明、告示等方式作出排除或者限制消费者权利，减轻或者免除经营者责任、加重消费者责任等对消费者不公平、不合理的规定，消费者依法请求认定该内容无效的，人民法院应予支持。	

权威案例指引

▶公报案例

《周显治、俞美芳与余姚众安房地产开发有限公司商品房销售合同纠纷案》，《最高人民法院公报》2016年第11期

裁判摘要：商品房买卖中，开发商的交房义务不仅仅局限于交钥匙，还需出示相应的证明文件，并签署房屋交接单等。合同中分别约定了逾期交房与逾期办证的违约责任，但同时又约定开发商承担了逾期交房的责任之后，逾期办证的违约责任就不予承担的，应认定该约定属于免除开发商按时办证义务的无效格式条款，开发商仍应按照合同约定承担逾期交房、逾期办证的多项违约之责。

《王玉国诉中国人寿保险公司淮安市楚州支公司保险合同纠纷案》，《最高人民法院公报》2015年第12期

裁判摘要：保险公司以保险合同格式条款限定被保险人患病时的治疗方式，既不符合医疗规律，也违背保险合同签订的目的。被保险人有权根据自身病情选择最佳的治疗方式，而不必受保险合同关于治疗方式的限制。保险公司不能以被保险人没有选择保险合同指定的治疗方式而免除自己的保险责任。

《孙宝静诉上海一定得美容有限公司服务合同纠纷案》，《最高人民法院公报》2014年第11期

裁判摘要：一、在消费者预先支付全部费用、经营者分期分次提供商品或服务的预付式消费模式中，如果经营者提供的格式条款载明“若消费者单方终止消费，则经营者对已经收费但尚未提供商品或服务部分的价款不予退还”的，该类格式条款违反我国合同法、消费者权益保护法的相关规定，应属无效。

二、在预付式消费中，如果消费者单方终止消费，经营者并无违约或过错行为的，应结合消费者过错程度、经营者已经提供的商品或服务量占约定总量的比例、约定的计价方式等因素综合确定消费者的违约责任。

《郑州二建公司诉王良础公有住房出售协议违约纠纷案》，《最高人民法院公报》2006年第11期

裁判摘要：一、建筑物区分所有权人只能在该建筑物中自己专有的部位行使所有权四项权能，未经该建筑物的其他区分所有权人和物业经营管理者、维修者许可，不得对该建筑物的共用部位行使权利。

二、公有住房售出单位对公有住房的共用部位承担着维修责任。售出单位在与公有住房买受人签订的售房协议中，为了不加重自己一方在住房售出后的维修负担，约定买受人不得实施有碍公有住房共用部位安全的行为，这样的约定没有限制买受人正当行使自己的权利，因此是合法有效的。

第四百九十八条　【格式条款的解释方法】 对格式条款的理解发生争议的，应当按照通常理解予以解释。对格式条款有两种以上解释的，应当作出不利于提供格式条款一方的解释。格式条款和非格式条款不一致的，应当采用非格式条款。

第498条

关联法规参见

▶**法律：**《保险法》第30条。

▶**行政法规：**《旅行社条例》第29条。

司法解释适用

《最高人民法院关于适用〈中华人民共和国保险法〉若干问题的解释（二）》（法释〔2020〕18号修改）

新《保险法司法解释（二）》	原《保险法司法解释（二）》
第十四条（原第十四条）　保险合同中记载的内容不一致的，按照下列规则认定： （一）投保单与保险单或者其他保险凭证不一致的，以投保单为准。但不一致的情形系经保险人说明并经投保人同意的，以投保人签收的保险单或者其他保险凭证载明的内容为准； （二）非格式条款与格式条款不一致的，以非格式条款为准； （三）保险凭证记载的时间不同的，以形成时间在后的为准； （四）保险凭证存在手写和打印两种方式的，以双方签字、盖章的手写部分的内容为准。	
第十七条（原第十七条）　保险人在其提供的保险合同格式条款中对非保险术语所作的解释符合专业意义，或者虽不符合专业意义，但有利于投保人、被保险人或者受益人的，人民法院应予认可。	

《最高人民法院关于中国人民保险公司青岛市分公司与巴拿马浮山航运有限公司船舶保险合同纠纷一案的复函》

山东省高级人民法院：

你院鲁高法函〔2002〕24号《关于中国人民保险公司青岛市分公司与巴拿马浮山航运有限公司船舶保险合同纠纷一案的请示》收悉。经研究，答复如下：

关于巴拿马浮山航运有限公司所属的“浮山”轮与“继承者”轮在青岛主航道发生的无接触碰撞是否属于船舶碰撞的问题，根据最高人民法院法发〔1995〕17号《关于审理船船碰撞和触碰案件财产损害赔偿的规定》第十六条的规定，船舶碰撞包括两艘或者两艘以上船舶之间发生接触或者无接触的碰撞。“浮山”轮投保了“一切险”，船舶保险条款属于格式条款，该条款第一条订明的碰撞责任包括因被保险船舶与其他船舶碰撞而引起被保险人应负的法律赔偿责任，订立船舶保险合同时保险人并未向被保险人明示船舶碰撞排除无接触碰撞。根据诚信原则和《中华人民共和国和合同法》第四十一条的规定，对格式条款有两种以上解释的，应当作出不利于提供格式条款一方的解释。因此，本案船舶保险条款所指碰撞应当包括无接触碰撞。

此复

权威案例指引

▶公报案例

《曹连成、胡桂兰、曹新建、曹显忠诉民生人寿保险股份有限公司江苏分公司保险合同纠纷案》，《最高人民法院公报》2014 年第 10 期

裁判摘要：在保险人责任免除条款及保险条款释义中，没有对机动车的认定标准作出规定的情况下，基于轻便摩托车生产厂家产品说明书、产品检验合格证（均显示该车为助力车）的误导，以及被保险人客观上无法取得机动车号牌的事实，作出案涉车辆不属于保险人免责条款中所规定的机动车之解释，符合一个普通车辆购买人及使用人的认知标准，应作出有利于被保险人的解释，案涉车辆应认定为不属于保险人免责条款中所规定的机动车。此时，被保险人在不领取驾驶证的情况下驾驶上述车辆，亦不属于免责条款规定的无证驾驶情形。

《徐蕾诉中汇房产公司财产所有权纠纷案》，《最高人民法院公报》2005 年第 9 期

裁判摘要：根据合同法第四十一条的规定，承租人和出租人没有协商免除出租人退还押金的义务，出租人以双方签署的由其提供的解除房屋租赁关系格式合同中有“双方再无经济关系”的约定为由，拒绝退还押金，承租人提出异议的，出租人不能免除退还押金的义务。

▶典型案例

《作为格式合同的“一对众”互联网视频服务协议不应排除或限制消费者权利——吴声威与北京爱奇艺科技有限公司网络服务合同纠纷案》，《最高人民法院发布 2020 年全国法院十大商事案例之一》（2021 年 2 月 10 日）

典型意义与专家点评：本案涉及网络服务平台经营者创新商业模式的合法性问题。案件的裁判对于如何妥当以“公平原则”规范格式条款的运用具有标杆意义，对于网络服务平台经营者制定和提供格式条款起到了规范指引作用，有力维护了网络用户的合法权益。

在本案审理过程中，法院巧妙运用合同法的既有规则来应对和解决互联网时代商业模式创新引发的新争议。实践中，网络服务平台经营者往往利用格式条款提供方的优势地位，在用户“点击即同意”的格式合同中为自己设置可以单方变更合同的权利。就此类条款的效力，有观点认为，应当认定无效，原因在于不能赋予网络服务平台经营者单方变更合同的权

利，这会危及不特定用户的合法权益，损害社会公共利益；有观点认为，不能一概而论，应当根据网络服务平台经营者单方变更后的条款内容，进行具体判断。相较而论，后一种观点更为稳妥恰当。在本案审理的过程中，法院立足协调兼顾互联网产业的未来发展与用户权益的妥当保护，在尊重网络服务平台经营者创新商业模式的基础上，一方面认可本案被告通过格式条款为自己设置单方变更权条款的效力，另一方面又强调单方变更权的行使必须受到公平原则的制约，必须建立在不损害用户合法权益的基础上。如果单方变更权行使后形成的合同条款，不当地克减了用户的主要权利，就应当认定此类合同条款损害社会公共利益，属于无效。

本案之所以备受关注，原因在于一方面公众在案件审理的过程中通过法院的庭审直播和判决书的公布，"围观了"特定用户维护自己看似"细微"权益的历程，不仅仅是看了"热闹"，也收获了"启蒙"，认识到用户的合法权益无论多小都将受到法律的关注和保护；另一方面网络服务平台的经营者也应当通过本案的审理意识到在探索新型商业模式的进程中必须遵循公平原则、尊重用户感受、遵守法律规定。本案通过对网络服务平台格式条款有效性的审查，起到了对服务平台行业进行规制的示范效应，对于保障互联网平台行业的健康发展也发挥了无可替代的作用。

特别值得一提的是，北京互联网法院借助本案，对涉众服务合同纠纷的妥善化解路径进行了有益尝试。基于网络服务平台"一对众"的特有产业模式，一审判决生效后，北京互联网法院及时向北京市市场监督管理局发送了司法建议。北京市市场监督管理局以行政监管方式督促被告对其他存在类似情况的用户进行补偿，有效化解纠纷，避免了大量产生同类诉讼，借助"府院联动"的方式，本案判决的示范效应也会得到进一步扩大。这一做法，值得推广。

第四百九十九条　【悬赏广告支付报酬规则】 悬赏人以公开方式声明对完成特定行为的人支付报酬的，完成该行为的人可以请求其支付。

第五百条　【缔约过失责任】 当事人在订立合同过程中有下列情形之一，造成对方损失的，应当承担赔偿责任：

（一）假借订立合同，恶意进行磋商；

（二）故意隐瞒与订立合同有关的重要事实或者提供虚假情况；

（三）有其他违背诚信原则的行为。

权威案例指引

▶公报案例

《深圳市标榜投资发展有限公司与鞍山市财政局股权转让纠纷案》，《最高人民法院公报》2017年第12期

裁判摘要： 一、合同约定生效要件为报批允准，承担报批义务方不履行报批义务的，应

当承担缔约过失责任。

二、缔约过失人获得利益以善意相对人丧失交易机会为代价，善意相对人要求缔约过失人赔偿的，人民法院应予支持。

三、除直接损失外，缔约过失人对善意相对人的交易机会损失等间接损失，应予赔偿。间接损失数额应考虑缔约过失人过错程度及获得利益情况、善意相对人成本支出及预期利益等，综合衡量确定。

第五百零一条　【合同缔结人的保密义务】当事人在订立合同过程中知悉的商业秘密或者其他应当保密的信息，无论合同是否成立，不得泄露或者不正当地使用；泄露、不正当地使用该商业秘密或者信息，造成对方损失的，应当承担赔偿责任。

第501条

关联法规参见

▶**法律：**《反不正当竞争法》第9条、第21条。

司法解释适用

《最高人民法院关于审理不正当竞争民事案件应用法律若干问题的解释》（法释〔2020〕19号修改）

新《不正当竞争民事案件司法解释》	原《不正当竞争民事案件司法解释》
第九条（原第九条）　有关信息不为其所属领域的相关人员普遍知悉和容易获得，应当认定为反不正当竞争法第十条第三款规定的“不为公众所知悉”。 具有下列情形之一的，可以认定有关信息不构成不为公众所知悉： （一）该信息为其所属技术或者经济领域的人的一般常识或者行业惯例； （二）该信息仅涉及产品的尺寸、结构、材料、部件的简单组合等内容，进入市场后相关公众通过观察产品即可直接获得； （三）该信息已经在公开出版物或者其他媒体上公开披露； （四）该信息已通过公开的报告会、展览等方式公开； （五）该信息从其他公开渠道可以获得； （六）该信息无需付出一定的代价而容易获得。	
第十条（原第十条）　有关信息具有现实的或者潜在的商业价值，能为权利人带来竞争优势的，应当认定为反不正当竞争法第十条第三款规定的“能为权利人带来经济利益、具有实用性”。	
第十一条（原第十一条）　权利人为防止信息泄漏所采取的与其商业价值等具体情况相适应的合理保护措施，应当认定为反不正当竞争法第十条第三款规定的“保密措施”。	

<table>
<tr><th>新《不正当竞争民事案件司法解释》</th><th>原《不正当竞争民事案件司法解释》</th></tr>
<tr><td colspan="2">人民法院应当根据所涉信息载体的特性、权利人保密的意愿、保密措施的可识别程度、他人通过正当方式获得的难易程度等因素，认定权利人是否采取了保密措施。
具有下列情形之一，在正常情况下足以防止涉密信息泄漏的，应当认定权利人采取了保密措施：
（一）限定涉密信息的知悉范围，只对必须知悉的相关人员告知其内容；
（二）对于涉密信息载体采取加锁等防范措施；
（三）在涉密信息的载体上标有保密标志；
（四）对于涉密信息采用密码或者代码等；
（五）签订保密协议；
（六）对于涉密的机器、厂房、车间等场所限制来访者或者提出保密要求；
（七）确保信息秘密的其他合理措施。</td></tr>
<tr><td colspan="2">第十二条（原第十二条）　通过自行开发研制或者反向工程等方式获得的商业秘密，不认定为反不正当竞争法第十条第（一）、（二）项规定的侵犯商业秘密行为。
前款所称“反向工程”，是指通过技术手段对从公开渠道取得的产品进行拆卸、测绘、分析等而获得该产品的有关技术信息。当事人以不正当手段知悉了他人的商业秘密之后，又以反向工程为由主张获取行为合法的，不予支持。</td></tr>
<tr><td colspan="2">第十三条（原第十三条）　商业秘密中的客户名单，一般是指客户的名称、地址、联系方式以及交易的习惯、意向、内容等构成的区别于相关公知信息的特殊客户信息，包括汇集众多客户的客户名册，以及保持长期稳定交易关系的特定客户。
客户基于对职工个人的信赖而与职工所在单位进行市场交易，该职工离职后，能够证明客户自愿选择与自己或者其新单位进行市场交易的，应当认定没有采用不正当手段，但职工与原单位另有约定的除外。</td></tr>
<tr><td colspan="2">第十四条（原第十四条）　当事人指称他人侵犯其商业秘密的，应当对其拥有的商业秘密符合法定条件、对方当事人的信息与其商业秘密相同或者实质相同以及对方当事人采取不正当手段的事实负举证责任。其中，商业秘密符合法定条件的证据，包括商业秘密的载体、具体内容、商业价值和对该项商业秘密所采取的具体保密措施等。</td></tr>
</table>

《最高人民法院关于审理侵犯商业秘密民事案件适用法律若干问题的规定》

第三条　权利人请求保护的信息在被诉侵权行为发生时不为所属领域的相关人员普遍知悉和容易获得的，人民法院应当认定为反不正当竞争法第九条第四款所称的不为公众所知悉。

第四条　具有下列情形之一的，人民法院可以认定有关信息为公众所知悉：

（一）该信息在所属领域属于一般常识或者行业惯例的；

（二）该信息仅涉及产品的尺寸、结构、材料、部件的简单组合等内容，所属领域的相关人员通过观察上市产品即可直接获得的；

（三）该信息已经在公开出版物或者其他媒体上公开披露的；

（四）该信息已通过公开的报告会、展览等方式公开的；

（五）所属领域的相关人员从其他公开渠道可以获得该信息的。

将为公众所知悉的信息进行整理、改进、加工后形成的新信息，符合本规定第三条规定的，应当认定该新信息不为公众所知悉。

第五条　权利人为防止商业秘密泄露，在被诉侵权行为发生以前所采取的合理保密措施，人民法院应当认定为反不正当竞争法第九条第四款所称的相应保密措施。

人民法院应当根据商业秘密及其载体的性质、商业秘密的商业价值、保密措施的可识别程度、保密措施与商业秘密的对应程度以及权利人的保密意愿等因素，认定权利人是否采取了相应保密措施。

第六条　具有下列情形之一，在正常情况下足以防止商业秘密泄露的，人民法院应当认定权利人采取了相应保密措施：

（一）签订保密协议或者在合同中约定保密义务的；

（二）通过章程、培训、规章制度、书面告知等方式，对能够接触、获取商业秘密的员工、前员工、供应商、客户、来访者等提出保密要求的；

（三）对涉密的厂房、车间等生产经营场所限制来访者或者进行区分管理的；

（四）以标记、分类、隔离、加密、封存、限制能够接触或者获取的人员范围等方式，对商业秘密及其载体进行区分和管理的；

（五）对能够接触、获取商业秘密的计算机设备、电子设备、网络设备、存储设备、软件等，采取禁止或者限制使用、访问、存储、复制等措施的；

（六）要求离职员工登记、返还、清除、销毁其接触或者获取的商业秘密及其载体，继续承担保密义务的；

（七）采取其他合理保密措施的。

第七条　权利人请求保护的信息因不为公众所知悉而具有现实的或者潜在的商业价值的，人民法院经审查可以认定为反不正当竞争法第九条第四款所称的具有商业价值。

生产经营活动中形成的阶段性成果符合前款规定的，人民法院经审查可以认定该成果具有商业价值。

第八条　被诉侵权人以违反法律规定或者公认的商业道德的方式获取权利人的商业秘密的，人民法院应当认定属于反不正当竞争法第九条第一款所称的以其他不正当手段获取权利人的商业秘密。

第九条　被诉侵权人在生产经营活动中直接使用商业秘密，或者对商业秘密进行修改、改进后使用，或者根据商业秘密调整、优化、改进有关生产经营活动的，人民法院应当认定属于反不正当竞争法第九条所称的使用商业秘密。

第十条　当事人根据法律规定或者合同约定所承担的保密义务，人民法院应当认定属于反不正当竞争法第九条第一款所称的保密义务。

当事人未在合同中约定保密义务，但根据诚信原则以及合同的性质、目的、缔约过程、交易习惯等，被诉侵权人知道或者应当知道其获取的信息属于权利人的商业秘密的，人民法院应当认定被诉侵权人对其获取的商业秘密承担保密义务。

第十三条 被诉侵权信息与商业秘密不存在实质性区别的，人民法院可以认定被诉侵权信息与商业秘密构成反不正当竞争法第三十二条第二款所称的实质上相同。

人民法院认定是否构成前款所称的实质上相同，可以考虑下列因素：

（一）被诉侵权信息与商业秘密的异同程度；

（二）所属领域的相关人员在被诉侵权行为发生时是否容易想到被诉侵权信息与商业秘密的区别；

（三）被诉侵权信息与商业秘密的用途、使用方式、目的、效果等是否具有实质性差异；

（四）公有领域中与商业秘密相关信息的情况；

（五）需要考虑的其他因素。

第十四条 通过自行开发研制或者反向工程获得被诉侵权信息的，人民法院应当认定不属于反不正当竞争法第九条规定的侵犯商业秘密行为。

前款所称的反向工程，是指通过技术手段对从公开渠道取得的产品进行拆卸、测绘、分析等而获得该产品的有关技术信息。

被诉侵权人以不正当手段获取权利人的商业秘密后，又以反向工程为由主张未侵犯商业秘密的，人民法院不予支持。

第十六条 经营者以外的其他自然人、法人和非法人组织侵犯商业秘密，权利人依据反不正当竞争法第十七条的规定主张侵权人应当承担的民事责任的，人民法院应予支持。

第三章　合同的效力

第五百零二条　【合同生效时间；未办理批准手续的处理规则】 依法成立的合同，自成立时生效，但是法律另有规定或者当事人另有约定的除外。

依照法律、行政法规的规定，合同应当办理批准等手续的，依照其规定。未办理批准等手续影响合同生效的，不影响合同中履行报批等义务条款以及相关条款的效力。应当办理申请批准等手续的当事人未履行义务的，对方可以请求其承担违反该义务的责任。

依照法律、行政法规的规定，合同的变更、转让、解除等情形应当办理批准等手续的，适用前款规定。

关联法规参见

▶**法律**：《民法典总则编》第119条、第136条、第215条，《民法典物权编》第402条、第404条、第441条、第443条，《城市房地产管理法》第44条，《民用航空法》第14条，《海商法》第13条。

▶**行政法规**：《外汇管理条例》第19条。

司法解释适用

《最高人民法院关于适用〈中华人民共和国民法典〉有关担保制度的解释》（法释〔2020〕28号）

<table>
<tr><th>《民法典担保制度司法解释》</th><th>原《担保法司法解释》</th></tr>
<tr><td colspan="2">删除条文

~~第六条　有下列情形之一的，对外担保合同无效：~~
~~（一）未经国家有关主管部门批准或者登记对外担保的；~~
~~（二）未经国家有关主管部门批准或者登记，为境外机构向境内债权人提供担保的；~~
~~（三）为外商投资企业注册资本、外商投资企业中的外方投资部分的对外债务提供担保的；~~
~~（四）无权经营外汇担保业务的金融机构、无外汇收入的非金融性质的企业法人提供外汇担保的；~~
~~（五）主合同变更或者债权人将对外担保合同项下的权利转让，未经担保人同意和国家有关主管部门批准的，担保人不再承担担保责任。但法律、法规另有规定的除外。~~</td></tr>
<tr><td>第四十九条　以违法的建筑物抵押的，抵押合同无效，但是一审法庭辩论终结前已经办理合法手续的除外。抵押合同无效的法律后果，依照本解释第十七条的有关规定处理。
当事人以建设用地使用权依法设立抵押，抵押人以土地上存在违法的建筑物为由主张抵押合同无效的，人民法院不予支持。</td><td>第四十八条　以法定程序确认为违法、违章的建筑物抵押的，抵押无效。
第四十九条　以尚未办理权属证书的财产抵押的，在第一审法庭辩论终结前能够提供权利证书或者补办登记手续的，可以认定抵押有效。
当事人未办理抵押物登记手续的，不得对抗第三人。</td></tr>
<tr><td colspan="2">新增条文

第五十二条　当事人办理抵押预告登记后，预告登记权利人请求就抵押财产优先受偿，经审查存在尚未办理建筑物所有权首次登记、预告登记的财产与办理建筑物所有权首次登记时的财产不一致、抵押预告登记已经失效等情形，导致不具备办理抵押登记条件的，人民法院不予支持；经审查已经办理建筑物所有权首次登记，且不存在预告登记失效等情形的，人民法院应予支持，并应当认定抵押权自预告登记之日起设立。
当事人办理了抵押预告登记，抵押人破产，经审查抵押财产属于破产财产，预告登记权利人主张就抵押财产优先受偿的，人民法院应当在受理破产申请时抵押财产的价值范围内予以支持，但是在人民法院受理破产申请前一年内，债务人对没有财产担保的债务设立抵押预告登记的除外。</td></tr>
</table>

《最高人民法院关于审理技术合同纠纷案件适用法律若干问题的解释》（法释〔2020〕19号修改）

<table>
<tr><th>新《技术合同纠纷司法解释》</th><th>原《技术合同纠纷司法解释》</th></tr>
<tr><td colspan="2"> 第八条（原第八条）　生产产品或者提供服务依法须经有关部门审批或者取得行政许可，而未经审批或者许可的，不影响当事人订立的相关技术合同的效力。 当事人对办理前款所称审批或者许可的义务没有约定或者约定不明确的，人民法院应当判令由实施技术的一方负责办理，但法律、行政法规另有规定的除外。 </td></tr>
</table>

《最高人民法院关于审理外商投资企业纠纷案件若干问题的规定（一）》（法释〔2020〕18号修改）

<table>
<tr><th>新《外商投资企业纠纷规定（一）》</th><th>原《外商投资企业纠纷规定（一）》</th></tr>
<tr><td colspan="2"> 第一条（原第一条）　当事人在外商投资企业设立、变更等过程中订立的合同，依法律、行政法规的规定应当经外商投资企业审批机关批准后才生效的，自批准之日起生效；未经批准的，人民法院应当认定该合同未生效。当事人请求确认该合同无效的，人民法院不予支持。 前款所述合同因未经批准而被认定未生效的，不影响合同中当事人履行报批义务条款及因该报批义务而设定的相关条款的效力。 </td></tr>
<tr><td colspan="2"> 第二条（原第二条）　当事人就外商投资企业相关事项达成的补充协议对已获批准的合同不构成重大或实质性变更的，人民法院不应以未经外商投资企业审批机关批准为由认定该补充协议未生效。 前款规定的重大或实质性变更包括注册资本、公司类型、经营范围、营业期限、股东认缴的出资额、出资方式的变更以及公司合并、公司分立、股权转让等。 </td></tr>
<tr><td> 第十三条　外商投资企业股东与债权人订立的股权质押合同，除法律、行政法规另有规定或者合同另有约定外，自成立时生效。未办理质权登记的，不影响股权质押合同的效力。 当事人仅以股权质押合同未经外商投资企业审批机关批准为由主张合同无效或未生效的，人民法院不予支持。 股权质押合同依照民法典的相关规定办理了出质登记的，股权质权自登记时设立。 </td><td> 第十三条　外商投资企业股东与债权人订立的股权质押合同，除法律、行政法规另有规定或者合同另有约定外，自成立时生效。未办理质权登记的，不影响股权质押合同的效力。 当事人仅以股权质押合同未经外商投资企业审批机关批准为由主张合同无效或未生效的，人民法院不予支持。 股权质押合同依照物权法的相关规定办理了出质登记的，股权质权自登记时设立。 </td></tr>
<tr><td colspan="2"> 第十五条（原第十五条）　合同约定一方实际投资、另一方作为外商投资企业名义股东，不具有法律、行政法规规定的无效情形的，人民法院应认定该合同有效。一方当事人仅以未经外商投资企业审批机关批准为由主张该合同无效或者未生效的，人民法院不予支持。 </td></tr>
</table>

<table>
<tr><th>新《外商投资企业纠纷规定（一）》</th><th>原《外商投资企业纠纷规定（一）》</th></tr>
<tr><td colspan="2">实际投资者请求外商投资企业名义股东依据双方约定履行相应义务的，人民法院应予支持。
双方未约定利益分配，实际投资者请求外商投资企业名义股东向其交付从外商投资企业获得的收益的，人民法院应予支持。外商投资企业名义股东向实际投资者请求支付必要报酬的，人民法院应酌情予以支持。</td></tr>
</table>

《最高人民法院关于审理与企业改制相关的民事纠纷案件若干问题的规定》（法释〔2020〕18号修改）

<table>
<tr><th>新《企业改制民事纠纷案件规定》</th><th>原《企业改制民事纠纷案件规定》</th></tr>
<tr><td colspan="2">第十七条（原第十七条）　以协议转让形式出售企业，企业出售合同未经有审批权的地方人民政府或其授权的职能部门审批的，人民法院在审理相关的民事纠纷案件时，应当确认该企业出售合同不生效。</td></tr>
</table>

《最高人民法院关于审理融资租赁合同纠纷案件适用法律问题的解释》（法释〔2020〕17号修改）

<table>
<tr><th>新《融资租赁合同纠纷司法解释》</th><th>原《融资租赁合同纠纷司法解释》</th></tr>
<tr><td colspan="2">删除条文
<s>第三条　根据法律、行政法规规定，承租人对于租赁物的经营使用应当取得行政许可的，人民法院不应仅以出租人未取得行政许可为由认定融资租赁合同无效。</s></td></tr>
</table>

《最高人民法院关于国有土地开荒后用于农耕的土地使用权转让合同纠纷案件如何适用法律问题的批复》（法释〔2020〕17号修改）

新《最高人民法院关于国有土地开荒后用于农耕的土地使用权转让合同纠纷案件如何适用法律问题的批复》	原《最高人民法院关于国有土地开荒后用于农耕的土地使用权转让合同纠纷案件如何适用法律问题的批复》
甘肃省高级人民法院： 你院《关于对国有土地经营权转让如何适用法律的请示》（甘高法〔2010〕84号）收悉。经研究，答复如下： 开荒后用于农耕而未交由农民集体使用的国有土地，不属于《中华人民共和国农村土地承包法》第二条规定的农村土地。此类土地使用权的转让，不适用《中华人民共和国农村土地承包法》的规定，应适用<u>《中华人民共和国民法典》</u>和《中华人民共和国土地管理法》等相关法律规定加以规范。	甘肃省高级人民法院： 你院《关于对国有土地经营权转让如何适用法律的请示》（甘高法〔2010〕84号）收悉。经研究，答复如下： 开荒后用于农耕而未交由农民集体使用的国有土地，不属于《中华人民共和国农村土地承包法》第二条规定的农村土地。此类土地使用权的转让，不适用《中华人民共和国农村土地承包法》的规定，应适用<u>《中华人民共和国合同法》</u>和《中华人民共和国土地管理法》等相关法律规定加以规范。

新《最高人民法院关于国有土地开荒后用于农耕的土地使用权转让合同纠纷案件如何适用法律问题的批复》	原《最高人民法院关于国有土地开荒后用于农耕的土地使用权转让合同纠纷案件如何适用法律问题的批复》
对于国有土地开荒后用于农耕的土地使用权转让合同，不违反法律、行政法规的强制性规定的，当事人仅以转让方未取得土地使用权证书为由请求确认合同无效的，人民法院依法不予支持；当事人根据合同约定主张对方当事人履行办理土地使用权证书义务的，人民法院依法应予支持。	对于国有土地开荒后用于农耕的土地使用权转让合同，不违反法律、行政法规的强制性规定的，当事人仅以转让方未取得土地使用权证书为由请求确认合同无效的，人民法院依法不予支持；当事人根据合同约定主张对方当事人履行办理土地使用权证书义务的，人民法院依法应予支持。

《最高人民法院关于审理城镇房屋租赁合同纠纷案件具体应用法律若干问题的解释》（法释〔2020〕17号修改）

<table>
<tr><th>新《城镇房屋租赁合同纠纷司法解释》</th><th>原《城镇房屋租赁合同纠纷司法解释》</th></tr>
<tr><td colspan="2">删除条文

~~**第四条**　当事人以房屋租赁合同未按照法律、行政法规规定办理登记备案手续为由，请求确认合同无效的，人民法院不予支持。~~
~~当事人约定以办理登记备案手续为房屋租赁合同生效条件的，从其约定。但当事人一方已经履行主要义务，对方接受的除外。~~</td></tr>
</table>

《最高人民法院关于审理涉及农村土地承包纠纷案件适用法律问题的解释》（法释〔2020〕17号修改）

新《农村土地承包纠纷司法解释》	原《农村土地承包纠纷司法解释》
第十四条　承包方依法采取出租、入股或者其他方式流转土地经营权，发包方仅以该土地经营权流转合同未报其备案为由，请求确认合同无效的，不予支持。	**第十四条**　承包方依法采取~~转包、~~出租、互换或者其他方式流转土地承包经营权，发包方仅以该土地承包经营权流转合同未报其备案为由，请求确认合同无效的，不予支持。

《最高人民法院关于审理商品房买卖合同纠纷案件适用法律若干问题的解释》（法释〔2020〕17号修改）

<table>
<tr><th>新《商品房买卖合同纠纷司法解释》</th><th>原《商品房买卖合同纠纷司法解释》</th></tr>
<tr><td colspan="2">第六条（原第六条）　当事人以商品房预售合同未按照法律、行政法规规定办理登记备案手续为由，请求确认合同无效的，不予支持。
当事人约定以办理登记备案手续为商品房预售合同生效条件的，从其约定，但当事人一方已经履行主要义务，对方接受的除外。</td></tr>
</table>

《最高人民法院关于适用〈中华人民共和国民法典〉时间效力的若干规定》（法释〔2020〕15号）

《民法典时间效力规定》	
新增条文 **第八条**　民法典施行前成立的合同，适用当时的法律、司法解释的规定合同无效而适用民法典的规定合同有效的，适用民法典的相关规定。	

《最高人民法院关于审理金融资产管理公司利用外资处置不良债权案件涉及对外担保合同效力问题的通知》

各省、自治区、直辖市高级人民法院，解放军军事法院，新疆维吾尔自治区高级人民法院生产建设兵团分院：

为正确审理金融资产管理公司利用外资处置不良债权的案件，充分保护各方当事人的权益，经征求国家有关主管部门意见，现将利用外资处置不良债权涉及担保合同效力的有关问题通知如下，各级人民法院在审理本通知发布后尚未审结及新受理的案件时应遵照执行：

一、2005年1月1日之后金融资产管理公司利用外资处置不良债权，向外国投资者出售或转让不良资产，外国投资者受让债权之后向人民法院提起诉讼，要求债务人及担保人直接向其承担责任的案件，由于债权人变更为外国投资者，使得不良资产中含有的原国内性质的担保具有了对外担保的性质，该类担保有其自身的特性，国家有关主管部门对该类担保的审查采取较为宽松的政策。如果当事人提供证据证明依照《国家外汇管理局关于金融资产管理公司利用外资处置不良资产有关外汇管理问题的通知》（汇发〔2004〕119号）第六条规定，金融资产管理公司通知了原债权债务合同的担保人，外国投资者或其代理人在办理不良资产转让备案登记时提交的材料中注明了担保的具体情况，并经国家外汇管理局分局、管理部审核后办理不良资产备案登记的，人民法院不应以转让未经担保人同意或者未经国家有关主管部门批准或者登记为由认定担保合同无效。

二、外国投资者或其代理人办理不良资产转让备案登记时，向国家外汇管理局分局、管理部提交的材料中应逐笔列明担保的情况，未列明的，视为担保未予登记。当事人在一审法庭辩论终结前向国家外汇管理局分局、管理部补交了注明担保具体情况的不良资产备案材料的，人民法院不应以未经国家有关主管部门批准或者登记为由认定担保合同无效。

三、对于因2005年1月1日之前金融资产管理公司利用外资处置不良债权而产生的纠纷案件，如果当事人能够提供证据证明依照当时的规定办理了相关批准、登记手续的，人民法院不应以未经国家有关主管部门批准或者登记为由认定担保合同无效。

权威案例指引

▶公报案例

《陈允斗与宽甸满族自治县虎山镇老边墙村民委员会采矿权转让合同纠纷案》，《最高人民法院公报》2012年第3期

裁判摘要：一、租赁采矿权属于一种特殊的矿业权转让方式，采矿权转让合同属于批准

后才生效的合同。根据国务院《探矿权采矿权转让管理办法》第十条第三款的规定，出租采矿权须经有权批准的机关审批，批准转让的，转让合同自批准之日起生效。

二、诉讼中，采矿权租赁合同未经批准，人民法院应认定该合同未生效。采矿权合同虽未生效，但合同约定的报批条款依然有效。如果一方当事人据此请求对方继续履行报批义务，人民法院经审查认为客观条件允许的，对其请求应予支持；继续报批缺乏客观条件的，依法驳回其请求。

《香港锦程投资有限公司与山西省心血管疾病医院、第三人山西寰能科贸有限公司中外合资经营企业合同纠纷案》，《最高人民法院公报》2010 年第 12 期

裁判摘要：《中华人民共和国中外合资经营企业法实施条例》第十四条规定："合营企业协议、合同和章程经审批机构批准后生效，其修改时同。"当事人在履行合营企业协议或合同的过程中达成的补充协议，虽然属于对原合同的修改，但其效力应当结合案情全面加以分析。如果补充协议内容不涉及必须报经审批机关审批的事项，对于已获批准的合营企业协议不构成实质性变更的，一方当事人仅以补充协议未经审批机关审批为由主张协议内容无效的，人民法院不予支持。

《广州市仙源房地产股份有限公司与广东中大中鑫投资策划有限公司、广州远兴房产有限公司、中国投资集团国际理财有限公司股权转让纠纷案》，《最高人民法院公报》2010 年第 8 期

裁判摘要：一、合作者一方转让其在中外合作企业合同中的权利、义务，转让合同成立后未报审批机关批准的，合同效力应确定为未生效，而非无效。

二、即使转让合同未经批准，仍应认定"报批"义务在合同成立时即已产生，否则当事人可通过肆意不办理或不协助办理"报批"手续而恶意阻止合同生效，有悖于诚实信用原则。

三、最高人民法院《关于适用〈中华人民共和国合同法〉若干问题的解释（二）》第八条规定，有义务办理申请批准手续的一方当事人未按照法律规定或者合同约定办理申请批准手续的，人民法院可以判决相对人自行办理有关手续，对方当事人对由此产生的费用和给相对人造成的实际损失，应当承担损害赔偿责任。据此，人民法院也可以根据当事人的请求判决义务人履行报请审批机关批准的义务。

▶典型案例

《陈付全与确山县团山矿业开发有限公司采矿权转让合同纠纷案》，《人民法院关于依法审理矿业权民事纠纷案件典型案例之三》（2016 年 7 月 12 日）

典型意义：对矿业权的转让进行审批，是国家规范矿业权有序流转，实现矿产资源科学保护、合理开发的重要制度。矿业权转让合同未经国土资源主管部门批准并办理矿业权变更登记手续，不发生矿业权物权变动的效力，但应确认转让合同中的报批义务条款自合同成立时起即具有法律效力，报批义务人应依约履行。在转让合同不具有法定无效情形且报批义务具备履行条件的情况下，相对人有权请求报批义务人履行报批义务；人民法院依据案件事实和相对人的请求，也可以判决由相对人自行办理报批手续。允许相对人自行办理报批手续既符合诚实信用和鼓励交易的原则，也有利于衡平双方当事人的利益。

《四川省宝兴县大坪大理石矿与李竞采矿权承包合同纠纷案》，《人民法院关于依法审理矿业权民事纠纷案件典型案例之四》（2016 年 7 月 12 日）

典型意义：我国矿产资源相关法律、行政法规禁止以承包形式转让采矿权。实践中，应区分以承包形式转让采矿权和采矿权承包两种流转方式的不同。当事人签订采矿权承包合同，约定发包人放弃对矿山的管理，除收取固定费用或者收益外不再履行作为采矿权人的全部法定义务，亦不再承担任何法律责任的，应认定为以承包形式转让采矿权。若当事人签订采矿权承包合同，同意他人与之共同进行采掘活动或者将开采权中所包含的经营管理权属赋予他人，但采矿权的权利主体不发生变更，发包人作为采矿权人不退出矿山管理，继续履行采矿权人的法定义务、承担相应法律责任的，在不违反法律、行政法规强制性规定的情况下，应依法确认其效力。

《资中县鸿基矿业公司、何盛华与吕志鸿劳务承包合同纠纷案》，《人民法院关于依法审理矿业权民事纠纷案件典型案例之五》（2016 年 7 月 12 日）

典型意义：劳务承包在矿山企业的生产经营中大量存在，恰当认定承包合同的性质和效力有利于稳定交易秩序和维护交易安全。采矿权人将采矿任务发包给承包人完成，向承包人给付一定的劳务报酬，享有承包人的劳务成果的，其性质应认定为劳务承包合同。矿产资源勘查、开采的劳务承包不发生采矿权人主体的变更，不属于以承包形式转让采矿权，不受合同须经国土资源主管部门批准始生效的法律规制，在不违反法律、行政法规强制性规定的情况下，合同应确认合法有效。

《朗益春与彭光辉、南华县星辉矿业有限公司采矿权合作合同纠纷案》，《人民法院关于依法审理矿业权民事纠纷案件典型案例之六》（2016 年 7 月 12 日）

典型意义：矿业权合作合同履行中，矿业权人未放弃矿山经营管理，继续履行其法定义务并承担相应法律责任，矿业权主体并未发生变更的，不构成矿业权变相转让，合作合同不受自国土资源主管部门批准之日起生效的法律限制。当事人以未办理审批手续为由请求确认合作合同无效或者未生效的，人民法院不予支持。矿业权民事纠纷案件中，合同效力之争较为常见，尤其在当事人主张和人民法院认定不一致的情况下，人民法院应根据诉讼经济和利益衡平原则，结合具体案件事实和诉讼请求，准确界定合同性质、正确评价合同效力。

第五百零三条　【无权代理人订立合同的法律后果】无权代理人以被代理人的名义订立合同，被代理人已经开始履行合同义务或者接受相对人履行的，视为对合同的追认。

第五百零四条　【因代表行为订立的合同效力：法定代表人超越权限订立合同的效力】法人的法定代表人或者非法人组织的负责人超越权限订立的合同，除相对人知道或者应当知道其超越权限外，该代表行为有效，订立的合同对法人或者非法人组织发生效力。

关联法规参见

▶法律：《民法典总则编》第61条。

司法解释适用

《最高人民法院关于适用〈中华人民共和国民法典〉有关担保制度的解释》（法释〔2020〕28号）

《民法典担保制度司法解释》	原《担保法司法解释》
第七条 公司的法定代表人违反公司法关于公司对外担保决议程序的规定，超越权限代表公司与相对人订立担保合同，人民法院应当依照民法典第六十一条和第五百零四条等规定处理： （一）相对人善意的，担保合同对公司发生效力；相对人请求公司承担担保责任的，人民法院应予支持。 （二）相对人非善意的，担保合同对公司不发生效力；相对人请求公司承担赔偿责任的，参照适用本解释第十七条的有关规定。 法定代表人超越权限提供担保造成公司损失，公司请求法定代表人承担赔偿责任的，人民法院应予支持。 第一款所称善意，是指相对人在订立担保合同时不知道且不应当知道法定代表人超越权限。相对人有证据证明已对公司决议进行了合理审查，人民法院应当认定其构成善意，但是公司有证据证明相对人知道或者应当知道决议系伪造、变造的除外。	**第四条** 董事、经理违反《中华人民共和国公司法》第六十条的规定，以公司资产为本公司的股东或者其他个人债务提供担保的，担保合同无效。除债权人知道或者应当知道的外，债务人、担保人应当对债权人的损失承担连带赔偿责任。 **第十一条** 法人或者其他组织的法定代表人、负责人超越权限订立的担保合同，除相对人知道或者应当知道其超越权限的以外，该代表行为有效。
新增条文 **第八条** 有下列情形之一，公司以其未依照公司法关于公司对外担保的规定作出决议为由主张不承担担保责任的，人民法院不予支持： （一）金融机构开立保函或者担保公司提供担保； （二）公司为其全资子公司开展经营活动提供担保； （三）担保合同系由单独或者共同持有公司三分之二以上对担保事项有表决权的股东签字同意。 上市公司对外提供担保，不适用前款第二项、第三项的规定。 **第九条** 相对人根据上市公司公开披露的关于担保事项已经董事会或者股东大会决议通过的信息，与上市公司订立担保合同，相对人主张担保合同对上市公司发生效力，并由上市公司承担担保责任的，人民法院应予支持。	

《民法典担保制度司法解释》	原《担保法司法解释》
相对人未根据上市公司公开披露的关于担保事项已经董事会或者股东大会决议通过的信息，与上市公司订立担保合同，上市公司主张担保合同对其不发生效力，且不承担担保责任或者赔偿责任的，人民法院应予支持。 相对人与上市公司已公开披露的控股子公司订立的担保合同，或者相对人与股票在国务院批准的其他全国性证券交易场所交易的公司订立的担保合同，适用前两款规定。	

权威案例指引

▶公报案例

《招商银行股份有限公司大连东港支行与大连振邦氟涂料股份有限公司、大连振邦集团有限公司借款合同纠纷案》，《最高人民法院公报》2015 年第 2 期

裁判摘要：《公司法》第十六条第二款规定，公司为公司股东或者实际控制人提供担保的，必须经股东会或者股东大会决议。该条款是关于公司内部控制管理的规定，不应以此作为评价合同效力的依据。担保人抗辩认为其法定代表人订立抵押合同的行为超越代表权，债权人以其对相关股东会决议履行了形式审查义务，主张担保人的法定代表人构成表见代表的，人民法院应予支持。

第五百零五条　【超越经营范围订立的合同】当事人超越经营范围订立的合同的效力，应当依照本法第一编第六章第三节和本编的有关规定确定，不得仅以超越经营范围确认合同无效。

关联法规参见

▶**法律：**《民法典总则编》第 143 条至第 157 条。

第五百零六条　【合同中免责条款无效情形】合同中的下列免责条款无效：

（一）造成对方人身损害的；

（二）因故意或者重大过失造成对方财产损失的。

关联法规参见

▶**法律：**《民法典合同编》第 497 条，《民用航空法》第 130 条，《保险法》第 19 条，《消费者权益保护法》第 26 条，《海商法》第 126 条。

第五百零七条　【争议解决条款的独立性；合同中有关解决争议方法的条款的效力不受合同无效或撤销、终止的影响】合同不生效、无效、被撤销或者终止的，不影响合同中有关解决争议方法的条款的效力。

关联法规参见

▶**法律**：《民法典总则编》第 156 条，《仲裁法》第 19 条。

司法解释适用

《最高人民法院关于适用〈中华人民共和国仲裁法〉若干问题的解释》

第十条 合同成立后未生效或者被撤销的，仲裁协议效力的认定适用仲裁法第十九条第一款的规定。

当事人在订立合同时就争议达成仲裁协议的，合同未成立不影响仲裁协议的效力。

权威案例指引

▶**公报案例**

《招商银行股份有限公司无锡分行与中国光大银行股份有限公司长春分行委托合同纠纷管辖权异议案》，《最高人民法院公报》2016 年第 7 期

裁判摘要：合同效力是对已经成立的合同是否具有合法性的评价，依法成立的合同，始对当事人具有法律约束力。《中华人民共和国合同法》第五十七条关于“合同无效、被撤销或者终止的，不影响合同中独立存在的有关解决争议方法的条款的效力”的规定适用于已经成立的合同，“有关解决争议方法的条款”应当符合法定的成立条件。

审查管辖权异议，注重程序公正和司法效率，既要妥当保护当事人的管辖异议权，又要及时矫正、遏制当事人错用、滥用管辖异议权。确定管辖权应当以起诉时为标准，结合诉讼请求对当事人提交的证据材料进行形式要件审查以确定管辖。

从双方当事人在两案中的诉讼请求看，后诉的诉讼请求如果成立，存在实质上否定前诉裁判结果的可能，如果后诉的诉讼请求不能完全涵盖于前诉的裁判结果之中，后诉和前诉的诉讼请求所依据的民事法律关系并不完全相同，前诉和后诉并非重复诉讼。

案件移送后，当事人的诉讼请求是否在另案中通过反诉解决，超出了管辖异议的审查和处理的范围，应由受移送的人民法院结合当事人对诉权的处分等情况，依据最高人民法院《关于适用〈中华人民共和国民事诉讼法〉的解释》第二百三十二条、第二百三十三条等的有关规定依法处理。

《中国恒基伟业集团有限公司、北京北大青鸟有限责任公司与广晟投资发展有限公司、香港青鸟科技发展有限公司借款担保合同纠纷案》，《最高人民法院公报》2008 年第 1 期

裁判摘要：最高人民法院《关于适用〈中华人民共和国仲裁法〉若干问题的解释》第十六条规定：“对涉外仲裁协议的效力审查，适用当事人约定的法律；当事人没有约定适用的法律但约定了仲裁地的，适用仲裁地法律；没有约定适用的法律也没有约定仲裁地或者仲裁地约定不明的，适用法院地法律。”据此，在涉外合同纠纷案件中，当事人在合同中约定有仲裁条款的，可以同时对确定该仲裁条款效力的准据法作出明确约定。因仲裁条款的独立性，故合同中约定的适用于解决合同争议的准据法，不能用以判定该仲裁条款的效力。如果当事人在合同中没有约定确定仲裁条款效力的准据法，也没有约定仲裁地或者对仲裁地约定不明，应当适用法院地法律审查仲裁协议的效力。

《苏州东宝置业有限公司、苏州市金城担保有限责任公司、苏州市东宝金属材料有限公司、苏州市东宝有黑色金属材料有限公司、徐阿大与苏州百货总公司、江苏少女之春集团公司资产转让合同纠纷案》，《最高人民法院公报》2007 年第 2 期

裁判摘要：一、当事人签订的多份合同中，有的约定了仲裁条款，有的既没有约定仲裁条款，也没有明确将其列为约定了仲裁条款的合同的附件，或表示接受约定了仲裁条款的合同关于仲裁管辖的约定。尽管上述合同之间具有一定的关联性，但不因此否认各自的独立性。

二、根据仲裁法的相关规定，当事人采用仲裁方式解决纠纷，应当自愿达成仲裁协议；未达成仲裁协议，一方当事人申请仲裁的，仲裁委员会不予受理。因此，当事人约定仲裁管辖必须有明确的意思表示并订立仲裁协议，仲裁条款也只在达成仲裁协议的当事人之间产生法律效力。

第五百零八条　【对合同效力没有规定的处理规则】本编对合同的效力没有规定的，适用本法第一编第六章的有关规定。

关联法规参见

- **法律：**《民法典总则编》第 143 条至第 160 条。

第四章　合同的履行

第五百零九条　【合同履行的原则：全面履行、诚信履行、生态履行】当事人应当按照约定全面履行自己的义务。

当事人应当遵循诚信原则，根据合同的性质、目的和交易习惯履行通知、协助、保密等义务。

当事人在履行合同过程中，应当避免浪费资源、污染环境和破坏生态。

关联法规参见

- **法律：**《民法典总则编》第 7 条、第 9 条、第 118 条、第 119 条、第 176 条。
- **行政法规：**《保障中小企业款项支付条例》第 8 条。

司法解释适用

《最高人民法院关于适用〈中华人民共和国民法典〉时间效力的若干规定》（法释〔2020〕15号）

《民法典时间效力规定》	
新增条文 **第二十条** 民法典施行前成立的合同，依照法律规定或者当事人约定该合同的履行持续至民法典施行后，因民法典施行前履行合同发生争议的，适用当时的法律、司法解释的规定；因民法典施行后履行合同发生争议的，适用民法典第三编第四章和第五章的相关规定。	

《最高人民法院关于印发〈全国法院知识产权审判工作会议关于审理技术合同纠纷案件若干问题的纪要〉的通知》

30. 技术合同履行中，当事人一方在技术上发生的能够及时纠正的差错，或者为适应情况变化所作的必要技术调整，不影响合同目的实现的，不认为是违约行为，因此发生的额外费用自行承担。但因未依照合同法第六十条第二款的规定履行通知义务而造成对方当事人损失的，应当承担相应的违约责任。

48. 委托开发合同委托人在不妨碍研究开发人正常工作的情况下，有权依据合同法第六十条第二款的规定，对研究开发人履行合同和使用研究开发经费的情况进行必要的监督检查，包括查阅帐册和访问现场。

研究开发人有权依据合同法第三百三十一条的规定，要求委托人补充必要的背景资料和数据等，但不得超过履行合同所需要的范围。

权威案例指引

▶公报案例

《吉林鑫城房地产综合开发有限责任公司与汤东鹏房屋买卖合同纠纷案》，《最高人民法院公报》2020年第3期

裁判摘要： 人民法院依职权审查合同效力并予以释明，是引导当事人正确诉讼的基础。债务人到期未能清偿债务，重新与债权人达成合意以房抵债，双方签订的《房屋买卖合同》应当认定合法有效。

《宋鹏诉中国工商银行股份有限公司南京新门口支行借记卡纠纷案》，《最高人民法院公报》2017年第12期

裁判摘要： 一、银行负有保障储户存款安全的义务，应努力提高并改进银行卡防伪技术，最大限度防止储户银行卡被盗刷。

二、借记卡章程关于“凡使用密码进行的交易，发卡银行均视为持卡人本人所为”的规定，仅适用于真实的借记卡交易，并不适用于伪卡交易，银行不能据此免责。

三、在无任何证据证明持卡人自行泄露银行卡密码的情况下，不应判令持卡人承担部分

损失，从而减轻银行的赔偿责任。

《交通运输部南海救助局与阿昌格罗斯投资公司、香港安达欧森有限公司上海代表处海难救助合同纠纷案》，《最高人民法院公报》2016 年第 11 期

裁判摘要：海难救助合同的双方当事人明确约定，无论救助是否成功，投资公司均应支付报酬，且以救助船舶每马力小时和人工投入等作为计算报酬的标准。此种救助合同并非《1989 年国际救助公约》和《海商法》规定的"无效果无报酬"的救助合同，而属雇佣救助合同。在《1989 年国际救助公约》和《海商法》均允许当事人对救助报酬的确定另行约定，而又对雇佣救助合同没有具体规定的情况下，应适用《合同法》的相关规定确定当事人的权利义务。

《陆永芳诉中国人寿保险股份有限公司太仓支公司保险合同纠纷案》，《最高人民法院公报》2013 年第 11 期

裁判摘要：人寿保险合同未约定具体的保费缴纳方式，投保人与保险人之间长期以来形成了较为固定的保费缴纳方式的，应视为双方成就了特定的交易习惯。保险公司单方改变交易习惯，违反最大诚信原则，致使投保人未能及时缴纳保费的，不应据此认定保单失效，保险公司无权中止合同效力并解除保险合同。

《王永胜诉中国银行股份有限公司南京河西支行储蓄存款合同纠纷案》，《最高人民法院公报》2009 年第 2 期

裁判摘要：犯罪分子利用商业银行对其自助柜员机管理、维护上的疏漏，通过在自助银行网点门口刷卡处安装读卡器、在柜员机上部安装摄像装置的方式，窃取储户借记卡的卡号、信息及密码，复制假的借记卡，将储户借记卡账户内的钱款支取、消费的，应当认定商业银行没有为在其自助柜员机办理交易的储户提供必要的安全、保密的环境，构成违约。储户诉讼请求商业银行按照储蓄存款合同承担支付责任，商业银行以储户借记卡内的资金短少是由于犯罪行为所致，不应由其承担民事责任为由进行抗辩的，对其抗辩主张人民法院不予支持。

《周培栋诉江东农行储蓄合同纠纷案》，《最高人民法院公报》2006 年第 2 期

裁判摘要：对于商业银行法规定的保证支付、取款自由、为储户保密应当进行全面理解。保证支付不仅是指银行不得拖延、拒绝支付，还包括银行应当以适当的方式履行支付义务；取款自由，不仅包括取款时间、取款数额上的自由，在有柜台和自动取款机等多种取款方式的情况下，还应当包括选择取款方式的自由；为储户保密不仅是指银行应当对储户已经提供的个人信息保密，也包括应当为到银行办理交易的储户提供必要的安全、保密的环境。银行如果没有履行上述义务，即构成违约，应当承担相应违约责任。

《顾骏诉上海交行储蓄合同纠纷案》，《最高人民法院公报》2005 年第 4 期

裁判摘要：依照商业银行法第六条的规定，商业银行应当对利用自助银行和 ATM 机实施的各种犯罪承担防范责任。犯罪分子以在自助银行门禁系统上安装盗码器的方法，窃取储户的银行卡信息和密码造成储户损失的，如储户无过错，商业银行应承担赔偿责任。

▶典型案例

《劳务报酬应支付 履约损失另主张——匡某诉许某某船员劳务合同纠纷案》，《最高人民法院关于船员权益保护典型案例之七》（2020 年 6 月 24 日）

典型意义：船员在履职过程中可能因过错导致船舶或者船载货物受损，给雇主造成损失。法院审理后认为雇主不能以船员在从事雇佣活动中给其造成损失为由拒付工资，如果雇主认为船员因故意或者重大过失造成其损失，可另行主张赔偿权利。本判决遵循劳动法中工资支付不能抵销的规则，保证了工资作为劳动者基本生活保障必须由劳动者所有，由劳动者支配，不得替代，充分保障了船员支配工资的权利及其基本生活需求。

《开发商“自我举报”无证卖房毁约案——某房地产公司诉李某某确认合同无效案》，《人民法院大力弘扬社会主义核心价值观十大典型民事案例之七》（2020 年 5 月 13 日）

典型意义：本案不因开发商签约时未取得商品房预售许可证而机械认定房屋认购合同无效，而是结合合同目的、合同履行、商品房预售制度的立法目的等因素，认定商品房预售制度所欲避免的风险在本案中已经不存在，开发商提起本案诉讼是为获取超出合同利益的恶意违约行为，故而对开发商违背诚信的行为给予否定性评价，依法保护了消费者合法权益，维护了房地产交易的稳定性，引导市场交易主体诚信经营、严守契约，是一份有温度、有力量的公正判决。

《浙江淘宝网络有限公司诉许文强等网络服务合同纠纷案》，《最高人民法院发布第一批涉互联网典型案例之三》（2018 年 8 月 16 日）

典型意义：随着“互联网＋”的兴起，电商产业飞速发展，但同时也出现了诸多亟待解决的问题，尤以普遍存在的造假售假问题最为严重。囿于网络行为的隐蔽性、举证的艰难性、技术的复杂性，电商平台自身采取的净化措施就十分重要。

本案认定淘宝公司与许文强之间存在有效的协议，许文强的售假行为违反了协议约定。本案所涉服务协议均约定，用户不得在淘宝平台上销售或发布侵犯他人知识产权或其它合法权益的商品或服务信息。许文强作为淘宝用户，应恪守约定，履行自身义务。已有生效判决认定，许文强通过开设的“强升名酒坊”店铺，销售假冒的五粮液，侵害五粮液公司对“五粮液”注册商标享有的使用权。由此可见，许文强的售假行为已经违反了与淘宝公司之间的约定。许文强在淘宝网上出售假冒五粮液的行为不仅损害了与商品相关权利人的合法权益，而且降低了消费者对淘宝网的信赖和社会公众对淘宝网的良好评价。许文强在使用淘宝平台服务时，应当预见售假行为对商品权利人、消费者以及淘宝公司可能产生的损害。商誉是经营者本身以及经营者提供商品或服务过程中形成的一种积极社会评价。商誉可以体现在商品、商标、企业名称上，能够在生产经营中变现为实际的商业利润，具有显著的财产属性。因此，淘宝公司要求赔偿商誉等损失的主张具有相应的依据。电商平台经营者和平台内签约经营者均有依法规范经营的义务，许文强在淘宝网上销售假冒的五粮液，不仅应当承担对消费者的赔偿义务，也应当依约承担对电商平台的违约责任，电商平台经营者也有权依法追究平台售假商家的违约责任。从另外一个角度看，打假和净化网络购物环境也是第三方交易平台经营者的责任，符合其长远经营利益，有利于维护消费者合法权益，维护公平竞争的市场秩序。

《重庆某某投资（集团）有限公司与泸州市某某区人民政府等合同纠纷案》，《最高人民法院发布7起充分发挥审判职能作用保护产权和企业家合法权益典型案例之三》（2018年1月30日）

典型意义：有约必守　依法保护企业合同权益

诚信守约是民事合同的基本要求，行政机关作为一方民事主体的更应带头守约践诺。明确在民事合同的履行中作为合同主体的的基本规则，对于营造良好的营商环境，维护投资主体合法权益具有重要意义。本案中，人民法院依法平等对待涉案企业与区政府，准确适用合同法关于合同解除的相关规定，支持了企业要求继续履行协议的请求，有效地维护了企业的合法权益。本案的裁判行政机关不得擅自解除合同，对于规范政府行为、推动政府践诺守信，具有积极指引作用。

《冉某、张某诉重庆某地产有限公司房屋买卖合同纠纷案》，《"用公开促公正　建设核心价值"主题教育活动合同纠纷典型案例之八》（2015年12月4日）

典型意义：本案争议焦点是：开发商以欺诈方式交房但未造成购房者实际损失的是否应当承担违约责任？诚实守信是市场经济活动的一项基本原则。民法通则第四条规定，民事活动应当遵循自愿、公平、等价有偿、诚实信用的原则。第一百零六条规定，公民、法人违反合同或者不履行其他义务的，应当承担民事责任。合同法第五条规定，当事人应当遵循公平原则确定各方的权利和义务。第六十条规定，当事人应当按照约定全面履行自己的义务。当事人应当遵循诚实信用原则，根据合同的性质、目的和交易习惯履行通知、协助、保密等义务。第一百零七条规定，当事人一方不履行合同义务或者履行合同义务不符合约定的，应当承担继续履行、采取补救措施或者赔偿损失等违约责任。第一百一十四条规定，当事人可以约定一方违约时应当根据违约情况向对方支付一定数额的违约金，也可以约定因违约产生的损失赔偿额的计算方法。

本案中，虽然涉案商品房最后通过了竣工验收，房屋质量也是合格的，并且开发商迟延取得竣工验收备案登记证并未实际影响购房人接收商品房后对房屋的占有、使用、收益和处分，即购房人实际上并没有损失。但是，作为开发商采取欺诈的方式交付房屋，侵犯了购房人的知情选择权。法院依法判决开发商承担逾期交房的违约责任，既可以维护买房人的合法权益，又可以给开发商以警示，有利于促进开发商增强法治意识，遵守市场经济规则，在全社会弘扬诚信原则，减少纷争的产生。因此，法院判决开发商部分违约，承担80%的责任比较合理。

《游某诉鸿达公司买卖合同纠纷案》，《"用公开促公正　建设核心价值"主题教育活动合同纠纷典型案例之十七》（2015年12月4日）

典型意义：合同当事人应严守合同约定，全面、诚实履行义务。本案中，游某充分履行了付款义务，但鸿达公司并按约未向游杰交付配置“航天双龙牌”的水泥罐车，且未告知游杰获得认可，应承担违约责任。

第五百一十条　【合同内容约定不明确的补救规则；合同漏洞的填补】合同生效后，当事人就质量、价款或者报酬、履行地点等内容没有约定或者约定不明确的，可以协议补充；不能达成补充协议的，按照合同相关条款或者交易习惯确定。

关联法规参见

▶**法律**：《民法典合同编》第 582 条、第 602 条、第 603 条、第 616 条、第 619 条、第 626 条至第 628 条、第 637 条、第 674 条、第 675 条、第 709 条、第 721 条、第 730 条、第 757 条、第 782 条、第 831 条、第 833 条、第 858 条、第 861 条、第 875 条、第 902 条、第 955 条、第 963 条、第 976 条。

司法解释适用

《最高人民法院关于审理买卖合同纠纷案件适用法律问题的解释》（法释〔2020〕17 号修改）

新《买卖合同司法解释》	原《买卖合同司法解释》
第二条　标的物为无需以有形载体交付的电子信息产品，当事人对交付方式约定不明确，且依照民法典第五百一十条的规定仍不能确定的，买受人收到约定的电子信息产品或者权利凭证即为交付。	**第五条**　标的物为无需以有形载体交付的电子信息产品，当事人对交付方式约定不明确，且依照合同法第六十一条的规定仍不能确定的，买受人收到约定的电子信息产品或者权利凭证即为交付。

《最高人民法院关于审理民事案件适用诉讼时效制度若干问题的规定》（法释〔2020〕17 号修改）

新《民事案件诉讼时效规定》	原《民事案件诉讼时效规定》
第四条　未约定履行期限的合同，依照民法典第五百一十条、第五百一十一条的规定，可以确定履行期限的，诉讼时效期间从履行期限届满之日起计算；不能确定履行期限的，诉讼时效期间从债权人要求债务人履行义务的宽限期届满之日起计算，但债务人在债权人第一次向其主张权利之时明确表示不履行义务的，诉讼时效期间从债务人明确表示不履行义务之日起计算。	**第六条**　未约定履行期限的合同，依照合同法第六十一条、第六十二条的规定，可以确定履行期限的，诉讼时效期间从履行期限届满之日起计算；不能确定履行期限的，诉讼时效期间从债权人要求债务人履行义务的宽限期届满之日起计算，但债务人在债权人第一次向其主张权利之时明确表示不履行义务的，诉讼时效期间从债务人明确表示不履行义务之日起计算。

其他法律性文件

《最高人民法院关于印发〈全国法院贯彻实施民法典工作会议纪要〉的通知》

6. 当事人对于合同是否成立发生争议，人民法院应当本着尊重合同自由，鼓励和促进交易的精神依法处理。能够确定当事人名称或者姓名、标的和数量的，人民法院一般应当认定合同成立，但法律另有规定或者当事人另有约定的除外。

对合同欠缺的当事人名称或者姓名、标的和数量以外的其他内容，当事人达不成协议的，人民法院依照民法典第四百六十六条、第五百一十条、第五百一十一条等规定予以确定。

第五百一十一条　【合同内容约定不明确的履行规则；合同漏洞的填补】当事人就有关合同内容约定不明确，依据前条规定仍不能确定的，适用下列规定：

（一）质量要求不明确的，按照强制性国家标准履行；没有强制性国家标准的，按照推荐性国家标准履行；没有推荐性国家标准的，按照行业标准履行；没有国家标准、行业标准的，按照通常标准或者符合合同目的的特定标准履行。

（二）价款或者报酬不明确的，按照订立合同时履行地的市场价格履行；依法应当执行政府定价或者政府指导价的，依照规定履行。

（三）履行地点不明确，给付货币的，在接受货币一方所在地履行；交付不动产的，在不动产所在地履行；其他标的，在履行义务一方所在地履行。

（四）履行期限不明确的，债务人可以随时履行，债权人也可以随时请求履行，但是应当给对方必要的准备时间。

（五）履行方式不明确的，按照有利于实现合同目的的方式履行。

（六）履行费用的负担不明确的，由履行义务一方负担；因债权人原因增加的履行费用，由债权人负担。

关联法规参见

▶**法律：**《民法典合同编》第 602 条、第 616 条、第 626 条，《标准化法》第 10 条、第 11 条、第 12 条。

司法解释适用

《最高人民法院关于审理民事案件适用诉讼时效制度若干问题的规定》（法释〔2020〕17号修改）

新《民事案件诉讼时效规定》	原《民事案件诉讼时效规定》
第四条 未约定履行期限的合同，依照民法典第五百一十条、第五百一十一条的规定，可以确定履行期限的，诉讼时效期间从履行期限届满之日起计算；不能确定履行期限的，诉讼时效期间从债权人要求债务人履行义务的宽限期届满之日起计算，但债务人在债权人第一次向其主张权利之时明确表示不履行义务的，诉讼时效期间从债务人明确表示不履行义务之日起计算。	**第六条** 未约定履行期限的合同，依照合同法第六十一条、第六十二条的规定，可以确定履行期限的，诉讼时效期间从履行期限届满之日起计算；不能确定履行期限的，诉讼时效期间从债权人要求债务人履行义务的宽限期届满之日起计算，但债务人在债权人第一次向其主张权利之时明确表示不履行义务的，诉讼时效期间从债务人明确表示不履行义务之日起计算。

《最高人民法院关于买受人在交易时未支付价款向出卖人出具没有还款日期的欠款条诉讼时效期间应从何时开始计算问题的请示的答复》

广东省高级人民法院：

你院粤高法民一请字〔2005〕1号《关于买受人在交易时未支付价款向出卖人出具没有还款日期的欠款条诉讼时效期间应从何时开始计算问题的请示》收悉。经研究，答复如下：

根据你院报告所述情况，冯树根向广州市白云农业综合服务有限公司（以下简称白云农业公司）购买农药，双方并未签订书面买卖合同，也无证据证明双方对合同的履行期限进行约定，因此，该合同属于未定履行期限的合同。根据《中华人民共和国合同法》第六十二条第一款第（四）项及《中华人民共和国民法通则》第八十八条第二款第（二）项、第一百三十七条的规定，本案诉讼时效期间应从白云农业公司向冯树根主张权利时起算。本案不符合法复〔1994〕3号批复适用的条件，故同意你院审判委员会多数意见。

此复

其他法律性文件

《最高人民法院关于印发〈全国法院贯彻实施民法典工作会议纪要〉的通知》

6. 当事人对于合同是否成立发生争议，人民法院应当本着尊重合同自由，鼓励和促进交易的精神依法处理。能够确定当事人名称或者姓名、标的和数量的，人民法院一般应当认定合同成立，但法律另有规定或者当事人另有约定的除外。

对合同欠缺的当事人名称或者姓名、标的和数量以外的其他内容，当事人达不成协议的，人民法院依照民法典第四百六十六条、第五百一十条、第五百一十一条等规定予以确定。

权威案例指引

▶公报案例

《北京智扬伟博科技发展有限公司与创思生物技术工程（东莞）有限公司、河南省开封市城市管理局居间合同纠纷案》，《最高人民法院公报》2009 年第 7 期

裁判摘要：一、民事诉讼原告起诉时列明多个被告，因其中一个被告的住所地在受理案件的人民法院辖区内，故受理案件的人民法院可以依据被告住所地确定管辖权。其他被告如果认为受理案件的人民法院没有管辖权，应当在一审答辩期内提出管辖权异议，未在此期间提出异议的，因案件已经进入实体审理阶段，管辖权已经确定，即使受理案件的人民法院辖区内的被告不是案件的适格被告，人民法院亦可裁定驳回原告对该被告的起诉，并不影响案件实体审理，无需再移送管辖。

二、合同履行地是指合同主要义务的履行地。居间合同的主要义务履行地应当确定为居间行为地。

▶典型案例

《工资数额约定不明 依据同期市场标准确定——王某某诉被告钟某某、王某贵船员劳务合同纠纷案》，《最高人民法院关于船员权益保护典型案例之八》（2020 年 6 月 24 日）

典型意义：目前，规模较小的船公司或个体船东在船员用工方面不规范的现象不同程度存在，双方对工资仅有口头约定，或约定不明甚至未做约定的情况时常出现。无论是运输作业，还是渔船作业，在一定时期内，不同工种、不同级别的船员工资通常存在一个市场行情，有些信息平台定期发布相关的工资标准。在可以确定船员在一定时期内为船舶所有人提供了劳动或劳务的前提下，可根据船员的工种和级别，依据同时期的市场工资标准，确定船员应获得的工资数额。当事人之间对船员工资的标准未做书面约定并发生争议的，船员主张以不低于同时期市场平均标准确定工资标准，应予支持。

第五百一十二条　【电子合同交付时间的认定规则】通过互联网等信息网络订立的电子合同的标的为交付商品并采用快递物流方式交付的，收货人的签收时间为交付时间。电子合同的标的为提供服务的，生成的电子凭证或者实物凭证中载明的时间为提供服务时间；前述凭证没有载明时间或者载明时间与实际提供服务时间不一致的，以实际提供服务的时间为准。

电子合同的标的物为采用在线传输方式交付的，合同标的物进入对方当事人指定的特定系统且能够检索识别的时间为交付时间。

电子合同当事人对交付商品或者提供服务的方式、时间另有约定的，按照其约定。

关联法规参见

▶**法律**：《电子商务法》第52条至第57条。

第五百一十三条　【执行政府定价或指导价的合同价格确定】 执行政府定价或者政府指导价的，在合同约定的交付期限内政府价格调整时，按照交付时的价格计价。逾期交付标的物的，遇价格上涨时，按照原价格执行；价格下降时，按照新价格执行。逾期提取标的物或者逾期付款的，遇价格上涨时，按照新价格执行；价格下降时，按照原价格执行。

第五百一十四条　【金钱之债给付货币的确定规则】 以支付金钱为内容的债，除法律另有规定或者当事人另有约定外，债权人可以请求债务人以实际履行地的法定货币履行。

第五百一十五条　【选择之债中债务人的选择权】 标的有多项而债务人只需履行其中一项的，债务人享有选择权；但是，法律另有规定、当事人另有约定或者另有交易习惯的除外。

享有选择权的当事人在约定期限内或者履行期限届满未作选择，经催告后在合理期限内仍未选择的，选择权转移至对方。

关联法规参见

▶**法律**：《民法典合同编》第577条、第582条。

第五百一十六条　【选择之债的履行规则】 当事人行使选择权应当及时通知对方，通知到达对方时，标的确定。标的确定后不得变更，但是经对方同意的除外。

可选择的标的发生不能履行情形的，享有选择权的当事人不得选择不能履行的标的，但是该不能履行的情形是由对方造成的除外。

关联法规参见

▶**法律**：《民法典合同编》第580条。

第五百一十七条　【可分之债份额的确定规则】 债权人为二人以上，标的可分，按照份额各自享有债权的，为按份债权；债务人为二人以上，标的可分，按照份额各自负担债务的，为按份债务。

按份债权人或者按份债务人的份额难以确定的，视为份额相同。

关联法规参见

▶**法律：**《民法典总则编》第177条。

第五百一十八条　【连带债权债务的一般规则】 债权人为二人以上，部分或者全部债权人均可以请求债务人履行债务的，为连带债权；债务人为二人以上，债权人可以请求部分或者全部债务人履行全部债务的，为连带债务。

连带债权或者连带债务，由法律规定或者当事人约定。

关联法规参见

▶**法律：**《民法典总则编》第164条、第167条、第178条，《合伙企业法》第39条、第40条。

第五百一十九条　【连带债务份额的确定、追偿和分担】 连带债务人之间的份额难以确定的，视为份额相同。

实际承担债务超过自己份额的连带债务人，有权就超出部分在其他连带债务人未履行的份额范围内向其追偿，并相应地享有债权人的权利，但是不得损害债权人的利益。其他连带债务人对债权人的抗辩，可以向该债务人主张。

被追偿的连带债务人不能履行其应分担份额的，其他连带债务人应当在相应范围内按比例分担。

关联法规参见

▶**法律：**《民法典总则编》第178条。

司法解释适用

《最高人民法院关于适用〈中华人民共和国民法典〉有关担保制度的解释》（法释〔2020〕28号）

《民法典担保制度司法解释》	原《担保法司法解释》
第十三条　同一债务有两个以上第三人提供担保，担保人之间约定相互追偿及分担份额，承担了担保责任的担保人请求其他担保人按照约定分担份额的，人民法院应予支持；担保人之间约定承担连带共同担保，或者约定相互追偿但是未约定分	**第二十条**　连带共同保证的债务人在主合同规定的债务履行期届满没有履行债务的，债权人可以要求债务人履行债务，也可以要求任何一个保证人承担全部保证责任。 连带共同保证的保证人承担保证责任

<table>
<tr><th>《民法典担保制度司法解释》</th><th>原《担保法司法解释》</th></tr>
<tr><td>担份额的，各担保人按照比例分担向债务人不能追偿的部分。
同一债务有两个以上第三人提供担保，担保人之间未对相互追偿作出约定且未约定承担连带共同担保，但是各担保人在同一份合同书上签字、盖章或者按指印，承担了担保责任的担保人请求其他担保人按照比例分担向债务人不能追偿部分的，人民法院应予支持。
除前两款规定的情形外，承担了担保责任的担保人请求其他担保人分担向债务人不能追偿部分的，人民法院不予支持。</td><td>后，向债务人不能追偿的部分，由各连带保证人按其内部约定的比例分担。没有约定的，平均分担。</td></tr>
<tr><td colspan="2">新增条文
第十四条　同一债务有两个以上第三人提供担保，担保人受让债权的，人民法院应当认定该行为系承担担保责任。受让债权的担保人作为债权人请求其他担保人承担担保责任的，人民法院不予支持；该担保人请求其他担保人分担相应份额的，依照本解释第十三条的规定处理。</td></tr>
<tr><td>第二十九条　同一债务有两个以上保证人，债权人以其已经在保证期间内依法向部分保证人行使权利为由，主张已经在保证期间内向其他保证人行使权利的，人民法院不予支持。
同一债务有两个以上保证人，保证人之间相互有追偿权，债权人未在保证期间内依法向部分保证人行使权利，导致其他保证人在承担保证责任后丧失追偿权，其他保证人主张在其不能追偿的范围内免除保证责任的，人民法院应予支持。</td><td>第二十条　连带共同保证的债务人在主合同规定的债务履行期届满没有履行债务的，债权人可以要求债务人履行债务，也可以要求任何一个保证人承担全部保证责任。
连带共同保证的保证人承担保证责任后，向债务人不能追偿的部分，由各连带保证人按其内部约定的比例分担。没有约定的，平均分担。
第二十一条　按份共同保证的保证人按照保证合同约定的保证份额承担保证责任后，在其履行保证责任的范围内对债务人行使追偿权。</td></tr>
</table>

第五百二十条　【部分连带债务人履行、抵销、提存的效力；部分连带债务人的债务被免除、混同的效力；债权人对部分连带债务人受领迟延的效力】部分连带债务人履行、抵销债务或者提存标的物的，其他债务人对债权人的债务在相应范围内消灭；该债务人可以依据前条规定向其他债务人追偿。

部分连带债务人的债务被债权人免除的，在该连带债务人应当承担的份额范围内，其他债务人对债权人的债务消灭。

部分连带债务人的债务与债权人的债权同归于一人的，在扣除该债务人应当承担的份额后，债权人对其他债务人的债权继续存在。

债权人对部分连带债务人的给付受领迟延的，对其他连带债务人发生效力。

司法解释适用

《最高人民法院关于适用〈中华人民共和国民法典〉有关担保制度的解释》（法释〔2020〕28号）

《民法典担保制度司法解释》	原《担保法司法解释》
新增条文 **第十四条**　同一债务有两个以上第三人提供担保，担保人受让债权的，人民法院应当认定该行为系承担担保责任。受让债权的担保人作为债权人请求其他担保人承担担保责任的，人民法院不予支持；该担保人请求其他担保人分担相应份额的，依照本解释第十三条的规定处理。	

《最高人民法院关于审理民事案件适用诉讼时效制度若干问题的规定》（法释〔2020〕17号修改）

新《民事案件诉讼时效规定》	原《民事案件诉讼时效规定》
第十五条（原第十七条）　对于连带债权人中的一人发生诉讼时效中断效力的事由，应当认定对其他连带债权人也发生诉讼时效中断的效力。 对于连带债务人中的一人发生诉讼时效中断效力的事由，应当认定对其他连带债务人也发生诉讼时效中断的效力。	

《最高人民法院关于审理人身损害赔偿案件适用法律若干问题的解释》（法释〔2020〕17号修改）

新《人身损害赔偿司法解释》	原《人身损害赔偿司法解释》
第二条（原第五条） 赔偿权利人起诉部分共同侵权人的，人民法院应当追加其他共同侵权人作为共同被告。赔偿权利人在诉讼中放弃对部分共同侵权人的诉讼请求的，其他共同侵权人对被放弃诉讼请求的被告应当承担的赔偿份额不承担连带责任。责任范围难以确定的，推定各共同侵权人承担同等责任。 人民法院应当将放弃诉讼请求的法律后果告知赔偿权利人，并将放弃诉讼请求的情况在法律文书中叙明。	

第五百二十一条　【连带债权份额的确定规则】连带债权人之间的份额难以确定的，视为份额相同。

实际受领债权的连带债权人，应当按比例向其他连带债权人返还。

连带债权参照适用本章连带债务的有关规定。

关联法规参见

▶**法律**：《民法典合同编》第519条。

第五百二十二条　【向第三人履行】当事人约定由债务人向第三人履行债务，债务人未向第三人履行债务或者履行债务不符合约定的，应当向债权人承担违约责任。

法律规定或者当事人约定第三人可以直接请求债务人向其履行债务，第三人未在合理期限内明确拒绝，债务人未向第三人履行债务或者履行债务不符合约定的，第三人可以请求债务人承担违约责任；债务人对债权人的抗辩，可以向第三人主张。

司法解释适用

《最高人民法院关于审理买卖合同纠纷案件适用法律问题的解释》（法释〔2020〕17号修改）

新《买卖合同司法解释》	原《买卖合同司法解释》
删除条文 ~~**第十六条** 出卖人依照买受人的指示向第三人交付标的物，出卖人和买受人之间约定的检验标准与买受人和第三人之间约定的检验标准不一致的，人民法院应当根据合同法第六十四条的规定，以出卖人和买受人之间约定的检验标准为标的物的检验标准。~~	

第五百二十三条 【由第三人履行】 当事人约定由第三人向债权人履行债务，第三人不履行债务或者履行债务不符合约定的，债务人应当向债权人承担违约责任。

关联法规参见

▶**法律**：《旅游法》第71条、第111条。

司法解释适用

《最高人民法院关于审理旅游纠纷案件适用法律若干问题的规定》（法释〔2020〕17号修改）

新《旅游纠纷司法解释》	原《旅游纠纷司法解释》
第一条（原第一条） 本规定所称的旅游纠纷，是指旅游者与旅游经营者、旅游辅助服务者之间因旅游发生的合同纠纷或者侵权纠纷。 “旅游经营者”是指以自己的名义经营旅游业务，向公众提供旅游服务的人。 “旅游辅助服务者”是指与旅游经营者存在合同关系，协助旅游经营者履行旅游合同义务，实际提供交通、游览、住宿、餐饮、娱乐等旅游服务的人。 旅游者在自行旅游过程中与旅游景点经营者因旅游发生的纠纷，参照适用本规定。	
第四条（原第四条） 因旅游辅助服务者的原因导致旅游经营者违约，旅游者仅起诉旅游经营者的，人民法院可以将旅游辅助服务者追加为第三人。	

第五百二十四条 【对债务具有合法利益的第三人代为履行】 债务人不履行债务，第三人对履行该债务具有合法利益的，第三人有权向债权人代为履行；但是，根据债务性质、按照当事人约定或者依照法律规定只能由债务人履行的除外。

债权人接受第三人履行后，其对债务人的债权转让给第三人，但是债务人和第三人另有约定的除外。

第五百二十五条 【同时履行抗辩权】 当事人互负债务，没有先后履行顺序的，应当同时履行。一方在对方履行之前有权拒绝其履行请求。一方在对方履行债务不符合约定时，有权拒绝其相应的履行请求。

第五百二十六条 【先履行抗辩权】 当事人互负债务，有先后履行顺序，应当先履行债务一方未履行的，后履行一方有权拒绝其履行请求。先履行一方履行债务不符合约定的，后履行一方有权拒绝其相应的履行请求。

司法解释适用

《最高人民法院关于审理买卖合同纠纷案件适用法律问题的解释》（法释〔2020〕17号修改）

新《买卖合同司法解释》	原《买卖合同司法解释》
第三十一条（原第四十四条） 出卖人履行交付义务后诉请买受人支付价款，买受人以出卖人违约在先为由提出异议的，人民法院应当按照下列情况分别处理： （一）买受人拒绝支付违约金、拒绝赔偿损失或者主张出卖人应当采取减少价款等补救措施的，属于提出抗辩； （二）买受人主张出卖人应支付违约金、赔偿损失或者要求解除合同的，应当提起反诉。	

权威案例指引

▶**公报案例**

《大庆凯明风电塔筒制造有限公司与华锐风电科技（集团）股份有限公司买卖合同纠纷案》，《最高人民法院公报》2015年第11期

裁判摘要：合同必须严格遵守。如果合同义务有先后履行顺序，先履行一方怠于履行给后履行一方履行合同造成困难的，后履行一方因此取得先履行抗辩权，并有权要求对方履行全部合同。

第五百二十七条 【不安抗辩权】 应当先履行债务的当事人，有确切证据证明对方有下列情形之一的，可以中止履行：

（一）经营状况严重恶化；

（二）转移财产、抽逃资金，以逃避债务；

（三）丧失商业信誉；

（四）有丧失或者可能丧失履行债务能力的其他情形。

当事人没有确切证据中止履行的，应当承担违约责任。

司法解释适用

《最高人民法院关于当前形势下审理民商事合同纠纷案件若干问题的指导意见》

17. 在当前情势下，为敦促诚信的合同一方当事人及时保全证据、有效保护权利人的正当合法权益，对于一方当事人已经履行全部交付义务，虽然约定的价款期限尚未到期，但其诉请付款方支付未到期价款的，如果有确切证据证明付款方明确表示不履行给付价款义务，或者付款方被吊销营业执照、被注销、被有关部门撤销、处于歇业状态，或者付款方转移财产、抽逃资金以逃避债务，或者付款方丧失商业信誉，以及付款方以自己的行为表明不履行给付价款义务的其他情形的，除非付款方已经提供适当的担保，人民法院可以根据合同法第

六十八条第一款、第六十九条、第九十四条第（二）项、第一百零八条、第一百六十七条等规定精神，判令付款期限已到期或者加速到期。

权威案例指引

▶公报案例

《俞财新与福建华辰房地产有限公司、魏传瑞商品房买卖（预约）合同纠纷案》，《最高人民法院公报》2011 年第 8 期

裁判摘要：根据合同的相对性原则，涉案合同一方当事人以案外人违约为由，主张在涉案合同履行中行使不安抗辩权的，人民法院不予支持。

▶典型案例

《周某诉重庆某房地产开发有限公司房屋买卖合同纠纷案》，《“用公开促公正 建设核心价值”主题教育活动合同纠纷典型案例之十》（2015 年 12 月 4 日）

典型意义：长寿区人民法院审理后认为，原告周某与被告某公司签订的《重庆市商品房买卖合同》合法有效。该合同第八条第二款约定了周某需付清全部房款、付清政府部门规定的费用且无银行按揭欠款方可进行房屋交接，由于周某 2014 年 3 月 12 日才付清房屋余款 13434 元，且未提交相关证据证明某公司拒绝其履行付款义务，故一审法院驳回了原告周某的诉讼请求。周某对一审判决不服，上诉至重庆市第一中级人民法院，提出本案属于同时履行的合同，购房者没有先履行合同的义务，在看见所购小区的房屋停工停建，某公司董事长李某强被刑事调查，帐户被查封的情况下，有理由怀疑某公司无法按期交房，可以单方面行使不安抗辩权，中止房屋尾款的交付。二审法院认为，双方签订的购房合同第八条第二款表达的含义为合同履行有先后顺序，乙方先付清所有合同价款，甲方才履行交房义务。周某称在合同约定的房款交付日期之前，发现某公司财务资料、银行账户以及包括部分项目在内的资产先后被查封、冻结或扣押等不能按期交房的情况出现时，未及时与对方沟通核实，在未通知对方的情况下就自行中止了合同的履行，不符合不安抗辩权的行使条件和履行规范。而某公司在未收到周某支付的全部价款之前，可以行使先履行抗辩权，有权利不履行交房义务。

本案处理重点主要在于对抗辩权的理解与适用。我国《合同法》第六十七条规定，当事人互负债务，有先后履行顺序，先履行一方未履行的，后履行一方有权拒绝其履行要求。先履行一方履行债务不符合约定的，后履行一方有权拒绝其相应的履行要求。第六十八条规定，应当先履行债务的当事人，有确切证据证明对方有下列情形之一的，可以中止履行：（一）经营状况严重恶化；（二）转移财产、抽逃资金，以逃避债务；（三）丧失商业信誉；（四）有丧失或者可能丧失履行债务能力的其他情形。当事人没有确切证据中止履行的，应当承担违约责任。

具体到本案中，一、二审法院审理思路基本一致，抗辩权的行使是对抗违约行为的一种救济手段，在双务合同中，首先应根据双方签订的合同约定来确定双方的权利义务，本案中，某公司未按合同约定的时间向周某交付房屋是事实，但合同中明确约定周某应付清全部

房款等费用后，方可进行房屋交接，即周某应该先履行付款的义务，某公司才履行交房的义务。同时，周某在庭审中称其到某公司履行义务，其售房部已关门，但并无证据提交，且如其不能直接履行义务，也可采取其他方式履行付款的义务，如提存等方式。另外，周某在二审中提出其是行使不安抗辩权，但根据上述法律规定，周某发现某公司当时具有不能按期交房的可能性，未及时与对方沟通核实，在未通知对方的情况下就自行中止了合同的履行。不符合不安抗辩权的行使条件和履行规范，其不安抗辩权不能成立。故某公司不应向周某支付违约金。

第五百二十八条　【不安抗辩权的行使】当事人依据前条规定中止履行的，应当及时通知对方。对方提供适当担保的，应当恢复履行。中止履行后，对方在合理期限内未恢复履行能力且未提供适当担保的，视为以自己的行为表明不履行主要债务，中止履行的一方可以解除合同并可以请求对方承担违约责任。

司法解释适用

《最高人民法院关于当前形势下审理民商事合同纠纷案件若干问题的指导意见》

六、合理适用不安抗辩权规则，维护权利人合法权益

17. 在当前情势下，为敦促诚信的合同一方当事人及时保全证据、有效保护权利人的正当合法权益，对于一方当事人已经履行全部交付义务，虽然约定的价款期限尚未到期，但其诉请付款方支付未到期价款的，如果有确切证据证明付款方明确表示不履行给付价款义务，或者付款方被吊销营业执照、被注销、被有关部门撤销、处于歇业状态，或者付款方转移财产、抽逃资金以逃避债务，或者付款方丧失商业信誉，以及付款方以自己的行为表明不履行给付价款义务的其他情形的，除非付款方已经提供适当的担保，人民法院可以根据合同法第六十八条第一款、第六十九条、第九十四条第（二）项、第一百零八条、第一百六十七条等规定精神，判令付款期限已到期或者加速到期。

第五百二十九条　【债权人分离、合并或住所变更未通知债务人致使债务履行发生困难的处理】债权人分立、合并或者变更住所没有通知债务人，致使履行债务发生困难的，债务人可以中止履行或者将标的物提存。

第五百三十条　【债务人提前履行债务】债权人可以拒绝债务人提前履行债务，但是提前履行不损害债权人利益的除外。

债务人提前履行债务给债权人增加的费用，由债务人负担。

第五百三十一条　【债务人部分履行债务】债权人可以拒绝债务人部分履行债务，但是部分履行不损害债权人利益的除外。

债务人部分履行债务给债权人增加的费用，由债务人负担。

司法解释适用

《最高人民法院关于审理民事案件适用诉讼时效制度若干问题的规定》（法释〔2020〕17号修改）

新《民事案件诉讼时效规定》	原《民事案件诉讼时效规定》
第九条（原第十一条）　权利人对同一债权中的部分债权主张权利，诉讼时效中断的效力及于剩余债权，但权利人明确表示放弃剩余债权的情形除外。	

第五百三十二条　【当事人名称变更、经办人变动不影响合同效力】 合同生效后，当事人不得因姓名、名称的变更或者法定代表人、负责人、承办人的变动而不履行合同义务。

权威案例指引

▶**公报案例**

《东方公司南宁办事处诉舞阳神公司等借款担保合同纠纷案》，《最高人民法院公报》2005年第1期

裁判摘要： 企业通过职工全额出资购买净资产的方式改制的，属于法人出资主体性质和名称等的变更，不影响企业对改制前形成债务之民事责任的承担。

第五百三十三条　【情事变更】 合同成立后，合同的基础条件发生了当事人在订立合同时无法预见的、不属于商业风险的重大变化，继续履行合同对于当事人一方明显不公平的，受不利影响的当事人可以与对方重新协商；在合理期限内协商不成的，当事人可以请求人民法院或者仲裁机构变更或者解除合同。

人民法院或者仲裁机构应当结合案件的实际情况，根据公平原则变更或者解除合同。

司法解释适用

《最高人民法院印发〈关于依法妥善审理涉新冠肺炎疫情民事案件若干问题的指导意见（二）〉的通知》

4. 疫情或者疫情防控措施导致出卖人不能按照商品房买卖合同约定的期限交付房屋，或者导致买受人不能按照约定的期限支付购房款，当事人请求解除合同，由对方当事人承担违约责任的，人民法院不予支持。但是，当事人请求变更履行期限的，人民法院应当结合案件的实际情况，根据公平原则进行变更。

5. 承租房屋用于经营，疫情或者疫情防控措施导致承租人资金周转困难或者营业收入明

显减少，出租人以承租人没有按照约定的期限支付租金为由请求解除租赁合同，由承租人承担违约责任的，人民法院不予支持。

为展览、会议、庙会等特定目的而预订的临时场地租赁合同，疫情或者疫情防控措施导致该活动取消，承租人请求解除租赁合同，返还预付款或者定金的，人民法院应予支持。

7. 疫情或者疫情防控措施导致承包方未能按照约定的工期完成施工，发包方请求承包方承担违约责任的，人民法院不予支持；承包方请求延长工期的，人民法院应当视疫情或者疫情防控措施对合同履行的影响程度酌情予以支持。

疫情或者疫情防控措施导致人工、建材等成本大幅上涨，或者使承包方遭受人工费、设备租赁费等损失，继续履行合同对承包方明显不公平，承包方请求调整价款的，人民法院应当结合案件的实际情况，根据公平原则进行调整。

8. 当事人订立的线下培训合同，受疫情或者疫情防控措施影响不能进行线下培训，能够通过线上培训、变更培训期限等方式实现合同目的，接受培训方请求解除的，人民法院不予支持；当事人请求通过线上培训、变更培训期限、调整培训费用等方式继续履行合同的，人民法院应当结合案件的实际情况，根据公平原则变更合同。

受疫情或者疫情防控措施影响不能进行线下培训，通过线上培训方式不能实现合同目的，或者案件实际情况表明不宜进行线上培训，接受培训方请求解除合同的，人民法院应予支持。具有时限性要求的培训合同，变更培训期限不能实现合同目的，接受培训方请求解除合同的，人民法院应予支持。培训合同解除后，已经预交的培训费，应当根据接受培训的课时等情况全部或者部分予以返还。

《最高人民法院印发〈关于依法妥善审理涉新冠肺炎疫情民事案件若干问题的指导意见（三）〉的通知》

7. 人民法院根据《最高人民法院关于适用〈中华人民共和国涉外民事关系法律适用法〉若干问题的解释（一）》第四条的规定，确定国际条约的适用。对于条约不调整的事项，应当通过我国法律有关冲突规范的指引，确定应当适用的法律。

人民法院在适用《联合国国际货物销售合同公约》时，要注意，我国已于2013年撤回了关于不受公约第11条以及公约中有关第11条内容约束的声明，仍然保留了不受公约第1条第1款（b）项约束的声明。关于某一国家是否属于公约缔约国以及该国是否已作出相应保留，可查阅联合国国际贸易法委员会官方网站刊载的公约缔约国状况予以确定。此外，根据公约第4条的规定，公约不调整合同的效力以及合同对所售货物所有权可能产生的影响。对于这两类事项，应当通过我国法律有关冲突规范的指引，确定应当适用的法律，并根据该法律作出认定。

当事人以受疫情或者疫情防控措施影响为由，主张部分或者全部免除合同责任的，人民法院应当依据公约第79条相关条款的规定进行审查，严格把握该条所规定的适用条件。对公约条款的解释，应当依据其用语按其上下文并参照公约的目的及宗旨所具有的通常意义，进行善意解释。同时要注意，《〈联合国国际货物销售合同公约〉判例法摘要汇编》并非公约的组成部分，审理案件过程中可以作为参考，但不能作为法律依据。

10. 根据《中华人民共和国合同法》第二百九十一条的规定，承运人应当按照约定的或者通常的运输路线将货物运输到约定地点。承运人提供证据证明因运输途中运输工具上发生疫情需要及时确诊、采取隔离等措施而变更运输路线，承运人已及时通知托运人，托运人主张承运人违反该条规定的义务的，人民法院不予支持。

承运人提供证据证明因疫情或者疫情防控，起运地或者到达地采取禁行、限行防控措施等而发生运输路线变更、装卸作业受限等导致迟延交付，并已及时通知托运人，承运人主张免除相应责任的，人民法院依法予以支持。

16. 除合同另有约定外，船舶修造企业以疫情或者疫情防控措施导致劳动力不足、设备物资交付延期，无法及时复工为由，请求延展交船期限的，人民法院可根据疫情或者疫情防控措施对船舶修造进度的影响程度，酌情予以支持。

因受疫情或者疫情防控措施影响，船舶延期交付导致适用新的船舶建造标准的，除合同另有约定外，当事人请求分担因此增加的成本与费用，人民法院应当综合考虑疫情或者疫情防控措施对迟延交船的影响以及当事人履行合同是否存在可归责事由等因素，酌情予以支持。

权威案例指引

▶公报案例

《大宗集团有限公司、宗锡晋与淮北圣火矿业有限公司、淮北圣火房地产开发有限责任公司、涡阳圣火房地产开发有限公司股权转让纠纷案》，《最高人民法院公报》2016 年第 6 期

裁判摘要：矿业权与股权是两种不同的民事权利，如果仅转让公司股权而不导致矿业权主体的变更，则不属于矿业权转让，转让合同无需地质矿产主管部门审批，在不违反法律、行政法规强制性规定的情况下，应认定合同合法有效。迟延履行生效合同约定义务的当事人以迟延履行期间国家政策变化为由主张情势变更的，不予支持。

《成都鹏伟实业有限公司与江西省永修县人民政府、永修县鄱阳湖采砂管理工作领导小组办公室采矿权纠纷案》，《最高人民法院公报》2010 年第 4 期

裁判摘要：一、当事人在网站发布公开拍卖推介书的行为，实质上是就公开拍卖事宜向社会不特定对象发出的要约邀请。在受要约人与之建立合同关系，且双方对合同约定的内容产生争议时，该要约邀请对合同的解释可以产生证据的效力。

二、公平原则是当事人订立、履行民事合同所应遵循的基本原则。最高人民法院《关于适用〈中华人民共和国合同法〉若干问题的解释（二）》关于公平原则的规定，确立了合同履行过程中的情势变更原则，该解释第二十六条规定："合同成立以后客观情况发生了当事人在订立合同时无法预见的、非不可抗力造成的不属于商业风险的重大变化，继续履行合同对于一方当事人明显不公平或者不能实现合同目的，当事人请求人民法院变更或者解除合同的，人民法院应当根据公平原则，并结合案件的实际情况确定是否变更或者解除。"据此，由于无法预料的自然环境变化的影响导致合同目的无法实现，若继续履行合同则必然造成一方当事人取得全部合同收益，而另一方当事人承担全部投资损失，受损方当事人请求变更合同部分条款的，人民法院应当予以支持。

第五百三十四条　【利用合同危害公共利益的处理规则】对当事人利用合同实施危害国家利益、社会公共利益行为的，市场监督管理和其他有关行政主管部门依照法律、行政法规的规定负责监督处理。

关联法规参见

▶**法律：**《民法典总则编》第153条。

第五章　合同的保全

第五百三十五条　【债权人代位权】因债务人怠于行使其债权或者与该债权有关的从权利，影响债权人的到期债权实现的，债权人可以向人民法院请求以自己的名义代位行使债务人对相对人的权利，但是该权利专属于债务人自身的除外。

代位权的行使范围以债权人的到期债权为限。债权人行使代位权的必要费用，由债务人负担。

相对人对债务人的抗辩，可以向债权人主张。

关联法规参见

▶**法律：**《税收征收管理法》第50条，《合伙企业法》第41条。

司法解释适用

《最高人民法院关于审理建设工程施工合同纠纷案件适用法律问题的解释(一)》（法释〔2020〕25号）

《建工合同司法解释（一）》	原《建设工程施工合同纠纷司法解释（二）》
第四十四条　实际施工人依据民法典第五百三十五条规定，以转包人或者违法分包人怠于向发包人行使到期债权或者与该债权有关的从权利，影响其到期债权实现，提起代位权诉讼的，人民法院应予支持。	**第二十五条**　实际施工人根据合同法第七十三条规定，以转包人或者违法分包人怠于向发包人行使到期债权，对其造成损害为由，提起代位权诉讼的，人民法院应予支持。

《最高人民法院关于人民法院执行工作若干问题的规定（试行）》（法释〔2020〕21号修改）

<table>
<tr><th>新《人民法院执行工作规定（试行）》</th><th>原《人民法院执行工作规定（试行）》</th></tr>
<tr><td colspan="2">45.（原61）被执行人不能清偿债务，但对本案以外的第三人享有到期债权的，人民法院可以依申请执行人或被执行人的申请，向第三人发出履行到期债务的通知（以下简称履行通知）。履行通知必须直接送达第三人。
履行通知应当包含下列内容：
（1）第三人直接向申请执行人履行其对被执行人所负的债务，不得向被执行人清偿；
（2）第三人应当在收到履行通知后的十五日内向申请执行人履行债务；
（3）第三人对履行到期债权有异议的，应当在收到履行通知后的十五日内向执行法院提出；
（4）第三人违背上述义务的法律后果。</td></tr>
<tr><td colspan="2">46.（原62）第三人对履行通知的异议一般应当以书面形式提出，口头提出的，执行人员应记入笔录，并由第三人签字或盖章。</td></tr>
<tr><td colspan="2">47.（原63）第三人在履行通知指定的期间内提出异议的，人民法院不得对第三人强制执行，对提出的异议不进行审查。</td></tr>
<tr><td colspan="2">48.（原64）第三人提出自己无履行能力或其与申请执行人无直接法律关系，不属于本规定所指的异议。
第三人对债务部分承认、部分有异议的，可以对其承认的部分强制执行。</td></tr>
<tr><td colspan="2">49.（原65）第三人在履行通知指定的期限内没有提出异议，而又不履行的，执行法院有权裁定对其强制执行。此裁定同时送达第三人和被执行人。</td></tr>
<tr><td colspan="2">52.（原68）在对第三人作出强制执行裁定后，第三人确无财产可供执行的，不得就第三人对他人享有的到期债权强制执行。</td></tr>
<tr><td colspan="2">53.（原69）第三人按照人民法院履行通知向申请执行人履行了债务或已被强制执行后，人民法院应当出具有关证明。</td></tr>
</table>

《最高人民法院关于审理民事案件适用诉讼时效制度若干问题的规定》（法释〔2020〕17号修改）

<table>
<tr><th>新《民事案件诉讼时效规定》</th><th>原《民事案件诉讼时效规定》</th></tr>
<tr><td colspan="2">第十六条（原第十八条） 债权人提起代位权诉讼的，应当认定对债权人的债权和债务人的债权均发生诉讼时效中断的效力。</td></tr>
</table>

《最高人民法院关于适用〈中华人民共和国民法典〉时间效力的若干规定》（法释〔2020〕15号）

《民法典时间效力规定》	
新增条文 **第二十条** 民法典施行前成立的合同，依照法律规定或者当事人约定该合同的履行持续至民法典施行后，因民法典施行前履行合同发生争议的，适用当时的法律、司法解释的规定；因民法典施行后履行合同发生争议的，适用民法典第三编第四章和第五章的相关规定。	

《最高人民法院关于依法制裁规避执行行为的若干意见》

14. 引导申请执行人依法诉讼。被执行人怠于行使债权对申请执行人造成损害的，执行法院可以告知申请执行人依照《中华人民共和国合同法》第七十三条的规定，向有管辖权的人民法院提起代位权诉讼。

被执行人放弃债权、无偿转让财产或者以明显不合理的低价转让财产，对申请执行人造成损害的，执行法院可以告知申请执行人依照《中华人民共和国合同法》第七十四条的规定向有管辖权的人民法院提起撤销权诉讼。

其他法律性文件

《最高人民法院关于印发〈全国法院贯彻实施民法典工作会议纪要〉的通知》

8. 民法典第五百三十五条规定的“债务人怠于行使其债权或者与该债权有关的从权利，影响债权人的到期债权实现的”，是指债务人不履行其对债权人的到期债务，又不以诉讼方式或者仲裁方式向相对人主张其享有的债权或者与该债权有关的从权利，致使债权人的到期债权未能实现。相对人不认为债务人有怠于行使其债权或者与该债权有关的从权利情况的，应当承担举证责任。

权威案例指引

▶公报案例

《成都市国土资源局武侯分局与招商（蛇口）成都房地产开发有限责任公司、成都港招实业开发有限责任公司、海南民丰科技实业开发总公司债权人代位权纠纷案》，《最高人民法院公报》2012年第6期

裁判摘要：一、根据《中华人民共和国合同法》第七十三条的规定，因债务人怠于行使其到期债权，对债权人造成损害的，债权人可以向人民法院请求以自己的名义代位行使债务人的债权，但该债权专属于债务人自身的除外。债务人与次债务人约定以代物清偿方式清偿债务的，因代物清偿协议系实践性合同，故若次债务人未实际履行代物清偿协议，则次债务人与债务人之间的原金钱债务并未消灭，债权人仍有权代位行使债务人的债权。

二、企业改制只是转换企业的组织形式和变更企业的经济性质，原企业的债权债务并不因改制而消灭。根据最高人民法院《关于审理与企业改制相关的民事纠纷案件若干问题的规

定》第五条的规定，企业通过增资扩股或者转让部分产权，实现他人对企业的参股，将企业整体改造为有限责任公司或者股份有限公司的，原企业债务由改造后的新设公司承担。故债权人代位行使对次债务人的债权，次债务人改制的，由改制后的企业向债权人履行清偿义务。

《中国银行股份有限公司汕头分行与广东发展银行股份有限公司韶关分行、第三人珠海经济特区安然实业（集团）公司代位权纠纷案》，《最高人民法院公报》2011 年第 11 期

裁判摘要：一、最高人民法院《关于适用〈中华人民共和国合同法〉若干问题的解释(一)》第十一条规定："债权人依照合同法第七十三条的规定提起代位权诉讼，应当符合下列条件：(一) 债权人对债务人的债权合法；(二) 债务人怠于行使其到期债权，对债权人造成损害；(三) 债务人的债权已到期；(四) 债务人的债权不是专属债务人自身的债权。"据此，债权人提起代位权诉讼，应以主债权和次债权的成立为条件。债权成立不仅指债权的内容不违反法律、法规的规定，而且要求债权的数额应当确定。债权数额的确定既可以表现为债务人、次债务人对债权的认可，也可以经人民法院判决或者仲裁机构裁决加以确认。

二、根据最高人民法院《关于审理民事案件适用诉讼时效制度若干问题的规定》第十八条的规定，债权人提起代位权诉讼的，应当认定对债权人的债权和债务人的债权均发生诉讼时效中断的效力。

《中国农业银行汇金支行诉张家港涤纶厂代位权纠纷案》，《最高人民法院公报》2004 年第 4 期

裁判摘要：债务人在债务到期后，没有以诉讼或者仲裁方式向次债务人主张债权，而是与次债务人签订协议延长履行债务期限，损害债权人债权的，属于合同法第七十三条规定的怠于行使到期债权的行为，债权人可以以自己的名义代位行使债务人的债权。债务人与次债务人之间的具体债务数额是否确定，不影响债权人行使代位权。

▶典型案例

《辉南县汇丰煤炭生产有限公司与抚顺长顺热电有限公司、抚顺长顺能源有限公司、抚顺长顺电力有限公司债权人代位权纠纷案》，《最高人民法院第二巡回法庭关于公正审理跨省重大民商事和行政案件典型案例之一》（2016 年 10 月 31 日）

典型意义：本案当事人跨越吉林与辽宁两省，主要涉及债权人代位权纠纷案件的立案审查标准和实体裁判标准的法律尺度问题。《最高人民法院关于适用〈中华人民共和国合同法〉若干问题的解释（一）》第十一条规定虽然使用了"提起代位权诉讼，应当符合下列条件"的表述，但是该条文主要是对合同法的理解与适用作出的解释，偏重于实体裁判标准。从最大限度地保护当事人的诉权，全面推行立案登记制改革的角度出发，对此类案件的立案审查不宜过于严格。债权人提供的证据能够证明其对债务人享有合法到期债权，能够初步证明债务人对次债务人亦享有合法到期债权，债务人怠于行使其债权的，就可以立案受理。经过审理，债权人的代位权请求不能成立的，判决驳回其诉讼请求。这样，既保障了债权人的正当诉讼权利，又不会损害其他当事人的利益。

第五百三十六条　【债权到期前债权人代位权的行使】债权人的债权到期前，债务人的债权或者与该债权有关的从权利存在诉讼时效期间即将届满或者未及时申报破产债权等情形，影响债权人的债权实现的，债权人可以代位向债务人的相对人请求其向债务人履行、向破产管理人申报或者作出其他必要的行为。

关联法规参见

▶**法律：**《企业破产法》第45条、第46条。

司法解释适用

《最高人民法院关于适用〈中华人民共和国民法典〉有关担保制度的解释》（法释〔2020〕28号）

《民法典担保制度司法解释》	原《担保法司法解释》
新增条文 **第二十二条**　人民法院受理债务人破产案件后，债权人请求担保人承担担保责任，担保人主张担保债务自人民法院受理破产申请之日起停止计息的，人民法院对担保人的主张应予支持。	

第五百三十七条　【代位权行使后的法律效果】人民法院认定代位权成立的，由债务人的相对人向债权人履行义务，债权人接受履行后，债权人与债务人、债务人与相对人之间相应的权利义务终止。债务人对相对人的债权或者与该债权有关的从权利被采取保全、执行措施，或者债务人破产的，依照相关法律的规定处理。

司法解释适用

《最高人民法院关于适用〈中华人民共和国企业破产法〉若干问题的规定（二）》（法释〔2020〕18号修改）

新《企业破产法司法解释（二）》	原《企业破产法司法解释（二）》
第二十三条（原第二十三条）　破产申请受理后，债权人就债务人财产向人民法院提起本规定第二十一条第一款所列诉讼的，人民法院不予受理。 债权人通过债权人会议或者债权人委员会，要求管理人依法向次债务人、债务人的出资人等追收债务人财产，管理人无正当理由拒绝追收，债权人会议依据企业破产法第二十二条的规定，申请人民法院更换管理人的，人民法院应予支持。 管理人不予追收，个别债权人代表全体债权人提起相关诉讼，主张次债务人或者债务人的出资人等向债务人清偿或者返还债务人财产，或者依法申请合并破产的，人民法院应予受理。	

第五百三十八条　【无偿处分财产情形下的债权人撤销权】 债务人以放弃其债权、放弃债权担保、无偿转让财产等方式无偿处分财产权益，或者恶意延长其到期债权的履行期限，影响债权人的债权实现的，债权人可以请求人民法院撤销债务人的行为。

第538条

关联法规参见

▶**法律：**《税收征收管理法》第50条。

司法解释适用

《最高人民法院关于适用〈中华人民共和国民法典〉有关担保制度的解释》（法释〔2020〕28号）

《民法典担保制度司法解释》	原《担保法司法解释》
删除条文	~~**第五十七条**　当事人在抵押合同中约定，债务履行期届满抵押权人未受清偿时，抵押物的所有权转移为债权人所有的内容无效。该内容的无效不影响抵押合同其他部分内容的效力。~~ ~~债务履行期届满后抵押权人未受清偿时，抵押权人和抵押人可以协议以抵押物折价取得抵押物。但是，损害顺序在后的担保物权人和其他债权人利益的，人民法院可以适用合同法第七十四条、第七十五条的有关规定。~~

《最高人民法院关于适用〈中华人民共和国企业破产法〉若干问题的规定（二）》（法释〔2020〕18号修改）

新《企业破产法司法解释（二）》	原《企业破产法司法解释（二）》
第十三条　破产申请受理后，管理人未依据企业破产法第三十一条的规定请求撤销债务人无偿转让财产、以明显不合理价格交易、放弃债权行为的，债权人依据<u>民法典第五百三十八条、第五百三十九条</u>等规定提起诉讼，请求撤销债务人上述行为并将因此追回的财产归入债务人财产的，人民法院应予受理。 相对人以债权人行使撤销权的范围超出债权人的债权抗辩的，人民法院不予支持。	**第十三条**　破产申请受理后，管理人未依据企业破产法第三十一条的规定请求撤销债务人无偿转让财产、以明显不合理价格交易、放弃债权行为的，债权人依据<u>合同法第七十四条</u>等规定提起诉讼，请求撤销债务人上述行为并将因此追回的财产归入债务人财产的，人民法院应予受理。 相对人以债权人行使撤销权的范围超出债权人的债权抗辩的，人民法院不予支持。

权威案例指引

▶指导性案例

永安市燕诚房地产开发有限公司诉郑耀南、远东（厦门）房地产发展有限公司等第三人撤销之诉案，指导案例153号（2021年2月19日）

裁判要点：债权人对确认债务人处分财产行为的生效裁判提起第三人撤销之诉的，在出现债务人进入破产程序、无财产可供执行等影响债权人债权实现的情形时，应当认定债权人知道或者应当知道该生效裁判损害其民事权益，提起诉讼的六个月期间开始起算。

鞍山市中小企业信用担保中心诉汪薇、鲁金英第三人撤销之诉案，指导案例152号（2021年2月19日）

裁判要点：债权人申请强制执行后，被执行人与他人在另外的民事诉讼中达成调解协议，放弃其取回财产的权利，并大量减少债权，严重影响债权人债权实现，符合合同法第七十四条规定的债权人行使撤销权条件的，债权人对民事调解书具有提起第三人撤销之诉的原告主体资格。

▶公报案例

《永安市燕诚房地产开发有限公司与郑耀南、远东（厦门）房地产发展有限公司及第三人高俪珍第三人撤销之诉案》，《最高人民法院公报》2020年第4期

裁判摘要：作为普通债权人的第三人一般不具有基于债权提起第三人撤销之诉的事由，但是如果生效裁判所确认的债务人相关财产处分行为符合合同法第七十四条所规定的撤销权条件，则依法享有撤销权的债权人与该生效裁判案件处理结果具有法律上的利害关系，从而具备以无独立请求权第三人身份提起第三人撤销之诉的原告主体资格。

第五百三十九条　【不合理转移财产情形下的债权人撤销权】 债务人以明显不合理的低价转让财产、以明显不合理的高价受让他人财产或者为他人的债务提供担保，影响债权人的债权实现，债务人的相对人知道或者应当知道该情形的，债权人可以请求人民法院撤销债务人的行为。

关联法规参见

▶**法律**：《税收征收管理法》第50条。

司法解释适用

《最高人民法院关于适用〈中华人民共和国民法典〉有关担保制度的解释》（法释〔2020〕28号）

<table>
<tr><th>《民法典担保制度司法解释》</th><th>原《担保法司法解释》</th></tr>
<tr><td colspan="2">删除条文

~~**第五十七条**　当事人在抵押合同中约定，债务履行期届满抵押权人未受清偿时，抵押物的所有权转移为债权人所有的内容无效。该内容的无效不影响抵押合同其他部分内容的效力。~~
~~债务履行期届满后抵押权人未受清偿时，抵押权人和抵押人可以协议以抵押物折价取得抵押物。但是，损害顺序在后的担保物权人和其他债权人利益的，人民法院可以适用合同法第七十四条、第七十五条的有关规定。~~</td></tr>
</table>

《最高人民法院关于适用〈中华人民共和国企业破产法〉若干问题的规定（二）》（法释〔2020〕18号修改）

新《企业破产法司法解释（二）》	原《企业破产法司法解释（二）》
第十三条　破产申请受理后，管理人未依据企业破产法第三十一条的规定请求撤销债务人无偿转让财产、以明显不合理价格交易、放弃债权行为的，债权人依据民法典第五百三十八条、第五百三十九条等规定提起诉讼，请求撤销债务人上述行为并将因此追回的财产归入债务人财产的，人民法院应予受理。 相对人以债权人行使撤销权的范围超出债权人的债权抗辩的，人民法院不予支持。	**第十三条**　破产申请受理后，管理人未依据企业破产法第三十一条的规定请求撤销债务人无偿转让财产、以明显不合理价格交易、放弃债权行为的，债权人依据合同法第七十四条等规定提起诉讼，请求撤销债务人上述行为并将因此追回的财产归入债务人财产的，人民法院应予受理。 相对人以债权人行使撤销权的范围超出债权人的债权抗辩的，人民法院不予支持。

其他法律性文件

《最高人民法院关于印发〈全国法院贯彻实施民法典工作会议纪要〉的通知》

9. 对于民法典第五百三十九条规定的明显不合理的低价或者高价，人民法院应当以交易当地一般经营者的判断，并参考交易当时交易地的物价部门指导价或者市场交易价，结合其他相关因素综合考虑予以认定。

转让价格达不到交易时交易地的指导价或者市场交易价百分之七十的，一般可以视为明显不合理的低价；对转让价格高于当地指导价或者市场交易价百分之三十的，一般可以视为明显不合理的高价。当事人对于其所主张的交易时交易地的指导价或者市场交易价承担举证责任。

权威案例指引

▶公报案例

《嘉吉国际公司与福建金石制油有限公司等买卖合同纠纷案》，《最高人民法院公报》2014 年第 3 期

裁判摘要：在债务人的行为危害债权人行使债权的情况下，债权人保护债权的方法，一是根据《中华人民共和国合同法》第七十四条第一款的规定，行使债权人的撤销权，请求人民法院撤销债务人订立的相关合同；二是根据《中华人民共和国合同法》第五十二条第（二）项的规定，请求人民法院确认债务人签订的相关合同无效。

《国家开发银行与沈阳高压开关有限责任公司、新东北电气（沈阳）高压开关有限公司、新东北电气（沈阳）高压隔离开关有限公司、沈阳北富机械制造有限公司等借款合同、撤销权纠纷案》，《最高人民法院公报》2008 年第 12 期

裁判摘要：根据《中华人民共和国合同法》第七十四条的规定，债务人以明显不合理的低价转让财产，对债权人造成损害，并且受让人知道该情形的，债权人可以请求人民法院撤销债务人转让财产的行为。

第五百四十条　【撤销权的行使范围】撤销权的行使范围以债权人的债权为限。债权人行使撤销权的必要费用，由债务人负担。

司法解释适用

《最高人民法院关于适用〈中华人民共和国企业破产法〉若干问题的规定（二）》（法释〔2020〕18 号修改）

新《企业破产法司法解释（二）》	原《企业破产法司法解释（二）》
第十三条　破产申请受理后，管理人未依据企业破产法第三十一条的规定请求撤销债务人无偿转让财产、以明显不合理价格交易、放弃债权行为的，债权人依据民法典第五百三十八条、第五百三十九条等规定提起诉讼，请求撤销债务人上述行为并将因此追回的财产归入债务人财产的，人民法院应予受理。 相对人以债权人行使撤销权的范围超出债权人的债权抗辩的，人民法院不予支持。	**第十三条**　破产申请受理后，管理人未依据企业破产法第三十一条的规定请求撤销债务人无偿转让财产、以明显不合理价格交易、放弃债权行为的，债权人依据合同法第七十四条等规定提起诉讼，请求撤销债务人上述行为并将因此追回的财产归入债务人财产的，人民法院应予受理。 相对人以债权人行使撤销权的范围超出债权人的债权抗辩的，人民法院不予支持。

《最高人民法院关于审理与企业改制相关的民事纠纷案件若干问题的规定》（法释〔2020〕18号修改）

新《企业改制民事纠纷案件规定》	原《企业改制民事纠纷案件规定》
第十五条（原第十五条） 债务人以隐瞒企业资产或者虚列企业资产为手段，骗取债权人与其签订债权转股权协议，债权人在法定期间内行使撤销权的，人民法院应当予以支持。 债权转股权协议被撤销后，债权人有权要求债务人清偿债务。	
第十九条 企业出售中，出卖人实施的行为具有法律规定的撤销情形，买受人在法定期限内行使撤销权的，人民法院应当予以支持。	**第十九条** 企业出售中，出卖人实施的行为具有合同法第五十四条规定的情形，买受人在法定期限内行使撤销权的，人民法院应当予以支持。
第二十九条 出售企业的行为具有民法典第五百三十八条、第五百三十九条规定的情形，债权人在法定期限内行使撤销权的，人民法院应当予以支持。	**第二十九条** 出售企业的行为具有合同法第七十四条规定的情形，债权人在法定期限内行使撤销权的，人民法院应当予以支持。

《最高人民法院关于审理民事案件适用诉讼时效制度若干问题的规定》（法释〔2020〕17号修改）

新《民事案件诉讼时效规定》	原《民事案件诉讼时效规定》
第五条 享有撤销权的当事人一方请求撤销合同的，应适用民法典关于除斥期间的规定。对方当事人对撤销合同请求权提出诉讼时效抗辩的，人民法院不予支持。 合同被撤销，返还财产、赔偿损失请求权的诉讼时效期间从合同被撤销之日起计算。	**第七条** 享有撤销权的当事人一方请求撤销合同的，应适用合同法第五十五条关于一年除斥期间的规定。对方当事人对撤销合同请求权提出诉讼时效抗辩的，人民法院不予支持。 合同被撤销，返还财产、赔偿损失请求权的诉讼时效期间从合同被撤销之日起计算。

第五百四十一条 【撤销权的行使期限】 撤销权自债权人知道或者应当知道撤销事由之日起一年内行使。自债务人的行为发生之日起五年内没有行使撤销权的，该撤销权消灭。

关联法规参见

▶**法律：**《民法典总则编》第199条。

司法解释适用

《最高人民法院关于适用〈中华人民共和国民法典〉有关担保制度的解释》（法释〔2020〕28 号）

《民法典担保制度司法解释》	原《担保法司法解释》
删除条文 ~~**第五十七条** 当事人在抵押合同中约定，债务履行期届满抵押权人未受清偿时，抵押物的所有权转移为债权人所有的内容无效。该内容的无效不影响抵押合同其他部分内容的效力。~~ ~~债务履行期届满后抵押权人未受清偿时，抵押权人和抵押人可以协议以抵押物折价取得抵押物。但是，损害顺序在后的担保物权人和其他债权人利益的，人民法院可以适用合同法第七十四条、第七十五条的有关规定。~~	

第五百四十二条　【撤销权行使后的法律效果】 债务人影响债权人的债权实现的行为被撤销的，自始没有法律约束力。

关联法规参见

▶**法律**：《民法典总则编》第 155 条、第 157 条。

第六章　合同的变更和转让

第五百四十三条　【变更合同的条件】 当事人协商一致，可以变更合同。

关联法规参见

▶**法律**：《民法典物权编》第 409 条，《保险法》第 20 条。

司法解释适用

《最高人民法院关于适用〈中华人民共和国民法典〉有关担保制度的解释》（法释〔2020〕28 号）

《民法典担保制度司法解释》	原《担保法司法解释》
删除条文 ~~**第三十条** 保证期间，债权人与债务人对主合同数量、价款、币种、利率等内容作了变动，未经保证人同意的，如果减轻债务人的债务的，保证人仍应当对变更后的合同承担保证责任；如果加重债务人的债务的，保证人对加重的部分不承担保证责任。~~	

<table>
<tr><th>《民法典担保制度司法解释》</th><th>原《担保法司法解释》</th></tr>
<tr><td colspan="2">~~债权人与债务人对主合同履行期限作了变动，未经保证人书面同意的，保证期间为原合同约定的或者法律规定的期间。~~
~~债权人与债务人协议变动主合同内容，但并未实际履行的，保证人仍应当承担保证责任。~~
~~第八十二条　当事人对最高额抵押合同的最高限额、最高额抵押期间进行变更，以其变更对抗顺序在后的抵押权人的，人民法院不予支持。~~</td></tr>
</table>

权威案例指引

▶公报案例

《通州建总集团有限公司与内蒙古兴华房地产有限责任公司建设工程施工合同纠纷案》，《最高人民法院公报》2017 年第 9 期

裁判摘要：一、对以物抵债协议的效力、履行等问题的认定，应以尊重当事人的意思自治为基本原则。一般而言，除当事人有明确约定外，当事人于债务清偿期届满后签订的以物抵债协议，并不以债权人现实地受领抵债物，或取得抵债物所有权、使用权等财产权利，为成立或生效要件。只要双方当事人的意思表示真实，合同内容不违反法律、行政法规的强制性规定，合同即为有效。

二、当事人于债务清偿期届满后达成的以物抵债协议，可能构成债的更改，即成立新债务，同时消灭旧债务；亦可能属于新债清偿，即成立新债务，与旧债务并存。基于保护债权的理念，债的更改一般需有当事人明确消灭旧债的合意，否则，当事人于债务清偿期届满后达成的以物抵债协议，性质一般应为新债清偿。

三、在新债清偿情形下，旧债务于新债务履行之前不消灭，旧债务和新债务处于衔接并存的状态；在新债务合法有效并得以履行完毕后，因完成了债务清偿义务，旧债务才归于消灭。

四、在债权人与债务人达成以物抵债协议、新债务与旧债务并存时，确定债权是否得以实现，应以债务人是否按照约定全面履行自己义务为依据。若新债务届期不履行，致使以物抵债协议目的不能实现的，债权人有权请求债务人履行旧债务，且该请求权的行使，并不以以物抵债协议无效、被撤销或者被解除为前提。

第五百四十四条　【合同变更内容不明确的推定为未变更】当事人对合同变更的内容约定不明确的，推定为未变更。

权威案例指引

▶公报案例

《重庆雨田房地产开发有限公司与中国农业银行股份有限公司重庆市分行房屋联建纠纷案》，《最高人民法院公报》2012 年第 5 期

裁判摘要：一、双方当事人在平等自愿基础上达成的前后两份协议，符合法律规定，合法有效，两份协议所约定的内容均应对当事人产生约束力。当两份合同（协议）均属有效合

同（协议），除当事人有特别约定外，如果前后两份合同（协议）对同一内容有不同约定产生冲突时，基于意思表示最新最近，且不违反合同（协议）目的，可根据合同（协议）成立的时间先后，确定以后一合同（协议）确定的内容为准。如果前后两份合同（协议）所约定的内容并不冲突，只是对合同（协议）的内容进行了不同的约定，因此，不能简单地认定后一协议是前一协议的变更，或后一协议是对前一协议的补充和完善。

二、当事人在法律规定的范围内处分自己的民事、诉讼权利和“不告不理”是民事诉讼的重要原则，人民法院处理民商事纠纷时，只能对已诉至法院的民事权利义务关系作出判断，除涉及国家和公共利益外，其审理和判决应以当事人请求、主张的范围为限。

第五百四十五条 【债权人转让合同权利的限制】 债权人可以将债权的全部或者部分转让给第三人，但是有下列情形之一的除外：

（一）根据债权性质不得转让；

（二）按照当事人约定不得转让；

（三）依照法律规定不得转让。

当事人约定非金钱债权不得转让的，不得对抗善意第三人。当事人约定金钱债权不得转让的，不得对抗第三人。

关联法规参见

▶**法律**：《保险法》第34条。

司法解释适用

《最高人民法院关于适用〈中华人民共和国民法典〉有关担保制度的解释》（法释〔2020〕28号）

《民法典担保制度司法解释》	原《担保法司法解释》
第三十九条 主债权被分割或者部分转让，各债权人主张就其享有的债权份额行使担保物权的，人民法院应予支持，但是法律另有规定或者当事人另有约定的除外。 主债务被分割或者部分转移，债务人自己提供物的担保，债权人请求以该担保财产担保全部债务履行的，人民法院应予支持；第三人提供物的担保，主张对未经其书面同意转移的债务不再承担担保责任的，人民法院应予支持。	**第七十二条** 主债权被分割或者部分转让的，各债权人可以就其享有的债权份额行使抵押权。 主债务被分割或者部分转让的，抵押人仍以其抵押物担保数个债务人履行债务。但是，第三人提供抵押的，债权人许可债务人转让债务未经抵押人书面同意的，抵押人对未经其同意转让的债务，不再承担担保责任。

权威案例指引

公报案例

《沈阳银胜天成投资管理有限公司与中国华融资产管理公司沈阳办事处债权转让合同纠纷案》，《最高人民法院公报》2010 年第 5 期

裁判摘要：一、金融资产管理公司收购和处置银行不良金融债权，具有较强的政策性。银行不良金融债权的转让，不能完全等同于一般民事主体之间的债权转让行为，具有高风险、高收益的特点，与等价交换的市场规律有较为明显的区别。不良债权交易的实物资产，不是一般资产买卖关系，而主要是一种风险与收益的转移。

二、银行不良金融债权以资产包形式整体出售转让的，资产包内各不良金融债权的可回收比例各不相同，而资产包一旦形成，即具有不可分割性。因此，资产包整体买进后，如需解除合同，也必须整体解除，将资产包整体返还。银行不良金融债权的受让人在将资产包中相对优质的债权变卖获益后，又通过诉讼请求部分解除合同，将资产包中其他债权返还的，人民法院不予支持。

三、不良金融资产转让协议之目的是公平合规的完成债权及实物资产的顺利转让，在未对受让人是否能够清收债权及清收债权的比例作出承诺和规范的情况下，受让人以合同预期盈利目的不能实现为由提出解除合同的诉讼请求，人民法院不予支持。

《陕西西岳山庄有限公司与中建三局建发工程有限公司、中建三局第三建设工程有限责任公司建设工程施工合同纠纷案》，《最高人民法院公报》2007 年第 12 期

裁判摘要：根据《中华人民共和国合同法》第七十九条的规定，债权人可以将合同的权利全部或者部分转让给第三人，但根据合同性质不得转让的、按照当事人约定不得转让的和依照法律规定不得转让的除外。法律、法规并不禁止建设工程施工合同项下的债权转让，只要建设工程施工合同的当事人没有约定合同项下的债权不得转让，债权人向第三人转让债权并通知债务人的，债权转让合法有效，债权人无须就债权转让事项征得债务人同意。

第五百四十六条　【债权人转让债权的通知义务】债权人转让债权，未通知债务人的，该转让对债务人不发生效力。

债权转让的通知不得撤销，但是经受让人同意的除外。

第546条

司法解释适用

《最高人民法院关于适用〈中华人民共和国民法典〉有关担保制度的解释》（法释〔2020〕28号）

《民法典担保制度司法解释》	原《担保法司法解释》
第三十九条 主债权被分割或者部分转让，各债权人主张就其享有的债权份额行使担保物权的，人民法院应予支持，但是法律另有规定或者当事人另有约定的除外。 主债务被分割或者部分转移，债务人自己提供物的担保，债权人请求以该担保财产担保全部债务履行的，人民法院应予支持；第三人提供物的担保，主张对未经其书面同意转移的债务不再承担担保责任的，人民法院应予支持。	**第七十二条** 主债权被分割或者部分转让的，各债权人可以就其享有的债权份额行使抵押权。 主债务被分割或者部分转让的，抵押人仍以其抵押物担保数个债务人履行债务。但是，第三人提供抵押的，债权人许可债务人转让债务未经抵押人书面同意的，抵押人对未经其同意转让的债务，不再承担担保责任。

《最高人民法院关于审理民事案件适用诉讼时效制度若干问题的规定》（法释〔2020〕17号修改）

新《民事案件诉讼时效规定》	原《民事案件诉讼时效规定》
第十七条（原第十九条） 债权转让的，应当认定诉讼时效从债权转让通知到达债务人之日起中断。 债务承担情形下，构成原债务人对债务承认的，应当认定诉讼时效从债务承担意思表示到达债权人之日起中断。	

《最高人民法院印发〈关于审理涉及金融不良债权转让案件工作座谈会纪要〉的通知》

三、关于债权转让生效条件的法律适用和自行约定的效力

会议认为，不良债权成立在合同法施行之前，转让于合同法施行之后的，该债权转让对债务人生效的条件应适用合同法第八十条第一款的规定。

金融资产管理公司受让不良债权后，自行与债务人约定或重新约定诉讼管辖的，如不违反法律规定，人民法院应当认定该约定有效。金融资产管理公司在不良债权转让合同中订有禁止转售、禁止向国有银行、各级人民政府、国家机构等追偿、禁止转让给特定第三人等要求受让人放弃部分权利条款的，人民法院应认定该条款有效。国有银行向金融资产管理公司转让不良债权，或者金融资产管理公司收购、处置不良债权的，担保债权同时转让，无须征得担保人的同意，担保人仍应在原担保范围内对受让人继续承担担保责任。担保合同中关于合同变更需经担保人同意或者禁止转让主债权的约定，对主债权和担保权利转让没有约束力。

权威案例指引

▶公报案例

《大连远东房屋开发有限公司与辽宁金利房屋实业公司、辽宁澳金利房地产开发有限公司国有土地使用权转让合同纠纷案》，《最高人民法院公报》2006 年第 12 期

裁判摘要：一、根据《中华人民共和国合同法》第七十九条、第八十条的规定，债权人可以将合同权利全部或者部分转让给第三人，转让只需通知到债务人即可而无需征得债务人的同意。因此，转让行为一经完成，原债权人即不再是合同权利主体，亦即丧失以自己名义作为债权人向债务人主张合同权利的资格。

二、当事人的起诉被人民法院裁定驳回，该裁定已经发生法律效力的，如果当事人对该裁定不服，除依法通过启动审判监督程序对案件重新审理外，不得在以后的诉讼中主张与该生效裁定相反的内容，亦不能就同一诉讼标的重复起诉。

《佛山市顺德区太保投资管理有限公司与广东中鼎集团有限公司债权转让合同纠纷案》，《最高人民法院公报》2005 年第 12 期

裁判摘要：债权人转让权利的，应当通知债务人。未经通知的，该转让对债务人不发生效力，债务人享有对抗受让人的抗辩权，但不影响债权转让人与受让人之间债权转让协议的效力。

《何荣兰诉海科公司等清偿债务纠纷案》，《最高人民法院公报》2004 年第 4 期

裁判摘要：合同法第八十条第一款的规定，是为了避免债务人重复履行、错误履行债务或加重履行债务的负担。债权人以登报的形式通知债务人并不违反法律的规定。只要债权人实施了有效的通知行为，债权转让就应对债务人发生法律效力。

第五百四十七条　【债权转让从权利一并转让】债权人转让债权的，受让人取得与债权有关的从权利，但是该从权利专属于债权人自身的除外。

受让人取得从权利不因该从权利未办理转移登记手续或者未转移占有而受到影响。

关联法规参见

▶**法律**：《民法典物权编》第 407 条、第 421 条，《民法典合同编》第 696 条，《金融资产管理公司条例》第 13 条。

司法解释适用

《最高人民法院关于适用〈中华人民共和国民法典〉有关担保制度的解释》（法释〔2020〕28号）

《民法典担保制度司法解释》	原《担保法司法解释》
第三十九条 主债权被分割或者部分转让，各债权人主张就其享有的债权份额行使担保物权的，人民法院应予支持，但是法律另有规定或者当事人另有约定的除外。 主债务被分割或者部分转移，债务人自己提供物的担保，债权人请求以该担保财产担保全部债务履行的，人民法院应予支持；第三人提供物的担保，主张对未经其书面同意转移的债务不再承担担保责任的，人民法院应予支持。	**第七十二条** 主债权被分割或者部分转让的，各债权人可以就其享有的债权份额行使抵押权。 主债务被分割或者部分转让的，抵押人仍以其抵押物担保数个债务人履行债务。但是，第三人提供抵押的，债权人许可债务人转让债务未经抵押人书面同意的，抵押人对未经其同意转让的债务，不再承担担保责任。

《最高人民法院关于香港盈伞财务公司诉广东华美集团有限公司担保合同纠纷案有关法律问题的请示的复函》

广东省高级人民法院：

你院粤高法〔2009〕441号《关于香港盈伞财务公司诉广东华美集团有限公司担保合同纠纷案有关法律问题的请示》收悉。经研究，答复如下：

担保人基于担保合同既可能承担在担保合同有效情况下的担保责任，也可能承担在担保合同无效情况下因其过错而产生的赔偿责任。《最高人民法院关于适用〈中华人民共和国担保法〉若干问题的解释》第六条第一款第（五）项虽然规定在对外担保的情况下，“主合同变更或者债权人将对外担保合同项下的权利转让，未经担保人同意和国家有关主管部门批准的，担保人不再承担担保责任。”但该项规定适用的情形是指担保人向原债权人出具的对外担保办理了相关的批准登记手续，对外担保是有效的，原债权人向第三人转让债权后，对外担保未依照有关规定经过担保人同意并重新办理批准、登记手续，从而造成担保无效。此种情形担保人对于造成对外担保无效是没有过错的，故上述司法解释规定免除了担保人的担保责任。而本案中担保人华美集团有限公司向原债权人中南银行香港分行出具的对外担保因未经批准、登记而应认定无效，对造成担保无效担保人是有过错的，现在所要解决的是担保人应否该承担赔偿责任的问题，《最高人民法院关于适用〈中华人民共和国担保法〉若干问题的解释》第六条第一款第（五）项的规定不适用于本案。

《中华人民共和国合同法》第八十一条规定：“债权人转让权利的，受让人取得与债权有关的从权利，但该从权利专属于债权人自身的除外。”在担保人应当向原债权人承担赔偿责任、且法律并未规定该种赔偿责任具有特定人身属性的情况下，如果原债权人依法将债权转让给了第三人，此时受让债权的第三人享有的权益，既应包括合同有效的情况下，依据合同要求对方履行义务的权利，也应包括在合同无效的情况下，要求存在过错的合同相对方承担赔偿责任的权利。因此未经审批的对外担保的债权人在未经担保人同意的情况下将债权转让给第三人，在债权转让依法有效的情况下，担保人仍应向受让债权的第三人承担相应的赔偿责任，而不应以债权转让未经担保人同意为由免除其赔偿责任。

此复

《最高人民法院关于甘肃省高级人民法院就在诉讼时效期间债权人依法将主债权转让给第三人保证人是否继续承担保证责任等问题请示的答复》

甘肃省高级人民法院：

你院甘高法〔2003〕176号请示收悉。经研究，答复如下：

一、在诉讼时效期间，凡符合《中华人民共和国合同法》第八十一条和《中华人民共和国担保法》第二十二条规定的，债权人将主债权转让给第三人，保证债权作为从权利一并转移，保证人在原保证担保的范围内继续承担保证责任。

二、按照《关于适用〈中华人民共和国担保法〉若干问题的解释》第三十六条第一款的规定，主债务人诉讼时效中断，连带保证债务诉讼时效不因主债务时效中断而中断。按照上述解释第三十四条第二款的规定，连带责任保证的债权人在保证期间内要求保证人承担保证责任的，自该要求之日起开始计算连带保证债务的诉讼时效。《最高人民法院对〈关于贯彻执行最高人民法院"十二条"司法解释有关问题的函〉的答复》是答复四家资产管理公司的，其目的是为了最大限度地保全国有资产。因此，债权人对保证人有公告催收行为的，人民法院应比照适用《最高人民法院关于审理金融资产管理公司收购、管理、处置国有银行不良贷款形成的资产的案件适用法律若干问题的规定》第十条的规定，认定债权人对保证债务的诉讼时效中断。

此复

第五百四十八条 【债务抗辩的转移】债务人接到债权转让通知后，债务人对让与人的抗辩，可以向受让人主张。

第五百四十九条 【债权转让中债务人的抵销权】有下列情形之一的，债务人可以向受让人主张抵销：

（一）债务人接到债权转让通知时，债务人对让与人享有债权，且债务人的债权先于转让的债权到期或者同时到期；

（二）债务人的债权与转让的债权是基于同一合同产生。

关联法规参见

▶**法律**：《合伙企业法》第41条。

第五百五十条　【债权转让费用的承担】因债权转让增加的履行费用，由让与人负担。

第五百五十一条　【免除的债务承担】债务人将债务的全部或者部分转移给第三人的，应当经债权人同意。

债务人或者第三人可以催告债权人在合理期限内予以同意，债权人未作表示的，视为不同意。

关联法规参见

▶**法律：**《民法典合同编》第697条，《招标投标法》第48条。

司法解释适用

《最高人民法院关于适用〈中华人民共和国民法典〉有关担保制度的解释》（法释〔2020〕28号）

《民法典担保制度司法解释》	原《担保法司法解释》
第三十九条　主债权被分割或者部分转让，各债权人主张就其享有的债权份额行使担保物权的，人民法院应予支持，但是法律另有规定或者当事人另有约定的除外。 主债务被分割或者部分转移，债务人自己提供物的担保，债权人请求以该担保财产担保全部债务履行的，人民法院应予支持；第三人提供物的担保，主张对未经其书面同意转移的债务不再承担担保责任的，人民法院应予支持。	**第七十二条**　主债权被分割或者部分转让的，各债权人可以就其享有的债权份额行使抵押权。 主债务被分割或者部分转让的，抵押人仍以其抵押物担保数个债务人履行债务。但是，第三人提供抵押的，债权人许可债务人转让债务未经抵押人书面同意的，抵押人对未经其同意转让的债务，不再承担担保责任。

《最高人民法院关于审理旅游纠纷案件适用法律若干问题的规定》（法释〔2020〕17号修改）

新《旅游纠纷司法解释》	原《旅游纠纷司法解释》
第十条（原第十条）　旅游经营者将旅游业务转让给其他旅游经营者，旅游者不同意转让，请求解除旅游合同、追究旅游经营者违约责任的，人民法院应予支持。 旅游经营者擅自将其旅游业务转让给其他旅游经营者，旅游者在旅游过程中遭受损害，请求与其签订旅游合同的旅游经营者和实际提供旅游服务的旅游经营者承担连带责任的，人民法院应予支持。	
第十一条（原第十一条）　除合同性质不宜转让或者合同另有约定之外，在旅游行程开始前的合理期间内，旅游者将其在旅游合同中的权利义务转让给第三人，请求确认转让合同效力的，人民法院应予支持。	

新《旅游纠纷司法解释》	原《旅游纠纷司法解释》
因前款所述原因，旅游经营者请求旅游者、第三人给付增加的费用或者旅游者请求旅游经营者退还减少的费用的，人民法院应予支持。	

权威案例指引

▶公报案例

《中国工商银行股份有限公司三门峡车站支行与三门峡天元铝业股份有限公司、三门峡天元铝业集团有限公司借款担保合同纠纷案》，《最高人民法院公报》2008年第11期

裁判摘要：一、根据《中华人民共和国合同法》第八十四条的规定，债务人将合同的义务全部或者部分转移给第三人的，应当经债权人同意。因此，债务人向债权人出具承诺书，表示将所负债务全部或者部分转移给第三人，而债权人对此未予接受，亦未在债务人与第三人签订的债务转移协议书上加盖公章的，应当认定债权人不同意债务转让，债务人与第三人之间的债务转让协议对债权人不发生法律效力。

二、借新贷还旧贷，系在贷款到期不能按时收回的情况下，作为债权人的金融机构又与债务人订立协议，向债务人发放新的贷款用于归还旧贷款的行为。该行为与债务人用自有资金偿还贷款，从而消灭原债权债务关系的行为具有本质的区别。虽然新贷代替了旧贷，但原有的债权债务关系并未消除，客观上只是以新贷形式延长了旧贷的还款期限。

《中国农业银行哈尔滨市太平支行与哈尔滨松花江奶牛有限责任公司、哈尔滨工大集团股份有限公司、哈尔滨中隆会计师事务所有限公司借款合同纠纷案》，《最高人民法院公报》2008年第9期

裁判摘要：一、债务人在债权人发出的债务逾期催收通知书上签字或者盖章的行为，虽然并不必然表示债务人愿意履行债务，但可以表示其认可该债务的存在，属于当事人对民事债务关系的自认，人民法院可据此认定当事人之间存在债务关系。

二、国有企业改制后，原有债务应当由改制后的企业承担。债权人向改制后的企业发出债务逾期催收通知书的，应当视为债权人对债务人变更的认可。

三、上诉权是法律赋予当事人的一项诉讼权利，当事人可以行使，也可以放弃。根据《中华人民共和国民事诉讼法》第一百五十一条的规定，第二审人民法院审理上诉案件，应当针对当事人上诉请求的有关事实和适用法律问题进行审查。当事人未在法定期间内提起上诉，而在二审中对一审判决提出异议的，第二审人民法院不予审查。

第五百五十二条　【并存的债务承担】第三人与债务人约定加入债务并通知债权人，或者第三人向债权人表示愿意加入债务，债权人未在合理期限内明确拒绝的，债权人可以请求第三人在其愿意承担的债务范围内和债务人承担连带债务。

司法解释适用

《最高人民法院关于适用〈中华人民共和国民法典〉有关担保制度的解释》（法释〔2020〕28号）

《民法典担保制度司法解释》	原《担保法司法解释》
新增条文 **第十二条** 法定代表人依照民法典第五百五十二条的规定以公司名义加入债务的，人民法院在认定该行为的效力时，可以参照本解释关于公司为他人提供担保的有关规则处理。 **第十四条** 同一债务有两个以上第三人提供担保，担保人受让债权的，人民法院应当认定该行为系承担担保责任。受让债权的担保人作为债权人请求其他担保人承担担保责任的，人民法院不予支持；该担保人请求其他担保人分担相应份额的，依照本解释第十三条的规定处理。 **第三十六条** 第三人向债权人提供差额补足、流动性支持等类似承诺文件作为增信措施，具有提供担保的意思表示，债权人请求第三人承担保证责任的，人民法院应当依照保证的有关规定处理。 第三人向债权人提供的承诺文件，具有加入债务或者与债务人共同承担债务等意思表示的，人民法院应当认定为民法典第五百五十二条规定的债务加入。 前两款中第三人提供的承诺文件难以确定是保证还是债务加入的，人民法院应当将其认定为保证。 第三人向债权人提供的承诺文件不符合前三款规定的情形，债权人请求第三人承担保证责任或者连带责任的，人民法院不予支持，但是不影响其依据承诺文件请求第三人履行约定的义务或者承担相应的民事责任。	

第553条

第五百五十三条　【债务人转移债务时新债务人同时获得对于债权人的抗辩权】 债务人转移债务的，新债务人可以主张原债务人对债权人的抗辩；原债务人对债权人享有债权的，新债务人不得向债权人主张抵销。

司法解释适用

《最高人民法院关于审理民事案件适用诉讼时效制度若干问题的规定》（法释〔2020〕17号修改）

新《民事案件诉讼时效规定》	原《民事案件诉讼时效规定》
第十七条（原第十九条） 债权转让的，应当认定诉讼时效从债权转让通知到达债务人之日起中断。 债务承担情形下，构成原债务人对债务承认的，应当认定诉讼时效从债务承担意思表示到达债权人之日起中断。	

第五百五十四条　【从债务随主债务转移：从债务专属于原债务人的除外】债务人转移债务的，新债务人应当承担与主债务有关的从债务，但是该从债务专属于原债务人自身的除外。

关联法规参见

▶**法律：**《民法典物权编》第 391 条，《民法典合同编》第 697 条。

司法解释适用

《最高人民法院关于适用〈中华人民共和国民法典〉有关担保制度的解释》（法释〔2020〕28 号）

<table>
<tr><th>《民法典担保制度司法解释》</th><th>原《担保法司法解释》</th></tr>
<tr><td colspan="2">新增条文

第二十五条　当事人在保证合同中约定了保证人在债务人不能履行债务或者无力偿还债务时才承担保证责任等类似内容，具有债务人应当先承担责任的意思表示的，人民法院应当将其认定为一般保证。
当事人在保证合同中约定了保证人在债务人不履行债务或者未偿还债务时即承担保证责任、无条件承担保证责任等类似内容，不具有债务人应当先承担责任的意思表示的，人民法院应当将其认定为连带责任保证。</td></tr>
<tr><td colspan="2">删除条文

~~第二十九条　保证期间，债权人许可债务人转让部分债务未经保证人书面同意的，保证人对未经其同意转让部分的债务，不再承担保证责任。但是，保证人仍应当对未转让部分的债务承担保证责任。~~</td></tr>
<tr><td>第三十九条　主债权被分割或者部分转让，各债权人主张就其享有的债权份额行使担保物权的，人民法院应予支持，但是法律另有规定或者当事人另有约定的除外。
主债务被分割或者部分转移，债务人自己提供物的担保，债权人请求以该担保财产担保全部债务履行的，人民法院应予支持；第三人提供物的担保，主张对未经其书面同意转移的债务不再承担担保责任的，人民法院应予支持。</td><td>第七十二条　主债权被分割或者部分转让的，各债权人可以就其享有的债权份额行使抵押权。
主债务被分割或者部分转让的，抵押人仍以其抵押物担保数个债务人履行债务。但是，第三人提供抵押的，债权人许可债务人转让债务未经抵押人书面同意的，抵押人对未经其同意转让的债务，不再承担担保责任。</td></tr>
</table>

第五百五十五条　【合同权利义务的概括转移】当事人一方经对方同意，可以将自己在合同中的权利和义务一并转让给第三人。

司法解释适用

《最高人民法院关于审理旅游纠纷案件适用法律若干问题的规定》（法释〔2020〕17号修改）

<table>
<tr><th>新《旅游纠纷司法解释》</th><th>原《旅游纠纷司法解释》</th></tr>
<tr><td colspan="2">第十一条（原第十一条）　除合同性质不宜转让或者合同另有约定之外，在旅游行程开始前的合理期间内，旅游者将其在旅游合同中的权利义务转让给第三人，请求确认转让合同效力的，人民法院应予支持。
因前款所述原因，旅游经营者请求旅游者、第三人给付增加的费用或者旅游者请求旅游经营者退还减少的费用的，人民法院应予支持。</td></tr>
</table>

权威案例指引

▶典型案例

《王兵诉汪帆、周洁、上海舞泡网络科技有限公司网络店铺转让合同纠纷案》，《最高人民法院发布第一批涉互联网典型案例之四》（2018年8月16日）

典型意义：网络店铺的私自转让现实中大量存在，因此产生的纠纷亦有不断进入诉讼的趋势。该案涉及网络店铺转让究竟系转让什么、转让的法律效力如何等问题，理论界和实务界并无相对统一之见解。本案例明确了涉网络店铺转让纠纷相应的裁判规则，具有一定的典型性和指导价值。

本案中，汪帆系通过与淘宝平台签订服务协议并经实名认证，取得系争网络店铺之经营权。服务协议内容经双方认可，且不存在违反法律行政法规强制性规定、损害社会公共利益等情形，故汪帆与淘宝平台间形成合法有效的合同关系。现周洁在汪帆认可之情况下，与王兵、舞泡公司签署网络店铺转让合同，实际上系将汪帆与淘宝平台间合同关系项下的权利义务一并转让给王兵。根据《中华人民共和国合同法》第八十八条、第八十九条之规定，当事人一方将自己在合同中的权利和义务一并转让给第三方的，须经对方当事人的同意。现周洁虽有汪帆之认可但未征得淘宝平台同意，私自转让系争网络店铺，该转让行为不发生法律效力。故王兵以合同约定内容为据，要求周洁等支付违约金、双倍返还转让费之主张，缺乏依据。而根据《中华人民共和国合同法》第四十二条规定，当事人在订立合同过程中有违背诚实信用原则的行为，给对方造成损失的，应当承担损害赔偿责任。周洁在汪帆认可情况下，将系争店铺让与王兵，现转让行为未生效，且店铺已被汪帆找回并实际控制，周洁理应就王兵因此而产生之损失承担赔偿责任。

该案通过对网络店铺店主与网络平台经营方之间法律关系的厘清，对实际普遍存在的网络店铺私自转让行为，从法律上作出了妥当评价，有利于网络平台经营方更好地实施管理、提供服务、控制网络交易风险，促进电子商务的进一步健康、有序发展。

第五百五十六条　【合同权利和义务一并转让应当适用的有关条款】合同的权利和义务一并转让的，适用债权转让、债务转移的有关规定。

关联法规参见

▶**法律**：《民法典合同编》第 545 条至第 554 条。

第七章　合同的权利义务终止

第五百五十七条　【债权债务终止的法定情形】有下列情形之一的，债权债务终止：

（一）债务已经履行；

（二）债务相互抵销；

（三）债务人依法将标的物提存；

（四）债权人免除债务；

（五）债权债务同归于一人；

（六）法律规定或者当事人约定终止的其他情形。

合同解除的，该合同的权利义务关系终止。

关联法规参见

▶**法律**：《证券投资基金法》第 80 条。

第五百五十八条　【后合同义务】债权债务终止后，当事人应当遵循诚信等原则，根据交易习惯履行通知、协助、保密、旧物回收等义务。

关联法规参见

▶**法律**：《固体废物污染环境防治法》第 45 条、第 53 条、第 54 条、第 61 条、第 64 条至第 69 条，《循环经济促进法》第 15 条、第 37 条、第 39 条、第 46 条，《大气污染防治法》第 60 条，《土壤污染防治法》第 30 条，《清洁生产促进法》第 20 条、第 26 条，《海商法》第 252 条，《废弃电器电子产品回收处理管理条例》第 10 条、第 11 条。

司法解释适用

《最高人民法院关于审理物业服务纠纷案件适用法律若干问题的解释》（法释〔2020〕17号修改）

新《物业服务纠纷司法解释》	原《物业服务纠纷司法解释》
第三条 物业服务合同的权利义务终止后，业主请求物业服务人退还已经预收，但尚未提供物业服务期间的物业费的，人民法院应予支持。	**第九条** 物业服务合同的权利义务终止后，业主请求物业服务企业退还已经预收，但尚未提供物业服务期间的物业费的，人民法院应予支持。 ~~物业服务企业请求业主支付拖欠的物业费的，按照本解释第六条规定处理。~~

删除条文

~~**第十条** 物业服务合同的权利义务终止后，业主委员会请求物业服务企业退出物业服务区域、移交物业服务用房和相关设施，以及物业服务所必需的相关资料和由其代管的专项维修资金的，人民法院应予支持。~~

~~物业服务企业拒绝退出、移交，并以存在事实上的物业服务关系为由，请求业主支付物业服务合同权利义务终止后的物业费的，人民法院不予支持。~~

其他法律性文件

《最高人民法院关于印发〈全国法院贯彻实施民法典工作会议纪要〉的通知》

10. 当事人一方违反民法典第五百五十八条规定的通知、协助、保密、旧物回收等义务，给对方当事人造成损失，对方当事人请求赔偿实际损失的，人民法院应当支持。

第五百五十九条 【从权利消灭】 债权债务终止时，债权的从权利同时消灭，但是法律另有规定或者当事人另有约定的除外。

关联法规参见

▶**法律：**《民法典合同编》第672条。

第五百六十条 【对同一债权人负数个债务的履行规则】 债务人对同一债权人负担的数项债务种类相同，债务人的给付不足以清偿全部债务的，除当事人另有约定外，由债务人在清偿时指定其履行的债务。

债务人未作指定的，应当优先履行已经到期的债务；数项债务均到期的，优先履行对债权人缺乏担保或者担保最少的债务；均无担保或者担保相等的，优先履行债务人负担较重的债务；负担相同的，按照债务到期的先后顺序履行；到期时间相同的，按照债务比例履行。

第五百六十一条　【债务履行顺序】债务人在履行主债务外还应当支付利息和实现债权的有关费用，其给付不足以清偿全部债务的，除当事人另有约定外，应当按照下列顺序履行：

（一）实现债权的有关费用；

（二）利息；

（三）主债务。

关联法规参见

▶**行政法规**：《保障中小企业款项支付条例》第15条。

第五百六十二条　【合同的约定解除：协商一致；约定条件成就】当事人协商一致，可以解除合同。

当事人可以约定一方解除合同的事由。解除合同的事由发生时，解除权人可以解除合同。

关联法规参见

▶**法律**：《劳动法》第24条。

第五百六十三条　【合同的法定解除；法定解除权】有下列情形之一的，当事人可以解除合同：

（一）因不可抗力致使不能实现合同目的；

（二）在履行期限届满前，当事人一方明确表示或者以自己的行为表明不履行主要债务；

（三）当事人一方迟延履行主要债务，经催告后在合理期限内仍未履行；

（四）当事人一方迟延履行债务或者有其他违约行为致使不能实现合同目的；

（五）法律规定的其他情形。

以持续履行的债务为内容的不定期合同，当事人可以随时解除合同，但是应当在合理期限之前通知对方。

关联法规参见

▶**法律**：《城市房地产管理法》第16条、第17条，《民法典总则编》第161条、第180条，

《农村土地承包法》第42条，《保险法》第15条、第16条、第32条、第37条、第50条、第58条，《旅游法》第63条、第66条、第67条，《拍卖法》第43条，《消费者权益保护法》第24条，《企业破产法》第18条、第53条，《海商法》第89条、第90条、第96条、第97条、第131条、第132条、第134条、第146条、第158条、第159条、第223条、第226条至第228条、第230条。

▶**国际条约**：《联合国国际货物销售合同公约》第25条。

司法解释适用

《最高人民法院关于审理建设工程施工合同纠纷案件适用法律问题的解释（一）》（法释〔2020〕25号）

《建工合同司法解释（一）》	原《建设工程施工合同纠纷司法解释》
删除条文 **第八条** 承包人具有下列情形之一，发包人请求解除建设工程施工合同的，应予支持： （一）明确表示或者以行为表明不履行合同主要义务的； （二）合同约定的期限内没有完工，且在发包人催告的合理期限内仍未完工的； （三）已经完成的建设工程质量不合格，并拒绝修复的； （四）将承包的建设工程非法转包、违法分包的。 **第九条** 发包人具有下列情形之一，致使承包人无法施工，且在催告的合理期限内仍未履行相应义务，承包人请求解除建设工程施工合同的，应予支持： （一）未按约定支付工程价款的； （二）提供的主要建筑材料、建筑构配件和设备不符合强制性标准的； （三）不履行合同约定的协助义务的。	

《最高人民法院关于审理技术合同纠纷案件适用法律若干问题的解释》（法释〔2020〕19号修改）

新《技术合同纠纷司法解释》	原《技术合同纠纷司法解释》
第十五条 技术合同当事人一方迟延履行主要债务，经催告后在30日内仍未履行，另一方依据民法典第五百六十三条第一款第（三）项的规定主张解除合同的，人民法院应当予以支持。 当事人在催告通知中附有履行期限且该期限超过30日的，人民法院应当认定该履行期限为民法典第五百六十三条第一款第（三）项规定的合理期限。	**第十五条** 技术合同当事人一方迟延履行主要债务，经催告后在30日内仍未履行，另一方依据合同法第九十四条第（三）项的规定主张解除合同的，人民法院应当予以支持。 当事人在催告通知中附有履行期限且该期限超过30日的，人民法院应当认定该履行期限为合同法第九十四条第（三）项规定的合理期限。

《最高人民法院关于审理期货纠纷案件若干问题的规定》（法释〔2020〕18号修改）

新《期货纠纷案件规定》	原《期货纠纷案件规定》
第四十四条　在交割日，卖方期货公司未向期货交易所交付标准仓单，或者买方期货公司未向期货交易所账户交付足额货款，构成交割违约。 构成交割违约的，违约方应当承担违约责任；具有民法典第五百六十三条第一款第四项规定情形的，对方有权要求终止交割或者要求违约方继续交割。 征购或者竞卖失败的，应当由违约方按照交易所有关赔偿办法的规定承担赔偿责任。	**第四十四条**　在交割日，卖方期货公司未向期货交易所交付标准仓单，或者买方期货公司未向期货交易所账户交付足额货款，构成交割违约。 构成交割违约的，违约方应当承担违约责任；具有合同法第九十四条第（四）项规定情形的，对方有权要求终止交割或者要求违约方继续交割。 征购或者竞卖失败的，应当由违约方按照交易所有关赔偿办法的规定承担赔偿责任。

《最高人民法院关于适用〈中华人民共和国保险法〉若干问题的解释（二）》（法释〔2020〕18号修改）

新《保险法司法解释（二）》	原《保险法司法解释（二）》
第七条（原第七条）　保险人在保险合同成立后知道或者应当知道投保人未履行如实告知义务，仍然收取保险费，又依照保险法第十六条第二款的规定主张解除合同的，人民法院不予支持。	

《最高人民法院关于审理融资租赁合同纠纷案件适用法律问题的解释》（法释〔2020〕17号修改）

新《融资租赁合同纠纷司法解释》	原《融资租赁合同纠纷司法解释》
删除条文 ~~**第十一条**　有下列情形之一，出租人或者承租人请求解除融资租赁合同的，人民法院应予支持：~~ ~~（一）出租人与出卖人订立的买卖合同解除、被确认无效或者被撤销，且双方未能重新订立买卖合同的；~~ ~~（二）租赁物因不可归责于双方的原因意外毁损、灭失，且不能修复或者确定替代物的；~~ ~~（三）因出卖人的原因致使融资租赁合同的目的不能实现的。~~	
第五条　有下列情形之一，出租人请求解除融资租赁合同的，人民法院应予支持：	**第十二条**　有下列情形之一，出租人请求解除融资租赁合同的，人民法院应予支持：

<table>
<tr><th>新《融资租赁合同纠纷司法解释》</th><th>原《融资租赁合同纠纷司法解释》</th></tr>
<tr><td>（一）承租人未按照合同约定的期限和数额支付租金，符合合同约定的解除条件，经出租人催告后在合理期限内仍不支付的；
（二）合同对于欠付租金解除合同的情形没有明确约定，但承租人欠付租金达到两期以上，或者数额达到全部租金百分之十五以上，经出租人催告后在合理期限内仍不支付的；
（三）承租人违反合同约定，致使合同目的不能实现的其他情形。</td><td>~~（一）承租人未经出租人同意，将租赁物转让、转租、抵押、质押、投资入股或者以其他方式处分租赁物的；~~
（二）承租人未按照合同约定的期限和数额支付租金，符合合同约定的解除条件，经出租人催告后在合理期限内仍不支付的；
（三）合同对于欠付租金解除合同的情形没有明确约定，但承租人欠付租金达到两期以上，或者数额达到全部租金百分之十五以上，经出租人催告后在合理期限内仍不支付的；
（四）承租人违反合同约定，致使合同目的不能实现的其他情形。</td></tr>
<tr><td colspan="2">第六条（原第十三条）　因出租人的原因致使承租人无法占有、使用租赁物，承租人请求解除融资租赁合同的，人民法院应予支持。</td></tr>
</table>

《最高人民法院关于审理买卖合同纠纷案件适用法律问题的解释》（法释〔2020〕17号修改）

<table>
<tr><th>新《买卖合同司法解释》</th><th>原《买卖合同司法解释》</th></tr>
<tr><td colspan="2">删除条文
~~第三条~~　~~当事人一方以出卖人在缔约时对标的物没有所有权或者处分权为由主张合同无效的，人民法院不予支持。~~
~~出卖人因未取得所有权或者处分权致使标的物所有权不能转移，买受人要求出卖人承担违约责任或者要求解除合同并主张损害赔偿的，人民法院应予支持。~~</td></tr>
<tr><td>第十九条　出卖人没有履行或者不当履行从给付义务，致使买受人不能实现合同目的，买受人主张解除合同的，人民法院应当根据<u>民法典第五百六十三条第一款第四项</u>的规定，予以支持。</td><td>第二十五条　出卖人没有履行或者不当履行从给付义务，致使买受人不能实现合同目的，买受人主张解除合同的，人民法院应当根据<u>合同法第九十四条第（四）项</u>的规定，予以支持。</td></tr>
</table>

《最高人民法院关于审理城镇房屋租赁合同纠纷案件具体应用法律若干问题的解释》（法释〔2020〕17号修改）

<table>
<tr><th>新《城镇房屋租赁合同纠纷司法解释》</th><th>原《城镇房屋租赁合同纠纷司法解释》</th></tr>
<tr><td colspan="2">删除条文
~~第八条~~　~~因下列情形之一，导致租赁房屋无法使用，承租人请求解除合同的，人民法院应予支持：~~</td></tr>
</table>

<table>
<tr><th>新《城镇房屋租赁合同纠纷司法解释》</th><th>原《城镇房屋租赁合同纠纷司法解释》</th></tr>
<tr><td colspan="2">~~（一）租赁房屋被司法机关或者行政机关依法查封的；~~
~~（二）租赁房屋权属有争议的；~~
~~（三）租赁房屋具有违反法律、行政法规关于房屋使用条件强制性规定情况的。~~</td></tr>
</table>

《最高人民法院关于审理物业服务纠纷案件适用法律若干问题的解释》（法释〔2020〕17号修改）

<table>
<tr><th>新《物业服务纠纷司法解释》</th><th>原《物业服务纠纷司法解释》</th></tr>
<tr><td colspan="2">删除条文
~~**第八条**　业主大会按照物权法第七十六条规定的程序作出解聘物业服务企业的决定后，业主委员会请求解除物业服务合同的，人民法院应予支持。~~
~~物业服务企业向业主委员会提出物业费主张的，人民法院应当告知其向拖欠物业费的业主另行主张权利。~~</td></tr>
</table>

《最高人民法院关于审理商品房买卖合同纠纷案件适用法律若干问题的解释》（法释〔2020〕17号修改）

新《商品房买卖合同纠纷司法解释》	原《商品房买卖合同纠纷司法解释》
第十一条　根据民法典第五百六十三条的规定，出卖人迟延交付房屋或者买受人迟延支付购房款，经催告后在三个月的合理期限内仍未履行，解除权人请求解除合同的，应予支持，但当事人另有约定的除外。 法律没有规定或者当事人没有约定，经对方当事人催告后，解除权行使的合理期限为三个月。对方当事人没有催告的，解除权人自知道或者应当知道解除事由之日起一年内行使。逾期不行使的，解除权消灭。	**第十五条**　根据《合同法》第九十四条的规定，出卖人迟延交付房屋或者买受人迟延支付购房款，经催告后在三个月的合理期限内仍未履行，当事人一方请求解除合同的，应予支持，但当事人另有约定的除外。 法律没有规定或者当事人没有约定，经对方当事人催告后，解除权行使的合理期限为三个月。对方当事人没有催告的，解除权应当在解除权发生之日起一年内行使；逾期不行使的，解除权消灭。

《最高人民法院印发〈关于依法妥善审理涉新冠肺炎疫情民事案件若干问题的指导意见（二）〉的通知》

1. 疫情或者疫情防控措施导致当事人不能按照约定的期限履行买卖合同或者履行成本增加，继续履行不影响合同目的实现，当事人请求解除合同的，人民法院不予支持。

疫情或者疫情防控措施导致出卖人不能按照约定的期限完成订单或者交付货物，继续履行不能实现买受人的合同目的，买受人请求解除合同，返还已经支付的预付款或者定金的，人民法院应予支持；买受人请求出卖人承担违约责任的，人民法院不予支持。

《最高人民法院印发〈关于依法妥善审理涉新冠肺炎疫情民事案件若干问题的指导意见（三）〉的通知》

12. 船舶开航前，因疫情或者疫情防控措施出现以下情形，导致运输合同不能履行，承运人或者托运人请求依据《中华人民共和国海商法》第九十条的规定解除合同的，人民法院依法予以支持：（1）无法在合理期间内配备必要的船员、物料；（2）船舶无法到达装货港、目的港；（3）船舶一旦进入装货港或者目的港，无法再继续正常航行、靠泊；（4）货物被装货港或者目的港所在国家或者地区列入暂时禁止进出口的范围；（5）托运人因陆路运输受阻，无法在合理期间内将货物运至装货港码头；（6）因其他不能归责于承运人和托运人的原因致使合同不能履行的情形。

权威案例指引

▶公报案例

《张俭华、徐海英诉启东市取生置业有限公司房屋买卖合同纠纷案》，《最高人民法院公报》2017 年第 9 期

裁判摘要：当事人将特定主观目的作为合同条件或成交基础并明确约定，则该特定主观目的之客观化，属于《中华人民共和国合同法》第九十四条第一款第四项的规制范围。如开发商交付的房屋与购房合同约定的方位布局相反，且无法调换，购房者可以合同目的不能实现解除合同。

《何丽红诉中国人寿保险股份有限公司佛山市顺德支公司、中国人寿保险股份有限公司佛山分公司保险合同纠纷案》，《最高人民法院公报》2008 年第 8 期

裁判摘要：一、基于保险合同的特殊性，合同双方当事人应当最大限度的诚实守信。投保人依法履行如实告知义务，即是最大限度诚实守信的一项重要内容。根据《中华人民共和国保险法》第十七条的规定，投保人在订立保险合同前，应当如实回答保险人就保险标的或者被保险人的有关情况作出的询问，如实告知影响保险人对是否承保以及如何设定承保条件、承保费率做出正确决定的重要事项。对于投保人故意隐瞒事实，不履行如实告知义务的，或者因过失未履行如实告知义务，足以影响保险人决定是否同意承保或者提高保险费率的，保险人有权解除保险合同，并对于保险合同解除前发生的保险事故不承担赔偿或者给付保险金的责任。

二、如果保险人在明知投保人未履行如实告知义务的情况下，不是进一步要求投保人如实告知，而是仍与之订立保险合同，则应视为其主动放弃了抗辩权利，构成有法律约束力的弃权行为，故无权再以投保人违反如实告知义务为由解除保险合同，而应严格依照保险合同的约定承担保险责任。

《万顺公司诉永新公司等合作开发协议纠纷案》，《最高人民法院公报》2005 年第 3 期

裁判摘要：一、催告对方履行的当事人应当是守约方，处于违约状态的当事人不享有基于催告对方仍不履行而产生的合同解除权。

二、合同解除权的行使须以解除权成就为前提，解除行为应当符合法律规定的程序，否则不能引起合同解除的法律效果。

▶典型案例

《重庆融豪投资（集团）有限公司与泸州市江阳区人民政府等合同纠纷案》，《关于依法平等保护非公有制经济，促进非公有制经济健康发展民事商事典型案例之三》（2016 年 4 月 8 日）

典型意义：本案是规范政府机关擅自解除民商事合同行为的典型案例。实践中，个别地方政府与非公有制企业签订民商事合同后，以各种借口否认合同效力，达到不履行合同的目的，影响正常市场交易秩序，侵害了非公有制企业的合法权益，应予规范。本案中，区政府通过公开招商程序与融豪投资公司订立投资协议，但在融豪投资公司做了大量投入后，却以投资协议违反有关文件为由要求终止协议的履行，有违诚信。法院审理该案时，平等对待融豪投资公司与区政府，准确适用《合同法》关于合同解除的相关规定，依法支持融豪投资公司要求继续履行协议的请求，有效地维护了非公有制企业的合法权益。

《陈某诉中国平安人寿保险股份有限公司乐山中心支公司人身保险合同纠纷案》，《"用公开促公正　建设核心价值"主题教育活动合同纠纷典型案例之二》（2015 年 12 月 4 日）

典型意义：1. 本案中投保人未如实告知投保前已发保险事故，保险合同成立两年后请求理赔，应否支持的问题，尚属于法律空白，若机械援用《保险法》第十六条的规定，将变相鼓励恶意骗保行为。为此，本案在权衡保障投保人的合法权益和维护良好保险秩序后作出了裁判，为类案处理提供了经验。

2. 保险合同是射幸合同，对将来是否发生保险事故具有不确定性。但在保险合同成立之前已发生投保事故，随后再投保，其具有主观恶意，系恶意骗保的不诚信行为，并违反保险合同法理，此时不应机械性地固守不可抗辩期间的限定，应赋予保险公司解除权，且两年不可抗辩期间适用的前提是保险合同成立两年后新发生的保险事故，因此保险合同成立前已发生保险事故的，保险公司不应赔偿。本案的裁判，对于遏制恶意投保并拖延理赔的不诚信行为，规范保险秩序，防止保险金的滥用，具有积极作用。

第五百六十四条　【解除权行使期限】法律规定或者当事人约定解除权行使期限，期限届满当事人不行使的，该权利消灭。

法律没有规定或者当事人没有约定解除权行使期限，自解除权人知道或者应当知道解除事由之日起一年内不行使，或者经对方催告后在合理期限内不行使的，该权利消灭。

司法解释适用

《最高人民法院关于审理商品房买卖合同纠纷案件适用法律若干问题的解释》（法释〔2020〕17号修改）

新《商品房买卖合同纠纷司法解释》	原《商品房买卖合同纠纷司法解释》
第十一条 根据民法典第五百六十三条的规定，出卖人迟延交付房屋或者买受人迟延支付购房款，经催告后在三个月的合理期限内仍未履行，解除权人请求解除合同的，应予支持，但当事人另有约定的除外。 法律没有规定或者当事人没有约定，经对方当事人催告后，解除权行使的合理期限为三个月。对方当事人没有催告的，解除权人自知道或者应当知道解除事由之日起一年内行使。逾期不行使的，解除权消灭。	**第十五条** 根据《合同法》第九十四条的规定，出卖人迟延交付房屋或者买受人迟延支付购房款，经催告后在三个月的合理期限内仍未履行，当事人一方请求解除合同的，应予支持，但当事人另有约定的除外。 法律没有规定或者当事人没有约定，经对方当事人催告后，解除权行使的合理期限为三个月。对方当事人没有催告的，解除权应当在解除权发生之日起一年内行使；逾期不行使的，解除权消灭。

《最高人民法院关于适用〈中华人民共和国民法典〉时间效力的若干规定》（法释〔2020〕15号）

《民法典时间效力规定》	
新增条文 **第二十五条** 民法典施行前成立的合同，当时的法律、司法解释没有规定且当事人没有约定解除权行使期限，对方当事人也未催告的，解除权人在民法典施行前知道或者应当知道解除事由，自民法典施行之日起一年内不行使的，人民法院应当依法认定该解除权消灭；解除权人在民法典施行后知道或者应当知道解除事由的，适用民法典第五百六十四条第二款关于解除权行使期限的规定。	

权威案例指引

▶公报案例

《天津市滨海商贸大世界有限公司与天津市天益工贸有限公司、王锡锋财产权属纠纷案》，《最高人民法院公报》2013年第10期典型案例

裁判摘要：一、根据《中华人民共和国民事诉讼法》第十三条第一款的规定，民事诉讼应当遵循诚实信用原则。当事人提出诉讼请求并经人民法院作出生效判决后，又否认其据以提起诉讼请求的基本事实，并以此为由申请再审，违背诚实信用原则，人民法院不予支持。

二、最高人民法院《关于审理商品房买卖合同纠纷案件适用法律若干问题的解释》第十五条关于解除权行使期限的规定仅适用于该解释所称的商品房买卖合同纠纷案件。对于其他房屋买卖合同解除权的行使期限，法律没有规定或者当事人没有约定的，应当根据《中华人

民共和国合同法》九十五条的规定，在合理期限内行使。何为“合理期限”，由人民法院结合具体案情予以认定。

▶**典型案例**

《田某、冉某诉某保险公司人身保险合同纠纷案——保险合同解除与保险人拒赔》，《最高人民法院公布三起保险合同纠纷典型案例之二》（2013 年 6 月 7 日）

典型意义：保险人未在法定期间内解除合同，丧失保险合同解除权。保险人以投保人违反如实告知义务为由拒绝赔偿的，人民法院不予支持。

《解释（二）》涉及条款：第八条保险人未行使合同解除权，直接以存在保险法第十六条第四款、第五款规定的情形为由拒绝赔偿的，人民法院不予支持。但当事人就拒绝赔偿事宜及保险合同存续另行达成一致的情况除外。

第五百六十五条　【合同解除权的行使规则】当事人一方依法主张解除合同的，应当通知对方。合同自通知到达对方时解除；通知载明债务人在一定期限内不履行债务则合同自动解除，债务人在该期限内未履行债务的，合同自通知载明的期限届满时解除。对方对解除合同有异议的，任何一方当事人均可以请求人民法院或者仲裁机构确认解除行为的效力。

当事人一方未通知对方，直接以提起诉讼或者申请仲裁的方式依法主张解除合同，人民法院或者仲裁机构确认该主张的，合同自起诉状副本或者仲裁申请书副本送达对方时解除。

司法解释适用

《最高人民法院关于适用〈中华人民共和国民法典〉时间效力的若干规定》（法释〔2020〕15 号）

《民法典时间效力规定》	
新增条文 **第十条**　民法典施行前，当事人一方未通知对方而直接以提起诉讼方式依法主张解除合同的，适用民法典第五百六十五条第二款的规定。	

权威案例指引

▶**公报案例**

《深圳富山宝实业有限公司与深圳市福星股份合作公司、深圳市宝安区福永物业发展总公司、深圳市金安城投资发展有限公司等合作开发房地产合同纠纷案》，《最高人民法院公报》2011 年第 5 期

裁判摘要：合同一方当事人构成根本违约时，守约的一方当事人享有法定解除权。合同

的解除在解除通知送达违约方时即发生法律效力，解除通知送达时间的拖延只能导致合同解除时间相应后延，而不能改变合同解除的法律后果。当事人没有约定合同解除异议期间，在解除通知送达之日起三个月以后才向人民法院起诉的，人民法院不予支持。

第五百六十六条　【合同解除的法律后果】合同解除后，尚未履行的，终止履行；已经履行的，根据履行情况和合同性质，当事人可以请求恢复原状或者采取其他补救措施，并有权请求赔偿损失。

合同因违约解除的，解除权人可以请求违约方承担违约责任，但是当事人另有约定的除外。

主合同解除后，担保人对债务人应当承担的民事责任仍应当承担担保责任，但是担保合同另有约定的除外。

关联法规参见

▶**法律：**《城市房地产管理法》第16条，《劳动法》第28条，《保险法》第47条，《旅游法》第65条、第68条，《企业破产法》第53条。

▶**行政法规：**《城镇国有土地使用权出让和转让暂行条例》第14条、第15条。

司法解释适用

《最高人民法院关于审理建设工程施工合同纠纷案件适用法律问题的解释（一）》（法释〔2020〕25号）

<table>
<tr><th>《建工合同司法解释（一）》</th><th>原《建设工程施工合同纠纷司法解释》</th></tr>
<tr><td colspan="2">删除条文

~~**第十条**　建设工程施工合同解除后，已经完成的建设工程质量合格的，发包人应当按照约定支付相应的工程价款；已经完成的建设工程质量不合格的，参照本解释第三条规定处理。~~
~~因一方违约导致合同解除的，违约方应当赔偿因此而给对方造成的损失。~~</td></tr>
</table>

《最高人民法院关于审理买卖合同纠纷案件适用法律问题的解释》（法释〔2020〕17号修改）

<table>
<tr><th>新《买卖合同司法解释》</th><th>原《买卖合同司法解释》</th></tr>
<tr><td colspan="2">删除条文

~~**第三条**　当事人一方以出卖人在缔约时对标的物没有所有权或者处分权为由主张合同无效的，人民法院不予支持。~~
~~出卖人因未取得所有权或者处分权致使标的物所有权不能转移，买受人要求出卖人承担违约责任或者要求解除合同并主张损害赔偿的，人民法院应予支持。~~</td></tr>
</table>

<table>
<tr><th>新《买卖合同司法解释》</th><th>原《买卖合同司法解释》</th></tr>
<tr><td>第二十条 买卖合同因违约而解除后，守约方主张继续适用违约金条款的，人民法院应予支持；但约定的违约金过分高于造成的损失的，人民法院可以参照民法典第五百八十五条第二款的规定处理。</td><td>第二十六条 买卖合同因违约而解除后，守约方主张继续适用违约金条款的，人民法院应予支持；但约定的违约金过分高于造成的损失的，人民法院可以参照合同法第一百一十四条第二款的规定处理。</td></tr>
<tr><td colspan="2">第二十八条（原第三十九条） 分期付款买卖合同约定出卖人在解除合同时可以扣留已受领价金，出卖人扣留的金额超过标的物使用费以及标的物受损赔偿额，买受人请求返还超过部分的，人民法院应予支持。
当事人对标的物的使用费没有约定的，人民法院可以参照当地同类标的物的租金标准确定。</td></tr>
</table>

《最高人民法院关于审理旅游纠纷案件适用法律若干问题的规定》（法释〔2020〕17号修改）

<table>
<tr><th>新《旅游纠纷司法解释》</th><th>原《旅游纠纷司法解释》</th></tr>
<tr><td colspan="2">第十二条（原第十二条） 旅游行程开始前或者进行中，因旅游者单方解除合同，旅游者请求旅游经营者退还尚未实际发生的费用，或者旅游经营者请求旅游者支付合理费用的，人民法院应予支持。</td></tr>
<tr><td colspan="2">删除条文
<s>第十三条 因不可抗力等不可归责于旅游经营者、旅游辅助服务者的客观原因导致旅游合同无法履行，旅游经营者、旅游者请求解除旅游合同的，人民法院应予支持。旅游经营者、旅游者请求对方承担违约责任的，人民法院不予支持。旅游者请求旅游经营者退还尚未实际发生的费用的，人民法院应予支持。</s>
<s>因不可抗力等不可归责于旅游经营者、旅游辅助服务者的客观原因变更旅游行程，在征得旅游者同意后，旅游经营者请求旅游者分担因此增加的旅游费用或旅游者请求旅游经营者退还因此减少的旅游费用的，人民法院应予支持。</s></td></tr>
</table>

《最高人民法院关于审理商品房买卖合同纠纷案件适用法律若干问题的解释》（法释〔2020〕17号修改）

<table>
<tr><th>新《商品房买卖合同纠纷司法解释》</th><th>原《商品房买卖合同纠纷司法解释》</th></tr>
<tr><td colspan="2">删除条文
<s>第八条 具有下列情形之一的，导致商品房买卖合同目的不能实现的，无法取得房屋的买受人可以请求解除合同、返还已付购房款及利息、赔偿损失，并可以请求出卖人承担不超过已付购房款一倍的赔偿责任：</s>
<s>（一）商品房买卖合同订立后，出卖人未告知买受人又将该房屋抵押给第三人；</s>
<s>（二）商品房买卖合同订立后，出卖人又将该房屋出卖给第三人。</s>
<s>第九条 出卖人订立商品房买卖合同时，具有下列情形之一，导致合同无效或者被撤销、</s></td></tr>
</table>

<table>
<tr><th>新《商品房买卖合同纠纷司法解释》</th><th>原《商品房买卖合同纠纷司法解释》</th></tr>
<tr><td colspan="2">~~解除的，买受人可以请求返还已付购房款及利息、赔偿损失，并可以请求出卖人承担不超过已付购房款一倍的赔偿责任：~~
~~（一）故意隐瞒没有取得商品房预售许可证明的事实或者提供虚假商品房预售许可证明；~~
~~（二）故意隐瞒所售房屋已经抵押的事实；~~
~~（三）故意隐瞒所售房屋已经出卖给第三人或者为拆迁补偿安置房屋的事实。~~</td></tr>
<tr><td colspan="2">第九条（原第十二条）　因房屋主体结构质量不合格不能交付使用，或者房屋交付使用后，房屋主体结构质量经核验确属不合格，买受人请求解除合同和赔偿损失的，应予支持。</td></tr>
<tr><td colspan="2">第十条（原第十三条）　因房屋质量问题严重影响正常居住使用，买受人请求解除合同和赔偿损失的，应予支持。
交付使用的房屋存在质量问题，在保修期内，出卖人应当承担修复责任；出卖人拒绝修复或者在合理期限内拖延修复的，买受人可以自行或者委托他人修复。修复费用及修复期间造成的其他损失由出卖人承担。</td></tr>
<tr><td>第十五条　商品房买卖合同约定或者城市房地产开发经营管理条例第三十二条规定的办理不动产登记的期限届满后超过一年，由于出卖人的原因，导致买受人无法办理不动产登记，买受人请求解除合同和赔偿损失的，应予支持。</td><td>第十九条　商品房买卖合同约定或者《城市房地产开发经营管理条例》第三十三条规定的办理房屋所有权登记的期限届满后超过一年，由于出卖人的原因，导致买受人无法办理房屋所有权登记，买受人请求解除合同和赔偿损失的，应予支持。</td></tr>
<tr><td colspan="2">第十九条（原第二十三条）　商品房买卖合同约定，买受人以担保贷款方式付款、因当事人一方原因未能订立商品房担保贷款合同并导致商品房买卖合同不能继续履行的，对方当事人可以请求解除合同和赔偿损失。因不可归责于当事人双方的事由未能订立商品房担保贷款合同并导致商品房买卖合同不能继续履行的，当事人可以请求解除合同，出卖人应当将收受的购房款本金及其利息或者定金返还买受人。</td></tr>
</table>

《最高人民法院关于印发〈全国法院审理债券纠纷案件座谈会纪要〉的通知》

21. 发行人的违约责任范围。债券发行人未能如约偿付债券当期利息或者到期本息的，债券持有人请求发行人支付当期利息或者到期本息，并支付逾期利息、违约金、实现债权的合理费用的，人民法院应当予以支持。

债券持有人以发行人出现债券募集文件约定的违约情形为由，要求发行人提前还本付息的，人民法院应当综合考量债券募集文件关于预期违约、交叉违约等的具体约定以及发生事件的具体情形予以判断。

债券持有人以发行人存在其他证券的欺诈发行、虚假陈述为由，请求提前解除合同并要求发行人承担还本付息等责任的，人民法院应当综合考量其他证券的欺诈发行、虚假陈述等行为是否足以导致合同目的不能实现等因素，判断是否符合提前解除合同的条件。

权威案例指引

▶公报案例

《长春泰恒房屋开发有限公司与长春市规划和自然资源局国有土地使用权出让合同纠纷案》，《最高人民法院公报》2020年第6期

裁判摘要：一、因国家法律、法规及政策出台导致当事人签订的合同不能履行，以致一方当事人缔约目的不能实现，该方当事人请求法院判决解除合同的，人民法院应予支持；

二、鉴于双方当事人对于合同不能履行及一方当事人缔约目的不能实现均无过错，故可依据《中华人民共和国合同法》第九十七条的规定，仅判决返还已经支付的价款及相应孳息，对一方当事人请求对方当事人赔偿损失的请求不予支持；

三、对于一方当事人为履行合同而支付的契税损失，在双方当事人对于案涉合同的解除均无过错的情况下，可由双方当事人基于公平原则平均分担。

《广西桂冠电力股份有限公司与广西泳臣房地产开发有限公司房屋买卖合同纠纷案》①，《最高人民法院公报》2010年第5期

裁判摘要：《中华人民共和国合同法》第九十七条规定："合同解除后，尚未履行的，终止履行；已经履行的，根据履行情况和合同性质，当事人可以请求恢复原状、采取其他补救措施，并有权要求赔偿损失。"合同解除导致合同关系归于消灭，故合同解除的法律后果不表现为违约责任，而是返还不当得利、赔偿损失等形式的民事责任。

《孟元诉中佳旅行社旅游合同纠纷案》，《最高人民法院公报》2005年第2期

裁判摘要：一方当事人提出解除合同后，在未与对方协商一致的情况下，拒绝对方提出减少其损失的建议，坚持要求对方承担解除合同的全部损失，并放弃履行合同，致使自身利益受到损害的，应自负全部责任。

▶典型案例

《海门市海永农机经营部与中国石油天然气股份有限公司上海销售分公司租赁合同纠纷案》，《关于依法平等保护非公有制经济，促进非公有制经济健康发展民事商事典型案例之十》（2016年4月8日）

典型意义：本案是人民法院依法审理大型国有企业与非公有制企业之间租赁合同纠纷的典型案例。本案争议焦点在于如何认定加油站相应证照无法变更时海永农机部与中石油上海分公司各自应承担的责任。中石油上海分公司作为大型国有企业，有能力亦有条件对加油站证照可能无法变更的商业风险做出合理判断与认知。因此，在合同仅对海永农机部课以协助办理并提供必要材料的义务时，中石油上海分公司不能将证照未能变更导致的合同目的无法实现归责于海永农机部，而应自行承担这一商业风险所带来的后果。本案双方当事人不

---

① 建议废止《广西桂冠电力股份有限公司与广西泳臣房地产开发有限公司房屋买卖合同纠纷案》（《最高人民法院公报》2010年第5期），理由：与《民法典合同编》第五百六十六条第二款冲突。

仅所有制性质不同，而且市场地位、经济实力悬殊。人民法院严格遵循平等保护原则，综合考虑合同双方缔约能力和行业经验，依法准确区分商业风险和主观过错，确定了合同目的不能实现的原因和后果，依法公正保护了不同规模、不同区域、不同所有制主体的合法权益。

第五百六十七条　【结算条款、清理条款效力的独立性】 合同的权利义务关系终止，不影响合同中结算和清理条款的效力。

司法解释适用

《最高人民法院关于审理买卖合同纠纷案件适用法律问题的解释》（法释〔2020〕17号修改）

新《买卖合同司法解释》	原《买卖合同司法解释》
第二十条　买卖合同因违约而解除后，守约方主张继续适用违约金条款的，人民法院应予支持；但约定的违约金过分高于造成的损失的，人民法院可以参照民法典第五百八十五条第二款的规定处理。	**第二十六条**　买卖合同因违约而解除后，守约方主张继续适用违约金条款的，人民法院应予支持；但约定的违约金过分高于造成的损失的，人民法院可以参照合同法第一百一十四条第二款的规定处理。

《最高人民法院关于当前形势下审理民商事合同纠纷案件若干问题的指导意见》

8. 为减轻当事人诉累，妥当解决违约金纠纷，违约方以合同不成立、合同未生效、合同无效或者不构成违约进行免责抗辩而未提出违约金调整请求的，人民法院可以就当事人是否需要主张违约金过高问题进行释明。人民法院要正确确定举证责任，违约方对于违约金约定过高的主张承担举证责任，非违约方主张违约金约定合理的，亦应提供相应的证据。合同解除后，当事人主张违约金条款继续有效的，人民法院可以根据合同法第九十八条的规定进行处理。

第五百六十八条　【法定的债务抵销及其行使规则】 当事人互负债务，该债务的标的物种类、品质相同的，任何一方可以将自己的债务与对方的到期债务抵销；但是，根据债务性质、按照当事人约定或者依照法律规定不得抵销的除外。

当事人主张抵销的，应当通知对方。通知自到达对方时生效。抵销不得附条件或者附期限。

关联法规参见

▶**法律：**《证券投资基金法》第6条，《企业破产法》第40条，《合伙企业法》第41条，《信托法》第18条。

司法解释适用

《最高人民法院关于人民法院办理执行异议和复议案件若干问题的规定》（法释〔2020〕21号修改）

新《人民法院办理执行异议和复议案件规定》	原《人民法院办理执行异议和复议案件规定》
第十九条（原第十九条）　当事人互负到期债务，被执行人请求抵销，请求抵销的债务符合下列情形的，除依照法律规定或者按照债务性质不得抵销的以外，人民法院应予支持： （一）已经生效法律文书确定或者经申请执行人认可； （二）与被执行人所负债务的标的物种类、品质相同。	

《最高人民法院关于适用〈中华人民共和国企业破产法〉若干问题的规定（二）》（法释〔2020〕18号修改）

新《企业破产法司法解释（二）》	原《企业破产法司法解释（二）》
第四十一条（原第四十一条）　债权人依据企业破产法第四十条的规定行使抵销权，应当向管理人提出抵销主张。 管理人不得主动抵销债务人与债权人的互负债务，但抵销使债务人财产受益的除外。	
第四十二条（原第四十二条）　管理人收到债权人提出的主张债务抵销的通知后，经审查无异议的，抵销自管理人收到通知之日起生效。 管理人对抵销主张有异议的，应当在约定的异议期限内或者自收到主张债务抵销的通知之日起三个月内向人民法院提起诉讼。无正当理由逾期提起的，人民法院不予支持。 人民法院判决驳回管理人提起的抵销无效诉讼请求的，该抵销自管理人收到主张债务抵销的通知之日起生效。	
第四十三条（原第四十三条）　债权人主张抵销，管理人以下列理由提出异议的，人民法院不予支持： （一）破产申请受理时，债务人对债权人负有的债务尚未到期； （二）破产申请受理时，债权人对债务人负有的债务尚未到期； （三）双方互负债务标的物种类、品质不同。	
第四十四条（原第四十四条）　破产申请受理前六个月内，债务人有企业破产法第二条第一款规定的情形，债务人与个别债权人以抵销方式对个别债权人清偿，其抵销的债权债务属于企业破产法第四十条第（二）、（三）项规定的情形之一，管理人在破产申请受理之日起三个月内向人民法院提起诉讼，主张该抵销无效的，人民法院应予支持。	
第四十五条（原第四十五条）　企业破产法第四十条所列不得抵销情形的债权人，主张以其对债务人特定财产享有优先受偿权的债权，与债务人对其不享有优先受偿权的债权抵销，债务人管理人以抵销存在企业破产法第四十条规定的情形提出异议的，人民法院不予支持。但是，用以抵销的债权大于债权人享有优先受偿权财产价值的除外。	
第四十六条（原第四十六条）　债务人的股东主张以下列债务与债务人对其负有的债务抵销，债务人管理人提出异议的，人民法院应予支持： （一）债务人股东因欠缴债务人的出资或者抽逃出资对债务人所负的债务； （二）债务人股东滥用股东权利或者关联关系损害公司利益对债务人所负的债务。	

《最高人民法院关于审理民事案件适用诉讼时效制度若干问题的规定》（法释〔2020〕17号修改）

新《民事案件诉讼时效规定》	原《民事案件诉讼时效规定》
第十一条 下列事项之一，人民法院应当认定与提起诉讼具有同等诉讼时效中断的效力： （一）申请支付令； （二）申请破产、申报破产债权； （三）为主张权利而申请宣告义务人失踪或死亡； （四）申请诉前财产保全、诉前临时禁令等诉前措施； （五）申请强制执行； （六）申请追加当事人或者被通知参加诉讼； （七）在诉讼中主张抵销； （八）其他与提起诉讼具有同等诉讼时效中断效力的事项。	**第十三条** 下列事项之一，人民法院应当认定与提起诉讼具有同等诉讼时效中断的效力： ~~（一）申请仲裁；~~ （二）申请支付令； （三）申请破产、申报破产债权； （四）为主张权利而申请宣告义务人失踪或死亡； （五）申请诉前财产保全、诉前临时禁令等诉前措施； （六）申请强制执行； （七）申请追加当事人或者被通知参加诉讼； （八）在诉讼中主张抵销； （九）其他与提起诉讼具有同等诉讼时效中断效力的事项。

《最高人民法院关于审理涉及农村土地承包纠纷案件适用法律问题的解释》（法释〔2020〕17号修改）

新《农村土地承包纠纷司法解释》	原《农村土地承包纠纷司法解释》
第十七条 发包方或者其他组织、个人擅自截留、扣缴承包收益或者土地经营权流转收益，承包方请求返还的，应予支持。 发包方或者其他组织、个人主张抵销的，不予支持。	**第十八条** 发包方或者其他组织、个人擅自截留、扣缴承包收益或者土地承包经营权流转收益，承包方请求返还的，应予支持。 发包方或者其他组织、个人主张抵销的，不予支持。

权威案例指引

▶公报案例

《厦门源昌房地产开发有限公司与海南悦信集团有限公司委托合同纠纷案》[①]，《最高人民法院公报》2019年第4期

裁判摘要：双方债务均已到期属于法定抵销权形成的积极条件之一。该条件不仅意味着

---

① 建议废止《厦门源昌房地产开发有限公司与海南悦信集团有限公司委托合同纠纷案》（《最高人民法院公报》2019年第4期）“裁判摘要”第1点。理由：与《民法典合同编》第五百六十八条第一款冲突。

双方债务均已届至履行期，同时还要求双方债务各自从履行期届至到诉讼时效期间届满的时间段，应当存在重合的部分。在上述时间段的重合部分，双方债权均处于没有时效抗辩的可履行状态，“双方债务均已到期”之条件即已成就，即使此后抵销权行使之时主动债权已经超过诉讼时效，亦不影响该条件的成立。

因被动债权诉讼时效的抗辩可由当事人自主放弃，故在审查抵销权形成的积极条件时，当重点考察主动债权的诉讼时效，即主动债权的诉讼时效届满之前，被动债权进入履行期的，当认为满足双方债务均已到期之条件；反之则不得认定该条件已经成就。

抵销权的行使不同于抵销权的形成。作为形成权，抵销权的行使不受诉讼时效限制。我国法律并未对法定抵销权的行使设置除斥期间。在法定抵销权已经有效成立的情况下，如抵销权的行使不存在不合理迟延之情形，综合实体公平及抵销权的担保功能等因素，人民法院应认可抵销的效力。

第五百六十九条　【约定的债务抵销】当事人互负债务，标的物种类、品质不相同的，经协商一致，也可以抵销。

司法解释适用

《最高人民法院执行工作办公室关于上市公司发起人股份质押合同及红利抵债协议效力问题请示案的复函》

江苏省高级人民法院：

你院《关于上市公司发起人以其持有的法人股在法定不得转让期内设质押担保在可转让时清偿期届满的债权其质押合同效力如何确认等两个问题的请示报告》收悉。经研究，答复如下：

一、关于本案发起人股份质押合同效力的问题，基本同意你院的第二种意见。《公司法》第147条规定对发起人股份转让的期间限制，应当理解为是对股权实际转让的时间的限制，而不是对达成股权转让协议的时间的限制。本案质押的股份不得转让期截止到2002年3月3日，而质押权行使期至2005年9月25日才可开始，在质押权人有权行使质押权时，该质押的股份已经没有转让期间的限制，因此不应以该股份在设定质押时依法尚不得转让为由确认质押合同无效。

二、关于本案中三方当事人达成的以股份所产生的红利抵债的协议（简称三方抵债协议），我们认为：首先，该协议性质上属于三方当事人之间的连环债务的协议抵消关系。在协议抵消的情况下，抵消的条件、标的物、范围，均由当事人自主约定。《合同法》第100条关于双方当事人协议抵消的规定，并不排除本案中三方当事人协议抵消的做法。其次，该协议属于预定抵消合同。根据这种合同，当事人之间将来发生可以抵消的债务时，无须另行作出抵消的意思表示，而当然发生抵消债务的效果。这种协议并不违反法律的强制性规定，应予以认可。本案中吴江工艺织造厂（以下简称织造厂）在中国服装股份有限公司（以下简称服装公司）中的预期红利收益处于不确定状态，符合这种预定抵消合同的特点。

三、关于股份质押协议与三方抵债协议的关系问题，因本案股份质押权的行使附有期限，故质押的效力只能及于质押权行使期到来（即2005年9月25日）之后该股份产生的红利，质押权人中国银行吴江支行（以下简称吴江支行）不能对此前的红利行使质押权。因此，对于织造厂于2001年6月9日从服装公司分得的该期红利，吴江支行不能以股份质押合同有效而对抗服装公司依据三方抵债协议所为的抵消。

四、织造厂在服装公司的红利一旦产生，按照三方抵债协议的约定，服装公司给付织造厂的红利即时自动抵消面料厂对服装公司的债务，不需要实际支付。因此，在宜兴市人民法院向服装公司送达协助执行通知时，被执行人织造厂在服装公司的红利债权已经消灭，不再有可供执行的债权。宜兴市人民法院从服装公司划拨红利的执行是错误的，应予纠正。

《最高人民法院关于破产债权能否与未到位的注册资金抵销问题的复函》

湖北省高级人民法院：

你院〔1994〕鄂经初字第10号请示报告收悉，经研究，答复如下：

据你院报告称：中国外运武汉公司（下称武汉公司）与香港德仓运输股份有限公司（下称香港公司）合资成立的武汉货柜有限公司（下称货柜公司），于1989年3月7日至8日曾召开董事会议，决定将注册资金由原来的110万美元增加到180万美元。1993年1月4日又以董事会议对合资双方同意将注册资金增加到240万美元的《合议书》予以认可。事后，货柜公司均依规定向有关审批机构和国家工商行政管理局办理了批准、变更手续。因此，应当确认货柜公司的注册资金已变更为240万美元，尚未到位的资金应由出资人予以补足。货柜公司被申请破产后，武汉公司作为货柜公司的债权人同货柜公司的其他债权人享有平等的权利。为保护其他债权人的合法权益，武汉公司对货柜公司享有的破产债权不能与该公司对货柜公司未出足的注册资金相抵销。

权威案例指引

▶典型案例

《一审胜诉的当事人提起上诉请求减少对方的给付金额的，并不当然缺乏上诉利益——上诉人兴业银行股份有限公司十堰分行与被上诉人十堰市岳典工贸有限公司、张金娥、郭中平、张家宏、张旗、张向阳金融借款合同纠纷案》，《最高人民法院发布2020年全国法院十大商事案例之十》（2021年2月10日）

典型意义与专家点评：上诉人兴业银行与被上诉人岳典公司等金融借款合同纠纷一案，二审判决既厘清了上诉人的上诉利益这一法律问题，又有利于解决与此案当事人相关案件的执行，减少了当事人诉累。考虑到债权人在本案调解过程中作出的书面让步，判决予以体现，符合民事诉讼的处分原则。

首先，本案的二审判决厘清了上诉利益这一法律问题，即在原告请求减少诉讼请求标的额未获准许的情况下，一审法院虽然支持了原告最初的全部诉讼请求，原告仍具有上诉利益。本案中，兴业银行在起诉后，基于履行另案生效判决确定的给付义务，请求变更、调减本案诉讼请求标的额，未被一审法院准许。在此情况下，虽然一审法院支持了兴业银行请求变更诉讼请求前的全部诉请，但从兴业银行主张变更诉讼请求的理由看，其并非简单减少诉讼请求标的额，实质是请求法院对其行使抵销权的事实进行审查并确认该行为的效力，以期减少争议标的额。一审法院对兴业银行两次变更诉讼请求的主张不予准许，并在判决中认定其转账、扣款行为系行使抵销权，认为其行使抵销权的条件不成就，实际上是驳回了兴业银行提出的对其行使抵销权的事实进行审查并予以确认的请求。在该情形下，兴业银行提起上诉，请求二审法院对相关事实进行审查和确认，享有上诉利益。二审法院透过现象看本质，对兴业银行主张的行使抵销权的事实进行审查，认定岳典公司对其开设在兴业银行账户上的资金享有占有、使用、收益、处分的权利，兴业银行将11584545.17元和1688077.4元转入岳典公司在该行开立的账户，履行生效判决的意思表示明确，上述款项进入岳典公司的账户后，即可发生清偿相关生效判决的后果。其扣划岳典公司银行账户存款的行为，系依约扣收岳典公司欠款的行为，产生消灭其等额债权、减少本案诉争相应欠款本息的法律后果。上述审查认定，具有事实和法律依据，体现了很好的法律效果。

其次，二审法院将兴业银行的转款和扣划行为认定为行使抵销权并予以支持，并未加重债务人岳典公司的债务负担，也不损害第三人利益，且有利于解决兴业银行与岳典公司有关的另案生效判决的执行，既可简化债的清偿，从整体上减少当事人诉累，又有利于解决“执行难”问题，体现了很好的社会效果。

第三，二审法院在本案审理过程中，组织兴业银行和岳典公司进行多轮调解，虽未达成调解协议，但兴业银行向法院出具书面承诺，以最大限度支持企业发展为由，同意免除岳典公司欠付的部分利息。二审法院基于兴业银行出具的书面承诺，认定该承诺系对自身权利的处分，予以准许，符合民事诉讼的处分原则。

综上所述，二审法院围绕一审完全胜诉的当事人提起上诉的，是否缺乏上诉利益这一看似“定论”的问题，根据原告在一审中主张抵销未获支持的情况，在查明抵销成立的基础上依法支持上诉人的上诉请求，不仅减少了当事人的诉累，而且丰富了“上诉利益”的内涵，特予以推荐。

第五百七十条　【标的物提存的法定情形】有下列情形之一，难以履行债务的，债务人可以将标的物提存：

（一）债权人无正当理由拒绝受领；

（二）债权人下落不明；

（三）债权人死亡未确定继承人、遗产管理人，或者丧失民事行为能力未确定监护人；

（四）法律规定的其他情形。

标的物不适于提存或者提存费用过高的，债务人依法可以拍卖或者变卖标的物，提存所得的价款。

关联法规参见

▶**法律：**《公证法》第12条，《企业破产法》第117条至第119条。

第五百七十一条　【提存成立的时间及效果】债务人将标的物或者将标的物依法拍卖、变卖所得价款交付提存部门时，提存成立。

提存成立的，视为债务人在其提存范围内已经交付标的物。

第五百七十二条　【标的物提存后债务人的通知义务】标的物提存后，债务人应当及时通知债权人或者债权人的继承人、遗产管理人、监护人、财产代管人。

第五百七十三条　【标的物提存后的风险负担、孳息归属、费用负担】标的物提存后，毁损、灭失的风险由债权人承担。提存期间，标的物的孳息归债权人所有。提存费用由债权人负担。

第五百七十四条　【提存物的领取】债权人可以随时领取提存物。但是，债权人对债务人负有到期债务的，在债权人未履行债务或者提供担保之前，提存部门根据债务人的要求应当拒绝其领取提存物。

债权人领取提存物的权利，自提存之日起五年内不行使而消灭，提存物扣除提存费用后归国家所有。但是，债权人未履行对债务人的到期债务，或者债权人向提存部门书面表示放弃领取提存物权利的，债务人负担提存费用后有权取回提存物。

第五百七十五条　【债的免除；债权人免除债务行为的效力】债权人免除债务人部分或者全部债务的，债权债务部分或者全部终止，但是债务人在合理期限内拒绝的除外。

第五百七十六条　【债权债务混同的处理】债权和债务同归于一人的，债权债务终止，但是损害第三人利益的除外。

司法解释适用

《最高人民法院关于适用〈中华人民共和国民法典〉有关担保制度的解释》
（法释〔2020〕28号）

《民法典担保制度司法解释》	原《担保法司法解释》
新增条文 **第十四条**　同一债务有两个以上第三人提供担保，担保人受让债权的，人民法院应当认定该行为系承担担保责任。受让债权的担保人作为债权人请求其他担保人承担担保责任的，人民法院不予支持；该担保人请求其他担保人分担相应份额的，依照本解释第十三条的规定处理。	

第八章　违约责任

第五百七十七条　【违约责任的种类】当事人一方不履行合同义务或者履行合同义务不符合约定的，应当承担继续履行、采取补救措施或者赔偿损失等违约责任。

关联法规参见

▶**法律：**《民法典总则编》第176条、第179条，《旅游法》第70条至第72条。

司法解释适用

《最高人民法院关于审理建设工程施工合同纠纷案件适用法律问题的解释（一）》（法释〔2020〕25号）

《建工合同司法解释（一）》	原《建设工程施工合同纠纷司法解释》
第十九条　当事人对建设工程的计价标准或者计价方法有约定的，按照约定结算工程价款。 因设计变更导致建设工程的工程量或者质量标准发生变化，当事人对该部分工程价款不能协商一致的，可以参照签订建设工程施工合同时当地建设行政主管部门发布的计价方法或者计价标准结算工程价款。 建设工程施工合同有效，但建设工程经竣工验收不合格的，依照民法典第五百七十七条规定处理。	**第十六条**　当事人对建设工程的计价标准或者计价方法有约定的，按照约定结算工程价款。 因设计变更导致建设工程的工程量或者质量标准发生变化，当事人对该部分工程价款不能协商一致的，可以参照签订建设工程施工合同时当地建设行政主管部门发布的计价方法或者计价标准结算工程价款。 建设工程施工合同有效，但建设工程经竣工验收不合格的，工程价款结算参照本解释第三条规定处理。

《最高人民法院关于审理买卖合同纠纷案件适用法律问题的解释》（法释〔2020〕17号修改）

新《买卖合同司法解释》	原《买卖合同司法解释》
删除条文 ~~**第二条**　当事人签订认购书、订购书、预订书、意向书、备忘录等预约合同，约定在将来一定期限内订立买卖合同，一方不履行订立买卖合同的义务，对方请求其承担预约合同违约责任或者要求解除预约合同并主张损害赔偿的，人民法院应予支持。~~	

《最高人民法院关于审理商品房买卖合同纠纷案件适用法律若干问题的解释》（法释〔2020〕17号修改）

<table>
<tr><th>新《商品房买卖合同纠纷司法解释》</th><th>原《商品房买卖合同纠纷司法解释》</th></tr>
<tr><td colspan="2">删除条文

<s>第十四条　出卖人交付使用的房屋套内建筑面积或者建筑面积与商品房买卖合同约定面积不符，合同有约定的，按照约定处理；合同没有约定或者约定不明确的，按照以下原则处理：</s>
<s>（一）面积误差比绝对值在3%以内（含3%），按照合同约定的价格据实结算，买受人请求解除合同的，不予支持；</s>
<s>（二）面积误差比绝对值超出3%，买受人请求解除合同、返还已付购房款及利息的，应予支持。买受人同意继续履行合同，房屋实际面积大于合同约定面积的，面积误差比在3%以内（含3%）部分的房价款由买受人按照约定的价格补足，面积误差比超出3%部分的房价款由出卖人承担，所有权归买受人；房屋实际面积小于合同约定面积的，面积误差比在3%以内（含3%）部分的房价款及利息由出卖人返还买受人，面积误差比超过3%部分的房价款由出卖人双倍返还买受人。</s></td></tr>
</table>

《最高人民法院印发〈关于依法妥善审理涉新冠肺炎疫情民事案件若干问题的指导意见（三）〉的通知》

13. 目的港具有因疫情或者疫情防控措施被限制靠泊卸货等情形，导致承运人在目的港邻近的安全港口或者地点卸货，除合同另有约定外，托运人或者收货人请求承运人承担违约责任的，人民法院不予支持。

承运人卸货后未就货物保管作出妥善安排并及时通知托运人或者收货人，托运人或者收货人请求承运人承担相应责任的，人民法院依法予以支持。

权威案例指引

▶公报案例

《范有孚与银建期货经纪有限责任公司天津营业部期货交易合同纠纷再审案》，《最高人民法院公报》2011年第6期

裁判摘要：根据《期货交易管理条例》第三十八条第二款的规定，期货公司采取强行平仓措施必须具备三个前提条件：一是客户保证金不足；二是客户没有按照要求及时追加保证金；三是客户没有及时自行平仓。期货公司违反上述规定和合同约定强行平仓，导致客户遭受损害的，应依法承担相应的责任。

《荷属安的列斯·东方航运有限公司与中国·澄西船舶修造厂船舶修理合同纠纷案》，《最高人民法院公报》2008年第12期

裁判摘要：船舶虽然在修理厂进行修理，但并非全船属于修理厂的修理范围，船员始终保持全编在岗状态。在此情况下发生火灾，船方主张修理厂对火灾损失承担违约责任的，应当对起火点位于船舶修理合同范围之内、修理厂存在不履行合同或者不按约定履行合同的违

约行为、火灾损失的存在以及修理厂的违约行为与火灾损失的发生之间存在因果关系等问题承担举证责任。船方不能就上述问题举证的，人民法院对其诉讼请求不予支持。

《黄颖诉美晟房产公司商品房预售合同纠纷案》，《最高人民法院公报》2006年第2期

裁判摘要：对所购房屋显而易见的瑕疵，业主主张已经在开发商收执的《业主入住验收单》上明确提出书面异议。开发商拒不提交有业主签字的《业主入住验收单》，却以业主已经入住为由，主张业主对房屋现状认可。根据最高人民法院《关于民事诉讼证据的若干规定》，可以推定业主关于已提出异议的主张成立。

根据合同法第一百零七条规定，交付房屋不符合商品房预售合同中的约定，应由开发商向业主承担违约责任。交付房屋改变的建筑事项，无论是否经过行政机关审批或者是否符合建筑规范，均属另一法律关系，不能成为开发商不违约或者免除违约责任的理由。

《浙江金华市自来水公司诉江西三清山管委会联营建设索道纠纷案》，《最高人民法院公报》2005年第4期

裁判摘要：当事人以同一标的先后与他人签订两个协议，两个协议内容均不违反法律、行政法规的强制性规定，依法符合合同生效条件的，不能因前协议有效而认定后协议无效，或认定前、后协议存在效力上的差异。当事人因履行其中一个协议而对另一个协议中的对方当事人构成违约的，应承担违约责任。

《郑雪峰、陈国青诉江苏省人民医院医疗服务合同纠纷案》，《最高人民法院公报》2004年第8期

裁判摘要：公共医疗卫生服务机构履行医疗服务合同时，在非紧急情况下，未经同意擅自改变合同双方约定的医疗方案，属于合同法第一百零七条规定的履行合同义务不符合约定的行为。

▶典型案例

《中科公司与某某县国土局土地使用权出让合同纠纷案》，《最高人民法院发布6起充分发挥审判职能作用保护产权和企业家合法权益典型案例之二》（2018年12月4日）

典型意义：当前，地方政府在发展地方经济过程中以“新官不理旧账”、政策变化、规划调整等理由违约、毁约，侵犯了民营企业家合法权益的行为不同程度存在。对此，《产权意见》明确要求：“大力推进法治政府和政务诚信建设，地方各级政府及有关部门要严格兑现向社会及行政相对人依法作出的政策承诺，认真履行在招商引资、政府与社会资本合作等活动中与投资主体依法签订的各类合同”。《中共中央国务院关于营造企业家健康成长环境弘扬优秀企业家精神更好发挥企业家作用的意见》也明确要求：“研究建立因政府规划调整、政策变化造成企业合法权益受损的依法依规补偿救济机制。”最高人民法院《关于充分发挥审判职能作用为企业家创新创业营造良好法治环境的通知》（法〔2018〕1号）则更具体要求：“对于确因政府规划调整、政策变化导致当事人签订的民商事合同不能履行的，依法支持当事人解除合同的请求。对于当事人请求返还已经支付的国有土地使用权出让金、投资款、租金或者承担损害赔偿责任的，依法予以支持。”本案为最高人民法院二审改判案件，针对地方政府的违约毁约行为，依法判决政府有关部门承担违约责任，有利于规范地方政府

在招商引资中的不规范行为，严格兑现其依法作出的承诺，对于推动地方政府守信践诺和依法行政，保护企业家合法生产经营权益，促进经济持续平稳健康发展具有积极意义，对于处理同类案件具有典型指引价值。

《梁昌运与霍邱县人民政府国土资源局建设用地使用权出让合同纠纷案》，《关于依法平等保护非公有制经济，促进非公有制经济健康发展民事商事典型案例之一》（2016年4月8日）

典型意义：本案是关于违反国有土地使用权出让合同约定应当承担相应违约责任的典型性案例。实践中，在国有土地使用权出让过程中，由于一些地方政府的不规范行为，造成与非公有制企业签订国有土地使用权出让合同后，不能按约交付土地，侵害了非公有制经济主体的合法权益。在此情况下，依法维护非公有制经济主体的合同权益，是对其民事权利平等保护原则的重要体现。本案中，霍邱县人民政府国土资源局通过公开招投标程序与梁昌运签订了土地使用权出让合同，梁昌运也按照合同约定交纳了土地出让金，但霍邱县人民政府国土资源局没有依约交付土地构成违约，梁昌运根据合同约定要求解除合同、返还土地出让金、双倍返还定金等合理请求，均得到了人民法院的支持。人民法院审理该案件时，平等对待政府机关和非公有制经济主体，准确适用《合同法》相关规定，依法支持梁昌运的相关诉讼请求，妥善维护了非公有制经济的合法权益。

《邯郸市金城机电物资有限公司与磁县教育局买卖合同纠纷案》，《关于依法平等保护非公有制经济，促进非公有制经济健康发展民事商事典型案例之六》（2016年4月8日）

典型意义：本案是规范政府机关不履行《采购合同》的典型案例。合同是当事人之间设立、变更、终止民事权利义务的协议，各方当事人都应当按照合同的约定全面履行自己的义务。一方当事人未按照合同约定履行合同，将侵害另一方当事人的合法权益。因此，对于未按照约定履行合同的当事人，应严格依据合同法的规定，依法追究其违约责任。本案中，县教育局通过招投标程序与物资公司签订《采购合同》后，并未按照《采购合同》向物资公司采购钢材，反而以合同未对货物名称、数量等进行约定为由推脱责任，造成物资公司无法实现合同目的。人民法院受理本案后，准确分析本案所涉《采购合同》的效力，依法判决县教育局承担违约责任，有效地保护了作为守约方的物资公司的合法权益。

《闫作臣、李秋霞诉北京中国国际旅行社有限公司旅游合同纠纷案》，《“用公开促公正建设核心价值”主题教育活动合同纠纷典型案例之十九》（2015年12月4日）

典型意义：旅行社和游客在平等自愿基础上订立了旅游合同，合同中对交通标准、旅游费用等做了明确的约定，其中包括游客已经缴纳的旅游费用包含了所有的机票交通费用。根据上述约定，游客另行支付机票费用的有权要求旅行社来承担费用。旅行社在安排上存在瑕疵，导致因航班晚点致使游客自己另行购买机票的损失发生，而该损失与旅行社的不当行为具有直接的关系，且违反了双方订立的旅游合同的约定内容。因此，旅行社应对游客支出的机票费用承担赔偿责任。

《朗力（武汉）注塑系统有限公司与天地国际运输代理（中国）有限公司武汉分公司航空货物运输合同纠纷案——准确理解公约条款明晰国际航空运输纠纷裁判规则》，《人民法院为“一带一路”建设提供司法服务和保障的典型案例之五》（2015 年 7 月 7 日）

典型意义：该案对明晰国际航空运输合同纠纷的裁判规则、规范国际航空物流权责关系具有示范意义。一是明确了以航空方式实施的跨国货物运输中，运输迟延导致收货人拒绝接受交付可构成承运人的根本违约，托运人可行使部分解除权，有权解除相关运输合同。二是明确了航空货物运输合同旨在免除公约规定的承运人责任或者降低责任限额的约定，违反《蒙特利尔公约》的规定无效，承运人应当在公约限额内向托运人承担赔偿责任。

第五百七十八条　【预期违约责任】当事人一方明确表示或者以自己的行为表明不履行合同义务的，对方可以在履行期限届满前请求其承担违约责任。

关联法规参见

▶**国际公约：**《联合国国际货物销售合同公约》第 71 条、第 72 条。

第五百七十九条　【违约责任的承担：付款义务的继续履行】当事人一方未支付价款、报酬、租金、利息，或者不履行其他金钱债务的，对方可以请求其支付。

第五百八十条　【继续履行及其例外；债权人不得要求对方继续履行的情形】当事人一方不履行非金钱债务或者履行非金钱债务不符合约定的，对方可以请求履行，但是有下列情形之一的除外：

（一）法律上或者事实上不能履行；

（二）债务的标的不适于强制履行或者履行费用过高；

（三）债权人在合理期限内未请求履行。

有前款规定的除外情形之一，致使不能实现合同目的的，人民法院或者仲裁机构可以根据当事人的请求终止合同权利义务关系，但是不影响违约责任的承担。

关联法规参见

▶**法律：**《民法典合同编》第 516 条。

司法解释适用

《最高人民法院关于适用〈中华人民共和国民法典〉时间效力的若干规定》（法释〔2020〕15号）

《民法典时间效力规定》	
新增条文 **第十一条** 民法典施行前成立的合同，当事人一方不履行非金钱债务或者履行非金钱债务不符合约定，对方可以请求履行，但是有民法典第五百八十条第一款第一项、第二项、第三项除外情形之一，致使不能实现合同目的，当事人请求终止合同权利义务关系的，适用民法典第五百八十条第二款的规定。	

权威案例指引

▶公报案例

《丁福如与石磊房屋买卖合同纠纷案》，《最高人民法院公报》2012年第11期

裁判摘要：房屋行政主管部门对未经审批而改建、重建的房屋，可因现实状况与不动产登记簿记载的权利状况不一致，将其认定为附有违法建筑并结构相连的房屋并限制交易。如何认定这类房屋买卖合同的效力，实践中存在分歧。善意买受人根据不动产登记的公示公信原则，确信登记的权利状态与现实状态相一致，此信赖利益应予保护；根据区分原则，房屋因附有违法建筑而无法过户属合同履行范畴，不应影响合同效力。因此，这类合同如不具备《合同法》第52条的无效情形，应当认定有效。出卖人负有将房屋恢复至原登记的权利状态并消除行政限制的义务。在买受人同意按现状交付并自愿承担恢复原状义务的情况下，出卖人应按诚实信用原则将房屋交付买受人，并于买受人将房屋恢复原状、消除行政限制后协助完成过户手续。

《新宇公司诉冯玉梅商铺买卖合同纠纷案》，《最高人民法院公报》2006年第6期

裁判摘要：一、根据合同法第一百一十条规定，有违约行为的一方当事人请求解除合同，没有违约行为的另一方当事人要求继续履行合同，当违约方继续履约所需的财力、物力超过合同双方基于合同履行所能获得的利益，合同已不具备继续履行的条件时，为衡平双方当事人利益，可以允许违约方解除合同，但必须由违约方向对方承担赔偿责任，以保证对方当事人的现实既得利益不因合同解除而减少。

二、在以分割商铺为标的物的买卖合同中，买方对商铺享有的权利，不同于独立商铺。为保证物业整体功能的发挥，买方行使的权利必须受到其他商铺业主整体意志的限制。

第五百八十一条　【违约责任的承担：第三人替代履行】当事人一方不履行债务或者履行债务不符合约定，根据债务的性质不得强制履行的，对方可以请求其负担由第三人替代履行的费用。

第五百八十二条　【违约责任的承担：质量不符合约定的违约责任】 履行不符合约定的，应当按照当事人的约定承担违约责任。对违约责任没有约定或者约定不明确，依据本法第五百一十条的规定仍不能确定的，受损害方根据标的的性质以及损失的大小，可以合理选择请求对方承担修理、重作、更换、退货、减少价款或者报酬等违约责任。

关联法规参见

▶**法律：**《民法典合同编》第510条、第617条，《消费者权益保护法》第40条至第45条、第48条、第52条至第54条，《产品质量法》第40条至第44条、第46条。

司法解释适用

《最高人民法院关于审理买卖合同纠纷案件适用法律问题的解释》（法释〔2020〕17号修改）

<table>
<tr><th>新《买卖合同司法解释》</th><th>原《买卖合同司法解释》</th></tr>
<tr><td>第十七条　标的物质量不符合约定，买受人依照民法典第五百八十二条的规定要求减少价款的，人民法院应予支持。当事人主张以符合约定的标的物和实际交付的标的物按交付时的市场价值计算差价的，人民法院应予支持。
价款已经支付，买受人主张返还减价后多出部分价款的，人民法院应予支持。</td><td>第二十三条　标的物质量不符合约定，买受人依照合同法第一百一十一条的规定要求减少价款的，人民法院应予支持。当事人主张以符合约定的标的物和实际交付的标的物按交付时的市场价值计算差价的，人民法院应予支持。
价款已经支付，买受人主张返还减价后多出部分价款的，人民法院应予支持。</td></tr>
<tr><td colspan="2">删除条文
<s>第三十二条　合同约定减轻或者免除出卖人对标的物的瑕疵担保责任，但出卖人故意或者因重大过失不告知买受人标的物的瑕疵，出卖人主张依约减轻或者免除瑕疵担保责任的，人民法院不予支持。</s></td></tr>
<tr><td colspan="2">第二十四条（原第三十三条）　买受人在缔约时知道或者应当知道标的物质量存在瑕疵，主张出卖人承担瑕疵担保责任的，人民法院不予支持，但买受人在缔约时不知道该瑕疵会导致标的物的基本效用显著降低的除外。</td></tr>
</table>

《最高人民法院关于审理商品房买卖合同纠纷案件适用法律若干问题的解释》（法释〔2020〕17号修改）

<table>
<tr><th>新《商品房买卖合同纠纷司法解释》</th><th>原《商品房买卖合同纠纷司法解释》</th></tr>
<tr><td colspan="2">第十条（原第十三条）　因房屋质量问题严重影响正常居住使用，买受人请求解除合同和赔偿损失的，应予支持。</td></tr>
</table>

新《商品房买卖合同纠纷司法解释》	原《商品房买卖合同纠纷司法解释》
交付使用的房屋存在质量问题，在保修期内，出卖人应当承担修复责任；出卖人拒绝修复或者在合理期限内拖延修复的，买受人可以自行或者委托他人修复。修复费用及修复期间造成的其他损失由出卖人承担。	

《最高人民法院关于审理食品安全民事纠纷案件适用法律若干问题的解释（一）》

第一条 消费者因不符合食品安全标准的食品受到损害，依据食品安全法第一百四十八条第一款规定诉请食品生产者或者经营者赔偿损失，被诉的生产者或者经营者以赔偿责任应由生产经营者中的另一方承担为由主张免责的，人民法院不予支持。属于生产者责任的，经营者赔偿后有权向生产者追偿；属于经营者责任的，生产者赔偿后有权向经营者追偿。

第二条 电子商务平台经营者以标记自营业务方式所销售的食品或者虽未标记自营但实际开展自营业务所销售的食品不符合食品安全标准，消费者依据食品安全法第一百四十八条规定主张电子商务平台经营者承担作为食品经营者的赔偿责任的，人民法院应予支持。

电子商务平台经营者虽非实际开展自营业务，但其所作标识等足以误导消费者让消费者相信系电子商务平台经营者自营，消费者依据食品安全法第一百四十八条规定主张电子商务平台经营者承担作为食品经营者的赔偿责任的，人民法院应予支持。

第四条 公共交通运输的承运人向旅客提供的食品不符合食品安全标准，旅客主张承运人依据食品安全法第一百四十八条规定承担作为食品生产者或者经营者的赔偿责任的，人民法院应予支持；承运人以其不是食品的生产经营者或者食品是免费提供为由进行免责抗辩的，人民法院不予支持。

第七条 消费者认为生产经营者生产经营不符合食品安全标准的食品同时构成欺诈的，有权选择依据食品安全法第一百四十八条第二款或者消费者权益保护法第五十五条第一款规定主张食品生产者或者经营者承担惩罚性赔偿责任。

第九条 食品符合食品安全标准但未达到生产经营者承诺的质量标准，消费者依照民法典、消费者权益保护法等法律规定主张生产经营者承担责任的，人民法院应予支持，但消费者主张生产经营者依据食品安全法第一百四十八条规定承担赔偿责任的，人民法院不予支持。

第十条 食品不符合食品安全标准，消费者主张生产者或者经营者依据食品安全法第一百四十八条第二款规定承担惩罚性赔偿责任，生产者或者经营者以未造成消费者人身损害为由抗辩的，人民法院不予支持。

第十一条 生产经营未标明生产者名称、地址、成分或者配料表，或者未清晰标明生产日期、保质期的预包装食品，消费者主张生产者或者经营者依据食品安全法第一百四十八条第二款规定承担惩罚性赔偿责任的，人民法院应予支持，但法律、行政法规、食品安全国家标准对标签标注事项另有规定的除外。

第十二条 进口的食品不符合我国食品安全国家标准或者国务院卫生行政部门决定暂予适用的标准，消费者主张销售者、进口商等经营者依据食品安全法第一百四十八条规定承担赔偿责任，销售者、进口商等经营者仅以进口的食品符合出口地食品安全标准或者已经过我国出入境检验检疫机构检验检疫为由进行免责抗辩的，人民法院不予支持。

权威案例指引

▶公报案例

《杨珺诉东台市东盛房地产开发有限公司商品房销售合同纠纷案》，《最高人民法院公报》2010 年第 11 期

裁判摘要：一、人民法院依法独立行使审判权，在审理案件中以事实为根据，以法律为准绳。人民法院据以定案的事实根据，是指经依法审理查明的客观事实。建设行政主管部门的审批文件以及建筑工程勘察、设计、施工、工程监理等单位分别签署的质量合格文件，在关于房屋建筑工程质量的诉讼中仅属诉讼证据，对人民法院认定事实不具有当然的确定力和拘束力，如果存在房屋裂缝、渗漏等客观事实，并且该客观事实确系建筑施工所致，则人民法院应当依法认定房屋存在质量缺陷。

二、除有特别约定外，房屋出卖人应当保证房屋质量符合工程建设强制性标准以及合同的约定，房屋买受人因房屋存在质量缺陷为由向出卖人主张修复等民事责任的，人民法院应当予以支持。

第五百八十三条　【违约责任的承担：损失赔偿与其他责任的并存】当事人一方不履行合同义务或者履行合同义务不符合约定的，在履行义务或者采取补救措施后，对方还有其他损失的，应当赔偿损失。

关联法规参见

▶**法律：**《民法典合同编》第 617 条，《产品质量法》第 40 条、第 44 条。

司法解释适用

《最高人民法院关于审理人身损害赔偿案件适用法律若干问题的解释》（法释〔2020〕17 号修改）

新《人身损害赔偿司法解释》	原《人身损害赔偿司法解释》
新增条文 **第十六条**　被扶养人生活费计入残疾赔偿金或者死亡赔偿金。	

第五百八十四条　【违约责任的承担：损失赔偿额的认定】当事人一方不履行合同义务或者履行合同义务不符合约定，造成对方损失的，损失赔偿额应当相当于因违约所造成的损失，包括合同履行后可以获得的利益；但是，不得超过违约一方订立合同时预见到或者应当预见到的因违约可能造成的损失。

关联法规参见

▶**法律**：《民法典总则编》第179条，《民法典合同编》第617条，《食品安全法》第148条，《旅游法》第70条，《消费者权益保护法》第7条、第11条、第49条至第52条、第55条。

▶**国际条约**：《联合国国际货物销售合同公约》第74条。

司法解释适用

《最高人民法院关于审理买卖合同纠纷案件适用法律问题的解释》（法释〔2020〕17号修改）

<table>
<tr><th>新《买卖合同司法解释》</th><th>原《买卖合同司法解释》</th></tr>
<tr><td>第二十二条　买卖合同当事人一方违约造成对方损失，对方主张赔偿可得利益损失的，人民法院在确定违约责任范围时，应当根据当事人的主张，依据民法典第五百八十四条、第五百九十一条、第五百九十二条、本解释第二十三条等规定进行认定。</td><td>第二十九条　买卖合同当事人一方违约造成对方损失，对方主张赔偿可得利益损失的，人民法院应当根据当事人的主张，依据合同法第一百一十三条、第一百一十九条、本解释第三十条、第三十一条等规定进行认定。</td></tr>
<tr><td colspan="2">删除条文
~~第三十条　买卖合同当事人一方违约造成对方损失，对方对损失的发生也有过错，违约方主张扣减相应的损失赔偿额的，人民法院应予支持。~~</td></tr>
<tr><td colspan="2">第二十三条（原第三十一条）　买卖合同当事人一方因对方违约而获有利益，违约方主张从损失赔偿额中扣除该部分利益的，人民法院应予支持。</td></tr>
</table>

《最高人民法院关于审理食品安全民事纠纷案件适用法律若干问题的解释（一）》

第一条　消费者因不符合食品安全标准的食品受到损害，依据食品安全法第一百四十八条第一款规定诉请食品生产者或者经营者赔偿损失，被诉的生产者或者经营者以赔偿责任应由生产经营者中的另一方承担为由主张免责的，人民法院不予支持。属于生产者责任的，经营者赔偿后有权向生产者追偿；属于经营者责任的，生产者赔偿后有权向经营者追偿。

第二条　电子商务平台经营者以标记自营业务方式所销售的食品或者虽未标记自营但实际开展自营业务所销售的食品不符合食品安全标准，消费者依据食品安全法第一百四十八条规定主张电子商务平台经营者承担作为食品经营者的赔偿责任的，人民法院应予支持。

电子商务平台经营者虽非实际开展自营业务，但其所作标识等足以误导消费者让消费者相信系电子商务平台经营者自营，消费者依据食品安全法第一百四十八条规定主张电子商务平台经营者承担作为食品经营者的赔偿责任的，人民法院应予支持。

第四条　公共交通运输的承运人向旅客提供的食品不符合食品安全标准，旅客主张承运人依据食品安全法第一百四十八条规定承担作为食品生产者或者经营者的赔偿责任的，人民法院应予支持；承运人以其不是食品的生产经营者或者食品是免费提供为由进行免责抗辩的，人民法院不予支持。

第六条 食品经营者具有下列情形之一，消费者主张构成食品安全法第一百四十八条规定的“明知”的，人民法院应予支持：

（一）已过食品标明的保质期但仍然销售的；

（二）未能提供所售食品的合法进货来源的；

（三）以明显不合理的低价进货且无合理原因的；

（四）未依法履行进货查验义务的；

（五）虚假标注、更改食品生产日期、批号的；

（六）转移、隐匿、非法销毁食品进销货记录或者故意提供虚假信息的；

（七）其他能够认定为明知的情形。

第七条 消费者认为生产经营者生产经营不符合食品安全标准的食品同时构成欺诈的，有权选择依据食品安全法第一百四十八条第二款或者消费者权益保护法第五十五条第一款规定主张食品生产者或者经营者承担惩罚性赔偿责任。

第十条 食品不符合食品安全标准，消费者主张生产者或者经营者依据食品安全法第一百四十八条第二款规定承担惩罚性赔偿责任，生产者或者经营者以未造成消费者人身损害为由抗辩的，人民法院不予支持。

第十一条 生产经营未标明生产者名称、地址、成分或者配料表，或者未清晰标明生产日期、保质期的预包装食品，消费者主张生产者或者经营者依据食品安全法第一百四十八条第二款规定承担惩罚性赔偿责任的，人民法院应予支持，但法律、行政法规、食品安全国家标准对标签标注事项另有规定的除外。

第十二条 进口的食品不符合我国食品安全国家标准或者国务院卫生行政部门决定暂予适用的标准，消费者主张销售者、进口商等经营者依据食品安全法第一百四十八条规定承担赔偿责任，销售者、进口商等经营者仅以进口的食品符合出口地食品安全标准或者已经过我国出入境检验检疫机构检验检疫为由进行免责抗辩的，人民法院不予支持。

《最高人民法院关于当前形势下审理民商事合同纠纷案件若干问题的指导意见》

9. 在当前市场主体违约情形比较突出的情况下，违约行为通常导致可得利益损失。根据交易的性质、合同的目的等因素，可得利益损失主要分为生产利润损失、经营利润损失和转售利润损失等类型。生产设备和原材料等买卖合同违约中，因出卖人违约而造成买受人的可得利益损失通常属于生产利润损失。承包经营、租赁经营合同以及提供服务或劳务的合同中，因一方违约造成的可得利益损失通常属于经营利润损失。先后系列买卖合同中，因原合同出卖方违约而造成其后的转售合同出售方的可得利益损失通常属于转售利润损失。

10. 人民法院在计算和认定可得利益损失时，应当综合运用可预见规则、减损规则、损益相抵规则以及过失相抵规则等，从非违约方主张的可得利益赔偿总额中扣除违约方不可预见的损失、非违约方不当扩大的损失、非违约方因违约获得的利益、非违约方亦有过失所造成的损失以及必要的交易成本。存在合同法第一百一十三条第二款规定的欺诈经营、合同法

第一百一十四条第一款规定的当事人约定损害赔偿的计算方法以及因违约导致人身伤亡、精神损害等情形的，不宜适用可得利益损失赔偿规则。

11. 人民法院认定可得利益损失时应当合理分配举证责任。违约方一般应当承担非违约方没有采取合理减损措施而导致损失扩大、非违约方因违约而获得利益以及非违约方亦有过失的举证责任；非违约方应当承担其遭受的可得利益损失总额、必要的交易成本的举证责任。对于可以预见的损失，既可以由非违约方举证，也可以由人民法院根据具体情况予以裁量。

其他法律性文件

《最高人民法院关于印发〈全国法院贯彻实施民法典工作会议纪要〉的通知》

11. 民法典第五百八十五条第二款规定的损失范围应当按照民法典第五百八十四条规定确定，包括合同履行后可以获得的利益，但不得超过违约一方订立合同时预见到或者应当预见到的因违约可能造成的损失。

当事人请求人民法院增加违约金的，增加后的违约金数额以不超过民法典第五百八十四条规定的损失为限。增加违约金以后，当事人又请求对方赔偿损失的，人民法院不予支持。

当事人请求人民法院减少违约金的，人民法院应当以民法典第五百八十四条规定的损失为基础，兼顾合同的履行情况、当事人的过错程度等综合因素，根据公平原则和诚信原则予以衡量，并作出裁判。约定的违约金超过根据民法典第五百八十四条规定确定的损失的百分之三十的，一般可以认定为民法典第五百八十五条第二款规定的"过分高于造成的损失"。当事人主张约定的违约金过高请求予以适当减少的，应当承担举证责任；相对人主张违约金约定合理的，也应提供相应的证据。

权威案例指引

▶公报案例

《李明柏诉南京金陵置业发展有限公司商品房预售合同纠纷案》，《最高人民法院公报》2016 年第 12 期

裁判摘要：一、对于政府机关及其他职能部门出具的证明材料，人民法院应当对其真实性、合法性以及与待证事实的关联性进行判断，如上述证据不能反映案件的客观真实情况，则不能作为人民法院认定案件事实的根据。

二、因出卖人所售房屋存在质量问题，致购房人无法对房屋正常使用、收益，双方当事人对由此造成的实际损失如何计算未作明确约定的，人民法院可以房屋同期租金作为标准计算购房人的实际损失。

《陈明、徐炎芳、陈洁诉上海携程国际旅行社有限公司旅游合同纠纷案》，《最高人民法院公报》2015 年第 4 期

裁判摘要：一、当事人对自己提出的主张，有责任提供证据。旅游经营者主张旅游者的单方解约系违约行为，应当按照合同约定承担实际损失的，则旅游经营者应当举证证明"损失已实际产生"和"损失的合理性"。如举证不力，则由旅游经营者承担不利后果。

二、按照有关司法解释的规定，旅游经营者向人民法院提供的证据系在中华人民共和国领域外形成的，该证据应当按照法律规定完成公证、认证手续；在香港、澳门特区或台湾地区形成的，应当履行相关的证明手续。

《喜宝集团控股有限公司诉中国农业银行股份有限公司青岛城阳支行银行结算合同纠纷案》，《最高人民法院公报》2014 年第 12 期

裁判摘要：指定收款人与实际收款人名称之间表面上不完全一致，但根据法律规定，并不导致产生歧义的，不应认定为不符。跨境结算行为仅构成基础交易的条件，导致损失的直接原因在于基础交易债务人的行为，结算行为与损失之间缺乏客观、必然的联系，结算银行不承担赔偿责任。

《湖北金华实业有限公司与苏金水等商品房买卖合同纠纷案》，《最高人民法院公报》2014 年第 1 期

裁判摘要：一、人民法院审理检察机关抗诉的再审案件一般应以原审审理范围为限。当事人的诉讼请求不同于支持其提出请求的理由和依据，如当事人提出请求的理由和依据不同于检察机关抗诉所提出的理由和依据，并不意味其申请抗诉的请求未获得检察机关抗诉支持；当事人的再审请求未超出原审审理范围的，人民法院再审中应予审理。

二、在房地产开发企业委托代理机构销售房屋的情况下，房地产开发企业因委托代理机构未告知其特定房屋已经售出而导致一房二卖，属于其选择和监督委托代理人的经营风险，不得转嫁于购房者，房地产开发企业以此为由主张最高人民法院《关于审理商品房买卖合同纠纷案件适用法律若干问题的解释》第八条规定的惩罚性赔偿应予免除的请求，人民法院不予支持。

《新疆亚坤商贸有限公司与新疆精河县康瑞棉花加工有限公司买卖合同纠纷案》，《最高人民法院公报》2006 年第 11 期

裁判摘要：在审理合同纠纷案件中，确认违约方的赔偿责任应当遵循“可预见性原则”，即违约方仅就其违约行为给对方造成的损失承担赔偿责任，对由于市场风险等因素造成的、双方当事人均不能预见的损失，因非违约方过错所致，与违约行为之间亦没有因果关系，违约方对此不承担赔偿责任。

《长城公司诉远洋大厦公司商品房买卖合同纠纷案》，《最高人民法院公报》2004 年第 10 期

裁判摘要：房屋出卖人交付使用的房屋建筑面积违反商品房买卖合同约定面积的，应按照最高人民法院《关于审理商品房买卖合同纠纷案件适用法律若干问题的解释》第十四条的规定处理。

第五百八十五条 【违约金的约定及其调整】 当事人可以约定一方违约时应当根据违约情况向对方支付一定数额的违约金，也可以约定因违约产生的损失赔偿额的计算方法。

约定的违约金低于造成的损失的，人民法院或者仲裁机构可以根据当事人的请求予以增加；约定的违约金过分高于造成的损失的，人民法院或者仲裁机构可以根据当事人的请求予以适当减少。

当事人就迟延履行约定违约金的，违约方支付违约金后，还应当履行债务。

司法解释适用

《最高人民法院关于审理民间借贷案件适用法律若干问题的规定》（法释〔2020〕17号修改）

新《民间借贷案件规定》	原《民间借贷案件规定》
第二十九条（原第三十条） 出借人与借款人既约定了逾期利率，又约定了违约金或者其他费用，出借人可以选择主张逾期利息、违约金或者其他费用，也可以一并主张，但是总计超过合同成立时一年期贷款市场报价利率四倍的部分，人民法院不予支持。	
第三十条（原第三十一条） 借款人可以提前偿还借款，但是当事人另有约定的除外。 借款人提前偿还借款并主张按照实际借款期限计算利息的，人民法院应予支持。	

《最高人民法院关于审理买卖合同纠纷案件适用法律问题的解释》（法释〔2020〕17号修改）

新《买卖合同司法解释》	原《买卖合同司法解释》
第十八条 买卖合同对付款期限作出的变更，不影响当事人关于逾期付款违约金的约定，但该违约金的起算点应当随之变更。 买卖合同约定逾期付款违约金，买受人以出卖人接受价款时未主张逾期付款违约金为由拒绝支付该违约金的，人民法院不予支持。 买卖合同约定逾期付款违约金，但对账单、还款协议等未涉及逾期付款责任，出卖人根据对账单、还款协议等主张欠款时请求买受人依约支付逾期付款违约金的，人民法院应予支持，但对账单、还款协议等明确载有本金及逾期付款利息数额或者已经变更买卖合同中关于本金、利息等约定内容的除外。	**第二十四条** 买卖合同对付款期限作出的变更，不影响当事人关于逾期付款违约金的约定，但该违约金的起算点应当随之变更。 买卖合同约定逾期付款违约金，买受人以出卖人接受价款时未主张逾期付款违约金为由拒绝支付该违约金的，人民法院不予支持。 买卖合同约定逾期付款违约金，但对账单、还款协议等未涉及逾期付款责任，出卖人根据对账单、还款协议等主张欠款时请求买受人依约支付逾期付款违约金的，人民法院应予支持，但对账单、还款协议等明确载有本金及逾期付款利息数额或者已经变更买卖合同中关于本金、利息等约定内容的除外。

新《买卖合同司法解释》	原《买卖合同司法解释》
买卖合同没有约定逾期付款违约金或者该违约金的计算方法，出卖人以买受人违约为由主张赔偿逾期付款损失，违约行为发生在2019年8月19日之前的，人民法院可以中国人民银行同期同类人民币贷款基准利率为基础，参照逾期罚息利率标准计算；违约行为发生在2019年8月20日之后的，人民法院可以违约行为发生时中国人民银行授权全国银行间同业拆借中心公布的一年期贷款市场报价利率（LPR）标准为基础，加计30—50%计算逾期付款损失。	买卖合同没有约定逾期付款违约金或者该违约金的计算方法，出卖人以买受人违约为由主张赔偿逾期付款损失的，人民法院可以中国人民银行同期同类人民币贷款基准利率为基础，参照逾期罚息利率标准计算。
第二十条　买卖合同因违约而解除后，守约方主张继续适用违约金条款的，人民法院应予支持；但约定的违约金过分高于造成的损失的，人民法院可以参照民法典第五百八十五条第二款的规定处理。	**第二十六条**　买卖合同因违约而解除后，守约方主张继续适用违约金条款的，人民法院应予支持；但约定的违约金过分高于造成的损失的，人民法院可以参照合同法第一百一十四条第二款的规定处理。
第二十一条（原第二十七条）　买卖合同当事人一方以对方违约为由主张支付违约金，对方以合同不成立、合同未生效、合同无效或者不构成违约等为由进行免责抗辩而未主张调整过高的违约金的，人民法院应当就法院若不支持免责抗辩，当事人是否需要主张调整违约金进行释明。 一审法院认为免责抗辩成立且未予释明，二审法院认为应当判决支付违约金的，可以直接释明并改判。	

《最高人民法院关于审理商品房买卖合同纠纷案件适用法律若干问题的解释》（法释〔2020〕17号修改）

新《商品房买卖合同纠纷司法解释》	原《商品房买卖合同纠纷司法解释》
第十二条（原第十六条）　当事人以约定的违约金过高为由请求减少的，应当以违约金超过造成的损失30%为标准适当减少；当事人以约定的违约金低于造成的损失为由请求增加的，应当以违约造成的损失确定违约金数额。	
第十三条（原第十七条）　商品房买卖合同没有约定违约金数额或者损失赔偿额计算方法，违约金数额或者损失赔偿额可以参照以下标准确定： 逾期付款的，按照未付购房款总额，参照中国人民银行规定的金融机构计收逾期贷款利息的标准计算。 逾期交付使用房屋的，按照逾期交付使用房屋期间有关主管部门公布或者有资格的房地产评估机构评定的同地段同类房屋租金标准确定。	

《最高人民法院执行工作办公室关于广东省高级人民法院请示的交通银行汕头分行与汕头经济特区龙湖乐园发展有限公司申请不予执行仲裁裁决案的复函》

广东省高级人民法院：

你院〔2003〕粤高法47号“关于交通银行汕头分行与汕头经济特区龙湖乐园发展有限公司申请不予执行仲裁裁决一案的请示”收悉。经研究，现答复如下：

我国《合同法》第114条第2款规定：“约定的违约金低于造成的损失的，当事人可以请求人民法院或者仲裁机构予以增加；约定的违约金过分高于造成的损失的，当事人可以请求人民法院或者仲裁机构予以适当减少。”违约金由双方当事人自由约定，只要不违反法律规定和不损害第三人合法权益，国家一般不予干涉。国家认为双方当事人约定的违约金过高或者过低的，可以予以调整，但必须是基于一方当事人的请求。在本案中，交通银行汕头分行作为仲裁案件的被申请人和向汕头市中级人民法院申请不予执行仲裁裁决的申请人，始终未就违约金提出异议。依据我国《民法通则》第112条规定，当事人可以在合同中约定赔偿额的计算方法，本仲裁庭对本案违约金的计算和确认的数额并无不当。因此，本仲裁案的裁决不存在《民事诉讼法》第217条第2款第（5）项规定的适用法律确有错误的情形，人民法院应予执行。

此复

《最高人民法院关于当前形势下审理民商事合同纠纷案件若干问题的指导意见》

5. 现阶段由于国内宏观经济环境的变化和影响，民商事合同履行过程中违约现象比较突出。对于双方当事人在合同中所约定的过分高于违约造成损失的违约金或者极具惩罚性的违约金条款，人民法院应根据合同法第一百一十四条第二款和最高人民法院《关于适用中华人民共和国合同法若干问题的解释（二）》（以下简称《合同法解释（二）》）第二十九条等关于调整过高违约金的规定内容和精神，合理调整违约金数额，公平解决违约责任问题。

6. 在当前企业经营状况普遍较为困难的情况下，对于违约金数额过分高于违约造成损失的，应当根据合同法规定的诚实信用原则、公平原则，坚持以补偿性为主、以惩罚性为辅的违约金性质，合理调整裁量幅度，切实防止以意思自治为由而完全放任当事人约定过高的违约金。

7. 人民法院根据合同法第一百一十四条第二款调整过高违约金时，应当根据案件的具体情形，以违约造成的损失为基准，综合衡量合同履行程度、当事人的过错、预期利益、当事人缔约地位强弱、是否适用格式合同或条款等多项因素，根据公平原则和诚实信用原则予以综合权衡，避免简单地采用固定比例等“一刀切”的做法，防止机械司法而可能造成的实质不公平。

8. 为减轻当事人诉累，妥当解决违约金纠纷，违约方以合同不成立、合同未生效、合同无效或者不构成违约进行免责抗辩而未提出违约金调整请求的，人民法院可以就当事人是否需要主张违约金过高问题进行释明。人民法院要正确确定举证责任，违约方对于违约金约定过高的主张承担举证责任，非违约方主张违约金约定合理的，亦应提供相应的证据。合同解除后，当事人主张违约金条款继续有效的，人民法院可以根据合同法第九十八条的规定进行处理。

其他法律性文件

《最高人民法院关于印发〈全国法院贯彻实施民法典工作会议纪要〉的通知》

11. 民法典第五百八十五条第二款规定的损失范围应当按照民法典第五百八十四条规定确定，包括合同履行后可以获得的利益，但不得超过违约一方订立合同时预见到或者应当预见到的因违约可能造成的损失。

当事人请求人民法院增加违约金的，增加后的违约金数额以不超过民法典第五百八十四条规定的损失为限。增加违约金以后，当事人又请求对方赔偿损失的，人民法院不予支持。

当事人请求人民法院减少违约金的，人民法院应当以民法典第五百八十四条规定的损失为基础，兼顾合同的履行情况、当事人的过错程度等综合因素，根据公平原则和诚信原则予以衡量，并作出裁判。约定的违约金超过根据民法典第五百八十四条规定确定的损失的百分之三十的，一般可以认定为民法典第五百八十五条第二款规定的“过分高于造成的损失”。当事人主张约定的违约金过高请求予以适当减少的，应当承担举证责任；相对人主张违约金约定合理的，也应提供相应的证据。

权威案例指引

▶公报案例

《周杰帅诉余姚绿城房地产有限公司商品房预售合同纠纷案》，《最高人民法院公报》2019 年第 12 期

裁判摘要：当事人约定的违约金超过损失的百分之三十的，一般可以认定为合同法第一百一十四条第二款规定的“过分高于造成的损失”的规定，当事人主张约定的违约金过高请求予以适当减少的，人民法院应当以实际损失为基础，兼顾合同的约定、履行情况、当事人的过错程度以及预期利益等综合因素，根据公平原则和诚实信用原则进行考量，作出认定。

《广东达宝物业管理有限公司与广东中岱企业集团有限公司、广东中岱电讯产业有限公司、广州市中珊实业有限公司股权转让合作纠纷案》，《最高人民法院公报》2012 年第 5 期

裁判摘要：一、股权转让合同中，即使双方约定转让的股权系合同外的第三人所有，但只要双方的约定只是使一方负有向对方转让股权的义务，而没有实际导致股权所有人的权利发生变化，就不能以出让人对股权无处分权为由认定股权转让合同系无权处分合同进而无效。

二、当事人订立合同后，一方要解除合同应当向对方当事人提出。解除合同方未向对方提出而是在其他合同中与他人约定解除前述合同的，不发生合同解除的效果。

三、违约金是合同双方对合同义务不履行时违约方应付损害赔偿额的约定，所以违约金是针对特定的义务而存在。这种特定的义务有时是合同中的某一项义务，有时是合同约定的双方的任何一项义务，法院首先必须准确地认定违约金所针对的义务内容。在认定后，还要审查该义务是否实际发生，商事合同中双方常常对合同义务附加前提条件，在条件未成就时合同义务实际上并不存在，故也谈不上履行问题，此时，针对该义务约定的违约金条款就不能适用。

四、合同外的第三人向合同中的债权人承诺承担债务人义务的，如果没有充分的证据证

明债权人同意债务转移给该第三人或者债务人退出合同关系，不宜轻易认定构成债务转移，一般应认定为债务加入。第三人向债权人表明债务加入的意思后，即使债权人未明确表示同意，但只要其未明确表示反对或未以行为表示反对，仍应当认定为债务加入成立，债权人可以依照债务加入关系向该第三人主张权利。

《韶关市汇丰华南创展企业有限公司与广东省环境工程装备总公司广东省环境保护工程研究设计院合同纠纷案》，《最高人民法院公报》2011年第9期

裁判摘要：最高人民法院《关于适用〈中华人民共和国合同法〉若干问题的解释（二）》第二十九条规定："当事人主张约定的违约金过高请求予以适当减少的，人民法院应当以实际损失为基础，兼顾合同的履行情况、当事人的过错程度以及预期利益等综合因素，根据公平原则和诚实信用原则予以衡量，并作出裁决。当事人约定的违约金超过造成损失的百分之三十的，一般可以认定为合同法第一百一十四条第二款规定的'过分高于造成的损失'。"在计算实际损失数额时，应当以因违约方未能履行双方争议的、含有违约金条款的合同，给守约方造成的实际损失为基础进行计算，将合同以外的其他损失排除在外。对于一方当事人因其他合同受到的损失，即使该合同与争议合同有一定的牵连关系，也不能简单作为认定争议合同实际损失的依据。

对于前述司法解释中"当事人约定的违约金超过造成损失的百分之三十"的规定应当全面、正确地理解。一方面，违约金约定是否过高应当根据案件具体情况，以实际损失为基础，兼顾合同的履行情况、当事人的过错程度以及预期利益等综合因素，根据公平原则和诚实信用原则综合予以判断，"百分之三十"并不是一成不变的固定标准；另一方面，前述规定解决的是认定违约金是否过高的标准，不是人民法院适当减少违约金的标准。因此，在审理案件中，既不能机械地将"当事人约定的违约金超过造成损失的百分之三十"的情形一概认定为合同法第一百一十四条第二款规定的"过分高于造成的损失"，也不能在依法"适当减少违约金"数额时，机械地将违约金数额减少至实际损失的百分之一百三十。

《史文培与甘肃皇台酿造（集团）有限责任公司、北京皇台商贸有限责任公司互易合同纠纷案》，《最高人民法院公报》2008年第7期

裁判摘要：一、双方当事人之间签订的两个合同虽然涉及同一批货物，但因两个合同的订立目的及约定内容各不相同，故应分别依照合同约定确定货物价值，不能以一个合同关于货物价值的约定否定另一个合同的相关约定。

二、根据合同法第一百一十四条第二款的规定，只有当约定的违约金过分高于造成的损失时，当事人可以请求人民法院或者仲裁机构予以适当减少。因此，在当事人恶意违约的情况下，如果没有证据证明合同约定的违约金过分高于造成的损失，当事人请求减少违约金的，人民法院可不予支持。

《山西嘉和泰房地产开发有限公司与太原重型机械（集团）有限公司土地使用权转让合同纠纷案》，《最高人民法院公报》2008年第3期

裁判摘要：一、根据《最高人民法院关于审理涉及国有土地使用权合同纠纷案件适用法律问题的解释》第九条的规定，转让方未取得出让土地使用权证书与受让方订立合同转让土

地使用权，起诉前转让方已经取得出让土地使用权证书或者有批准权的人民政府同意转让的，应当认定合同有效。

二、虽然我国税收管理方面的法律、法规对于各种税收的征收均明确规定了纳税义务人，但是并未禁止纳税义务人与合同相对人约定由合同相对人或者第三人缴纳税款，即对于实际由谁缴纳税款并未作出强制性或禁止性规定。因此，当事人在合同中约定由纳税义务人以外的人承担转让土地使用权税费的，并不违反相关法律、法规的强制性规定，应认定为合法有效。

三、根据《中华人民共和国合同法》第一百一十四条的规定，对于当事人在合同中约定的违约金数额，只有在当事人请求调整、且合同约定的违约金数额确实低于或者过分高于违约行为给当事人造成的损失时，人民法院才能进行调整。

《北沙坡村村委会诉西安市高新技术产业开发区东区管委会等拖欠征地款纠纷案》，《最高人民法院公报》2005 年第 1 期

裁判摘要：依照合同法第一百一十四条第二款的规定，当事人在合同中约定的违约金过分高于违约方给守约方造成的损失的，人民法院可根据当事人的请求适当予以减少。

▶典型案例

《王磊诉抚顺乐活房地产开发有限公司商品房销售合同纠纷案》，《"用公开促公正建设核心价值"主题教育活动合同纠纷典型案例之十六》（2015 年 12 月 4 日）

典型意义：在商品房买卖合同中，由于购房者与开发商所签订的购房合同系开发商事先拟定好的格式合同，在确定违约责任方面，购房者基本上处于弱势地位，无改变合同条款的权利，致使开发商尽可能减少自己的违约责任。在合同履行过程中，开发商因其自身原因致使合同未能如期履行时，造成购房者较大经济损失，而开发商会承担较小数额的违约责任，导致购房者在受损失和获得赔偿方面无法达到平衡。在此情况下，不能简单地机械适用双方签订合同中所约定的违约条款，而应综合考虑《中华人民共和国合同法》第一百一十四条第二款规定及《中华人民共和国民法通则》中有关公平原则的相关规定，才能更好地维护当事人的合法权益。

第五百八十六条　【定金合同；定金数额的确定】当事人可以约定一方向对方给付定金作为债权的担保。定金合同自实际交付定金时成立。

定金的数额由当事人约定；但是，不得超过主合同标的额的百分之二十，超过部分不产生定金的效力。实际交付的定金数额多于或者少于约定数额的，视为变更约定的定金数额。

司法解释适用

《最高人民法院关于适用〈中华人民共和国民法典〉有关担保制度的解释》（法释〔2020〕28号）

《民法典担保制度司法解释》	原《担保法司法解释》
删除条文 ~~**第一百一十五条** 当事人约定以交付定金作为订立主合同担保的，给付定金的一方拒绝订立主合同的，无权要求返还定金；收受定金的一方拒绝订立主合同的，应当双倍返还定金。~~ ~~**第一百一十六条** 当事人约定以交付定金作为主合同成立或者生效要件的，给付定金的一方未支付定金，但主合同已经履行或者已经履行主要部分的，不影响主合同的成立或者生效。~~ ~~**第一百一十七条** 定金交付后，交付定金的一方可以按照合同的约定以丧失定金为代价而解除主合同，收受定金的一方可以双倍返还定金为代价而解除主合同。对解除主合同后责任的处理，适用《中华人民共和国合同法》的规定。~~ ~~**第一百一十八条** 当事人交付留置金、担保金、保证金、订约金、押金或者订金等，但没有约定定金性质的，当事人主张定金权利的，人民法院不予支持。~~ ~~**第一百二十条** 因当事人一方迟延履行或者其他违约行为，致使合同目的不能实现，可以适用定金罚则。但法律另有规定或者当事人另有约定的除外。~~ ~~当事人一方不完全履行合同的，应当按照未履行部分所占合同约定内容的比例，适用定金罚则。~~ ~~**第一百二十一条** 当事人约定的定金数额超过主合同标的额百分之二十的，超过的部分，人民法院不予支持。~~ ~~**第一百二十二条** 因不可抗力、意外事件致使主合同不能履行的，不适用定金罚则。因合同关系以外第三人的过错，致使主合同不能履行的，适用定金罚则。受定金处罚的一方当事人，可以依法向第三人追偿。~~	

《最高人民法院关于审理买卖合同纠纷案件适用法律问题的解释》（法释〔2020〕17号修改）

新《买卖合同司法解释》	原《买卖合同司法解释》
删除条文 ~~**第二十八条** 买卖合同约定的定金不足以弥补一方违约造成的损失，对方请求赔偿超过定金部分的损失的，人民法院可以并处，但定金和损失赔偿的数额总和不应高于因违约造成的损失。~~	

《最高人民法院关于审理商品房买卖合同纠纷案件适用法律若干问题的解释》（法释〔2020〕17号修改）

新《商品房买卖合同纠纷司法解释》	原《商品房买卖合同纠纷司法解释》
第四条（原第四条） 出卖人通过认购、订购、预订等方式向买受人收受定金作为订立商品房买卖合同担保的，如果因当事人一方原因未能订立商品房买卖合同，应当按照	

<table>
<tr><th>新《商品房买卖合同纠纷司法解释》</th><th>原《商品房买卖合同纠纷司法解释》</th></tr>
<tr><td colspan="2">法律关于定金的规定处理；因不可归责于当事人双方的事由，导致商品房买卖合同未能订立的，出卖人应当将定金返还买受人。</td></tr>
<tr><td colspan="2">第十九条（原第二十三条）　商品房买卖合同约定，买受人以担保贷款方式付款、因当事人一方原因未能订立商品房担保贷款合同并导致商品房买卖合同不能继续履行的，对方当事人可以请求解除合同和赔偿损失。因不可归责于当事人双方的事由未能订立商品房担保贷款合同并导致商品房买卖合同不能继续履行的，当事人可以请求解除合同，出卖人应当将收受的购房款本金及其利息或者定金返还买受人。</td></tr>
</table>

《最高人民法院关于合同当事人仅给付了定金应当如何确定管辖问题的复函》

天津市高级人民法院：

你院〔1993〕津高法字第69号《关于合同纠纷提起的诉讼当事人仅履行了定金约定，没履行合同约定的其他义务，应如何确定管辖的请示》收悉。经研究，答复如下：

在合同当事人仅履行了合同中定金条款的约定，而未履行合同的其他条款的情况下，不能依据《最高人民法院关于适用〈中华人民共和国民事诉讼法〉若干问题的意见》（下称《意见》）第18条、第19条的规定认定为“实际履行”。《意见》中的“实际履行”，对于购销合同，是指合同当事人实际履行了交货义务。因此，合同当事人因仅给付了定金而产生合同纠纷，应按照《意见》第18条的规定确定管辖的人民法院。

此复

第五百八十七条　【定金罚则】债务人履行债务的，定金应当抵作价款或者收回。给付定金的一方不履行债务或者履行债务不符合约定，致使不能实现合同目的的，无权请求返还定金；收受定金的一方不履行债务或者履行债务不符合约定，致使不能实现合同目的的，应当双倍返还定金。

司法解释适用

《最高人民法院关于适用〈中华人民共和国民法典〉有关担保制度的解释》（法释〔2020〕28号）

<table>
<tr><th>《民法典担保制度司法解释》</th><th>原《担保法司法解释》</th></tr>
<tr><td colspan="2">删除条文

~~第一百一十五条　当事人约定以交付定金作为订立主合同担保的，给付定金的一方拒绝订立主合同的，无权要求返还定金；收受定金的一方拒绝订立合同的，应当双倍返还定金。~~

~~第一百一十六条　当事人约定以交付定金作为主合同成立或者生效要件的，给付定金的一方未支付定金，但主合同已经履行或者已经履行主要部分的，不影响主合同的成立或者生效。~~</td></tr>
</table>

<table>
<tr><th>《民法典担保制度司法解释》</th><th>原《担保法司法解释》</th></tr>
<tr><td colspan="2">~~**第一百一十七条** 定金交付后，交付定金的一方可以按照合同的约定以丧失定金为代价而解除主合同，收受定金的一方可以双倍返还定金为代价而解除主合同。对解除主合同后责任的处理，适用《中华人民共和国合同法》的规定。~~
~~**第一百一十八条** 当事人交付留置金、担保金、保证金、订约金、押金或者订金等，但没有约定定金性质的，当事人主张定金权利的，人民法院不予支持。~~
~~**第一百二十条** 因当事人一方迟延履行或者其他违约行为，致使合同目的不能实现，可以适用定金罚则。但法律另有规定或者当事人另有约定的除外。~~
~~当事人一方不完全履行合同的，应当按照未履行部分所占合同约定内容的比例，适用定金罚则。~~
~~**第一百二十一条** 当事人约定的定金数额超过主合同标的额百分之二十的，超过的部分，人民法院不予支持。~~
~~**第一百二十二条** 因不可抗力、意外事件致使主合同不能履行的，不适用定金罚则。因合同关系以外第三人的过错，致使主合同不能履行的，适用定金罚则。受定金处罚的一方当事人，可以依法向第三人追偿。~~</td></tr>
</table>

《最高人民法院关于因第三人的过错导致合同不能履行应如何适用定金罚则问题的复函》

江苏省高级人民法院：

你院关于因第三人的过错导致合同不能履行的，应如何适用定金罚则的请示收悉。经研究，答复如下：

凡当事人在合同中明确约定给付定金的，在实际交付定金后，如一方不履行合同除有法定免责的情况外，即应对其适用定金罚则。因该合同关系以外第三人的过错导致合同不能履行的，除该合同另有约定的外，仍应对违约方适用定金罚则。合同当事人一方在接受定金处罚后，可依法向第三人追偿。

权威案例指引

▶公报案例

《戴雪飞诉华新公司商品房订购协议定金纠纷案》，《最高人民法院公报》2006年第8期

裁判摘要：购房者对开发商的样板房表示满意，与开发商签订订购协议并向其交付了定金，约定双方于某日订立商品房预售合同。后由于开发商提供的商品房预售格式合同中有样板房仅供参考等不利于购房者的条款，购房者对该格式条款提出异议要求删除，开发商不能立即给予答复，以致商品房预售合同没有在订购协议约定的日期订立的，属于最高人民法院《关于审理商品房买卖合同纠纷案件适用法律若干问题的解释》第四条规定的“不可归责于当事人双方的事由”，开发商应当将收取的定金返还给购房者。

第五百八十八条　【同时约定违约金和定金时：择一适用；定金不足以弥补损失的处理规则】当事人既约定违约金，又约定定金的，一方违约时，对方可以选择适用违约金或者定金条款。

定金不足以弥补一方违约造成的损失的，对方可以请求赔偿超过定金数额的损失。

司法解释适用

《最高人民法院关于审理买卖合同纠纷案件适用法律问题的解释》（法释〔2020〕17号修改）

新《买卖合同司法解释》	原《买卖合同司法解释》
删除条文 ~~**第二十八条**　买卖合同约定的定金不足以弥补一方违约造成的损失，对方请求赔偿超过定金部分的损失的，人民法院可以并处，但定金和损失赔偿的数额总和不应高于因违约造成的损失。~~	

第五百八十九条　【债权人受领迟延】债务人按照约定履行债务，债权人无正当理由拒绝受领的，债务人可以请求债权人赔偿增加的费用。

在债权人受领迟延期间，债务人无须支付利息。

关联法规参见

▶**法律：**《民法典合同编》第513条、第778条。

第五百九十条　【因不可抗力不能履行合同】当事人一方因不可抗力不能履行合同的，根据不可抗力的影响，部分或者全部免除责任，但是法律另有规定的除外。因不可抗力不能履行合同的，应当及时通知对方，以减轻可能给对方造成的损失，并应当在合理期限内提供证明。

当事人迟延履行后发生不可抗力的，不免除其违约责任。

关联法规参见

▶**法律：**《民法典总则编》第180条，《民法典合同编》第832条，《城市房地产管理法》第26条，《电力法》第60条，《邮政法》第15条、第48条，《铁路法》第18条。

▶国际公约：《联合国国际货物销售合同公约》第79条。

司法解释适用

《最高人民法院印发〈关于依法妥善审理涉新冠肺炎疫情民事案件若干问题的指导意见（三）〉的通知》

15. 货运代理企业以托运人名义向承运人订舱后，承运人因疫情或者疫情防控措施取消航次或者变更航期，托运人主张由货运代理企业赔偿损失的，人民法院不予支持。但货运代理企业未尽到勤勉和谨慎义务，未及时就航次取消、航期变更通知托运人，或者在配合托运人处理相关后续事宜中存在过错，托运人请求货运代理企业承担相应责任的，人民法院依法予以支持。

第五百九十一条　【防止违约损失扩大的措施；防损义务】当事人一方违约后，对方应当采取适当措施防止损失的扩大；没有采取适当措施致使损失扩大的，不得就扩大的损失请求赔偿。

当事人因防止损失扩大而支出的合理费用，由违约方负担。

关联法规参见

▶国际公约：《联合国国际货物销售合同公约》第77条。

司法解释适用

《最高人民法院关于审理买卖合同纠纷案件适用法律问题的解释》（法释〔2020〕17号修改）

新《买卖合同司法解释》	原《买卖合同司法解释》
第二十二条　买卖合同当事人一方违约造成对方损失，对方主张赔偿可得利益损失的，人民法院在确定违约责任范围时，应当根据当事人的主张，依据民法典第五百八十四条、第五百九十一条、第五百九十二条、本解释第二十三条等规定进行认定。	**第二十九条**　买卖合同当事人一方违约造成对方损失，对方主张赔偿可得利益损失的，人民法院应当根据当事人的主张，依据合同法第一百一十三条、第一百一十九条、本解释第三十条、第三十一条等规定进行认定。

权威案例指引

▶公报案例

《河南省偃师市鑫龙建安工程有限公司与洛阳理工学院、河南省第六建筑工程公司索赔及工程欠款纠纷案》，《最高人民法院公报》2013年第1期

裁判摘要：因发包人提供错误的地质报告致使建设工程停工，当事人对停工时间未作约定或未达成协议的，承包人不应盲目等待而放任停工状态的持续以及停工损失的扩大。对于

计算由此导致的停工损失所依据的停工时间的确定，也不能简单地以停工状态的自然持续时间为准，而是应根据案件事实综合确定一定的合理期间作为停工时间。

第五百九十二条　【双方违约应各自承担违约责任；过错相抵规则】 当事人都违反合同的，应当各自承担相应的责任。

当事人一方违约造成对方损失，对方对损失的发生有过错的，可以减少相应的损失赔偿额。

权威案例指引

▶ 公报案例

《兰州滩尖子永昶商贸有限责任公司等与爱之泰房地产开发有限公司合作开发房地产合同纠纷案》，《最高人民法院公报》2015 年第 5 期

裁判摘要： 在双务合同中，双方均存在违约的情况下，应根据合同义务分配情况、合同履行程度以及各方违约程度大小等综合因素，判断合同当事人是否享有解除权。

《蔡红辉诉金才来信用卡纠纷案》，《最高人民法院公报》2010 年第 12 期

裁判摘要： 银联卡特约商户在受理有预留签名的银联信用卡消费时，应当根据其与发卡银行之间的约定以及中国人民银行《银行卡联网联合业务规范》的规定，核对持卡人在交易凭证上的签字与信用卡签名条上预留的签字是否一致。未核对签名造成持卡人损失的，应承担相应的赔偿责任。信用卡所有人为信用卡设置了密码，但因自身原因导致密码泄露的，可以适当减轻特约商户的赔偿责任。

《北京新奥特公司诉华融公司股权转让合同纠纷案》，《最高人民法院公报》2005 年第 2 期

裁判摘要： 因双方当事人的过错，导致股权转让协议终止履行，一方当事人因准备协议履行及实际履行中产生的损失，应由双方共同承担民事责任。

第五百九十三条　【因第三人原因造成违约情况下的责任承担】 当事人一方因第三人的原因造成违约的，应当依法向对方承担违约责任。当事人一方和第三人之间的纠纷，依照法律规定或者按照约定处理。

第五百九十四条　【合同争议提起诉讼或申请仲裁的期限】 因国际货物买卖合同和技术进出口合同争议提起诉讼或者申请仲裁的时效期间为四年。

关联法规参见

▶ **法律：**《民法典总则编》第 188 条，《产品质量法》第 45 条，《保险法》第 26 条，《民用航空法》第 135 条、第 171 条，《仲裁法》第 74 条，《海商法》第 257 条。

司法解释适用

《最高人民法院关于审理民事案件适用诉讼时效制度若干问题的规定》（法释〔2020〕17号修改）

<table>
<tr><th>新《民事案件诉讼时效规定》</th><th>原《民事案件诉讼时效规定》</th></tr>
<tr><td colspan="2">删除条文

<s>第五条　当事人约定同一债务分期履行的，诉讼时效期间从最后一期履行期限届满之日起计算。</s></td></tr>
</table>

《最高人民法院关于债务人在约定的期限届满后未履行债务而出具没有还款日期的欠款条诉讼时效期间应从何时开始计算问题的批复》（法释〔2020〕17号修改）

新《批复》	原《批复》
山东省高级人民法院： 你院鲁高法〔1992〕70号请示收悉。关于债务人在约定的期限届满后未履行债务，而出具没有还款日期的欠款条，诉讼时效期间应从何时开始计算的问题，经研究，答复如下： 据你院报告称，双方当事人原约定，供方交货后，需方立即付款。需方收货后因无款可付，经供方同意写了没有还款日期的欠款条。根据民法典第一百九十五条的规定，应认定诉讼时效中断。如果供方在诉讼时效中断后一直未主张权利，诉讼时效期间则应从供方收到需方所写欠款条之日起重新计算。 此复。	山东省高级人民法院： 你院鲁高法〔1992〕70号请示收悉。关于债务人在约定的期限届满后未履行债务，而出具没有还款日期的欠款条，诉讼时效期间应从何时开始计算的问题，经研究，答复如下： 据你院报告称，双方当事人原约定，供方交货后，需方立即付款。需方收货后因无款可付，经供方同意写了没有还款日期的欠款条，根据《中华人民共和国民法通则》第一百四十条的规定，对此应认定诉讼时效中断。如果供方在诉讼时效中断后一直未主张权利，诉讼时效期间则应从供方收到需方所写欠款条之日的第二天开始重新计算。 此复

《最高人民法院关于购销合同标的物掺杂使假引起的诉讼如何确定诉讼时效的复函》

辽宁省高级人民法院：

你院〔1991〕经上字第4号《关于审理购销合同纠纷案件中标的物掺杂使假是否受诉讼时效期间约束问题的请示报告》收悉。经研究，答复如下：

因购销合同的标的物掺杂使假引起的纠纷，应当适用《中华人民共和国民法通则》第一百三十五条规定，即“向人民法院请求保护民事权利的诉讼时效期间为二年”。

《最高人民法院经济审判庭关于诉讼时效期间问题的复函》

江西省高级人民法院经济审判庭：

你庭赣法经〔1991〕3号《关于诉讼时效期间问题的请示》收悉。经研究，答复如下：

因出售质量不合格的商品而未声明引起的损害消费者利益的侵权诉讼和因产品质量不合格造成他人人身、财产损害引起的追究产品责任的侵权诉讼，适用民法通则第一百三十六条规定的一年的诉讼时效期间；至于购销、加工承揽等经济合同因质量纠纷引起的追究违约责任的合同诉讼，应当适用民法通则第一百三十五条规定的二年的诉讼时效期间。

此复